Head First Go

핵심만 콕 집어 주는
Go 책이 있다면 얼마나 좋을까?
아마, 상상으로나 가능하겠지…

제이 맥가브렌

한빛미디어 Hanbit Media, Inc.

Beijing · Boston · Farnham · Sebastopol · Tokyo O'REILLY®

Head First Go

: 명확한 예제로 효율적인 학습법을 제시하는 Go 입문서

초판 1쇄 발행 2020년 3월 16일

지은이 제이 맥가브렌 / **옮긴이** 권민재 / **펴낸이** 김태헌

펴낸곳 한빛미디어(주) / **주소** 서울시 서대문구 연희로2길 62 한빛미디어(주) IT출판부

전화 02-325-5544 / **팩스** 02-336-7124

등록 1999년 6월 24일 제25100-2017-000058호 / **ISBN** 979-11-6224-279-7 93000

총괄 전정아 / **기획** 송성근 / **진행** 조희진 / **편집** 이미연

디자인 표지·내지 박정화 조판 이경숙

영업 김형진, 김진불, 조유미 / **마케팅** 박상용, 송경석, 조수현, 이행은, 홍혜은 / **제작** 박성우, 김정우

이 책에 대한 의견이나 오탈자 및 잘못된 내용에 대한 수정 정보는 한빛미디어(주)의 홈페이지나 아래 이메일로 알려주십시오. 잘못된 책은 구입하신 서점에서 교환해드립니다. 책값은 뒤표지에 표시되어 있습니다.

한빛미디어 홈페이지 www.hanbit.co.kr / 이메일 ask@hanbit.co.kr

경이로운 인내심을 보여 준, 나의 크리스틴에게

Go 언어는 2009년에 구글에서 발표된 이후 지금까지 꾸준히 발전하면서 많은 사용자층을 확보해 왔습니다. 특히 클라우드 시대가 도래된 이후 클라우드를 위한 언어라는 말이 나올 정도로 클라우드, 네트워크 및 백엔드 분야에서 각광받는 언어로 자리매김하고 있습니다. 실제로 도커, 쿠버네티스, 테라폼, 이스티오 등 대부분 분산 시스템 및 클라우드 환경을 위한 제품들이 Go 언어로 작성되었습니다.

Go 언어는 간결한 문법, 빠른 컴파일 및 실행 속도, 풍부한 표준 라이브러리 그리고 언어 차원에서의 동시성 지원 덕분에 빠르고 강력한 애플리케이션을 높은 생산성으로 구현할 수 있습니다. 또한 언어와 함께 제공되는 표준 포맷팅 도구, 테스트 도구, 문서화 도구 및 Go 커뮤니티 내에서 통용되고 있는 컨벤션 덕분에 Go 개발자 간 코드 일관성을 더욱 쉽게 유지할 수 있다는 장점이 있습니다.

이 책은 Go 언어를 모르거나 심지어는 프로그래밍을 처음 입문하는 사람도 차근차근 쉽게 따라갈 수 있도록 쓰인 기초 개념서입니다. 이 책은 Go의 문법이나 기능을 단순히 나열만 하지 않고, 각 장마다 주어진 주제별 예제를 통해 어떤 문법이나 기능이 '왜' 필요하고 이를 사용하여 문제를 '어떻게' 해결할 수 있는지 스토리텔링으로 자연스럽게 풀어나갑니다. 덕분에 내용을 억지로 외우려 하지 않아도 자연스럽게 터득할 수 있으리라 기대합니다. 이 책을 통해 Go의 매력에 빠져 국내에도 Go 개발자가 더 많이 생겨나길 바랍니다.

마지막으로 부족하지만 먼저 번역을 제안해, 번역 기회를 제공해 주시고 출간되기까지 잘 챙겨 주신 한빛미디어 조수현 님, 송성근 님 그리고 조희진 님께 감사 인사드립니다.

– 권민재

옮긴이 **권민재** mingrammer@gmail.com
수학과 프로그래밍을 좋아한다. 특히 백엔드 기술과 시스템 설계 및 자동화에 관심이 많다. 평소에는 Go와 Python으로 이것저것 만드는 게 취미이다. 지난 약 2년 반 동안 게임 서버 개발자로 일해 왔으며 현재는 당근마켓 플랫폼팀에서 Go로 플랫폼 서비스를 만들고 있다.

저자 소개

제이 맥가브렌

제이 맥가브렌은 오라일리가 출판한『Head First Ruby』와『Head First Go』의 저자입니다. 그는 또한 트리하우스에서 소프트웨어를 가르치고 있습니다.

그는 피닉스 교외에 있는 그의 집에서 사랑스러운 아내와 자녀들 및 반려견과 함께 살고 있습니다.

제이의 개인 웹사이트는 https://jay.mcgavren.com/입니다.

목차 (요약)

목차 (진짜)

서문

여러분의 두뇌가 Go 위에서 돌아갑니다. 여기에서 여러분은 무언가를 배우려고 할 텐데요. 그러면 여러분의 두뇌는 새로운 내용을 배우려 열심히 노력하겠죠. 당신의 두뇌는 생각할 겁니다. "더 중요한 것을 위한 공간을 남겨 둬야겠어. 어떤 야생동물을 피할지 생각한다거나 발가벗고 스노보드를 타는 걸 나쁘다고 판단하는 것처럼 말야." 하고요. 그렇다면 어떻게 해야 Go로 프로그램을 작성하는 방법을 터득하는 것이 여러분의 삶에 중요하다는 것을 두뇌가 이해할 수 있을까요?

시작해 봅시다
문법 기초

1

빠른 소프트웨어를 만들 준비, 다 되셨나요? **컴파일**과 **실행 속도**가 **빠르고 배포**도 **편리**하면서 **쉽게 사용**할 수 있는 그런 프로그래밍 언어를 찾고 계신가요? **그렇다면 여러분은 Go 언어를 배울 준비가 다 되신 겁니다.**

Go는 단순함과 속도에 중점을 둔 프로그래밍 언어입니다. 문법이 다른 언어보다 단순하기 때문에 빠르게 배울 수 있습니다. 또한 멀티코어 프로세서를 적극 활용함으로써 프로그램을 빠르게 만듭니다. 이 장에서는 여러분이 개발자로서 더 편한 삶을 누리고 사용자를 기쁘게 만들어 줄 Go의 기능과 특징들을 소개하겠습니다.

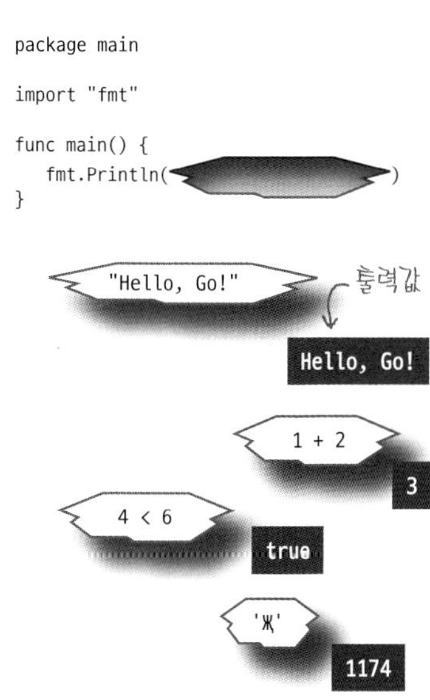
package main
import "fmt"
func main() {
fmt.Println(
)
}
"Hello, Go!"
출력값
Hello, Go!
1 + 2
3
4 < 6
true
'Ж'
1174

다음엔 어떤 코드가 실행될까요?

2 조건문과 반복문

대부분 프로그램은 특정 상황이나 조건에서만 실행되는 코드가 있습니다. "에러가 발생하면 이 코드를 실행하고 아니면 다른 코드를 실행한다."와 같이 거의 모든 프로그램에는 특정 조건을 만족하는 경우에만 실행되는 코드가 있습니다. 대다수 프로그래밍 언어는 코드 블록의 실행 여부를 결정할 수 있는 **조건문(conditional statement)**을 지원하며, Go도 예외는 아닙니다. 또한 일부 코드를 반복 실행해야 하는 경우도 있습니다. 다른 대부분의 언어들과 마찬가지로 Go도 코드 블록을 반복 실행할 수 있는 **반복문(loop)**을 지원합니다. 이번 장에서는 조건문과 반복문을 배워 보겠습니다.

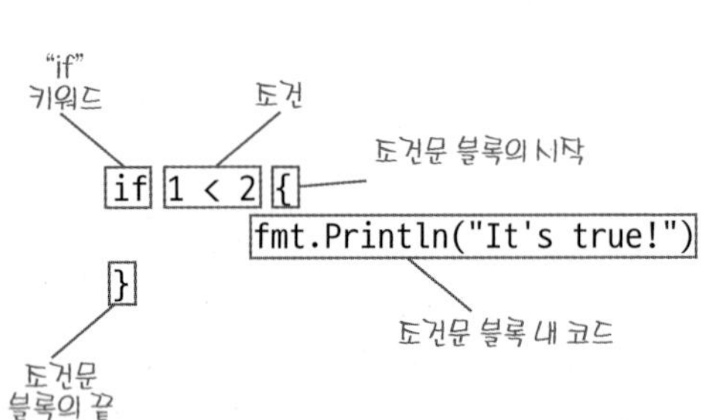

3 호출해 주세요 함수

뭔가 하나 빠진 기분입니다. 우리는 함수를 문제없이 잘 사용해 왔지만 지금까지는 Go 언어에서 미리 정의된 함수만 사용할 수 있었습니다. 이제는 여러분 차례입니다. 이 장에서는 함수를 정의하는 방법을 배워 보려고 합니다. 우선 인자가 없는 함수를 정의하는 방법부터 시작해 하나의 결괏값을 반환하는 함수와 에러 유무를 나타내는 에러 값을 같이 반환하는 다중 반환 값 함수를 정의하는 방법을 배워 보겠습니다. 그리고 함수를 호출할 때 메모리를 효율적으로 사용하게 해 주는 **포인터(pointer)**도 배워 보겠습니다.

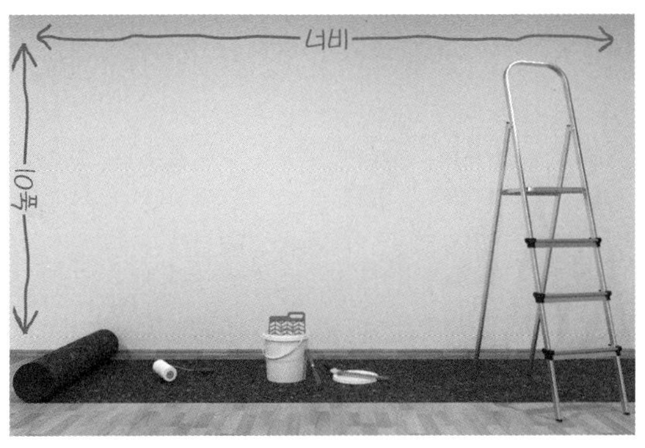

4 코드 묶음 패키지

이제 코드를 정리할 시간입니다! 우리는 여태까지 모든 코드를 하나의 파일에 작성해 왔습니다. 이렇게 하면 프로그램이 커지고 복잡해질수록 코드는 금방 알아보기 힘들어질 것입니다.
이 장에서는 서로 연관된 코드를 한 곳에 모아 두기 위한 **패키지**를 만드는 방법을 배워 보겠습니다. 패키지는 단순히 코드를 모아 놓는 것, 그 이상의 이점이 있습니다.
패키지를 사용하면 프로그램 간뿐만 아니라 다른 개발자와도 쉽게 코드를 공유할 수 있습니다.

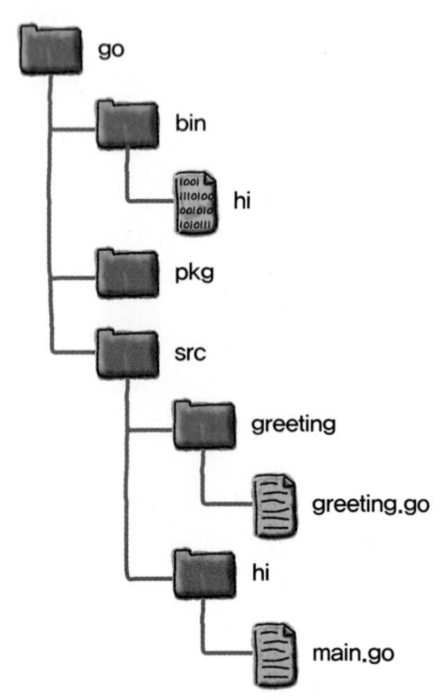

5 목록에서 배열

많은 프로그램이 주소 목록, 전화 번호 목록, 상품 목록과 같은 목록 형태의 데이터를 다룹니다. Go에는 목록 데이터를 저장하는 두 가지 방법이 내장되어 있습니다. 이 장에서는 그중 하나인 **배열(array)**을 배워 보겠습니다. 먼저 배열을 만드는 방법, 데이터를 채우는 방법, 데이터를 다시 가져오는 방법을 알아본 다음, 배열의 모든 요소를 처리하는 방법으로, 첫 번째로는 for 루프, 두 번째로는 배열을 좀 더 쉽게 다룰 수 있는 for...range 루프를 다뤄 보겠습니다.

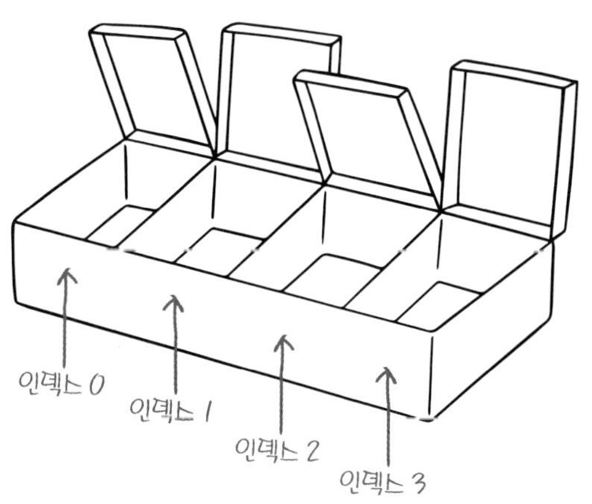

6 확장 문제 슬라이스

이전 장에서 배열에는 원소를 추가할 수 없다고 배웠습니다.

하지만 파일에 몇 개의 데이터가 포함되었는지 미리 알 수 없기 때문에 이는 곧 문제가 됩니다. 바로 이때 사용할 수 있는 게 Go의 **슬라이스(slice)**입니다. 슬라이스는 확장 가능한 컬렉션 타입으로 우리가 처한 문제를 해결해 줄 도구입니다. 이번 장에서는 슬라이스로 프로그램에 데이터를 좀 더 쉽게 전달할 수 있는 방법과 더 간편하게 호출할 수 있는 함수를 작성하는 방법을 배워 보겠습니다.

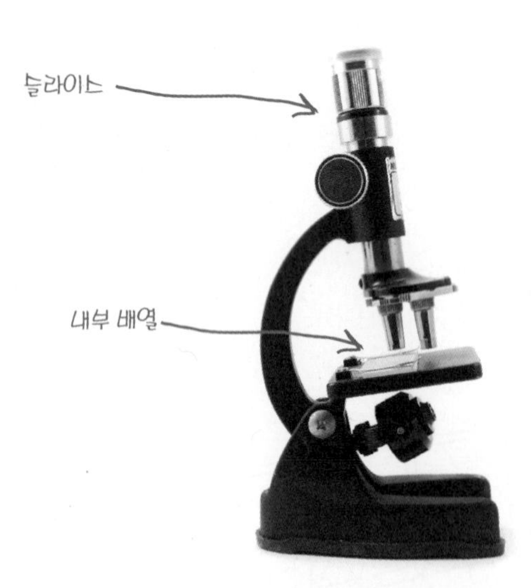

슬라이스

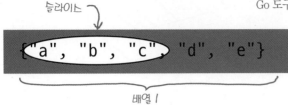

{"a", "b", "c", "d", "e"}

배열 1

데이터 라벨링

7 맵

물건을 무더기로 쌓아 두는 건 괜찮습니다. 하지만 그 속에서 뭔가를 찾아야 한다면? 여러분은 이미 배열이나 슬라이스를 사용해 목록을 만드는 방법을 배웠습니다. 또한 배열이나 슬라이스에 들어 있는 모든 값에 동일한 연산을 적용하는 방법도 배웠죠. 그런데 만약 모든 값이 아닌 특정한 값만 필요한 경우에는 어떻게 해야 할까요? 원하는 값을 찾기 위해서는 배열이나 슬라이스의 처음부터 시작해 모든 원소를 일일이 확인해야 합니다.
모든 값에 라벨을 붙일 수 있는 컬렉션 타입이 있다면 좋을 것 같지 않나요? 그러면 원하는 값도 바로 바로 찾을 수 있을 텐데 말이죠! 이 장에서는 바로 이러한 데이터를 다룰 수 있는 **맵(map)**을 배워 보겠습니다.

키를 사용하면 원하는 데이터를 빠르게 찾을 수 있습니다.

8 저장소 만들기 구조체

때로는 서로 다른 타입을 가진 두 개 이상의 데이터를 함께 저장해야 하는 경우도 있습니다. 우리는 지금까지 값의 목록을 저장하는 슬라이스, 키의 목록을 값의 목록과 매핑하여 저장하는 맵을 배웠습니다. 하지만 이 두 자료 구조는 모두 *한 가지* 타입의 값만 저장할 수 있는데 때로는 여러 타입의 데이터를 하나로 묶어서 다뤄야 하는 경우도 있습니다. 가령 청구서나 영수증은 품목 이름(문자열)과 개수(정수)로 이루어져 있으며, 학생부 기록은 학생명(문자열)과 평균 성적(부동 소수점 숫자)으로 이루어져 있습니다. 슬라이스와 맵에서는 서로 다른 타입의 값을 혼용해서 사용할 수 없지만 **구조체(struct)**라는 타입을 사용하면 서로 다른 타입의 값을 함께 사용할 수 있습니다. 이 장에서는 구조체를 배워 보겠습니다!

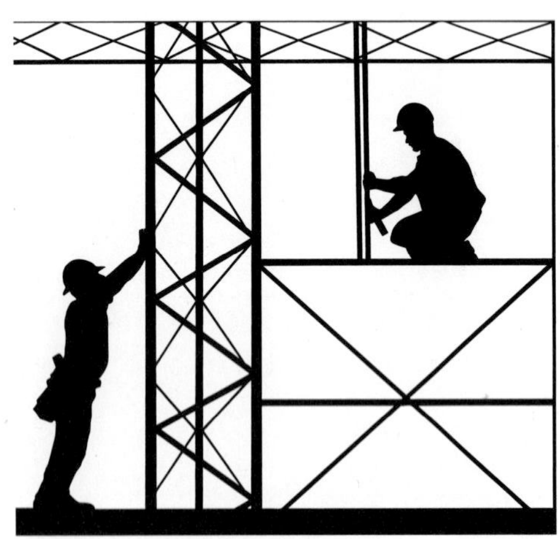

나만의 타입

9 사용자 정의 타입

사용자 정의 타입에 대해 배울 내용이 아직 더 남아 있습니다. 이전 장에서는 구조체를 기본 타입으로 하는 타입을 정의하는 방법을 배웠습니다. 하지만 구조체 이외의 *다른 타입*을 기본 타입으로 갖는 타입은 다루지 않았죠.

그리고 혹시 특정 타입의 값과 연관된 함수인 메서드를 기억하고 계신가요? 이전에 이미 여러 타입의 메서드를 사용해 본 적은 있지만 메서드를 직접 정의하는 방법은 아직 배우지 않았습니다. 따라서 이번 장에서는 메서드를 정의하는 방법을 배워 보겠습니다!

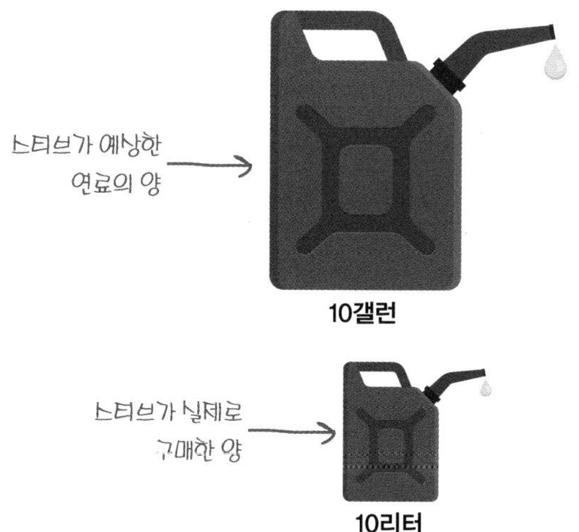

당신만 알고 계세요
10 캡슐화와 임베딩

실수는 언제나 발생합니다. 여러분이 만든 프로그램이 사용자의 입력 혹은 어떤 파일로부터 잘못된 데이터를 읽어 오는 경우가 발생할 수도 있습니다. 이 장에서는 잘못된 데이터로부터 구조체 타입의 필드를 보호하기 위한 **캡슐화(encapsulation)**를 배워 보겠습니다. 캡슐화를 사용하면 데이터 필드를 좀 더 안전하게 다룰 수 있습니다!
그리고 또한 구조체 타입에 다른 타입을 **임베드(embed)**할 수 있는 방법도 다룰 예정입니다. 여러분이 만든 타입에 필요한 메서드가 이미 다른 타입에 정의되어 있는 경우 메서드 코드를 복사 붙여 넣기할 필요 없이 해당 타입을 임베딩하면 임베딩된 메서드를 마치 직접 정의한 것처럼 사용할 수 있습니다!

그 친구가 만든 Paragraph
타입은 데이터를 string 필드에 저장한다고
들었어! 그리고 멋진 Replace 메서드도 있다더라?
이 메서드는 임베딩하고 있는
strings.Replacer 타입에서 승격된 메서드인데
Paragraph 타입을 사용하고 있는
너도 이 사실은 몰랐을걸 ?!

당신은 무엇을 할 수 있나요?

11 인터페이스

때로는 어떤 값이 어떤 특정 타입을 갖는지 관심이 없는 경우가 있습니다.
그 값이 *무엇인지*보다는 그 값으로 어떤 일을 *할 수 있는지*에만 관심을 두는 경우가 있습니다. 즉, 어떤 값에서 특정 메서드를 호출할 수 있는지가 주요 관심사인 것이죠. 타입이 Pen 타입인지 Pencil 타입인지와는 무관하게 Draw 메서드만 가지고 있으면 되는 경우도 있고, 마찬가지로 타입이 Car 타입인지 Boat 타입인지와는 무관하게 Steer 메서드만 가지고 있으면 되는 경우도 있습니다.
위와 같은 상황에서 사용할 수 있는 것이 바로 Go의 **인터페이스(interface)**라는 개념입니다. 인터페이스를 사용하면 특정 메서드를 정의하는 모든 타입의 값을 저장할 수 있는 변수 또는 매개변수를 정의할 수 있습니다.

테이프 플레이어

테이프 레코더

다시 일어서기

12 실패 복구하기

에러는 모든 프로그램에서 항상 발생할 수 있기 때문에 미리 에러에 대한 대비책을 마련해 둬야 합니다. 때로는 단순히 에러 메시지를 출력한 뒤 프로그램을 종료하는 식으로 간단히 처리할 수도 있습니다. 하지만 어떤 에러는 발생 시 추가 동작을 요구하는 경우도 있습니다. 열린 파일 혹은 네트워크 연결을 닫아야 한다거나 시스템이 지저분해지지 않도록 다른 자원을 정리해야 하는 상황이 발생할 수도 있습니다. 이번 장에서는 에러가 발생하는 경우를 포함해서 자원 정리 작업을 뒤로 **지연(defer)**시키는 방법을 배워 보겠습니다. 또한 (드물긴 하지만) 적절한 상황에서 프로그램을 **패닉(panic)**시키는 방법과 프로그램을 패닉으로부터 **복구(recover)**하는 방법도 살펴보겠습니다.

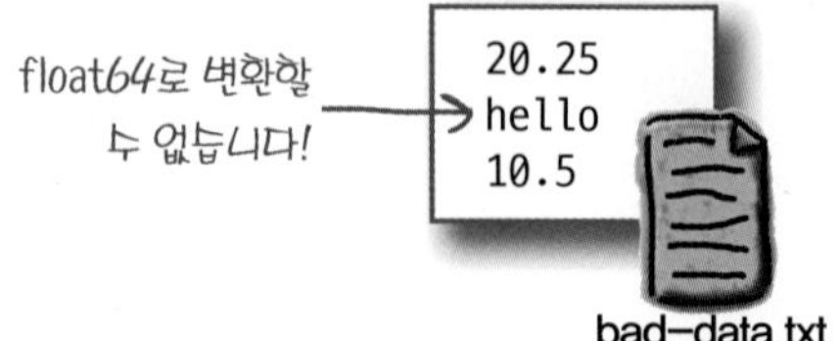

13 작업 공유하기 고루틴과 채널

한 번에 한 가지 일을 처리하는 것이 항상 작업을 완료하는 가장 빠른 방법은 아닙니다. 몇몇 큰 문제는 작은 작업들로 나눌 수 있습니다. **고루틴**(Goroutine)을 사용하면 한 프로그램에서 한 번에 여러 개의 작업을 동시에 실행할 수 있습니다. 고루틴은 **채널**(channel)을 사용해 작업을 조정할 수 있으며, 고루틴 간에 데이터를 동기화하여 한 고루틴이 다른 고루틴보다 앞서가지 않도록 제어할 수 있습니다. 고루틴을 사용하면 멀티 프로세서의 이점을 최대로 활용하여 여러분이 프로그램을 최대한 빠르게 실행하도록 만들 수 있습니다!

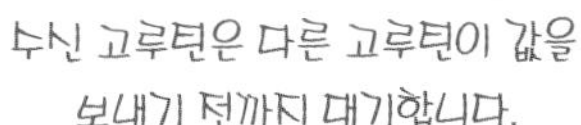
수신 고루틴은 다른 고루틴이 값을
보내기 전까지 대기합니다.

14 코드 품질 보증
자동 테스트

여러분이 만든 소프트웨어가 잘 동작한다고 확신할 수 있나요? 정말로 확신할 수 있습니까? 아마 여러분은 새로운 버전의 소프트웨어를 배포하기 전에 새로운 기능들이 모두 다 잘 동작하는지 확인하기 위해 해당 기능들을 테스트해 봤을 것입니다. 하지만 기존 기능들 또한 여전히 잘 동작하는지도 테스트해 보셨나요? 이 질문을 듣고 걱정이 든다면 여러분의 프로그램에는 자동 테스트가 필요한 상황인 것입니다. 자동 테스트가 있으면 코드를 변경한 후에도 프로그램의 기능들이 정상적으로 동작한다는 것을 보장할 수 있습니다. Go의 testing 패키지와 go test 도구를 사용하면 이미 배운 기술들을 동원하여 자동 테스트를 더 쉽게 작성할 수 있습니다!

통과.

☑ JoinWithCommas에 []slice…{,"pear"}를 전달하면 "apple, orange, and pear"가 반환되어야 합니다.

실패!

☒ JoinWithCommas에 []slice…{,"pear"}를 전달하면 "apple and orange"가 반환되어야 합니다.

15 요청에 응답하기 웹 앱

지금은 21세기이며 사용자는 웹 앱을 원하고 있습니다. Go에는 웹 앱 개발에 필요한 모든 것이 준비되어 있습니다! Go의 표준 라이브러리에는 여러분만의 웹 앱을 호스팅하고 그렇게 만든 웹 앱을 웹 브라우저에서 접근할 수 있도록 만들어 주는 패키지가 포함되어 있습니다. 이 책의 마지막 두 장에서는 웹 앱을 만드는 방법을 다뤄 보려고 합니다. 웹 앱에 가장 먼저 필요한 것은 웹 브라우저가 보낸 요청에 응답하는 기능입니다. 이 장에서는 net/http 패키지를 사용하여 요청에 응답하는 방법을 배워 보겠습니다.

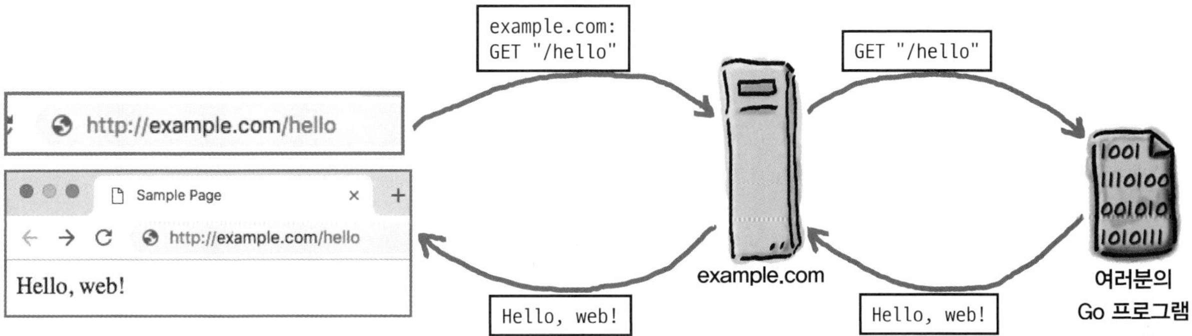

16 패턴 따르기 HTML 템플릿

웹 앱은 일반 텍스트가 아닌 HTML로 응답해야 합니다. 일반 텍스트는 이메일이나 소셜 미디어상의 포스트에 사용하기는 적합하지만, 웹 페이지에는 구조적이고 형식화된 텍스트가 필요합니다. 웹 페이지에는 제목과 문단이 필요하며 사용자가 데이터를 전송할 수 있는 폼이 필요합니다. 이를 위해서는 HTML 코드가 필요합니다.
그리고 최종적으로 데이터를 HTML 코드에 삽입할 수 있어야 합니다. 때문에 Go는 html/template이라는 패키지를 제공하고 있으며, 이 패키지는 HTML 응답에 데이터를 포함시킬 수 있는 강력한 방법을 제공합니다. 템플릿은 더 크고, 더 나은 웹 앱을 구축하는 데 핵심 역할을 수행하며, 따라서 이 마지막 장에서는 템플릿을 사용하는 방법을 배워 보겠습니다!

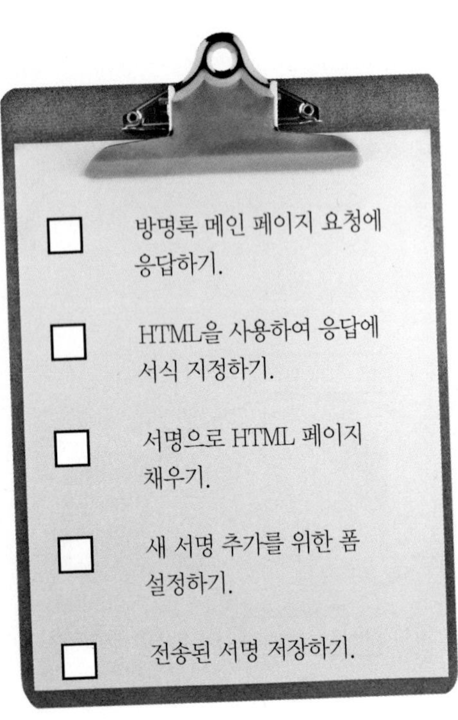
방명록 메인 페이지 요청에 응답하기.
HTML을 사용하여 응답에 서식 지정하기.
서명으로 HTML 페이지 채우기.
새 서명 추가를 위한 폼 설정하기.
전송된 서명 저장하기.

os.OpenFile 이해하기

부록 A: 파일 열기

어떤 프로그램은 단순히 파일에서 데이터를 읽어 올 뿐만 아니라 파일에 데이터를 기록해야 하는 경우도 있습니다. 이 책에서는 파일을 다룰 때 프로그램이 파일을 읽을 수 있도록 텍스트 에디터에서 파일을 직접 생성해 줘야 했습니다. 하지만 어떤 프로그램은 직접 데이터를 생성하기도 하며, 데이터를 생성하면 생성한 데이터를 파일에 기록할 수 있어야 합니다. 이 책에서는 데이터를 쓰기 위한 파일을 열기 위해 os.OpenFile 함수를 사용했습니다. 하지만 이 함수가 어떻게 동작하는지는 다루지 못했습니다. 이 부록에서는 os.OpenFile 함수를 더 효율적으로 사용하기 위해 알아야 할 모든 것을 살펴보겠습니다.

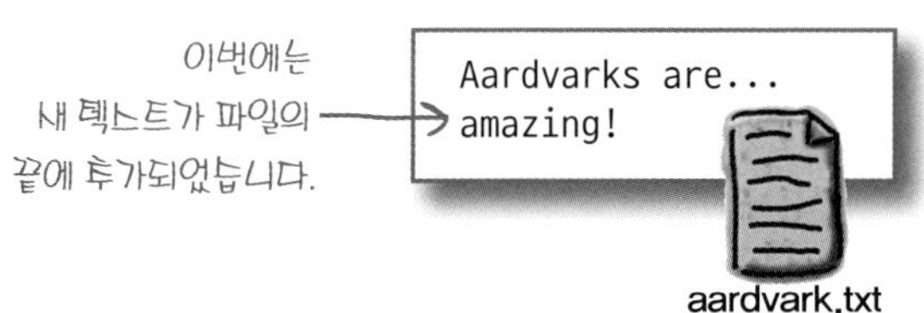

이번에는
새 텍스트가 파일의
끝에 추가되었습니다.
Aardvarks are...
amazing!
aardvark.txt

못 다룬 여섯 가지 주제

부록 B: 번외

B

지금까지 정말 많은 내용을 다뤘고, 이제 거의 다 끝났습니다. 여러분이 그리울 거예요. 하지만 가시기 전에 몇 가지 *짤막한* 내용을 소개해 드리지 않으면 여러분을 편히 보내 드릴 수 없겠어요. 여러분을 위해 이 부록에 여섯 가지 중요한 주제를 모아 놨습니다.

초기화문

조건식

```
if count := 5; count > 4 {
    fmt.Println("count is", count)
}
```

모든 문자가 출력 가능한 문자로 나옵니다.

```
0: A
1: B
2: C
3: D
4: E
0: Б
2: Г
4: Д
6: Ж
8: И
```

버퍼가 가득 찬 상태에서 값을 전송하면 송신 고루틴은 블로킹됩니다.

"d"

"c"
"b"
"a"

추가로 전송된 값들은 버퍼가 가득 찰 때까지 계속 추가됩니다.

이 책의 활용 방법

서문

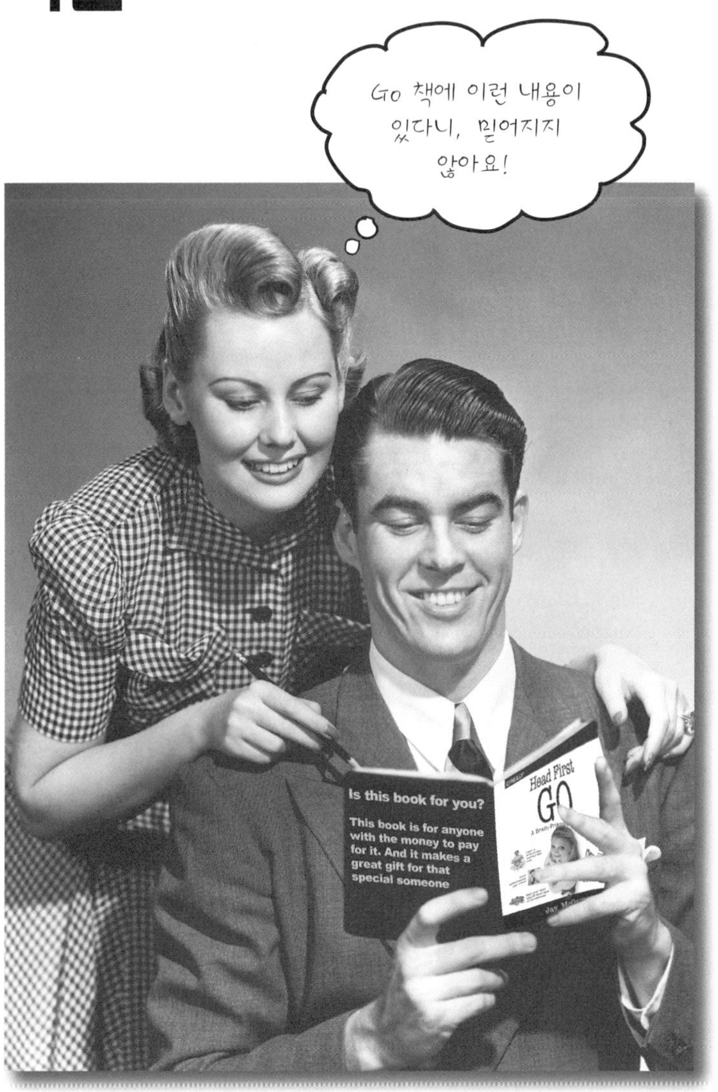

서문에는 "왜 Go 책에 이런 내용이 있어요?"에 대한 답이 있습니다.

누구를 위한 책일까요?

다음 질문에 한 가지라도 "예."라고 대답한다면,

1. 텍스트 에디터를 사용할 수 있으신가요?

2. **빠르고 생산성 높은** 프로그래밍 언어를 배우고 싶으신가요?

3. 무미건조하고 학구적인 강의보다 저녁 식사에 대화하기 위한 재미있는 주제를 선호하십니까?

그렇다면 이 책은 여러분을 위한 책입니다.

이 책이 맞지 않는 사람은 누구일까요?

다음 질문에 하나라도 "예"라고 대답한다면,

1. 컴퓨터를 사용해 본 적이 없나요?

   (컴퓨터 전문가일 필요는 없지만 폴더와 파일을 이해하고 있으며 터미널을 열거나 텍스트 에디터를 사용하는 방법 정도는 알고 있어야 합니다.)

2. *레퍼런스* 책을 찾고 있는 슈퍼 개발자인가요?

3. 새로운 것을 시도하는 게 두려운가요? 빗살 무늬와 체크 무늬가 섞인 옷을 입느니, 차라리 치과에서 신경치료를 받겠습니까? 농담이 섞인 기술 책은 제대로 된 내용을 갖추고 있을 리가 없다고 생각하나요?

그렇다면 이 책은 여러분에게 적합하지 않습니다.

마케팅 메모: 이 책은 살아 있는 사람이라면 누구나 구입할 수 있는 책입니다.

여러분은 이렇게 생각하겠지요

어떻게 이런 걸 제대로 된 Go 책이라고 하겠어?

이 그림들은 다 뭐야?

이렇게 해서 뭘 배우기나 하겠어?

그리고 여러분의 두뇌는 이렇게 생각하고 있습니다

여러분의 두뇌는 이게
중요하다고 생각하죠.
끝내주네. 오백여 쪽의 지루하고, 무미건조한 내용만 보면 되네…
여러분의 두뇌는 이게
기억할 가치가 없다고
생각하죠.

여러분의 두뇌는 항상 새로운 것을 갈망합니다. 항상 무언가 특이한 것을 찾고, 기다립니다. 원래 두뇌는 그렇습니다. 그 덕분에 인류가 생존해 온 거죠.

그렇다면 일상적이고 흔하디 흔한 너무나도 평범한 것을 접할 때 두뇌에서는 어떤 일이 일어날까요? 두뇌는 정말 해야 하는 일(즉, 정말 중요한 것을 기억하는 일)을 방해하는 모든 것을 거부합니다. 별로 중요하지 않은 일은 결코 '이건 중요하지 않아' 필터에서 걸러집니다.

그런데 중요한 것인지 아닌지 두뇌는 어떻게 알 수 있을까요? 하이킹하러 야외에 나갔는데 갑자기 호랑이가 나타났다고 생각해 보세요. 여러분의 두뇌와 몸에는 무슨 일이 일어날까요?

뉴런이 폭발하고, 감정이 북받치고, 호르몬이 쭉쭉 솟아나겠지요.

그리고 여러분의 두뇌는 다음과 같이 생각할 겁니다.

이건 중요해! 잊어버리면 안 돼!

그런데 여러분이 집이나 도서관에 있다고 생각해 보세요. 이런 장소는 안전하고, 따뜻하고, 호랑이가 나타날 리도 없습니다. 여러분은 그곳에서 공부하고 있습니다.

시험을 준비하고 있거나 직장 상사가 일주일이나 열흘이면 마스터할 수 있다고 생각하는 엄청난 기술을 습득하기 위해 공부하고 있는 거죠.

한 가지 문제가 있네요. 두뇌는 중요하지 않은 내용을 저장하기 위해 중요한 내용을 저장할 공간을 사용하지 않으려 합니다. 호랑이나 화재 같은 정말 중요한 내용을 저장하려면 쓸데없는 내용은 무시하는 편이 낫지요. 게다가 "이봐 두뇌, 날 위해 수고해 줘서 정말 고맙긴 한데, 이 책이 아무리 지루하고 재미없고 어떤 감정이 생기지 않더라도 난 지금 이 내용을 정말 기억해야 한단 말이야."라고 두뇌에게 말할 수도 없습니다.

우리는 'Head Fisrt' 독자를 학습자라고 생각합니다.

뭔가를 배우려면 어떻게 해야 할까요? 먼저 이해하고, 그다음엔 잊어버리지 않아야겠죠? 단순히 지식을 두뇌 속에 집어넣는 방법은 소용없습니다. 인지과학, 신경물리학, 교육심리학 분야의 최신 연구 결과에 따르면 종이 위의 글자만으로 학습하는 것은 충분하지 못하다고 합니다. Head First는 여러분의 두뇌가 쌩쌩 돌아가게 하는 방법을 알고 있습니다.

Head First 학습 원리

그림을 넣어 설명합니다. 글자만 있는 것보다는 그림을 사용하는 편이 훨씬 기억하기 좋고, 학습 효과를 향상시키는 데도 도움이 됩니다(기억과 전이 분야 연구에 의하면 89%까지 향상된다고 합니다). 그림을 사용하면 이해하기도 쉬워집니다. 글자를 그림 안이나 옆에 넣으면 그림 아래나 다른 쪽에 있을 때보다 내용과 관련된 문제를 두 배나 잘 풀 수 있다고 합니다.

대화체를 사용합니다. 최근 연구에 의하면 딱딱한 말투보다 개인적으로 대화를 나누는 듯한 문체로 내용을 설명하면 학습 후 테스트에서 40% 정도 더 좋은 점수를 받을 수 있다고 합니다. 강의 대신 이야기를 들려 줍니다. 너무 심각한 말투는 별로 좋지 않습니다. 여러분은 저녁 식사에서 나눈 재미있는 대화와 딱딱한 강의 중 어느 것에 더 관심이 쏠리나요?

더 깊이 생각할 수 있게 만듭니다. 뉴런을 활발하게 사용하지 않으면 두뇌 속에서 그리 특별한 일이 생기지 않습니다. 독자가 문제를 풀고, 결과를 유추하고, 새로운 지식을 이끌어낼 수 있도록 항상 동기, 흥미, 호기심, 사기를 불어넣어야 합니다. 그렇게 하려면 뭔가 도전 의식을 불러일으킬 만한 연습 문제나 질문을 통해 좌뇌와 우뇌를 포함한 여러 감각을 모두 사용해야 하는 활동을 제공해야 합니다.

계속 주의를 기울이게 만듭니다. 아마도 거의 모든 독자가 '아, 이거 꼭 해야 하는데, 한쪽만 봐도 졸려 죽겠네.'라고 생각해 봤을 겁니다. 사람의 두뇌는 언제나 일상적이지 않은 것, 재미있는 것, 특이한 것, 눈길을 끄는 것, 예기치 못한 것에 주의를 기울입니다. 어렵고 기술적인 내용을 배우는 일이 꼭 지루해야 할 필요는 없습니다. 지루하지 않아야 두뇌가 새로운 활동을 훨씬 빠르게 받아들입니다.

독자의 감성을 자극합니다. 내용이 얼마나 감성을 자극하는지에 따라 기억되는 정도가 크게 달라집니다. 자신이 좋아하는 것, 관심을 많이 갖고 있는 것은 쉽게 기억합니다. 뭔가를 느낄 수 있으면 쉽게 기억합니다. 뭐 그렇다고 소년과 강아지의 가슴 뭉클한 사연 같은 것을 말하는 것은 아닙니다. 퍼즐을 풀거나 남들이 모두 어렵다고 생각하는 것을 이해했을 때, 다른 친구들이 모르는 것을 알게 되었을 때 느끼는 놀라움, 호기심, '오, 이럴 수가!' 아니면 '내가 이겼어!'와 같은 생각이 들 때 더 잘 배울 수 있습니다.

메타인지: 생각에 관한 생각

여러분이 정말로 빨리, 더 깊이 배우고 싶다면 여러분이 어떻게 주의를 기울이는지에 주의를 기울여야 합니다. 여러분이 어떻게 생각하는지를 곰곰이 생각해 보세요. 여러분은 어떻게 배우는지를 배워야 합니다.

메타인지나 교육 이론을 접한 사람은 그리 많지 않습니다. 모든 사람은 배워야 하지만 어떻게 배워야 하는지는 교육받지 못했습니다.

이 책을 들고 있는 독자 여러분은 Go 언어를 통달하고 싶은 사람이라 가정하겠습니다. 가능하면 짧은 시간에 이를 이루고 싶겠죠. 이 책에서 읽은 내용을 실제 프로젝트에서 사용하려면 그 내용을 기억해야 합니다. 그러려면 내용을 이해해야 합니다. 이 책, 모든 책, 교육 경험에서 뭔가를 얻으려면 여러분의 두뇌를 정복해야 합니다. 여러분의 두뇌가 이 내용을 기억해야 합니다.

여러분이 배우는 새로운 내용을 정말 중요한 것으로 생각하게 만들어야 합니다. 여러분 행복에 필수라고 느끼게 만들어야 합니다. 이 내용이 호랑이만큼이나 중요하다고 느끼게 만들어야 합니다. 그렇지 않으면 그 내용을 저장하려 하지 않는 두뇌와 길고 지루한 싸움을 해야 할 겁니다.

어떻게 해야 내
두뇌가 이 책 내용을
중요하다고 생각할까.

그렇다면 어떻게 여러분의 두뇌가 프로그래밍을 배고픈 호랑이라고 생각하게 만들 수 있을까요?

느리고 지루한 방법도 있고 빠르고 효과적인 방법도 있습니다. 느린 방법은 반복하는 겁니다. 같은 내용을 계속 반복해서 주입하면 아무리 재미없는 내용이더라도 배우고 기억할 수 있습니다. 여러 번 반복해서 우겨 넣다 보면 '사실 별로 중요한 것 같진 않지만 똑같은 걸 계속해서 보고 또 보는 걸 보니 중요한가 보구나.'라고 생각하게 되는 거죠.

빠른 방법은 두뇌 활동, 그중에서도 다각적으로 **두뇌 활동을 증가시키는 모든 방법을 사용하는 겁니다.** 앞쪽에 있는 학습 원리는 모두 두뇌 활동을 증가시키는 주요한 방법입니다. 그 방법들은 모두 두뇌 활동을 증가시켜 학습을 원활하게 해 준다고 검증된 것입니다. 예를 들어 어떤 단어를 설명하는 그림 안에 그 단어를 넣으면 그림 밑이나 본문에서 설명할 때보다 그 단어와 그림 간 관계를 이해하기 위해 두뇌가 활발하게 움직이면서 더 많은 뉴런이 활성화됩니다. 더 많은 뉴런이 활성화되면 두뇌가 그 내용은 집중해서 살펴볼 가치가 있다고 생각하게 되고, 결국 더 잘 기억할 수 있습니다.

대화체가 더 좋은 이유는 보통 대화를 나눌 때는 상대방이 하는 말을 들으면서 내용을 이해하려 노력하기 때문입니다. 놀라운 점은 그런 대화가 책과 독자 사이의 대화일 때도 우리 두뇌는 똑같이 반응한다는 겁니다. 하지만 문체가 딱딱하고 재미없으면 수백 명의 학생이 대형 강의실에 앉아 건성으로 수업을 들을 때와 마찬가지로 학습 효과가 떨어진다고 합니다. 단지 억지로 깨어 있을 필요가 없다는 점이 다르죠.

그러나 그림과 대화체는 단지 시작일 뿐입니다.

이 책에서는 이렇게 했습니다

이 책에는 **그림**이 많습니다. 두뇌는 글자보다 그림에 더 민감하게 반응하기 때문이죠. 두뇌의 반응을 보면 그림 한 장이 글자 1,000개와 비슷합니다. 글자와 그림을 함께 사용할 때는 글자를 그림 안에 넣었습니다. 글자를 그림 밑이나 다른 곳에 넣는 것보다 그림 안에 넣을 때 두뇌가 더 활발히 활동하기 때문이죠.

이 책은 똑같은 내용을 다른 방법, 다른 매체, 여러 감각 기관을 사용해 **반복**해서 설명합니다. 그러면 두뇌는 배운 내용을 여러 곳에 저장하기 때문에 기억할 가능성도 높아집니다.

개념과 그림을 **독창적**으로 사용했습니다. 두뇌는 새로운 것을 더 잘 받아들이기 때문입니다. 그림과 개념에는 감성적인 내용을 담을 수 있도록 했습니다. 두뇌는 **감성적인** 내용에 주의를 기울이게 만들어졌기 때문이죠. 사소한 **유머, 놀라움, 흥미** 같은 것이더라도 여러분이 느낄 수 있으면 그만큼 두뇌 속에 더 잘 기억되기 때문입니다.

개인적인 **대화체**를 사용했습니다. 두뇌는 앉아서 강의를 듣는다고 느낄 때보다 상대방과 대화한다고 느낄 때 더 집중을 잘하기 때문이죠. 두뇌는 대화체의 책을 읽을 때도 대화한다고 생각합니다.

실습 예제를 포함합니다. 두뇌는 읽을 때보다는 **직접 해 볼 때** 더 잘 배우고 기억하도록 만들어졌기 때문입니다. 연습 문제는 약간 어렵지만 여러분이 풀 수 있는 수준으로 만들었습니다. 많은 사람이 이런 도전을 즐기기 때문입니다.

여러 학습 방법을 섞어서 사용했습니다. 어떤 사람은 차례차례 따라 하는 것을 좋아하고, 어떤 사람은 큰 그림을 먼저 이해하는 것을 좋아하고, 어떤 사람은 그저 사례를 보고 싶어 하기 때문입니다. 어떤 학습 방법을 좋아하든 상관없이 여러 취향을 고려해 설명한 내용으로 공부하면 독자 여러분 모두에게 도움이 될 겁니다.

여러분의 **양쪽 두뇌를 모두 사용**할 수 있는 내용을 수록했습니다. 두뇌의 더 많은 부분을 사용할수록 더 많이 배우고 기억하고 더 오래 집중할 수 있기 때문입니다. 한쪽 두뇌를 사용하고 있는 동안에 다른 쪽 두뇌는 쉴 수 있기 때문에 더 오래 공부해도 높은 효율을 유지할 수 있습니다.

여러 관점을 보여 주는 이야기와 연습 문제를 포함시켰습니다. 어떤 것을 평가하고 판단해야 할 때 두뇌는 더 깊이 배우도록 만들어졌기 때문이죠.

독자 여러분의 **도전 의식**을 고취시킬 수 있는 연습 문제와 뚜렷한 해답이 없는 **질문**을 포함시켰습니다. 두뇌는 무언가 곰곰이 생각할 때 배우고 기억하도록 만들어졌기 때문이죠. 그래서 우리는 곰곰이 생각해 볼 가치가 있는 문제만 선별하기 위해 최선을 다했습니다. 여러분이 너무 이해하기 힘든 예제를 분석하거나 어려운 전문 용어가 가득하거나 너무 짧은 문장을 이해하기 위해 **시간을 낭비하는 일이 없게 했습니다.**

이야기, 사례, 그림에서 사람을 사용했습니다. 여러분 모두가 사람이기 때문이죠. 두뇌는 물건보다는 사람에게 주의를 더 잘 기울입니다.

이 부분을 오려서 냉장고에 붙여 두세요.

여러분의 두뇌를 정복하는 방법

우리의 설명은 끝났습니다. 나머지는 여러분께 달려 있습니다. 두뇌에서 어떤 반응을 보이는지 살펴보고, 어떤 것이 적절하고 어떤 것이 부적절한지 알아보는 것부터 시작하세요. 항상 새로운 것을 시도해 보세요.

---

1 천천히 하세요. 더 많이 이해할수록 외워야 할 양이 줄어들어요.

그저 읽기만 해서는 안 됩니다. 잠깐씩 쉬면서 생각해 보세요. 책에 질문이 나오면 바로 답으로 넘어가지 말고, 다른 사람이 그런 질문을 했다고 생각해 보세요. 더 깊고 신중히 생각할수록 더 잘 배우고 오래 기억할 수 있습니다.

2 연습 문제를 풀고, 직접 메모하세요.

연습 문제는 독자를 위해 수록한 것입니다. 연습 문제를 그저 쳐다보지만 말고 연필을 사용해서 직접 풀어 보세요. 몸을 쓰면서 공부하면 학습 효과가 높아진다는 증거는 많이 있습니다.

3 '바보 같은 질문은 없다'를 읽으세요.

반드시 모두 읽어 보세요. 그냥 참고 자료로 수록한 것이 아니라 핵심 내용의 일부입니다! 그냥 지나치지 마세요.

4 잠자리에 들기 전에 마지막으로 이 책을 읽으세요.

학습 과정의 일부(특히 장기 기억으로의 전이 과정)는 책장을 덮은 후에 일어납니다. 두뇌에서 무언가를 처리하려면 시간이 필요하기 때문이죠. 처리하는 동안 다른 일을 하면 새로 배운 내용을 잊어버릴 수 있습니다.

5 이 책의 내용을 얘기하세요. 큰 소리로!

소리 내어 말하면 읽기만 할 때와는 다른 두뇌 부분이 활성화됩니다. 무언가 이해하거나 더 잘 기억하고 싶으면 크게 소리 내어 말해 보세요. 다른 사람에게 설명하면 더 좋습니다. 더 빨리 배울 수 있을 뿐 아니라 몰랐던 것도 생각해 낼 수 있습니다.

6 물을 많이 드세요.

수분을 충분히 섭취하면 여러분의 두뇌가 최고로 잘 굴러갑니다. 여러분의 몸이 갈증을 느끼기 전에 두뇌가 먼저 수분 부족을 느끼게 되며, 수분이 부족하면 인지 기능도 저하됩니다.

7 자신의 두뇌 반응에 귀를 기울이세요.

여러분의 두뇌가 너무 힘들어 하고 있지는 않은지 관심을 가지세요. 대강 훑어 보고 있거나 방금 읽은 것을 바로 잊어버린다는 느낌이 들면 잠시 쉬는 것도 좋습니다. 일단 어느 정도 공부하고 나면 무조건 파고든다고 해서 더 빨리 배울 수 있는 것은 아닙니다. 오히려 공부하는 데 방해가 될 수 있습니다.

8 뭔가를 느껴 보세요!

여러분의 두뇌에서 지금 공부하는 것이 중요하다고 느낄 수 있어야 합니다. 책 속에 나와 있는 이야기에 몰입하세요. 그리고 책에 나와 있는 사진에 직접 제목을 붙여 보세요. 아무것도 느끼지 않는 것보다는 썰렁한 농담을 보고 비웃기라도 하는 쪽이 더 낫습니다.

9 코드를 많이 작성하세요!

Go 프로그래밍을 배우는 유일한 방법은 바로 **코드를 많이 작성해 보는 것**입니다. 그리고 여러분이 이 책에서 할 일이 바로 코드를 많이 작성해 보는 것입니다. 코딩은 기술이기 때문에 잘하기 위한 유일한 방법은 연습 밖에 없습니다. 이 책에는 연습 문제가 많이 수록되어 있습니다. 모든 장에는 여러분의 과제가 담긴 연습 문제들이 있습니다. 연습 문제를 그냥 넘기지 마세요. 연습 문제를 풀면서 학습하는 것이 많습니다. 혹여나 막히더라도 **정답을 보는 것**을 두려워하지 마세요. 작은 부분 때문에 막힐 수도 있는 일이니까요. 하지만 그래도 가능하면 정답을 보기 전에 직접 풀어 보는 게 좋습니다. 그리고 다음 장으로 넘어가기 전에는 확실히 내 것으로 만들고 넘어가세요.

알아 두세요

이 책은 학습서지 참고서가 아닙니다. 우리는 책 안에 있는 내용이 무엇이든 작업할 때마다 배움에 걸리적거리는 모든 것을 의도적으로 제거했습니다. 그리고 처음 이 책을 읽을 때는 처음부터 시작해야 합니다. 이 책은 여러분이 앞에서부터 순차적으로 배운다고 가정하기 때문입니다.

다른 프로그래밍 언어에 대한 경험이 있으면 도움이 됩니다.

많은 개발자가 다른 언어를 배운 상태에서 Go를 배우곤 합니다(보통 다른 대체 언어를 찾기 위함이죠). 이 책은 프로그래밍을 처음 시작한 사람도 읽을 수 있도록 구성되었지만 변수가 무엇이고 if문이 어떻게 동작하는지에 대한 상세한 내용은 다루지 않습니다. 따라서 기존에 다른 언어를 다룬 적이 있다면 조금은 도움이 될 것입니다.

모든 타입, 함수 및 패키지를 다루지는 않습니다.

Go에는 수많은 패키지가 내장되어 있습니다. 패키지 하나하나가 모두 다 흥미롭지만 그 수많은 패키지는 이 책의 분량이 두 배가 된다고 해도 모두 다룰 수 없습니다. 이 책에서는 좀 더 핵심적이고 중요한 타입과 함수만 다룹니다. 그것들을 잘 숙지한다면 해당 타입이나 함수를 어떻게 사용하고 언제 사용하는지에 자신감을 가질 수 있을 것입니다. 여하튼 Head First Go를 마치고 나면 Go 참고서를 하나 골라 이 책에서는 다루지 못한 다른 패키지를 좀 더 빠르게 습득할 수 있을 것입니다.

학습 활동은 선택 사항이 아닙니다.

연습 문제와 학습 활동은 부가적인 것이 아니라 이 책의 핵심 내용 중 하나입니다. 일부는 기억을 돕기 위한 것이고, 또 다른 일부는 이해를 돕기 위한 것이며, 어떤 것은 배운 것을 적용하는 데 도움을 주기 위한 것입니다. **연습 문제를 건너뛰지 마세요.**

중복은 의도적이면서도 중요합니다.

Head First 책이 특히 다른 한 가지는, 여러분이 정말 그 내용을 이해할 수 있기를 우리가 진심으로 바란다는 겁니다. 그리고 여러분이 배운 내용을 기억하면서 이 책을 마무리하기를 원합니다. 대부분 참고서는 기억과 회상을 목표로 하지는 않지만, 이 책은 배우고 익히는 책이므로 여러분은 동일한 개념들이 한 번 이상 나오는 것을 보게 됩니다.

예제 코드는 최대한 간결하게 준비했습니다.

두 줄의 코드를 이해하기 위해 코드를 200줄이나 훑어봐야 한다면 진이 빠질 것입니다. 이 책에 수록된 예제 코드는 대부분 가능한 한 적은 범위의 컨텍스트 안에서 짧은 코드로 이루어져 있습니다. 따라서 더 간결하고 짧은 코드로 학습할 수 있습니다. 예제 코드에서 견고하고 완전한 코드를 기대하지는 마세요. 그러한 코드를 작성하는 일은 이 책이 끝난 다음 여러분이 해야 할 일입니다. 이 책의 예제 코드는 학습을 목표로 특별히 작성되었기 때문에 코드 자체가 항상 기능적으로 완벽하지는 않습니다.

감사의 말

시리즈 창시자:

Head First 시리즈의 창시자인 **캐시 시에라**와 **버트 베이트**에게 큰 감사를 전합니다. 저는 십년 전에 Head First 시리즈를 처음 접했을 때부터 줄곧 이 시리즈를 좋아했지만 제가 직접 이 책을 쓰게 될 줄은 몰랐어요. 새롭고 훌륭한 스타일의 교육 콘텐츠를 만들어 주셔서 감사합니다!

오라일리 팀:

이 책을 만드는 데 도움을 준 오라일리 팀의 모든 분들과, 특히 편집자 **제프 블리엘, 크리스틴 브라이언, 레이첼 모나한** 그리고 제작팀분들께 감사드립니다.

기술 검토자:

사람은 항상 실수하기 마련이지만 저는 운 좋게도 기술 검토자인 **팀 헥맨, 에드워드 웨숭원** 그리고 **스테판 포크만** 덕분에 많은 실수를 바로 잡을 수 있었습니다. 제가 실수한 흔적을 모조리 지워버렸기 때문에 여러분은 그들이 얼마나 많은 문제를 찾아냈는지 모를 겁니다. 하지만 그들의 도움과 피드백은 정말 도움이 많이 되었고 항상 감사한 마음을 갖고 있습니다.

그리고:

추가 교정을 위해 도움을 준 **레오 리차드슨**에게 감사드립니다.

저에게 가장 소중하고, 두 권의 책을 쓰는 동안 옆에서 묵묵히 인내하고 응원해 준 **크리스틴, 코트니, 브라이언, 레니** 그리고 **제레미**에게 정말 고맙다는 말을 전하고 싶습니다!

1 시작해 봅시다

문법 기초

이 프로그램 좀 봐! Go로 만들었다는데
컴파일도 빠르고 실행도 빠르고 ...
엄청 좋은데!?

빠른 소프트웨어를 만들 준비, 다 되셨나요? **컴파일**과 **실행 속도**가 **빠르고** **배포**도 **편리**하면서 **쉽게 사용**할 수 있는 그런 프로그래밍 언어를 찾고 계신가요? **그렇다면 여러분은 Go 언어를 배울 준비가 다 되신 겁니다.**

Go는 단순함과 속도에 중점을 둔 프로그래밍 언어입니다. 문법이 다른 언어보다 단순하기 때문에 빠르게 배울 수 있습니다. 또한 멀티코어 프로세서를 적극 활용함으로써 프로그램을 빠르게 만듭니다. 이 장에서는 여러분이 개발자로서 더 편한 삶을 누리고 사용자를 기쁘게 만들어 줄 Go의 기능과 특징들을 소개하겠습니다.

제자리에, 준비, Go!

때는 2007년, 검색 엔진 회사인 구글은 한 가지 문제에 봉착했습니다. 수백만 라인의 코드를 유지보수해야 한 구글은 새로운 기능을 테스트하려면 코드를 수정할 때마다 매번 컴파일해야 했습니다. 하지만 당시에는 컴파일 시간만 한 시간이 넘게 걸렸기 때문에 두말할 것도 없이 개발 생산성은 점점 저하되어 갔습니다.

이러한 문제를 해결하고자 구글의 엔지니어인 로버트 그리시머, 롭 파이크, 켄 톰슨, 이 세 명은 다음 특징을 고려한 새로운 언어를 만들기 시작했습니다.

- 빠른 컴파일 속도
- 간결한 코드
- 미사용 메모리 자동 해제(가비지 컬렉션)
- 편리한 동시성 코드 작성
- 멀티코어 프로세서 지원

그리고 몇 년 후 구글은 높은 생산성과 빠른 컴파일 및 실행 속도를 지닌 Go라는 언어를 만들게 됩니다. Go 프로젝트는 2009년에 오픈소스로 전환해 공개되었습니다. 지금은 전 세계 누구나 Go 언어를 사용할 수 있습니다. Go는 간결함과 강력한 성능 덕분에 큰 인기를 끌고 있습니다.

여러분도 Go의 매력에 빠지면 좋겠습니다!

Go를 사용해 커맨드 라인 도구를 만든다면 하나의 소스 코드로 여러 운영체제(윈도우, macOS 및 리눅스)에서 실행할 수 있는 실행 파일을 만들 수 있습니다. 웹 서버를 만든다면 수많은 동시 접속을 좀 더 쉽고 효율적으로 처리할 수 있습니다. 그 어떤 프로그램을 작성하더라도 Go를 사용하면 유지보수하기 쉬운 코드를 작성하기가 한층 수월해질 것입니다.

그럼 이제 배울 준비가 다 되셨나요? 시작해 봅시다!

Go 플레이그라운드

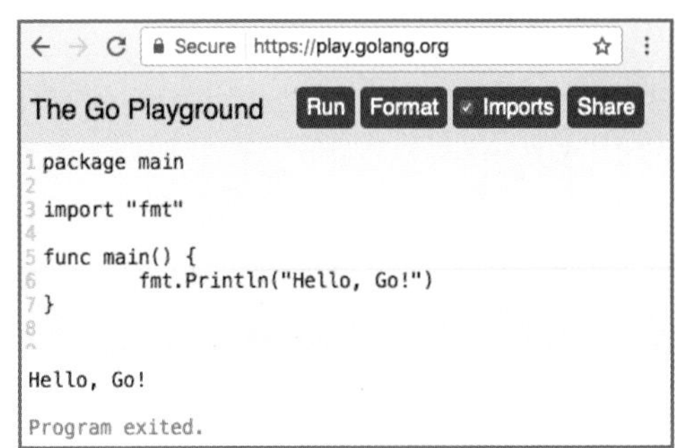

Go를 사용해 보기 위한 가장 쉬운 방법은 https://play.golang.org 라는 웹 서비스를 이용하는 것입니다. 플레이그라운드 에디터에서 직접 Go 코드를 작성하고 실행해 볼 수 있으며 실행 결과도 브라우저에서 바로 확인할 수 있습니다.

(플레이그라운드 웹 서비스를 이용하려면 인터넷이 안정적으로 연결되어야 합니다. 인터넷 환경이 원활하지 않을 경우 25페이지 컴퓨터에 Go 설치하기를 보고 컴퓨터에 Go 컴파일러를 다운로드받아 예제들을 직접 실행해 볼 수 있습니다.)

그럼 이제 한 번 사용해 봅시다!

1. 브라우저에서 https://play.golang.org에 접속합니다 (플레이그라운드가 업데이트되었다면 위 스크린샷과 다르게 보일 수도 있습니다).

2. 에디터를 비우고 다음 코드를 작성하세요.

```
package main

import "fmt"

func main() {
	fmt.Println("Hello, Go!")
}
```

코드에 대한 설명은 다음 페이지에서 할 예정이므로 지금 당장은 무슨 뜻인지 몰라도 괜찮습니다.

3. Format 버튼을 누르면 Go의 컨벤션에 따라 코드가 자동으로 정렬됩니다.

4. Run 버튼을 누르세요.

코드를 실행하면 화면 하단에 "Hello, Go"라는 텍스트가 나타날 것입니다. 축하합니다! 첫 Go 프로그램을 실행하는 데 성공했습니다!

그럼 이제 위에서 과연 무슨 일들이 벌어진 건지 하나씩 차근차근 살펴보겠습니다.

출력값 → Hello, Go!

이게 다 무슨 뜻인가요?

여러분은 앞서 첫 Go 프로그램을 작성하고 실행하는 데 성공했습니다! 그럼 이제 코드를 한 줄씩 살펴보면서 각 코드가 무얼 의미하는지 파헤쳐 보겠습니다.

모든 Go 파일은 package절로 시작합니다. **패키지(package)**란 문자열 서식 기능 모음이나 이미지 그리기 기능 모음과 같은 유사한 기능을 수행하는 코드들의 모음입니다. package절은 현재 파일의 코드가 속하게 될 패키지의 이름을 지칭합니다. 위 코드에서는 특수 패키지인 main 패키지를 사용하는데 이 패키지는 코드를 직접 실행하는 경우에 반드시 필요한 패키지입니다(보통 터미널에서 직접 실행하는 프로그램이 이 경우에 속합니다).

그리고 대부분의 Go 파일은 하나 이상의 import문을 가집니다. 어떤 코드에서 다른 패키지에 있는 코드를 사용하기 위해서는 먼저 해당 패키지를 **가져와야(import)** 합니다. 모든 Go 코드를 한 번에 가져오게 되면 프로그램이 불필요하게 커지고 느려지기 때문에 필요한 패키지만 가져와야 합니다.

```
package main

import "fmt"

func main() {
	fmt.Println("Hello, Go!")
}
```

- package main ← 현재 파일의 코드가 main 패키지에 속함을 나타냅니다.
- import "fmt" ← "fmt" 패키지에 있는 문자열 서식 코드를 사용하기 위해 패키지를 가져오고 있음을 나타냅니다.
- func main() { ← main 함수는 특별한 함수로 프로그램이 실행될 때 가장 먼저 호출되어 실행됩니다.
- fmt.Println ← "fmt" 패키지에 있는 "Println"이라는 함수를 사용합니다.
- fmt.Println("Hello, Go!") ← 이 라인은 터미널(플레이그라운드의 경우에는 웹 브라우저)에 "Hello, Go!"라는 문자열을 출력합니다.

이외의 나머지 부분은 실제로 실행되는 코드이며 보통은 하나 이상의 함수로 이루어져 있습니다. **함수(function)**란 코드의 어딘가에서 **호출(call)**할 수 있는 한 줄 이상의 코드로 이루어진 코드의 집합입니다. Go 프로그램은 실행될 때 main 함수를 가장 먼저 호출합니다. 위 코드에서 사용한 함수의 이름이 main인 것도 바로 이러한 이유 때문입니다.

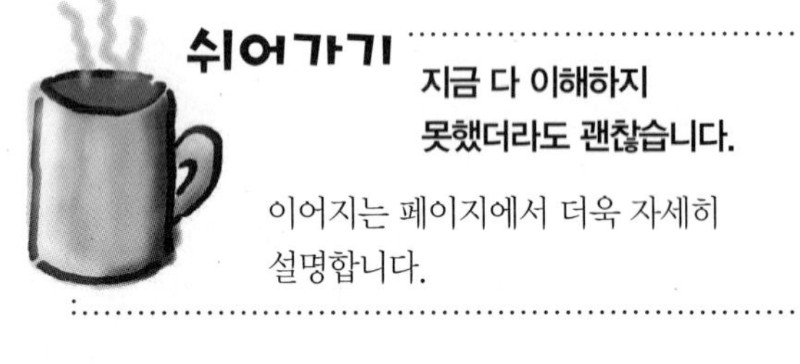

지금 다 이해하지 못했더라도 괜찮습니다.

이어지는 페이지에서 더욱 자세히 설명합니다.

Go 파일의 기본 형식

앞으로 보게 될 대부분 Go 파일은 아래와 같이 세 부분으로 구성되어 있을 것입니다.

1. package절
2. import문
3. 실제 코드

```
package main            ← package절

import "fmt"            ← import문

func main() {           ┐
	fmt.Println("Hello, Go!")  │ 실제 코드
}                       ┘
```

"모든 물건은 각기 다 제자리가 있다."라는 속담이 있습니다. Go는 매우 일관된 프로그래밍 언어입니다. 일관성은 아주 큰 장점입니다. 나중에는 어떤 코드가 어디에 있는지 바로 찾게 되는 여러분 자신을 발견할 수도 있습니다.

바보 같은 질문은 없다

Q: 제가 사용하는 언어에서는 각 구문이 세미콜론으로 끝나야 하는데 Go는 아닌가 보네요?

A: Go에서도 구문들을 구분하기 위해 세미콜론을 사용할 수는 있지만 필수는 아닙니다.

Q: 이 Format 버튼은 뭔가요? 코드를 실행하기 전에 왜 누른 건가요?

A: Go 컴파일러에는 go fmt라는 표준 코드 포맷팅 도구가 함께 제공됩니다. Format 버튼은 go fmt의 웹 버전이라고 보면 됩니다.

다른 Go 개발자와 코드를 공유할 때면 그들은 공유받은 코드가 표준 Go 컨벤션에 맞게 잘 정리되어 있길 기대할 것입니다. 들여쓰기와 띄어쓰기와 같은 것들이 표준화되어 있으면 누구나 코드를 쉽게 읽을 수 있겠죠. 다른 언어의 경우에는 개발자가 표준 스타일 가이드에 맞게 코드 형식을 직접 정리해 줘야 하지만 Go에서는 go fmt를 사용하여 코드 형식을 자동으로 정리할 수 있습니다.

이 책에 있는 모든 예제 코드는 표준 컨벤션 형식으로 정리되어 있습니다. 여러분도 항상 코드를 실행하기 전에 go fmt를 사용해 코드를 정리하세요!

코드를 잘못 작성하면 어떻게 될까요?

Go 프로그램은 컴파일러가 코드를 해석하게 하는 몇 가지 규칙을 따라야 하는데, 이 규칙들을 어길 경우에는 에러가 발생합니다.
그럼 한 번 6번째 라인의 Println 함수를 호출하는 코드에서 괄호를 빼먹었다고 가정해 봅시다.

괄호를 빼먹은 상태로 프로그램을 실행하면 다음과 같은 에러가 발생합니다.

라인 수

```
1 package main
2
3 import "fmt"
4
5 func main() {
6 	fmt.Println "Hello, Go!"
7 }
```

괄호 사용을 깜빡한 경우

Go 플레이그라운드에서 사용한 파일의 이름

에러가 발생한 라인 수

에러 내용

```
prog.go:6:14: syntax error: unexpected literal "Hello, Go!" at end of statement
```

에러가 발생한 라인에서의 에러 발생 지점

Go는 에러가 발생하는 경우 에러가 발생한 소스 코드의 파일명과 에러가 발생한 라인 수를 알려 줍니다(Go 플레이그라운드는 코드를 실행하기 전에 먼저 코드를 임시 파일로 저장한 다음 해당 파일을 실행하는데, 위에서 보이는 prog.go가 바로 임시로 생성된 파일의 이름입니다). 라인 수 뒤로는 에러에 대한 상세 내용이 따라오는데, 위 경우에는 괄호가 빠져 있기 때문에 Go가 Println 함수를 호출했다는 사실을 모른 채로 6번째 라인의 끝에 "Hello, Go"라는 문자열이 위치한 이유를 해석할 수 없게 되면서 에러를 반환합니다.

부수면서 배우기!

프로그램의 이곳 저곳을 일부러 변형하고 망쳐 보면서 Go 프로그램에 적용되는 규칙들을 살펴봐요. 아래 코드의 여러 부분을 변형하고 실행해 보면서 어떤 일들이 벌어지는지 확인해 보세요!

```
package main

import "fmt"

func main() {
	fmt.Println("Hello, Go!")
}
```

예제 코드를 변형해 보고 어떤 일들이 벌어지는지 확인해 보세요!

이렇게 변형하면 ..	이런 이유로 실패합니다
package절 제거 ~~`package main`~~	모든 Go 파일은 package절로 시작해야 합니다.
import문 제거 ~~`import "fmt"`~~	Go 파일에서 참조하는 모든 패키지는 반드시 가져와야 합니다.
미사용 패키지 가져오기 `import "fmt"` `import "strings"`	Go에서는 실제로 참조하는 패키지만 가져올 수 있습니다(이는 빠른 컴파일 속도에 일조합니다).
main 함수명 변경 `func ~~main~~hello`	Go 프로그램은 실행될 때 가장 먼저 main 함수를 찾습니다.
Println 함수명을 소문자로 변경 `fmt.Pprintln("Hello, Go!")`	Go는 대소문자를 구분하기 때문에 fmt.Println만 유효하며 fmt.println이라는 함수는 존재조차 하지 않습니다.
Println 함수 앞의 패키지명 제거 ~~`fmt.`~~`Println("Hello, Go!")`	Println 함수는 main 패키지가 아닌 fmt 패키지의 함수이기 때문에 호출하기 전에 해당 함수가 속한 패키지명을 지정해 줘야 합니다.

예시로 첫 번째 경우를 시도해 봅시다....

package절 제거 →

```
import "fmt"

func main() {
	fmt.Println("Hello, Go!")
}
```

에러 발생! →

```
can't load package: package main:
prog.go:1:1: expected 'package', found 'import'
```

함수 호출하기

위 예제 코드에서는 fmt 패키지의 Println 함수를 호출해 사용하고 있습니다. 함수를 호출하려면 함수명(이 경우엔 Println)을 작성한 다음 뒤에 괄호 쌍을 붙여 주면 됩니다.

```
package main

import "fmt"

func main() {
	fmt.Println("Hello, Go!")
}
```

Println 함수 호출

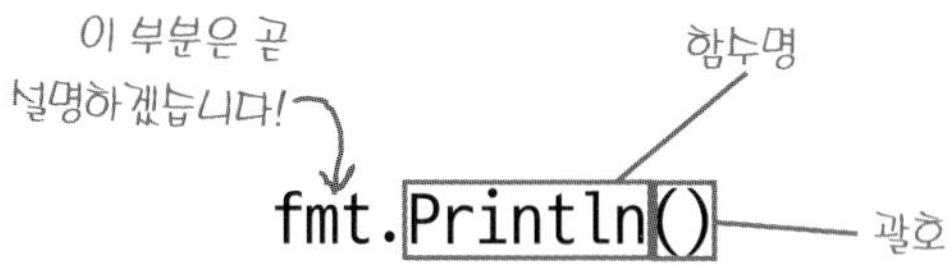
이 부분은 곧 설명하겠습니다!
함수명
fmt.Println()
괄호

다른 많은 함수들과 마찬가지로 Println도 하나 이상의 **인자(argument)**를 받을 수 있습니다. 인자는 함수명 뒤의 괄호 안에 위치합니다.

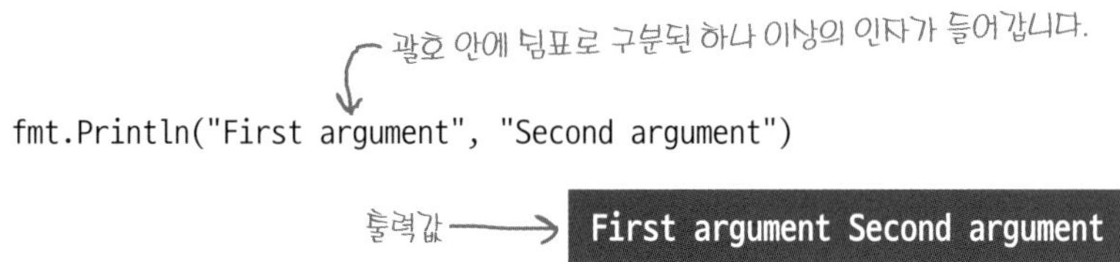
괄호 안에 쉼표로 구분된 하나 이상의 인자가 들어갑니다.
fmt.Println("First argument", "Second argument")
출력값
First argument Second argument

Println은 인자 없이 호출할 수도 있고 여러 인자를 전달할 수도 있습니다. 하지만 나중에 보면 알겠지만 대부분의 함수는 고정된 개수의 인자를 갖습니다. 이런 함수의 경우 고정된 개수보다 적거나 많은 인자를 전달하면 인자 개수가 맞지 않는다는 에러 메시지가 발생합니다.

Println 함수

프로그램이 무슨 일을 하고 있는지 확인하고 싶을 때 Println 함수를 사용할 수 있습니다. 함수로 전달된 인자 값들은 공백으로 구분되어 터미널에 출력됩니다.

Println은 모든 인자 값을 출력하고 나면 줄 바꿈을 한 뒤 터미널의 다음 라인으로 넘어갑니다(함수명 뒤의 "ln"이 줄 바꿈을 의미합니다).

```
fmt.Println("First argument", "Second argument")
fmt.Println("Another line")
```

출력값 →

```
First argument Second argument
Another line
```

다른 패키지의 함수 사용하기

우리가 작성한 프로그램은 main 패키지에 속해 있는 반면, Println 함수는 fmt 패키지에 속해 있습니다(fmt는 "format"의 약자입니다). Println 함수를 호출하기 위해선 먼저 이 함수가 속한 패키지를 가져와야 합니다.

```
package main

import "fmt"

func main() {
	fmt.Println("Hello, Go!")
}
```

Println 함수를 사용하기 위해선 먼저 "fmt" 패키지를 가져와야 합니다.

"fmt" 패키지의 함수를 호출하고 있음을 나타냅니다.

패키지를 가져오고 나면 〈패키지명〉.〈함수명〉의 형태로 패키지가 제공하는 함수를 사용할 수 있습니다.

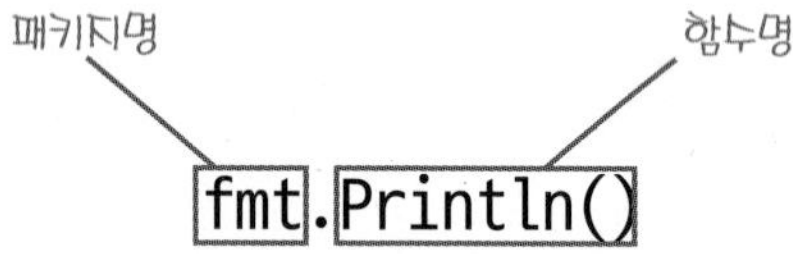

다음은 두 개의 서로 다른 패키지에 있는 함수를 호출하는 예제입니다. 여러 패키지를 가져올 때에는 다른 형태의 import문을 사용할 수 있는데, 가져올 패키지들을 한 줄에 하나씩 나열한 뒤 괄호로 묶으면 됩니다.

```
package main

import (
	"math"
	"strings"
)

func main() {
	math.Floor(2.75)
	strings.Title("head first go")
}
```

여러 패키지들을 한 번에 가져올 수 있는 import 구문입니다.

math.Floor 함수가 속한 "math" 패키지를 가져옵니다.

strings.Title 함수가 속한 "strings" 패키지를 가져옵니다.

"math" 패키지의 Floor 함수를 호출합니다.

"strings" 패키지의 Title 함수를 호출합니다.

이 프로그램은 아무 값도 출력하지 않습니다(그 이유는 곧 설명합니다).

math와 strings 패키지를 가져오고 나면 math.Floor로 math 패키지의 Floor 함수를 사용할 수 있고 strings.Title로 strings 패키지의 Title 함수를 사용할 수 있습니다.

위 코드는 두 개의 함수를 호출하고 있지만 아무 값도 출력하지 않습니다.
그 이유는 다음 페이지에서 설명하겠습니다.

함수 반환 값

좀 전에 살펴본 예제 코드는 math.Floor와 strings.Title 함수를 호출하지만 아무 값도 출력하지 않습니다.

```
package main

import (
	"math"
	"strings"
)

func main() {
	math.Floor(2.75)
	strings.Title("head first go")
}
```

이 프로그램은 아무 값도 출력하지 않습니다!

fmt.Println 함수는 한 번 호출하고 나면 호출한 이후로는 더 이상 필요하지 않습니다. Println은 받은 값을 출력해 주기만 하면 되기 때문입니다. 하지만 어떤 프로그램은 호출한 함수로부터 결괏값을 반환받아야 하는 경우도 있기 때문에 대부분의 프로그래밍 언어에서 함수는 **반환 값**(return value, 함수를 호출한 호출자에게 반환하는 값)을 가질 수 있습니다.

math.Floor와 strings.Title, 이 두 함수가 반환 값을 가진 함수의 예시입니다. math.Floor 함수는 부동 소수점 숫자를 인자로 받아 가장 가까운 정수로 내림한 값을 반환하며, strings.Title 함수는 문자열을 받아 문자열이 포함된 각 단어의 첫 번째 문자를 대문자로 변환한 문자열을 반환합니다.

이 함수들을 호출한 결괏값을 확인하려면 함수의 반환 값을 가져와 fmt.Println 함수에 전달하면 됩니다.

```
package main

import (
	"fmt"
	"math"
	"strings"
)

func main() {
	fmt.Println(math.Floor(2.75))
	fmt.Println(strings.Title("head first go"))
}
```

"fmt" 패키지도 가져옵니다.

숫자를 받아 내림한 값을 반환합니다.

math.Floor 함수의 반환 값을 fmt.Println 함수에 전달합니다.

strings.Title 함수의 반환 값을 fmt.Println 함수에 전달합니다.

문자열을 받아 문자열에 포함된 각 단어의 첫 문자를 대문자로 변환한 새로운 문자열을 반환합니다.

출력값

```
2
Head First Go
```

수정한 코드를 실행해 보면 각 함수의 결괏값이 출력됨을 볼 수 있습니다.

수영장 퍼즐

여러분이 할 일은 수영장에 들어 있는 코드 조각을 아래 빈칸에 맞게 채워 넣는 것입니다. 각 코드 조각은 한 번만 사용할 수 있고 모두 사용할 필요는 없습니다. 여러분의 목표는 아래 보이는 출력값을 출력하는 프로그램을 완성하는 것입니다.

```
package main

import (
        ____
)

____ main() {
        fmt.Println(______________)
}
```

여러분을 위해 첫 코드는 미리 채워 넣었습니다!

출력값

```
Cannonball!!!!
```

참고: 각 코드 조각은 딱 한 번만 사용할 수 있습니다!

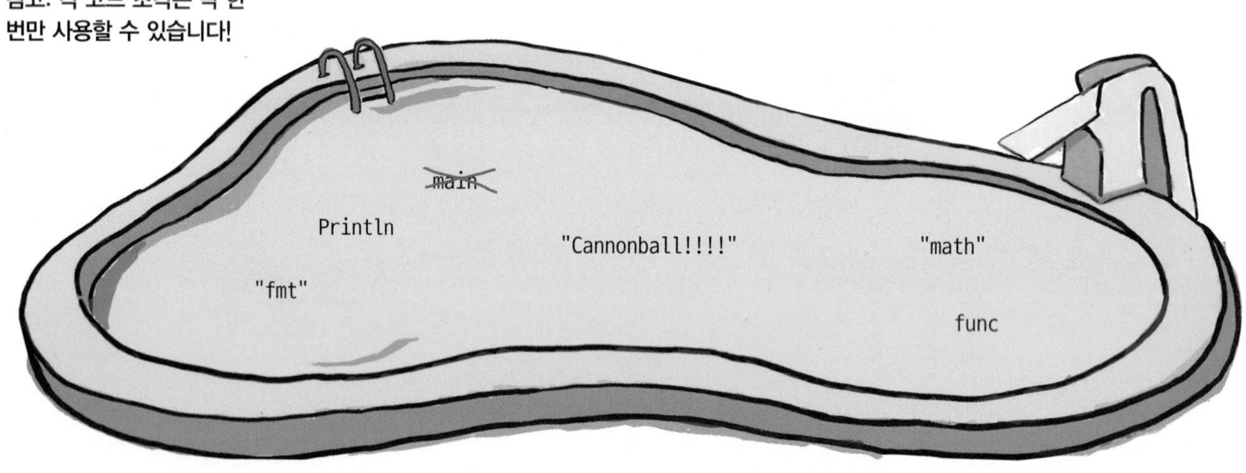

답은 29 페이지에 있습니다.

Go 프로그램 템플릿

앞으로 소개할 코드 조각을 오른쪽에 보이는 Go 프로그램의 빈칸에 삽입하면 어떻게 될지 상상해 보세요.

Go 플레이그라운드에서 프로그램을 작성하고 코드 조각을 넣어 보면서 실제로 어떤 일들이 일어나는지 직접 확인해 보면 더 좋겠죠?

```
package main

import "fmt"

func main() {
        fmt.Println(                    )
}
```

여기에 코드를 넣어 보세요!

문자열

지금까지는 Println의 인자로 주로 문자열을 전달해 왔습니다. **문자열(string)**이란 텍스트 문자를 나타내는 일련의 바이트입니다. **문자열 리터럴(string literal)**을 사용하면 코드 내에서 문자열을 직접 정의하고 사용할 수 있습니다. 문자열 리터럴이란, Go가 문자열로 취급하는 큰 따옴표 사이의 텍스트입니다.

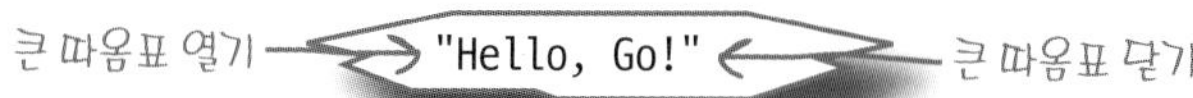

문자열에서 줄 바꿈 문자, 탭 문자 및 프로그램 코드에 포함하기 어려운 문자들은 이스케이프 시퀀스로 표현할 수 있습니다. 이스케이프 시퀀스란, 다른 문자를 표현하기 위해 특정 문자 앞에 역슬래시 문자를 붙인 문자의 조합입니다.

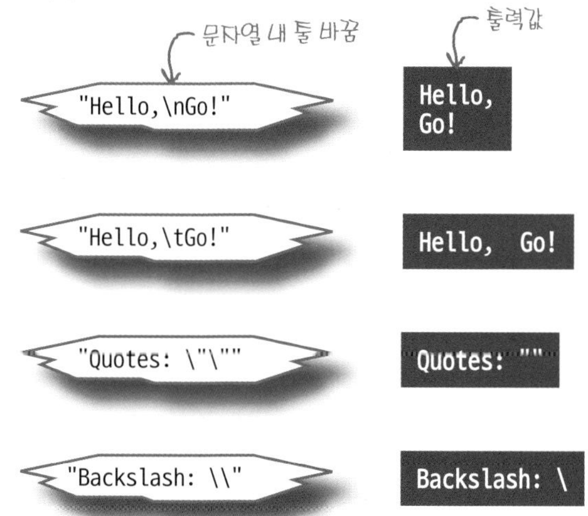

이스케이프 시퀀스	값
\n	줄 바꿈(개행) 문자
\t	탭 문자
\"	큰 따옴표
\\	역슬래시

룬

문자열은 보통 일련의 텍스트 문자를 나타내는 데 사용하는 반면 Go의 **룬(rune)**은 단일 문자를 나타내는 데 사용합니다. 큰 따옴표를 사용하는 문자열 리터럴과는 달리 **룬 리터럴(rune literal)**은 작은 따옴표를 사용합니다.

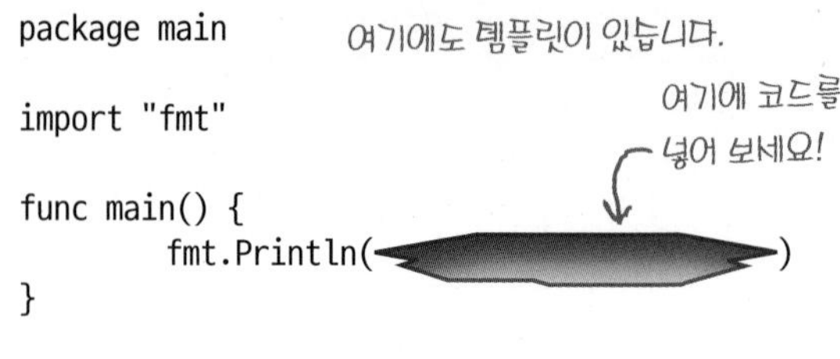
package main
import "fmt"
func main() {
fmt.Println( )
}
여기에도 템플릿이 있습니다.
여기에 코드를 넣어 보세요!

Go는 룬을 저장할 때 표준 유니코드를 사용하기 때문에 Go 프로그램에서는 지구상에 존재하는 거의 모든 언어에 포함된 거의 모든 문자를 사용할 수 있습니다. 룬은 문자 그 자체가 아닌 해당 문자를 나타내는 숫자 코드를 저장하기 때문에 fmt.Println에 룬을 전달하면 문자가 아닌 숫자 코드가 출력됩니다.

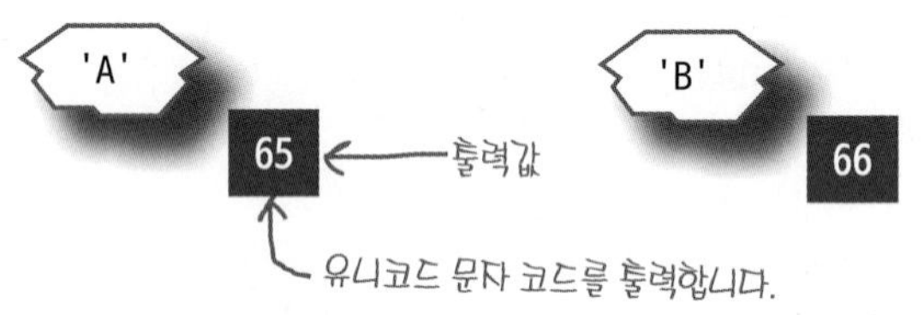
'A'
65
출력값
'B'
66
'Ж'
1174
유니코드 문자 코드를 출력합니다.

문자열 리터럴과 마찬가지로 룬에서도 프로그램 코드에 포함하기 어려운 문자들은 이스케이프 시퀀스를 사용합니다.

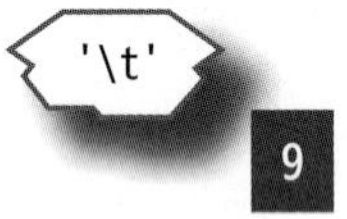
'\t'
9

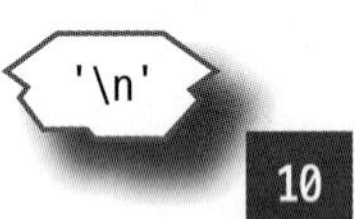
'\n'
10

'\\'
92

부울

부울(boolean) 값은 true 또는 false 중 하나의 값만 가질 수 있습니다. 부울은 특히 조건문에서 유용하게 사용할 수 있습니다. 조건문은 조건이 참 또는 거짓인 경우에만 특정 코드를 실행시킵니다.

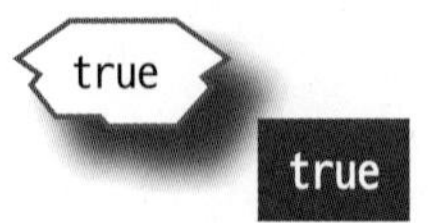
true
true

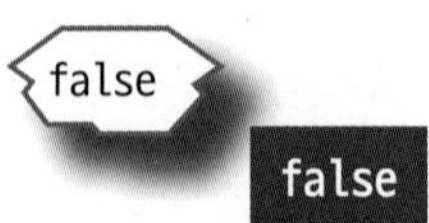
false
false

숫자

코드 내에서 숫자를 정의할 수도 있습니다. 숫자 리터럴은 문자열 리터럴보다 훨씬 간단한데 그냥 숫자 그 자체입니다.

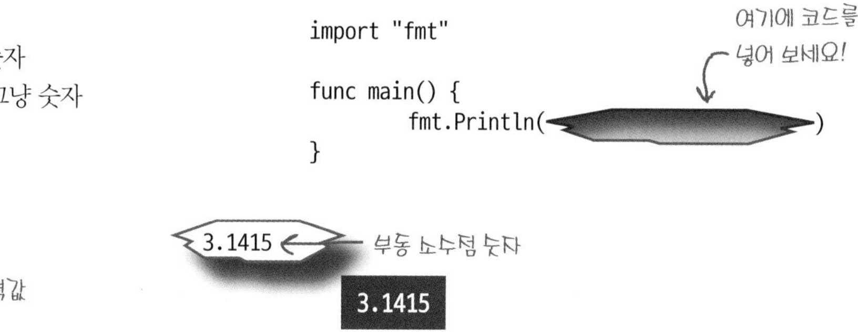

곧 살펴보겠지만, Go는 정수와 부동 소수점 숫자를 서로 다른 타입으로 취급하기 때문에 소수점으로 정수와 부동 소수점 숫자를 구별할 수 있습니다.

산술 연산자와 비교 연산자

Go의 기본적인 산술 연산자는 다른 대부분의 언어와 유사하게 동작합니다. +는 더하기, -는 빼기, *는 곱하기 그리고 /는 나누기 연산을 수행합니다.

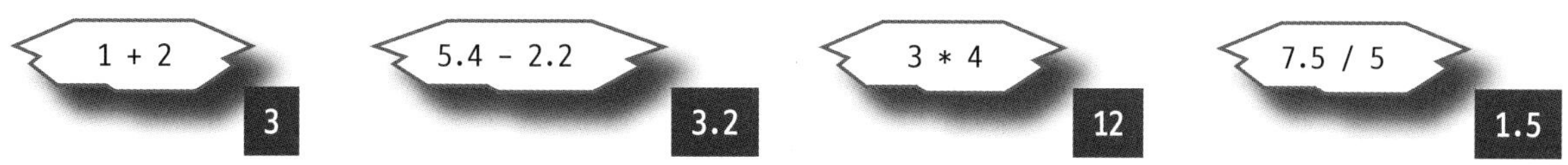

〈와 〉 비교 연산자를 사용하면 두 값의 대소를 비교할 수 있습니다. == (등호 두 개, "같음"을 의미)와 != (느낌표와 등호의 합성으로 "같지 않음"을 의미)를 사용하면 값의 동등 여부를 확인할 수 있습니다. 〈=를 사용하면 왼쪽 값이 오른쪽 값보다 작거나 같은지를 확인할 수 있고 〉=는 그 반대입니다.

비교 결과는 부울 값으로 true 또는 false입니다.

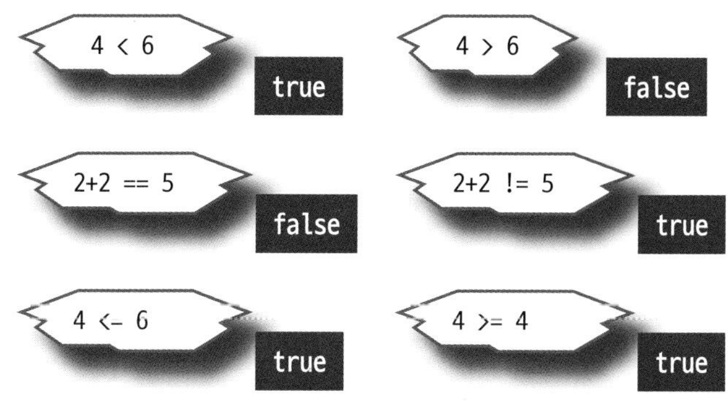

타입

이전 예제에서는 부동 소수점 숫자를 가장 가까운 정수로 내림하는 math.Floor 함수와 문자열의 첫 문자를 대문자로 변환하는 strings.Title 함수를 다뤘습니다. Floor 함수에 숫자를 전달하고 Title 함수에 문자열을 전달하는 건 아주 상식적이고 자연스럽습니다. 하지만 만약에 반대로 Floor 함수에 문자열을 전달하고 Title 함수에 숫자를 전달하게 되면 어떻게 될까요?

```
package main

import (
	"fmt"
	"math"
	"strings"
)

func main() {
	fmt.Println(math.Floor("head first go"))
	fmt.Println(strings.Title(2.75))
}
```

보통은 부동 소수점 숫자를 전달합니다.

보통은 문자열을 전달합니다.

에러

```
cannot use "head first go" (type string) as type float64 in argument to math.Floor
cannot use 2.75 (type float64) as type string in argument to strings.Title
```

Go는 각 함수 호출에 두 개의 에러 메시지를 반환하며 실행되지 않습니다.

여러분 주위에 있는 물건들은 각각 어디서 어떻게 사용되는지에 따라 서로 다른 유형으로 분류할 수 있습니다. 여러분은 아침 식사로 자동차나 트럭을 먹진 않습니다. 자동차나 트럭은 교통 수단이기 때문이죠. 또한 출근하기 위해 오믈렛이나 시리얼을 운전할 리도 없습니다. 오믈렛이나 시리얼은 교통 수단이 아니라 음식이기 때문이죠.

마찬가지로 Go의 모든 값은 서로 다른 **타입(type)**으로 분류할 수 있으며 타입은 그 타입의 값이 어디에서 어떻게 사용될 수 있는지를 결정합니다. 산술 연산에 정숫값은 사용할 수 있어도 문자열은 사용할 수 없습니다. 또한 문자열은 대문자로 변환할 수 있지만 숫자는 그렇지 못합니다.

Go는 **정적 타입(statically typed)** 언어이기 때문에 프로그램이 실행되기 전에 값의 타입을 미리 알아낼 수 있습니다. 함수는 특정 타입의 인자를 받고 특정 타입의 값을 반환합니다 (인자와 반환 값은 동일한 타입일 수도 있고 아닐 수도 있습니다). 특정 타입의 값을 사용해야 하는 위치에서 다른 타입의 값을 사용하면 Go 프로그램은 에러를 반환합니다. 덕분에 사용자가 문제를 마주하기 전에 미리 문제를 찾아낼 수 있습니다.

Go는 정적 타입 언어입니다. 잘못된 위치에서 잘못된 타입을 사용하면 Go는 경고 메시지를 반환합니다.

타입 (계속)

reflect 패키지의 TypeOf 함수를 사용하면 값의 타입을 알아낼 수 있습니다. 지금까지 다룬 값들의 타입을 확인해 봅시다.

```
package main

import (
	"fmt"
	"reflect"
)

func main() {
	fmt.Println(reflect.TypeOf(42))
	fmt.Println(reflect.TypeOf(3.1415))
	fmt.Println(reflect.TypeOf(true))
	fmt.Println(reflect.TypeOf("Hello, Go!"))
}
```

TypeOf 함수를 사용하기 위해 "reflect" 패키지를 가져옵니다.

인자로 들어온 값의 타입을 반환합니다.

출력값

```
int
float64
bool
string
```

아래는 각 타입들에 대한 설명입니다.

타입	설명
int	정수 타입으로 정숫값을 저장합니다.
float64	부동 소수점 숫자 타입으로 소수부를 가진 숫자 값을 저장합니다(여기서 64는 64비트를 사용하여 값을 저장한다는 의미입니다. float64는 완벽하지는 않지만 상당히 정밀한 정확도를 갖습니다).
bool	부울 타입으로, true 또는 false 중 하나의 값만 가질 수 있습니다.
string	문자열 타입으로 텍스트 문자를 나타내는 일련의 바이트입니다.

연습문제

아래의 각 코드 조각을 일치하는 타입에 맞게 선으로 연결해 보세요.
일부 타입은 두 개 이상의 코드 조각과 연결할 수 있습니다.

reflect.TypeOf(25)	int
reflect.TypeOf(true)	
reflect.TypeOf(5.2)	float64
reflect.TypeOf(1)	
reflect.TypeOf(false)	bool
reflect.TypeOf(1.0)	
reflect.TypeOf("hello")	string

정답은 62 페이지에 있습니다.

변수 선언하기

Go에서 **변수(variable)**란 값을 가지고 있는 저장소입니다. **변수 선언(variable declaration)**을 통해 변수에 이름을 부여할 수 있습니다. var라는 키워드 뒤로 변수 이름과 변수 타입을 차례대로 작성하면 됩니다.

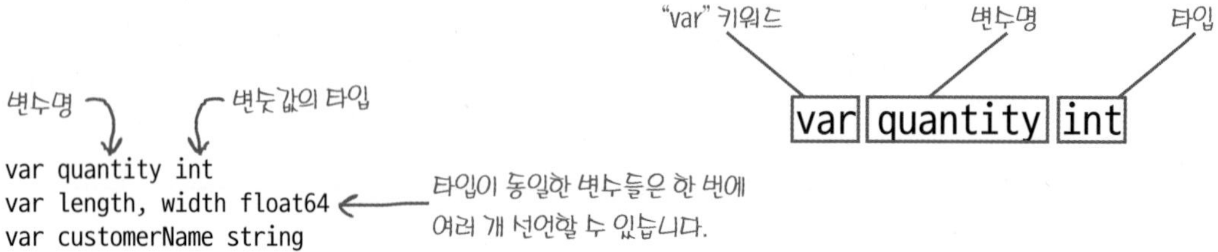
"var" 키워드
변수명
타입
var quantity int
변수명
변숫값의 타입
var quantity int
var length, width float64
var customerName string
타입이 동일한 변수들은 한 번에
여러 개 선언할 수 있습니다.

변수를 선언하고 나면 = (단일 등호)를 사용해 해당 타입의 값을 할당할 수 있습니다.

```
quantity = 2
customerName = "Damon Cole"
```

여러 개의 변수에 값을 동시에 할당할 수도 있습니다. 등호(=)의 왼쪽에 변수 이름을 나열하고 오른쪽에 동일한 개수의 값들을 쉼표로 구분해 나열하면 됩니다.

```
length, width = 1.2, 2.4
```

여러 변숫값을 한 번에 할당합니다.

변수에 값을 할당하고 나면 할당한 값을 사용하려는 모든 위치에서 변수를 사용할 수 있습니다.

```
package main

import "fmt"

func main() {
```

변수 선언하기

```
	var quantity int
	var length, width float64
	var customerName string
```

변수에 값 할당하기

```
	quantity = 4
	length, width = 1.2, 2.4
	customerName = "Damon Cole"
```

변수 사용하기

```
	fmt.Println(customerName)
	fmt.Println("has ordered", quantity, "sheets")
	fmt.Println("each with an area of")
	fmt.Println(length*width, "square meters")
}
```

```
Damon Cole
has ordered 4 sheets
each with an area of
2.88 square meters
```

변수 선언하기 (계속)

변수에 들어갈 값을 미리 알고 있다면 한 줄로 변수를 선언함과 동시에 값을 할당할 수도 있습니다.

변수 선언 마지막에 할당문을 추가합니다.

변수를 선언하고 값을 할당합니다.

```
var quantity int = 4
var length, width float64 = 1.2, 2.4
var customerName string = "Damon Cole"
```

여러 개의 변수를 선언하는 경우에는 변수의 개수만큼 값을 할당합니다.

이미 선언한 변수에는 새로운 값을 할당할 수도 있습니다. 물론 변수의 타입과 동일한 타입의 값만 할당할 수 있습니다. 이러한 Go의 정적 타입 시스템은 변수에 잘못된 타입의 값이 할당되는 문제를 미연에 방지해 줍니다.

할당한 값의 타입이 선언 타입과 일치하지 않습니다!

```
quantity = "Damon Cole"
customerName = 4
```

에러

```
cannot use "Damon Cole" (type string) as type int in assignment
cannot use 4 (type int) as type string in assignment
```

선언과 동시에 값을 할당하는 경우에는 변수의 타입을 생략할 수 있으며, 이때 변수의 타입은 할당한 값의 타입으로 자동 지정(타입 추론)됩니다.

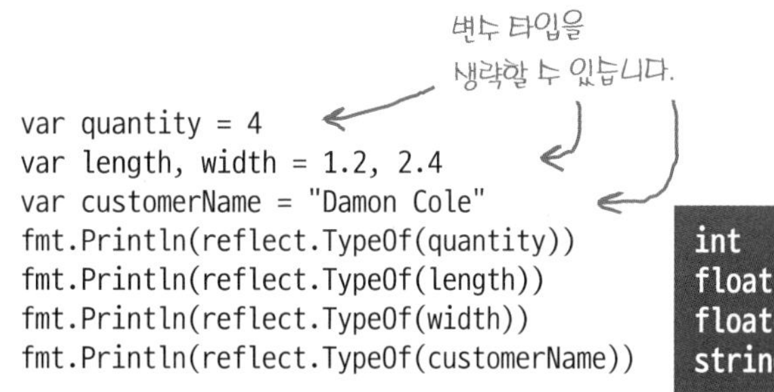

변수 타입을
생략할 수 있습니다.
var quantity = 4
var length, width = 1.2, 2.4
var customerName = "Damon Cole"
fmt.Println(reflect.TypeOf(quantity))
fmt.Println(reflect.TypeOf(length))
fmt.Println(reflect.TypeOf(width))
fmt.Println(reflect.TypeOf(customerName))
int
float64
float64
string

제로 값

값을 할당하지 않고 선언한 변수는 타입에 대한 **제로 값(zero value)**으로 초기화됩니다. 한 예로, 숫자 타입의 제로 값은 0입니다.

```
var myInt int
var myFloat float64
fmt.Println(myInt, myFloat)
```

int 타입 변수의 제로 값은 0입니다.

```
0 0
```

float64 타입의 제로 값은 0입니다.

모든 타입의 제로 값이 0인 건 아니며 타입마다 제로 값이 다를 수 있습니다. 문자열 변수의 제로 값은 빈 문자열이며 부울 변수의 제로 값은 false입니다.

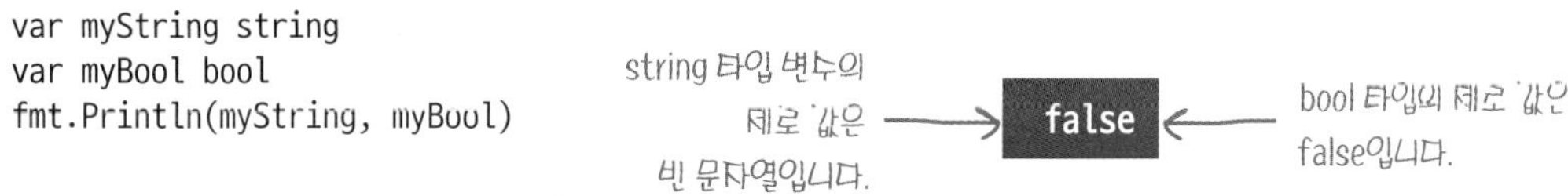

코드 자석

Go 프로그램이 냉장고에 뒤죽박죽 섞여 있습니다.
이 코드 조각을 재조합해서 주어진 출력값을 출력하는
프로그램을 만들 수 있을까요?

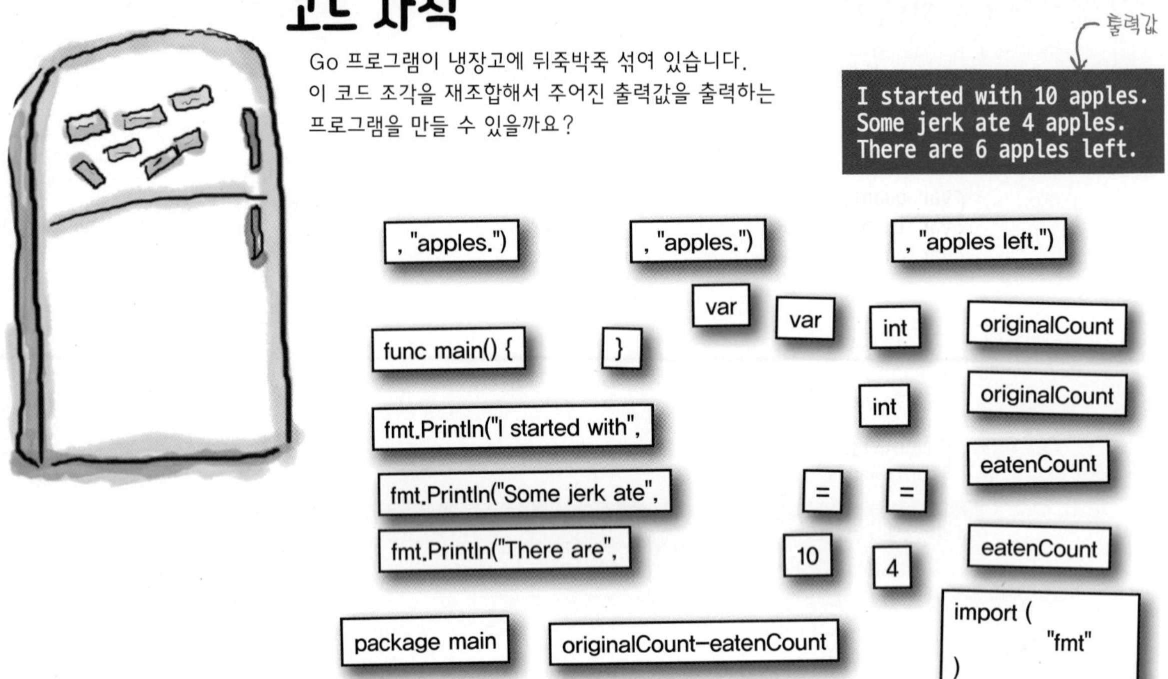
출력값
I started with 10 apples.
Some jerk ate 4 apples.
There are 6 apples left.
, "apples.")
, "apples.")
, "apples left.")
var
var
int
originalCount
func main() {
}
int
originalCount
fmt.Println("I started with",
eatenCount
fmt.Println("Some jerk ate",
=
=
fmt.Println("There are",
10
4
eatenCount
package main
originalCount-eatenCount
import (
"fmt"
)

답은 30 페이지에 있습니다.

단축 변수 선언

변수를 선언할 때 선언과 동시에 값을 할당할 수 있다고 언급한 적이 있습니다.

변수 선언 마지막에 할당문을 추가합니다.

변수를 선언하고 값을 할당합니다.

```
var quantity int = 4
var length, width float64 = 1.2, 2.4
var customerName string = "Damon Cole"
```

여러 개의 변수를 선언하는 경우에는 그 개수만큼 값을 할당합니다.

변수를 선언할 때 선언과 동시에 값을 할당하는 경우에는 보통 **단축 변수 선언 (short variable declaration)**을 많이 사용합니다. 변수의 타입을 명시적으로 선언하고 나중에 값을 할당하는 대신 := 연산자를 사용하면 이 두 작업을 한 번에 수행할 수 있습니다.

이전에 본 예제를 단축 변수 선언을 사용하는 코드로 변경하겠습니다.

```
package main

import "fmt"

func main() {
	quantity := 4
	length, width := 1.2, 2.4
	customerName := "Damon Cole"

	fmt.Println(customerName)
	fmt.Println("has ordered", quantity, "sheets")
	fmt.Println("each with an area of")
	fmt.Println(length*width, "square meters")
}
```

변수를 선언하고 값을 할당합니다.

```
Damon Cole
has ordered 4 sheets
each with an area of
2.88 square meters
```

단축 변수 선언을 사용하면 변수의 타입은 할당한 값의 타입으로 자동 지정 (타입 추론)되기 때문에 타입을 명시할 필요가 없습니다.

단축 변수 선언은 편리하고 간결하기 때문에 기본 변수 선언문보다 훨씬 더 자주 사용됩니다. 그럼에도 여전히 두 방식 모두 사용되기 때문에 두 방식 모두에 익숙해져야 합니다.

부수면서 배우기!

다음 변수를 사용하는 코드의 여러 부분을 변형하고 실행해 보면서 어떤 일들이 벌어지는지 확인해 보세요!

```
package main

import "fmt"

func main() {
	quantity := 4
	length, width := 1.2, 2.4
	customerName := "Damon Cole"

	fmt.Println(customerName)
	fmt.Println("has ordered", quantity, "sheets")
	fmt.Println("each with an area of")
	fmt.Println(length*width, "square meters")
}
```

```
Damon Cole
has ordered 4 sheets
each with an area of
2.88 square meters
```

이렇게 변형하면...		이런 이유로 실패합니다
같은 변수를 두 번 선언	`quantity := 4` `quantity := 4`	변수는 단 한 번만 선언할 수 있습니다(값 할당은 얼마든지 할 수 있습니다. 물론 다른 스코프에서는 같은 이름의 변수를 선언할 수 있습니다. 스코프에 대해서는 다음 장에서 다룹니다).
단축 변수 선언에서 : 생략	`quantity = 4`	:이 빠지면 선언이 아니라 할당으로 처리되며 선언되지 않은 변수에는 값을 할당할 수 없습니다.
int 변수에 문자열 할당	`quantity := 4` `quantity = "a"`	변수에는 동일한 타입의 값만 할당할 수 있습니다.
변수와 값의 개수 불일치	`length, width := 1.2`	선언한 변수의 개수와 할당하는 값의 개수는 정확히 일치해야 합니다.
변수를 사용하는 코드 제거	~~`fmt.Println(customerName)`~~	선언된 모든 변수는 반드시 사용해야 합니다. 변수를 사용하는 코드를 지우면 변수 선언문도 지워야 합니다.

네이밍 규칙

Go에는 변수, 함수, 타입을 명명하는 데 적용되는 몇 가지 간단한 규칙들이 있습니다.

- 이름은 문자로 시작해야 하며 임의 개수의 문자와 숫자로 구성될 수 있습니다.
- 변수, 함수, 타입의 이름이 대문자로 시작하면 외부로 **노출(exported)**되어 외부 패키지에서 접근할 수 있습니다(fmt.Println의 P가 대문자인 것도 같은 이유이며, 따라서 main 패키지 등에서 접근할 수 있습니다). 반면에 소문자로 시작하면 외부로 **노출되지 않아(unexported)** 동일한 패키지에서만 접근할 수 있습니다.

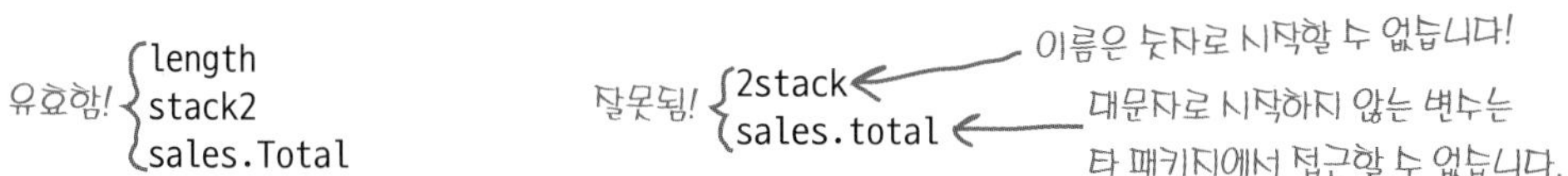

언어에서 자체적으로 강제하는 규칙은 위 두 개가 전부입니다.
하지만 Go 커뮤니티에서는 다음의 추가적인 네이밍 컨벤션도 따르고 있습니다.

- 이름이 여러 단어로 이루어진 경우 첫 단어 다음에 나오는 단어들은 대문자로 시작해야 하며 각 단어 사이에는 공백이 없어야 합니다. 예시로는 topPrice, RetryConnection가 있습니다(패키지 외부로 노출하려면 첫 단어도 대문자로 시작해야 합니다). 중간의 대문자가 마치 낙타의 등처럼 보인다고 해서 이런 스타일의 컨벤션을 카멜 케이스(camel case)라고 부릅니다.
- 특정 문맥에서 이름의 의미가 명확할 땐 보통 축약어를 많이 사용합니다. 예를 들어 index는 i로, maximum은 max로 쓰는 경우가 이에 해당합니다(하지만 지금 여러분은 새로운 언어를 배우는 단계이기 때문에 축약 버전이 명확성을 떨어뜨릴 수도 있으므로 이 책에선 이 컨벤션만은 따르지 않겠습니다).

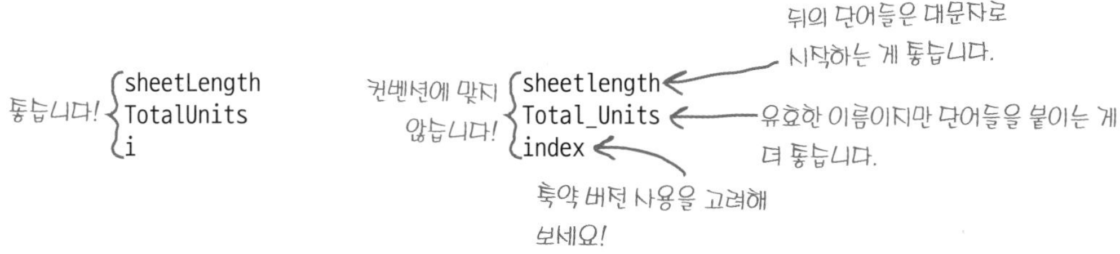

좋습니다!
sheetLength
TotalUnits
i
컨벤션에 맞지 않습니다!
sheetlength
Total_Units
index
뒤의 단어들은 대문자로 시작하는 게 좋습니다.
유효한 이름이지만 단어들을 붙이는 게 더 좋습니다.
축약 버전 사용을 고려해 보세요!

이름이 대문자로 시작하는 변수, 함수, 타입은 패키지 외부로 노출되며 외부의 다른 패키지에서 접근할 수 있습니다.

타입 변환

Go의 수학 및 비교 연산에는 동일한 타입의 값만 사용할 수 있으며, 타입이 다른 경우에는 에러가 발생합니다.

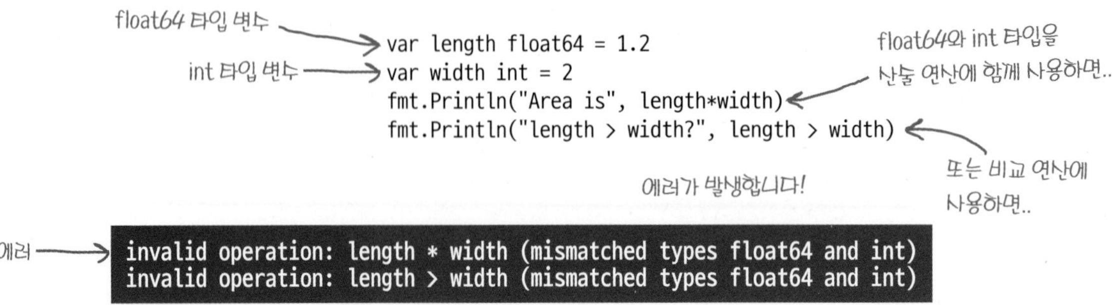
float64 타입 변수
int 타입 변수
var length float64 = 1.2
var width int = 2
fmt.Println("Area is", length*width)
fmt.Println("length > width?", length > width)
float64와 int 타입을
산술 연산에 함께 사용하면..
또는 비교 연산에
사용하면..
에러가 발생합니다!
에러
invalid operation: length * width (mismatched types float64 and int)
invalid operation: length > width (mismatched types float64 and int)

변수에 새로운 값을 할당할 때에도 마찬가지입니다. 선언한 변수와 다른 타입의 값을 할당하면 에러가 발생합니다.

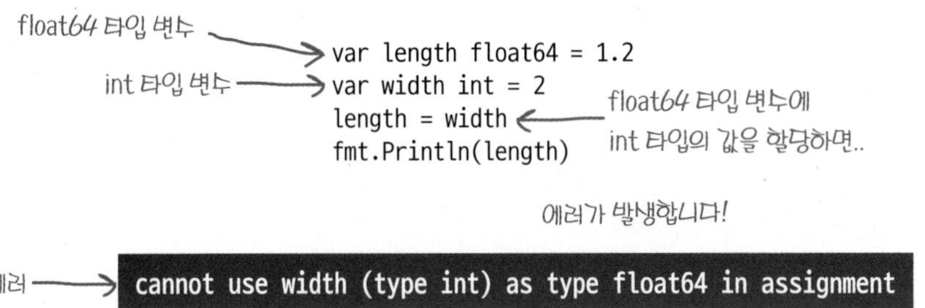
float64 타입 변수
int 타입 변수
var length float64 = 1.2
var width int = 2
length = width
fmt.Println(length)
float64 타입 변수에
int 타입의 값을 할당하면..
에러가 발생합니다!
에러
cannot use width (type int) as type float64 in assignment

이에 대한 해결책은 값의 타입을 다른 타입으로 변환하는 **타입 변환(conversion)**을 사용하는 것입니다. 변환할 타입을 앞에 쓰고 뒤에 변환하려는 값을 괄호로 감싸 주면 됩니다.

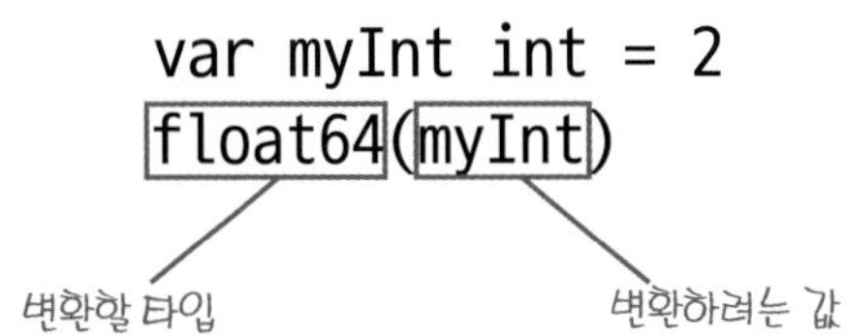
var myInt int = 2
float64(myInt)
변환할 타입
변환하려는 값

타입 변환을 수행하면 변환된 타입을 가진 새로운 값이 나옵니다. 다음 예제는 정숫값에 TypeOf를 사용한 결과와 float64 타입으로 변환한 후 같은 값에 대해 다시 TypeOf를 사용한 결과입니다.

타입 변환 전
var myInt int = 2
fmt.Println(reflect.TypeOf(myInt))
fmt.Println(reflect.TypeOf(float64(myInt)))
타입 변환 후
int
float64
타입이
바뀌었습니다.

타입 변환 (계속)

위의 타입 불일치로 인해 에러가 발생한 예제에서 int 값을 float64 값으로 변환해 봅시다.

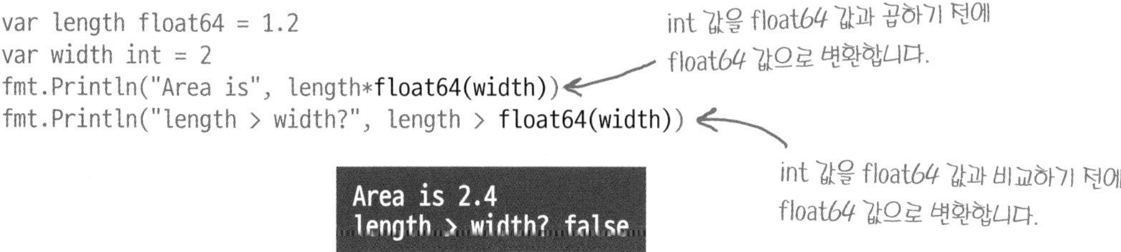


```
var length float64 = 1.2
var width int = 2
fmt.Println("Area is", length*float64(width))
fmt.Println("length > width?", length > float64(width))
```

```
Area is 2.4
length > width? false
```

이제 산술 연산과 비교 연산 모두 잘 동작합니다!

그럼 이제 float64 타입의 변수에 값을 할당하기 전에 int 값을 float64 값으로 변환해 봅시다.

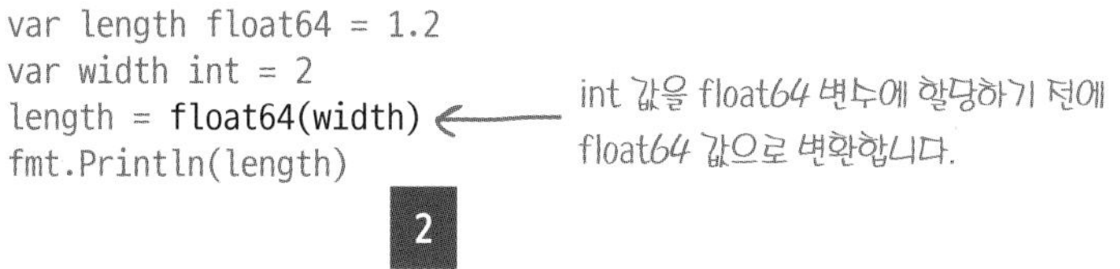


```
var length float64 = 1.2
var width int = 2
length = float64(width)
fmt.Println(length)
```

```
2
```

값 할당 또한 잘 동작합니다!

타입을 변환할 땐 결괏값이 변환 전의 값과 다르게 변경될 수 있음에 주의해야 합니다. 예를 들어, float64형 변수는 소수부를 가질 수 있지만 int형 변수는 그렇지 않기 때문에 float64 값을 int 값으로 변환하게 되면 소수부가 모두 사라집니다. 이렇게 되면 변환된 값으로 수행하는 모든 연산에 영향을 미치게 됩니다.

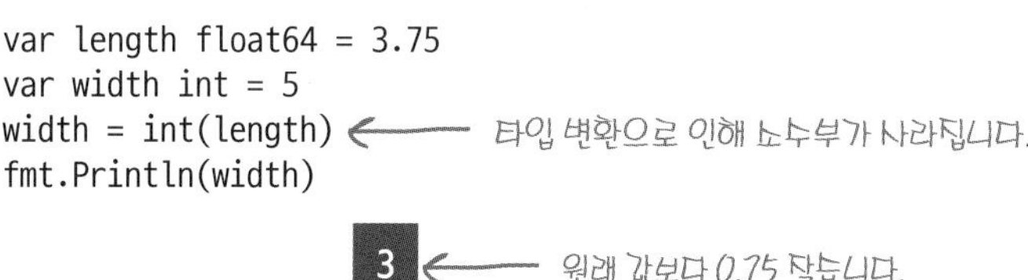

타입 변환으로 인해 소수부가 사라집니다.
원래 값보다 0.75 작습니다.

```
var length float64 = 3.75
var width int = 5
width = int(length)
fmt.Println(width)
```

```
3
```

신중하게만 사용한다면 Go에서 타입 변환은 필수불가결하다는것을 알게 될 것입니다. 타입 변환을 사용하면 서로 다른 타입을 함께 사용할 수 있습니다.

연습문제

부가세를 포함한 총 가격을 계산한 다음 가지고 있는 예산으로 물건을 구매할 수 있는지의 여부를 확인하기 위한 Go 코드를 작성했습니다. 하지만 프로그램을 실행해 보니 에러가 발생했습니다.

```
var price int = 100
fmt.Println("Price is", price, "dollars.")

var taxRate float64 = 0.08
var tax float64 = price * taxRate
fmt.Println("Tax is", tax, "dollars.")

var total float64 = price + tax
fmt.Println("Total cost is", total, "dollars.")

var availableFunds int = 120
fmt.Println(availableFunds, "dollars available.")
fmt.Println("Within budget?", total <= availableFunds)
```

에러 발생

```
invalid operation: price * taxRate (mismatched types int and float64)
invalid operation: price + tax (mismatched types int and float64)
invalid operation: total <= availableFunds (mismatched types float64 and int)
```

코드를 수정해 아래 빈칸을 채워 보세요. 에러를 고쳐 아래 보이는 값을 출력하도록 만들어 보세요.
(힌트: 산술 연산 또는 비교 연산을 수행하려면 타입 변환을 사용해 피연산자들의 타입을 맞춰야 합니다.)

```
var price int = 100
fmt.Println("Price is", price, "dollars.")

var taxRate float64 = 0.08
var tax float64 = ________________________
fmt.Println("Tax is", tax, "dollars.")

var total float64 = ____________________
fmt.Println("Total cost is", total, "dollars.")

var availableFunds int = 120
fmt.Println(availableFunds, "dollars available.")
fmt.Println("Within budget?", ______________________________)
```

예상 출력값

```
Price is 100 dollars.
Tax is 8 dollars.
Total cost is 108 dollars.
120 dollars available.
Within budget? true
```

답은 30 페이지에 있습니다.

컴퓨터에 Go 설치하기

Go 플레이그라운드는 언어를 체험해 보기에는 좋은 도구지만 그 용도는 제한적입니다. 예를 들자면, 코드를 파일로 저장할 수도 없으며 터미널로부터의 입력도 받을 수 없습니다.

따라서 이번 장은 여러분의 컴퓨터에 직접 Go를 다운로드하고 설치해 보는 걸로 마무리짓고자 합니다. 설치는 굉장히 쉬운데, 대부분 운영체제에서는 설치 프로그램만 실행해 주면 됩니다.

1. 브라우저에서 https://golang.org에 접속합니다.
2. 다운로드 링크를 누릅니다.
3. 운영체제(OS)에 맞는 설치 패키지를 선택하면 자동으로 다운로드합니다.
4. 운영체제별 설치 가이드를 따라 합니다(다운로드를 시작하면 자동으로 해당 페이지로 이동됩니다).
5. 터미널 또는 명령 프롬프트 창을 실행합니다.
6. go version 명령어를 실행해 Go가 잘 설치되었는지 확인합니다. 정상적으로 설치되었다면 설치된 Go의 버전이 적힌 메시지가 보일 것입니다.

주목!

웹사이트는 항상 변합니다.

이 책이 출판되고 난 후 golang.org나 Go 인스톨러가 업데이트되면 이 책의 설치 가이드가 동작하지 않을 수도 있습니다. 이러한 경우에는 다음 사이트에서 도움받을 수 있습니다.

https://headfirstgo.com

Go 코드 컴파일하기

Go 플레이그라운드를 사용할 때에는 코드만 잘 작성하면 실행은 알아서 해 줘서 Go 코드가 실제로 어떻게 동작하는지는 알 수 없었습니다. 이번에는 Go도 직접 설치해 봤으니 Go 프로그램의 동작 방식을 살펴보겠습니다.

컴퓨터는 Go 코드를 바로 실행할 수 없습니다. Go 코드를 실행하기 위해선 소스 코드 파일을 **컴파일(compile)**하여 CPU가 실행할 수 있는 바이너리 포맷으로 변환해 줘야 합니다.

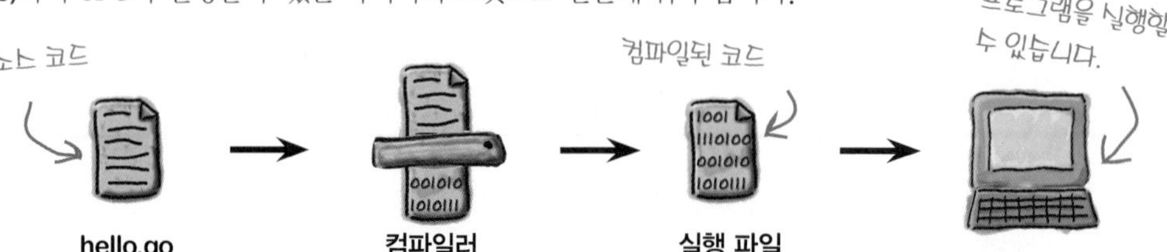

소스 코드
컴파일된 코드
이제 컴퓨터는 Go 프로그램을 실행할 수 있습니다.
hello.go
컴파일러
실행 파일

이번에 설치한 Go를 사용해 앞서 살펴본 "Hello, Go!" 예제를 직접 컴파일하고 실행해 보겠습니다.

따라해 보세요!

다음 코드를 파일로 저장하세요.

hello.go

```
package main

import "fmt"

func main() {
        fmt.Println("Hello, Go!")
}
```

1. 에디터를 사용해 앞서 살펴본 "Hello, Go!" 프로그램을 hello.go라는 파일로 저장하세요.
2. 새로운 터미널 또는 명령 프롬프트 창을 실행합니다.
3. 터미널에서 *hello.go* 파일이 저장된 디렉터리로 이동합니다.
4. `go fmt hello.go` 명령어를 실행하여 코드 형식을 정리해 줍니다(이 단계는 필수는 아니지만 권장합니다).
5. `go build hello.go` 명령어를 실행하여 소스 코드를 컴파일하면 현재 디렉터리에 실행 파일이 하나 생성됩니다. macOS와 리눅스에서는 *hello*라는 실행 파일이, 윈도우에서는 *hello.exe*라는 실행 파일이 생성됩니다.
6. 실행 파일을 실행합니다. macOS와 리눅스에서는 `./hello`로("현재 디렉터리에서 hello라는 프로그램을 실행하라"는 의미입니다), 윈도우에서는 `hello.exe`로 실행할 수 있습니다.

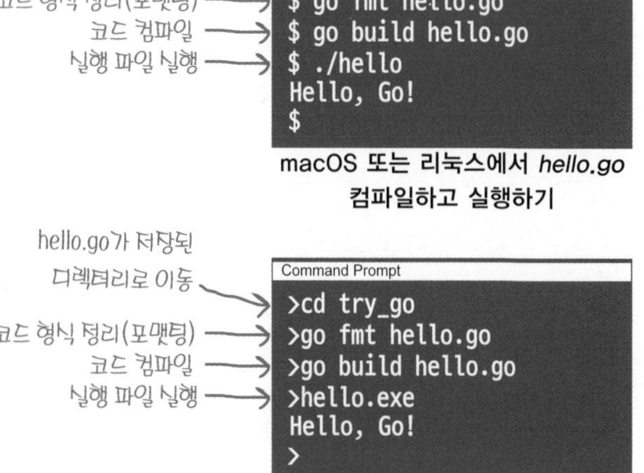

hello.go가 저장된 디렉터리로 이동
코드 형식 정리(포맷팅)
코드 컴파일
실행 파일 실행
Shell Edit View Window Help
$ cd try_go
$ go fmt hello.go
$ go build hello.go
$ ./hello
Hello, Go!
$

macOS 또는 리눅스에서 *hello.go* 컴파일하고 실행하기

hello.go가 저장된 디렉터리로 이동
코드 형식 정리(포맷팅)
코드 컴파일
실행 파일 실행
Command Prompt
>cd try_go
>go fmt hello.go
>go build hello.go
>hello.exe
Hello, Go!
>

윈도우에서 *hello.go* 컴파일하고 실행하기

Go 도구

Go를 설치하고 나면 명령 프롬프트에 go라는 실행 파일이 추가됩니다. go 실행 파일은 다음과 같은 다양한 명령어를 제공합니다.

명령어	설명
`go build`	소스 코드를 바이너리 파일로 컴파일합니다.
`go run`	프로그램을 컴파일한 다음 즉시 실행합니다. 단, 컴파일된 실행 파일은 저장하지 않습니다.
`go fmt`	소스 코드 형식을 Go 표준 포맷으로 정렬합니다.
`go version`	현재 설치된 Go의 버전을 보여 줍니다.

좀 전에 사용해 본 go fmt는 Go 플레이그라운드의 Format 버튼과 동일한 기능을 수행합니다. 앞으로 작성할 모든 소스 코드 파일에 go fmt를 사용해 항상 표준 형식을 준수하길 권장합니다.

대부분 에디터는 파일을 저장할 때 go fmt를 자동으로 실행해 주는 기능을 지원합니다! https://blog.golang.org/go-fmt-your-code를 확인해 보세요.

코드를 실행 파일로 컴파일해 주는 go build 명령어도 사용해 봤습니다. 실행 파일을 통해 Go가 설치되지 않은 사용자도 프로그램을 실행할 수 있습니다.

아직 사용해 보지 않은 go run 명령어는 지금 한 번 사용해 보겠습니다.

"go run"으로 빠르게 코드 실행해 보기

go run 명령어는 코드를 컴파일한 뒤 실행 파일을 저장하지 않고 즉시 프로그램을 실행합니다. 간단한 프로그램을 빠르게 테스트해 볼 때 유용합니다. 이 명령어를 사용해 *hello.go* 예제를 실행해 봅시다.

hello.go

```
package main

import "fmt"

func main() {
	fmt.Println("Hello, Go!")
}
```

1. 새로운 터미널 또는 명령 프롬프트 창을 실행합니다.
2. 터미널에서 *hello.go* 파일이 저장된 디렉터리로 이동합니다.
3. **`go run hello.go`** 명령어를 실행합니다(명령어는 모든 운영체제에서 동일합니다).

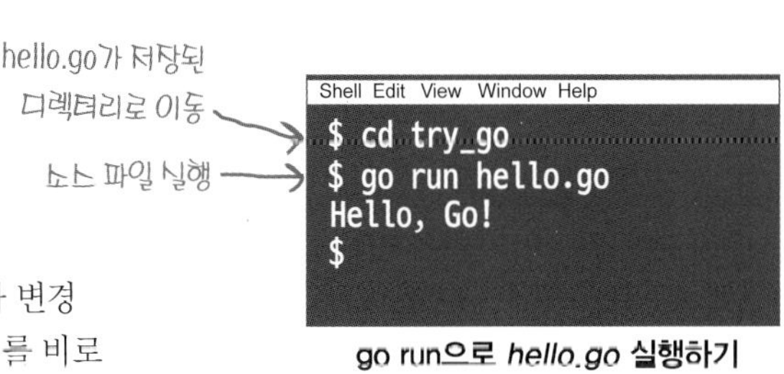
hello.go가 저장된
디렉터리로 이동
소스 파일 실행
Shell Edit View Window Help
$ cd try_go
$ go run hello.go
Hello, Go!
$

go run으로 *hello.go* 실행하기 (OS 무관)

명령을 실행하면 그 즉시 프로그램의 출력값을 볼 수 있습니다. 소스 코드가 변경되면 별도의 컴파일 단계를 거칠 필요 없이 go run으로 코드를 실행해 결과를 바로 확인할 수 있습니다. go run은 간단한 프로그램을 만들 때 사용하면 정말 편리한 도구입니다.

CHAPTER 1

Go 도구 상자

1장이 끝났습니다!

도구 상자에 함수 호출과 타입을 담았습니다.

함수 호출

함수란 코드의 어딘가에서 호출할 수 있는 한 줄 이상의 코드로 이루어진 코드의 집합입니다.
함수를 호출할 때 함수의 인자로 데이터를 전달할 수 있습니다.

타입

Go의 모든 값은 서로 다른 타입으로 분류할 수 있으며 타입은 그 타입의 값이 어디에서 어떻게 사용될 수 있는지를 결정합니다.
서로 다른 타입 간에는 산술 연산 및 비교 연산이 불가능하나, 필요하면 값을 새로운 타입으로 변환하여 연산을 수행할 수 있습니다.
Go의 변수에는 선언된 타입과 동일한 타입의 값만 저장할 수 있습니다.

중요 항목

- **패키지**는 서로 연관된 함수 및 코드의 모음입니다.
- Go 파일에서 다른 패키지의 함수를 사용하려면 먼저 패키지를 **가져와야** 합니다.
- 문자열은 텍스트 문자를 나타내는 일련의 바이트입니다.
- 룬은 단일 문자를 나타냅니다.
- Go에서 가장 자주 사용되는 숫자 타입으로는 정수를 저장하는 int 타입과 부동 소수점 숫자를 저장하는 float64 타입이 있습니다.
- 부울 타입은 부울 값을 저장하며 true 또는 false 중 하나의 값을 갖습니다.
- **변수**란 특정 타입의 값을 가지고 있는 저장소입니다.
- 변수에 아무 값도 할당하지 않으면 변수는 타입에 대한 **제로 값**으로 초기화됩니다. int와 float64 변수의 제로 값은 0이며 문자열의 제로 값은 빈 문자열입니다.
- 변수를 선언할 때 **단축 변수 선언**(:=)을 사용하면 선언과 동시에 값을 할당할 수 있습니다.
- 변수, 함수, 타입은 이름이 대문자로 시작하는 경우에만 다른 패키지에서 접근할 수 있습니다.
- `go fmt` 명령어는 소스 파일을 Go 표준 포맷으로 자동 정렬해 줍니다. 코드를 공유하기 전에는 항상 `go fmt`를 사용해 포맷을 맞추세요.
- `go build` 명령어는 Go 소스 코드를 컴퓨터가 실행할 수 있는 바이너리 포맷으로 **컴파일**합니다.
- `go run` 명령어는 코드를 컴파일한 뒤 실행 파일을 저장하지 않고 즉시 프로그램을 실행합니다.

수영장 퍼즐 정답

```
package main

import (
        "fmt"
)

func main() {
        fmt.Println("Cannonball!!!!")
}
```

출력값

```
Cannonball!!!!
```

연습문제 정답

아래의 각 코드 조각을 일치하는 타입에 맞게 선으로 연결해 보세요. 일부 타입은 두 개 이상의 코드 조각과 연결할 수 있습니다.

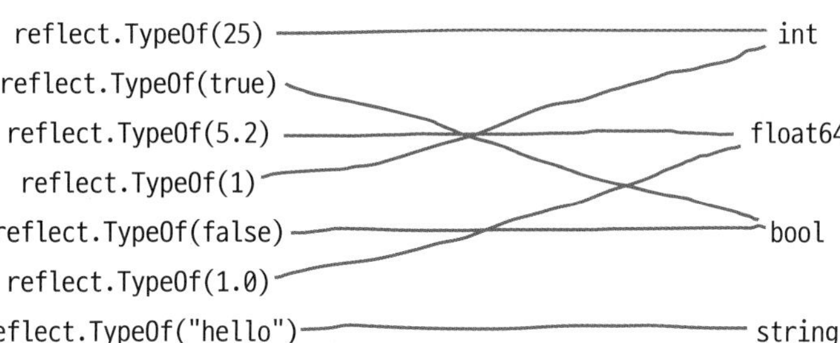

코드 자석 정답

```
package main

import (
        "fmt"
)

func main() {
    var originalCount int = 10
    fmt.Println("I started with", originalCount, "apples.")
    var eatenCount int = 4
    fmt.Println("Some jerk ate", eatenCount, "apples.")
    fmt.Println("There are", originalcount–eatenCount, "apples left.")
}
```

출력값

```
I started with 10 apples.
Some jerk ate 4 apples.
There are 6 apples left.
```

연습문제 정답

코드를 수정해 아래 빈칸을 채워 보세요. 오류를 고쳐 아래 보이는 값을 출력하도록 만들어 보세요.
(힌트: 산술 연산 또는 비교 연산을 수행하려면 타입 변환을 사용해 피연산자들의 타입을 맞춰야 합니다.)

```
var price int = 100
fmt.Println("Price is", price, "dollars.")

var taxRate float64 = 0.08
var tax float64 = float64(price) * taxRate
fmt.Println("Tax is", tax, "dollars.")

var total float64 = float64(price) + tax
fmt.Println("Total cost is", total, "dollars.")

var availableFunds int = 120
fmt.Println(availableFunds, "dollars available.")
fmt.Println("Within budget?", total <= float64(availableFunds))
```

원하는 출력값

```
Price is 100 dollars.
Tax is 8 dollars.
Total cost is 108 dollars.
120 dollars available.
Within budget? true
```

2 다음엔 어떤 코드가 실행될까요?

조건문과 반복문

한 쌍만 더 **찾으면** 올인하고,
아니면 포기해야겠다. 몇 라운드나 더
갈 수 있으려나?

대부분 프로그램은 특정 상황이나 조건에서만 실행되는 코드가 있습니다.

"에러가 발생하면 이 코드를 실행하고 아니면 다른 코드를 실행한다."와 같이 거의 모든 프로그램에는 특정 조건을 만족하는 경우에만 실행되는 코드가 있습니다. 대다수 프로그래밍 언어는 코드 블록의 실행 여부를 결정할 수 있는 **조건문(conditional statement)**을 지원하며, Go도 예외는 아닙니다. 또한 일부 코드를 반복 실행해야 하는 경우도 있습니다. 다른 대부분의 언어들과 마찬가지로 Go도 코드 블록을 반복 실행할 수 있는 **반복문(loop)**을 지원합니다. 이번 장에서는 조건문과 반복문을 배워 보겠습니다.

메서드 호출하기

Go에서는 **메서드(method)**를 정의할 수 있습니다. 메서드란 주어진 타입의 값과 연관된 함수입니다. Go의 메서드는 다른 언어에서의 "객체(object)"에 속해 있는 메서드와 비슷한 개념이지만 좀 더 간단합니다.

메서드의 자세한 동작 방식은 9장에서 다룹니다. 하지만 이 장의 예제 코드에서 몇 가지 메서드를 사용하기 때문에 "메서드 호출"에 대해 먼저 간단히 짚고 가겠습니다.

time 패키지에는 날짜(연, 월, 일)와 시간(시간, 분, 초)을 나타내는 Time이라는 타입이 있습니다. time.Time 값은 연도를 반환하는 Year라는 메서드를 가지고 있습니다. 다음은 Year 메서드를 사용해 현재 연도를 출력하는 코드입니다.

```
package main

import (
	"fmt"
	"time"
)

func main() {
	var now time.Time = time.Now()
	var year int = now.Year()
	fmt.Println(year)
}
```

time.Time 타입을 사용하기 위해 "time" 패키지를 가져옵니다.

time.Now는 현재 날짜와 시간을 나타내는 time.Time 값을 반환합니다.

time.Time 값은 연도를 반환하는 Year 메서드를 가지고 있습니다.

```
2020
```

또는 컴퓨터 시간으로 설정된 연도 값

time.Now 함수는 현재 날짜 및 시간을 나타내는 Time 값을 반환합니다. 이 값을 now 변수에 저장한 다음 now가 참조하고 있는 값에서 Year 메서드를 호출했습니다.

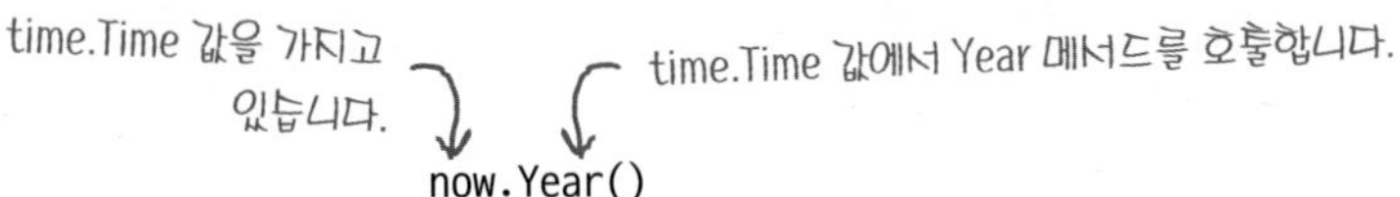
time.Time 값을 가지고 있습니다.
time.Time 값에서 Year 메서드를 호출합니다.
now.Year()

Year 메서드는 연도를 정숫값으로 반환하고 프로그램은 반환된 값을 출력합니다.

메서드는 특정 타입의 값과 연관된 함수입니다.

메서드 호출하기 (계속)

strings 패키지에는 부분 문자열을 찾아 해당 문자열을 다른 문자열로 치환해 주는 Replacer라는 타입이 있습니다. 아래 코드는 모든 문자열에 포함된 모든 # 기호를 문자 o로 치환합니다.

```
package main

import (
	"fmt"
	"strings"
)

func main() {
	broken := "G# r#cks!"
	replacer := strings.NewReplacer("#", "o")
	fixed := replacer.Replace(broken)
	fmt.Println(fixed)
}
```

"main" 함수에서 사용할 패키지들을 가져옵니다.

모든 "#"을 "o"로 치환하도록 설정된 strings.Replacer를 반환합니다.

strings.Replacer의 Replace 메서드를 호출해 치환할 문자열을 전달합니다.

Replace 메서드에서 반환된 문자열을 출력합니다.

```
Go rocks!
```

Strings.NewReplacer 함수는 치환할 문자열 ("#")과 치환 문자 ("o")를 인자로 받아 strings.Replacer를 반환합니다. Replacer 값의 Replace 메서드에 문자열을 전달하면 치환된 문자열을 반환합니다.

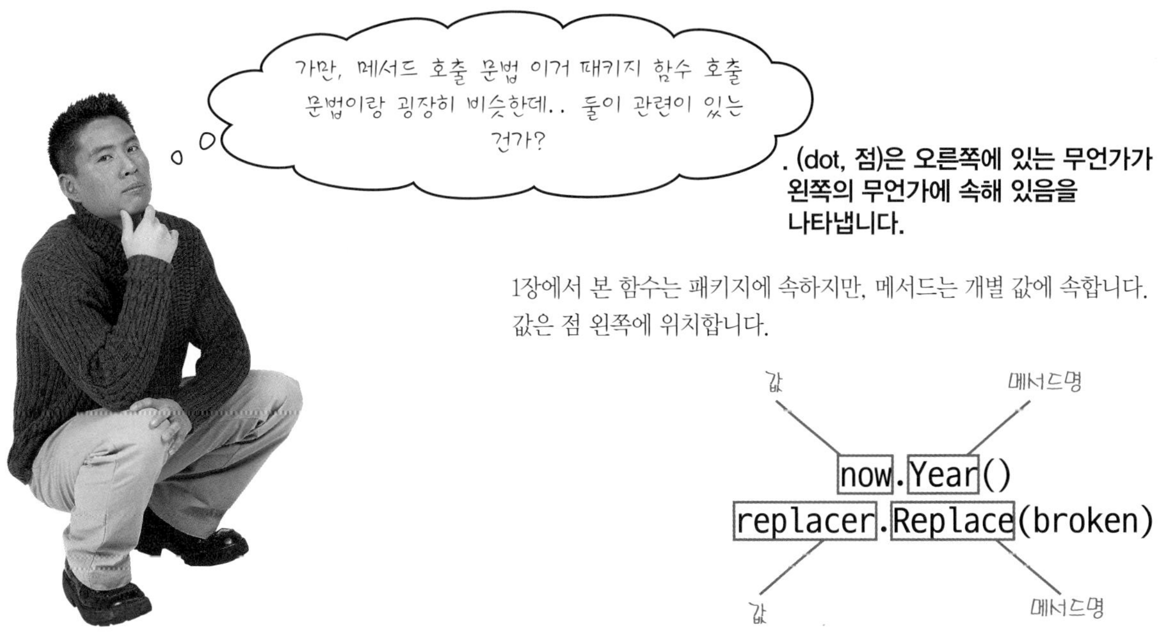

가만, 메서드 호출 문법 이거 패키지 함수 호출 문법이랑 굉장히 비슷한데.. 둘이 관련이 있는 건가?
값
메서드명
now.Year()
replacer.Replace(broken)
값
메서드명

. (dot, 점)은 오른쪽에 있는 무언가가 왼쪽의 무언가에 속해 있음을 나타냅니다.

1장에서 본 함수는 패키지에 속하지만, 메서드는 개별 값에 속합니다. 값은 점 왼쪽에 위치합니다.

성적 계산하기

이 장에서는 조건에 따라 코드의 실행 여부를 결정하는 조건문을 살펴보겠습니다. 먼저 조건 분기가 필요한 상황을 한 번 생각해 봅시다.

우리는 지금 학생이 자신의 백분율 성적을 입력하면 합격 여부를 알려 주는 프로그램을 작성해야 합니다. 합격/불합격 판단 공식은 간단합니다. 성적이 60% 이상이면 합격, 60% 미만이면 불합격입니다. 따라서 프로그램은 사용자가 입력하는 백분율 값이 60% 이상이면 합격 메시지로, 그 외에는 불합격 메시지로 응답해 줘야 합니다.

주석

먼저 프로그램을 작성할 *pass_fail.go*라는 새로운 파일을 생성합니다. 이제부터는 지금까지 작성한 예제 프로그램에서 빠트린 세부 사항에 더 신경쓰겠습니다. 우선 소스 코드 파일 가장 위에 프로그램에 대한 설명을 추가합니다.

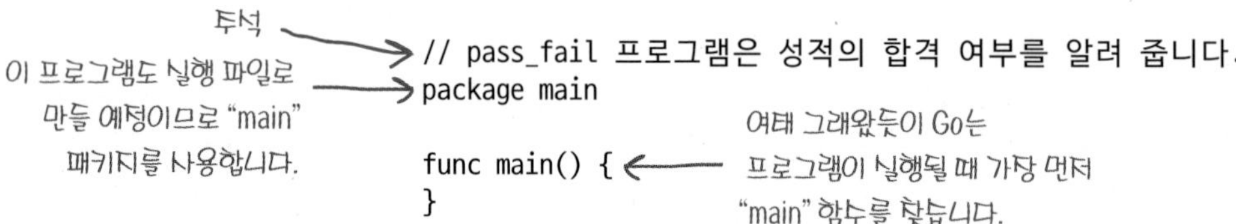


```
// pass_fail 프로그램은 성적의 합격 여부를 알려 줍니다.
package main

func main() {
}
```

많은 Go 프로그램의 소스 코드에는 프로그램을 유지보수하는 사람을 위한 프로그램의 기능 설명이 주석의 형태로 포함되어 있습니다. **주석(comment)**은 컴파일할 때 무시됩니다.

주석의 가장 일반적인 형태는 두 개의 슬래시 문자(//)로 표현되는 한 줄 주석입니다. 두 개의 슬래시로 시작하는 모든 코드는 주석으로 취급됩니다. // 형태의 주석은 한 줄을 모두 차지할 수도 있고 코드 뒤에 위치할 수도 있습니다.

```
// 시스템 위젯의 총 개수
var TotalCount int // 정수만 가능합니다.
```

자주 사용되지 않는 형태인 **블록 주석(block comment)**은 주석을 여러 줄에 걸쳐 표현합니다. 블록 주석은 /*로 시작해 */로 끝나며, 이 문자들 사이의 모든 텍스트(줄 바꿈 포함)는 주석으로 취급됩니다.

```
/*
Package widget에는 위젯을 다루는 모든 함수가 포함되어
있습니다.
*/
```

사용자로부터 성적 입력 받기

이제 *pass_fail.go* 파일에 실제 프로그램 코드를 작성해 보도록 합시다. 가장 먼저 해야 할 일은 사용자로부터 백분율 성적을 입력받는 일입니다. 사용자가 숫자를 입력하고 엔터를 누르면 입력한 숫자를 변수에 저장할 것입니다. 그럼 이제 사용자 입력을 받는 코드를 작성해 봅시다(참고로 이 코드는 컴파일에 실패하는 데 그 이유는 잠시 후에 설명합니다).

```
// pass_fail 프로그램은 성적의 합격 여부를 알려 줍니다.
package main
```

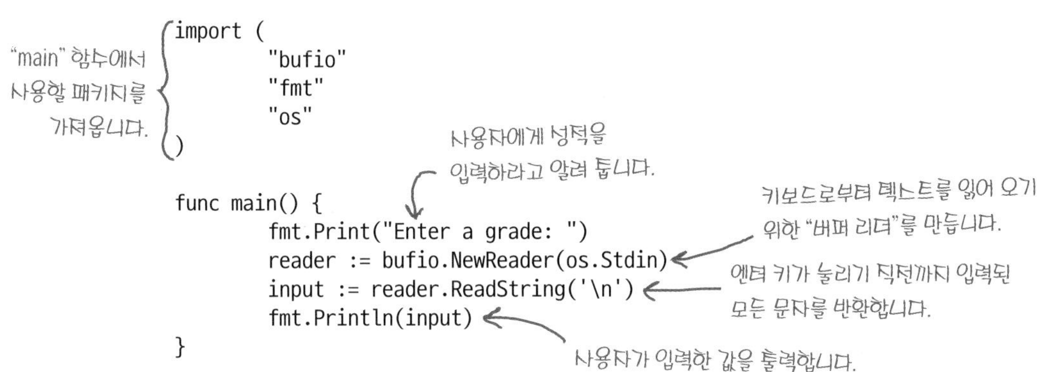
```
import (
	"bufio"
	"fmt"
	"os"
)

func main() {
	fmt.Print("Enter a grade: ")
	reader := bufio.NewReader(os.Stdin)
	input := reader.ReadString('\n')
	fmt.Println(input)
}
```


첫 번째로, fmt.Print 함수로 프롬프트를 출력해 사용자로부터 입력을 유도합니다(Print는 Println 함수와는 달리 값을 출력한 다음 줄 바꿈하지 않습니다. 따라서 사용자 입력을 프롬프트와 같은 줄에서 받을 수 있습니다).

다음으로는, 프로그램의 *표준 입력(standard input)*에서 사용자의 입력을 읽어 와야 합니다. 모든 키보드 입력은 표준 입력으로 들어갑니다. 나중에 사용하기 위해 bufio.Reader를 reader 변수에 저장해 둡니다.

새로운 bufio.Reader를 반환합니다.

```
reader := bufio.NewReader(os.Stdin)
```

Reader는 표준 입력(키보드)으로부터 입력값을 읽습니다.

Reader의 ReadString 메서드를 사용해 사용자가 입력한 값을 가져옵니다. ReadString 메서드는 입력의 마지막 문자를 나타내는 룬(문자)을 인자로 받습니다. 엔터를 누르기 직전까지 입력한 문자를 모두 읽어 와야 하므로 ReadString 메서드에는 줄 바꿈 룬을 전달합니다.

사용자가 입력한 값을 문자열로 반환합니다.

```
input := reader.ReadString('\n')
```

줄 바꿈 룬이 나올 때까지 읽습니다.

사용자가 입력한 값을 가져오면 해당 값을 출력합니다.

계획은 완벽했으나 프로그램을 컴파일하거나 실행하려고 하면 에러가 발생합니다.

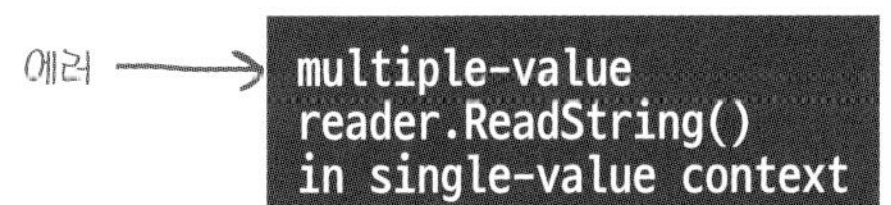

쉬어가기

***Bufio.Reader*의 자세한 동작 방식을 자세히 알 필요는 없습니다.**

지금은 키보드에서 입력을 읽을 수 있다는 사실만 알고 있어도 충분합니다.

함수 및 메서드에서 여러 개의 값 반환하기

사용자의 키보드 입력을 읽으려는데 에러가 발생했습니다. 컴파일러는 다음 라인에서 에러를 보고합니다.

```
input := reader.ReadString('\n')
```

에러 → `multiple-value reader.ReadString() in single-value context`

ReadString 메서드는 두 개의 값을 반환하는데 반환 값을 하나의 변수에 할당하려고 한 것이 문제였습니다.

대부분 프로그래밍 언어에서는 함수와 메서드가 하나의 값만 반환할 수 있는 반면 Go에서는 여러 개의 값을 반환할 수 있습니다. Go에서 다중 반환 값을 사용하는 가장 일반적인 상황은 함수 또는 메서드를 실행하는 도중 문제가 발생했는지 확인할 수 있는 추가적인 에러 값을 같이 반환하는 경우입니다. 다음은 몇 가지 예시입니다.

```
bool, err := strconv.ParseBool("true")
file, err := os.Open("myfile.txt")
response, err := http.Get("http://golang.org")
```

- strconv.ParseBool: 문자열을 부울로 변환할 수 없는 경우 에러 반환
- os.Open: 파일을 열 수 없는 경우 에러 반환
- http.Get: 페이지를 못 가져오는 경우 에러 반환

그래서 뭐가 문제야? 그냥 에러 값 받을 변수 하나 추가하고 무시하면 되지!

Go에서는 미사용 변수를 선언할 수 없습니다.

Go에서 *선언한* 모든 변수는 프로그램의 어딘가에서 반드시 *사용해야* 합니다. err 변수를 추가하고 사용하지 않으면 컴파일에 실패합니다. 미사용 변수는 종종 버그를 만들어내기 때문에 이 강제사항은 버그를 미리 탐지하고 수정하는 데 큰 도움이 됩니다.

```
// pass_fail 프로그램은 성적의 합격 여부를...
package main

import (
	"bufio"
	"fmt"
	"os"
)

func main() {
	fmt.Print("Enter a grade: ")
	reader := bufio.NewReader(os.Stdin)
	input, err := reader.ReadString('\n')
	fmt.Println(input)
}
```

사용하지 않는 변수를 추가하면.. (err)

에러가 발생합니다!

에러 → `err declared and not used`

첫 번째 옵션: 빈 식별자를 사용해 에러 반환 값 무시하기

ReadString 메서드는 사용자의 입력값과 함께 두 번째 값을 반환하기 때문에 두 번째 값을 저장할 변수를 선언해야 합니다. 앞에서 두 번째 변수를 추가만 하고 무시하려고 시도해 봤지만 코드는 여전히 컴파일되지 않았습니다.

```
input, err := reader.ReadString('\n')
```

에러 → `err declared and not used`

할당은 하지만 사용하지 않는 값에는 Go의 빈 **식별자(blank identifier)**를 사용할 수 있습니다. 빈 식별자에 값을 할당하면 값은 버려집니다(코드를 읽는 사람들도 사용하지 않을 값이라는 걸 단번에 알 수 있습니다). 빈 식별자를 사용하기 위해선 변수 할당문에 단일 언더스코어(_) 문자를 사용하면 됩니다.

```
// pass_fail 프로그램은 성적의 합격 여부를 알려 줍니다.
package main

import (
	"bufio"
	"fmt"
	"os"
)

func main() {
	fmt.Print("Enter a grade: ")
	reader := bufio.NewReader(os.Stdin)
	input, _ := reader.ReadString('\n')
	fmt.Println(input)
}
```

에러 값 위치에 빈 식별자를 사용합니다.

그럼 이제 변경사항을 테스트해 봅시다. 터미널에서 pass_fail.go 파일이 위치한 디렉터리로 이동한 뒤 다음 명령어로프로그램을 실행합니다.

```
go run pass_fail.go
```

pass_fail.go를 실행합니다.
숫자를 입력하고 엔터를 누릅니다.
응답으로 입력한 숫자가 출력됩니다.
Shell Edit View Window Help
$ go run pass_fail.go
Enter a grade: 100
100
$

프롬프트에 성적(혹은 아무 문자열이나)을 입력하고 엔터를 누르면 입력한 값이 그대로 출력될 것입니다. 이제야 프로그램이 제대로 동작합니다!

두 번째 옵션: 에러 처리하기

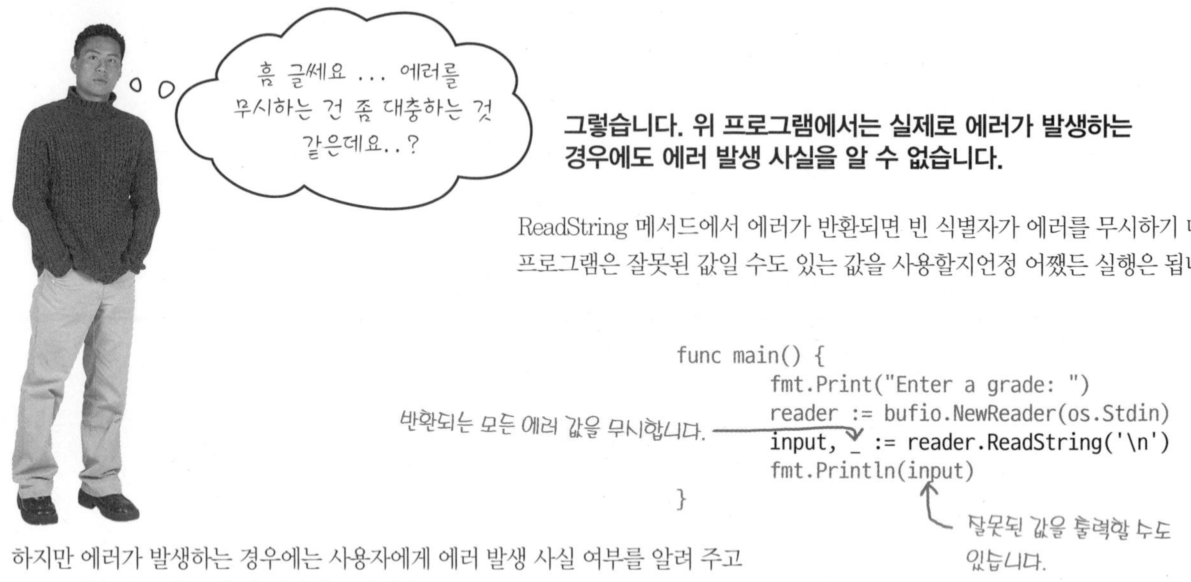

흠 글쎄요 ... 에러를 무시하는 건 좀 대충하는 것 같은데요..?

그렇습니다. 위 프로그램에서는 실제로 에러가 발생하는 경우에도 에러 발생 사실을 알 수 없습니다.

ReadString 메서드에서 에러가 반환되면 빈 식별자가 에러를 무시하기 때문에 프로그램은 잘못된 값일 수도 있는 값을 사용할지언정 어쨌든 실행은 됩니다.

```
func main() {
	fmt.Print("Enter a grade: ")
	reader := bufio.NewReader(os.Stdin)
	input, _ := reader.ReadString('\n')
	fmt.Println(input)
}
```

반환되는 모든 에러 값을 무시합니다. (→ `_`)

잘못된 값을 출력할 수도 있습니다. (→ `input`)

하지만 에러가 발생하는 경우에는 사용자에게 에러 발생 사실 여부를 알려 주고 프로그램을 종료하는 게 더 적절해 보입니다.

log 패키지에는 에러 메시지를 출력한 뒤 프로그램을 종료하는 Fatal 함수가 있습니다 (여기서 "Fatal"이란 프로그램을 "종료"하는 에러를 보고한다는 것을 의미합니다).

그럼 이제 빈 식별자를 치우고 다시 에러 값을 받기 위한 err 변수로 교체해 봅시다. 그러고 나서 Fatal 함수를 사용해 에러를 출력한 다음 프로그램을 종료합니다.

```
// pass_fail 프로그램은 성적의 합격 여부를 알려 줍니다.
package main

import (
	"bufio"
	"fmt"
	"log"
	"os"
)

func main() {
	fmt.Print("Enter a grade: ")
	reader := bufio.NewReader(os.Stdin)
	input, err := reader.ReadString('\n')
	log.Fatal(err)
	fmt.Println(input)
}
```

"log" 패키지를 추가합니다. (→ `"log"`)

에러 반환 값을 다시 변수에 저장합니다. (→ `err`)

에러를 보고하고 프로그램을 종료합니다. (→ `log.Fatal(err)`)

하지만 이 수정된 프로그램을 실행하고 나면 또 다른 문제에 직면하게 됩니다.

조건문

우리는 좀 전에 프로그램이 키보드 입력을 읽을 때 문제가 발생할 경우 에러를 보고하고 프로그램을 실행 중지하도록 설정했습니다. 하지만 방금 수정한 프로그램은 키보드 입력을 읽는 데 아무 문제가 없는 경우에도 실행이 중단되어 버립니다.

에러 반환 값을 변수에 저장합니다.

```
input, err := reader.ReadString('\n')
log.Fatal(err)
```

에러 반환 값을 출력합니다(로깅합니다).

```
Shell Edit View Window Help
$ go run pass_fail.go
Enter a grade: 100
2018/03/11 18:27:08 <nil>
exit status 1
$
```

잘 동작하는 경우에도 에러가 출력됩니다.

에러 값은 "nil"입니다.

ReadString 같은 함수나 메서드는 아무 문제가 없는 경우 에러 값으로 **nil**을 반환합니다. 달리 말하면, err가 nil이라면 아무 에러도 발생하지 않았음을 의미합니다. 하지만 위 프로그램은 에러가 nil인 경우에도 에러를 보고합니다! 그렇다면 이제 해야 할 일은 에러가 nil이 아닌 경우에만 프로그램을 종료하도록 만드는 것입니다.

이 문제는 **조건문(Conditional)**을 사용하면 해결할 수 있습니다. 조건문을 사용하면 특정 조건을 만족하는 경우에만 실행되는 코드 블록({와 }로 감싼 하나 이상의 명령문으로 이루어진 영역)을 만들 수 있습니다.

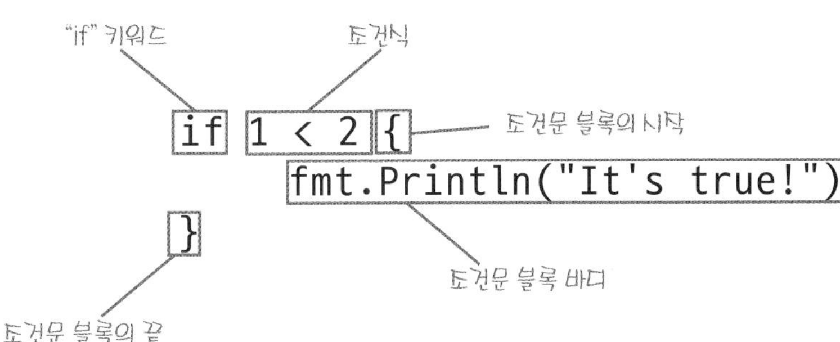

어떤 조건식의 값이 true인 경우에만 조건문 블록의 코드가 실행되고 false인 경우에는 건너뜁니다.

```
if true {
	fmt.Println("I'll be printed!")
}
```

```
if false {
	fmt.Println("I won't!")
}
```

다른 대부분의 언어와 마찬가지로 Go에서도 여러 개의 분기 조건을 만들 수 있습니다. 다중 조건문은 if...else if...else의 형태를 갖습니다.

```
if grade == 100 {
	fmt.Println("Perfect!")
} else if grade >= 60 {
	fmt.Println("You pass.")
} else {
	fmt.Println("You fail!")
}
```

조건문 (계속)

조건문에서는 특정 코드 블록의 실행 여부를 결정할 때 부울 표현식(true 또는 false 값을 반환하는 표현식)을 사용합니다.

```
if 1 == 1 {
        fmt.Println("I'll be printed!")
}

if 1 > 2 {
        fmt.Println("I won't!")
}

if 1 < 2 {
        fmt.Println("I'll be printed!")
}
```

```
if 1 >= 2 {
        fmt.Println("I won't!")
}

if 2 <= 2 {
        fmt.Println("I'll be printed!")
}

if 2 != 2 {
        fmt.Println("I won't!")
}
```

조건식이 false인 경우에만 코드를 실행하려면 부정 연산자인 !를 사용할 수 있습니다. 부정 연산자는 true를 false로, false를 true로 바꿉니다.

```
if !true {
        fmt.Println("I won't be printed!")
}
```

```
if !false {
        fmt.Println("I will!")
}
```

두 조건식이 모두 true인 경우에만 코드를 실행하려면 && ("and"라는 의미) 연산자를, 두 조건식 중 하나라도 true인 경우에 코드를 실행하려면 ||("or"라는 의미) 연산자를 사용할 수 있습니다.

```
if true && true {
        fmt.Println("I'll be printed!")
}

if true && false {
        fmt.Println("I won't!")
}
```

```
if false || true {
        fmt.Println("I'll be printed!")
}

if false || false {
        fmt.Println("I won't!")
}
```

바보 같은 질문은 없습니다!

Q: 제가 사용하는 언어에서는 if문에서 조건식을 괄호로 감싸 줘야 하는데, Go에서는 필요 없나요?

A: 네, 필요 없습니다. 괄호를 사용할 수도 있지만 연산의 우선 순위를 지정하기 위한 괄호가 아닌 경우에는 go fmt가 괄호를 모두 없애 버립니다.

연습문제

아래 코드에서 Println을 호출하는 코드는 모두 조건문 블록 안에 있기 때문에 이중 일부만 실행될 것입니다. 어떤 값들이 출력될지 적어 보세요.

여러분을 위해 첫 두 줄은 미리 채워 넣었습니다!

```
if true {
        fmt.Println("true")
}
if false {
        fmt.Println("false")
}
if !false {
        fmt.Println("!false")
}
if true {
        fmt.Println("if true")
} else {
        fmt.Println("else")
}
if false {
        fmt.Println("if false")
} else if true {
        fmt.Println("else if true")
}
if 12 == 12 {
        fmt.Println("12 == 12")
}
if 12 != 12 {
        fmt.Println("12 != 12")
}
if 12 > 12 {
        fmt.Println("12 > 12")
}
if 12 >= 12 {
        fmt.Println("12 >= 12")
}
if 12 == 12 && 5.9 == 5.9 {
        fmt.Println("12 == 12 && 5.9 == 5.9")
}
if 12 == 12 && 5.9 == 6.4 {
        fmt.Println("12 == 12 && 5.9 == 6.4")
}
if 12 == 12 || 5.9 == 6.4 {
        fmt.Println("12 == 12 || 5.9 == 6.4")
}
```

출력값

true

!false

답은 75 페이지에 있습니다.

특정 조건에서만 에러 출력하기

지금까지 작성한 프로그램은 키보드 입력 읽기에 성공한 경우에도 에러를 출력한 다음 프로그램을 종료합니다.

```
input, err := reader.ReadString('\n')
log.Fatal(err)
```

에러 반환 값을 변수에 저장합니다.

에러 반환 값을 출력합니다 (로깅합니다).

```
$ go run pass_fail.go
Enter a grade: 100
2018/03/11 18:27:08 <nil>
exit status 1
$
```

잘 동작하는 경우에도 에러가 보고됩니다.

에러 값은 "nil"입니다.

우리는 이미 err 값이 nil이면 키보드 입력 읽기에 성공했다는 의미임을 알고 있습니다. 좀 전에 배운 if문을 사용해 err 값이 nil이 아닌 경우에만 에러를 출력하고 종료하도록 코드를 수정해 보겠습니다.

```
// pass_fail 프로그램은 성적의 합격 여부를 알려 줍니다.
package main

import (
	"bufio"
	"fmt"
	"log"
	"os"
)

func main() {
	fmt.Print("Enter a grade: ")
	reader := bufio.NewReader(os.Stdin)
	input, err := reader.ReadString('\n')
	if err != nil {
		log.Fatal(err)
	}
	fmt.Println(input)
}
```

"err"가 nil이 아니면..

에러를 보고하고 프로그램을 종료합니다.

프로그램을 다시 실행해 보면 잘 동작함을 볼 수 있습니다. 그리고 이제는 사용자 입력을 읽는 도중 에러가 발생하는 경우 어떤 에러가 발생했는지도 확인할 수 있습니다.

pass_fail.go를 실행합니다.
Shell Edit View Window Help
$ go run pass_fail.go
Enter a grade: 100
100
$
응답으로 입력한 숫자가 출력됩니다.

코드 자석

냉장고에 파일의 크기를 출력하는 Go 프로그램이 붙어 있습니다. 이 프로그램은 os.FileInfo 값과 에러 값을 반환하는 os.Stat 함수를 호출하고 있습니다. 그리고 파일의 크기 값을 가져오기 위해 FileInfo 값에서 Size 메서드를 호출하고 있습니다.

그런데 이 프로그램은 빈 식별자 _를 사용해 os.Stat에서 반환되는 에러 값을 무시하고 있기 때문에 에러가 실제로 발생하는 경우(파일이 존재하지 않는 경우 등으로 인해) 프로그램이 실패하게 됩니다.

가장 아래에 있는 코드 조각을 재구성해 원래 프로그램과 동일하게 동작하면서 os.Stat에서 반환되는 에러를 체크하는 프로그램을 만들어 보세요. os.Stat에서 반환되는 에러가 nil이 아닌 경우에만 에러를 보고하고 프로그램을 종료해야 합니다. 빈 식별자 _가 적힌 자석은 버리세요. 완성된 프로그램에는 빈 식별자가 없어야 합니다.

```
package main

import (
        "fmt"
        "log"
        "os"
)

func main() {
    fileInfo,    _    :=    os.Stat("my.txt")

    fmt.Println(fileInfo.Size())
}
```

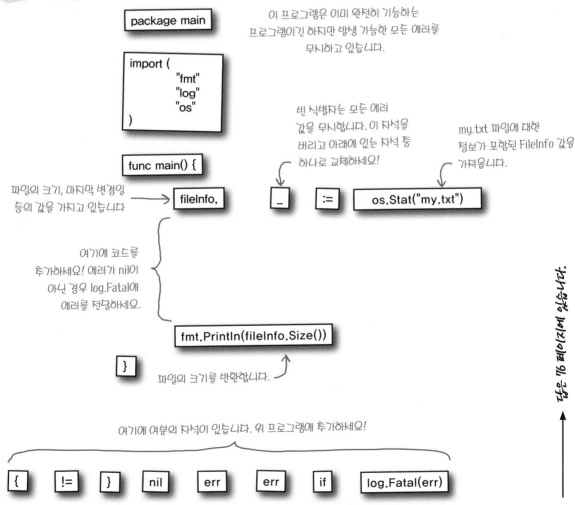

이 프로그램은 이미 완전히 기능하는 프로그램이긴 하지만 발생 가능한 모든 에러를 무시하고 있습니다.

빈 식별자는 모든 에러 값을 무시합니다. 이 자석을 버리고 아래에 있는 자석 중 하나로 교체하세요!

my.txt 파일에 대한 정보가 포함된 FileInfo 값을 가져옵니다.

파일의 크기, 마지막 변경일 등의 값을 가지고 있습니다 → fileInfo,

여기에 코드를 추가하세요! 에러가 nil이 아닌 경우 log.Fatal에 에러를 전달하세요.

파일의 크기를 반환합니다. → fmt.Println(fileInfo.Size())

여기에 여분의 자석이 있습니다. 위 프로그램에 추가하세요!

```
{    !=    }    nil    err    err    if    log.Fatal(err)
```

답은 76 페이지에 있습니다.

이름 섀도잉 피하기

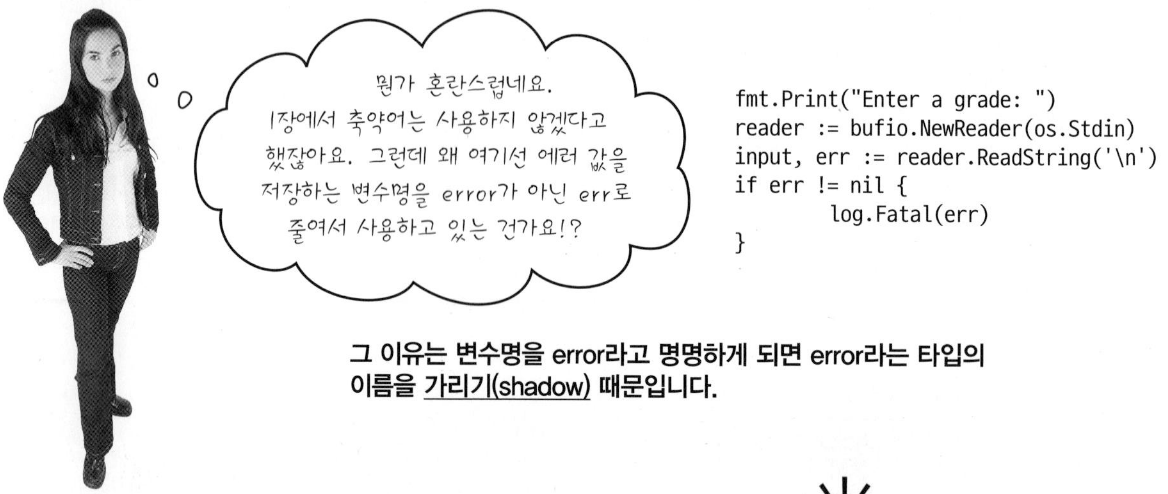

뭔가 혼란스럽네요.
1장에서 축약어는 사용하지 않겠다고
했잖아요. 그런데 왜 여기선 에러 값을
저장하는 변수명을 error가 아닌 err로
줄여서 사용하고 있는 건가요!?


```
fmt.Print("Enter a grade: ")
reader := bufio.NewReader(os.Stdin)
input, err := reader.ReadString('\n')
if err != nil {
        log.Fatal(err)
}
```

그 이유는 변수명을 error라고 명명하게 되면 error라는 타입의 이름을 가리기(shadow) 때문입니다.

변수를 선언할 땐 기존에 선언된 함수, 패키지, 타입 또는 다른 변수의 이름과 겹치지 않는지 확인해야 합니다. 변수를 선언했는데 만약 같은 스코프(스코프는 곧 설명합니다)에 동일한 이름의 함수, 패키지, 타입 또는 변수가 이미 존재하고 있으면 이 변수는 이미 존재하는 대상을 **가리게(shadow)** 됩니다. 즉, 기존에 이미 같은 이름으로 선언된 것보다 더 우선시됩니다. 이런 상황은 대부분 좋지 않습니다.

다음 코드에서 선언한 int 변수는 int 타입의 이름을 가리고, append 변수는 append라는 내장 함수의 이름을 가리며, fmt 변수는 위에서 가져온 fmt 패키지의 이름을 가립니다. 변수명이 다소 어색하기는 하지만 이미 존재하는 대상을 가린다고 해서 에러가 발생하지는 않습니다.

```
package main

import "fmt"

func main() {
        var int int = 12
        var append string = "minutes of bonus footage"
        var fmt string = "DVD"
}
```

"int"로 명명한 변수는 내장 "int" 타입의 이름을 가립니다.

"append"로 명명한 변수는 내장 "append" 함수의 이름을 가립니다.

"fmt"로 명명한 변수는 내장 "fmt" 패키지의 이름을 가립니다.

이름 섀도잉 피하기 (계속)

섀도잉된 타입, 함수 또는 패키지에 접근하려고 하면 동일한 이름으로 선언된 변수가 참조됩니다. 따라서 다음 코드는 컴파일 에러가 발생합니다.

```
func main() {
	var int int = 12
	var append string = "minutes of bonus footage"
	var fmt string = "DVD"
	var count int
	var languages = append([]string{}, "Español")
	fmt.Println(int, append, "on", fmt, languages)
}
```

"int"는 타입이 아니라 위에서 선언한 변수를 참조합니다.

"append"는 함수가 아니라 위에서 선언한 변수를 참조합니다.

"fmt"는 패키지가 아니라 위에서 선언한 변수를 참조합니다.

컴파일 에러

```
imported and not used: "fmt"
int is not a type
cannot call non-function append (type string), declared at prog.go:7:6
fmt.Println undefined (type string has no field or method Println)
```

이런 혼란을 피하기 위해 가능하면 이름 섀도잉은 피하는 게 좋습니다. 위 코드에서는 세 변수명을 이미 존재하는 이름과 충돌하지 않도록 변경하면 문제를 해결할 수 있습니다.

```
func main() {
	var count int = 12
	var suffix string = "minutes of bonus footage"
	var format string = "DVD"
	var languages = append([]string{}, "Español")
	fmt.Println(count, suffix, "on", format, languages)
}
```

"int" 변수명 수정

"append" 변수명 수정

"fmt" 변수명 수정

```
12 minutes of bonus footage on DVD [Español]
```

3장에서 살펴보겠지만, Go에는 error라는 이름의 타입이 있습니다. 에러 값을 갖는 변수의 이름을 error가 아닌 err라고 명명한 건 error 타입에 대한 섀도잉을 피하기 위함입니다.

```
fmt.Print("Enter a grade: ")
reader := bufio.NewReader(os.Stdin)
input, err := reader.ReadString('\n')
if err != nil {
	log.Fatal(err)
}
```

"error"가 아닌 "err"를 사용합니다!

물론 변수명을 error로 지어도 코드는 문제없이 잘 동작할 수도 있습니다. 타입의 이름이 섀도잉 되었다는 사실을 깨닫기 전까진 말이죠. 이런 상황에서 변수명이 아닌 실제 error 타입을 사용하려고 하면 타입이 아닌 변수의 값에 접근하게 되어 error 타입은 사용하지 못하게 됩니다. 애초에 이런 일이 발생하지 않도록 error 변수에는 error가 아닌 err라는 변수명을 사용하는 게 좋습니다!

문자열을 숫자로 변환하기

조건문을 사용하면 입력받은 성적을 평가할 수 있습니다. if/else문을 사용해 성적이 합격인지 불합격인지 판별하는 코드를 작성해 봅시다. 만약 입력한 백분율 성적이 60 이상이면 "합격" 상태로, 그 외에는 "불합격" 상태로 설정해 보겠습니다.

```
// package절과 import문은 생략했습니다.
func main() {
	fmt.Print("Enter a grade: ")
	reader := bufio.NewReader(os.Stdin)
	input, err := reader.ReadString('\n')
	if err != nil {
		log.Fatal(err)
	}

	if input >= 60 {
		status := "passing"
	} else {
		status := "failing"
	}
}
```

하지만 위 코드는 컴파일 에러가 발생합니다.

에러 발생 →

```
cannot convert 60 to type string
invalid operation: input >= 60 (mismatched types string and int)
```

여기서 문제는 키보드로부터 읽어 온 입력값이 문자열이라는 것입니다. Go에서 숫자는 숫자와만 비교할 수 있으며 문자열과는 비교할 수 없습니다. 또한 문자열 타입을 숫자 타입으로 직접 변환하는 방법은 없습니다.

```
float64("2.6")
```

에러 발생 →

```
cannot convert "2.6" (type string) to type float64
```

여기서 해결해야 할 문제는 다음 두 가지가 있습니다.

- 사용자가 값을 입력하고 엔터를 누를 때 추가되는 줄 바꿈 문자를 없애야 합니다.
- 문자열을 부동 소수점 숫자 타입으로 변환해야 합니다.

문자열을 숫자로 변환하기 (계속)

입력 문자열 끝에 있는 줄 바꿈 문자를 제거하는 일은 쉽습니다. strings 패키지에는 문자열의 처음과 끝에 존재하는 모든 공백 문자(줄 바꿈, 탭, 기타 공백 문자)를 제거해 주는 TrimSpace라는 함수가 있습니다.

```
s := "\t formerly surrounded by space \n"
fmt.Println(strings.TrimSpace(s))
```

```
formerly surrounded by space
```

input 변수를 TrimSpace에 전달하고 반환 값을 다시 input 변수에 재할당함으로써 줄 바꿈 문자를 제거할 수 있습니다.

```
input = strings.TrimSpace(input)
```

이제 input 변수의 문자열에는 사용자가 입력한 숫자 값만 남아 있습니다. strconv 패키지의 ParseFloat 함수를 사용하면 문자열을 float64 타입의 값으로 변환할 수 있습니다.

변환하려는 문자열을 인자로 전달합니다. → 결괏값의 정밀도 비트 수

```
grade, err := strconv.ParseFloat(input, 64)
```

반환 값은 float64 타입 / 에러 값

ParseFloat 함수에 변환하려는 문자열과 결괏값의 정밀도 수준을 표현할 비트 수를 전달합니다. float64 값으로 변환할 것이기 때문에 64를 전달하면 됩니다(float64 타입보다 낮은 정밀도를 가진 float32 타입도 있지만 특별한 이유가 없는 한 이 타입을 사용할 일은 없습니다).

ParseFloat는 문자열을 숫자로 변환한 뒤 float64 타입으로 반환합니다. ReadString과 같이 이 함수도 두 번째 값으로 에러 값을 반환하는데 문자열을 변환하는 도중 아무 문제도 발생하지 않으면 nil이 반환됩니다(예를 들어, "hello"와 같이 숫자로 변환할 수 없는 문자열의 경우에는 에러가 발생합니다).

쉬어가기

지금은 정밀도 비트 수를 크게 신경 쓰지 않아도 됩니다.

정밀도 비트 수는 컴퓨터 메모리에서 부동 소수점 숫자가 차지하는 메모리의 크기를 나타냅니다. float64 타입을 사용하려면 ParseFloat의 두 번째 인자로 64를 전달하면 됩니다.

문자열을 숫자로 변환하기 (계속)

TrimSpace와 ParseFloat를 사용하여 *pass_fail.go*를 수정해 봅시다.

```
// pass_fail 프로그램은 성적의 합격 여부를 알려 줍니다.
package main

import (
	"bufio"
	"fmt"
	"log"
	"os"
	"strconv"
	"strings"
)

func main() {
	fmt.Print("Enter a grade: ")
	reader := bufio.NewReader(os.Stdin)
	input, err := reader.ReadString('\n')
	if err != nil {
		log.Fatal(err)
	}

	input = strings.TrimSpace(input)
	grade, err := strconv.ParseFloat(input, 64)
	if err != nil {
		log.Fatal(err)
	}

	if grade >= 60 {
		status := "passing"
	} else {
		status := "failing"
	}
}
```

ParseFloat를 사용하기 위해 "strconv" 패키지를 가져옵니다.

TrimSpace를 사용하기 위해 "strings" 패키지를 가져옵니다.

입력 문자열에서 줄 바꿈 문자를 제거합니다.

문자열을 float64 값으로 변환합니다.

ReadString과 마찬가지로 변환 도중 에러가 발생하면 에러를 보고합니다.

"input"의 문자열이 아닌 "grade"의 float64 값과 비교합니다.

먼저 import문에서 필요한 패키지를 가져옵니다. 그리고 input 문자열에서 줄 바꿈 문자를 없애는 코드를 추가한 다음 ParseFloat 함수에 input 변수를 전달한 뒤 float64 타입의 반환 값을 grade 라는 변수에 저장합니다.

ReadString과 마찬가지로 ParseFloat에서 반환된 에러 값도 확인합니다. 만약 에러가 발생하면 에러를 보고하고 프로그램을 종료합니다.

마지막으로 input의 문자열 대신 grade의 숫자 값과 비교하도록 조건문을 수정하면 타입 불일치로 인한 문제를 해결할 수 있습니다.

수정된 프로그램을 실행해 보면 더 이상 "mismatched types string and int" 에러는 발생하지 않습니다. 이제 모든 문제가 다 해결된 것처럼 보이지만 해결해야 할 문제가 몇 가지 더 있습니다. 이 문제는 다음 페이지에서 살펴보겠습니다.

에러 발생

```
status declared
and not used
status declared
and not used
```

블록

사용자가 입력한 성적을 float64 값으로 변환하고 합격/불합격을 판별하는 조건문을 추가했습니다. 그러나 수정된 프로그램을 실행해 보면 몇 가지 컴파일 에러가 더 발생합니다.

```
if grade >= 60 {
        status := "passing"
} else {
        status := "failing"
}
```

에러 발생

```
status declared
and not used
status declared
and not used
```

앞서 살펴봤듯이 Go에서는 변수를 선언만 하고 사용하지 않으면 에러가 발생합니다. 위 프로그램에서 같은 오류가 두 번이나 발생한 게 조금 이상하긴 하지만 지금은 일단 무시하겠습니다. Println 함수를 사용해 입력받은 백분율 성적과 status 변수의 값을 출력해 보겠습니다.

```
func main() {
        // 위쪽 코드는 생략합니다...
        if grade >= 60 {
                status := "passing"
        } else {
                status := "failing"
        }
        fmt.Println("A grade of", grade, "is", status)
}
```

status 변숫값을 출력합니다.

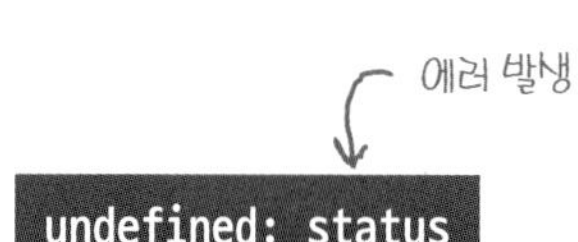

이번에는 Println을 호출하는 라인에서 status 변수가 정의되지 않았다는 *새로운* 에러가 발생했습니다. 무슨 일일까요?

Go 코드는 특정 코드의 영역을 나타내는 **블록(block)**으로 나눌 수 있습니다. 블록은 소스 코드 파일 및 패키지 수준에서의 블록도 있지만 이외의 블록들은 일반적으로 중괄호({})로 묶여서 표현되곤 합니다. 블록은 다른 블록 내에 중첩될 수 있습니다.

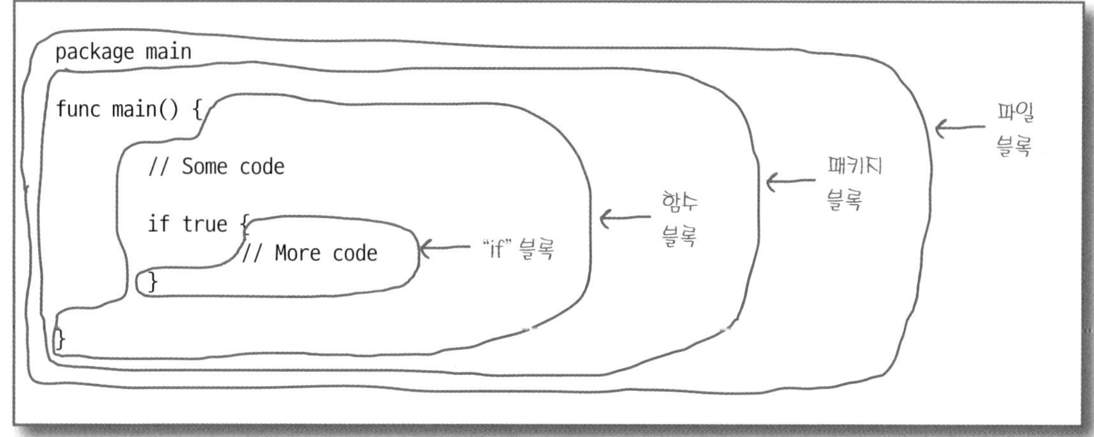

함수와 조건문의 본문도 모두 블록입니다. 블록에 대한 이해가 status 변수와 관련된 문제를 해결하기 위한 열쇠입니다.

블록과 변수 스코프

선언된 모든 변수들은 **스코프(scope)**를 갖습니다. 스코프란 코드에서 변수가 보이는(변수에 접근할 수 있는) 영역의 범위입니다. 선언된 변수는 해당 변수가 속한 스코프 내에서는 어디서든지 접근할 수 있지만 스코프 밖에서는 접근할 수 없으며 접근 시도 시 에러가 발생합니다.

변수의 스코프는 변수가 선언된 블록과 해당 블록 내에 중첩된 블록 모두 아우릅니다.

```
package main

import "fmt"

var packageVar = "package"

func main() {
	var functionVar = "function"
	if true {
		var conditionalVar = "conditional"
		fmt.Println(packageVar)
		fmt.Println(functionVar)
		fmt.Println(conditionalVar)
	}
	fmt.Println(packageVar)
	fmt.Println(functionVar)
	fmt.Println(conditionalVar)
}
```

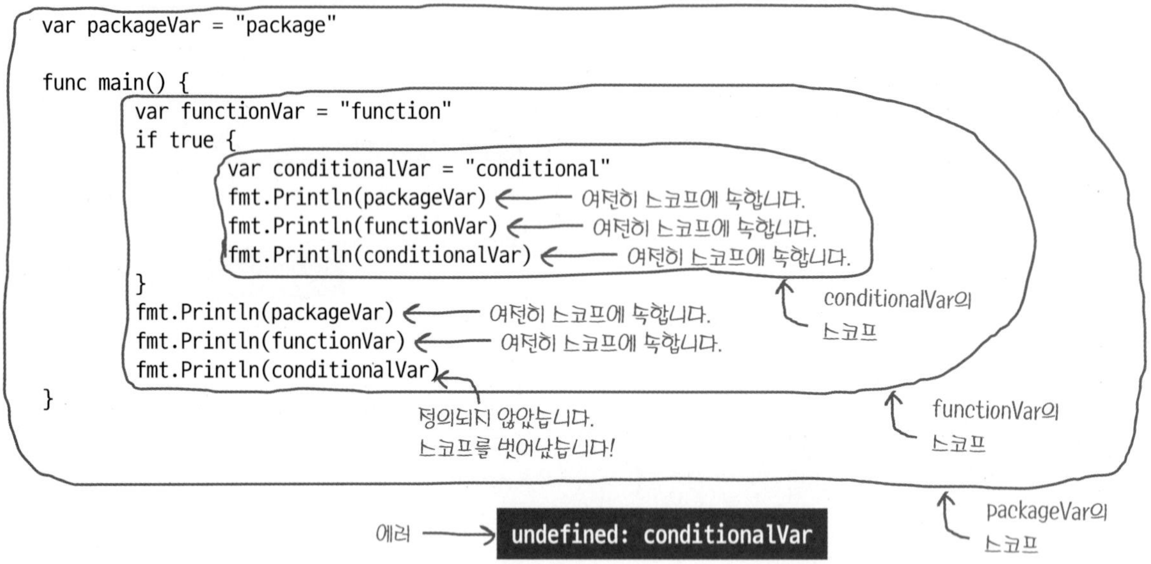

```
undefined: conditionalVar
```

위에서 각 변수의 스코프는 다음과 같습니다.

- packageVar의 스코프는 main 패키지 전체입니다. packageVar는 패키지 내 모든 함수에서 접근할 수 있습니다.
- functionVar의 스코프는 자기 자신이 선언된 함수 전체입니다. 함수 내에 중첩된 if 블록도 스코프에 포함됩니다.
- conditionalVar의 스코프는 if 블록으로 제한됩니다. if 블록의 닫는 중괄호 (}) 다음으로 conditionalVar에 접근하려고 하면 conditionalVar가 정의되지 않았다는 에러가 발생합니다.

블록과 변수 스코프 (계속)

변수의 스코프를 배웠으니 이제 성적 프로그램에서 status 변수가 정의되지 않은 이유를 설명할 수 있습니다. 위 코드에서는 status 변수를 조건문 블록 내에서 선언했습니다 (정확히는 서로 다른 두 블록에서 두 번 선언했기 때문에 "status declared and not used" 에러도 두 번 발생했습니다). 그런데 조건문 블록 밖에서 status 변수에 접근하려고 하니 스코프가 벗어나게 되어 에러가 발생한 것입니다.

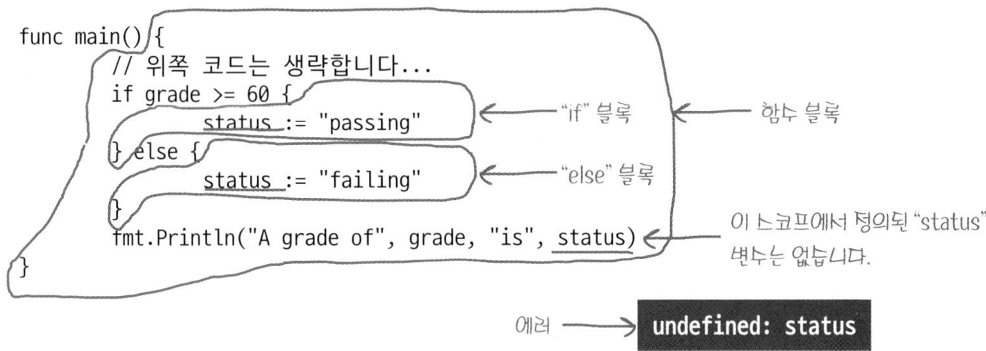

func main() {
// 위쪽 코드는 생략합니다...
if grade >= 60 {
status := "passing"
} else {
status := "failing"
}
fmt.Println("A grade of", grade, "is", status)
}
"if" 블록
"else" 블록
함수 블록
이 스코프에서 정의된 "status" 변수는 없습니다.
에러
undefined: status

이 문제의 해결 방법은 바로 status 변수의 정의문을 조건문 블록 바깥으로 옮기는 것입니다. 변수 정의문을 조건문 바깥으로 옮기면 status 변수는 조건문 블록과 함수 블록 스코프 모두에 속하게 됩니다.

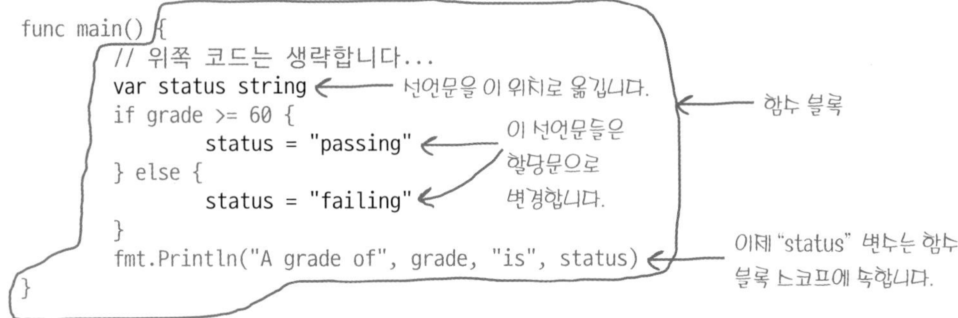

중첩된 블록 내의 단축 변수 선언문을 할당문으로 변경하는 것 잊지 마세요!

:=를 =로 변경하지 않으면 중첩된 조건문 블록에서 status 변수가 새루 선언되기 때문에 스코프 문제가 또다시 발생할 수 있습니다.

드디어 성적 프로그램을 완성했습니다!

드디어 완성했습니다! *pass_fail.go* 프로그램을 실행할 준비도 끝났습니다! 그럼 이제 완성된 코드를 한 번 확인해 보겠습니다.

```
// pass_fail 프로그램은 성적의 합격 여부를 알려 줍니다.
package main

import (
	"bufio"
	"fmt"
	"log"
	"os"
	"strings"
	"strconv"
)

func main() {
	fmt.Print("Enter a grade: ")
	reader := bufio.NewReader(os.Stdin)
	input, err := reader.ReadString('\n')
	if err != nil {
		log.Fatal(err)
	}

	input = strings.TrimSpace(input)
	grade, err := strconv.ParseFloat(input, 64)
	if err != nil {
		log.Fatal(err)
	}

	var status string
	if grade >= 60 {
		status = "passing"
	} else {
		status = "failing"
	}
	fmt.Println("A grade of", grade, "is", status)
}
```

"main" 함수는 프로그램이 시작될 때 호출됩니다.

사용자에게 백분율 성적 입력 프롬프트를 출력합니다.

키보드 입력을 읽기 위한 bufio.NewReader를 생성합니다.

사용자가 엔터 키를 누를 때까지 입력한 내용을 읽습니다.

에러가 발생하면 에러 메시지를 출력하고 프로그램을 종료합니다.

입력값에서 줄 바꿈 문자를 제거합니다.

입력 문자열을 float64 (숫자) 값으로 변환합니다.

에러가 발생하면 에러 메시지를 출력하고 프로그램을 종료합니다.

"status" 변수는 함수 스코프에서 사용할 수 있도록 이곳에 선언합니다.

성적이 60 이상이면 status를 "passing"으로 그 외에는 "failing"으로 설정합니다.

입력된 성적과... 합격 여부를 출력합니다.

완성된 프로그램을 원하는 만큼 여러 번 실행해 보세요. 60보다 작은 성적값을 입력하면 불합격 메시지가 출력되며, 60보다 큰 값을 입력하면 통과 메시지가 출력됩니다. 잘 동작하는 것 같습니다!

Shell Edit View Window Help

```
$ go run pass_fail.go
Enter a grade: 56
A grade of 56 is failing
$ go run pass_fail.go
Enter a grade: 84.5
A grade of 84.5 is passing
$
```

연습문제

아래 코드에서 일부 라인은 스코프에서 벗어난 변수를 참조하고 있어 컴파일 에러를 발생시키고 있습니다. 오류가 있는 줄을 찾아 지우세요.

```
package main

import (
	"fmt"
)

var a = "a"

func main() {
	a = "a"
	b := "b"
	if true {
		c := "c"
		if true {
			d := "d"
			fmt.Println(a)
			fmt.Println(b)
			fmt.Println(c)
			fmt.Println(d)
		}
		fmt.Println(a)
		fmt.Println(b)
		fmt.Println(c)
		fmt.Println(d)
	}
	fmt.Println(a)
	fmt.Println(b)
	fmt.Println(c)
	fmt.Println(d)
}
```

답은 77 페이지에 있습니다.

단축 변수 선언에서 변수는 단 한 번만 새로 선언됩니다!

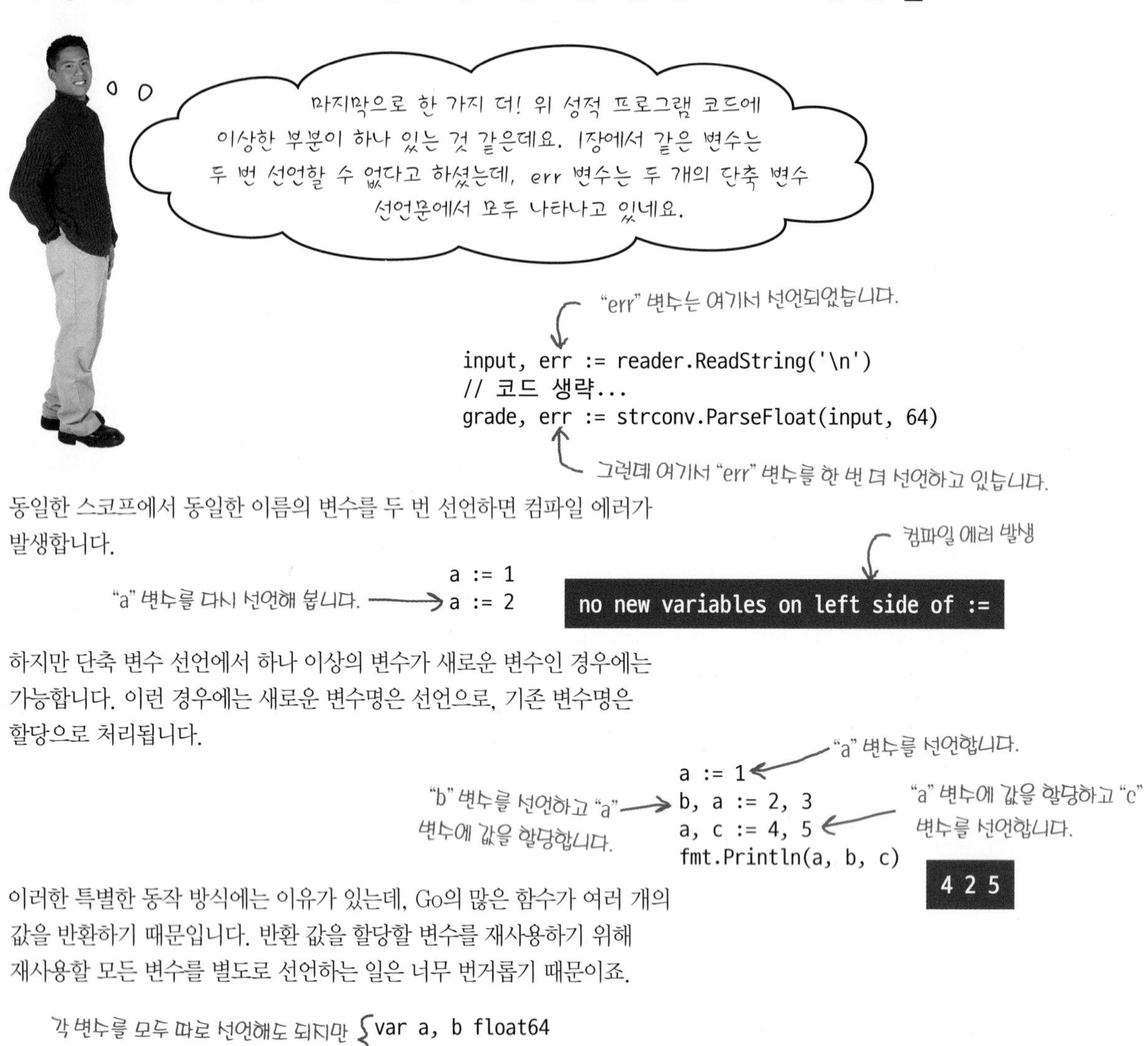

마지막으로 한 가지 더! 위 성적 프로그램 코드에
이상한 부분이 하나 있는 것 같은데요. 1장에서 같은 변수는
두 번 선언할 수 없다고 하셨는데, err 변수는 두 개의 단축 변수
선언문에서 모두 나타나고 있네요.
"err" 변수는 여기서 선언되었습니다.
그런데 여기서 "err" 변수를 한 번 더 선언하고 있습니다.


```
input, err := reader.ReadString('\n')
// 코드 생략...
grade, err := strconv.ParseFloat(input, 64)
```

동일한 스코프에서 동일한 이름의 변수를 두 번 선언하면 컴파일 에러가 발생합니다.

```
a := 1
a := 2
```

"a" 변수를 다시 선언해 봅니다.

컴파일 에러 발생

```
no new variables on left side of :=
```

하지만 단축 변수 선언에서 하나 이상의 변수가 새로운 변수인 경우에는 가능합니다. 이런 경우에는 새로운 변수명은 선언으로, 기존 변수명은 할당으로 처리됩니다.

```
a := 1
b, a := 2, 3
a, c := 4, 5
fmt.Println(a, b, c)
```

"a" 변수를 선언합니다.

"b" 변수를 선언하고 "a" 변수에 값을 할당합니다.

"a" 변수에 값을 할당하고 "c" 변수를 선언합니다.

```
4 2 5
```

이러한 특별한 동작 방식에는 이유가 있는데, Go의 많은 함수가 여러 개의 값을 반환하기 때문입니다. 반환 값을 할당할 변수를 재사용하기 위해 재사용할 모든 변수를 별도로 선언하는 일은 너무 번거롭기 때문이죠.

각 변수를 모두 따로 선언해도 되지만 다행히도 그럴 필요는 없습니다.

```
var a, b float64
var err error
a, err = strconv.ParseFloat("1.23", 64)
b, err = strconv.ParseFloat("4.56", 64)
```

따라서 Go에서는 선언하는 변수 중에서 단 하나라도 새로 선언되는 변수이면 모든 곳에서 단축 변수 선언을 사용할 수 있습니다.

모든 곳에 단축 변수 선언문을 사용할 수 있습니다.

```
a, err := strconv.ParseFloat("1.23", 64)
b, err := strconv.ParseFloat("4.56", 64)
fmt.Println(a, b, err)
```

"a"와 "err" 변수를 선언합니다.

"b" 변수를 선언하고 "err" 변수에 값을 할당합니다.

```
1.23 4.56 <nil>
```

게임을 만들어 봅시다

간단한 게임을 만들어 보면서 이번 장을 마무리해 보겠습니다. 필요한 건 대부분 이미 배웠기 때문에 어렵지 않습니다. 그럼 이번에는 플레이어가 게임을 여러 차례 반복해서 플레이하는 데 필요한 반복문(loop)을 배워 보겠습니다.

이 예제는 헤드 퍼스트 루비에서도 사용한 예제입니다. (이 책도 좋은 책입니다!) 학습 효과가 아주 좋았기 때문에 이 책에서도 같은 예제를 사용하려고 합니다.

우선 이번에 만들어 볼 게임의 요구사항을 살펴보겠습니다.

- [ ] 플레이어가 추측할 1에서 100 사이의 난수를 목푯값으로 지정합니다.
- [ ] 플레이어가 추측한 숫자를 입력할 수 있도록 프롬프트를 띄우고 입력받은 추측 값을 저장합니다.
- [ ] 플레이어가 추측한 숫자가 목푯값보다 낮으면 "Oops. Your guess was LOW."를, 높으면 "Oops. Your guess was HIGH."를 출력합니다.
- [ ] 플레이어는 최대 10번까지 추측할 수 있습니다. 추측을 할 때마다 플레이어에게 남은 횟수를 알려 줍니다.
- [ ] 플레이어가 추측한 숫자가 목푯값과 같으면 "Good job! You guessed it!"을 출력하고 프롬프트를 종료합니다.
- [ ] 최대 추측 횟수 안에 목푯값을 맞히지 못하면 "Sorry. You didn't guess my number. It was: [target]"을 출력합니다.

왼쪽에 요구사항 목록을 정리해 놨습니다. 할 수 있을까요?

그레이 리차도트
게임 디자이너

그럼 이제 코드를 작성할 *guess.go*라는 새 파일을 만들어 보겠습니다.

먼저 난수부터 생성해야 할 것 같습니다.

한 번 시작해 봅시다!

패키지명 vs 임포트 경로

math/rand 패키지에 난수를 생성할 수 있는 Intn이라는 함수가 있으므로, 우선 math/rand 패키지를 가져온 다음 rand.Intn 함수를 사용해 난수를 생성해 보겠습니다.

```
package main

import (
	"fmt"
	"math/rand"
)

func main() {
	target := rand.Intn(100) + 1
	fmt.Println(target)
}
```

"math/rand" 패키지를 가져옵니다.

rand.Intn을 사용해 난수를 생성합니다.

잠시만요!
Intn은 math/rand 패키지에서 가져와 사용하고 있는데, 왜 math/rand.Intn이 아니라 rand.Intn인가요?

math/rand는 임포트 경로이고 rand는 패키지명입니다.

위에서 참조하고 있는 math/rand는 패키지명(package's name)이 아니라 패키지의 *임포트 경로*입니다. **임포트 경로(import path)**란 패키지를 식별하기 위해 import문에서 사용하는 고유한 문자열입니다. 임포트 경로를 사용해 가져온 패키지는 패키지명으로 참조할 수 있습니다.

지금까지 사용해 온 모든 패키지는 임포트 경로와 패키지명이 동일했습니다. 오른쪽에 있는 패키지가 그 예시입니다.

임포트 경로	패키지명
"fmt"	fmt
"log"	log
"strings"	strings

하지만 임포트 경로와 패키지명이 항상 동일할 필요는 없습니다. 많은 Go 패키지 중 일부 패키지는 압축 알고리즘 또는 수학 함수와 같은 유사한 카테고리로 묶을 수 있습니다. 이러한 패키지들은 "archive/" 또는 "math/"와 같은 접두사가 붙은 임포트 경로로 그룹화됩니다(하드 드라이브의 디렉터리 경로를 생각하면 됩니다).

임포트 경로	패키지명
"archive"	archive
"archive/tar"	tar
"archive/zip"	zip
"math"	math
"math/cmplx"	cmplx
"math/rand"	rand

패키지명 vs 임포트 경로 (계속)

Go에서는 패키지명과 임포트 경로가 서로 연관될 필요는 없습니다. 다만, 관례적으로는 보통 임포트 경로의 마지막 부분(단일 경로의 경우에는 임포트 경로 그 자체)을 패키지명으로 사용하곤 합니다. 따라서 임포트 경로가 "archive"라면 "archive"가 패키지명이 되고, "archive/zip"이라면 "zip"이 패키지명이 됩니다.

임포트 경로	패키지명
"archive"	archive
"archive/tar"	tar
"archive/zip"	zip
"math"	math
"math/cmplx"	cmplx
"math/rand"	rand

그렇기 때문에 import문에서는 "math/rand"라는 임포트 경로를 사용하지만 main 함수에서는 rand라는 패키지명만 사용하는 것입니다.

```
package main

import (
	"fmt"
	"math/rand"
)

func main() {
	target := rand.Intn(100) + 1
	fmt.Println(target)
}
```

"math/rand"의 전체 임포트 경로를 명시합니다.

"rand" 패키지명을 사용합니다.

난수 생성하기

rand.Intn에 숫자를 전달하면 0에서 해당 숫자 사이에 존재하는 임의의 정숫값이 반환됩니다. 즉, 인자로 100을 전달하면 0에서 99 사이의 난수가 반환됩니다. 이 게임에서는 1에서 100 사이의 숫자가 필요하기 때문에 반환된 난수 값에 1을 더한 다음 target이라는 변수에 저장합니다. 지금은 우선 생성된 target 값을 출력만 해 보겠습니다.

```
package main

import (
	"fmt"
	"math/rand"
)

func main() {
	target := rand.Intn(100) + 1
	fmt.Println(target)
}
```

0에서 99 사이의 정수를 생성합니다.

1에서 100 사이의 정수로 만들기 위해 1을 더합니다.

그리고 이제 프로그램을 실행해 보면 난수가 하나 출력됩니다. 하지만 프로그램을 몇 번 실행해 봐도 계속 *동일한* 난수 값만 나옵니다. 그 이유는 바로 컴퓨터에서 생성된 난수는 실제로 무작위 숫자가 아니기 때문입니다. 하지만 무작위성을 높일 수 있는 방법은 있습니다.

```
Shell Edit View Window Help
$ go run guess.go
82
$ go run guess.go
82
$ go run guess.go
82
$
```

프로그램을 실행할 때마다 동일한 난수 값이 출력되고 있습니다.

난수 생성하기 (계속)

매번 다른 난수를 생성하려면 rand.Seed 함수를 사용해 시드 값을 지정해 줘야 합니다. 난수 생성기를 "seed"(시드)한다고 하는데, 이 작업으로 다른 난수 값을 생성하는 데 사용할 값을 설정할 수 있습니다. 그러나 만약 시드 값이 특정한 값으로 고정될 경우에는 난수 값도 고정되기 때문에 좀 전에 겪은 문제가 다시 발생합니다.

우리는 일전에 현재 날짜 및 시간을 나타내는 Time 값을 반환하는 time.Now라는 함수를 본 적이 있습니다. 시간은 값이 계속 변하기 때문에 이 함수를 사용하면 프로그램을 실행할 때마다 매번 다른 시드 값을 만들어 낼 수 있습니다.

```
package main

import (
	"fmt"
	"math/rand"
	"time"
)

func main() {
	seconds := time.Now().Unix()
	rand.Seed(seconds)
	target := rand.Intn(100) + 1
	fmt.Println("I've chosen a random number between 1 and 100.")
	fmt.Println("Can you guess it?")
	fmt.Println(target)
}
```

"time" 패키지도 가져옵니다.

현재 날짜 및 시간을 정숫값으로 가져옵니다.

난수 생성기를 시딩합니다.

이제 매번 다른 난수가 생성됩니다.

플레이어에게 목푯값이 다 설정되었음을 알려 줍니다.

rand.Seed 함수의 인자는 정수 타입이기 때문에 Time 타입의 값을 사용할 수 없습니다. 따라서 Time 값의 Unix 메서드를 사용해 시간 값을 정수로 변환해야 합니다(정확히 말하면 시간을 유닉스 시간 형식으로 변환하는 것인데 이 값은 1970년 1월 1일부터 지금까지 흐른 시간을 초로 나타낸 정숫값입니다. 이 내용을 외울 필요는 없습니다). 그리고 정숫값으로 변환된 시간 값을 rand.Seed에 전달합니다.

그다음 사용자에게 목푯값이 설정되었다는 메시지를 보여 주기 위한 두 개의 Println 호출을 추가합니다. 추가한 코드 외에 rand.Intn 호출을 포함한 나머지 코드는 그대로 둡니다. 여기서 수정해야 하는 건 난수 생성기의 시딩밖에 없습니다.

이제 프로그램을 실행할 때마다 매번 다른 난수 값과 함께 새로 추가한 메시지가 출력됩니다. 성공인 것 같습니다!

```
Shell Edit View Window Help
$ go run guess.go
I've chosen a random number between 1 and 100.
Can you guess it?
73
$ go run guess.go
I've chosen a random number between 1 and 100.
Can you guess it?
18
$
```

프로그램을 실행할 때마다 다른 숫자가 출력됩니다.

키보드에서 정숫값 입력받기

첫 번째 요구사항의 구현이 끝났습니다! 이제 다음으로 구현해야 할 기능은 키보드 입력으로 플레이어가 추측한 값을 읽어 오는 기능입니다.

이 기능은 이전에 만든 성적 프로그램에서 백분율 성적을 입력받는 기능과 매우 유사합니다. 유일한 차이점은 입력값을 float64가 아닌 int 타입으로 변환해야 한다는 것입니다. 따라서 키보드에서 읽어 온 문자열을 ParseFloat 함수가 아닌 strconv 패키지의 Atoi(문자열을 정수로 변환) 함수로 전달합니다. Atoi 함수는 문자열을 정수로 변환합니다(ParseFloat와 마찬가지로 Atoi도 변환에 실패하는 경우 에러를 반환합니다. 이번에도 마찬가지로 에러가 발생하면 에러를 보고하고 프로그램을 종료하겠습니다).

- [x] 플레이어가 추측할 1에서 100 사이의 난수를 목푯값으로 지정합니다.
- [ ] 플레이어가 추측한 숫자를 입력할 수 있도록 프롬프트를 띄우고 입력받은 추측 값을 저장합니다.

```
package main

import (
	"bufio"
	"fmt"
	"log"
	"math/rand"
	"os"
	"strconv"
	"strings"
	"time"
)

func main() {
	seconds := time.Now().Unix()
	rand.Seed(seconds)
	target := rand.Intn(100) + 1
	fmt.Println("I've chosen a random number between 1 and 100.")
	fmt.Println("Can you guess it?")
	fmt.Println(target)

	reader := bufio.NewReader(os.Stdin)

	fmt.Print("Make a guess: ")
	input, err := reader.ReadString('\n')
	if err != nil {
		log.Fatal(err)
	}
	input = strings.TrimSpace(input)
	guess, err := strconv.Atoi(input)
	if err != nil {
		log.Fatal(err)
	}
}
```

이 패키지들을 추가로 가져옵니다(모두 성적 프로그램에서 사용한 패키지입니다). ("bufio", "log", "os", "strconv", "strings")

키보드 입력을 읽기 위한 bufio.Reader를 생성합니다. (reader := bufio.NewReader(os.Stdin))

추측한 값을 물어봅니다. (fmt.Print("Make a guess: "))

사용자가 엔터 키를 누를 때까지 입력한 내용을 읽어 옵니다. (reader.ReadString('\n'))

에러가 발생하면 에러 메시지를 출력하고 프로그램을 종료합니다. (첫 번째 if err != nil 블록)

줄 바꿈 문자를 제거합니다. (input = strings.TrimSpace(input))

입력 문자열을 정숫값으로 변환합니다. (guess, err := strconv.Atoi(input))

에러가 발생하면 에러 메시지를 출력하고 프로그램을 종료합니다. (두 번째 if err != nil 블록)

추측 값과 목푯값 비교하기

두 번째 요구사항의 구현도 끝났습니다. 이제 다음으로 구현할 기능은 아주 간단한데, 사용자가 입력한 추측 값을 무작위로 생성된 숫자 값과 비교해 대소 여부를 알려 주는 기능입니다.

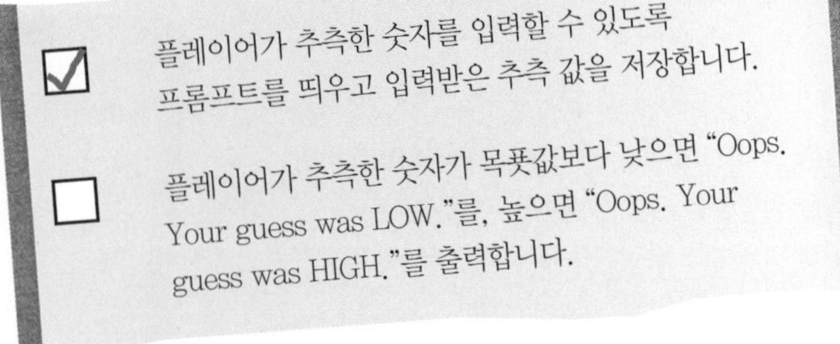

플레이어가 추측한 숫자를 입력할 수 있도록 프롬프트를 띄우고 입력받은 추측 값을 저장합니다.
플레이어가 추측한 숫자가 목푯값보다 낮으면 "Oops. Your guess was LOW."를, 높으면 "Oops. Your guess was HIGH."를 출력합니다.

만약 guess 값이 target 값보다 작으면 추측 값이 더 낮다는 메시지를 출력해 주고, 반대로 target 값보다 큰 경우에는 추측 값이 더 높다는 메시지를 출력해 줘야 합니다. 보아하니 if...else 문을 사용해야 할 것 같습니다. 다음 코드를 main 함수의 기존 코드 아래에 추가합니다.

```
// package절과 import문은 기존과 동일하며 생략합니다.

func main() {
        // 기존 코드와 동일하며 생략합니다.

        if guess < target {
                fmt.Println("Oops. Your guess was LOW.")
        } else if guess > target {
                fmt.Println("Oops. Your guess was HIGH.")
        }
}
```

플레이어가 추측한 값이 더 낮다는 메시지를 출력합니다.

플레이어가 추측한 값이 더 높다는 메시지를 출력합니다.

이제 수정된 프로그램을 실행해 봅시다. 현재 프로그램은 실행할 때마다 target 값을 출력하도록 설정되어 디버깅하기가 편리합니다. target보다 작은 값을 입력하면 추측 값이 낮다는 메시지가 출력됩니다. 프로그램을 다시 실행하면 새로운 target 값이 생성되는데 이번에 더 큰 값을 입력해 보면 추측 값이 크다는 메시지가 출력됩니다.

```
Shell Edit View Window Help
$ go run guess.go
81
I've chosen a random number between 1 and 100.
Can you guess it?
Make a guess: 1
Oops. Your guess was LOW.
$ go run guess.go
54
I've chosen a random number between 1 and 100.
Can you guess it?
Make a guess: 100
Oops. Your guess was HIGH.
$
```

반복문

세 번째 요구사항의 구현도 끝났습니다! 이제 다음 단계로 넘어가 봅시다.

현재는 플레이어가 한 번만 추측해도 프로그램이 종료되지만 이제는 플레이어가 최대 10번까지 추측을 시도할 수 있도록 만들어야 합니다.

추측할 숫자를 물어 보는 프롬프트를 출력하는 코드는 이미 구현되었습니다. 그런데 이제는 이 프롬프트를 한 번 이상 출력해야 합니다. **반복문**을 사용하면 특정 코드 블록을 반복적으로 실행할 수 있습니다. 하나 이상의 명령문을 반복해서 실행하려면 해당 코드를 반복문 루프 안에 넣으면 됩니다.

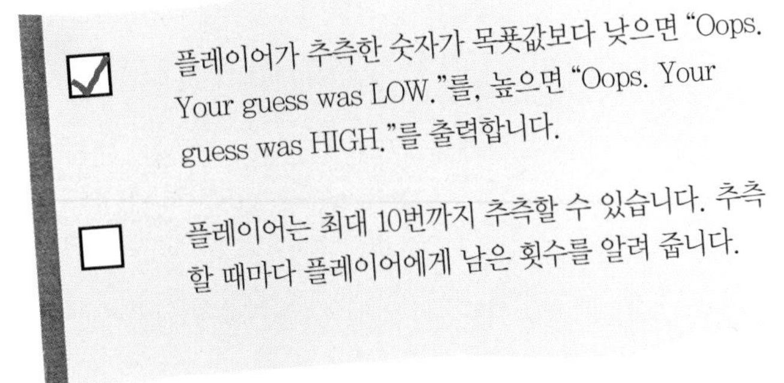

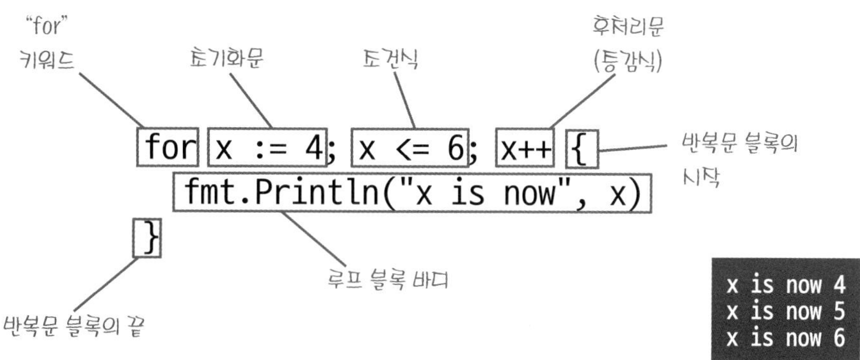


```
x is now 4
x is now 5
x is now 6
```

반복문은 항상 for 키워드로 시작하며, for 키워드 뒤로는 반복문을 제어하는 세 개의 코드 세그먼트가 뒤따라 옵니다.

- 변수를 초기화하는 데 사용되는 초기화문
- 반복문이 끝나는 시점을 결정하는 조건식
- 루프가 반복될 때마다 실행되는 후처리문

초기화문은 보통 변수를 초기화하는 데 사용되고 조건식은 해당 변수가 특정 값에 도달할 때까지 루프를 계속 실행하며, 후처리문은 변수의 값을 업데이트하는 데 사용됩니다.

예를 들어, 다음 코드에서 t 변수는 3으로 초기화되며 t 〉 0인 동안에는 루프가 계속 실행되고 후처리문은 루프가 실행될 때마다 t를 1만큼 감소시킵니다. 루프가 실행되고 나면 t는 결국 0에 도달하게 되고 루프는 종료됩니다.

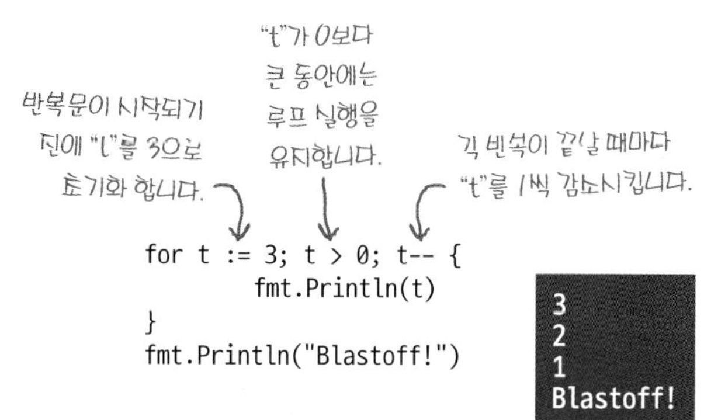

반복문이 시작되기 전에 "t"를 3으로 초기화 합니다.
"t"가 0보다 큰 동안에는 루프 실행을 유지합니다.
각 반복이 끝날 때마다 "t"를 1씩 감소시킵니다.
for t := 3; t > 0; t-- {
fmt.Println(t)
}
fmt.Println("Blastoff!")
3
2
1
Blastoff!

반복문 (계속)

루프의 후처리문에서는 ++와 --연산자가 자주 사용됩니다. ++는 변수의 값을 1 증가시키고 --는 값을 1 감소시킵니다.

```
x := 0
x++
fmt.Println(x)
x++
fmt.Println(x)
x--
fmt.Println(x)
```

```
1
2
1
```

++와 --를 사용하면 카운팅하기가 편리합니다.

```
for x := 1; x <= 3; x++ {
	fmt.Println(x)
}
```

```
1
2
3
```

```
for x := 3; x >= 1; x-- {
	fmt.Println(x)
}
```

```
3
2
1
```

Go에는 +=와 -=라는 할당 연산자도 있습니다. 이 연산자들은 변수의 값을 가져와 다른 값을 더하거나 뺀 값을 다시 변수에 할당합니다.

```
x := 0
x += 2
fmt.Println(x)
x += 5
fmt.Println(x)
x -= 3
fmt.Println(x)
```

```
2
7
4
```

루프에서 +=나 -=를 사용하면 카운트 증감 값으로 1 외의 값을 사용할 수 있습니다.

```
for x := 1; x <= 5; x += 2 {
	fmt.Println(x)
}
```

```
1
3
5
```

```
for x := 15; x >= 5; x -= 5 {
	fmt.Println(x)
}
```

```
15
10
5
```

루프가 종료되면 반복문 블록 아래에 있는 코드가 이어서 실행됩니다. 그러나 루프의 조건식이 항상 true로 평가되는 경우에는 루프가 영원히 실행될 수도 있습니다. 다음은 영원히 실행되는 루프와 절대 실행되지 않는 루프의 예시입니다.

무한 루프!

```
for x := 1; true; x++ {
	fmt.Println(x)
}
```

이 루프는 절대 실행되지 않습니다.

```
for x := 1; false; x++ {
	fmt.Println(x)
}
```

주목!

루프는 무한정 실행될 수도 있으며, 이 경우 프로그램은 멈추지 않고 계속 실행됩니다.

이런 경우에는 터미널에서 Ctrl 키와 함께 C 키를 누르면 프로그램을 강제 종료할 수 있습니다.

초기화문과 후처리문은 선택사항입니다

원한다면, for 루프에서 초기화문과 후처리문을 생략하고 조건식만 남겨둘 수도 있습니다(이 경우에도 조건식이 언젠가는 false로 평가되게 해야 합니다. 안 그러면 무한 루프가 발생할 수 있습니다).

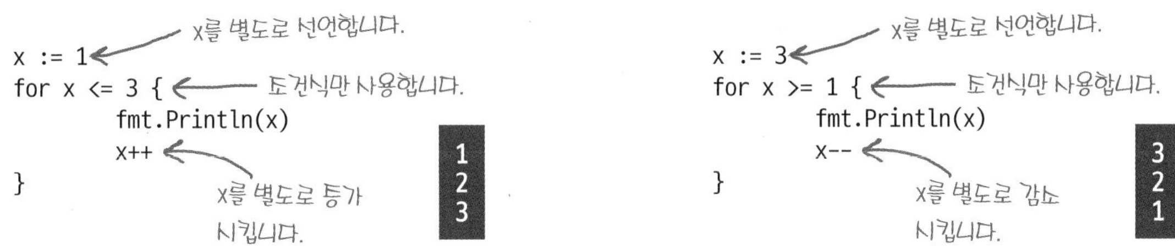

반복문과 스코프

조건문과 마찬가지로 반복문 블록 내에서 선언된 변수들의 스코프는 해당 블록으로 한정됩니다(초기화문, 조건식 및 후처리문도 이 스코프의 일부로 볼 수 있습니다).

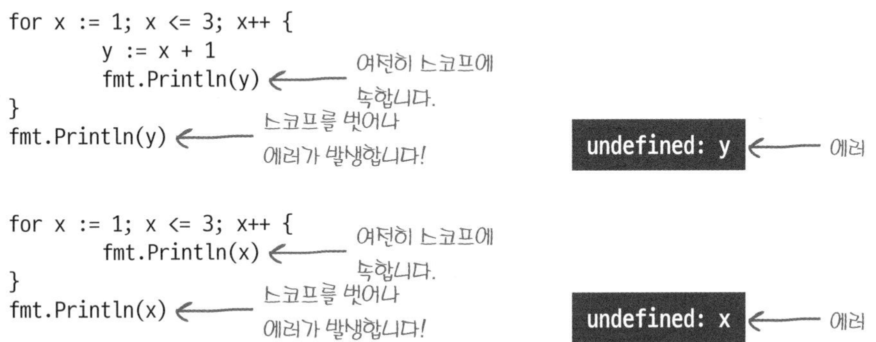

조건문과 마찬가지로 반복문 블록 이전에 선언된 모든 변수는 반복문의 제어문과 루프 블록의 스코프에서도 유효하고 반복문이 끝난 다음의 스코프에서도 여전히 유효합니다.

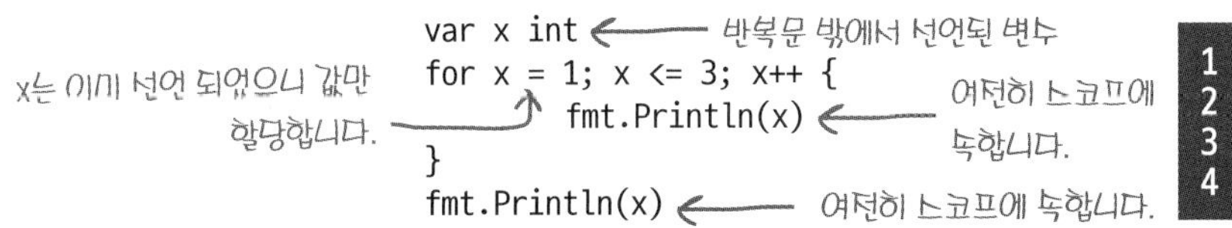

부수면서 배우기!

다음 1부터 3까지 카운팅하는 프로그램의 여러 부분을 변형하고 실행해 보면서 어떤 일들이 벌어지는지 확인해 보세요!

```
package main

import "fmt"

func main() {
	for x := 1; x <= 3; x++ {
		fmt.Println(x)
	}
}
```

```
1
2
3
```

이렇게 변형하면...		이런 이유로 실패합니다
for 키워드 뒤에 괄호 추가	`for (x := 1; x <= 3; x++)`	일부 다른 언어에서는 for 루프의 제어문을 괄호로 감싸 줘야 하지만 Go에서는 괄호가 필요 없으며 애초에 허용되지도 않습니다.
초기화문에서 : 제거	`x = 1`	상위 스코프에서 이미 선언된 변수에 값을 할당하는 경우가 아닌 이상 초기화문에는 할당문이 아닌 선언문만 사용할 수 있습니다.
조건식에서 = (등호) 제거	`x < 3`	x < 3 조건식은 x가 3에 도달하는 경우 false로 평가되기 때문에 루프는 2까지만 카운팅하게 됩니다.
조건식에서 부등호 방향 바꾸기	`x >= 3`	루프가 시작할 때부터 조건식이 false로 평가되기 때문에(x는 1로 초기화되어 있고 이미 3보다 작습니다) 루프는 실행되지 않습니다.
후처리문을 x++에서 x--로 변경	`x--`	x 변수는 1부터 계속 감소하기 때문에(1, 0, -1, -2 등) 3보다 커질 수 없습니다. 따라서 루프는 영원히 실행됩니다.
fmt.Println(x)문을 루프 블록 밖으로 빼기		초기화문 또는 루프 블록 내에서 선언된 변수는 루프 블록 내에서만 사용할 수 있습니다.

연습문제

각 루프의 초기화문, 조건식 그리고 후처리문을 주의 깊게 살펴본 뒤 각 루프에서 어떤 값들이 출력될지 적어 보세요.

(여러분을 위해 첫 줄은 미리 채워 넣었습니다.)

```
for x := 1; x <= 3; x++ {
	fmt.Print(x)
}
```
123

```
for x := 3; x >= 1; x-- {
	fmt.Print(x)
}
```
....

```
for x := 2; x <= 3; x++ {
	fmt.Print(x)
}
```
....

```
for x := 1; x < 3; x++ {
	fmt.Print(x)
}
```
....

```
for x := 1; x <= 3; x+= 2 {
	fmt.Print(x)
}
```
....

```
for x := 1; x >= 3; x++ {
	fmt.Print(x)
}
```
....

답은 78 페이지에 있습니다.

추측 게임에서 반복문 사용하기

현재의 추측 게임은 여전히 입력 프롬프트를 단 한 번만 출력하고 있습니다. 이제 이 코드를 반복문으로 감싸 추측 값이 목푯값보다 낮거나 높은 경우마다, 최대 10번까지 프롬프트를 출력할 수 있도록 만들어 봅시다.

플레이어의 추측 횟수를 추적하기 위한 용도로 guesses라는 int형 변수를 사용하겠습니다. 아래 코드의 루프 초기화문에서는 guesses 변수를 0으로 초기화하고 있습니다. 그리고 반복마다 guesses를 1씩 증가시켜 guesses값이 10에 도달하면 루프를 빠져나옵니다.

그다음 루프 블록 맨 위에 현재 남은 추측 횟수를 출력하는 Println문을 추가합니다.

```
// 패키지절과 임포트문은 기존과 동일하며 생략합니다.

func main() {
	seconds := time.Now().Unix()
	rand.Seed(seconds)
	target := rand.Intn(100) + 1
	fmt.Println("I've chosen a random number between 1 and 100.")
	fmt.Println("Can you guess it?")
	fmt.Println(target)

	reader := bufio.NewReader(os.Stdin)

	for guesses := 0; guesses < 10; guesses++ {
		fmt.Println("You have", 10-guesses, "guesses left.")

		fmt.Print("Make a guess: ")
		input, err := reader.ReadString('\n')
		if err != nil {
			log.Fatal(err)
		}
		input = strings.TrimSpace(input)
		guess, err := strconv.Atoi(input)
		if err != nil {
			log.Fatal(err)
		}

		if guess < target {
			fmt.Println("Oops. Your guess was LOW.")
		} else if guess > target {
			fmt.Println("Oops. Your guess was HIGH.")
		}
	}
}
```

"guesses" 변수에 추측 횟수를 저장합니다.

10에서 추측 횟수를 차감한 남은 추측 횟수를 플레이어에게 알려 줍니다.

이제 플레이어에게 프롬프트를 출력하고 추측 값의 대소 여부를 알려 주는 기존 코드는 총 10번 실행됩니다.

for 루프의 끝

추측 게임에서 반복문 사용하기 (계속)

루프를 사용한 코드로 게임을 다시 실행해 보면 10번의 프롬프트를 받을 수 있습니다!

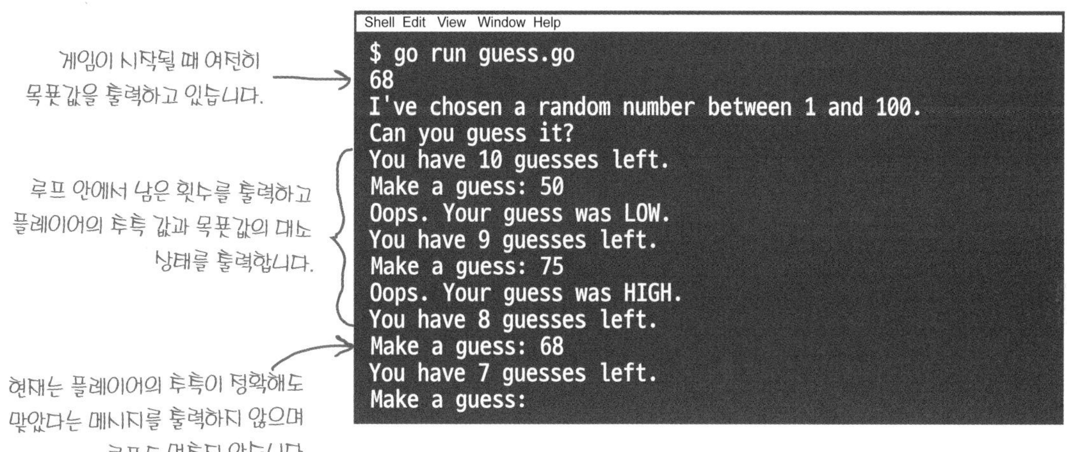
게임이 시작될 때 여전히 목푯값을 출력하고 있습니다.
루프 안에서 남은 횟수를 출력하고 플레이어의 추측 값과 목푯값의 대소 상태를 출력합니다.
현재는 플레이어의 추측이 정확해도 맞았다는 메시지를 출력하지 않으며 루프도 멈추지 않습니다.
Shell Edit View Window Help
$ go run guess.go
68
I've chosen a random number between 1 and 100.
Can you guess it?
You have 10 guesses left.
Make a guess: 50
Oops. Your guess was LOW.
You have 9 guesses left.
Make a guess: 75
Oops. Your guess was HIGH.
You have 8 guesses left.
Make a guess: 68
You have 7 guesses left.
Make a guess:

추측 프롬프트와 추측 값의 대소 상태를 출력하는 코드는 루프 내부에 있기 때문에 루프가 종료될 때까지 계속 실행됩니다. 10번 모두 실행되고 나서야 루프가(게임이) 종료됩니다.

그러나 이 루프는 플레이어의 추측이 정확한 것과는 무관하게 항상 10번씩 실행됩니다. 그럼 이제 이 문제를 해결해 봅시다.

"continue"와 "break"를 사용한 루프 건너뛰기

어려운 부분은 모두 끝났고 이제 두 개밖에 남지 않았습니다!

지금은 플레이어에게 추측 값을 물어 보는 프롬프트가 항상 10번 실행되고 있습니다. 플레이어가 목푯값을 맞힌 경우에도 정답 여부를 알려 주지 않으며 루프가 멈추지 않습니다. 그럼 이제 이 문제를 해결해 봅시다.

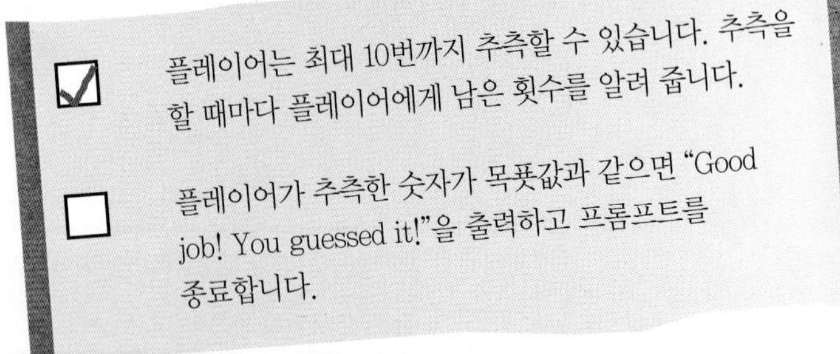
☑ 플레이어는 최대 10번까지 추측할 수 있습니다. 추측을 할 때마다 플레이어에게 남은 횟수를 알려 줍니다.
☐ 플레이어가 추측한 숫자가 목푯값과 같으면 "Good job! You guessed it!"을 출력하고 프롬프트를 종료합니다.

Go에는 루프의 흐름을 제어할 수 있는 두 개의 키워드가 있습니다. 첫 번째는 continue로 이는 루프 블록에서 더 이상 코드를 실행하지 않고 루프의 다음 반복으로 직접 건너뜁니다.

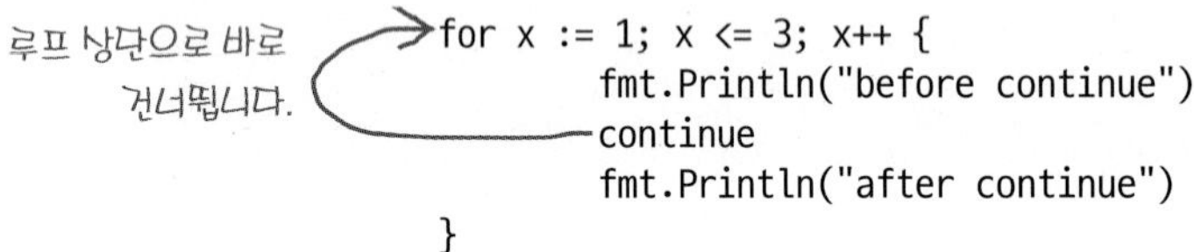
루프 상단으로 바로 건너뜁니다.

```
for x := 1; x <= 3; x++ {
        fmt.Println("before continue")
        continue
        fmt.Println("after continue")
}
```

```
before continue
before continue
before continue
```

위 예제에서 "after continue"는 출력되지 않습니다. 왜냐하면 continue는 두 번째 Println이 호출되기 전에 루프의 상단으로 건너뛰기 때문입니다.

두 번째 키워드는 break로 이는 루프를 즉시 빠져나옵니다. 루프 블록에서 더 이상의 코드는 실행되지 않으며, 즉시 반복문을 빠져나온 다음 실행 제어는 반복문 다음 코드로 이동합니다.

이 루프는 3번 반복되지만 break로 인해 즉시 중단됩니다.

```
for x := 1; x <= 3; x++ {
        fmt.Println("before break")
        break
        fmt.Println("after break")
}
fmt.Println("after loop")
```

루프를 즉시 빠져나옵니다.

```
before break
after loop
```

첫 번째 반복이 실행되면 "before break"가 출력되지만 break문으로 인해 루프를 빠져나가기 때문에 "after break"는 출력되지 않으며 루프도 더 이상(2번의 반복이 남았지만) 실행되지 않고 실행 제어는 반복문 다음 코드로 이동합니다.

break 키워드를 사용하면 추측 게임에서 마주한 문제를 해결할 수 있을 것 같습니다. 즉, 플레이어가 목푯값을 맞히면 그 순간 루프를 즉시 빠져나오는 겁니다. 한 번 실제로 적용해 봅시다!

추측 루프 빠져나오기

현재 게임에서는 if...else문의 if 조건으로 플레이어가 추측한 값의 상태를 알려 주고 플레이어의 추측 값이 목푯값보다 낮거나 높으면 그에 맞는 메시지를 출력해 주고 있습니다.

추측 값이 목푯값보다 높지도 낮지도 않다면 그 추측 값은 정답이라고 할 수 있습니다. 따라서 *현재 조건문*에 else문을 추가하면 목푯값을 맞히는 경우에만 실행되는 코드를 추가할 수 있습니다. else문 블록에서는 플레이어에게 목푯값을 맞혔다고 알려준 뒤 break문을 통해 추측 루프를 빠져나오겠습니다.

```
// 패키지절과 임포트문은 기존과 동일하며 생략합니다.

func main() {
	// No changes to previous code; omitting

	for guesses := 0; guesses < 10; guesses++ {
		// 기존 코드와 동일하며 생략합니다.

		if guess < target {
			fmt.Println("Oops. Your guess was LOW.")
		} else if guess > target {
			fmt.Println("Oops. Your guess was HIGH.")
		} else {
			fmt.Println("Good job! You guessed it!")
			break
		}
	}
}
```

플레이어에게 축하 메시지를 출력해 줍니다.

루프를 빠져나옵니다.

이제 플레이어가 목푯값을 맞히면 플레이어는 축하 메시지를 볼 수 있고 루프는 10회 모두 반복하지 않고 종료됩니다.

목푯값이 노출되고 있기 때문에 정답을 바로 맞출 수 있습니다.

축하 메시지와 함께 루프가 종료됩니다!

```
Shell Edit View Window Help
$ go run guess.go
48
I've chosen a random number between 1 and 100.
Can you guess it?
You have 10 guesses left.
Make a guess: 48
Good job! You guessed it!
$
```

이제 드디어 마지막 하나 남았습니다!

목푯값 공개

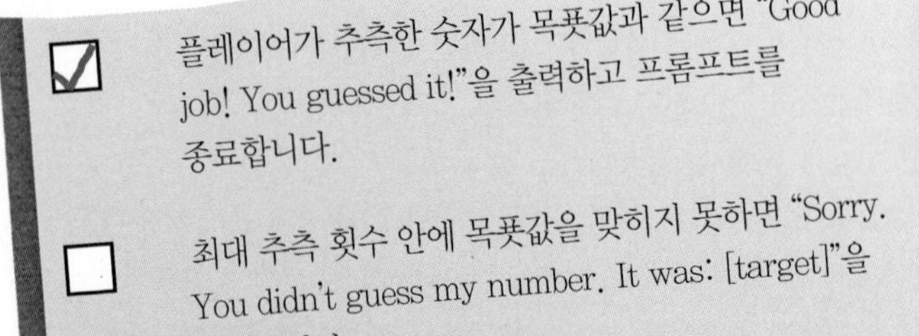
플레이어가 추측한 숫자가 목푯값과 같으면 "Good job! You guessed it!"을 출력하고 프롬프트를 종료합니다.
최대 추측 횟수 안에 목푯값을 맞히지 못하면 "Sorry. You didn't guess my number. It was: [target]"을 출력합니다.

마지막 하나만 남기고 이제 거의 다 끝나갑니다!

플레이어가 10번의 추측으로도 목푯값을 맞히지 못하면 루프는 종료됩니다. 이 경우에는 실패했다는 메시지를 출력하고 목푯값을 알려줘야 합니다.

하지만 루프는 정답을 맞힌 경우에도 종료됩니다. 하지만 정답을 맞힌 경우에는 실패 메시지를 출력해선 안 됩니다.

우선 추측 루프를 시작하기 전에 부울 값을 가진 success라는 변수를 선언합니다(루프가 끝난 후에도 스코프를 유지해야 하기 때문에 루프 이전에 선언해야 합니다). success 변수는 false 값으로 초기화합니다. 그리고 플레이어가 정답을 맞히면 success 변수의 값을 true로 설정함으로써 실패 메시지가 출력되지 않도록 예외 처리할 수 있습니다.

```
// 패키지절과 임포트문은 기존과 동일하며 생략합니다.

func main() {
        // 기존 코드와 동일하며 생략합니다.

        success := false
        for guesses := 0; guesses < 10; guesses++ {
                // 기존 코드와 동일하며 생략합니다.

                if guess < target {
                        fmt.Println("Oops. Your guess was LOW.")
                } else if guess > target {
                        fmt.Println("Oops. Your guess was HIGH.")
                } else {
                        success = true
                        fmt.Println("Good job! You guessed it!")
                        break
                }
        }

        if !success {
                fmt.Println("Sorry, you didn't guess my number. It was:", target)
        }
}
```

루프가 시작되기 전에 "success"를 선언하면 루프가 종료된 후에도 스코프를 유지할 수 있습니다.

정답을 맞힌 경우에는 실패 메시지를 출력해선 안 됩니다.

플레이어가 성공하지 못한 경우 ("success"가 false인 경우)

실패 메시지를 출력합니다.

루프문 이후에 실패 메시지를 출력하는 if 블록을 추가합니다. if 블록은 조건이 true인 경우에만 실행되는데 success 값이 false인 경우에만 메시지를 출력해야 하므로, 부울 부정 연산자(!)를 사용하겠습니다. 부정 연산자는 이전에도 설명했듯이 true 값을 false로, false 값을 true로 변환합니다.

추측 성공 여부를 확인하는 코드를 추가한 결과, success 값이 false인 경우에는 실패 메시지가 출력되지만 true인 경우에는 출력되지 않습니다.

마지막 다듬기

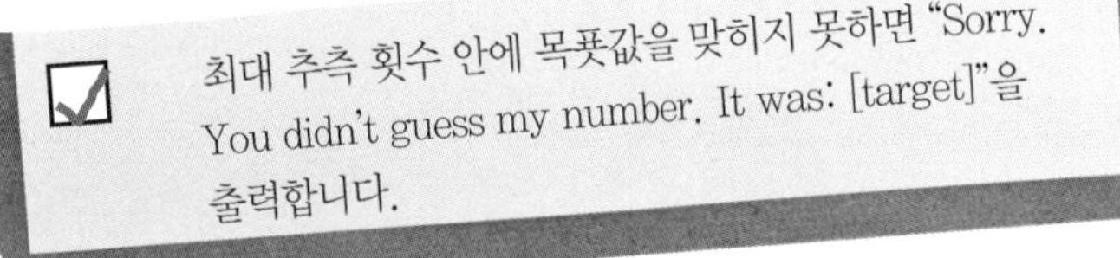
최대 추측 횟수 안에 목푯값을 맞히지 못하면 "Sorry. You didn't guess my number. It was: [target]"을 출력합니다.

축하합니다! 마지막 요구사항까지 구현하는 데 성공했습니다!

마지막으로 남은 문제 하나만 해결하고 게임을 플레이해 봅시다!

이전에도 언급했듯이 Go 프로그램의 소스 코드 상단에는 프로그램의 기능을 설명하는 주석을 작성하는 게 관례입니다. 이 프로그램에도 추측 게임에 대한 설명을 추가해 줍시다.

```
// guess 프로그램은 플레이어가 난수를 맞히는 게임입니다.
package main
...
```

package절 위에 프로그램 설명에 대한 주석을 추가합니다.

그리고 현재 프로그램은 매번 목표 숫자를 출력하면서 정답을 유출하고 있기 때문에 이 부분도 없애야 합니다.

```
fmt.Println("I've chosen a random number between 1 and 100.")
fmt.Println("Can you guess it?")
~~fmt.Println(target)~~
```

게임을 시작할 때 목푯값을 유출하지 않습니다.

드디어 마침내 완성된 코드를 실행할 준비가 끝났습니다!

우선, 실패할 경우 목푯값이 잘 출력되는지 확인하기 위해 의도적으로 최대 추측 횟수를 넘겨봅시다.

```
Shell Edit View Window Help
$ go run guess.go
I've chosen a random number between 1 and 100.
Can you guess it?
You have 10 guesses left.
Make a guess: 10
Oops. Your guess was LOW.
You have 9 guesses left.
Make a guess: 20
Oops. Your guess was LOW.
...
You have 1 guesses left.
Make a guess: 62
Oops. Your guess was LOW.
Sorry, you didn't guess my number. It was: 63
```

다른 틀린 추측 값들은 생략되어 있습니다.

최대 추측 횟수를 넘기면 정답이 노출됩니다.

그럼 이번에는 목푯값을 맞혀 봅시다. 게임이 아주 잘 동작합니다!

```
Shell Edit View Window Help Cheats
$ go run guess.go
I've chosen a random number between 1 and 100.
Can you guess it?
You have 10 guesses left.
Make a guess: 50
Oops. Your guess was HIGH.
You have 9 guesses left.
Make a guess: 40
Oops. Your guess was LOW.
You have 8 guesses left.
Make a guess: 45
Good job! You guessed it!
```

정답을 맞히면 성공 메시지를 볼 수 있습니다!

축하합니다! 게임이 완성되었습니다!

필요한 기능을 모두 구현해 준
여러분께 감사드립니다!
우리 플레이어가 정말 기뻐하겠어요!

Go의 조건문과 반복문을 활용하여 게임을 완성하였습니다!

고생했으니 시원한 물 한 잔 들이키세요!

완성된 guess.go의 전체 소스 코드입니다!

```
// guess 프로그램은 플레이어가 난수를 맞히는 게임입니다.
package main

import (
	"bufio"
	"fmt"
	"log"
	"math/rand"
	"os"
	"strconv"
	"strings"
	"time"
)                                    ← 코드에서 사용할 모든 패키지를 가져옵니다.

func main() {
	seconds := time.Now().Unix()    ← 현재 날짜와 시간을 정숫값으로 가져옵니다.
	rand.Seed(seconds)    ← 난수 생성기를 시딩합니다.
	target := rand.Intn(100) + 1    ← 1에서 100 사이의 정수를 생성합니다.
	fmt.Println("I've chosen a random number between 1 and 100.")
	fmt.Println("Can you guess it?")

	reader := bufio.NewReader(os.Stdin)    ← 키보드 입력을 읽기 위한 bufio.Reader를 생성합니다.
	success := false    ← 기본값으로 실패 메시지를 출력하도록 설정합니다.
	for guesses := 0; guesses < 10; guesses++ {
		fmt.Println("You have", 10-guesses, "guesses left.")
		fmt.Print("Make a guess: ")    ← 추측한 값을 물어봅니다.
		input, err := reader.ReadString('\n')    ← 유저가 엔터 키를 누를 때까지 입력한 내용을 읽습니다.
		if err != nil {    ← 에러가 발생하면 에러 메시지를 출력하고 프로그램을 종료합니다.
			log.Fatal(err)
		}
		input = strings.TrimSpace(input)    ← 줄 바꿈 문자를 제거합니다.
		guess, err := strconv.Atoi(input)    ← 입력 문자열을 정숫값으로 변환합니다.
		if err != nil {    ← 에러가 발생하면 에러 메시지를 출력하고 프로그램을 종료합니다.
			log.Fatal(err)
		}

		if guess < target {    ← 추측 값이 목푯값보다 낮다는 메시지를 출력합니다.
			fmt.Println("Oops. Your guess was LOW.")
		} else if guess > target {    ← 추측 값이 목푯값보다 높다는 메시지를 출력합니다.
			fmt.Println("Oops. Your guess was HIGH.")
		} else {    ← 이외에는 정답을 맞힌 경우입니다.
			success = true    ← 실패 메시지 출력을 방지합니다.
			fmt.Println("Good job! You guessed it!")
			break    ← 루프를 종료합니다
		}
	}

	if !success {    ← "success"가 false인 경우 목푯값을 알려 줍니다.
		fmt.Println("Sorry, you didn't guess my number. It was:", target)
	}
}
```

CHAPTER 2

Go 도구 상자

2장이 끝났습니다!

도구 상자에 조건문과 반복문을 담았습니다.

함수

타입

조건문

조건문은 특정 조건을 만족할 때에만 실행되는 코드 블록입니다. 조건문의 조건문 블록 내의 코드는 조건문의 조건식이 true인 경우에만 실행됩니다. Go의 조건문은 if...else if...else 형태의 다중 분기문을 지원합니다.

반복문

반복문은 코드 블록을 반복적으로 실행합니다. 루프는 "for" 키워드로 시작하며 그 뒤로는 변수를 초기화하는 초기화문과 루프 중단 시점을 결정하는 조건식 그리고 반복마다 실행되는 후처리문으로 이루어집니다.

중요 항목

- **메서드**란 주어진 타입의 값과 연관된 함수입니다.
- Go는 // 기호로 시작하는 코드를 **주석**으로 처리하며 주석은 컴파일 타임에 무시됩니다.
- 여러 줄에 걸친 블록 주석은 /*로 시작하고 */로 끝나며 이 사이에 위치하는 줄 바꿈 문자를 포함한 모든 텍스트는 컴파일 타임에 무시됩니다.
- 대부분 Go 프로그램은 소스 코드 상단에 기능을 설명하는 주석을 포함하고 있습니다.
- 대부분 프로그래밍 언어와는 다르게 Go의 함수 및 메서드는 다중 반환 값을 지원합니다.
- 다중 반환 값은 보통 함수의 결괏값과 함께 에러 여부를 나타내는 두 번째 값을 같이 반환할 때 사용합니다.
- **빈 식별자** _를 사용하면 사용하지 않는 값을 버릴 수 있습니다. 빈 식별자는 변수를 할당할 수 있는 모든 위치에서 사용할 수 있습니다.
- 변수에 이미 존재하는 타입, 함수 또는 패키지와 동일한 이름은 사용하지 않는 게 좋습니다. 동일한 이름을 사용하면 기존에 해당 이름으로 선언된 것들을 모두 **섀도잉(재정의)**하게 됩니다.
- 함수, 조건문 및 반복문은 모두 { } 중괄호로 감싼 코드 **블록**을 갖습니다.
- 코드가 { } 중괄호 안에 있지는 않지만 파일과 패키지도 블록으로 취급됩니다.
- 변수의 **스코프**는 자기 자신이 정의된 블록으로 한정되며 블록 내 중첩된 블록에서도 유효합니다.
- 패키지는 패키지명 외에도 import문에서 필요한 임포트 경로를 가질 수 있습니다.
- continue 키워드는 루프의 다음 반복으로 건너뜁니다.
- break 키워드는 루프를 즉시 빠져나옵니다.

연습문제 정답

아래 코드에서 Println을 호출하는 코드는 모두 조건문 블록 안에 있기 때문에 이중 일부만 실행될 것입니다. 어떤 값들이 출력될지 적어 보세요.

```
if true {  ← "if" 블록은 조건식의 결괏값이 true인 경우에만 실행됩니다(또는 true 값 자체일 때).
	fmt.Println("true")
}
if false {  ← 조건식이 false인 경우 블록은 실행되지 않습니다.
	fmt.Println("false")
}
if !false {  ← 부울 부정 연산자는 false를 true로 변환합니다.
	fmt.Println("!false")
}
if true {  ← "if" 분기가 실행되므로
	fmt.Println("if true")
} else {  ← "else" 분기는 실행되지 않습니다.
	fmt.Println("else")
}
if false {  ← "if" 분기가 실행되지 않으므로
	fmt.Println("if false")
} else if true {  ← "else if" 분기가 실행될 수도 있습니다.
	fmt.Println("else if true")
}
if 12 == 12 {  ← 12 == 12는 true입니다.
	fmt.Println("12 == 12")
}
if 12 != 12 {  ← 두 값이 같기 때문에 이 조건식은 false가 됩니다.
	fmt.Println("12 != 12")
}
if 12 > 12 {  ← 12는 자기 자신보다 크지 않습니다.
	fmt.Println("12 > 12")
}
if 12 >= 12 {  ← 그러나 12는 자기 자신과는 같습니다.
	fmt.Println("12 >= 12")
}
if 12 == 12 && 5.9 == 5.9 {  ← &&는 두 조건식이 모두 true인 경우 true로 평가합니다.
	fmt.Println("12 == 12 && 5.9 == 5.9")
}
if 12 == 12 && 5.9 == 6.4 {  ← 조건식 하나가 false입니다.
	fmt.Println("12 == 12 && 5.9 == 6.4")
}
if 12 == 12 || 5.9 == 6.4 {  ← ||는 두 조건식 중 하나라도 true인 경우 true로 평가합니다.
	fmt.Println("12 == 12 || 5.9 == 6.4")
}
```

출력값

```
true
!false
if true
else if true
12 == 12
12 >= 12
12 == 12 && 5.9 == 5.9
12 == 12 || 5.9 == 6.4
```

코드 자석 정답

냉장고에 파일의 크기를 출력하는 Go 프로그램이 붙어 있습니다. 이 프로그램은 os.FileInfo 값과 에러 값을 반환하는 os.Stat 함수를 호출하고 있습니다. 그리고 파일의 크기 값을 가져오기 위해 FileInfo 값에서 Size 메서드를 호출하고 있습니다.

그런데 이 프로그램은 빈 식별자 _를 사용해 os.Stat에서 반환되는 에러 값을 무시하고 있기 때문에 에러가 실제로 발생하는 경우(파일이 존재하지 않는 경우 등으로 인해) 프로그램이 실패하게 됩니다.

가장 아래에 있는 코드 조각을 재구성해 원래 프로그램과 동일하게 동작하면서 os.Stat에서 반환되는 에러를 체크하는 프로그램을 만들어 보세요. os.Stat에서 반환되는 에러가 nil이 아닌 경우에만 에러를 보고하고 프로그램을 종료해야 합니다. 빈 식별자 _가 적힌 자석은 버리세요. 완성된 프로그램에는 빈 식별자가 없어야 합니다.

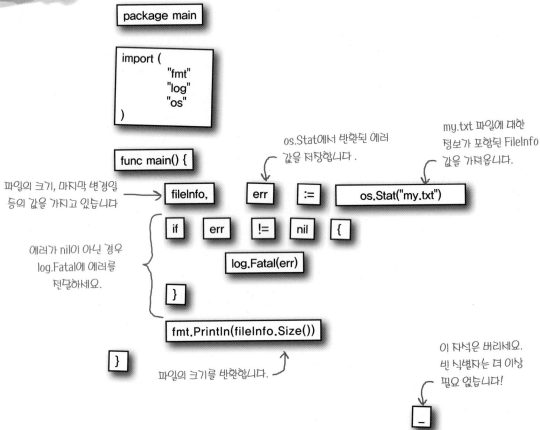

```
package main

import (
        "fmt"
        "log"
        "os"
)

func main() {
    fileInfo, err := os.Stat("my.txt")
    if err != nil {
        log.Fatal(err)
    }
    fmt.Println(fileInfo.Size())
}
```

os.Stat에서 반환된 에러 값을 저장합니다.

my.txt 파일에 대한 정보가 포함된 FileInfo 값을 가져옵니다.

파일의 크기, 마지막 변경일 등의 값을 가지고 있습니다

에러가 nil이 아닌 경우 log.Fatal에 에러를 전달하세요.

파일의 크기를 반환합니다.

이 자석은 버리세요. 빈 식별자는 더 이상 필요 없습니다!

```
_
```

연습문제 정답

아래 코드에서 일부 라인은 스코프에서 벗어난 변수를 참조하고 있어 컴파일 오류를 발생시키고 있습니다. 오류가 있는 줄을 찾아 지우세요.

```
package main

import (
	"fmt"
)

var a = "a"

func main() {
	a = "a"
	b := "b"
	if true {
		c := "c"
		if true {
			d := "d"
			fmt.Println(a)
			fmt.Println(b)
			fmt.Println(c)
			fmt.Println(d)
		}
		fmt.Println(a)
		fmt.Println(b)
		fmt.Println(c)
		fmt.Println(d)
	}
	fmt.Println(a)
	fmt.Println(b)
	fmt.Println(c)
	fmt.Println(d)
}
```

각 루프의 초기화문, 조건식 그리고 후처리문을 주의 깊게 살펴본 뒤 각 루프에서 어떤 값들이 출력될지 적어 보세요.

1에서 시작 / 3 이후로 중단 / 카운트 증가

```
for x := 1; x <= 3; x++ {
	fmt.Print(x)
}
```

123

3에서 시작 / 1 이후로 중단 / 카운트 감소

```
for x := 3; x >= 1; x-- {
	fmt.Print(x)
}
```

321

2에서 시작 / 3 이후로 중단 / 카운트 증가

```
for x := 2; x <= 3; x++ {
	fmt.Print(x)
}
```

23

1에서 시작 / 3에서 중단 / 카운트 증가

```
for x := 1; x < 3; x++ {
	fmt.Print(x)
}
```

12

1에서 시작 / 3 이후로 중단 / 카운트 한 번에 2씩 증가

```
for x := 1; x <= 3; x+= 2 {
	fmt.Print(x)
}
```

13

1에서 시작 / x가 3보다 작을 때 중단 (이 경우 바로 중단) / 이 루프는 실행되지 않습니다!

```
for x := 1; x >= 3; x++ {
	fmt.Print(x)
}
```

루프가 실행되지 않아 아무것도 출력되지 않습니다!

3 호출해 주세요

함수

네, 스미스 씨 세금 서류를
확인해 봤는데요. 죄송하지만
보석이나 레저용 보트는
공제할 수 없습니다.

뭔가 하나 빠진 기분입니다. 우리는 함수를 문제없이 잘 사용해 왔지만 지금까지는 Go 언어에서 미리 정의된 함수만 사용할 수 있었습니다. 이제는 여러분 차례입니다. 이 장에서는 함수를 정의하는 방법을 배워 보려고 합니다. 우선 인자가 없는 함수를 정의하는 방법부터 시작해 하나의 결괏값을 반환하는 함수와 에러 유무를 나타내는 에러 값을 같이 반환하는 다중 반환 값 함수를 정의하는 방법을 배워 보겠습니다. 그리고 함수를 호출할 때 메모리를 효율적으로 사용하게 해 주는 **포인터**(pointer)도 배워 보겠습니다.

반복되는 코드

몇 개의 벽을 칠하는 데 드는 총 페인트의 양을 계산해야 하는 상황에 놓였다고 해 봅시다. 제조사에서는 1리터의 페인트로 10 평방미터를 덮을 수 있다고 합니다. 따라서 각 벽의 너비와 높이를 곱해 벽의 면적을 구한 뒤 10으로 나누면 각 벽당 필요한 페인트의 양을 구할 수 있습니다.

```
// 패키지절과 임포트문은 생략했습니다.
func main() {
        var width, height, area float64
        width = 4.2
        height = 3.0
        area = width * height
        fmt.Println(area/10.0, "liters needed")
        width = 5.2
        height = 3.5
        area = width * height
        fmt.Println(area/10.0, "liters needed")
}
```

첫 번째 벽에 필요한 페인트의 양을 계산합니다.

두 번째 벽에도 같은 작업을 수행합니다.

벽의 면적을 구합니다.

위 면적을 덮기 위해 필요한 페인트의 양을 계산합니다.

```
1.2600000000000002 liters needed
1.8199999999999998 liters needed
```

위 코드는 동작은 하지만 다음과 같은 두 가지 문제가 있습니다.

- 계산 시 소수점 오차가 발생한 것처럼 보이며 이상한 정밀도의 부동 소수점 값을 출력하고 있습니다. 우리는 소수점 아래로 일정 자릿수까지의 정밀도만 필요합니다.
- 코드가 반복되고 있으며 벽의 개수가 늘어날수록 반복되는 코드가 계속 늘어날 것입니다.

두 문제 모두 설명할 내용이 많으니 우선 첫 번째 문제부터 살펴보겠습니다.

일반적인 컴퓨터에서의 부동 소수점 연산은 약간 부정확하기 때문에 계산이 조금 빗나갈 수 있습니다(보통 수천 조 분의 1 정도). 그 이유는 여기서 설명하기에는 다소 복잡하지만 Go 언어에만 국한된 문제는 아닙니다.

하지만 아주 정확한 값은 아니더라도 결괏값을 출력하기 전에 결괏값 숫자를 적당한 정밀도로 반올림만 해 주면 괜찮을 것 같습니다. 우리를 도와줄 함수를 살펴보기 위해 잠시 주제를 우회해 봅시다.

Printf와 Sprintf를 사용한 출력 형식 지정

Go의 부동 소수점 숫자는 정밀도가 높습니다. 하지만 이 높은 정밀도는 값을 출력하는 데에는 약간 방해가 될 수 있습니다.

```
fmt.Println("About one-third:", 1.0/3.0)
```

```
About one-third: 0.3333333333333333
```

소수점 이하 자릿수가 너무 많습니다!

fmt 패키지에는 이와 같은 출력 형식 문제를 다루기 위한 Printf라는 함수가 있습니다. Printf는 "**print**, with **f**ormatting"의 약자입니다. 이 함수는 문자열에 하나 이상의 값들을 삽입해 정해진 방식으로 형식화한 뒤, 최종 문자열을 출력합니다.

```
fmt.Printf("About one-third: %0.2f\n", 1.0/3.0)
```

```
About one-third: 0.33
```

훨씬 읽기 편합니다!

fmt 패키지의 Sprintf라는 함수도 값을 출력하는 대신 형식화된 문자열을 반환한다는 점만 제외하면 Printf와 동일하게 동작합니다.

```
resultString := fmt.Sprintf("About one-third: %0.2f\n", 1.0/3.0)
fmt.Printf(resultString)
```

```
About one-third: 0.33
```

Printf와 Sprintf를 사용하면 값을 소수점 아래의 원하는 자릿수까지만 출력할 수 있습니다. 그렇다면 이 함수들은 어떻게 사용할 수 있을까요? 우선 Printf 함수를 제대로 사용하기 위해서는 다음 두 기능을 알아둬야 합니다.

- 형식 동사(Formatting verbs. 위 문자열에서 동사는 %0.2f)
- 값 너비(Value widths. 동사 사이에 있는 0.2가 너비)

쉬어가기

다음 수 페이지에 걸쳐 Printf의 인자 값이 의미하는 바를 구체적으로 설명하겠습니다.

위의 함수 호출 코드는 다소 혼란스럽습니다. 이 혼란함을 풀기 위해 앞으로 여러 예제를 계속해서 소개하겠습니다.

형식 동사

Printf의 첫 번째 인자는 출력값의 형식을 지정할 때 사용하는 문자열입니다. 문자열에 나타나는 대부분의 문자는 문자 그대로 출력되지만 백분율 기호(%)로 시작하는 **형식 동사(formatting verb)**는 문자열을 특정한 형식의 값으로 대체합니다. 문자열 다음에 오는 나머지 인자는 이 동사가 사용할 값입니다.

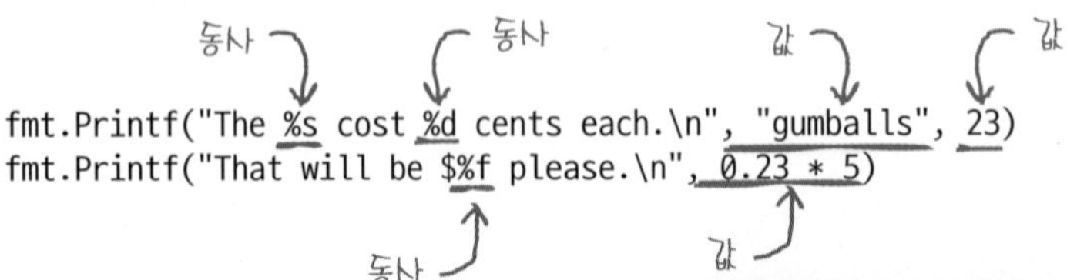


```
fmt.Printf("The %s cost %d cents each.\n", "gumballs", 23)
fmt.Printf("That will be $%f please.\n", 0.23 * 5)
```

```
The gumballs cost 23 cents each.
That will be $1.150000 please.
```

이 문제에 대한 해결 방법은 곧 보여 드리겠습니다!

백분율 기호 뒤로 따라오는 문자는 동사의 타입을 지정합니다. 다음은 자주 사용되는 동사의 목록입니다.

동사	출력값
%f	부동 소수점 숫자
%d	십진수 정수
%s	문자열
%t	부울(true 또는 false)
%v	값의 타입에 따라 적절히 형식화된 값
%#v	Go 프로그램 코드에 나타나는 그대로 형식화된 값
%T	제공된 값의 타입
%%	백분율 기호 리터럴(백분율 기호 문자 그 자체)

```
fmt.Printf("A float: %f\n", 3.1415)
fmt.Printf("An integer: %d\n", 15)
fmt.Printf("A string: %s\n", "hello")
fmt.Printf("A boolean: %t\n", false)
fmt.Printf("Values: %v %v %v\n", 1.2, "\t", true)
fmt.Printf("Values: %#v %#v %#v\n", 1.2, "\t", true)
fmt.Printf("Types: %T %T %T\n", 1.2, "\t", true)
fmt.Printf("Percent sign: %%\n")
```

```
A float: 3.141500
An integer: 15
A string: hello
A boolean: false
Values: 1.2 	 true
Values: 1.2 "\t" true
Types: float64 string bool
Percent sign: %
```

그런데 위 코드를 자세히 살펴보면 모든 형식 문자열 뒤에 \n 이스케이프 시퀀스를 사용해 줄 바꿈을 추가하고 있습니다. 그 이유는 Printf 함수는 Println 함수와 다르게 줄 바꿈 문자를 자동으로 추가해 주지 않기 때문입니다.

형식 동사 (계속)

여기서는 특히 %#v라는 형식 동사를 짚고 싶습니다. 이 동사는 값을 일반적인 형식이 아닌 Go 코드에서 값이 보이는 모습 그대로 출력합니다. %#v를 사용하면 일반적인 출력값에서 안 보이는 값들도 확인할 수 있습니다. 예를 들어, 오른쪽 코드에서 %#v는 %v로 출력할 때에는 보이지 않던 빈 문자열, 탭 문자 그리고 줄 바꿈 문자까지 모두 출력하고 있습니다. %#v는 이 책의 후반부에서 좀 더 사용해 보겠습니다.

```
fmt.Printf("%v %v %v", "", "\t", "\n")
fmt.Printf("%#v %#v %#v", "", "\t", "\n")
```

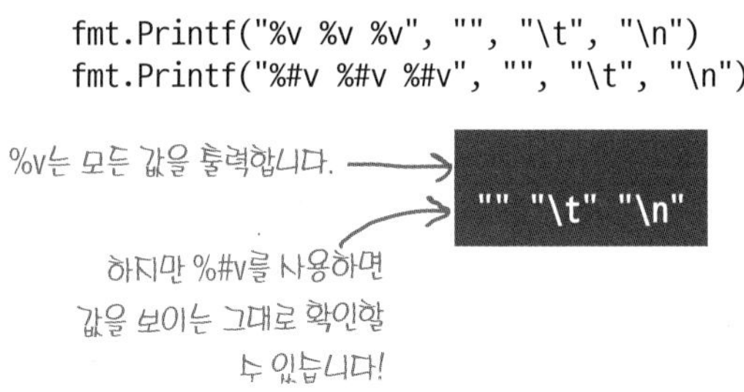

형식 값 너비

%f 형식 동사는 부동 소수점 숫자를 위한 동사입니다. 필요한 페인트의 양을 출력할 때 %f 동사를 사용할 수 있습니다.

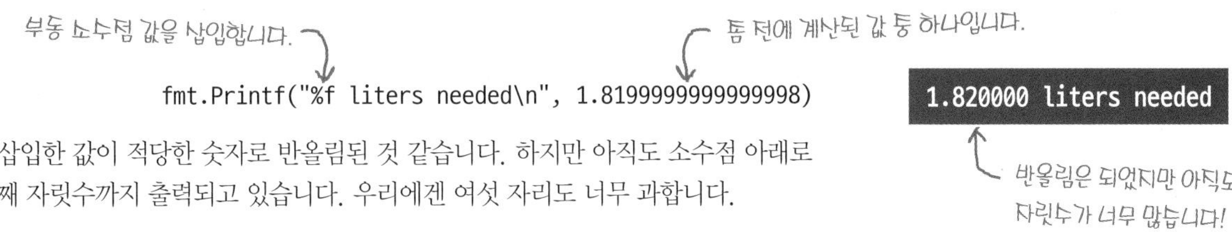

부동 소수점 값을 삽입합니다.
툴 전에 계산된 값 중 하나입니다.
fmt.Printf("%f liters needed\n", 1.8199999999999998)
1.820000 liters needed
반올림은 되었지만 아직도 자릿수가 너무 많습니다!

위에서 삽입한 값이 적당한 숫자로 반올림된 것 같습니다. 하지만 아직도 소수점 아래로 여섯 번째 자릿수까지 출력되고 있습니다. 우리에겐 여섯 자리도 너무 과합니다.

바로 이런 경우를 위해 형식 동사는 형식화된 값의 너비를 지정할 수 있는 기능을 지원합니다.

어떤 데이터들을 테이블 형식으로 출력하고 싶다고 해 봅시다. 이 경우에는 열이 올바르게 정렬되도록 서식이 지정된 값이 최소한의 공백은 채우게 해야 합니다.

형식 동사를 사용하면 백분율 기호 뒤에 최소 너비를 지정할 수 있습니다. 형식 동사는 값의 출력 길이가 최소 너비보다 짧으면 최소 너비를 맞출 수 있도록 나머지 부분을 공백으로 채워 줍니다.

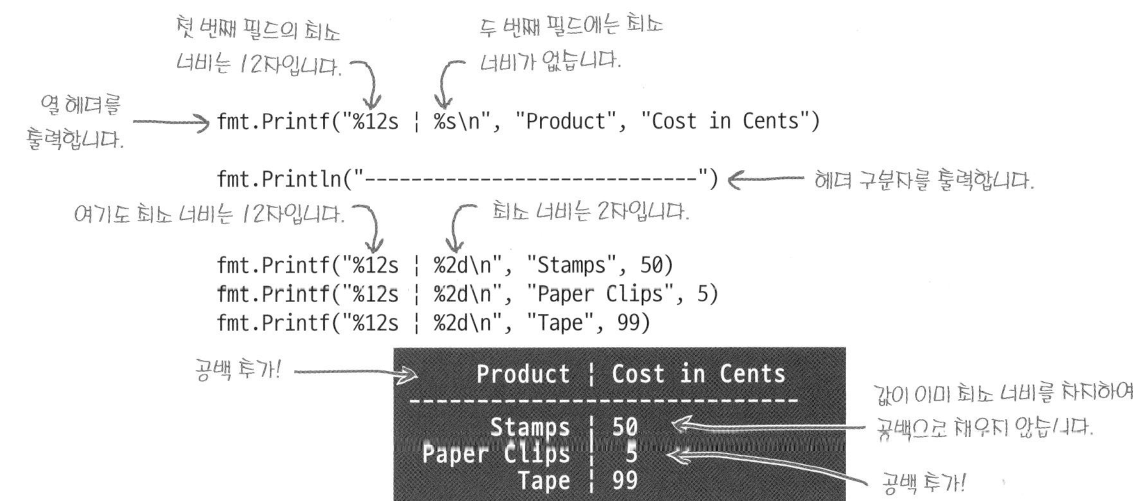

첫 번째 필드의 최소 너비는 12자입니다.
두 번째 필드에는 최소 너비가 없습니다.
열 헤더를 출력합니다.
fmt.Printf("%12s | %s\n", "Product", "Cost in Cents")
fmt.Println("-----------------------------")
헤더 구분자를 출력합니다.
여기도 최소 너비는 12자입니다.
최소 너비는 2자입니다.
fmt.Printf("%12s | %2d\n", "Stamps", 50)
fmt.Printf("%12s | %2d\n", "Paper Clips", 5)
fmt.Printf("%12s | %2d\n", "Tape", 99)
공백 추가!
Product | Cost in Cents

Stamps | 50
Paper Clips | 5
Tape | 99
값이 이미 최소 너비를 차지하여 공백으로 채우지 않습니다.
공백 추가!

소수 자릿수 너비 지정하기

우회로로 갑시다

여기가 중요한 파트입니다. 값 너비를 사용하면 부동 소수점의 정밀도를 지정할 수 있습니다. 부동 소수점의 너비를 지정하는 형식은 다음과 같습니다.

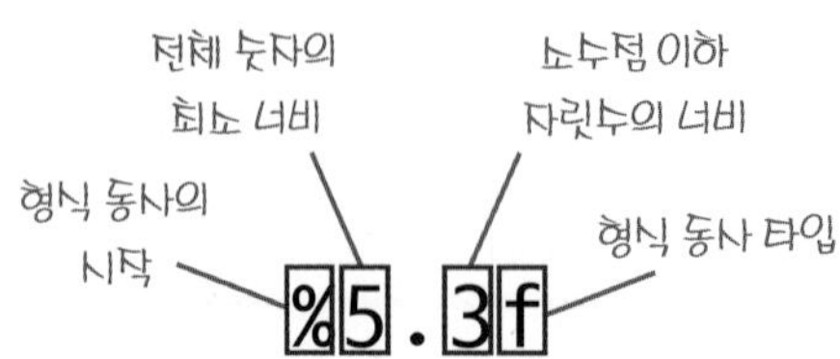

전체 숫자의 최소 너비에는 소수점 자릿수와 소수점도 포함됩니다. 전체 숫자에 대한 최소 너비가 지정되면 최소 너비보다 짧은 숫자가 올 경우 최소 너비가 맞춰질 때까지 숫자 앞부분에 공백이 채워집니다. 전체 숫자에 대한 최소 너비 값이 생략된 경우에는 공백이 추가되지 않습니다.

소수점 이후의 너비 값은 표시될 소수점 자릿수의 너비를 나타냅니다. 이보다 더 정밀한 숫자가 들어오면 주어진 소수점 자릿수에 맞게 반올림됩니다.

다음은 다양한 너비 값에 대한 예시입니다.

실제 값이 아닌 동사 형식 자체를 출력합니다.
실제 값을 출력합니다.

```
fmt.Printf("%%7.3f: %7.3f\n", 12.3456)
fmt.Printf("%%7.2f: %7.2f\n", 12.3456)
fmt.Printf("%%7.1f: %7.1f\n", 12.3456)
fmt.Printf("%%.1f: %.1f\n", 12.3456)
fmt.Printf("%%.2f: %.2f\n", 12.3456)
```

```
%7.3f:  12.346
%7.2f:   12.35
%7.1f:    12.3
%.1f: 12.3
%.2f: 12.35
```

소수점 셋째 자리까지 반올림됩니다.
소수점 둘째 자리까지 반올림됩니다.
소수점 첫째 자리까지 반올림됩니다.
소수점 첫째 자리까지 반올림되며 추가 공백은 없습니다.
소수점 둘째 자리까지 반올림되며 추가 공백은 없습니다.

마지막 형식인 "%.2f"는 임의 정밀도의 부동 소수점 숫자를 소수점 둘째 자리까지 반올림합니다(추가 공백은 없습니다). 그럼 이제 위 페인트 프로그램에서 계산된 아주 정밀한 값을 너비를 지정하여 출력해 봅시다.

```
fmt.Printf("%.2f\n", 1.2600000000000002)
fmt.Printf("%.2f\n", 1.8199999999999998)
```

둘째 자리까지 반올림 됩니다!

```
1.26
1.82
```

전보다 훨씬 보기 편해졌습니다. Printf 함수를 사용하니 숫자 형식 지정이 잘되는 것 같습니다. 이제 다시 페인트 계산기 프로그램으로 돌아가 좀 전에 배운 것을 적용해 봅시다.

페인트 계산기에서 Printf 사용하기

이제 우리는 "%.2f" 동사를 사용해 부동 소수점 숫자를 소수점 이하 둘째 자리까지 반올림할 수 있습니다. 그럼 이제 형식 동사를 사용하도록 페인트 양 계산 프로그램을 수정해 봅시다.

```
// 패키지절과 임포트문은 생략했습니다.
func main() {
	var width, height, area float64
	width = 4.2
	height = 3.0
	area = width * height
	fmt.Printf("%.2f liters needed\n", area/10.0)
	width = 5.2
	height = 3.5
	area = width * height
	fmt.Printf("%.2f liters needed\n", area/10.0)
}
```

값에 출력 형식을 지정한 뒤 문자열에 삽입합니다.

동일한 작업을 수행합니다!

마침내 우리는 적당히 괜찮아 보이는 출력값을 얻었습니다! 부동 소수점 연산에 의해 발생한 작은 오차 값은 반올림되었습니다.

```
1.26 liters needed
1.82 liters needed
```

둘째 자리까지 반올림됩니다.

코드를 두 군데나 수정하는 건 좀 번거롭지 않나요? 코드를 변경하면 두 줄 모두 변경해야 하나요? 벽이 더 추가되면 어떻게 되나요?

좋은 지적입니다. Go에서는 사용자 정의 함수를 선언할 수 있기 때문에 아마 이 코드를 함수로 옮겨야 할 것 같습니다.

1장 초반에 언급한 바와 같이, 함수는 프로그램의 다른 곳에서 호출할 수 있는 하나 이상의 코드로 이루어진 코드의 집합입니다. 그리고 우리 프로그램에는 매우 비슷해 보이는 두 개의 코드 그룹이 있습니다.

```
var width, height, area float64
width = 4.2
height = 3.0
area = width * height
fmt.Printf("%.2f liters needed\n", area/10.0)
width = 5.2
height = 3.5
area = width * height
fmt.Printf("%.2f liters needed\n", area/10.0)
```

첫 번째 벽에 필요한 페인트의 양을 계산합니다.

두 번째 벽에 필요한 페인트의 양을 계산합니다.

그럼 이제 이 두 코드 영역을 하나의 함수로 변환할 수 있는지 알아봅시다.

함수 선언하기

간단한 함수 선언은 다음과 같습니다.

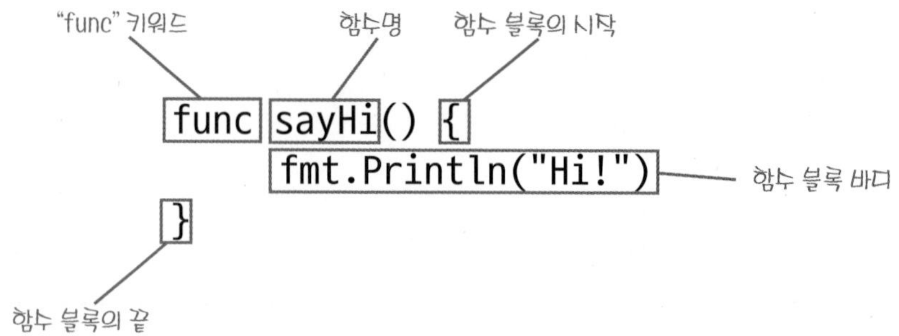

선언은 func 키워드, 함수 이름, 괄호 ()로 시작하며 다음으로 함수 코드가 들어 있는 블록이 따라옵니다.

함수를 선언하면 함수 이름 뒤에 괄호를 붙여 패키지의 다른 위치에서 호출할 수 있습니다. 함수를 호출하면 함수 블록 내의 코드가 실행됩니다.

sayHi를 호출하는 코드를 보면 함수명 앞에 패키지명과 점(.)을 붙이고 있지 않음을 볼 수 있는데, 같은 패키지 내에서 선언된 함수를 호출할 때에는 패키지명을 지정할 수 없습니다(main.sayHi()로 호출하면 컴파일 에러가 발생합니다).

```
package main

import "fmt"

func sayHi() {
        fmt.Println("Hi!")
}

func main() {
        sayHi()
}
```

"sayHi" 함수를 선언합니다.

"sayHi"를 호출합니다.

```
Hi!
```

함수의 네이밍 규칙은 변수의 네이밍 규칙과 동일합니다.

- 이름은 문자로 시작해야 하며 임의 개수의 문자와 숫자로 구성될 수 있습니다(이 규칙을 어길 시에는 컴파일 에러가 발생합니다).
- 함수명이 대문자로 시작하면 외부로 노출(exported)되어 외부 패키지에서 호출할 수 있습니다. 함수를 현재 패키지 내에서만 사용하려면 이름이 소문자로 시작해야 합니다.
- 이름이 여러 단어로 이루어진 경우에는 카멜 케이스(camelCase) 컨벤션을 따릅니다.

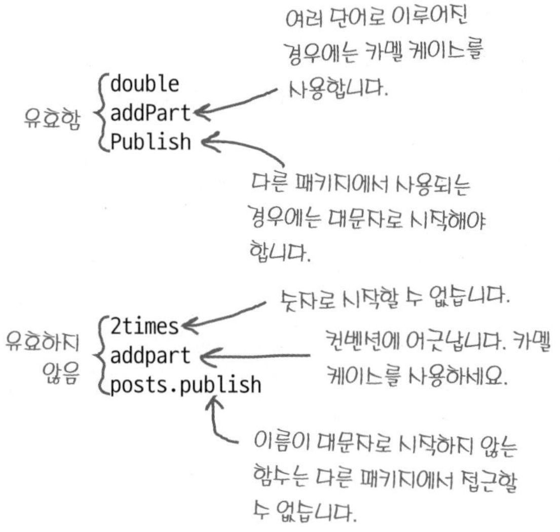

함수 매개변수 선언하기

함수에 인자를 전달하기 위해선 하나 이상의 매개변수를 선언해야 합니다. **매개변수(parameter)**는 함수의 로컬 변수로, 함수가 호출될 때 값이 결정됩니다.

첫 번째 매개변수의 이름

첫 번째 매개변수의 타입

두 번째 매개변수의 이름

두 번째 매개변수의 타입

```
func repeatLine(line string, times int) {
	for i := 0; i < times; i++ {
		fmt.Println(line)
	}
}
```

매개변수(parameter)는 함수의 로컬 변수로, 함수가 호출될 때 값이 결정됩니다.

함수 선언부의 괄호 사이에 하나 이상의 매개변수를 쉼표로 구분해 선언할 수 있습니다. 변수 선언과 마찬가지로 매개변수를 선언할 땐 이름 뒤에 타입(float64, bool 등)을 지정해 줘야 합니다.

매개변수를 가진 함수를 호출할 때에는 매개변수의 개수와 동일한 개수의 인자를 전달해야 합니다. 함수가 호출되면 넘어온 인자 값들은 각 위치의 매개변수로 복사되며 함수 블록의 코드에서 사용할 수 있습니다.

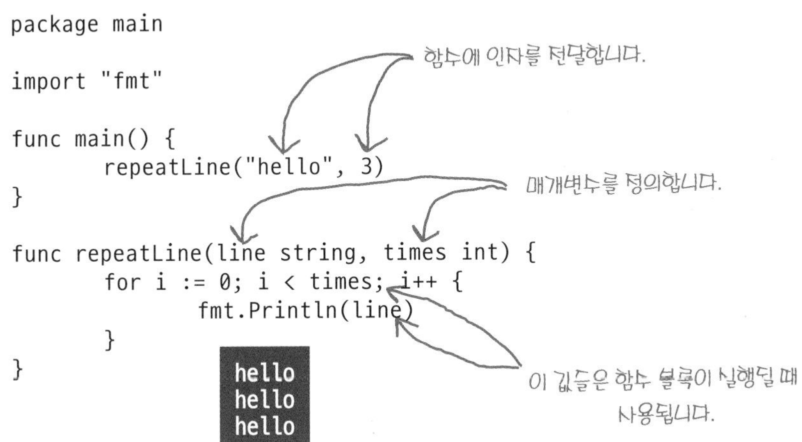

```
package main

import "fmt"

func main() {
	repeatLine("hello", 3)
}

func repeatLine(line string, times int) {
	for i := 0; i < times; i++ {
		fmt.Println(line)
	}
}
```

함수에 인자를 전달합니다.
매개변수를 정의합니다.
이 값들은 함수 블록이 실행될 때 사용됩니다.
hello
hello
hello

페인트 계산기에서 함수 사용하기

함수 선언 방법을 배웠으니 페인트 계산기에서 반복되는 코드를 제거해 봅시다.

```
// 패키지절과 임포트문은 생략했습니다.
func main() {
        var width, height, area float64
        width = 4.2
        height = 3.0
        area = width * height
        fmt.Printf("%.2f liters needed\n", area/10.0)
        width = 5.2
        height = 3.5
        area = width * height
        fmt.Printf("%.2f liters needed\n", area/10.0)
}
```

반복되는 코드! (첫 번째 width~fmt.Printf 네 줄)

반복되는 코드! (두 번째 width~fmt.Printf 네 줄)

```
1.26 liters needed
1.82 liters needed
```

페인트의 양을 계산하는 코드를 paintNeeded라는 함수로 옮깁니다. 기존에 독립적으로 선언한 width와 height 변수를 없애고 대신 함수의 매개변수를 사용합니다. 그다음 main 함수에서 페인트를 칠할 각 벽에 paintNeeded 함수를 호출합니다.

```
package main

import "fmt"

func paintNeeded(width float64, height float64) {
        area := width * height
        fmt.Printf("%.2f liters needed\n", area/10.0)
}

func main() {
        paintNeeded(4.2, 3.0)
        paintNeeded(5.2, 3.5)
        paintNeeded(5.0, 3.3)
}
```

벽의 너비를 매개변수로 받습니다.

벽의 높이는 또 다른 매개변수로 받습니다.

"paintNeeded"라는 이름의 함수를 선언합니다.

이전과 같이 너비와 높이를 곱합니다.

이전과 같이 페인트의 양을 출력합니다.

width 매개변수에 값을 전달합니다.

height 매개변수에 값을 전달합니다.

새로 만든 함수를 호출합니다.

벽이 더 추가된다면? 함수 호출 코드만 추가해 두면 됩니다!

```
1.26 liters needed
1.82 liters needed
1.65 liters needed
```

더 이상 반복되는 코드는 나타나지 않으며, 벽이 추가되는 경우 paintNeeded 함수만 추가로 호출해 주면 됩니다. 코드가 훨씬 깔끔해졌습니다!

연습문제

다음은 여러 함수들을 선언한 다음 main 함수에서 해당 함수들을 호출하는 프로그램입니다.
어떤 값들이 출력될지 적어 보세요.

여러분을 위해 첫 줄은 미리 채워 넣었습니다!

```
package main

import "fmt"

func functionA(a int, b int) {
	fmt.Println(a + b)
}
func functionB(a int, b int) {
	fmt.Println(a * b)
}
func functionC(a bool) {
	fmt.Println(!a)
}
func functionD(a string, b int) {
	for i := 0; i < b; i++ {
		fmt.Print(a)
	}
	fmt.Println()
}

func main() {
	functionA(2, 3)
	functionB(2, 3)
	functionC(true)
	functionD("$", 4)
	functionA(5, 6)
	functionB(5, 6)
	functionC(false)
	functionD("ha", 3)
}
```

출력값

5

답은 111 페이지에 있습니다.

함수와 변수 스코프

paintNeeded 함수는 함수 블록 내에서 area라는 변수를 선언하고 있습니다.

```
func paintNeeded(width float64, height float64) {
        area := width * height
        fmt.Printf("%.2f liters needed\n", area/10.0)
}
```

"area" 변수 선언

변수에 접근

조건 블록 및 루프 블록에서와 마찬가지로 함수 블록 내에 선언된 변수는 함수 블록의 스코프에서만 유효합니다. 따라서 printNeeded 함수 밖에서 area 변수에 접근하면 컴파일 에러가 발생합니다.

```
func paintNeeded(width float64, height float64) {
        area := width * height
        fmt.Printf("%.2f liters needed\n", area/10.0)
}

func main() {
        paintNeeded(4.2, 3.0)
        fmt.Println(area)
}
```

스코프를 벗어났습니다!

에러 → `undefined: area`

하지만 조건 블록 및 루프 블록과 마찬가지로 함수 블록 밖에서 선언된 변수는 함수 블록 스코프 안에서도 접근할 수 있습니다. 즉, 패키지 수준에서 선언된 변수는 패키지 내의 모든 함수에서 접근할 수 있습니다.

```
package main

import "fmt"

var metersPerLiter float64

func paintNeeded(width, height float64) float64 {
        area := width * height
        return area / metersPerLiter
}

func main() {
        metersPerLiter = 10.0
        fmt.Printf("%.2f", paintNeeded(4.2, 3.0))
}
```

패키지 수준에서 변수를 선언한 경우

여전히 스코프에 속합니다.

여전히 스코프에 속합니다.

`1.26`

함수 반환 값

페인트를 칠할 벽에 필요한 페인트의 총량을 구해야 한다고 해 봅시다. 각 벽에 필요한 페인트의 양을 출력만 하고 있는 paintNeeded 함수로는 페인트의 총량을 구할 수 없습니다.

```
func paintNeeded(width float64, height float64) {
        area := width * height
        fmt.Printf("%.2f liters needed\n", area/10.0)
}
```

페인트의 양을 출력하면 끝납니다.

그렇다면 paintNeeded 함수를 수정해 페인트의 양을 출력하는 대신 반환하도록 만들어 봅시다. 함수가 값을 반환하면 함수를 호출하는 사람은 반환받은 값을 출력할 수 있을 뿐만 아니라 또 다른 연산을 수행하거나 필요한 다른 작업을 수행할 수도 있습니다.

함수는 항상 지정된 타입의 값을 반환합니다(그리고 항상 해당 타입의 값만 반환합니다). 반환 값을 갖는 함수를 선언하기 위해선 매개변수 선언부 뒤에 반환 값의 타입을 선언하면 됩니다. 반환 타입을 선언하면 블록 내에서 return 키워드를 사용해 값을 반환할 수 있습니다.

```
func double(number float64) float64 {
    return number * 2
}
```

반환 값 타입

반환 키워드

반환하려는 값

함수가 값을 반환하면 함수를 호출하는 호출자는 반환 값을 변수에 할당하거나 다른 함수에 직접 전달하거나 하는 등 반환 값으로 할 수 있는 모든 작업을 수행할 수 있습니다.

```
package main

import "fmt"

func double(number float64) float64 {
        return number * 2
}

func main() {
        dozen := double(6.0)
        fmt.Println(dozen)
        fmt.Println(double(4.2))
}
```

반환 값을 변수에 할당합니다.

반환 값을 다른 함수에 전달합니다.

```
12
8.4
```

함수 반환 값 (계속)

return문이 실행되면 함수는 이후의 코드 실행을 중단하고 즉시 함수를 빠져나옵니다. if문을 사용하면 특정 조건에서 다른 코드를 실행하지 않고 함수를 빠져나올 수 있습니다(가령 에러가 발생하거나 다른 조건으로 인해 미리 빠져나와야 하는 경우).

```
func status(grade float64) string {
        if grade < 60.0 {
                return "failing"
        }
        return "passing"
}

func main() {
        fmt.Println(status(60.1))
        fmt.Println(status(59))
}
```

성적 백분율이 60보다 낮으면 특시 빠져나옵니다.

성적 백분율이 60 이상인 경우에만 실행됩니다.

```
passing
failing
```

이 말은 즉, if 블록이 아닌 코드 중간에 return을 사용하는 경우에는 영원히 실행되지 않을 코드를 만들어 낼 가능성이 있다는 의미입니다. 이런 코드는 확실히 버그임을 나타내기 때문에 Go는 반환 타입을 선언한 모든 함수는 반드시 return 문으로 끝나도록 강제함으로써 이런 상황을 미리 방지합니다.

```
func double(number float64) float64 {
        return number * 2
        fmt.Println(number * 2)
}
```

함수는 항상 여기에서 종료됩니다.

이 라인은 영원히 실행되지 않습니다.

에러

```
missing return at end of function
```

또한 반환하려는 값의 타입과 선언한 반환 타입이 일치하지 않는 경우에도 컴파일 에러가 발생합니다.

부동 소수점 숫자를 반환해야 합니다.

```
func double(number float64) float64 {
        return int(number * 2)
}
```

정수를 반환합니다!

에러

```
cannot use int(number * 2) (type int)
as type float64 in return argument
```

페인트 계산기에서 반환 값 사용하기

함수 반환 값을 선언하는 방법을 배웠으니, 이제 프로그램을 수정해 각 벽을 칠하는 데 필요한 페인트의 양과 함께 필요한 페인트의 총량을 출력하도록 만들어 봅시다.

paintNeeded 함수가 페인트의 양을 반환할 수 있도록 수정한 다음, main 함수에서는 반환 값을 사용해 벽마다 필요한 페인트의 양을 출력하고 모든 벽을 칠하는 데 필요한 페인트의 총량을 저장하는 total이라는 변수에 페인트의 양을 계속 누적합니다.

```
package main

import "fmt"

func paintNeeded(width float64, height float64) float64 {
	area := width * height
	return area / 10.0
}

func main() {
	var amount, total float64
	amount = paintNeeded(4.2, 3.0)
	fmt.Printf("%0.2f liters needed\n", amount)
	total += amount
	amount = paintNeeded(5.2, 3.5)
	fmt.Printf("%0.2f liters needed\n", amount)
	total += amount
	fmt.Printf("Total: %0.2f liters\n", total)
}
```

paintNeeded 함수가 부동 소수점 숫자를 반환하도록 선언합니다.

면적 값을 출력하지 않고 반환합니다.

현재 계산하고 있는 벽에 필요한 페인트의 양과 페인트의 총량을 저장하는 변수들을 선언합니다.

paintNeeded를 호출한 뒤 반환 값을 저장합니다.

이 벽에 필요한 페인트의 양을 출력합니다.

페인트의 양을 페인트의 총량에 더합니다.

두 번째 벽에도 위 과정을 반복합니다.

모든 벽을 칠하는 데 필요한 페인트의 총량을 출력합니다.

```
1.26 liters needed
1.82 liters needed
Total: 3.08 liters
```

잘 동작합니다! 반환 값 덕분에 main 함수는 값을 출력하기 위해 paintNeeded 함수에 의존하지 않아도 되고 추가 작업도 할 수 있습니다.

부수면서 배우기!

여기에 값을 반환하도록 수정한 버전의 paintNeeded 함수가 있습니다. 코드의 여러 부분을 변형하고 컴파일해 보면서 어떤 일들이 벌어지는지 확인해 보세요!

```
func paintNeeded(width float64, height float64) float64 {
	area := width * height
	return area / 10.0
}
```

이렇게 변형하면...	이런 이유로 실패합니다

return문 제거
`func paintNeeded(width float64, height float64) float64 {`
`area := width * height`
~~`return area / 10.0`~~
`}`
	반환 타입을 선언한 함수는 return문을 포함해야 합니다.

return문 *아래*에 코드 추가
`func paintNeeded(width float64, height float64) float64 {`
`area := width * height`
`return area / 10.0`
`fmt.Println(area / 10.0)`
`}`
	반환 타입을 선언한 함수는 return 문으로 끝나야 합니다.

반환 타입 선언 제거
`func paintNeeded(width float64, height float64)` ~~`float64`~~ `{`
`area := width * height`
`return area / 10.0`
`}`
	Go에서는 선언하지 않은 값을 반환할 수 없습니다.

반환되는 값의 타입 변경
`func paintNeeded(width float64, height float64) float64 {`
`area := width * height`
`return int(area / 10.0)`
`}`
	반환 값의 타입은 선언된 타입과 같아야 합니다.

paintNeeded 함수에는 에러 처리를 해야 합니다

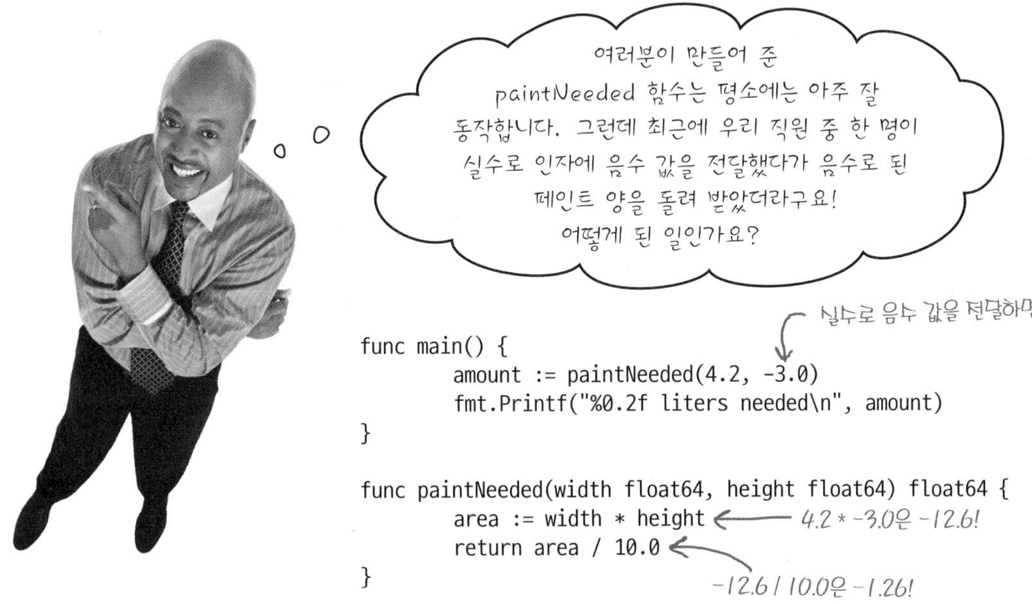

여러분이 만들어 준
paintNeeded 함수는 평소에는 아주 잘
동작합니다. 그런데 최근에 우리 직원 중 한 명이
실수로 인자에 음수 값을 전달했다가 음수로 된
페인트 양을 돌려 받았더라구요!
어떻게 된 일인가요?

실수로 음수 값을 전달하면

```
func main() {
        amount := paintNeeded(4.2, -3.0)
        fmt.Printf("%0.2f liters needed\n", amount)
}

func paintNeeded(width float64, height float64) float64 {
        area := width * height  ← 4.2 * -3.0은 -12.6!
        return area / 10.0  ← -12.6 / 10.0은 -1.26!
}
```

```
-1.26 liters needed
```

현재 paintNeeded 함수는 인자로 잘못된 값이 들어와도 아무런 예외 처리도 하지 않았습니다. 위 코드는 계산에 잘못된 값을 사용해 잘못된 결괏값을 반환했습니다. 이는 큰 문제입니다. 비록 여러분이 음수의 페인트를 구입할 수 있는 가게를 알고 있다고 해도 여러분의 집에 그런 페인트를 사용하고 싶진 않겠죠. paintNeeded 함수에는 인자의 유효성을 검사하고 에러를 보고하는 방법이 필요합니다.

2장에서는 결괏값과 함께, 에러 발생 여부를 나타내는 두 번째 값을 같이 반환하는 함수들을 여럿 봤습니다. 한 가지 예로 문자열을 정수로 변환하는 strconv.Atoi 함수는 변환이 성공하면 프로그램을 계속 실행해도 좋다는 의미의 nil 에러 값을 반환합니다. 반대로 에러 값이 nil이 아닌 경우에는 문자열을 숫자로 변환할 수 없음을 의미하며 이 경우에는 에러 값을 출력하고 프로그램을 종료하기로 했었습니다.

```
guess, err := strconv.Atoi(input)  ← 입력 문자열을 정수로 변환합니다.
if err != nil {
        log.Fatal(err)
}
```

에러가 발생하면 에러 메시지를 출력하고 프로그램을 종료합니다.

paintNeeded 함수에 대해서도 위와 동일한 작업을 수행하려면 다음 두 기능이 필요합니다.

- 에러 값을 생성하는 기능
- 여러 개의 값을 반환하는 기능

그럼 이제 이 기능들을 구현하는 방법을 배워 봅시다!

에러 값

paintNeeded 함수에서 에러 값을 반환하려면 먼저 반환할 에러 값이 필요합니다. 에러 값이란 문자열을 반환하는 Error라는 이름의 메서드를 가진 값을 말합니다. 에러 값을 생성하는 가장 간단한 방법은 errors 패키지의 New 함수에 문자열을 전달해 새로운 에러 값을 생성하는 것입니다. 에러 값에서 Error 메서드를 호출하면 errors.New에 전달한 문자열을 가져올 수 있습니다.

```
package main

import (
	"errors"
	"fmt"
)

func main() {
	err := errors.New("height can't be negative")
	fmt.Println(err.Error())
}
```

새로운 에러 값을 생성합니다.

에러 메시지를 반환합니다.

```
height can't be negative
```

그러나 fmt나 log 패키지의 함수에서는 Error 메서드를 직접 호출할 필요가 없습니다. fmt와 log 패키지의 함수는 인자로 전달받은 값에 Error 메서드가 있는 경우 Error 메서드의 반환 값을 출력하도록 만들어졌기 때문이죠.

```
err := errors.New("height can't be negative")
fmt.Println(err)
log.Fatal(err)
```

에러 메시지를 출력합니다.

에러 메시지를 다시 출력한 다음 프로그램을 종료합니다.

```
height can't be negative
2018/03/12 19:49:27 height can't be negative
```

에러 메시지에 숫자나 다른 값의 형식을 지정해야 하는 경우에는 fmt.Errorf 함수를 사용할 수 있습니다. 동작 방식은 fmt.Printf나 fmt.Sprintf와 동일하나 값을 출력하거나 문자열을 반환하는 대신 에러 값을 반환합니다.

소수점 둘째 자리까지 반올림한 부동 소수점 숫자를 삽입합니다.

```
err := fmt.Errorf("a height of %0.2f is invalid", -2.33333)
fmt.Println(err.Error())
fmt.Println(err)
```

에러 값을 반환합니다.

에러 메시지를 출력합니다.

에러 메시지를 한 번 더 출력합니다.

```
a height of -2.33 is invalid
a height of -2.33 is invalid
```

다중 반환 값 선언하기

이제 paintNeeded 함수가 필요한 페인트의 양과 함께 에러 값을 반환하도록 만드는 방법이 필요합니다.

함수에서 다중 반환 값을 선언하려면 함수 선언부의 두 번째 괄호 안에 반환 값 타입들을 쉼표로 구분해 지정해 주면 됩니다(매개변수 괄호 다음에 오는 괄호입니다). 반환 값 선언부를 괄호로 감싸는 건 반환 값이 하나인 경우에는 선택이지만, 반환 값이 두 개 이상인 경우에는 필수입니다.

그리고 이처럼 여러 값을 반환하는 함수를 사용할 때에는 여러 값이 반환됨을 고려해야 하며, 보통은 추가로 반환되는 값을 또 다른 변수에 할당하곤 합니다.

```
package main

import "fmt"

func manyReturns() (int, bool, string) {
	return 1, true, "hello"
}

func main() {
	myInt, myBool, myString := manyReturns()
	fmt.Println(myInt, myBool, myString)
}
```

이 함수는 정수, 부울, 문자열을 반환합니다.

각 반환 값을 변수에 저장합니다.

```
1 true hello
```

반환 값이 의미하는 바를 좀 더 분명하게 하기 위해 매개변수처럼 각 반환 값에 이름을 부여할 수도 있습니다. 명명된 반환 값의 주요 목적은 코드를 읽는 프로그래머를 위한 일종의 문서화입니다.

```
package main

import (
	"fmt"
	"math"
)

func floatParts(number float64) (integerPart int, fractionalPart float64) {
	wholeNumber := math.Floor(number)
	return int(wholeNumber), number - wholeNumber
}

func main() {
	cans, remainder := floatParts(1.26)
	fmt.Println(cans, remainder)
}
```

첫 번째 반환 값의 이름

두 번째 반환 값의 이름

```
1 0.26
```

paintNeeded 함수에서 다중 반환 값 사용하기

좀 전에도 봤듯이 함수는 서로 다른 타입의 값들을 함께 반환할 수 있습니다. 다중 반환 값의 가장 일반적인 용도는 주요 결괏값과 함께 에러 여부를 나타내는 에러 값을 추가로 반환하는 것입니다. 보통 함께 반환되는 에러 값은 문제가 없는 경우에는 nil로 설정되며, 에러가 발생한 경우에는 해당 에러 값으로 설정됩니다.

paintNeeded 함수에도 동일한 규칙을 적용해 보겠습니다. 먼저 float64와 error 타입으로 두 개의 반환 타입을 선언합니다(에러 값은 error 타입을 갖습니다). 그다음 함수 블록 내에서 가장 먼저 해야 할 일은 매개변수의 유효성을 검증하는 일입니다. width나 height 중 하나라도 0보다 작은 경우에는 페인트의 양으로 0이라는 값과 함께(의미 없는 값이긴 하지만 무언가는 반환해야 합니다) fmt.Errorf를 사용해 생성한 에러 값을 반환합니다. 함수의 시작 부분에서 매개변수의 유효성을 검증하고 유효하지 않은 값들이라 판단되면 return을 사용해 에러를 반환하면서 함수를 빠져나갑니다.

매개변수가 유효하면 이전과 같이 페인트의 양을 계산하고 반환합니다. 단, 이번에는 페인트의 양과 함께 두 번째 반환 값으로 아무 에러도 없음을 나타내는 nil 값을 반환합니다.

```
package main

import "fmt"

func paintNeeded(width float64, height float64) (float64, error) {
	if width < 0 {
		return 0, fmt.Errorf("a width of %0.2f is invalid", width)
	}
	if height < 0 {
		return 0, fmt.Errorf("a height of %0.2f is invalid", height)
	}
	area := width * height
	return area / 10.0, nil
}

func main() {
	amount, err := paintNeeded(4.2, -3.0)
	fmt.Println(err)
	fmt.Printf("%0.2f liters needed\n", amount)
}
```

이전과 마찬가지로 페인트의 양을 나타내는 반환 값입니다. (float64)

에러 여부를 나타내는 두 번째 반환 값입니다. (error)

너비 값이 유효하지 않은 경우 0과 에러를 반환합니다. (if width < 0)

높이 값이 유효하지 않은 경우 0과 에러를 반환합니다. (if height < 0)

페인트의 양과 함께 아무 에러도 없음을 나타내는 "nil" 값을 반환합니다. (nil)

두 번째 반환 값을 저장할 두 번째 변수를 추가합니다. (err)

에러 또는 문제가 없는 경우 nil을 출력합니다. (fmt.Println(err))

```
a height of -3.00 is invalid
0.00 liters needed
```

main 함수에는 paintNeeded로부터 반환되는 에러 값을 저장하기 위한 두 번째 변수를 추가했습니다. 그러나 페인트의 양으로 0을 반환받기 때문에(이전에도 말했듯이, 에러가 발생한 상황에서 이 값은 무의미하지만 첫 번째 반환 값으로 무언가는 항상 반환해야 합니다) 이 경우 "0.00 liters needed"라는 메시지가 출력되는 문제가 있습니다. 그럼 이제 이 문제를 해결해 봅시다.

항상 에러를 처리하세요!

paintNeeded 함수에 잘못된 인자가 전달되면 에러 값을 반환받아 에러 내용을 출력해 줘야 합니다.

```
func main() {
    amount, err := paintNeeded(4.2, -3.0)
    fmt.Println(err)
    fmt.Printf("%0.2f liters needed\n", amount)
}
```

이 값은 에러 값으로 설정됩니다.

이 값은 무의미한 값인 0으로 설정됩니다.

에러를 출력합니다.

무의미한 값을 출력합니다!

```
a height of -3.00 is invalid
0.00 liters needed
```

함수가 에러 값을 반환하는 경우에는 보통 다른 주요 결괏값이 함께 반환됩니다. 그러나 에러 값과 함께 반환되는 값은 신뢰할 수 없기 때문에 무시해야 합니다.

함수를 호출했을 때 에러 값이 반환되면 에러 값이 nil인지 아닌지 확인하는 일은 매우 중요합니다. nil 이외의 값이 반환된다면 처리해야 할 에러가 있음을 의미합니다.

에러를 처리하는 방식은 상황에 따라 다릅니다. paintNeeded 함수의 경우에는 단순히 현재 계산 중인 코드를 건너뛰고 프로그램의 나머지 부분을 계속 실행하면 됩니다.

```
func main() {
    amount, err := paintNeeded(4.2, -3.0)
    if err != nil {
        fmt.Println(err)
    } else {
        fmt.Printf("%0.2f liters needed\n", amount)
    }
    // 추가 계산 작업은 여기서...
}
```

에러 값이 nil이 아니면 문제가 있음을 의미합니다.

이 경우에는 에러를 출력합니다.

그 외의 경우 에러 값은 nil입니다.

이 경우에는 반환받은 페인트의 양을 출력해도 좋습니다.

```
a height of -3.00 is invalid
```

하지만 이 프로그램은 짧고 간단한 프로그램이기 때문에 log.Fatal 함수를 사용해 에러 메시지를 보고하고 프로그램을 종료해도 됩니다.

```
func main() {
    amount, err := paintNeeded(4.2, -3.0)
    if err != nil {
        log.Fatal(err)
    }
    fmt.Printf("%0.2f liters needed\n", amount)
}
```

에러 값이 nil이 아니면 문제가 있는 것입니다.

이 경우에는 에러를 출력하고 프로그램을 종료합니다.

에러가 발생하면 이 코드는 실행되지 않습니다.

```
2018/03/12 19:49:27 a height of -3.00 is invalid
```

여기서 기억해 둬야 할 중요 포인트는 반환 값을 사용하여 항상 에러의 발생 여부를 확인해야 한다는 것입니다. 에러가 발생한 시점에서 에러를 어떻게 처리할지는 여러분의 재량입니다.

부수면서 배우기!

여기에 제곱근을 계산하는 프로그램이 있습니다. squareRoot 함수는 매개변수로 음수를 받으면 에러 값을 반환합니다. 코드의 여러 부분을 변형하고 컴파일해 보면서 어떤 일들이 벌어지는지 확인해 보세요!

```
package main

import (
	"fmt"
	"math"
)

func squareRoot(number float64) (float64, error) {
	if number < 0 {
		return 0, fmt.Errorf("can't get square root of negative number")
	}
	return math.Sqrt(number), nil
}

func main() {
	root, err := squareRoot(-9.3)
	if err != nil {
		fmt.Println(err)
	} else {
		fmt.Printf("%0.3f", root)
	}
}
```

이렇게 변형하면...	이런 이유로 실패합니다
return문 인자 중 하나를 제거 return math.Sqrt(number)~~, nil~~	return문의 인자 개수는 함수 선언부에서 선언된 반환 값 개수와 일치해야 합니다.
반환 값을 할당받는 변수 중 하나를 제거 root~~, err~~ := squareRoot(-9.3)	함수가 반환하는 값은 모두 사용해야 합니다.
반환 값을 사용하는 코드 제거 root, err := squareRoot(-9.3) ~~if err != nil {~~ ~~fmt.Println(err)~~ ~~} else {~~ fmt.Printf("%0.3f", root) ~~}~~	Go에서 선언한 변수는 모두 사용해야 합니다. 이는 함수가 에러 값을 반환하는 경우에 아주 유용한데, 실수로 에러를 무시하는 일이 없도록 해 주기 때문입니다.

수영장 퍼즐

여러분이 할 일은 수영장에 들어 있는 코드 조각을 아래 빈칸에 맞게 채워 넣는 것입니다. 각 코드 조각은 한 번만 사용할 수 있고 모두 사용할 필요는 없습니다. 여러분의 목표는 아래 보이는 출력값을 출력하는 프로그램을 완성하는 것입니다.

```
package main

import (
        "errors"
        "fmt"
)

func divide(dividend float64, divisor float64) (float64, _____) {
        if divisor == 0.0 {
                return 0, _______.New("can't divide by 0")
        }
        return dividend / divisor, _____
}

func main() {
        _________, _____ := divide(5.6, 0.0)
        if err != nil {
                fmt.Println(err)
        } else {
                fmt.Printf("%0.2f\n", quotient)
        }
}
```

출력값

```
can't divide by 0
```

참고: 각 코드 조각은 딱 한 번만 사용할 수 있습니다!

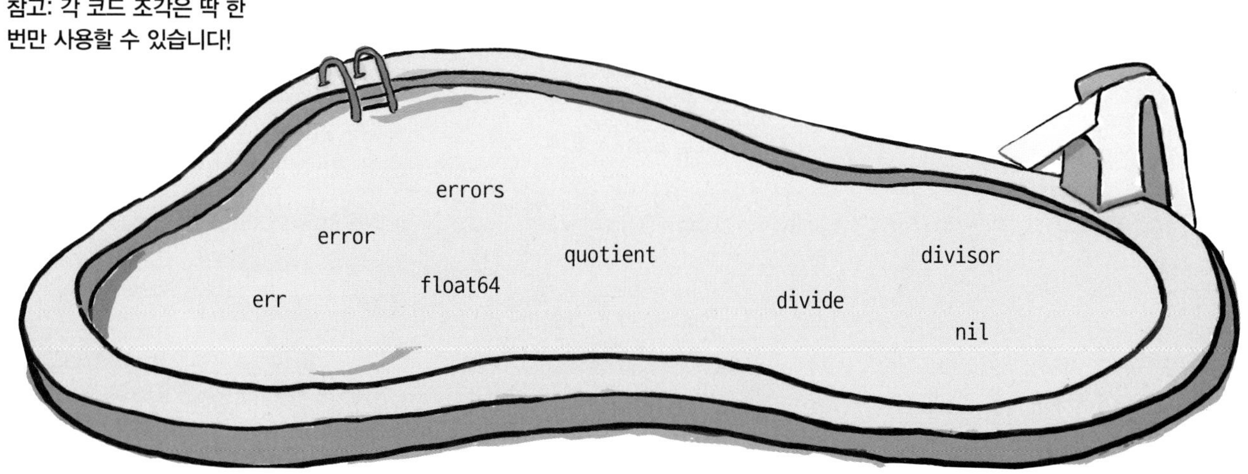

답은 112 페이지에 있습니다.

함수의 매개변수는 인자의 복사본을 받습니다

앞서 언급한 바와 같이, 매개변수를 가진 함수를 호출할 때에는 인자를 전달해야 합니다. 각 인자 값은 위치에 맞는 각 매개변수로 복사됩니다(이 방식을 사용하는 프로그래밍 언어를 종종 "pass-by-value"라고 부르기도 합니다).

이 방식은 대부분 문제가 없습니다. 그러나 함수로 전달하는 변수의 값을 *변경*해야 하는 경우에는 문제가 발생하는데, 함수는 원래 값이 아닌 매개변수로 들어온 *복사본*의 값을 변경하기 때문입니다. 즉, 함수 내에서 발생한 모든 변경사항은 그 함수 내에서만 유효하게 됩니다.

Go는 "pass-by-value" (값으로 전달) 언어로 함수의 매개변수는 함수를 호출할 때 전달한 인자의 복사본을 받습니다.

여기에 이전에 본 double 함수의 수정된 버전이 있습니다. 이 함수는 정수를 받아 2를 곱한 뒤 결괏값을 출력합니다.

```
package main

import "fmt"

func main() {
	amount := 6
	double(amount)
}

func double(number int) {
	number *= 2
	fmt.Println(number)
}
```

함수로 인자를 전달합니다. (double(amount))

매개변수는 인자 값을 복사합니다.

12 ← 2를 곱한 결괏값을 출력합니다.

이때 double 함수에서 값을 출력하는 출력문을 main 함수로 가져와 사용해 보면 제대로 동작하지 않는데 double 함수는 전달받은 인자의 복사본을 변경했기 때문입니다. 따라서 double 함수를 호출한 main 함수에서 인자로 전달한 변수의 값을 출력해 보면 두 배가 된 값이 아닌 원래 값이 그대로 출력됩니다.

```
func main() {
	amount := 6
	double(amount)
	fmt.Println(amount)
}

func double(number int) {
	number *= 2
}
```

함수에 인자를 전달합니다. (double(amount))

원래 값을 출력합니다. (fmt.Println(amount))

매개변수는 인자 값을 복사합니다.

원래 값이 아닌 복사된 값을 변경합니다. (number *= 2)

6 ← 변경되지 않은 값을 출력합니다.

따라서 함수가 복사본이 아닌 전달된 인자가 가진 원래 값을 변경하는 방법이 필요합니다. 이 방법을 배우기 위해서는 우선 *포인터(pointer)*라는 개념을 이해해야 합니다.

포인터

Go의 "주소" 연산자인 &(앤드 기호)를 사용하면 변수의 주소 값을 가져올 수 있습니다. 예시로 다음 코드는 변수를 초기화한 다음 변수가 가진 값과 변수의 주소를 출력합니다.

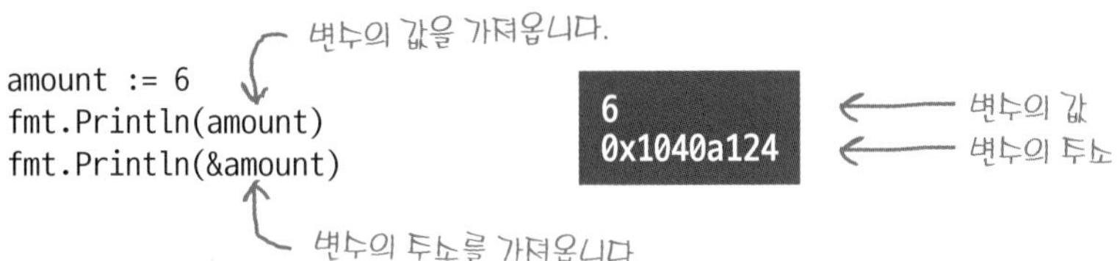

Go에서는 모든 변수의 주소 값을 가져올 수 있습니다. 변수마다 주소 값이 다름에 주목하세요.

```
var myInt int
fmt.Println(&myInt)
var myFloat float64
fmt.Println(&myFloat)
var myBool bool
fmt.Println(&myBool)
```

```
0x1040a128
0x1040a140
0x1040a148
```

그렇다면 이 "주소"라고 하는 게 정확히 무엇을 의미하는 걸까요? 붐비는 도시에서 집을 찾기 위해서는 그 집의 주소를 알아야 합니다.

도시와 마찬가지로, 컴퓨터가 프로그램을 위해 마련해 둔 메모리라는 공간은 혼잡하고 복잡한 공간입니다. 메모리는 부울, 정수, 문자열 등 변수의 값으로 가득합니다. 집 주소와 마찬가지로 변수의 주소를 알고 있으면 주소 값을 사용해 변수가 가진 값을 찾아낼 수 있습니다.

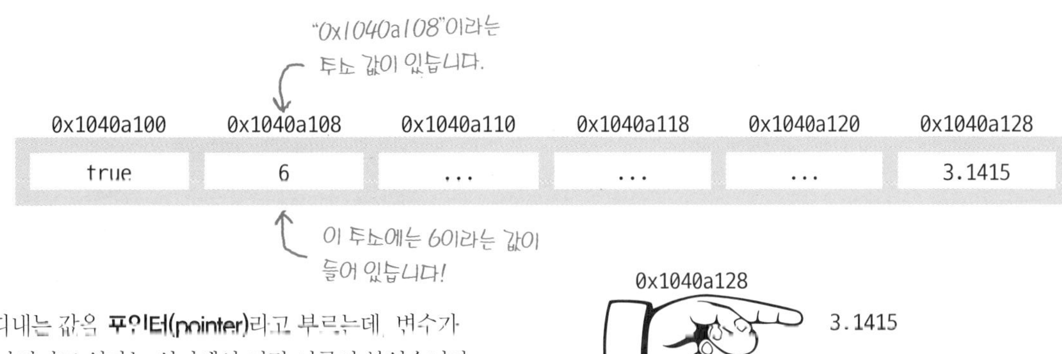

변수의 주소를 나타내는 값을 **포인터(pointer)**라고 부르는데, 변수가 존재하는 위치를 *가리키고* 있다는 의미에서 이런 이름이 붙었습니다.

포인터 타입

포인터 타입(Pointer type)은 포인터가 가리키고 있는 변수의 타입 앞에 *라는 기호를 붙여서 나타냅니다. 예를 들어 int 타입의 포인터는 *int로 쓸 수 있습니다("int 포인터"라고 읽습니다).

reflect.TypeOf 함수를 사용하면 포인터 타입을 확인할 수 있습니다.

```
package main

import (
        "fmt"
        "reflect"
)

func main() {
        var myInt int
        fmt.Println(reflect.TypeOf(&myInt))
        var myFloat float64
        fmt.Println(reflect.TypeOf(&myFloat))
        var myBool bool
        fmt.Println(reflect.TypeOf(&myBool))
}
```

- `fmt.Println(reflect.TypeOf(&myInt))` ← myInt의 포인터를 가져와 포인터 타입을 출력합니다.
- `fmt.Println(reflect.TypeOf(&myFloat))` ← myFloat의 포인터를 가져와 포인터 타입을 출력합니다.
- `fmt.Println(reflect.TypeOf(&myBool))` ← myBool의 포인터를 가져와 포인터 타입을 출력합니다.

출력된 포인터 타입 →

```
*int
*float64
*bool
```

포인터 값을 갖는 변수를 선언할 수도 있습니다. 포인터 변수는 한 가지 타입에 대한 포인터 값만 가질 수 있기 때문에 *int 타입, *float64 타입 등 오직 한 가지 포인터 타입에 대한 값만 가질 수 있습니다.

```
var myInt int
var myIntPointer *int
myIntPointer = &myInt
fmt.Println(myIntPointer)

var myFloat float64
var myFloatPointer *float64
myFloatPointer = &myFloat
fmt.Println(myFloatPointer)
```

- `var myIntPointer *int` ← int 타입에 대한 포인터 값을 갖는 변수를 선언합니다.
- `myIntPointer = &myInt` ← 변수에 포인터를 할당합니다.
- `var myFloatPointer *float64` ← float64 타입에 대한 포인터 값을 갖는 변수를 선언합니다.
- `myFloatPointer = &myFloat` ← 변수에 포인터를 할당합니다.

```
0x1040a128
0x1040a140
```

다른 타입의 변수와 마찬가지로 포인터 변수에도 단축 변수 선언을 사용할 수 있습니다.

```
var myBool bool
myBoolPointer := &myBool
fmt.Println(myBoolPointer)
```

- `myBoolPointer := &myBool` ← 포인터 변수에 대한 단축 변수 선언

```
0x1040a148
```

포인터 값 가져오거나 변경하기

포인터 변수에 * 연산자를 사용하면 포인터가 가리키고 있는 변수의 값을 가져올 수 있습니다. 예를 들어, *myIntPointer는 myIntPointer 주소에 있는 값을 가져옵니다 (*를 읽는 방법에 대한 공식 논의는 없지만 이 책에서는 "value at"(~의 값)이라고 읽겠습니다. 즉, *myIntPointer는 "value at myIntPointer"(myIntPointer의 값) 라고 읽습니다).

```
myInt := 4
myIntPointer := &myInt
fmt.Println(myIntPointer)      ← 포인터 값 자체를 출력합니다.
fmt.Println(*myIntPointer)     ← 포인터 주소에 있는 값을 출력합니다.

myFloat := 98.6
myFloatPointer := &myFloat
fmt.Println(myFloatPointer)    ← 포인터 값 자체를 출력합니다.
fmt.Println(*myFloatPointer)   ← 포인터 주소에 있는 값을 출력합니다.

myBool := true
myBoolPointer := &myBool
fmt.Println(myBoolPointer)     ← 포인터 값 자체를 출력합니다.
fmt.Println(*myBoolPointer)    ← 포인터 주소에 있는 값을 출력합니다.
```

```
0x1040a124
4
0x1040a140
98.6
0x1040a150
true
```

* 연산자를 사용해 포인터의 값을 변경할 수도 있습니다.

```
myInt := 4
fmt.Println(myInt)
myIntPointer := &myInt
*myIntPointer = 8              ← myInt 포인터가 가리키는 변수에 새로운 값을 할당합니다.
fmt.Println(*myIntPointer)     ← 포인터가 가리키는 변수의 값을 출력합니다.
fmt.Println(myInt)             ← 변수의 값을 직접 출력합니다.
```

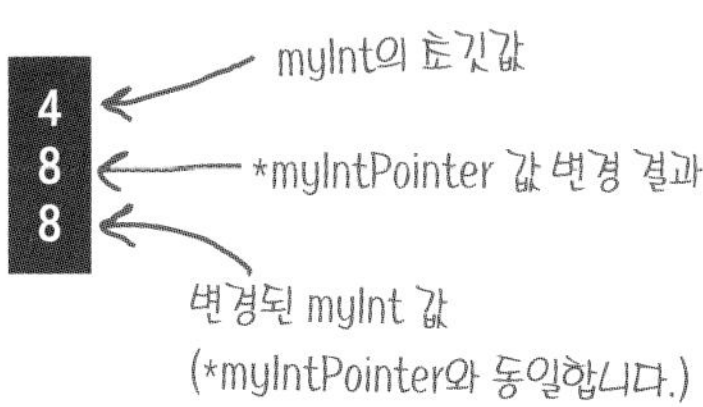

위 코드에서 *myIntPointer = 8은 myIntPointer가 가리키는 변수(myInt 변수)에 새로운 값을 할당합니다. 따라서 *myIntPointer의 값뿐만 아니라 myInt의 값도 변경됩니다.

코드 자석

포인터 변수를 사용하는 Go 프로그램이 냉장고에 뒤죽박죽 섞여 있습니다. 이 코드 조각을 재조합해서 주어진 출력값을 출력하도록 만들 수 있을까요?

여러분은 이 프로그램에서 정숫값을 갖는 myInt 변수와 정수 포인터 값을 갖는 myIntPointer 변수를 선언해야 합니다. 그다음 myInt에는 정숫값을 할당하고 myIntPointer에는 myInt의 포인터를 할당한 다음, 마지막으로 myIntPointer가 가리키는 변수의 값을 출력해야 합니다.

```
package main

import "fmt"

func main() {

}
```

여기에 코드를 추가하세요!

출력값

```
42
```

여기에 여분의 자석이 있습니다. 위 프로그램에 추가하세요!

`var` `var` `myInt` `myInt` `myInt` `42`

`int` `int` `myIntPointer` `myIntPointer` `myIntPointer`

`=` `=` `&` `*` `*` `fmt.Println(` `)`

답은 112 페이지에 있습니다.

함수에서 포인터 사용하기

우회로로 갑시다

함수 선언부에서 반환 값 타입을 포인터 타입으로 변경하면 함수는 포인터를 반환할 수 있습니다.

```
func createPointer() *float64 {
        var myFloat = 98.5
        return &myFloat
}

func main() {
        var myFloatPointer *float64 = createPointer()
        fmt.Println(*myFloatPointer)
}
```

float64 타입의 포인터를 반환하는 함수를 선언합니다.

특정 타입의 포인터를 반환합니다.

반환된 포인터를 변수에 할당합니다.

포인터 주소에 있는 변수의 값을 출력합니다.

```
98.5
```

(Go는 다른 프로그래밍 언어와는 달리 함수 로컬 변수의 포인터를 반환할 수 있습니다. 함수의 스코프는 벗어나지만 해당 변수의 포인터를 가지고 있는 동안에는 해당 변수의 값에 접근할 수 있습니다.)

포인터는 함수의 인자로도 전달할 수 있는데 함수 선언부에서 매개변수의 타입을 포인터 타입으로 지정하면 됩니다.

```
func printPointer(myBoolPointer *bool) {
        fmt.Println(*myBoolPointer)
}

func main() {
        var myBool bool = true
        printPointer(&myBool)
}
```

이 매개변수에 포인터 타입을 사용합니다.

전달받은 포인터 주소에 있는 값을 출력합니다.

함수에 포인터를 전달합니다.

```
true
```

함수의 매개변수가 포인터 타입으로 선언되어 있으면 인자로는 포인터 값만 사용할 수 있습니다. 만약 포인터를 받는 함수에 포인터가 아닌 값을 전달하려고 하면 컴파일 에러가 발생합니다.

```
func main() {
        var myBool bool = true
        printPointer(myBool)
}
```

에러

```
cannot use myBool (type bool)
as type *bool in argument
to printPointer
```

이제 Go에서 포인터를 사용하는 방법에 대한 기초 지식을 배웠으니 double 함수를 고치러 돌아가 봅시다!

우회를 종료하고
다시 돌아갑니다

포인터를 사용해 “double” 함수 문제 해결하기

double 함수는 정숫값을 받아 값을 두 배로 만드는 함수입니다. 값을 전달하면 원래 값도 두 배가 되면 좋겠지만 아까 배웠듯이 Go는 pass-by-value 언어이기 때문에 함수는 전달받은 인자의 복사본을 사용합니다. 즉, 현재의 double 함수는 값의 복사본에 2를 곱하고 있기 때문에 원래 값은 변하지 않습니다!

```
func main() {
        amount := 6
        double(amount)
        fmt.Println(amount)
}

func double(number int) {
        number *= 2
}
```

함수에 인자를 전달합니다.
원래 값을 출력합니다.
매개변수는 인자 값을 복사합니다.
원래 값이 아닌 복사된 값을 변경합니다.

6

변경되지 않은 값을 출력합니다.

드디어 조금 전에 배운 포인터를 쓸 기회가 왔습니다. 함수에 포인터를 전달한 다음 포인터 주소에 있는 값을 변경하면 이 변경사항은 함수 바깥에서도 여전히 유효합니다.

함수를 조금만 손보면 위와 같이 동작하게 만들 수 있습니다. double 함수에서 number 매개변수의 타입을 int가 아닌 *int로 변경합니다. 그다음 함수 코드에서는 변수의 값을 직접 변경하는 대신 number 포인터 주소에 있는 값을 변경하도록 수정합니다. 마지막으로 main 함수에서는 double 함수에 값을 직접 전달하는 대신 포인터를 전달하도록 수정합니다.

```
func main() {
        amount := 6
        double(&amount)
        fmt.Println(amount)
}

func double(number *int) {
        *number *= 2
}
```

값 대신 포인터를 전달합니다.
정수 타입 대신 정수 포인터 타입의 값을 받습니다.
포인터 주소에 있는 값을 변경합니다.

12

두 배가 된 값을 출력합니다.

수정된 코드를 실행하면 double 함수에는 amount 변수의 포인터가 전달됩니다. double 함수가 전달받은 포인터 주소에 있는 값을 두 배로 만들면 amount 변수가 가지고 있는 값도 같이 변경됩니다. 그다음 main 함수로 돌아가 amount 변수를 출력해 보면 두 배가 된 값을 볼 수 있습니다!

이 장에서 여러분은 함수를 직접 정의하는 방법과 관련한 많은 것을 배웠습니다. 지금까지 배운 기능의 이점과 유용함이 지금 당장 와닿지는 않더라도 괜찮습니다. 이 책의 후반부에서 더욱 복잡한 프로그램들을 작성하다 보면 이 장에서 배운 모든 것을 잘 활용할 수 있을 것입니다.

연습문제

아래에 truth와 lies 변수의 값을 각자의 반대 값인 false와 true로 변경하기 위한 negate라는 함수가 있습니다. 그러나 negate 함수에 truth와 lies 값을 전달하여 호출한 다음 각 변수값을 출력해 보면 변경되지 않은 값이 출력됨을 볼 수 있습니다.

```
package main

import "fmt"

func negate(myBoolean bool) bool {
        return !myBoolean
}

func main() {
        truth := true
        negate(truth)
        fmt.Println(truth)
        lies := false
        negate(lies)
        fmt.Println(lies)
}
```

실제 출력값

```
true
false
```

아래 빈칸을 채워 negate가 부울 값을 직접 받는 대신 부울 값에 대한 포인터를 받아 포인터 주소에 있는 값을 변경할 수 있도록 만들어 보세요. 마찬가지로 negate 함수를 호출하는 코드도 수정하여 값이 아닌 포인터를 전달하도록 만들어 보세요.

```
package main

import "fmt"

func negate(myBoolean _______) {
        ____________ = !____________
}

func main() {
        truth := true
        negate(________)
        fmt.Println(truth)
        lies := false
        negate(_______)
        fmt.Println(lies)
}
```

원하는 출력값

```
false
true
```

답은 112 페이지에 있습니다.

CHAPTER 3

Go 도구 상자

3장이 끝났습니다!
도구 상자에 함수 선언과 포인터를 담았습니다.

함수

타입

조건문

반복문

함수 선언

함수는 직접 선언하고 정의할 수 있으며, 선언한 함수는 함수 이름 뒤에 괄호를 붙여 패키지의 다른 위치에서 호출할 수 있습니다(함수가 매개변수를 가진 경우에는 괄호 안에 인자를 넣어 줍니다).
하나 이상의 값을 반환하는 함수도 선언할 수 있습니다.

포인터

변수명 앞에 "주소" 연산자인 &를 사용하면 변수의 주소 값을 가져올 수 있습니다.
(예시: &myVariable)
포인터 타입은 포인터가 가리키고 있는 변수의 타입 앞에 *라는 기호를 붙여서 나타냅니다.
(*int, *bool 등등)

중요 항목

- fmt.Printf와 fmt.Sprintf 함수는 인자로 받은 값의 형식을 지정합니다. 첫 인자로는 값을 대체하는 형식 동사(%d, %f, %s 등)가 포함된 형식 문자열을 받습니다.
- 형식 동사에는 형식화된 문자열이 차지하는 최소 너비를 나타내는 너비 값을 지정할 수 있습니다. 예를 들어 %12s는 최소 12자의 문자열을 출력하고, (모자라는 부분은 공백으로 채워짐) %2d는 최소 2자의 정수를, %.3f는 소수점 셋째 자리까지 반올림된 부동 소수점 숫자를 출력합니다.
- 함수를 호출할 때 인자를 전달하려면 함수 선언부에서 타입을 가진 하나 이상의 **매개변수**를 선언해야 합니다. 인자의 개수는 매개변수의 개수와 일치해야 하며, 일치하지 않을 경우 컴파일 에러가 발생합니다.
- 함수가 하나 이상의 값을 반환하려면 함수 선언부에 반환 값의 타입을 선언해야 합니다.
- 함수 안에서 선언된 변수는 함수 밖에서 접근할 수 없습니다. 반대로 함수 밖에서 선언된 변수(보통 패키지 수준의 변수)는 함수 내에서도 접근할 수 있습니다.
- 함수가 여러 값을 반환하는 경우 마지막 값은 보통 error 타입의 값을 갖습니다. 에러 값에는 에러 내용이 담긴 문자열을 반환하는 Error() 메서드가 있습니다.
- 함수에 에러가 없는 경우에는 보통 에러 값으로 nil을 반환합니다.
- 포인터 변수 앞에 * 연산자를 사용하면 포인터가 가진 값에 접근할 수 있습니다.
- 포인터를 매개변수로 받는 함수가 해당 포인터가 가진 값을 변경하면 변경된 값은 함수 외부에서도 여전히 유효합니다.

연습문제 정답

다음은 여러 함수를 선언한 다음 main 함수에서 해당 함수들을 호출하는 프로그램입니다.
어떤 값들이 출력될지 적어 보세요.

```
package main

import "fmt"

func functionA(a int, b int) {
	fmt.Println(a + b)
}
func functionB(a int, b int) {
	fmt.Println(a * b)
}
func functionC(a bool) {
	fmt.Println(!a)
}
func functionD(a string, b int) {
	for i := 0; i < b; i++ {
		fmt.Print(a)
	}
	fmt.Println()
}

func main() {
	functionA(2, 3)
	functionB(2, 3)
	functionC(true)
	functionD("$", 4)
	functionA(5, 6)
	functionB(5, 6)
	functionC(false)
	functionD("ha", 3)
}
```

출력값

5
6
false
$$$$
11
30
true
hahaha

수영장 퍼즐 정답

```
package main

import (
	"errors"
	"fmt"
)

func divide(dividend float64, divisor float64) (float64, error) {
	if divisor == 0.0 {
		return 0, errors.New("can't divide by 0")
	}
	return dividend / divisor, nil
}

func main() {
	quotient, err := divide(5.6, 0.0)
	if err != nil {
		fmt.Println(err)
	} else {
		fmt.Printf("%0.2f\n", quotient)
	}
}
```

코드 자석 정답

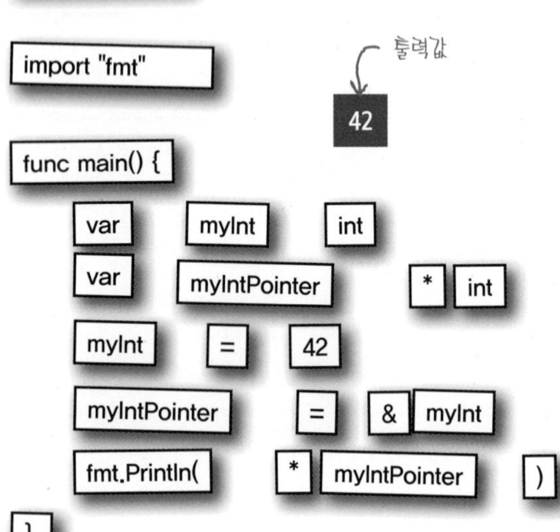

package main
import "fmt"
func main() {
var
myInt
int
var
myIntPointer
*
int
myInt
=
42
myIntPointer
=
&
myInt
fmt.Println(
*
myIntPointer
)
}
출력값
42

연습문제 정답

```
package main

import "fmt"

func negate(myBoolean *bool) {
	*myBoolean = !*myBoolean
}

func main() {
	truth := true
	negate(&truth)
	fmt.Println(truth)
	lies := false
	negate(&lies)
	fmt.Println(lies)
}
```

4 코드 묶음

패키지

당신에게 도움이 될 것 같은
코드를 작성해 봤소.
오 대단해요!
문서화도 아주 잘 되어 있고..
곧 앱을 완성할 수 있겠어요!

이제 코드를 정리할 시간입니다! 우리는 여태까지 모든 코드를 하나의 파일에 작성해 왔습니다. 이렇게 하면 프로그램이 커지고 복잡해질수록 코드는 금방 알아보기 힘들어질 것입니다. 이 장에서는 서로 연관된 코드를 한 곳에 모아 두기 위한 **패키지**를 만드는 방법을 배워 보겠습니다. 패키지는 단순히 코드를 모아 놓는 것, 그 이상의 이점이 있습니다. 패키지를 사용하면 프로그램 간뿐만 아니라 다른 개발자와도 쉽게 코드를 공유할 수 있습니다.

다른 프로그램, 같은 함수

두 개의 프로그램을 작성했는데 두 프로그램 모두 같은 기능을 수행하는 함수를 사용하고 있어서 유지보수에 골머리를 앓고 있습니다.

이 페이지에는 2장에서 본 *pass_fail.go*의 새로운 버전이 있습니다. 이 버전에서는 키보드로부터 성적을 읽어 오는 코드를 새로운 getFloat라는 함수로 분리해서 사용하고 있습니다. getFloat는 에러가 없을 경우 사용자가 입력한 부동 소수점 숫자를 반환하고 그 외에는 0과 함께 에러 값을 반환합니다. 에러가 반환되면 에러를 보고한 뒤 프로그램을 종료하고, 그 외에는 이전과 같이 입력받은 성적의 통과 여부를 출력합니다.

pass_fail.go

```
// pass_fail은 성적의 통과 여부를 출력합니다.

import (
	"bufio"
	"fmt"
	"log"
	"os"
	"strconv"
	"strings"
)

func getFloat() (float64, error) {
	reader := bufio.NewReader(os.Stdin)
	input, err := reader.ReadString('\n')
	if err != nil {
		return 0, err
	}

	input = strings.TrimSpace(input)
	number, err := strconv.ParseFloat(input, 64)
	if err != nil {
		return 0, err
	}
	return number, nil
}

func main() {
	fmt.Print("Enter a grade: ")
	grade, err := getFloat()
	if err != nil {
		log.Fatal(err)
	}

	var status string
	if grade >= 60 {
		status = "passing"
	} else {
		status = "failing"
	}
	fmt.Println("A grade of", grade, "is", status)
}
```

다음 페이지의 getFloat 함수와 동일합니다!

2장에 있던 코드와 거의 동일합니다.

입력을 읽는 도중 에러가 발생하면 해당 에러를 반환합니다.

문자열을 float64로 변환하는 도중에 발생하는 에러도 모두 반환합니다.

성적을 읽어 오기 위해 getFloat함수를 호출합니다.

에러가 반환되면 보고한 뒤 프로그램을 종료합니다.

2장에 있던 코드와 동일합니다.

```
Enter a grade: 89.7
A grade of 89.7 is passing
```

다른 프로그램, 같은 함수 (계속)

이 페이지에는 사용자가 화씨 온도를 입력하면 섭씨 온도로 변환해 주는 새로운 *tocelsius.go*라는 프로그램이 있습니다.

가만 보면 *tocelsius.go*의 getFloat 함수가 *pass_fail.go*의 getFloat 함수와 동일하다는 것을 볼 수 있습니다.

tocelsius.go

```
// tocelsius 함수는 화씨를 섭씨로 변환합니다.

import (
	"bufio"
	"fmt"
	"log"
	"os"
	"strconv"
	"strings"
)

func getFloat() (float64, error) {
	reader := bufio.NewReader(os.Stdin)
	input, err := reader.ReadString('\n')
	if err != nil {
		return 0, err
	}

	input = strings.TrimSpace(input)
	number, err := strconv.ParseFloat(input, 64)
	if err != nil {
		return 0, err
	}
	return number, nil
}

func main() {
	fmt.Print("Enter a temperature in Fahrenheit: ")
	fahrenheit, err := getFloat()
	if err != nil {
		log.Fatal(err)
	}
	celsius := (fahrenheit - 32) * 5 / 9
	fmt.Printf("%0.2f degrees Celsius\n", celsius)
}
```

이전 페이지에 있던 getFloat 함수와 동일합니다!

온도 값을 읽어 오기 위해 getFloat 함수를 호출합니다.

에러가 반환되면 보고한 뒤 프로그램을 종료합니다.

온도를 섭씨로 변환합니다.

변환된 섭씨 온도를 소수점 둘째 자리까지 출력합니다.

```
Enter a temperature in Fahrenheit: 98.6
37.00 degrees Celsius
```

패키지를 사용한 프로그램 간 코드 공유

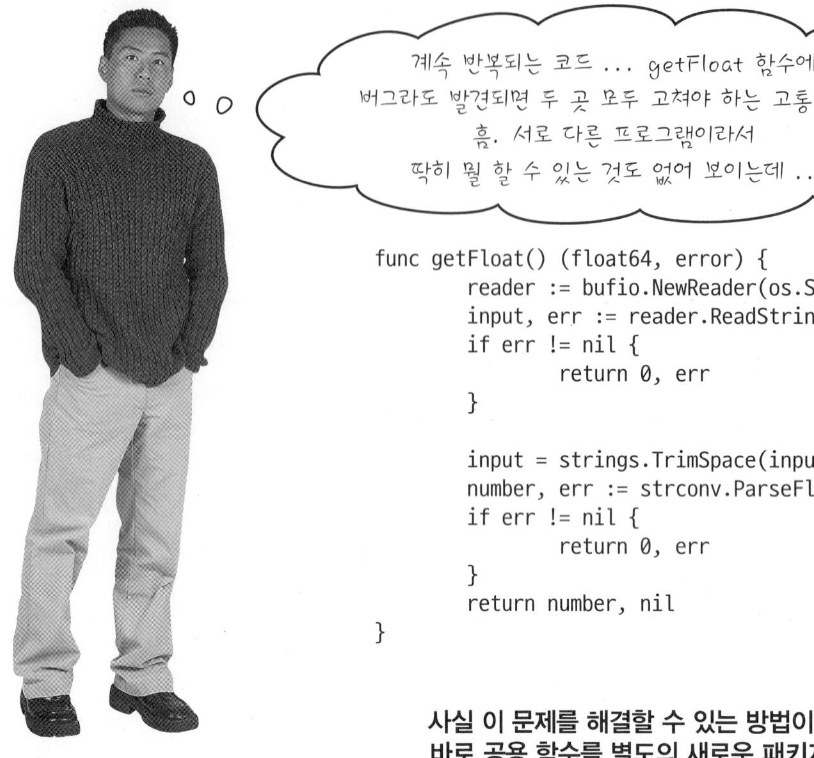

계속 반복되는 코드 ... getFloat 함수에서
버그라도 발견되면 두 곳 모두 고쳐야 하는 고통이 ...
흠. 서로 다른 프로그램이라서
딱히 뭘 할 수 있는 것도 없어 보이는데 ...


```
func getFloat() (float64, error) {
	reader := bufio.NewReader(os.Stdin)
	input, err := reader.ReadString('\n')
	if err != nil {
		return 0, err
	}

	input = strings.TrimSpace(input)
	number, err := strconv.ParseFloat(input, 64)
	if err != nil {
		return 0, err
	}
	return number, nil
}
```

사실 이 문제를 해결할 수 있는 방법이 있는데,
바로 공용 함수를 별도의 새로운 패키지로 만드는 것입니다!

Go에서는 직접 패키지를 정의할 수 있습니다. 1장에서 이미 언급한 바와 같이 패키지는 유사한 기능을 수행하는 코드들의 집합입니다. fmt 패키지는 출력 형식을 지정하며 math 패키지는 숫자 데이터를 다루고 strings 패키지는 문자열을 다룹니다. 우리는 이미 여러 프로그램에서 이 패키지의 함수를 사용해 본 적이 있습니다.

서로 다른 프로그램끼리 동일한 코드를 사용할 수 있다는 것은 패키지가 존재하는 주요 이유 중 하나입니다. 코드의 일부가 여러 프로그램 간에 공유되는 경우 코드를 패키지로 분리하는 것을 고려해 볼 수 있습니다.

코드의 일부가 여러 프로그램 간에 공유되는 경우 코드를 패키지로 분리하는 것을 고려해 볼 수 있습니다.

패키지 코드는 Go 작업 공간 디렉터리 내에 위치합니다

Go 도구는 **작업 공간(workspace)**이라는 특수한 디렉터리(폴더)에서 패키지 코드를 검색합니다. 작업 공간 디렉터리의 기본값은 현재 사용자의 홈 디렉터리에 있는 *go*라는 이름의 디렉터리입니다.

작업 공간 디렉터리에는 세 개의 하위 디렉터리가 있습니다.

- *bin*: 컴파일된 실행 가능한 바이너리 프로그램이 저장됩니다(bin 디렉터리는 이 장의 후반부에서 더 자세히 알아보겠습니다).
- *pkg*: 컴파일된 바이너리 패키지 파일이 저장됩니다(pkg 디렉터리는 이 장의 후반부에서 더 자세히 알아보겠습니다).
- *src*: Go 소스 코드가 위치합니다.

src 디렉터리 내에서 각 패키지의 코드는 별도의 하위 디렉터리에 위치합니다. 하위 디렉터리의 이름은 보통 패키지의 이름과 동일합니다(즉, *gizmo* 패키지의 코드는 gizmo라는 하위 디렉터리에 위치합니다).

각 패키지 디렉터리는 하나 이상의 소스 코드 파일을 포함해야 합니다. 소스 코드 파일명은 반드시 .go 확장자로 끝나야 합니다.

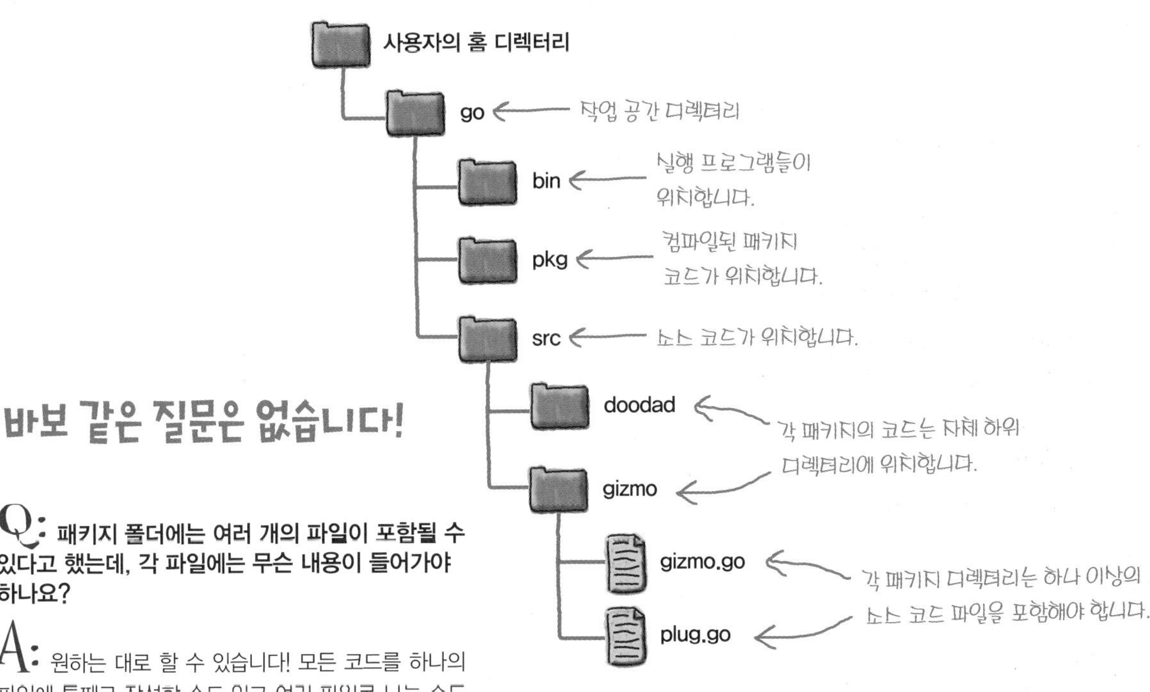

바보 같은 질문은 없습니다!

Q: 패키지 폴더에는 여러 개의 파일이 포함될 수 있다고 했는데, 각 파일에는 무슨 내용이 들어가야 하나요?

A: 원하는 대로 할 수 있습니다! 모든 코드를 하나의 파일에 통째로 작성할 수도 있고 여러 파일로 나눌 수도 있습니다. 어떤 방식으로 작성하든 해당 폴더에 포함된 모든 코드는 같은 패키지에 속하게 됩니다.

새로운 패키지 만들기

그럼 이제 직접 패키지를 만들어 봅시다. 이번에 만들어 볼 패키지는 다국어로 인사말을 출력하는 greeting이라는 간단한 패키지입니다.

작업 공간 디렉터리는 Go를 설치할 때 자동으로 생성되지 않기 때문에 직접 만들어 줘야 합니다. 우선 홈 디렉터리로 들어간 다음(윈도우의 경우 C: *\Users \⟨yourname⟩*, Mac의 경우 */Users/⟨yourname⟩*, 리눅스의 경우에는 */home/⟨yourname⟩*가 홈 디렉터리입니다), 홈 디렉터리에서 새로운 작업 공간 디렉터리로 사용할 go라는 이름의 디렉터리를 생성합니다. 그다음 *go* 디렉터리 안에 *src*라는 디렉터리도 생성해 줍니다.

마지막으로 패키지 코드를 저장할 디렉터리가 필요합니다. 일반적으로 패키지 디렉터리의 이름은 패키지의 이름과 동일한 이름을 갖습니다. 패키지의 이름이 greeting이므로 동일한 이름의 디렉터리를 생성합니다.

사용자의 홈 디렉터리
go ← 홈 디렉터리 안에 생성합니다.
src ← "go" 디렉터리 안에 생성합니다.
greeting ← "src" 디렉터리 안에 생성합니다.
greeting.go ← "greeting" 디렉터리 안에 파일을 저장합니다.

보시다시피, 중첩된 디렉터리가 너무 많아 보이긴 합니다. 하지만 다른 개발자가 만든 패키지를 가져다 쓰고 직접 패키지도 만들어 보면서 패키지가 점점 많아지다 보면 이와 같은 구조가 코드를 보다 체계적으로 관리하는 데 도움이 된다는 걸 깨닫게 될 것입니다.

그리고 더 중요한 건, 이 구조 덕분에 Go 도구가 패키지를 쉽게 찾아낼 수 있다는 것입니다.

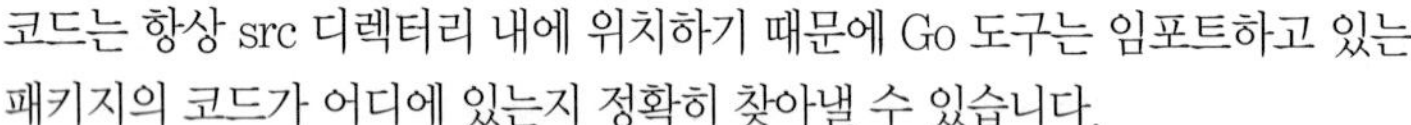
코드는 항상 src 디렉터리 내에 위치하기 때문에 Go 도구는 임포트하고 있는 패키지의 코드가 어디에 있는지 정확히 찾아낼 수 있습니다.

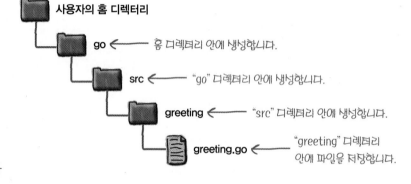

다음으로 할 일은 *greeting* 디렉터리 안에 *greeting.go*라는 파일을 생성하는 것입니다. 파일에는 아래 보이는 코드를 작성해 넣으면 됩니다. 코드에 대한 자세한 설명은 잠시 후에 하고 지금은 우선 몇 가지 짚고 가야 할 것들이 있습니다.

다른 Go 소스 코드 파일과 마찬가지로 파일은 package절로 시작합니다. 여태 본 코드들과 다른 점은 이 코드는 main 패키지가 아닌 greeting 패키지에 속해 있다는 것입니다.

또한 두 함수를 정의하는 선언문을 보면 지금까지 봐 온 함수들과 크게 다른 점이 없어 보이지만, 이 함수들은 greeting 패키지 외부에서도 사용할 수 있도록, 대문자로 시작하는 함수 이름을 사용하여 함수를 패키지 외부로 노출시키고 있음을 볼 수 있습니다.

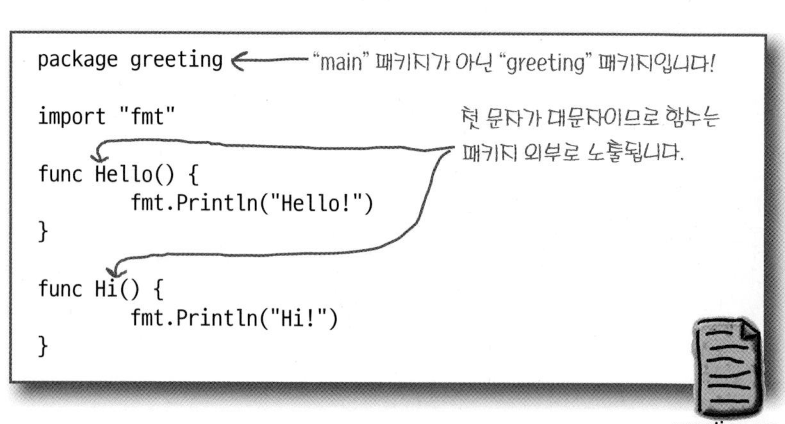
"main" 패키지가 아닌 "greeting" 패키지입니다!
첫 문자가 대문자이므로 함수는 패키지 외부로 노출됩니다.
greeting.go

```go
package greeting

import "fmt"

func Hello() {
	fmt.Println("Hello!")
}

func Hi() {
	fmt.Println("Hi!")
}
```

새로 만든 패키지 가져오기

이제 새로 만든 패키지를 사용해 보도록 합시다.

작업 공간 디렉터리의 src 하위 디렉터리 내에 hi라는 또 다른 하위 디렉터리를 생성합니다(실행 프로그램 코드를 꼭 작업 공간 디렉터리에 저장할 필요는 없습니다).

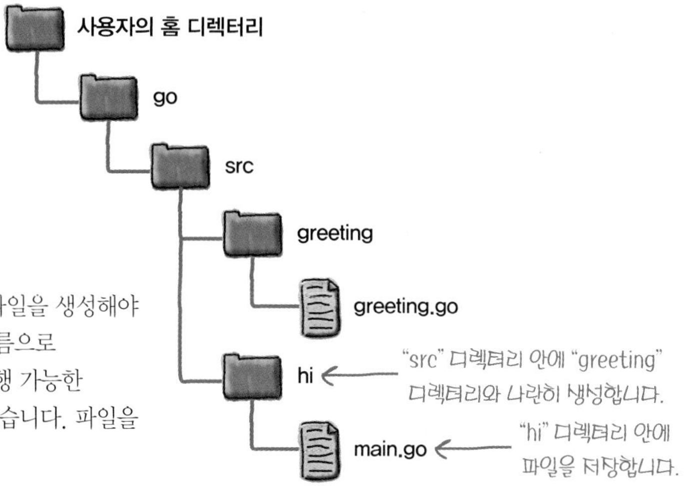

사용자의 홈 디렉터리
go
src
greeting
greeting.go
hi ← "src" 디렉터리 안에 "greeting" 디렉터리와 나란히 생성합니다.
main.go ← "hi" 디렉터리 안에 파일을 저장합니다.

그다음 새로운 *hi* 디렉터리 내에 또 다른 소스 파일을 생성해야 합니다. 파일은 *.go* 확장자로만 끝나면 어떤 이름으로 저장해도 상관 없지만 지금 만들 프로그램은 실행 가능한 명령어 프로그램이므로 *main.go*라고 명명하겠습니다. 파일을 만들고 난 뒤에는 아래 코드를 작성해 넣습니다.

다른 Go 소스 코드 파일과 마찬가지로 이 파일도 package절로 시작합니다. 다만 이 프로그램은 실행 가능한 명령어 프로그램으로 작성할 것이기 때문에 main 패키지를 사용합니다. 일반적으로 패키지의 이름은 자신이 속한 디렉터리와 동일한 이름으로 명명하지만 main 패키지는 예외입니다.

```
package main

import "greeting"

func main() {
        greeting.Hello()
        greeting.Hi()
}
```

함수를 사용하기 전에 패키지를 가져옵니다.

다른 패키지의 함수를 호출하기 전에 패키지명과 점(.)이 필요합니다.

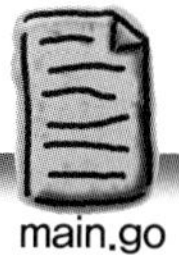

main.go

다음으로는 함수를 사용할 수 있도록 greeting 패키지를 가져옵니다. Go 도구는 작업 공간의 src 디렉터리 내에 위치한 import문의 이름과 일치하는 이름을 가진 디렉터리에서 패키지 코드를 검색합니다. Go 도구가 작업 공간 내의 *src/greeting* 디렉터리에서 코드를 찾을 수 있도록 import "greeting"을 사용합니다.

마지막으로 실행 프로그램이므로 프로그램이 실행될 때 호출되는 main 함수를 작성해야 합니다. main 함수에서는 greeting 패키지에 정의된 두 개의 함수를 호출합니다. 함수 호출에는 패키지명과 점(.)이 앞에 따라 붙기 때문에 함수가 어떤 패키지에 속하는지 알 수 있습니다.

코드 작성은 끝났으니 이제 프로그램을 실행해 봅시다. 터미널이나 명령 프롬프트창에서 cd 명령어로 작업 공간 디렉터리 내의 *src/hi* 디렉터리로 이동합니다(디렉터리 경로는 홈 디렉터리의 위치에 따라 오른쪽 그림과 다를 수 있습니다). 그다음 go run main.go 명령어를 사용해 프로그램을 실행합니다.

Shell Edit View Window Help

```
$ cd /Users/jay/go/src/hi
$ go run main.go
Hello!
Hi!
$
```

패키지의 함수가 호출됩니다!

Go는 import "greeting" 라인을 보고 작업 공간의 *src* 디렉터리 내의 *greeting* 디렉터리에서 패키지 소스 코드를 찾습니다. 그리고 해당 코드가 컴파일되고 임포트되면 greeting 패키지의 함수를 호출할 수 있게 됩니다.

패키지는 동일한 파일 구조를 사용합니다

1 장에서, 거의 모든 Go 소스 코드 파일은 세 부분으로 이루어져 있다고 얘기한 거 기억하시나요?

여러분이 앞으로 보게 될 거의 모든 Go 파일은 아래 세 부분이 순서대로 구성되어 있을 겁니다.

1. package절
2. import문
3. 실제 코드

package절 / import문 / 실제 코드

```
package main

import "fmt"

func main() {
        fmt.Println("Hello, Go!")
}
```

이 규칙은 물론 *main.go* 파일의 main 패키지에서도 동일합니다. 코드를 보면 package절 다음에 import문이 오고, 마지막으로 패키지의 실제 코드가 순서대로 작성되었음을 볼 수 있습니다.

package절 / import문 / 실제 코드

```
package main

import "greeting"

func main() {
        greeting.Hello()
        greeting.Hi()
}
```

main 이외의 패키지도 동일한 형식을 따릅니다. *greeting.go* 파일 또한 package절, import문과 함께 마지막에는 실제 코드가 순서대로 작성되었음을 볼 수 있습니다.

package절 / import문 / 실제 코드

```
package greeting

import "fmt"

func Hello() {
        fmt.Println("Hello!")
}

func Hi() {
        fmt.Println("Hi!")
}
```

부수면서 배우기!

아래에 greeting 패키지와 함께 greeting 패키지를 사용하는 프로그램이 있습니다. 코드의 일부를 변형하면서 실행해 보세요. 여러 부분을 반복적으로 변형해 보면서 어떤 일이 벌어지는지 확인해 보세요!

```go
package greeting

import "fmt"

func Hello() {
	fmt.Println("Hello!")
}

func Hi() {
	fmt.Println("Hi!")
}
```

```go
package main

import "greeting"

func main() {
	greeting.Hello()
	greeting.Hi()
}
```

이렇게 변형하면...		이런 이유로 실패합니다
greeting 디렉터리 이름 변경	~~greeting~~ salutation	Go 도구는 임포트 경로에 있는 이름을 패키지 소스 코드를 가져올 디렉터리의 이름으로 사용하기 때문에 이름이 일치하지 않으면 패키지 코드를 가져올 수 없습니다.
greeting.go 패키지명 변경	`package salutation`	이 경우 greeting 디렉터리의 코드는 실제로는 salutation이라는 이름의 패키지로 불러와 지지만 main.go의 함수 호출에서는 여전히 greeting 패키지를 참조하고 있기 때문에 에러가 발생합니다.

*greeting.go*와 *main.go*에서 함수명을 모두 소문자로 변경	`func ~~H~~hcllo()`
	`func ~~H~~hi()`
	`greeting.~~H~~hello()`
	`greeting.~~H~~hi()`
		소문자로 시작하는 이름을 갖는 함수는 패키지 외부로 노출되지 않기 때문에 패키지 외부에서는 해당 함수를 사용할 수 없습니다. 다른 패키지에서 함수를 사용하려면 이름을 대문자로 시작하도록 만들어 함수를 외부로 노출시켜야 합니다.

수영장 퍼즐

여러분이 할 일은 수영장에 들어 있는 코드 조각을 아래 빈칸에 맞게 채워 넣는 것입니다. 각 코드 조각은 한 번만 사용할 수 있고 모두 사용할 필요는 없습니다. 여러분의 **목표**는 작업 공간 내에 calc 패키지를 만들어 main.go에서 calc 패키지의 함수를 사용할 수 있도록 만드는 것입니다.

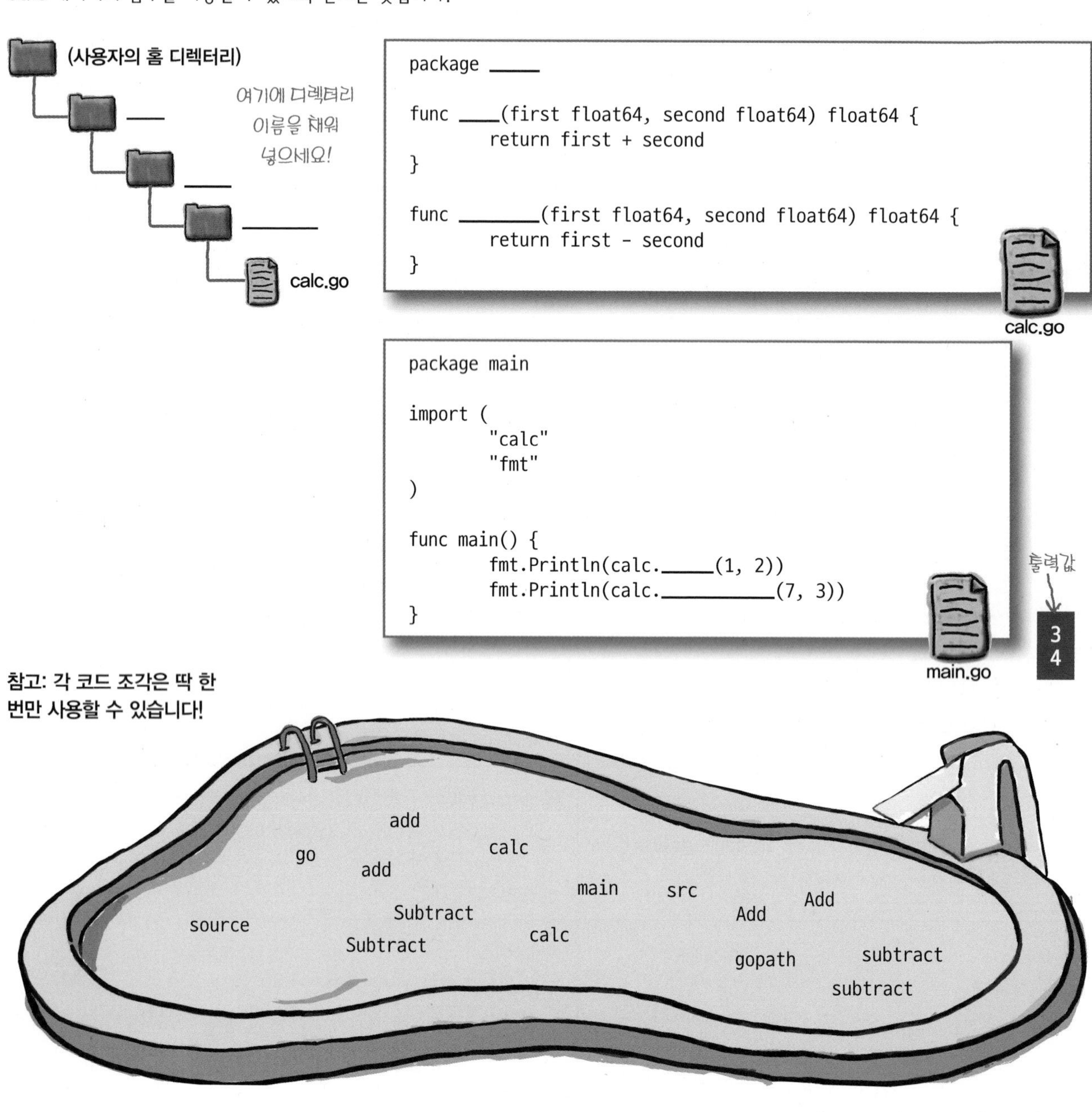


```
package ____

func ___(first float64, second float64) float64 {
        return first + second
}

func ______(first float64, second float64) float64 {
        return first - second
}
```

calc.go

```
package main

import (
        "calc"
        "fmt"
)

func main() {
        fmt.Println(calc.____(1, 2))
        fmt.Println(calc.________(7, 3))
}
```

main.go

답은 147 페이지에 있습니다.

패키지 네이밍 컨벤션

패키지를 사용하는 개발자는 해당 패키지에서 함수를 호출할 때마다 함수 앞에 패키지의 이름을 붙여줘야 합니다(fmt.Printf, fmt.Println, fmt.Print를 생각하세요). Go에는 패키지를 가능한 편리하게 사용하기 위한 패키지 이름이 따라야 하는 몇 가지 규칙이 있습니다.

- 패키지 이름에는 소문자만 사용합니다.
- 의미가 명확한 경우 축약어를 사용합니다(예: fmt).
- 가능하면 한 단어만 사용하는 게 좋습니다. 두 단어가 필요한 경우 단어들을 밑줄로 분리하지 않으며 두 번째 단어에는 대문자를 사용하지 않습니다(예: strconv).
- 임포트된 패키지의 이름이 로컬 변수명과 충돌하는 경우에는 해당 변수명을 사용하지 마세요(예를 들어, 만약 fmt 패키지의 이름이 format이었다면 해당 패키지를 사용하는 사람이 로컬 변수의 이름을 format이라고 지정하는 경우 이름이 서로 충돌할 위험이 있습니다).

패키지 한정자

다른 패키지에서 외부로 노출한 함수, 변수 등에 접근할 때에는 함수 또는 변수의 이름 앞에 패키지의 이름을 지정해 줘야 합니다. 반면, 현재 패키지에서 선언한 함수나 변수에 접근하는 경우에는 패키지 이름을 지정할 필요가 없습니다.

hi
main.go

main.go 파일의 코드는 main 패키지에 속하기 때문에 greeting 패키지의 Hello 및 Hi 함수를 사용하기 위해선 **greeting.Hello**와 **greeting.Hi**와 같이 패키지 이름을 지정해 줘야 합니다.

```
package main

import "greeting"

func main() {
    greeting.Hello()
    greeting.Hi()
}
```

패키지 한정자

greeting
greeting.go

```
package greeting

import "fmt"

func Hello() {
        fmt.Println("Hello!")
}

func Hi() {
        fmt.Println("Hi!")
}

func AllGreetings() {
    Hello()
    Hi()
}
```

한정자 사용하지 않음

greeting 패키지 내에서 정의된 다른 함수에서 Hello 및 Hi 함수를 호출하는 경우에는 같은 패키지에 속하기 때문에 패키지 이름을 지정할 필요 없이 Hello와 Hi만으로 함수를 호출할 수 있습니다.

공용 코드를 패키지로 옮겨 봅시다

Go 작업 공간에 패키지를 추가하는 방법을 배웠으니 이제 *pass_fail.go*와 *tocelsius.go* 두 프로그램에서 모두 사용할 수 있도록 getFloat 함수를 새로운 패키지로 옮겨 보겠습니다.

키보드로부터 사용자의 입력을 받는 기능이 들어가므로 패키지의 이름은 keyboard로 하겠습니다. 작업 공간의 *src* 디렉터리에 *keyboard*라는 디렉터리를 생성합니다.

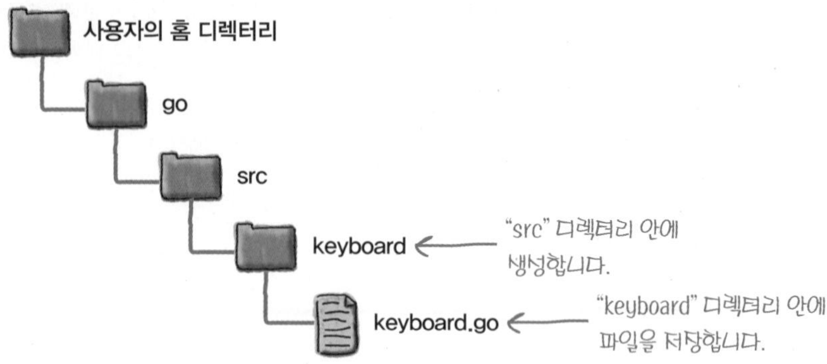

다음으로 *keyboard* 디렉터리에 소스 코드를 작성할 *keyboard.go*라는 파일을 생성합니다.

파일의 최상단에 keyboard 패키지명으로 패키지절을 작성합니다.

그다음에는 bufio, os, strconv 및 strings의 필요한 패키지를 가져오는 import문을 작성합니다(fmt와 log 패키지의 경우 *pass_fail.go*와 *tocelsius.go* 파일에서만 사용하기 때문에 제외합니다).

마지막으로 이전에 작성한 getFloat 함수의 코드를 복사해서 새로운 파일에 그대로 작성한 다음 함수를 패키지 외부로 노출하기 위해 함수명의 첫 문자를 대문자로 수정합니다.

```
package keyboard   ← 패키지절을 추가합니다.

import (
	"bufio"
	"os"
	"strconv"
	"strings"
)

func GetFloat() (float64, error) {
	reader := bufio.NewReader(os.Stdin)
	input, err := reader.ReadString('\n')
	if err != nil {
		return 0, err
	}

	input = strings.TrimSpace(input)
	number, err := strconv.ParseFloat(input, 64)
	if err != nil {
		return 0, err
	}
	return number, nil
}
```

이 파일에서 사용되는 패키지들만 가져옵니다.

함수의 첫 문자를 대문자로 만들어 패키지 외부로 노출합니다.

이 코드는 기존의 중복된 함수의 코드와 동일합니다.

keyboard.go

공용 코드를 패키지로 옮겨 봅시다 (계속)

이제 *pass_fail.go* 프로그램에서 새로운 keyboard 패키지를 사용하도록 수정할 수 있습니다.

getFloat 함수를 제거했으므로 bufio, os, strconv, strings 패키지에 대한 import 문을 지우고 새로운 keyboard 패키지를 가져옵니다.

main 함수에서는 기존의 getFloat를 호출하는 코드를 지우고 keyboard.GetFloat 함수를 호출하도록 수정합니다. 이외의 나머지 코드는 변경사항 없습니다.

```
// pass_fail은 성적의 통과 여부를 출력합니다.

import (
	"fmt"
	"keyboard"
	"log"
)

func main() {
	fmt.Print("Enter a grade: ")
	grade, err := keyboard.GetFloat()
	if err != nil {
		log.Fatal(err)
	}

	var status string
	if grade >= 60 {
		status = "passing"
	} else {
		status = "failing"
	}
	fmt.Println("A grade of", grade, "is", status)
}
```

이 파일에서 사용되는 패키지만 가져옵니다.

새 패키지를 가져와야 합니다.

여기 있던 getFloat 함수를 제거할 수 있습니다.

대신 "keyboard" 패키지의 함수를 호출합니다.

수정된 프로그램을 실행해 보면 이전과 동일한 출력값을 볼 수 있습니다.

```
Enter a grade: 89.7
A grade of 89.7 is passing
```

tocelsius.go 프로그램도 동일하게 수정합니다.

import문을 수정하고 getFloat 대신 keyboard.GetFloat 함수를 호출합니다.

```
// tocelsius 함수는 화씨를 섭씨로 …
package main

import (
	"fmt"
	"keyboard"
	"log"
)

func main() {
	fmt.Print("Enter a temperature in Fahrenheit: ")
	fahrenheit, err := keyboard.GetFloat()
	if err != nil {
		log.Fatal(err)
	}
	celsius := (fahrenheit - 32) * 5 / 9
	fmt.Printf("%0.2f degrees Celsius\n", celsius)
}
```

이 파일에서 사용되는 패키지들만 가져옵니다.

새 패키지를 가져와야 합니다.

여기 있던 getFloat 함수를 제거할 수 있습니다.

대신 "keyboard" 패키지의 함수를 호출합니다.

마찬가지로 수정된 버전을 실행해 보면 이전과 동일한 출력값을 볼 수 있습니다. 그러나 이번에는 중복된 코드를 사용하는 대신 새 패키지로부터 하나의 함수를 공유해서 사용하고 있습니다!

```
Enter a temperature in Fahrenheit: 98.6
37.00 degrees Celsius
```

상수

많은 패키지가 외부로 **상수(constant)**를 제공하곤 합니다. 상수란 이름을 가진 불변의 값입니다.

상수 선언은 변수 선언과 매우 유사하며 이름과 선택적인 타입 그리고 상수의 값으로 이루어져 있습니다. 하지만 변수 선언과는 조금 다른 몇 가지 규칙이 있습니다.

- var 키워드 대신 const 키워드를 사용합니다.
- 선언과 동시에 값을 할당해야 하며 변수처럼 나중에 값을 할당할 수 없습니다.
- 상수 선언에는 := 단축 변수 선언을 사용할 수 없습니다.

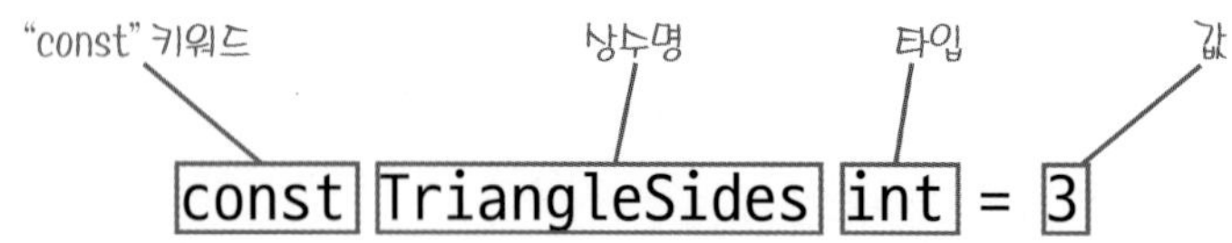
"const" 키워드
상수명
타입
값
const TriangleSides int = 3

변수 선언과 마찬가지로 타입은 생략 가능하며 생략 시 할당되는 값의 타입으로 자동 추론됩니다.

```
const SquareSides = 4
```

← 정숫값을 할당하고 있으므로 상수의 타입은 "int"가 됩니다.

*변수*는 언제든지 변할 수 있지만 *상수*는 값이 한 번 지정되면 그 이후로는 절대 변하지 않습니다. 상수에 새로운 값을 할당하려고 하면 컴파일 에러가 발생합니다. 상수는 코드의 안전성을 위한 것으로 절대 변하지 않을 값에만 사용해야 합니다.

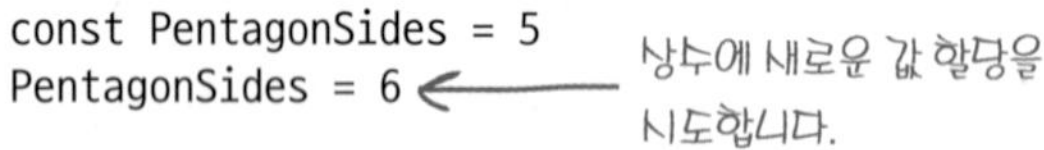
const PentagonSides = 5
PentagonSides = 6
상수에 새로운 값 할당을 시도합니다.

컴파일 에러

```
cannot assign to PentagonSides
```

프로그램에 "하드 코딩된" 리터럴 값이 있는 경우, 특히 그런 리터럴 값이 프로그램의 여러 곳에서 사용되는 경우(프로그램이 여러 패키지로 나뉘어지지 않더라도) 리터럴 값을 상수로 대체하는 것도 고려할 만합니다. 다음 두 개의 함수를 가진 패키지에서는 두 함수가 모두 일주일의 일수를 나타내는 값으로 7이라는 정수 리터럴 값을 사용하고 있음을 볼 수 있습니다.

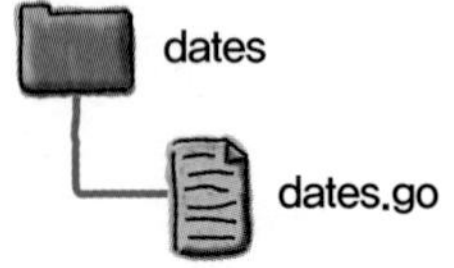
dates
dates.go

```
package dates

func WeeksToDays(weeks int) int {
        return weeks * 7
}
func DaysToWeeks(days int) float64 {
        return float64(days) / float64(7)
}
```

- 몇 주에 해당하는 값을 받습니다. (weeks)
- 일주일의 일수를 곱해 총 일수를 구합니다. (weeks * 7)
- 며칠에 해당하는 값을 받습니다. (days)
- 일주일의 일수로 나눠 몇 주인지 계산합니다. (float64(days) / float64(7))

상수 (계속)

리터럴 값을 DaysInWeek라는 상수값으로 대체하면 상수 이름만 봐도 그 의미를 알 수 있습니다 (다른 개발자가 DaysInWeek라는 이름을 보면 7이라는 숫자가 임의로 선택된 값이 아니라는 걸 알 수 있을 것입니다). 또한 나중에 더 많은 함수를 추가하면 DaysInWeek를 참조하여 일관성이 깨지는 것을 방지할 수 있습니다.

코드를 보면 상수를 함수 외부의 패키지 레벨에서 선언한 것을 볼 수 있습니다. 물론 함수 내에서도 선언할 수 있지만 이 경우에는 상수의 스코프가 함수 블록으로 한정됩니다. 대부분 상수는 패키지 내의 모든 함수에서 접근할 수 있도록 패키지 레벨에서 선언하는 경우가 많습니다.

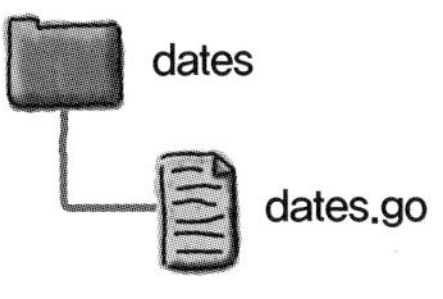


```
package dates

const DaysInWeek int = 7

func WeeksToDays(weeks int) int {
  return weeks * DaysInWeek
}
func DaysToWeeks(days int) float64 {
  return float64(days) / float64(DaysInWeek)
}
```

상수를 선언합니다.

정수 리터럴 대신 상수를 사용합니다.

정수 리터럴 대신 상수를 사용합니다.

변수 및 함수와 마찬가지로 상수도 이름이 대문자로 시작하는 경우 패키지 외부로 노출되며 다른 패키지에서 한정자를 통해 접근할 수 있습니다. 다음 프로그램은 dates 패키지를 가져와 dates.DaysInWeek의 형태로 패키지 한정자를 지정해 main 함수에서 DaysInWeek 상수를 사용하고 있습니다.

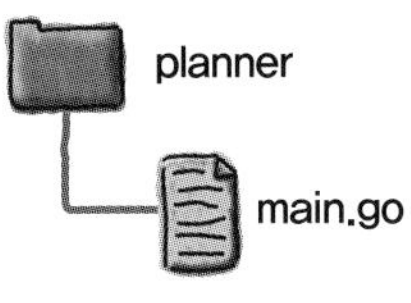


```
package main

import (
  "dates"
  "fmt"
)

func main() {
  days := 3
  fmt.Println("Your appointment is in", days, "days")
  fmt.Println("with a follow-up in", days + dates.DaysInWeek, "days")
}
```

상수가 선언된 패키지를 가져옵니다.

패키지 이름으로 한정자를 지정합니다.

"dates" 패키지의 상수를 사용합니다.

```
Your appointment is in 3 days
with a follow-up in 10 days
```

중첩된 패키지 디렉터리와 임포트 경로

fmt 및 strconv와 같은 Go와 함께 제공되는 패키지를 사용할 때 패키지 이름은 보통 임포트 경로와 동일합니다. 하지만 2장에서 봤듯이 항상 그런 것은 아닙니다.

하지만 임포트 경로와 패키지명이 항상 동일할 필요는 없습니다. 많은 Go 패키지들은 압축이나 수학 함수와 같은 유사한 카테고리로 묶입니다. 그래서 이런 패키지는 "archive/" 또는 "math/"와 같은 공통 임포트 경로를 접두사로 하여 그룹화됩니다(하드 드라이브의 디렉터리 경로를 생각하면 됩니다).

임포트 경로	패키지명
"archive"	archive
"archive/tar"	tar
"archive/zip"	zip
"math"	math
"math/cmplx"	cmplx
"math/rand"	rand

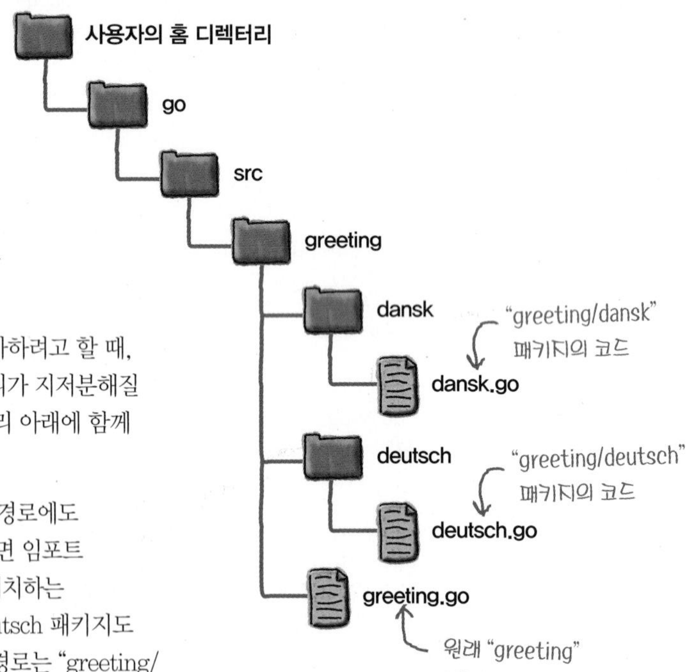

몇몇 패키지들은 "archive/"나 "math/"와 같은 접두사가 붙은 임포트 경로로 그룹화됩니다. 이 접두사가 하드 드라이브의 디렉터리 경로와 유사해 보이는 건 우연의 일치가 아닙니다! 바로 이 임포트 경로의 접두사가 디렉터리를 사용해 만들어집니다.

Go 작업 공간의 디렉터리에서 유사한 패키지들을 그룹화할 수 있습니다. 그리고 이 디렉터리가 바로 그룹화된 모든 패키지들을 포함하는 임포트 경로의 접두사가 됩니다.

예를 들어, 다른 언어로 된 버전의 greetings 패키지를 추가하려고 할 때, 새로운 패키지들을 모두 src 디렉터리에 넣는다면 디렉터리가 지저분해질 수 있습니다. 그 대신 새로운 패키지들을 greeting 디렉터리 아래에 함께 모아 두면 깔끔하게 그룹화할 수 있습니다.

패키지들을 *greeting* 디렉터리 아래에 두게 되면 임포트 경로에도 영향을 미칩니다. dansk 패키지가 *src* 디렉터리에 위치하면 임포트 경로는 "dansk"가 되지만 *greeting* 디렉터리에 아래에 위치하는 경우에는 "greeting/dansk"가 임포트 경로가 됩니다. deutsch 패키지도 마찬가지로 *greeting* 디렉터리로 아래로 옮기면 임포트 경로는 "greeting/deutsch"가 됩니다. 기존의 원래 greeting 패키지 같은 경우에는 소스 코드 파일이 (하위 디렉터리가 아닌) *greeting* 디렉터리에 바로 위치해 있기 때문에 "greeting" 임포트 경로를 계속 사용할 수 있습니다.

중첩된 패키지 디렉터리와 임포트 경로 (계속)

deutsch 패키지가 *greeting* 패키지 디렉터리 아래에 위치하고 코드는 다음과 같다고 해 봅시다.

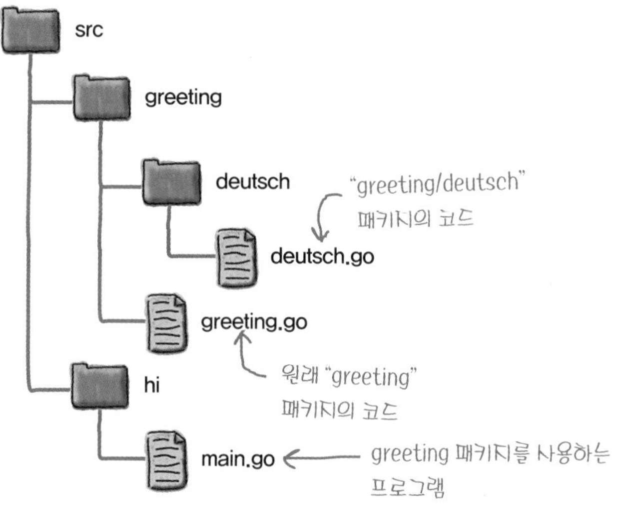


```go
package deutsch

import "fmt"

func Hallo() {
	fmt.Println("Hallo!")
}

func GutenTag() {
	fmt.Println("Guten Tag!")
}
```

deutsch.go

deutsch 패키지를 사용하도록 *hi/main.go* 코드를 수정해 봅시다. 이 패키지는 *greeting* 디렉터리 아래에 포함되어 있기 때문에 "greeting/duetsch"와 같은 형태로 가져와야 합니다. 하지만 일단 가져오게 되면 사용할 때에는 패키지 이름인 duetsch만 참조합니다.

```go
package main

import (
	"greeting"
	"greeting/deutsch"
)

func main() {
	greeting.Hello()
	greeting.Hi()
	deutsch.Hallo()
	deutsch.GutenTag()
}
```

새로운 패키지의 함수를 호출합니다.

이전과 같이 "deutsch" 패키지를 가져옵니다.

새로운 패키지의 함수를 호출합니다.

main.go

이전과 같이 **cd** 명령어를 사용해 작업 공간의 *src/hi* 디렉터리로 이동한 뒤 **go run main.go**를 사용해 프로그램을 실행해 봅시다. 프로그램이 실행되면 출력값에서 deutsch 패키지의 한수를 호출한 결괏값을 볼 수 있습니다.

```
Shell Edit View Window Help
$ cd /Users/jay/go/src/hi
$ go run main.go
Hello!
Hi!
Hallo!
Guten Tag!
```

다음은 "deutsch" 패키지의 출력값입니다.

"go install"로 프로그램 실행 파일 설치하기

go run을 사용하면 Go는 프로그램을 실행하기 전에 프로그램과 프로그램이 의존하고 있는 패키지를 컴파일한 뒤 완료되면 컴파일된 코드를 버립니다.

1장에서 본 go build 명령어는 코드를 컴파일하고 현재 디렉터리에 실행 가능한 바이너리 파일(Go 없이도 실행할 수 있는 실행 파일)을 저장합니다. 그러나 이 명령어를 과하게 사용하면 Go 작업 공간이 각기 다른 위치에 저장된 실행 파일들로 지저분해질 염려가 있습니다.

go install 명령어도 마찬가지로 컴파일된 바이너리 버전의 실행 프로그램을 저장하지만 go build와는 다르게 명확히 정의되어 있고 쉽게 접근할 수 있는 위치(Go 작업 공간의 *bin* 디렉터리)에 저장합니다. go install 명령어 다음에 실행 프로그램에 대한 코드가 포함된 src 내의 디렉터리 이름을 지정한 뒤 명령어를 실행하면 됩니다. 프로그램이 컴파일되어 생성된 실행 파일은 표준 디렉터리에 저장됩니다.

.go 파일의 이름이 아니라 src 내의 디렉터리 이름을 지정해야 합니다. 기본적으로 "go install" 명령어는 .go 파일을 처리하도록 설정되지 않았습니다.

그럼 이제 *hi/main.go* 프로그램의 실행 파일을 설치해 봅시다. 이전처럼 터미널에서 **go install**을 입력한 뒤 공백 하나를 두고 *src* 디렉터리 내의 폴더명(hi)을 입력하면 됩니다. 다시 말하지만, 여러분이 명령어를 실행하는 위치와는 무관하게 go 도구는 해당 디렉터리를 항상 src 디렉터리 내에서 찾습니다.

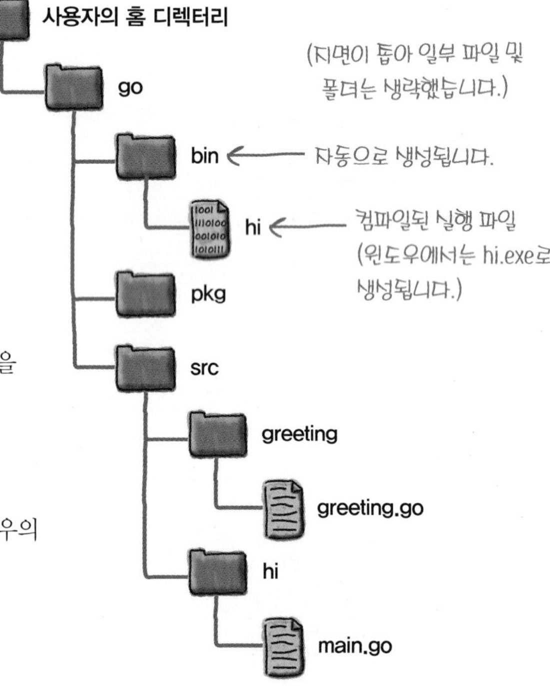

Go는 hi 디렉터리 안에서 package main 선언이 포함되어 있는 파일을 발견하면 실행 프로그램이란 것을 알고 실행 파일을 컴파일한 다음 Go 작업 공간의 bin이라는 디렉터리에 저장합니다(*bin* 디렉터리가 존재하지 않으면 자동으로 생성합니다).

.go 파일의 파일명을 기반으로 실행 파일의 이름을 지정하는 go build 명령어와는 달리 go install은 코드가 포함된 디렉터리의 이름을 기반으로 실행 파일의 이름을 지정합니다. 따라서 hi 디렉터리의 코드를 컴파일하면 실행 파일의 이름은 hi가 됩니다(윈도우의 경우에는 hi.exe).

cd 명령어로 Go 작업 공간의 bin 디렉터리로 이동한 다음 ./hi(윈도우의 경우에는 **hi.exe**)를 입력하면 실행 파일을 실행할 수 있습니다.

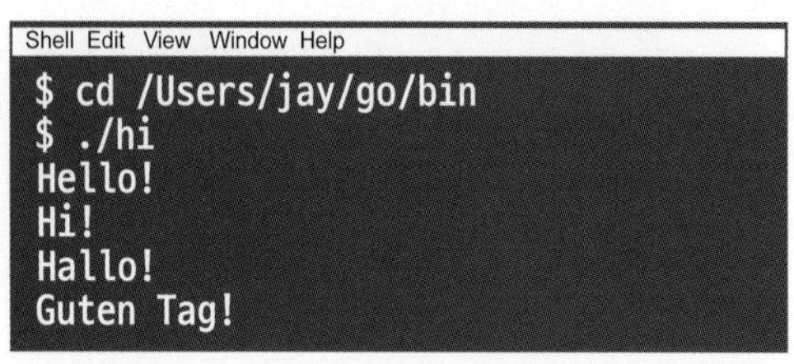

작업 공간의 "bin" 디렉터리를 시스템의 "PATH" 환경 변수에 추가할 수도 있습니다. 환경 변수에 추가해 두면 시스템의 모든 위치에서 "bin" 디렉터리에 있는 실행 파일을 실행할 수 있습니다. Mac 및 윈도우용 최신 Go 인스톨러는 "PATH" 환경 변수를 업데이트해 줍니다.

GOPATH 환경 변수로 작업 공간 변경하기

Go 작업 공간에 대해 검색하다 보면 여러 웹사이트에 작성되어 있는 "GOPATH 설정하기" 글들을 볼 수 있습니다. GOPATH란 Go 도구가 작업 공간의 위치를 찾는 데 사용하는 환경 변수입니다. 대부분 Go 개발자는 모든 코드를 하나의 작업 공간에서 관리하며 기본 위치를 그대로 사용합니다. 하지만 원한다면 GOPATH를 사용해 다른 디렉터리를 작업 공간으로 사용할 수 있습니다.

*환경 변수(environment variable)*를 사용하면 Go의 변수와 같이 값을 저장하고 가져올 수 있습니다. 환경 변수는 Go가 아닌 운영 체제에 의해 관리됩니다. 환경 변수를 사용하면 여러 프로그램들의 설정값을 설정할 수 있습니다. 여기에는 Go 도구도 포함됩니다.

greeting 패키지를 홈 디렉터리가 아닌 하드 드라이브 루트 디렉터리의 code라는 이름의 디렉터리에 저장해 둔 상태에서 greeting을 사용하는 main.go 파일을 실행하는 상황을 가정해 봅시다.

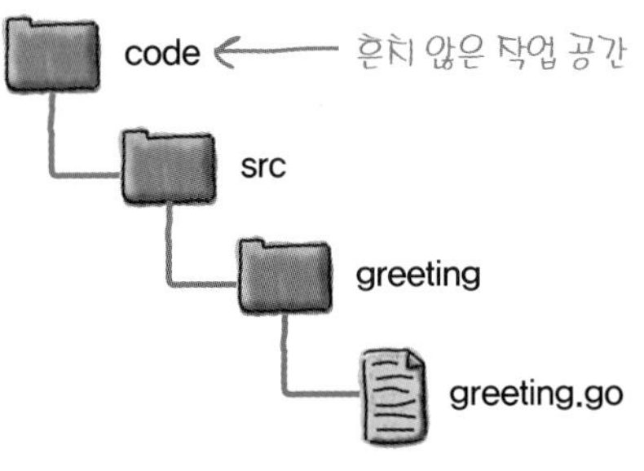

```
package main

import "greeting"

func main() {
	greeting.Hello()
	greeting.Hi()
}
```


하지만 프로그램을 실행해 보면 greeting 패키지를 찾을 수 없다는 에러가 발생하는데, go 도구는 여전히 패키지를 홈 디렉터리의 *go* 디렉터리에서 찾고 있기 때문입니다.

```
Shell Edit View Window Help
$ go run main.go
command.go:3:8: cannot find package "greeting" in any of:
	/usr/local/go/libexec/src/greeting (from $GOROOT)
	/Users/jay/go/src/greeting (from $GOPATH)
```

GOPATH 설정하기

코드가 기본 작업 공간 외의 디렉터리에 저장된 경우, Go 도구가 해당 위치에서 코드를 찾을 수 있도록 설정해 줘야 합니다. GOPATH 환경 변수 설정으로 작업 공간 위치를 변경할 수 있습니다. 설정 방법은 운영체제에 따라 다릅니다.

Mac 또는 리눅스

터미널 프롬프트에서 export 명령어를 사용해 환경 변수를 설정할 수 있습니다. 터미널에서 다음 명령어를 입력하세요.

```
export GOPATH="/code"
```

하드 드라이브의 루트 디렉터리에 있는 code 디렉터리의 경우 "/code"라는 경로로 지정하면 됩니다. 코드가 다른 위치에 있는 경우에는 해당 경로로 지정하면 됩니다.

윈도우

set 명령어를 사용해 환경 변수를 설정할 수 있습니다. 명령 프롬프트에서 다음 명령어를 입력하세요.

```
set GOPATH="C:\code"
```

하드 드라이브의 루트 디렉터리에 있는 code 디렉터리의 경우 "c:\code"라는 경로로 지정하면 됩니다. 코드가 다른 위치에 있는 경우에는 해당 경로로 지정하면 됩니다.

설정이 완료되면 go run 명령어는 즉시 좀 전에 지정한 경로를 작업 공간으로 사용합니다(다른 Go 도구들도 마찬가지입니다). 즉, 이제 greeting 라이브러리를 찾을 수 있게 되어 프로그램이 정상적으로 실행됩니다.

Mac/리눅스의 경우

Shell Edit View Window Help
$ export GOPATH="/code"
$ go run main.go
Hello!
Hi!

윈도우의 경우

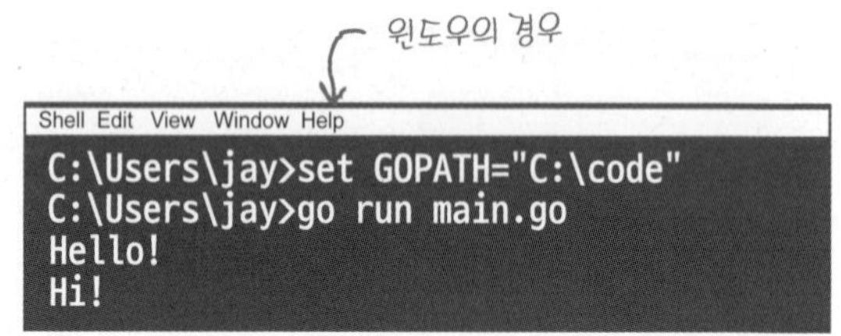
Shell Edit View Window Help
C:\Users\jay>set GOPATH="C:\code"
C:\Users\jay>go run main.go
Hello!
Hi!

한 가지 주의할 건 위 방법을 사용한 GOPATH 설정값은 *현재* 터미널 또는 명령 프롬프트창에서만 유효하다는 것입니다. 따라서 새로운 창을 띄우면 또다시 설정해 줘야 합니다. 물론, 환경 변수를 영구적으로 저장하는 방법도 있습니다. 이 방법은 운영체제별로 다르며 여기서 소개하기에는 지면이 부족하기 때문에 넘어가겠습니다. 검색 엔진에 운영체제 이름 뒤에 "환경변수(environment variable)"라는 단어를 붙여서 검색하면 설정하는 방법을 찾아볼 수 있습니다.

패키지 배포하기

우리는 keyboard 패키지를 아주 많이 사용하고 있는데, 다른 사람들도 이 패키지를 유용하게 사용할 수 있지 않을까 궁금합니다.

```
package keyboard

import (
	"bufio"
	"os"
	"strconv"
	"strings"
)

func GetFloat() (float64, error) {
	// GetFloat 코드...
}
```

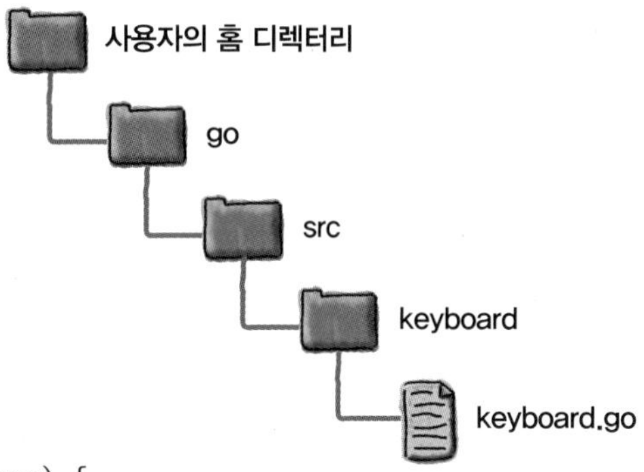

사용자의 홈 디렉터리
go
src
keyboard
keyboard.go

그럼 한 번 유명한 코드 공유 웹사이트인 GitHub에 이 코드를 배포할 저장소를 만들어 보겠습니다. GitHub에 코드를 배포하면 다른 개발자도 코드를 다운로드받아 사용할 수 있습니다! GitHub 닉네임이 headfirstgo이고 저장소 이름이 *keyboard*라면 URL은 다음과 같습니다.

https://github.com/headfirstgo/keyboard

그다음 *keyboard.go* 파일을 아무 디렉터리에도 넣지 않고 저장소에 업로드해 보겠습니다.

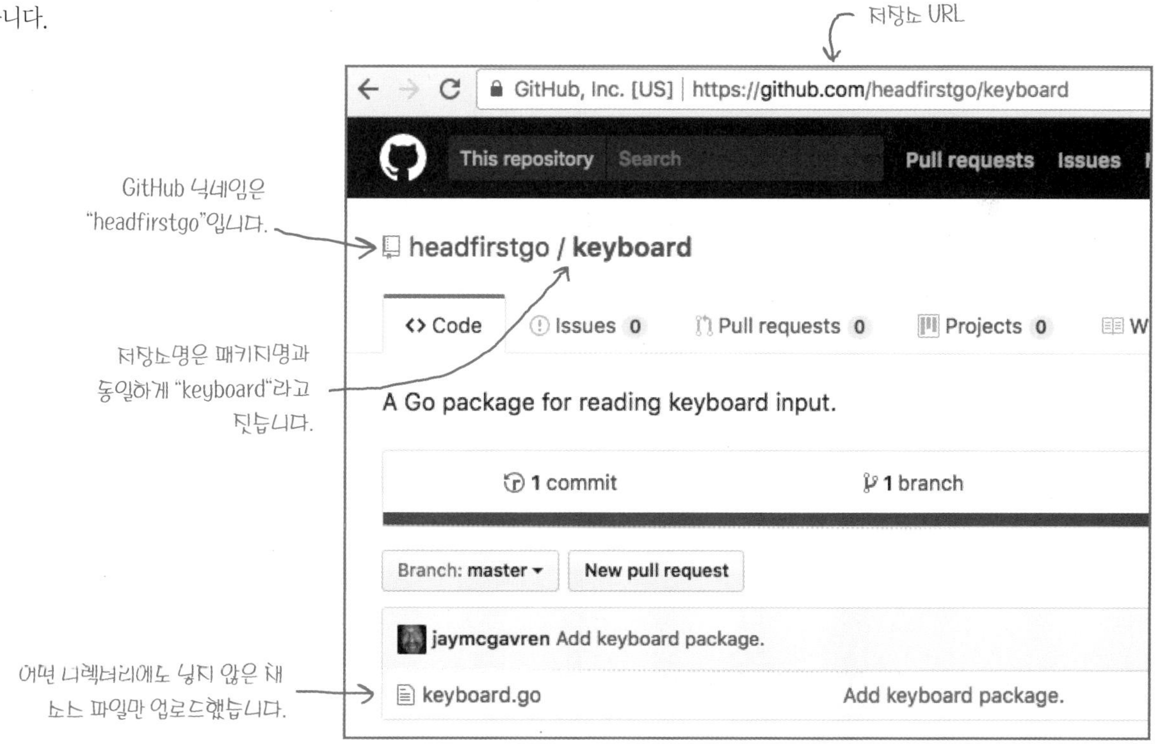

저장소 URL

GitHub, Inc. [US] | https://github.com/headfirstgo/keyboard
This repository Search Pull requests Issues
headfirstgo / keyboard
<> Code | Issues 0 | Pull requests 0 | Projects 0 | W
A Go package for reading keyboard input.
1 commit | 1 branch
Branch: master ▾ | New pull request
jaymcgavren Add keyboard package.
keyboard.go | Add keyboard package.

GitHub 닉네임은 "headfirstgo"입니다.

저장소명은 패키지명과 동일하게 "keyboard"라고 짓습니다.

어떤 디렉터리에도 넣지 않은 채 소스 파일만 업로드했습니다.

패키지 배포하기 (계속)

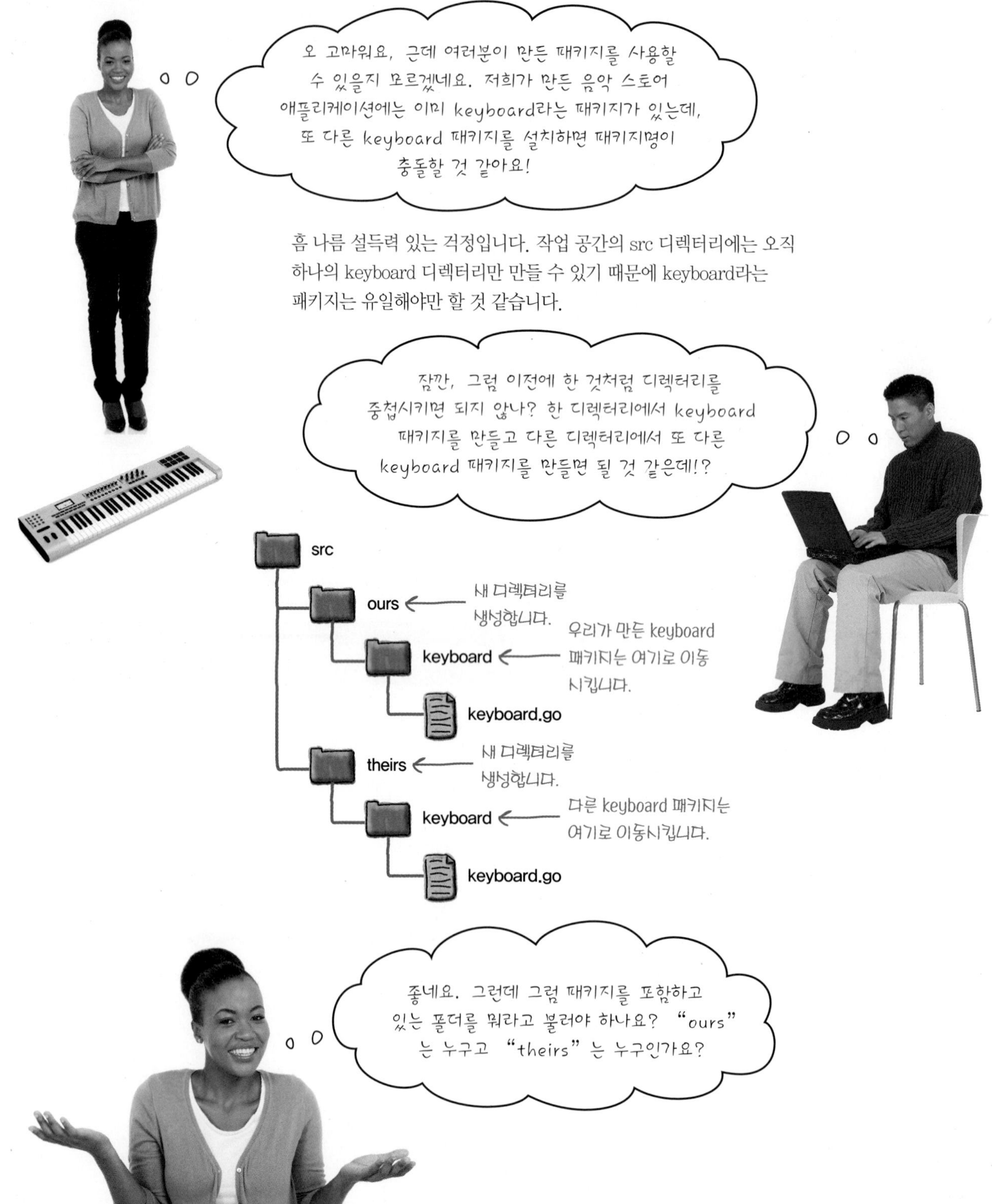

오 고마워요, 근데 여러분이 만든 패키지를 사용할 수 있을지 모르겠네요. 저희가 만든 음악 스토어 애플리케이션에는 이미 keyboard라는 패키지가 있는데, 또 다른 keyboard 패키지를 설치하면 패키지명이 충돌할 것 같아요!
잠깐, 그럼 이전에 한 것처럼 디렉터리를 중첩시키면 되지 않나? 한 디렉터리에서 keyboard 패키지를 만들고 다른 디렉터리에서 또 다른 keyboard 패키지를 만들면 될 것 같은데!?
src
ours
새 디렉터리를 생성합니다.
keyboard
우리가 만든 keyboard 패키지는 여기로 이동시킵니다.
keyboard.go
theirs
새 디렉터리를 생성합니다.
keyboard
다른 keyboard 패키지는 여기로 이동시킵니다.
keyboard.go
좋네요. 그런데 그럼 패키지를 포함하고 있는 폴더를 뭐라고 불러야 하나요? "ours"는 누구고 "theirs"는 누구인가요?

흠 나름 설득력 있는 걱정입니다. 작업 공간의 src 디렉터리에는 오직 하나의 keyboard 디렉터리만 만들 수 있기 때문에 keyboard라는 패키지는 유일해야만 할 것 같습니다.

패키지 배포하기 (계속)

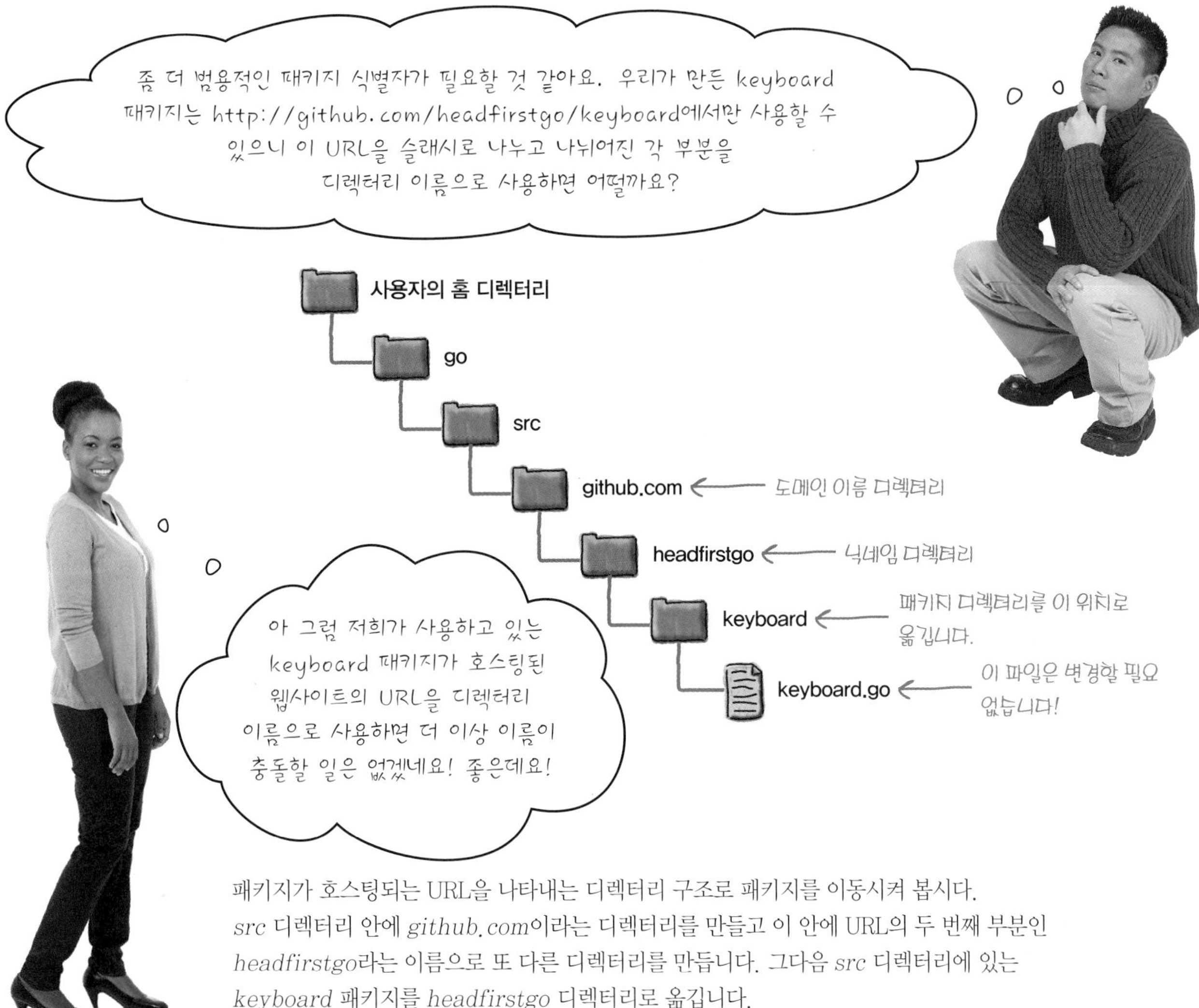

좀 더 범용적인 패키지 식별자가 필요할 것 같아요. 우리가 만든 keyboard
패키지는 http://github.com/headfirstgo/keyboard에서만 사용할 수
있으니 이 URL을 슬래시로 나누고 나뉘어진 각 부분을
디렉터리 이름으로 사용하면 어떨까요?
사용자의 홈 디렉터리
go
src
github.com
도메인 이름 디렉터리
headfirstgo
닉네임 디렉터리
keyboard
패키지 디렉터리를 이 위치로 옮깁니다.
keyboard.go
이 파일은 변경할 필요 없습니다!
아 그럼 저희가 사용하고 있는 keyboard 패키지가 호스팅된 웹사이트의 URL을 디렉터리 이름으로 사용하면 더 이상 이름이 충돌할 일은 없겠네요! 좋은데요!

패키지가 호스팅되는 URL을 나타내는 디렉터리 구조로 패키지를 이동시켜 봅시다. *src* 디렉터리 안에 *github.com*이라는 디렉터리를 만들고 이 안에 URL의 두 번째 부분인 *headfirstgo*라는 이름으로 또 다른 디렉터리를 만듭니다. 그다음 *src* 디렉터리에 있는 *keyboard* 패키지를 *headfirstgo* 디렉터리로 옮깁니다.

패키지를 새로운 하위 디렉터리로 옮기면 *임포트 경로*는 바뀌지만 패키지명은 바뀌지 않습니다. 패키지 자체는 패키지명에 대한 참조만 포함하고 있기 때문에, 패키지 코드는 변경할 필요가 없습니다.

```
package keyboard

import (
	"bufio"
	"os"
	"strconv"
	"strings"
)

// keyboard.go의 나머지 코드는 여기에...
```

패키지명은 그대로이므로 패키지 코드는 변경할 필요가 없습니다.

keyboard.go

패키지 배포하기 (계속)

패키지의 임포트 경로가 변경되었기 때문에 패키지를 사용하는 프로그램을 수정해야 합니다. 각 하위 디렉터리의 이름을 패키지가 호스팅된 URL의 각 부분으로 명명했기 때문에 새로운 임포트 경로는 URL과 매우 유사해졌습니다.

"github.com/headfirstgo/keyboard"

각 프로그램에서는 import문만 수정하면 됩니다. 패키지명은 그대로이기 때문에 코드에서 패키지를 참조하는 부분은 변경할 필요가 없습니다.

변경사항을 적용하면 keyboard 패키지를 사용하는 프로그램은 이전처럼 정상적으로 동작할 것입니다.

```
// pass_fail은 성적의 통과 여부를 출력합니다.
package main

import (
	"fmt"
	"github.com/headfirstgo/keyboard"
	"log"
)

func main() {
	fmt.Print("Enter a grade: ")
	grade, err := keyboard.GetFloat()
	if err != nil {
		log.Fatal(err)
	}
	// More code here...
}
```

임포트 경로를 수정합니다.

패키지명은 동일하므로 코드 변경사항은 없습니다.

```
Enter a grade: 89.7
A grade of 89.7 is passing
```

```
// tocelsius 함수는 화씨를 섭씨로...
package main

import (
	"fmt"
	"github.com/headfirstgo/keyboard"
	"log"
)

func main() {
	fmt.Print("Enter a temperature in Fahrenheit: ")
	fahrenheit, err := keyboard.GetFloat()
	if err != nil {
		log.Fatal(err)
	}
	// More code here...
}
```

임포트 경로를 수정합니다.

패키지명은 동일하므로 코드 변경사항은 없습니다.

```
Enter a temperature in Fahrenheit: 98.6
37.00 degrees Celsius
```

그런데 패키지 임포트 경로의 고유함을 보장하기 위해 도메인 이름과 경로를 사용한다는 아이디어는 아주 새로운 것은 아닙니다. Go 커뮤니티는 처음부터 이 방식을 패키지 네이밍의 표준 방식으로 사용하고 있었으며, 비슷한 아이디어가 Java와 같은 언어에서 수십 년 동안 사용되어 왔습니다.

"go get"으로 패키지 다운로드 및 설치하기

패키지의 호스팅 URL을 임포트 경로로 사용하는 데에는 또 다른 이점이 있습니다. go 명령어에는 패키지를 자동으로 다운로드하고 설치할 수 있는 go get이라는 하위 명령어가 있습니다.

다음 URL에서 이전에 본 greeting 패키지에 대한 Git 저장소를 설정했습니다.

https://github.com/headfirstgo/greeting

즉, Go가 설치된 모든 컴퓨터에서 터미널에 다음 명령어를 입력할 수 있습니다.

```
go get github.com/headfirstgo/greeting
```

go get 명령어 다음에는 저장소 URL의 "스키마(https://)" 부분만 제외해서 입력하면 됩니다. go 도구는 *github.com*에 접속해 */headfirstgo/greeting* 경로에 Git 저장소를 다운로드한 뒤 Go 작업 공간의 *src* 디렉터리에 저장합니다(참고: 시스템에 Git이 설치되지 않았으면 go get 명령어를 실행할 때 설치 메시지가 나옵니다. 설치 메시지가 나오면 화면에 나오는 설치 단계를 그대로 따라하면 됩니다. go get 명령어는 또한 Subversion, Mercurial 및 Bazaar 저장소에도 사용할 수 있습니다).

(참고: "go get" 명령어는 Git이 설치된 이후에도 여전히 Git을 못 찾는 경우가 있는데, 이 경우에는 터미널이나 명령 프롬프트창을 닫은 뒤 새로운 창을 열어서 실행하면 됩니다.)

go get 명령어는 임포트 경로를 구성하는 데 필요한 모든 하위 디렉터리(*github.com* 디렉터리, *headfirstgo* 디렉터리 등)를 자동으로 생성해 줍니다. 패키지는 *src* 디렉터리 내에서 다음과 같이 저장됩니다.

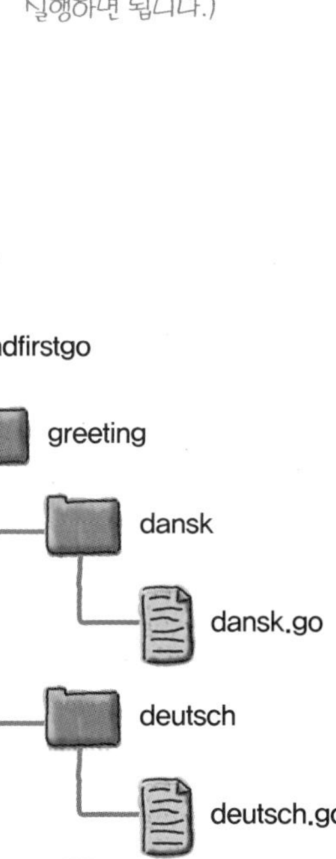

Go 작업 공간에 저장된 패키지는 바로 사용할 수 있습니다. greeting, dansk, deutsch 패키지는 다음과 같은 import문으로 가져와 사용할 수 있습니다.

```
import (
        "github.com/headfirstgo/greeting"
        "github.com/headfirstgo/greeting/dansk"
        "github.com/headfirstgo/greeting/deutsch"
)
```

go get 명령어는 다른 패키지에도 동일하게 동작합니다. 이전에 만든 keyboard 패키지가 아직 설치되지 않았다면 다음 명령어로 설치할 수 있습니다.

```
go get github.com/headfirstgo/keyboard
```

실제로 go get 명령어는 패키지의 작성자와는 무관하게 호스팅 서비스에 적절히 설정된 모든 패키지에는 잘 동작합니다. go get 명령어를 실행할 때에는 임포트 경로만 지정해 주면 됩니다. 명령어를 실행하면 주어진 임포트 경로로부터 호스트 주소를 나타내는 경로를 가져와 해당 호스트에 접속한 뒤 임포트 경로의 나머지 부분이 나타내는 URL에서 패키지를 다운로드합니다. 덕분에 다른 개발자가 작성한 코드를 아주 쉽게 가져와서 사용할 수 있습니다.

연습문제

mypackage라는 간단한 패키지로 Go 작업 공간을 구성해 놨습니다.
mypackage를 가져와 이 패키지의 MyFunction 함수를 호출하는 프로그램을 완성해 보세요.

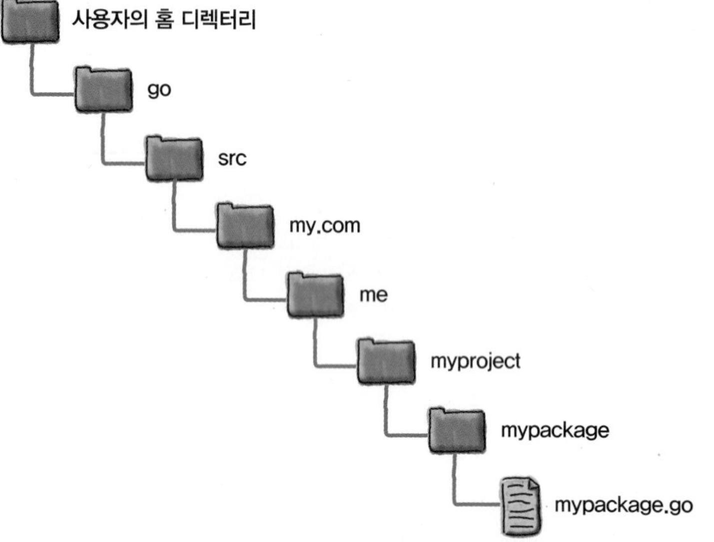

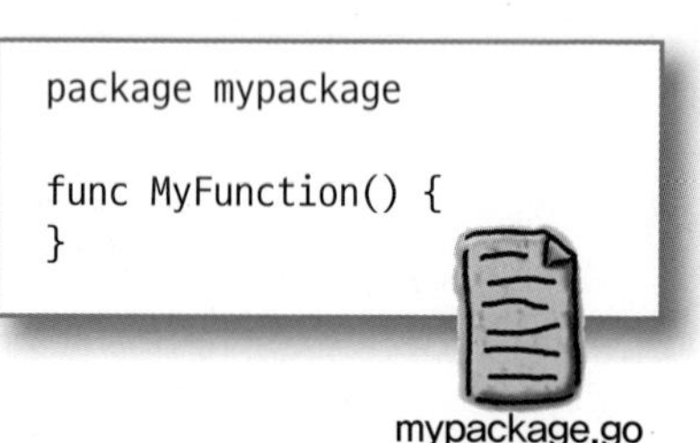

여기에 코드를 작성하세요.

```
package main

import ______________________________

func main() {

        __________________
}
```

답은 147 페이지에 있습니다.

"go doc"으로 패키지 문서 읽어 오기

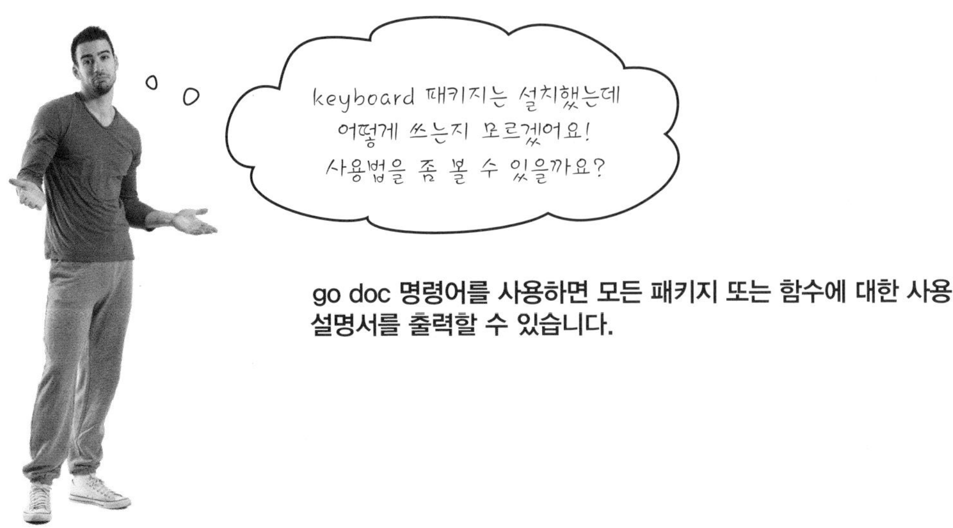
keyboard 패키지는 설치했는데
어떻게 쓰는지 모르겠어요!
사용법을 좀 볼 수 있을까요?

go doc 명령어를 사용하면 모든 패키지 또는 함수에 대한 사용 설명서를 출력할 수 있습니다.

go doc 명령어에 패키지의 임포트 경로를 전달하여 패키지에 대한 문서를 가져올 수 있습니다. 예를 들어, go doc strconv 명령어를 실행하면 strconv 패키지에 대한 정보를 얻을 수 있습니다.

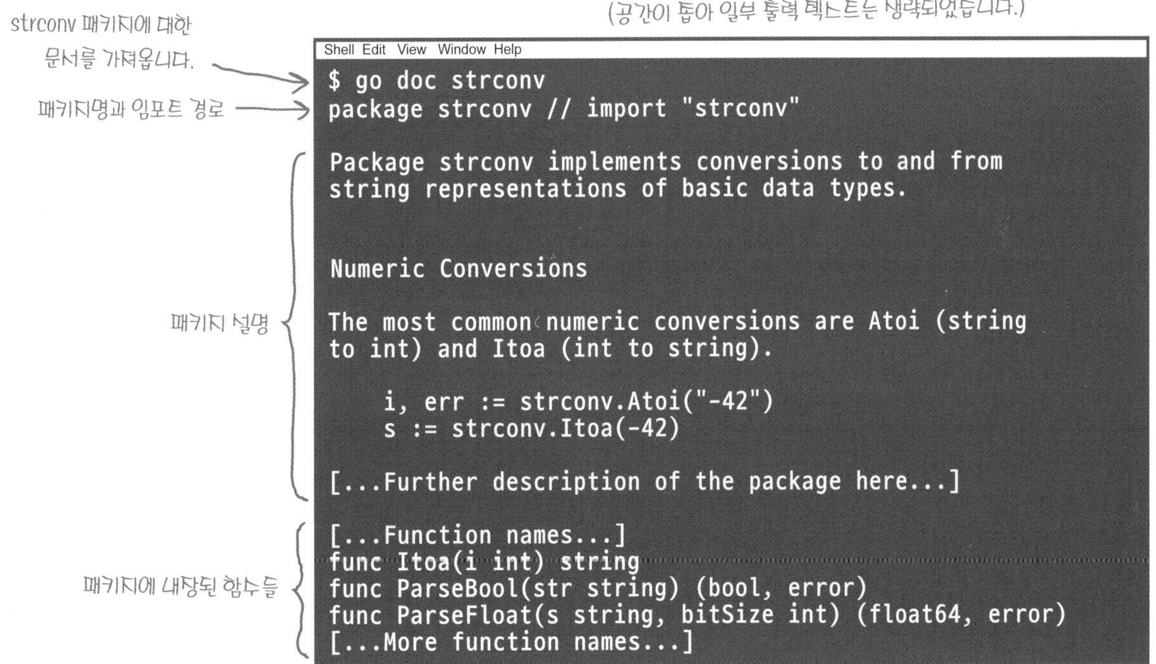
(공간이 좁아 일부 출력 텍스트는 생략되었습니다.)
strconv 패키지에 대한 문서를 가져옵니다.
패키지명과 임포트 경로
패키지 설명
패키지에 내장된 함수들
Shell Edit View Window Help

```
$ go doc strconv
package strconv // import "strconv"

Package strconv implements conversions to and from
string representations of basic data types.

Numeric Conversions

The most common numeric conversions are Atoi (string
to int) and Itoa (int to string).

    i, err := strconv.Atoi("-42")
    s := strconv.Itoa(-42)

[...Further description of the package here...]

[...Function names...]
func Itoa(i int) string
func ParseBool(str string) (bool, error)
func ParseFloat(s string, bitSize int) (float64, error)
[...More function names...]
```

이 명령어의 출력 텍스트에는 패키지명과 임포트 경로(strconv의 경우에는 패키지명과 임포트 경로가 동일함), 패키지 전체에 대한 설명, 그리고 패키지에서 노출하고 있는 모든 함수의 목록이 포함됩니다.

"go doc"으로 패키지 문서 읽어 오기 (계속)

또한 go doc의 인자로 패키지명 뒤에 함수명을 전달하면 특정 함수에 대한 자세한 정보를 확인할 수 있습니다. strconv 패키지의 함수 목록에 있는 ParseFloat 함수에 대해 좀 더 자세히 알고 싶은 경우, go doc strconv ParseFloat 명령어를 사용하면 해당 함수에 대한 문서를 가져올 수 있습니다.

위 명령어를 실행하면 다음과 같이 함수에 대한 설명을 볼 수 있습니다.

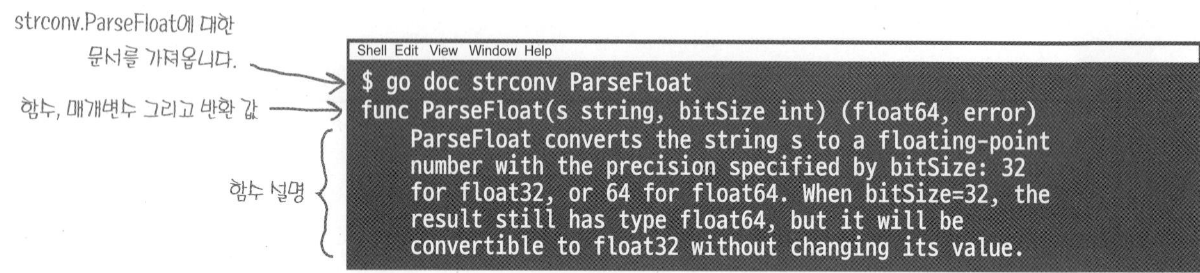

strconv.ParseFloat에 대한 문서를 가져옵니다.
함수, 매개변수 그리고 반환 값
함수 설명
Shell Edit View Window Help
$ go doc strconv ParseFloat
func ParseFloat(s string, bitSize int) (float64, error)
ParseFloat converts the string s to a floating-point number with the precision specified by bitSize: 32 for float32, or 64 for float64. When bitSize=32, the result still has type float64, but it will be convertible to float32 without changing its value.

첫 번째 줄은 코드에서 보이는 함수 선언과 유사해 보입니다. 여기에는 함수 이름과 (존재하는 경우) 매개변수의 이름 및 타입이 들어 있는 괄호가 포함되며, 반환 값이 존재하는 경우에는 매개변수 다음에 나타납니다.

그다음으로는 함수에 대한 자세한 설명과 함수를 사용할 때 필요한 다른 정보들에 대한 설명이 이어집니다.

go doc 다음에 임포트 경로를 전달해 같은 방법으로 keyboard 패키지에 대한 문서를 가져올 수 있습니다. 그럼 한 번 keyboard 패키지를 사용할 사용자에게 도움이 될 만한 내용이 있는지 살펴보겠습니다. 터미널에서 다음 명령어를 실행해 보세요.

```
go doc github.com/headfirstgo/keyboard
```

go doc 명령어를 사용하면 코드로부터 패키지명과 임포트 경로와 같은 기본 정보를 가져올 수 있습니다. 하지만 아직 패키지에 대한 설명이 없기 때문에 별로 도움은 안 되는 것 같습니다.

GetFloat 함수에 대한 정보를 찾아봐도 여전히 아무런 설명이 없습니다.

문서 주석으로 패키지 문서화하기

go doc 명령어는 프로그램의 코드를 검사하면서 문서로 출력할 유용한 정보들을 건져냅니다. 출력 문서에서 본 패키지명과 임포트 경로가 그중 일부이며, 함수명, 매개변수 및 반환 값도 마찬가지입니다.

하지만 go doc이 이 문서들을 마법 같이 알아서 다 만들어 주는 건 아닙니다. 사용자에게 패키지 또는 함수에 대한 문서를 제공하려면 문서를 직접 추가해 줘야 합니다.

다행히도 이 작업은 어렵지 않으며, 코드에 **문서 주석(doc comment)**만 추가해 주면 됩니다. package절 또는 함수 선언 바로 앞에 나타나는 기본 주석들이 문서 주석으로 처리되며 이 주석들이 go doc의 출력 텍스트에 나타납니다.

그럼 한 번 keyboard 패키지에 대한 문서 주석을 추가해 봅시다. 먼저 *keyboard.go* 파일 맨 위의 package 절 바로 위에 패키지를 설명하는 주석을 추가합니다. 그리고 GetFloat 함수 선언 바로 위에 함수를 설명하는 두 줄의 주석을 추가합니다.

"package"절 위에 기본 주석을 추가합니다.

```
// Package keyboard는 키보드로부터 사용자의 입력을 읽어 옵니다.
package keyboard

import (
	"bufio"
	"os"
	"strconv"
	"strings"
)
```

함수 선언 위에 기본 주석을 추가합니다.

```
// GetFloat는 키보드로부터 부동 소수점 숫자를 읽어 옵니다.
// 이 함수는 읽은 숫자와 함께 에러 값을 반환합니다.
func GetFloat() (float64, error) {
	// GetFloat 코드는 기존과 동일합니다
}
```

그다음 패키지에 대해 go doc 명령어를 실행하면 package절 위의 주석을 찾아 패키지 설명으로 변환합니다. 또한 GetFloat 함수에 대해 go doc 명령어를 실행하면 GetFloat 함수 선언 위에 추가한 주석을 기반으로 하는 설명이 표시됩니다.

File Edit Window Help

```
$ go doc github.com/headfirstgo/keyboard
package keyboard // import "github.com/headfirstgo/keyboard"

Package keyboard reads user input from the keyboard.

func GetFloat() (float64, error)
```

패키지 설명

File Edit Window Help

```
$ go doc github.com/headfirstgo/keyboard GetFloat
func GetFloat() (float64, error)
    GetFloat reads a floating-point number from the
    keyboard. It returns the number read and any error
    encountered.
```

함수 설명

문서 주석으로 패키지 문서화하기 (계속)

go doc을 통해 문서를 표시할 수 있다는 것은 패키지를 설치해서 사용하는 개발자에게 아주 기쁜 소식입니다.

이게 바로 제가 필요한 것이었어요! 이 문서 덕분에 좀 더 자신 있게 코드를 사용할 수 있겠어요!

문서 주석은 패키지 코드를 직접 관리하는 개발자에게도 좋은 소식입니다! 문서 주석은 기본 주석과 동일하기 때문에 추가하기가 매우 쉬우며 코드를 변경하면서도 쉽게 참조할 수 있습니다.

패키지 주석

```
// Package keyboard는 키보드로부터 사용자의 입력을 읽어 옵니다.
package keyboard

import (
	"bufio"
	"os"
	"strconv"
	"strings"
)
```

함수 주석

```
// GetFloat는 키보드로부터 부동 소수점 숫자를 읽어 옵니다.
// 이 함수는 읽은 숫자와 함께 에러 값을 반환합니다.
func GetFloat() (float64, error) {
	// GetFloat 코드
}
```

문서 주석을 추가할 때 따라야 하는 몇 가지 규칙이 있습니다.

- 주석은 완전한 문장이어야 합니다.
- 패키지 주석은 "Package"로 시작하고 그 뒤에 그 패키지 이름이 와야 합니다.
- 함수 주석은 헤더 함수의 이름으로 시작해야 합니다.
- 들여쓰기를 통해 주석에 예제 코드를 포함시킬 수 있습니다.
- 예제 코드를 위한 들여쓰기 외에는 강조나 형식을 위한 부가적인 구두 문자는 추가하지 않습니다. 문서 주석은 일반 텍스트로 표시되며 일반 텍스트 형식을 따라야 합니다.

웹 브라우저에서 문서 보기

터미널보다 웹 브라우저가 편하다면 패키지 문서를 웹 브라우저에서 보는 방법도 있습니다.

가장 쉬운 방법은 검색 엔진에 golang이라는 검색어 뒤에 찾아볼 패키지 이름을 검색하는 방법입니다(Go 언어와 관련된 자료를 검색할 때에는 보통 "Golang"이라는 단어를 많이 사용합니다. "go"는 너무 일반적이기 때문에 Go 언어와 관련 없는 결과를 필터링하는 데 별로 유용하지 않습니다). 즉, fmt 패키지 문서는 "golang fmt"로 검색해서 찾을 수 있습니다.

검색 결과에는 HTML 형식의 공식 Go 문서를 제공하는 사이트가 포함되어 있을 것입니다. Go의 표준 라이브러리(예: fmt)에 속한 패키지를 검색하는 경우, 상위 검색 결과에는 아마 Go 개발이 운영하는 사이트인 golang.org에서 작성한 글일 확률이 높습니다. 문서의 내용은 패키지명, 임포트 경로 및 설명을 포함한 go doc 명령어의 출력 텍스트의 내용과 거의 동일합니다.

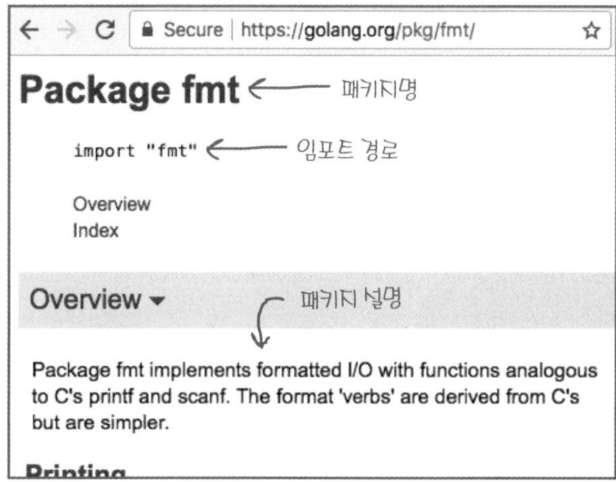

HTML 문서의 주요 장점 중 하나는 패키지의 함수 목록에 있는 각 함수에 링크가 달려 있어 누르면 해당 함수의 문서로 바로 이동할 수 있다는 점입니다.

그런데 문서의 내용을 보면 터미널에서 go doc을 실행할 때 나오는 출력 텍스트의 내용과 동일한데, HTML 문서 또한 동일한 코드의 문서 주석을 기반으로 생성되었기 때문입니다.

"godoc"으로 HTML 문서 띄우기

golang.org 사이트에 올라와 있는 문서를 생성할 때 사용된 도구는 여러분도 직접 사용할 수 있습니다. 이 도구는 godoc(go doc 명령어와 혼동하지 마세요.)이라는 명령어로 Go와 함께 자동으로 설치됩니다. godoc 명령어는 기본적으로 설치되는 Go 패키지와 작업 공간에 있는 코드를 기반으로 HTML 문서를 생성합니다. 여기에는 결과 페이지를 브라우저로 볼 수 있는 웹서버 기능도 내장되어 있습니다 (godoc 웹서버의 기본값은 로컬호스트로 다른 컴퓨터에서는 접속할 수 없습니다).

godoc을 웹서버 모드로 실행하려면 터미널에서 godoc 명령어 (다시 말하지만 go doc과 혼동하지 마세요.)를 입력한 다음 특수 옵션인 -http=:6060을 추가해 주면 됩니다.

godoc 웹서버를 실행합니다.

```
File Edit Window Help
$ godoc -http=:6060
```

godoc을 실행한 다음 웹 브라우저에서 http://localhost:6060/pkg에 접속하면, 브라우저가 웹서버에 연결되고 godoc 서버는 HTML 페이지로 응답합니다. 페이지에는 컴퓨터에 설치된 모든 패키지의 목록이 표시됩니다.

URL을 입력합니다.

http://localhost:6060/pkg/

Standard library

Name	Synopsis
archive	
tar	Package tar implements access
zip	Package zip provides support fo
bufio	Package bufio implements buffe another object (Reader or Write and some help for textual I/O.
builtin	Package builtin provides docum
bytes	Package bytes implements func

패키지 문서에 대한 링크들

목록에 표시된 각 패키지의 이름은 해당 패키지의 문서에 대한 링크로 연결됩니다. 링크를 클릭하면 *golang.org*에서 본 것과 동일한 패키지 문서를 볼 수 있습니다.

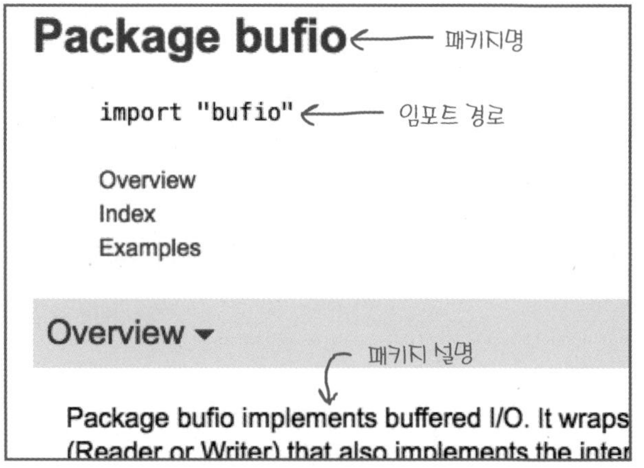

"godoc" 서버에는 여러분의 패키지도 있습니다!

로컬 godoc 서버의 패키지 목록을 스크롤하다 보면 흥미로운 걸 발견할 수 있는데 바로 우리가 만든 keyboard 패키지도 목록에 있다는 사실입니다!

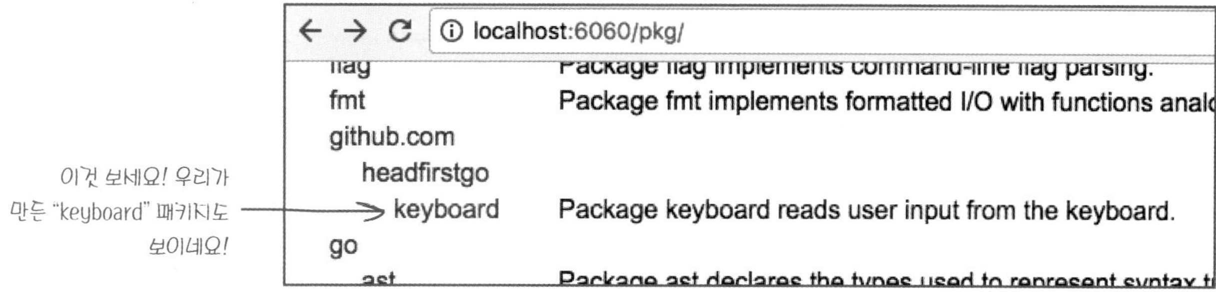

godoc은 Go 표준 라이브러리에 포함된 패키지뿐만 아니라 Go 작업 공간에 있는 모든 패키지에 대한 HTML 문서를 생성합니다. 여기서 말하는 모든 패키지는 컴퓨터에 설치한 서드파티 패키지가 될 수도 있고 직접 작성한 패키지가 될 수도 있습니다.

목록에서 *keyboard* 링크를 누르면 패키지 문서로 이동합니다. 이 문서에는 코드에 작성한 모든 문서 주석이 포함되어 있습니다.

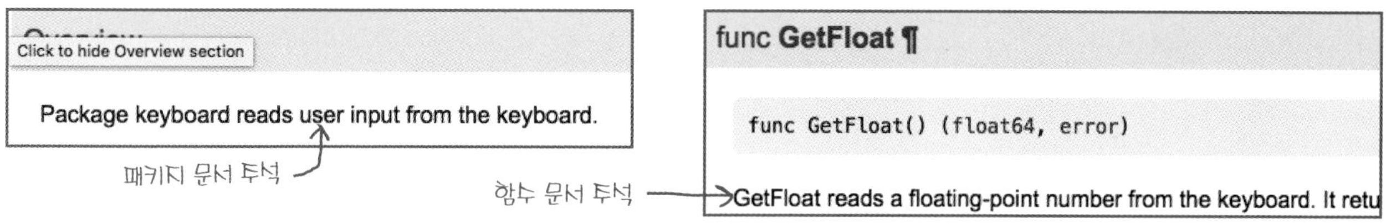

godoc 서버를 중지하려면 터미널 창으로 돌아가 Ctrl 키를 누른 상태에서 C 키를 누르면 됩니다. 서버가 중지되면 시스템 프롬프트로 돌아갑니다.

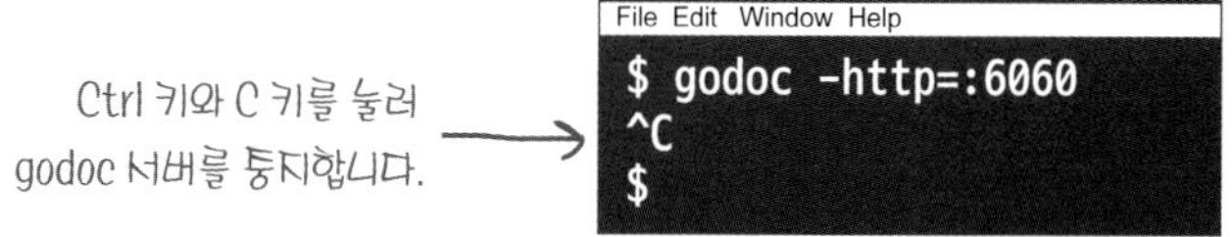

Go에서는 패키지 문서화가 굉장히 간편하기 때문에 패키지를 보다 쉽게 공유할 수 있으며 다른 개발자의 코드도 쉽게 가져다가 사용할 수 있습니다. 패키지 문서화는 코드를 공유하는 데 패키지를 사용하면 좋은 이유 중 하나입니다.

CHAPTER 4

Go 도구 상자

4장이 끝났습니다!
도구 상자에 패키지를 담았습니다.

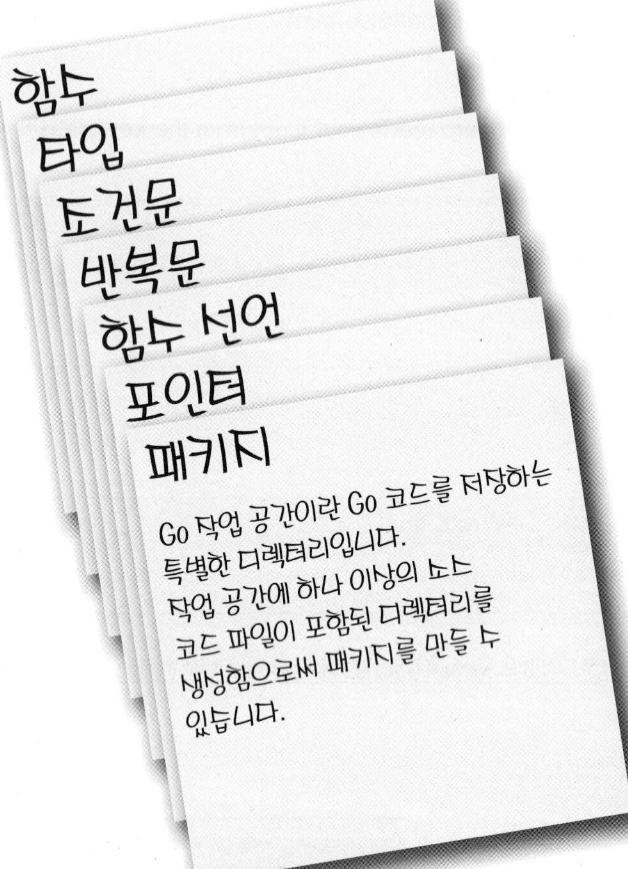

함수
타입
조건문
반복문
함수 선언
포인터
패키지
Go 작업 공간이란 Go 코드를 저장하는 특별한 디렉터리입니다.
작업 공간에 하나 이상의 소스 코드 파일이 포함된 디렉터리를 생성함으로써 패키지를 만들 수 있습니다.

중요 항목

- 작업 공간 디렉터리의 기본값은 사용자 홈 디렉터리의 *go* 디렉터리입니다.
- GOPATH 환경 변수를 통해 작업 공간을 설정할 수 있습니다.
- Go는 작업 공간 내에서 세 개의 하위 디렉터리를 사용합니다. *bin* 디렉터리에는 컴파일된 실행 프로그램이, *pkg* 디렉터리에는 컴파일된 패키지 코드가, *src* 디렉터리에는 Go 소스 코드가 위치합니다.
- *src* 디렉터리 내의 디렉터리 이름은 패키지의 임포트 경로를 구성하는 데 사용합니다. 중첩된 디렉터리의 이름은 임포트 경로에서 / 문자로 구분됩니다.
- 패키지의 이름은 패키지 디렉터리 내에 위치하는 소스 코드 파일 상단의 package절에 의해 정해집니다. main 패키지를 제외한 패키지의 이름은 패키지를 포함하는 디렉터리의 이름과 같아야 합니다.
- 패키지 이름은 모두 소문자로 이루어져야 하며 이상적으로는 한 단어로 구성되는 게 좋습니다.
- 패키지의 함수는 외부로 노출된 경우에만 해당 패키지 외부에서 호출할 수 있습니다. 함수는 이름이 대문자로 시작하는 경우에만 패키지 외부로 노출됩니다.
- **상수**는 불변의 값을 나타내는 이름입니다.
- go install 명령어는 패키지 코드를 컴파일한 결과물을 일반 패키지는 *pkg* 디렉터리에, 실행 파일은 *bin* 디렉터리에 저장합니다.
- 패키지의 임포트 경로에 대한 일반적인 규칙은 패키지가 호스팅된 사이트의 URL을 사용하는 것입니다. 이 규칙 덕분에 go get은 임포트 경로만 가지고도 패키지를 검색하고 다운로드하고 설치할 수 있습니다.
- go doc 명령어는 패키지에 대한 문서를 보여 줍니다. 코드 내의 문서 주석은 go doc 출력 텍스트에 포함됩니다.

수영장 퍼즐 정답

여러분이 할 일은 수영장에 들어 있는 코드 조각을 아래 빈칸에 맞게 채워 넣는 것입니다. 각 코드 조각은 한 번만 사용할 수 있고 모두 사용할 필요는 없습니다. 여러분의 **목표**는 작업 공간 내에 calc 패키지를 만들어 main.go에서 calc 패키지의 함수를 사용할 수 있도록 하는 것입니다.

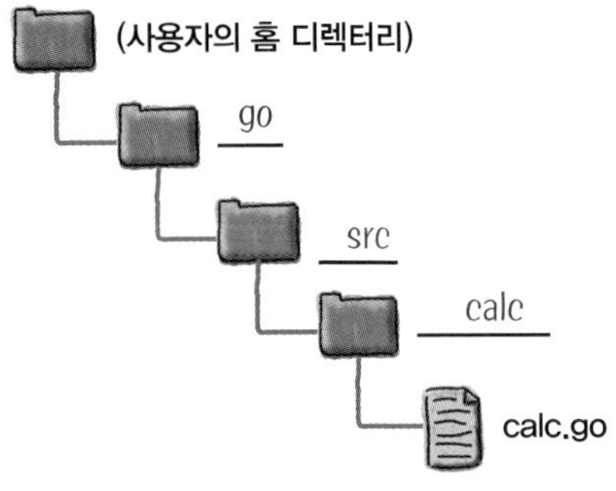


```
package calc
              이름이 대문자로 시작하므로 함수는 외부로 노출됩니다.
func Add(first float64, second float64) float64 {
        return first + second
}
              이름이 대문자로 시작하므로 함수는 외부로 노출됩니다.
func Subtract(first float64, second float64) float64 {
        return first - second
}
```

calc.go

```
package main

import (
        "calc"
        "fmt"
)

func main() {
        fmt.Println(calc.Add(1, 2))
        fmt.Println(calc.Subtract(7, 3))
}
```

main.go

출력값

```
3
4
```

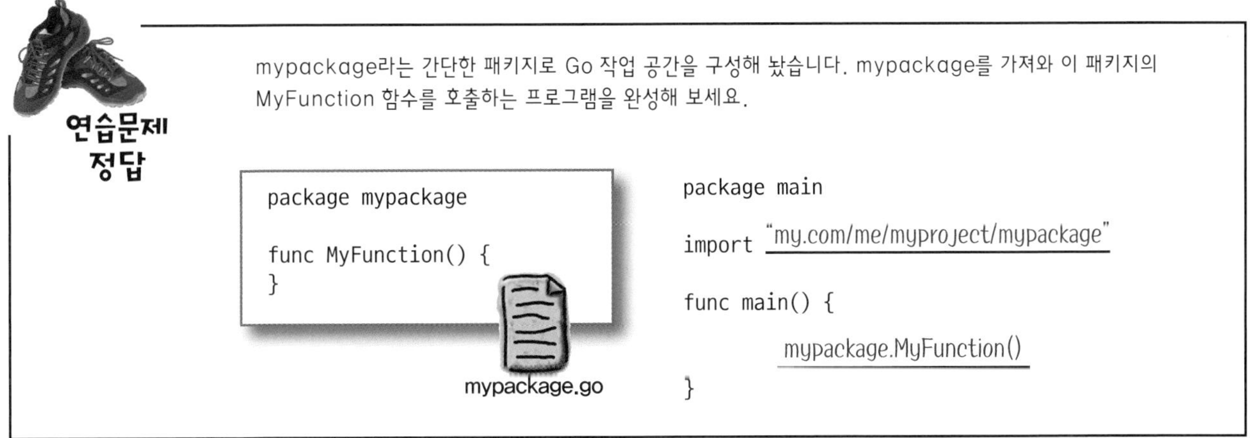

mypackage라는 간단한 패키지로 Go 작업 공간을 구성해 놨습니다. mypackage를 가져와 이 패키지의 MyFunction 함수를 호출하는 프로그램을 완성해 보세요.

```
package mypackage

func MyFunction() {
}
```

mypackage.go

```
package main

import "my.com/me/myproject/mypackage"

func main() {
        mypackage.MyFunction()
}
```

5 목록에서

배열

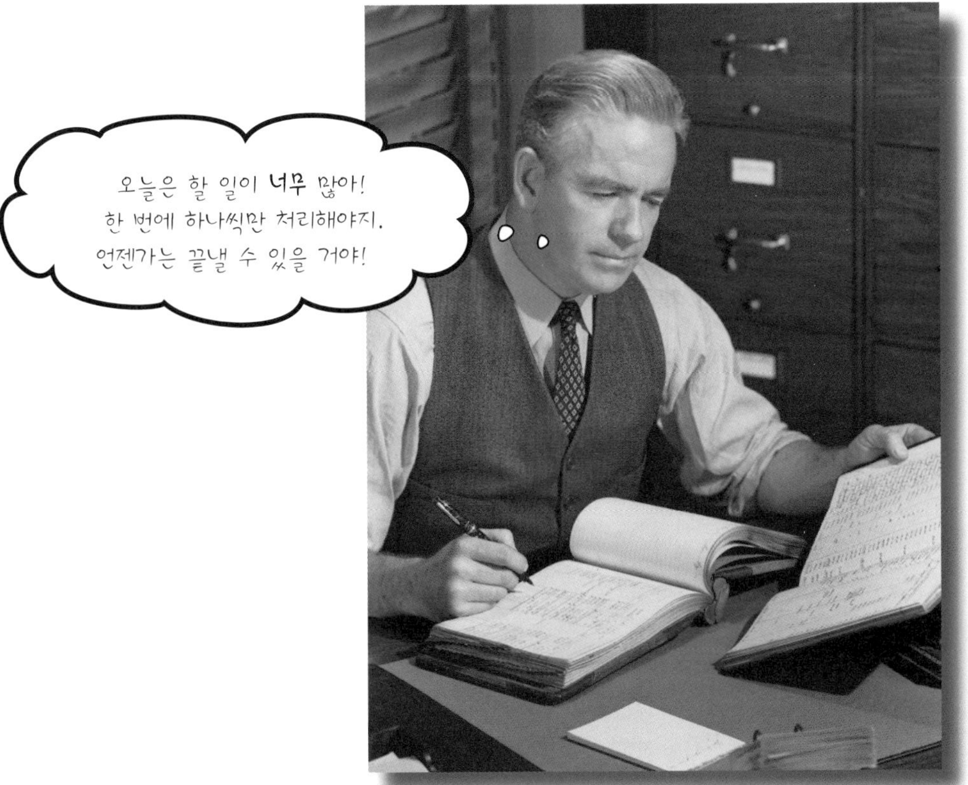

오늘은 할 일이 너무 많아!
한 번에 하나씩만 처리해야지.
언젠가는 끝낼 수 있을 거야!

많은 프로그램이 주소 목록, 전화 번호 목록, 상품 목록과 같은 목록 형태의 데이터를 다룹니다. Go에는 목록 데이터를 저장하는 두 가지 방법이 내장되어 있습니다. 이 장에서는 그중 하나인 **배열(array)**을 배워 보겠습니다. 먼저 배열을 만드는 방법, 데이터를 채우는 방법, 데이터를 다시 가져오는 방법을 알아본 다음, 배열의 모든 요소를 처리하는 방법으로, 첫 번째로는 for 루프, 두 번째로는 배열을 좀 더 쉽게 다룰 수 있는 for...range 루프를 다뤄 보겠습니다.

배열은 값의 컬렉션을 담고 있습니다

한 레스토랑 주인은 한 가지 문제에 봉착하게 되었습니다. 그는 다음주에 주문할 소고기 양을 추정해야 하는데, 너무 많이 주문하면 초과분이 낭비되고, 적게 주문하면 일부 손님에겐 음식을 제공할 수 없습니다.

그는 지난 3주 동안 사용한 소고기 양에 대한 샘플 데이터를 가지고 있으며, 이 데이터를 기반으로 이번 주에 주문할 소고기 양을 계산해 줄 프로그램이 필요합니다.

A주 :
71.8 파운드

B주 :
56.2 파운드

C주 :
89.5 파운드

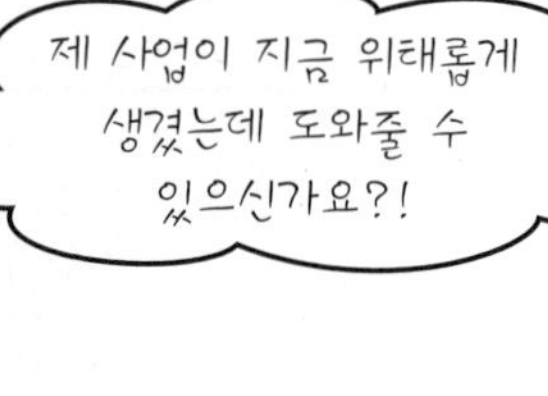
제 사업이 지금 위태롭게
생겼는데 도와줄 수
있으신가요?!

계산 방법은 아주 간단합니다. 지난 3주 동안에 주문한 소고기의 양을 모두 합한 다음 3으로 나눠 평균값을 구하는 것입니다. 이 평균값은 다음 주문 수량에 대한 적절한 추정치를 제공합니다.

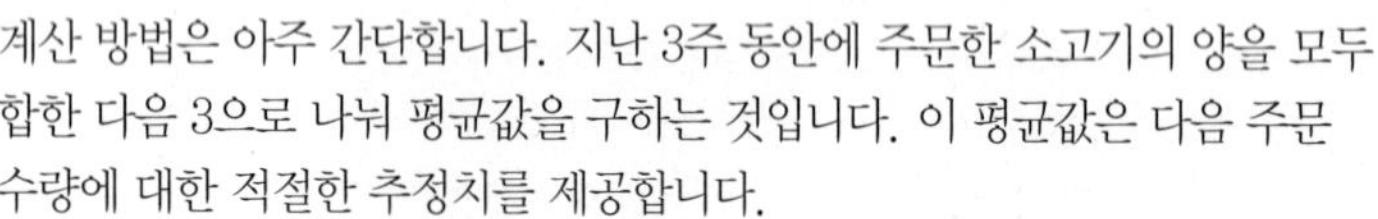
(A주 + B주 + C주) ÷ 3 = 평균

첫 번째 문제는 샘플 값을 저장하는 방법입니다. 샘플 수만큼 변수를 세 개나 선언하는 일은 번거로우며 나중에 더 많은 데이터를 다뤄야 하는 경우에는 더더욱 번거로워집니다. 하지만 Go는 대부분 프로그래밍 언어와 마찬가지로 이러한 상황에서 사용할 수 있는 데이터 구조를 제공합니다.

배열(array)이란 모두 동일한 타입을 갖는 값의 모음입니다. 칸막이가 달린 알약 상자를 상상해 보세요. 각 칸막이(배열)에서는 알약(원소)들을 따로 보관하고 꺼내 올 수도 있지만, 칸막이 자체를 통째로 이동시킬 수도 있습니다.

배열이 가지고 있는 값을 **원소(element)**라고 합니다. 문자열 배열, 부울 배열 등 Go의 모든 타입에 대한 배열을 만들 수 있습니다 (심지어는 배열의 배열도 가능합니다). 배열을 만들면 배열 전체를 단일 변수에 저장한 다음, 필요할 때 배열 내의 특정 원소에 접근할 수 있습니다.

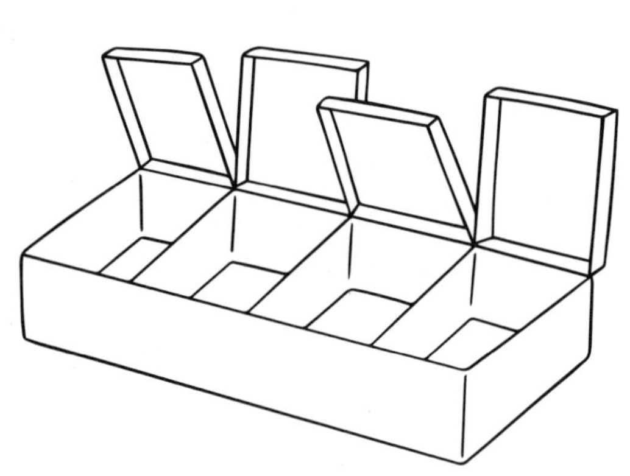

배열은 값의 컬렉션을 담고 있습니다 (계속)

배열은 정해진 개수의 원소를 가지며 그 개수는 늘리거나 줄일 수 없습니다. 배열 타입의 변수를 선언할 때에는 대괄호([]) 안에 원소의 개수를 지정한 다음 원소의 타입을 지정합니다.

배열이 가질 원소의 개수

배열이 가질 원소의 타입

```
var myArray [4]string
```

배열의 원소 값을 설정하거나 가져오려면 원소를 지정하는 방법이 필요합니다. 배열의 원소는 0부터 시작하여 번호가 매겨집니다. 배열의 번호를 **인덱스(index)**라고 합니다.

인덱스 0 / 인덱스 1 / 인덱스 2 / 인덱스 3

예를 들어, 계이름이 담긴 배열을 만든다면 첫 번째 계이름은 인덱스 0에 할당되고, 두 번째 계이름은 인덱스 1에 할당됩니다. 인덱스는 대괄호를 사용하여 지정합니다.

```
var notes [7]string        ← 일곱 개의 문자열을 갖는 배열을 생성합니다.
notes[0] = "do"            ← 첫 번째 원소 값을 할당합니다.
notes[1] = "re"            ← 두 번째 원소 값을 할당합니다.
notes[2] = "mi"            ← 세 번째 원소 값을 할당합니다.
fmt.Println(notes[0])      ← 첫 번째 원소를 출력합니다.
fmt.Println(notes[1])      ← 두 번째 원소를 출력합니다.
```

```
do
re
```

다음은 정수 배열입니다.

```
var primes [5]int          ← 다섯 개의 정수를 갖는 배열을 생성합니다.
primes[0] = 2              ← 첫 번째 원소 값을 할당합니다.
primes[1] = 3              ← 두 번째 원소 값을 할당합니다.
fmt.Println(primes[0])     ← 첫 번째 원소를 출력합니다.
```

```
2
```

그리고 다음은 time.Time 값을 가진 배열입니다.

```
var dates [3]time.Time                 ← 세 개의 Time 값을 갖는 배열을 생성합니다.
dates[0] = time.Unix(1257894000, 0)    ← 첫 번째 원소 값을 할당합니다.
dates[1] = time.Unix(1447920000, 0)    ← 두 번째 원소 값을 할당합니다.
dates[2] = time.Unix(1508632200, 0)    ← 세 번째 원소 값을 할당합니다.
fmt.Println(dates[1])                  ← 두 번째 원소를 출력합니다.
```

```
2015-11-19 08:00:00 +0000 UTC
```

배열의 제로 값

변수와 마찬가지로 배열을 만들 때 배열에 포함된 모든 값은 배열이 가진 타입의 제로 값으로 초기화됩니다.

즉, int 값 배열은 기본적으로 0으로 채워집니다.

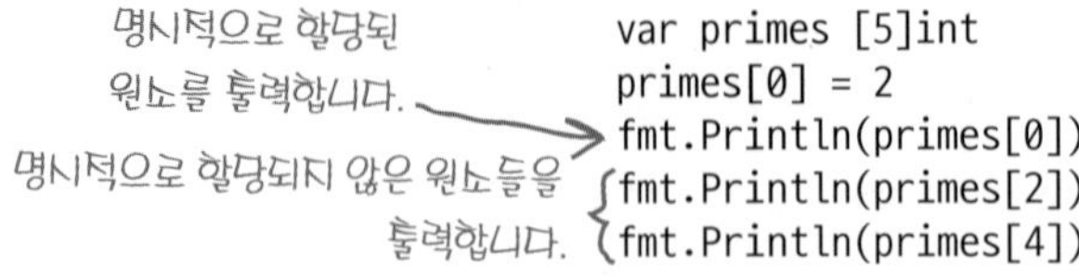


```
var primes [5]int
primes[0] = 2
fmt.Println(primes[0])
fmt.Println(primes[2])
fmt.Println(primes[4])
```

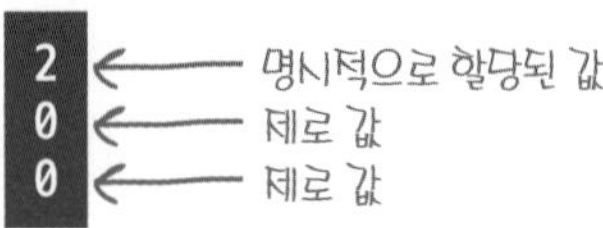

문자열의 제로 값은 빈 문자열이므로 string 배열은 초기화 시 빈 문자열로 채워집니다.

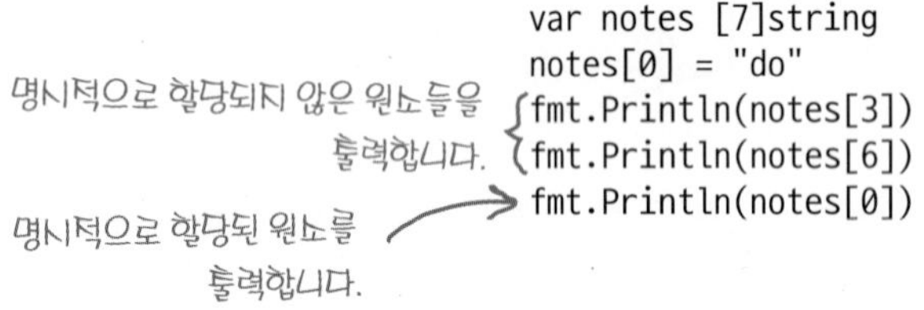


```
var notes [7]string
notes[0] = "do"
fmt.Println(notes[3])
fmt.Println(notes[6])
fmt.Println(notes[0])
```

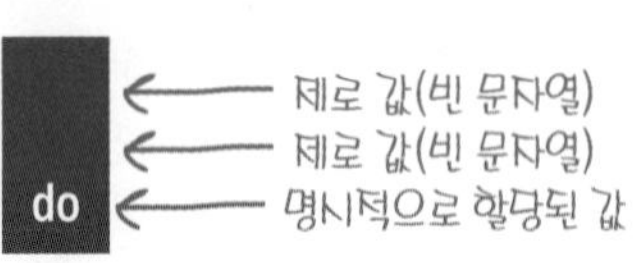

제로 값 덕분에 명시적으로 값을 할당하지 않은 경우에도 배열을 안전하게 다룰 수 있습니다. 예를 들어, 다음 정수 카운터 배열은 모든 값이 0부터 시작하기 때문에 초깃값을 할당하지 않아도 값을 증가시킬 수 있습니다.

```
var counters [3]int
counters[0]++ ←── 첫 번째 원소를 0에서 1로 증가시킵니다.
counters[0]++ ←── 첫 번째 원소를 1에서 2로 증가시킵니다.
counters[2]++ ←── 세 번째 원소를 0에서 1로 증가시킵니다.
fmt.Println(counters[0], counters[1], counters[2])
```

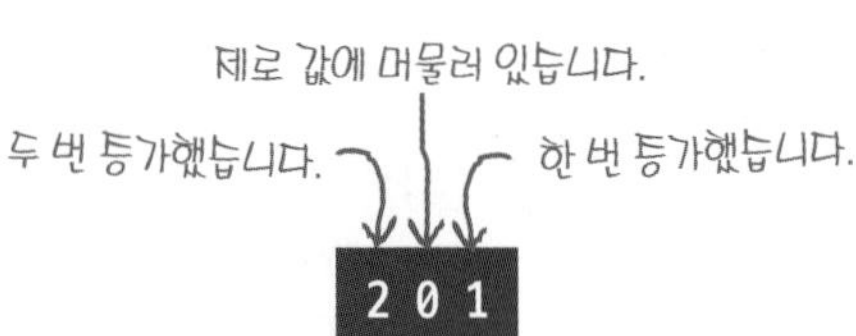

배열을 만들 때 배열에 포함된 모든 값은 배열이 가진 타입의 제로 값으로 초기화됩니다.

배열 리터럴

배열이 가질 값을 미리 알고 있는 경우에는 **배열 리터럴(array literal)**을 사용하여 배열을 초기화할 수 있습니다. 배열 리터럴 선언은 배열 타입과 마찬가지로 원소의 개수가 포함된 대괄호에 이은 원소의 타입으로 시작하여, 각 원소의 초깃값이 담긴 목록이 중괄호로 감싸져 따라옵니다.

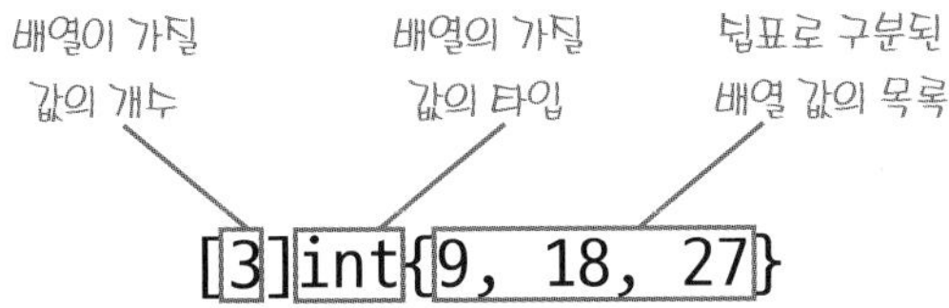

다음 예제는 위에서 본 예제와 비슷하지만, 원소 값을 하나씩 할당하는 대신 배열 리터럴을 사용해 배열 전체를 초기화하고 있습니다.

```
var notes [7]string = [7]string{"do", "re", "mi", "fa", "so", "la", "ti"} ← 배열 리터럴을 사용해 값을 할당합니다.
fmt.Println(notes[3], notes[6], notes[0])
var primes [5]int = [5]int{2, 3, 5, 7, 11} ← 배열 리터럴을 사용해 값을 할당합니다.
fmt.Println(primes[0], primes[2], primes[4])
```

```
fa ti do
2 5 11
```

배열 리터럴을 사용하면 단축 변수 선언 := 을 사용할 수 있습니다.

```
  단축 변수 선언
notes := [7]string{"do", "re", "mi", "fa", "so", "la", "ti"}
primes := [5]int{2, 3, 5, 7, 11}
  단축 변수 선언
```

배열 리터럴은 여러 줄에 걸쳐서도 선언할 수 있으며, 이 경우에는 각 줄 바꿈 문자 앞에 쉼표를 붙여 줘야 합니다. 배열의 마지막 원소의 경우에도 다음에 줄 바꿈 문자가 오는 경우에는 쉼표를 붙여 줘야 합니다(이 형태는 처음에는 어색해 보일 수 있지만, 추후 원소 추가가 용이한 구조입니다).

```
text := [3]string{ ← 이 전체가 하나의 배열입니다.
        "This is a series of long strings",
        "which would be awkward to place",
        "together on a single line", ← 끝에 쉼표가 필요합니다.
}
```

연습문제

아래에 두 개의 배열을 선언하고 배열의 모든 원소를 출력하는 프로그램이 있습니다.
어떤 값들이 출력될지 적어 보세요.

```
package main

import "fmt"

func main() {
        var numbers [3]int
        numbers[0] = 42
        numbers[2] = 108
        var letters = [3]string{"a", "b", "c"}
                                                    출력값

        fmt.Println(numbers[0])               ..........

        fmt.Println(numbers[1])               ..........

        fmt.Println(numbers[2])               ..........

        fmt.Println(letters[2])               ..........

        fmt.Println(letters[0])               ..........

        fmt.Println(letters[1])               ..........
}
```

답은 173 페이지에 있습니다.

"fmt" 패키지의 함수는 배열을 처리할 수 있습니다

코드를 디버깅할 때 배열의 원소를 Println이나 fmt 패키지의 다른 함수에 하나씩 전달할 필요는 없습니다. fmt 패키지에는 배열의 형식을 지정하고 출력할 수 있는 로직이 포함되어 있기 때문에 배열 전체를 그대로 전달하면 됩니다(fmt 패키지는 나중에 다룰 슬라이스, 맵 그리고 다른 데이터 구조 또한 처리할 수 있습니다).

```
var notes [3]string = [3]string{"do", "re", "mi"}
var primes [5]int = [5]int{2, 3, 5, 7, 11}
fmt.Println(notes)
fmt.Println(primes)
```

fmt.Println에 배열 전체를 전달합니다.

```
[do re mi]
[2 3 5 7 11]
```

Printf나 Sprintf에서 값의 형식을 Go 코드에서 보이는 그대로 출력해 주는 "%#v" 동사도 알아 두세요. "%#v"를 사용해 형식을 지정하면 전달된 배열은 Go 배열 리터럴의 형태로 출력됩니다.

```
fmt.Printf("%#v\n", notes)
fmt.Printf("%#v\n", primes)
```

Go 코드에서 보이는 그대로 형식화합니다.

```
[3]string{"do", "re", "mi"}
[5]int{2, 3, 5, 7, 11}
```

루프 내에서 배열 원소에 접근하기

코드에서 접근하는 배열 원소의 정수 인덱스를 명시적으로 작성할 필요는 없습니다. 정수 변수의 값을 배열의 인덱스로 사용할 수도 있습니다.

```
notes := [7]string{"do", "re", "mi", "fa", "so", "la", "ti"}
index := 1
fmt.Println(index, notes[index]) ← 인덱스 1에 있는 배열의 원소를 출력합니다.
index = 3
fmt.Println(index, notes[index]) ← 인덱스 3에 있는 배열의 원소를 출력합니다.
```

```
1 re
3 fa
```

이는 for 루프를 사용해 배열의 원소를 처리할 수 있음을 의미합니다. 배열의 인덱스를 순회하면서 루프 변수를 사용하면 현재 인덱스의 원소에 접근할 수 있습니다.

```
notes := [7]string{"do", "re", "mi", "fa", "so", "la", "ti"}
for i := 0; i <= 2; i++ { ← 인덱스 0, 1 및 2를 순회합니다.
	fmt.Println(i, notes[i])
}                       ↑ 현재 인덱스의 원소를 출력합니다.
```

```
0 do
1 re
2 mi
```

변수를 사용해 배열 원소에 접근할 때는 사용하는 인덱스 값에 주의해야 합니다. 이전에 언급한 바와 같이 배열은 정해진 개수의 원소를 갖습니다. 배열에서 벗어난 인덱스에 접근하면 **패닉(panic)**이 발생합니다. 패닉이란 프로그램이 실행되는 동안 발생하는 에러를 말합니다(컴파일 시 발생하는 컴파일 에러와는 반대).

```
        ↓ 배열에는 일곱 개의 원소만 존재합니다.
notes := [7]string{"do", "re", "mi", "fa", "so", "la", "ti"}

for i := 0; i <= 7; i++ { ← 존재하지 않는 인덱스 7(8번째 원소)까지 순회합니다.
	fmt.Println(i, notes[i])
}
```

일반적으로 패닉이 발생하면 프로그램은 중단되며 에러 메시지가 출력됩니다. 당연한 얘기지만, 패닉은 되도록 피하는 게 좋습니다.

0부터 6까지의 인덱스에 접근합니다.

인덱스 7에 접근하면 패닉이 발생합니다!

```
0 do
1 re
2 mi
3 fa
4 so
5 la
6 ti
panic: runtime error: index out of range

goroutine 1 [running]:
main.main()
	/tmp/sandbox732328648/main.go:8 +0x140
```

"len" 함수로 배열 길이 구하기

유효한 배열 인덱스에만 접근하는 루프를 작성하는 일은 에러가 발생하기 쉽습니다. 다행히도 이러한 루프를 좀 더 쉽게 작성할 수 있는 몇 가지 방법이 있습니다.

첫 번째 방법은 배열에 접근하기 전에 배열의 실제 원소 개수를 확인하는 방법입니다. 이 경우에는 배열의 길이(배열이 가진 원소의 개수)를 반환하는 len이라는 내장 함수를 사용할 수 있습니다.

```
notes := [7]string{"do", "re", "mi", "fa", "so", "la", "ti"}
fmt.Println(len(notes)) <---- "notes" 배열의 길이를 출력합니다.
primes := [5]int{2, 3, 5, 7, 11}
fmt.Println(len(primes)) <---- "primes" 배열의 길이를 출력합니다.
```

```
7
5
```

배열 전체를 처리하기 위한 배열을 작성할 때, len 함수를 사용하면 접근할 수 있는 인덱스를 결정할 수 있습니다.

```
notes := [7]string{"do", "re", "mi", "fa", "so", "la", "ti"}
```

"i" 변수가 도달할 수 있는 최댓값은 6입니다. 배열의 길이인 7을 반환합니다.

```
for i := 0; i < len(notes); i++ {
	fmt.Println(i, notes[i])
}
```

```
0 do
1 re
2 mi
3 fa
4 so
5 la
6 ti
```

이 코드도 여전히 실수할 여지가 남아 있습니다. len(notes)가 7을 반환하면 접근할 수 있는 인덱스의 최댓값은 (배열의 인덱스는 1이 아닌 0부터 시작하므로) 6입니다. 따라서 인덱스 7에 접근하려고 시도하면 패닉이 발생합니다.

```
notes := [7]string{"do", "re", "mi", "fa", "so", "la", "ti"}
```

"i" 변수가 도달할 수 있는 최댓값은 7입니다. 배열의 길이인 7을 반환합니다.

```
for i := 0; i <= len(notes); i++ {
	fmt.Println(i, notes[i])
}
```

인덱스 7에 접근하면 패닉이 발생합니다! ---->

```
0 do
1 re
2 mi
3 fa
4 so
5 la
6 ti
panic: runtime error: index out of range

goroutine 1 [running]:
main.main()
	/tmp/sandbox094804331/main.go:11 +0x140
```

"for...range"를 사용해 안전하게 배열 순회하기

배열의 각 원소를 처리하는 좀 더 안전한 방법은 특수한 루프인 for...range 문을 사용하는 것입니다. range문에는 각 원소에 대한 인덱스를 나타내는 변수와 원소 자체의 값을 가진 변수 그리고 순회할 배열을 전달합니다. 루프는 배열의 모든 원소를 한 번 순회하면서 첫 번째 변수에 원소의 인덱스를 할당하고 두 번째 변수에는 원소의 값을 할당합니다. 그리고 루프 블록에는 이 값들을 처리하는 코드를 추가할 수 있습니다.

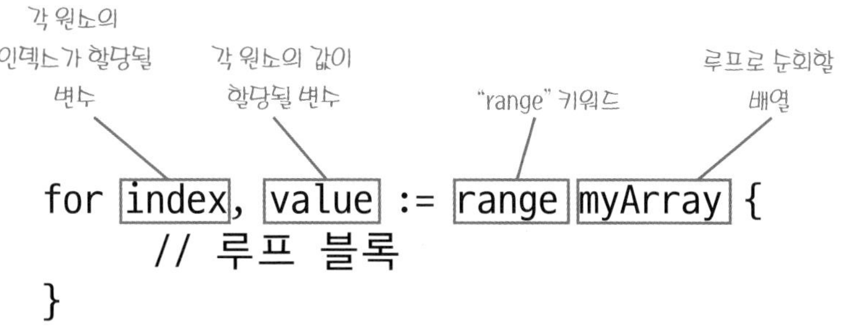

for...range 루프에는 복잡한 초기화문, 조건문 및 후처리문이 없습니다. 변수에는 각 원소의 값이 자동으로 할당되기 때문에 유효하지 않은 배열의 인덱스에 접근할 위험이 없습니다. 코드가 더 안전하고 읽기 쉽기 때문에 배열이나 다른 컬렉션 데이터 구조를 다룰 때에는 range문 형태의 for 루프를 가장 많이 사용합니다.

다음은 이전에 본 계이름 배열의 모든 원소 값을 출력하는 코드를 for...range 루프를 사용하도록 수정한 코드입니다.

```
notes := [7]string{"do", "re", "mi", "fa", "so", "la", "ti"}
```

각 인덱스 값을 가진 변수

각 문자열 값을 가진 변수

배열의 모든 원소 순회

```
for index, note := range notes {
	fmt.Println(index, note)
}
```

```
0 do
1 re
2 mi
3 fa
4 so
5 la
6 ti
```

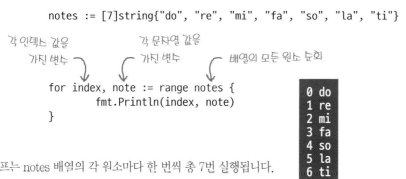

루프는 notes 배열의 각 원소마다 한 번씩 총 7번 실행됩니다. 각 원소에 대해 index 변수는 원소의 인덱스 값으로, note 변수는 원소의 값으로 설정됩니다. 루프 내에서는 인덱스와 값을 출력합니다.

"for...range" 루프에서 빈 식별자 사용하기

항상 그래왔듯이, Go에서 선언한 모든 변수는 반드시 사용해야 합니다. for...range 루프에서 index 변수 사용을 중단하면 컴파일 에러가 발생합니다.

```
notes := [7]string{"do", "re", "mi", "fa", "so", "la", "ti"}

for index, note := range notes {
        fmt.Println(note)
}
```

"index" 변수가 출력값에서 제외되었습니다.

컴파일 에러

```
index declared and not used
```

원소의 값을 지닌 note 변수를 사용하지 않는 경우에도 마찬가지로 컴파일 에러가 발생합니다.

```
notes := [7]string{"do", "re", "mi", "fa", "so", "la", "ti"}

for index, note := range notes {
        fmt.Println(index)
}
```

"note" 변수를 사용하지 않습니다.

컴파일 에러

```
note declared and not used
```

2장에서 복수 개의 반환 값을 가진 함수를 호출할 때 반환 값 중 일부를 무시한 것 혹시 기억하시나요? 값이 필요 없는 경우 해당 값을 빈 식별자(_)에 할당하면 컴파일 에러 없이 값을 버릴 수 있습니다.

for...range 루프의 값에도 동일한 방법을 적용할 수 있습니다. 각 배열 원소에 대한 인덱스 값이 필요 없는 경우, 해당 인덱스 값을 빈 식별자에 할당할 수 있습니다.

인덱스 값 위치에 빈 식별자를 사용합니다.

```
notes := [7]string{"do", "re", "mi", "fa", "so", "la", "ti"}

for _, note := range notes {
        fmt.Println(note)
}
```

"note" 변수만 사용합니다.

```
do
re
mi
fa
so
la
ti
```

반대로 값에 대한 변수가 필요 없는 경우에는 값을 빈 식별자에 할당하면 됩니다.

원솟값 위치에 빈 식별자를 사용합니다.

```
notes := [7]string{"do", "re", "mi", "fa", "so", "la", "ti"}

for index, _ := range notes {
        fmt.Println(index)
}
```

"index" 변수만 사용합니다.

```
0
1
2
3
4
5
6
```

배열에 저장된 수들의 총합 구하기

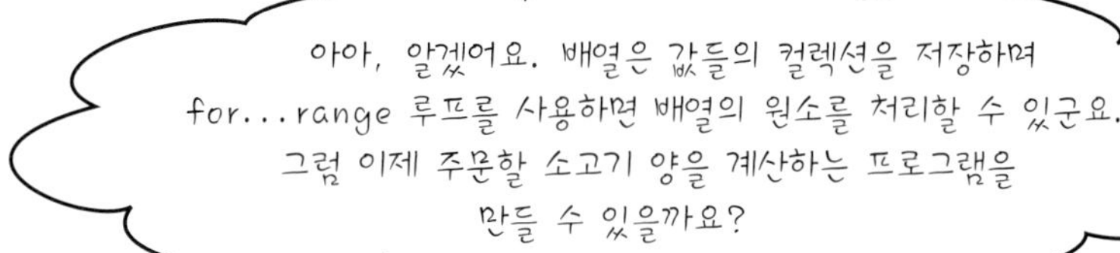

아아, 알겠어요. 배열은 값들의 컬렉션을 저장하며
for...range 루프를 사용하면 배열의 원소를 처리할 수 있군요.
그럼 이제 주문할 소고기 양을 계산하는 프로그램을
만들 수 있을까요?

마침내 float64 값의 배열을 만들고 값들의 평균을 계산하는 데 필요한 모든 내용을 습득했습니다. 지난 몇 주 동안 사용된 소고기 양을 average라는 프로그램에 입력해 봅시다.

가장 먼저 할 일은 프로그램을 작성할 파일을 만드는 일입니다. Go 작업 공간 디렉터리(GOPATH 환경 변수를 설정하지 않은 경우 홈 디렉터리 내 *go* 디렉터리)에서 다음 구조로 디렉터리를 생성합니다. 가장 안쪽에 위치한 *average* 디렉터리에 *main.go*라는 파일을 저장합니다.

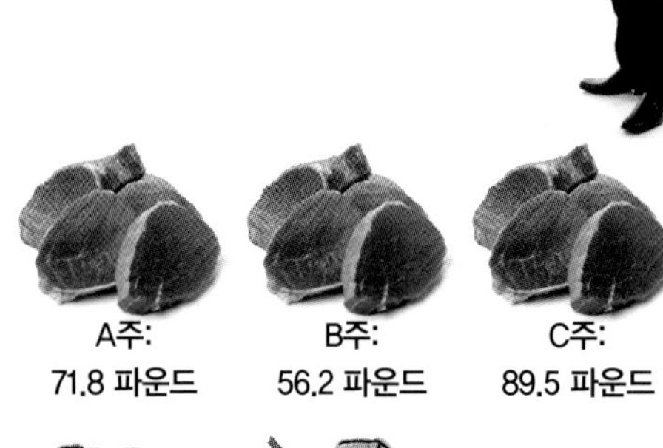

이제 *main.go* 파일에 프로그램 코드를 작성해 봅시다. 실행 가능한 프로그램으로 만들 것이기 때문에 코드는 main 패키지의 main 함수에 작성합니다.

우선 세 샘플 값의 총합부터 계산해두고 평균은 조금 이따 구하겠습니다. 배열 리터럴을 사용해 세 개의 float64 값들로 이루어진 배열을 생성한 다음 지난 몇 주 동안의 샘플 값들로 배열을 채웁니다. 총합을 저장할 sum이라는 이름의 float64 타입의 변수를 선언하고 0으로 초기화합니다.

그다음 for...range 루프를 사용해 각 숫자를 순회합니다. 원소의 인덱스는 필요 없기 때문에 빈 식별자 _를 사용해 값을 버립니다. 루프 안에서는 각 숫자를 sum 값에 더해 줍니다. 모든 값을 합한 다음에는 프로그램을 종료하기 전에 sum 값을 출력합니다.

```
// average 프로그램은 숫자들의 평균을 계산합니다.
package main

import "fmt"

func main() {
	numbers := [3]float64{71.8, 56.2, 89.5}
	var sum float64 = 0
	for _, number := range numbers {
		sum += number
	}
	fmt.Println(sum)
}
```

- package main ← 실행 가능한 프로그램이므로 "main" 패키지를 사용합니다.
- numbers ← 배열 리터럴을 사용해 평균 계산 시 사용할 세 개의 float64 타입의 값을 가진 배열을 생성합니다.
- var sum ← 세 숫자의 총합을 저장할 float64 변수를 선언합니다.
- for ← 배열의 각 숫자를 순회합니다.
- _ ← 원소의 인덱스 값은 버립니다.
- sum += number ← 현재 숫자를 총합에 더합니다.

배열에 저장된 수들의 총합 구하기 (계속)

이제 프로그램을 컴파일한 뒤 실행해 봅시다. go install 명령어를 사용해 실행 파일을 생성합니다. go install의 인자로 실행 파일의 임포트 경로를 전달합니다. 디렉터리 구조가 다음과 같다면...

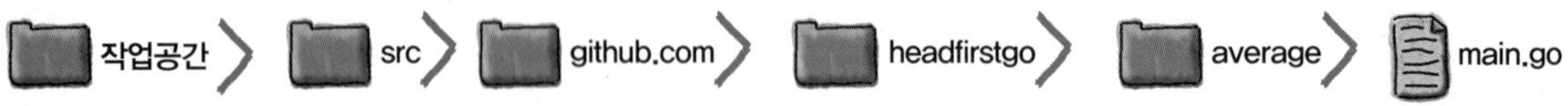
작업공간
src
github.com
headfirstgo
average
main.go

임포트 경로는 "github.com/headfirstgo/average"가 되므로 터미널에서 다음 명령어를 입력합니다.

```
go install github.com/headfirstgo/average
```

이 명령어는 아무 디렉터리에서나 실행할 수 있습니다. go install은 작업 공간의 *src* 디렉터리 내의 *github.com/headfirstgo/average* 디렉터리를 대상으로 패키지를 검색한 다음 패키지 디렉터리 안에 있는 모든 *.go* 파일을 컴파일합니다. 컴파일된 실행 파일은 average라는 이름으로 Go 작업 공간 내의 *bin* 디렉터리에 저장됩니다.

그다음 **cd** 명령어로 Go 작업 공간 내의 *bin* 디렉터리로 이동합니다. *bin* 디렉터리에서는 **./average**(윈도우의 경우 **average.exe**) 명령어를 사용하여 실행 파일을 실행할 수 있습니다.

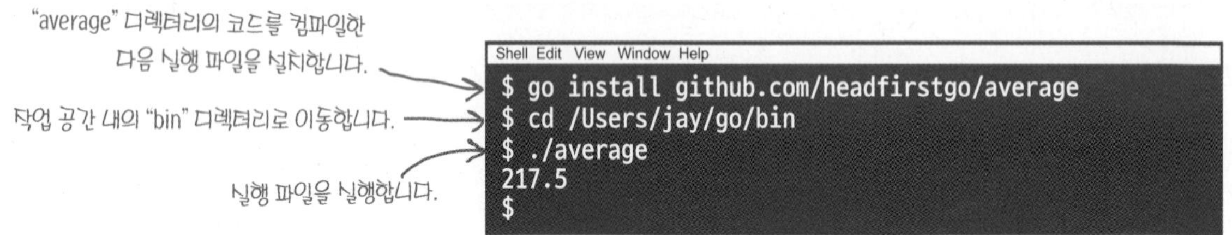
"average" 디렉터리의 코드를 컴파일한 다음 실행 파일을 설치합니다.
작업 공간 내의 "bin" 디렉터리로 이동합니다.
실행 파일을 실행합니다.
Shell Edit View Window Help
$ go install github.com/headfirstgo/average
$ cd /Users/jay/go/bin
$ ./average
217.5
$

프로그램은 배열에 저장된 세 값의 총합을 출력한 뒤 종료합니다.

배열에 저장된 수들의 평균 구하기

배열에 저장된 값들의 총합을 출력하는 average 프로그램을 만들었고, 이제 실제 평균값을 출력하도록 프로그램을 수정할 차례입니다. 평균은 총합을 배열의 길이로 나눠서 구할 수 있습니다.

len 함수에 배열을 전달하면 배열의 길이를 int 타입의 값으로 반환합니다. 하지만 sum 변수는 float64 타입이기 때문에 수학 연산에 두 값을 함께 사용하려면 길이 값을 float64 타입으로 변환해야 합니다. 변환 결괏값은 sampleCount 변수에 저장합니다. 그다음 sum을 sampleCount로 나눈 다음 결괏값을 출력하면 됩니다.

```
// average 프로그램은 숫자들의 평균을 계산합니다.

import "fmt"

func main() {
        numbers := [3]float64{71.8, 56.2, 89.5}
        var sum float64 = 0
        for _, number := range numbers {
                sum += number
        }
        sampleCount := float64(len(numbers))
        fmt.Printf("Average: %0.2f\n", sum/sampleCount)
}
```

정숫값으로 얻은 배열의 길이를 float64 타입으로 변환합니다.

원소들의 총합을 배열의 길이로 나눠 평균을 구합니다.

코드를 수정한 다음 go install로 코드를 컴파일한 뒤 bin 디렉터리에서 average 실행 파일을 다시 실행해 보면 새로운 출력값을 확인할 수 있습니다. 원소들의 총합 대신 평균값이 출력됨을 볼 수 있습니다.

```
Shell Edit View Window Help
$ go install github.com/headfirstgo/average
$ cd /Users/jay/go/bin
$ ./average
Average: 72.50
$
```

원소들의 평균값

수영장 퍼즐

여러분이 할 일은 수영장에 들어 있는 코드 조각을 아래 빈칸에 맞게 채워 넣는 것입니다. 각 코드 조각은 한 번만 사용할 수 있고 모두 사용할 필요는 없습니다. 여러분의 **목표**는 배열에서 10과 20 사이에 있는 모든 원소들의 인덱스와 값을 출력하는 프로그램을 완성하는 것입니다(아래 보이는 출력값을 출력하면 됩니다).

```
package main

import "fmt"

func main() {
        _________ := ____int{3, 16, -2, 10, 23, 12}
        for i, ________ := _______ numbers {
                if number >= 10 && number <= 20 {
                        fmt.Println(__, number)
                }
        }
}
```

출력값

```
1 16
3 10
5 12
```

참고: 각 코드 조각은 딱 한 번만 사용할 수 있습니다!

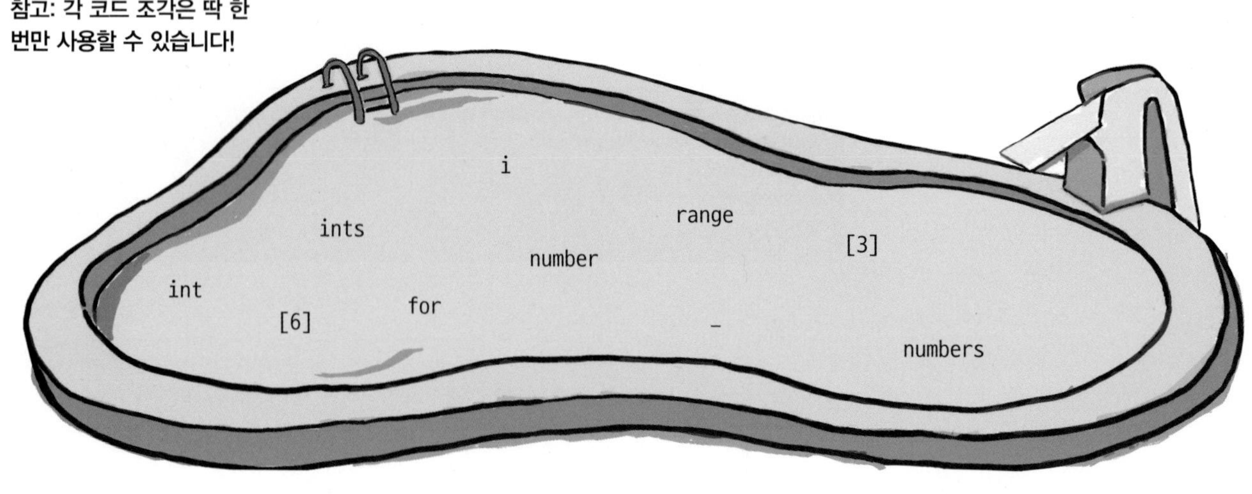

답은 173 페이지에 있습니다.

텍스트 파일 읽기

우회로로 갑시다

오 좋긴 한데, 이 프로그램은 이번 주에 주문할 양만
계산할 수 있네요. 더 많은 데이터가 생기면 어떻게 해야
하나요? 저는 코드를 수정할 수도 없고
심지어 Go도 설치되지 않았어요!

맞습니다. 사용자가 코드를 직접 수정하고 컴파일해야 하는 프로그램은 사용자 친화적이지 않습니다.

이전에 우리는 표준 라이브러리의 os 및 bufio 패키지를 사용해 키보드로부터 한 번에 한 줄씩 데이터를 읽어 와 본 적이 있습니다. 동일한 방법을 사용하면 텍스트 파일의 내용도 읽어 올 수 있습니다. 그럼 잠시 텍스트 파일에서 데이터를 읽어 오는 방법을 간단히 배워 보겠습니다.

에디터를 열고 *data.txt*라는 파일을 생성합니다. 일단은 Go 작업 공간 디렉터리 *외부*에 저장합니다.

파일에는 세 개의 부동 소수점 샘플 값을 한 줄에 하나씩 입력합니다.

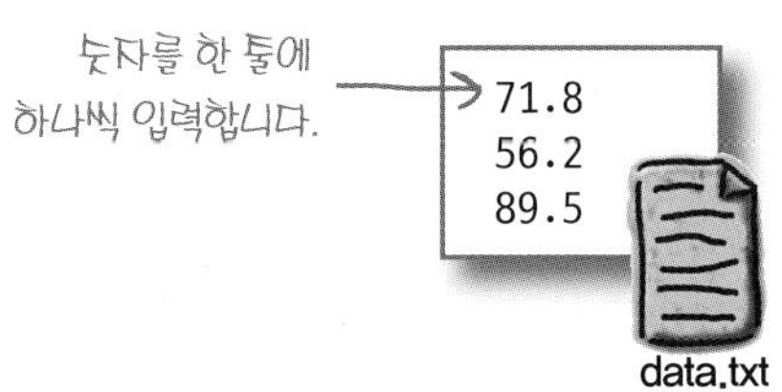
숫자를 한 줄에
하나씩 입력합니다.
71.8
56.2
89.5
data.txt

텍스트 파일 읽기 (계속)

우회로로 갑시다

프로그램이 텍스트 파일에 저장된 숫자들의 평균값을 계산하려면 파일의 내용을 읽어 올 수 있어야 합니다. 우선은 파일만 읽는 프로그램을 작성해 보고 배운 내용을 이전에 만든 평균 프로그램에 통합해 봅시다.

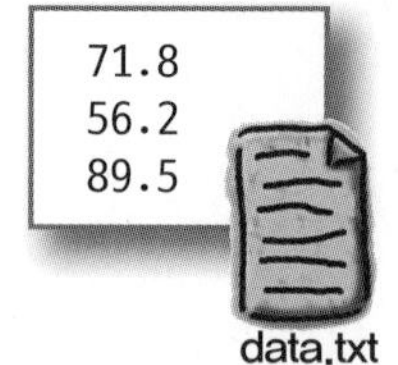

data.txt와 같은 디렉터리에 *readfile.go*라는 새로운 프로그램을 생성합니다. *readfile.go*는 설치하지 않고 go run으로 실행만 할 것이기 때문에 Go 작업 공간 디렉터리 외부에 생성해도 괜찮습니다. *readfile.go*에 다음 코드를 작성하세요(코드의 동작 방식은 다음 페이지에서 자세히 설명합니다).

readfile.go

```
package main

import (
	"bufio"
	"fmt"
	"log"
	"os"
)

func main() {
	file, err := os.Open("data.txt")
	if err != nil {
		log.Fatal(err)
	}
	scanner := bufio.NewScanner(file)
	for scanner.Scan() {
		fmt.Println(scanner.Text())
	}
	err = file.Close()
	if err != nil {
		log.Fatal(err)
	}
	if scanner.Err() != nil {
		log.Fatal(scanner.Err())
	}
}
```

- `os.Open("data.txt")`: 읽을 데이터 파일을 엽니다.
- 첫 번째 `if err != nil { ... }`: 파일을 여는 도중에 에러가 발생하면 에러를 보고하고 프로그램을 종료합니다.
- `bufio.NewScanner(file)`: 파일에 대한 Scanner를 생성합니다.
- `for scanner.Scan() { ... }`: 파일의 끝에 도달해 scanner.Scan이 false를 반환할 때까지 순회합니다.
- `scanner.Scan()`: 파일에서 한 줄을 읽습니다.
- `fmt.Println(scanner.Text())`: 한 줄의 내용을 출력합니다.
- `err = file.Close()`: 파일을 닫아 자원을 반환합니다.
- 두 번째 `if err != nil { ... }`: 파일을 닫는 도중에 에러가 발생하면 에러를 보고하고 프로그램을 종료합니다.
- `if scanner.Err() != nil { ... }`: 파일의 내용을 읽는 도중에 에러가 발생하면 에러를 보고하고 프로그램을 종료합니다.

그다음 터미널에서 위의 두 파일이 저장된 디렉터리로 이동해 **go run readfile.go**를 실행하면, 프로그램은 *data.txt* 파일을 읽어 파일의 내용을 출력합니다.

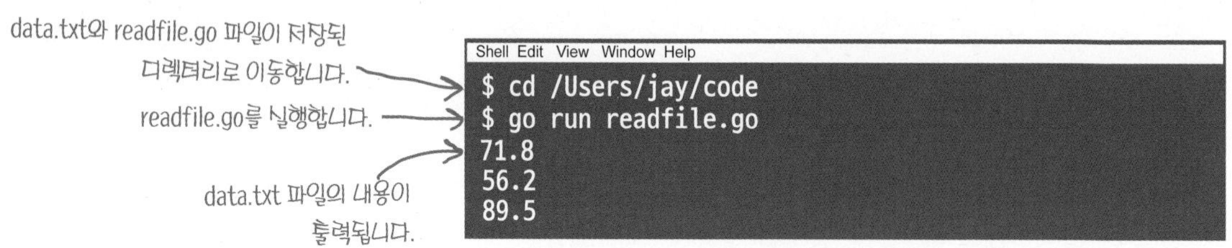

data.txt와 readfile.go 파일이 저장된 디렉터리로 이동합니다.
readfile.go를 실행합니다.
data.txt 파일의 내용이 출력됩니다.
Shell Edit View Window Help
$ cd /Users/jay/code
$ go run readfile.go
71.8
56.2
89.5

텍스트 파일 읽기 (계속)

우회로로 갑시다

readfile.go 테스트 프로그램은 data.txt 파일을 성공적으로 읽어 와서 파일의 내용을 출력하고 있습니다. 이제 이 프로그램이 동작하는 방식을 좀 더 자세히 살펴보겠습니다.

우선 os.Open 함수에 열고 싶은 파일의 이름을 문자열로 전달합니다. os.Open에서는 두 개의 값이 반환되는데 하나는 열린 파일을 나타내는 os.File 값에 대한 포인터이며 나머지 하나는 error 타입의 값입니다. 이제까지 많이 보아 왔듯이 파일이 성공적으로 열리면 두 번째 반환 값으로 nil이 반환되며 여는 도중 에러가 발생하면(가령, 존재하지 않는 파일이거나 읽을 수 없는 파일인 경우) 에러 값이 반환됩니다. 에러가 발생하면 에러 메시지를 출력한 뒤 프로그램을 종료합니다.

읽을 데이터 파일을 엽니다.

```
file, err := os.Open("data.txt")
if err != nil {
        log.Fatal(err)
}
```

파일을 여는 도중에 에러가 발생하면 에러를 보고하고 프로그램을 종료합니다.

그다음 os.File 값을 bufio.NewScanner 함수로 전달하면, 파일로부터 데이터를 읽는 bufio.Scanner 값을 반환합니다.

파일에 대한 Scanner를 생성합니다.

```
scanner := bufio.NewScanner(file)
```

bufio.Scanner의 Scan 메서드는 for 루프에서 사용하도록 만들어져 있습니다. 이 메서드는 파일로부터 한 줄의 텍스트를 읽어 오며 읽기에 성공하면 true를, 실패하면 false를 반환합니다. Scan을 for 루프의 조건문으로 사용하면 루프는 더 이상 읽을 데이터가 없을 때까지 실행됩니다.

bufio.Scanner에서 Scan 메서드를 호출한 다음 Text 메서드를 호출하면 읽어 온 데이터를 문자열로 반환합니다. 이 프로그램은 루프 내에서 Println을 호출해 각 줄을 출력합니다.

```
for scanner.Scan() {        ← 파일에서 한 줄을 읽습니다.
        fmt.Println(scanner.Text())   ← 한 줄의 내용을 출력합니다.
}
```

파일의 끝에 도달해 scanner.Scan이 false를 반환할 때까지 순회합니다.

루프가 종료되면 파일 읽기가 끝납니다. 파일을 열어두면 운영체제의 자원을 계속 점유하기 때문에 다 사용하면 파일은 항상 닫아 주도록 합니다. os.File의 Close 메서드로 파일을 닫을 수 있습니다. Open 함수와 마찬가지로 Close 메서드도 에러 값을 반환하는데 파일이 성공적으로 닫히면 nil이 반환됩니다(Open과 달리 Close는 에러 이외에는 반환할 만한 값이 없기 때문에 하나의 값만 반환합니다).

```
err = file.Close()     ← 파일을 닫아 자원을 반환합니다.
if err != nil {
        log.Fatal(err)
}
```

파일을 닫는 도중에 에러가 발생하면 에러를 보고하고 프로그램을 종료합니다.

bufio.Scanner에서는 파일을 읽는 도중에 에러가 발생할 수도 있습니다. 에러가 발생하면 해당 에러를 반환하는 스캐너의 Err 메서드를 호출해 에러를 보고하고 프로그램을 종료합니다.

```
if scanner.Err() != nil {
        log.Fatal(scanner.Err())
}
```

파일의 내용을 읽는 도중에 에러가 발생하면 에러를 보고하고 프로그램을 종료합니다.

우회를 종료하고
다시 돌아갑니다

텍스트 파일에서 읽어 온 데이터 배열에 저장하기

readfile.go 프로그램은 잘 동작하여 data.txt 파일의 내용을 문자열로 읽고 출력할 수 있었습니다. 이제 읽어 온 문자열을 숫자로 변환하여 배열에 저장해야 하므로, 이 작업을 수행하는 datafile이라는 패키지를 만들어 봅시다.

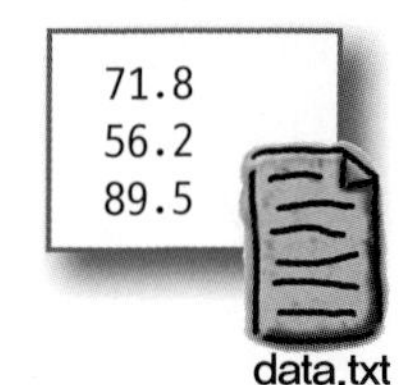

Go 작업 공간의 *headfirstgo* 디렉터리 내에 *datafile*이라는 디렉터리를 생성한 뒤 *datafile* 디렉터리에는 *floats.go*라는 파일을 저장합니다(파일로부터 부동 소수점 숫자를 읽어 오는 코드를 작성할 파일이므로 *floats.go*라고 지었습니다).

floats.go 파일에는 다음 코드를 작성합니다. 대부분 코드는 좀 전에 작성한 *readfile.go* 파일의 코드와 동일하며, 동일한 부분은 회색으로 표시했습니다. 새로운 코드에 대한 자세한 동작 방식은 다음 페이지에서 설명하겠습니다.

```
// Package datafile은 파일로부터 샘플 데이터를 읽어 옵니다.

import (
        "bufio"
        "os"
        "strconv"
)

// GetFloats는 파일의 각 줄을 float64 타입으로 읽어 옵니다.
func GetFloats(fileName string) ([3]float64, error) {
        var numbers [3]float64
        file, err := os.Open(fileName)
        if err != nil {
                return numbers, err
        }
        i := 0
        scanner := bufio.NewScanner(file)
        for scanner.Scan() {
                numbers[i], err = strconv.ParseFloat(scanner.Text(), 64)
                if err != nil {
                        return numbers, err
                }
                i++
        }
        err = file.Close()
        if err != nil {
                return numbers, err
        }
        if scanner.Err() != nil {
                return numbers, scanner.Err()
        }
        return numbers, nil
}
```

읽어 올 파일의 이름을 인자로 받습니다.

이 함수는 숫자 배열과 에러 값을 반환합니다.

반환할 배열을 선언합니다.

받아 온 파일명으로 파일을 엽니다.

파일을 여는 도중에 에러가 발생하면 에러를 보고하고 프로그램을 종료합니다.

값을 할당할 위치의 인덱스를 추적하기 위한 변수

문자열을 float64로 변환합니다.

타입을 변환하는 도중에 에러가 발생하면 에러를 반환합니다.

다음 인덱스로 이동합니다.

파일을 닫는 도중에 에러가 발생하면 에러를 보고하고 프로그램을 종료합니다.

파일의 내용을 읽는 도중에 에러가 발생하면 에러를 보고하고 프로그램을 종료합니다.

여기까지 왔으면 아무 에러 없이 성공한 것으로 숫자 배열과 "nil" 에러를 반환합니다.

텍스트 파일에서 읽어 온 데이터 배열에 저장하기 (계속)

data.txt 외 파일에서도 내용을 읽어 올 수 있도록 파일명을 인자로 받습니다. 함수는 float64와 error 타입의 값을 반환하도록 선언했습니다. 에러를 반환하는 다른 대부분의 함수와 마찬가지로 첫 번째 반환 값은 에러 값이 nil인 경우에만 유효한 값으로 취급해야 합니다.

읽어 올 파일의 이름을 인자로 받습니다.

이 함수는 숫자 배열과 에러 값을 반환합니다.

```
func GetFloats(fileName string) ([3]float64, error) {
```

다음으로 파일에서 읽어 온 숫자를 저장할 세 개의 float64 값을 갖는 배열을 선언합니다.

```
var numbers [3]float64
```

반환할 배열을 선언합니다.

*readfile.go*와 마찬가지로 먼저 읽어 올 파일을 엽니다. 차이점은 "data.txt"라는 하드 코딩된 문자열 대신 열고자 하는 파일의 이름을 전달한다는 점입니다. 에러가 발생하는 경우, 에러 값과 함께 배열도 반환해야 하므로 numbers 배열을(값이 아직 할당되지 않았더라도) 그대로 반환합니다.

```
file, err := os.Open(fileName)
if err != nil {
        return numbers, err
}
```

받아 온 파일명으로 파일을 엽니다.

파일을 여는 도중에 에러가 발생하면 에러를 보고하고 프로그램을 종료합니다.

각 줄의 데이터를 할당할 원소의 위치를 알아야 하므로 현재 인덱스를 추적할 변수를 하나 생성합니다.

```
i := 0
```

값을 할당할 위치의 인덱스를 추적하기 위한 변수

bufio.Scanner를 설정하고 파일의 모든 줄을 순회하는 코드는 *readfile.go*와 동일하지만, 루프 내의 코드는 다릅니다. 새로운 코드에서는 루프에서 strconv.ParseFloat를 사용해 파일에서 읽어 온 문자열을 float64로 변환한 다음 변환 결괏값을 배열에 할당합니다. ParseFloat가 실패하면 에러를 반환하고, 성공하면 다음 숫자를 처리하기 위해 i를 증가시킵니다.

```
numbers[i], err = strconv.ParseFloat(scanner.Text(), 64)
if err != nil {
        return numbers, err
}
i++
```

파일을 닫는 도중에 에러가 발생하면 에러를 보고하고 프로그램을 종료합니다.

문자열을 float64로 변환합니다.

다음 인덱스로 이동합니다.

파일을 닫고 에러를 보고하는 코드도 *readfile.go*와 유사하나 이번엔 에러가 발생하는 경우 프로그램을 즉시 종료하지 않고 발생한 에러를 반환합니다. 아무 에러도 발생하지 않으면 "GetFloats" 함수의 끝에 도달해 nil 에러 값과 함께 float64 값의 배열이 반환됩니다.

```
if scanner.Err() != nil {
        return numbers, scanner.Err()
}
return numbers, nil
```

파일의 내용을 읽는 도중에 에러가 발생하면 에러를 보고하고 프로그램을 종료합니다.

여기까지 도달했으면 아무 에러 없이 성공한 것으로 숫자 배열과 "nil" 에러를 반환합니다.

"average" 프로그램에서 텍스트 파일 읽기

이제 average 프로그램에 하드 코딩된 배열을 *data.txt* 파일에서 읽은 데이터로 만든 배열로 대체할 준비가 끝났습니다.

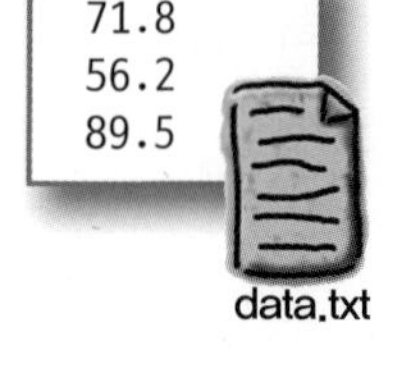

datafile 패키지를 작성하는 일은 까다로웠지만 메인 프로그램에서는 다음 세 작업만 수행하면 됩니다.

- import문을 수정해 datafile 및 log 패키지를 가져옵니다.
- 하드 코딩된 숫자 배열을 datafile.GetFloats("data.txt")의 반환 값으로 대체합니다.
- GetFloats 함수에서 에러가 발생하면 에러를 보고한 다음 프로그램을 종료합니다.

이외 나머지 코드는 이전과 동일합니다.

작업공간 > src > github.com > headfirstgo > average > main.go

```
// average 프로그램은 숫자들의 평균을 계산합니다.

import (
        "fmt"
        "github.com/headfirstgo/datafile"
        "log"
)

func main() {
        numbers, err := datafile.GetFloats("data.txt")
        if err != nil {
                log.Fatal(err)
        }
        var sum float64 = 0
        for _, number := range numbers {
                sum += number
        }
        sampleCount := float64(len(numbers))
        fmt.Printf("Average: %0.2f\n", sum/sampleCount)
}
```

좀 전에 만든 패키지를 가져옵니다.

"log" 패키지를 가져옵니다.

data.txt 파일의 내용을 읽어 와 숫자 타입으로 파싱한 다음 배열에 저장합니다.

에러가 발생하면 에러를 보고하고 프로그램을 종료합니다.

"average" 프로그램에서 텍스트 파일 읽기 (계속)

터미널에서 이전과 동일한 명령어를 사용해 프로그램을 컴파일할 수 있습니다.

```
go install github.com/headfirstgo/average
```

프로그램이 datafile 패키지를 가져오기 때문에 해당 패키지도 자동으로 함께 컴파일됩니다.

"average" 프로그램과 의존 패키지인 "datafile" 패키지를 컴파일합니다.

```
Shell Edit View Window Help
$ go install github.com/headfirstgo/average
```

이제 *data.txt* 파일을 작업 공간의 *bin* 디렉터리로 옮겨야 합니다. 해당 디렉터리에서 실행되는 average 실행 파일은 동일한 디렉터리에서 *data.txt* 파일을 찾기 때문입니다. *data.txt* 파일을 옮긴 다음에는 *bin* 디렉터리로 이동합니다.

data.txt 파일을 작업 공간의 "bin" 디렉터리 아래로 옮깁니다(명령어를 사용하거나 파일을 해당 디렉터리에 다시 저장합니다).
Shell Edit View Window Help
$ mv data.txt /Users/jay/go/bin
$ cd /Users/jay/go/bin
"bin" 하위 디렉터리로 이동합니다.

average 실행 파일을 실행하면 프로그램은 data.txt 파일의 내용을 읽어 와 배열에 저장한 다음 평균을 계산합니다.

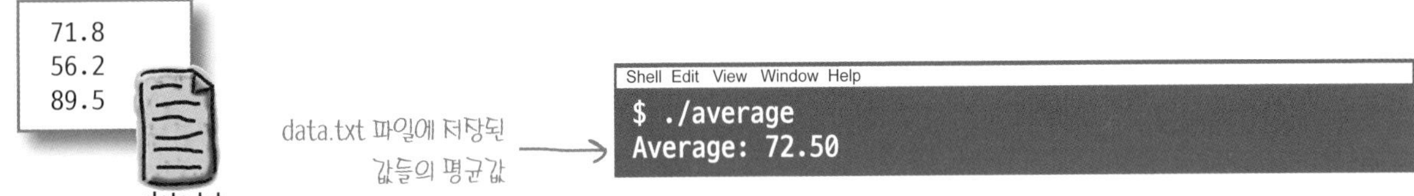
71.8
56.2
89.5
data.txt
data.txt 파일에 저장된 값들의 평균값
Shell Edit View Window Help
$ ./average
Average: 72.50

data.txt의 값을 변경하면 평균값도 변경됩니다.

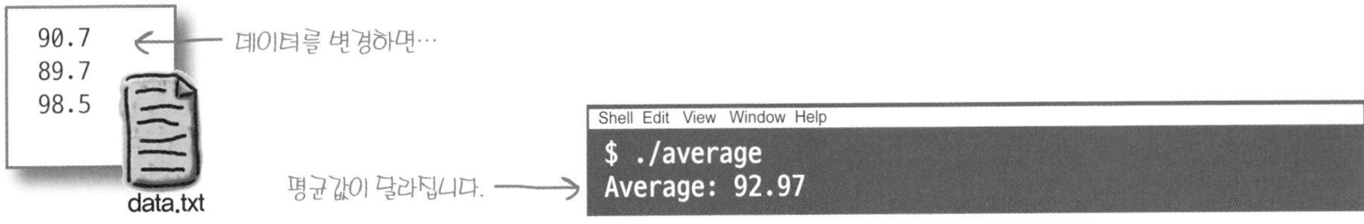
90.7
89.7
98.5
data.txt
데이터를 변경하면…
평균값이 달라집니다.
Shell Edit View Window Help
$ ./average
Average: 92.97

현재 프로그램은 세 개의 값만 처리할 수 있습니다!

하지만 문제가 하나 있습니다. average 프로그램은 data.txt 파일에 데이터가 3개 이하인 경우에만 정상 동작하며, 4개가 넘어가면 패닉이 발생합니다.

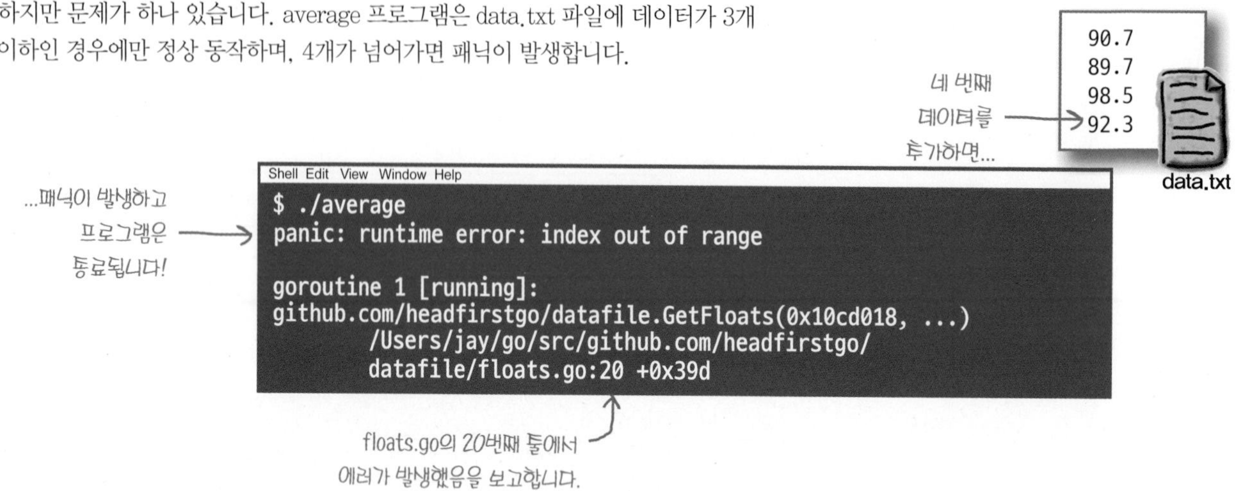
90.7
89.7
98.5
92.3
data.txt
네 번째 데이터를 추가하면...
...패닉이 발생하고 프로그램은 종료됩니다!
Shell Edit View Window Help
$ ./average
panic: runtime error: index out of range
goroutine 1 [running]:
github.com/headfirstgo/datafile.GetFloats(0x10cd018, ...)
/Users/jay/go/src/github.com/headfirstgo/
datafile/floats.go:20 +0x39d
floats.go의 20번째 줄에서 에러가 발생했음을 보고합니다.

Go 프로그램은 패닉이 발생하면 패닉이 발생한 위치의 코드에 대한 정보를 출력합니다. 위 경우에는 *floats.go* 파일의 20번째 줄에서 문제가 발생한 것 같습니다.

floats.go의 20번째 줄을 보면 파일에서 숫자를 읽어 와 배열에 저장하는 GetFloats 함수에서 에러가 발생했음을 볼 수 있습니다.

```
// ...위쪽 코드는 생략되었습니다...
func GetFloats(fileName string) ([3]float64, error) {
	var numbers [3]float64
	file, err := os.Open(fileName)
	if err != nil {
		return numbers, err
	}
	i := 0
	scanner := bufio.NewScanner(file)
	for scanner.Scan() {
		numbers[i], err = strconv.ParseFloat(scanner.Text(), 64)
		if err != nil {
			return numbers, err
		}
		i++
	}
	// 나머지 코드는 생략하였습니다.
}
```

숫자를 배열에 할당하는 20번째 줄입니다!

현재 프로그램은 세 개의 값만 처리할 수 있습니다! (계속)

앞서 본 코드에서 실수로 7개의 원소를 갖는 배열의 8번째 인덱스에 접근하려던 것 기억하시나요? 그때도 마찬가지로 프로그램은 패닉이 발생한 다음 종료되었습니다.

배열에는 일곱 개의 원소만 존재합니다.

```
notes := [7]string{"do", "re", "mi", "fa", "so", "la", "ti"}

for i := 0; i <= 7; i++ {
	fmt.Println(i, notes[i])
}
```

존재하지 않는 인덱스 7(8번째 원소)까지 순회합니다.

```
0 do
1 re
2 mi
3 fa
4 so
5 la
6 ti
panic: runtime error: index out of range
```

0부터 6까지의 인덱스에 접근합니다.

인덱스 7에 접근하면 패닉이 발생합니다!

GetFloats 함수에서도 동일한 문제가 나타나고 있습니다. numbers는 세 개의 원소를 갖는 배열로 선언되었기 때문에 data.txt 파일의 네 번째 데이터를 읽게 되면 numbers의 네 번째 인덱스에 할당을 시도하게 되고 따라서 패닉이 발생합니다.

```
func GetFloats(fileName string) ([3]float64, error) {
	var numbers [3]float64
	file, err := os.Open(fileName)
	if err != nil {
		return numbers, err
	}
	i := 0
	scanner := bufio.NewScanner(file)
	for scanner.Scan() {
		numbers[i], err = strconv.ParseFloat(scanner.Text(), 64)
		if err != nil {
			return numbers, err
		}
		i++
	}
	// 나머지 코드는 생략하였습니다.
}
```

numbers[0]부터 numbers[2]까지의 인덱스만 유효합니다.

number[3]에 값을 할당하려고 하면 패닉이 발생합니다.

Go의 배열은 고정된 크기를 가지며 그 크기는 변경할 수 없습니다. 하지만 *data.txt* 파일에 저장할 수 있는 데이터의 개수는 고정적이지 않으며 사용자가 원하는 만큼 추가할 수 있습니다. 이 딜레마에 대한 해결책은 다음 장에서 살펴보겠습니다!

CHAPTER 5

Go 도구 상자

5장이 끝났습니다!
도구 상자에 배열을 담았습니다.

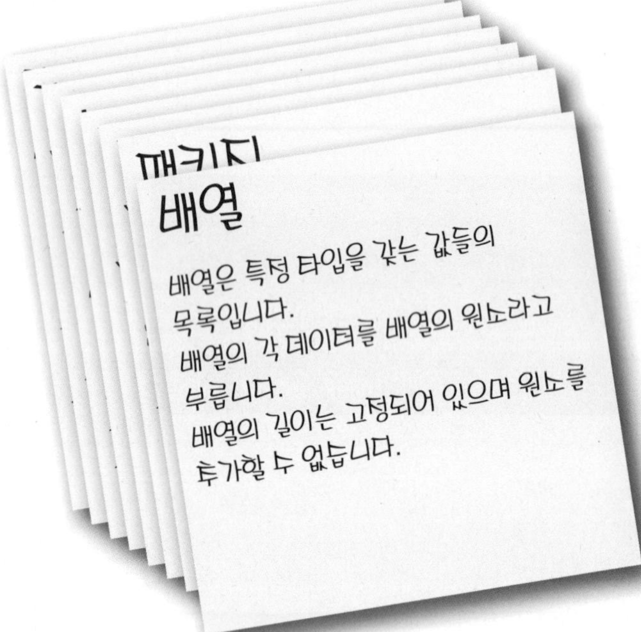

패키지
배열
배열은 특정 타입을 갖는 값들의 목록입니다.
배열의 각 데이터를 배열의 원소라고 부릅니다.
배열의 길이는 고정되어 있으며 원소를 추가할 수 없습니다.

중요 항목

- 배열 변수 선언 시에는 대괄호([]) 안에 원소의 개수를 지정한 다음 원소의 타입을 지정합니다.
- 배열의 원소에 접근하거나 값을 할당할 때에는 대괄호 안에 인덱스를 지정해 줍니다. 인덱스는 0부터 시작하며 myArray의 첫 번째 원소는myArray[0]입니다.
- 변수와 마찬가지로 배열을 만들 때 배열에 포함된 모든 값은 배열이 가진 타입의 제로 값으로 초기화됩니다.
- 배열 리터럴을 사용하면 배열 생성과 동시에 원소 값을 할당할 수 있습니다.
- 유효하지 않은 인덱스 값을 가진 변수를 사용해 배열의 원소에 접근하면 런타임 에러인 패닉이 발생합니다.
- len 내장 함수를 사용하면 배열의 길이를 구할 수 있습니다.
- 특수한 형태의 반복문인 for...range 루프문을 사용하면 배열의 모든 원소를 더 쉽게 다룰 수 있습니다. 이 루프문은 모든 원소를 순회하면서 루프문에 제공한 변수에 각 원소의 인덱스와 값을 할당합니다.
- for...range 루프를 사용할 때 빈 식별자 _를 사용하면 각 원소에 대한 인덱스나 값을 무시할 수 있습니다.
- os.Open 함수는 파일을 열어 열린 파일을 나타내는 os.File 값에 대한 포인터를 반환합니다.
- os.File 값을 bufio.NewScanner에 전달하면 파일에서 문자열을 한 줄씩 읽을 수 있는 Scan 및 Text 메서드를 가진 bufio.Scanner 값이 반환됩니다.

연습문제 정답

아래에 두 개의 배열을 선언하고 배열의 모든 원소를 출력하는 프로그램이 있습니다. 어떤 값들이 출력될지 적어 보세요.

```
package main

import "fmt"

func main() {
        var numbers [3]int
        numbers[0] = 42
        numbers[2] = 108
        var letters = [3]string{"a", "b", "c"}
                                              출력값

        fmt.Println(numbers[0])               42
        fmt.Println(numbers[1])               0
        fmt.Println(numbers[2])               108
        fmt.Println(letters[2])               c
        fmt.Println(letters[0])               a
        fmt.Println(letters[1])               b
}
```

수영장 퍼즐 정답

```
package main

import "fmt"

func main() {
        numbers := [6]int{3, 16, -2, 10, 23, 12}
        for i, number := range numbers {
                if number >= 10 && number <= 20 {
                        fmt.Println(i, number)
                }
        }
}
```

출력값

```
1 16
3 10
5 12
```

6 확장 문제

슬라이스

음 케이크 한 조각 먹고 싶은데
더는 못 참겠어! 이거 다 먹으면
더 큰 조각을 먹을 테야!

이전 장에서 배열에는 원소를 추가할 수 없다고 배웠습니다.

하지만 파일에 몇 개의 데이터가 포함되었는지 미리 알 수 없기 때문에 이는 곧 문제가 됩니다. 바로 이때 사용할 수 있는 게 Go의 **슬라이스(slice)**입니다. 슬라이스는 확장 가능한 컬렉션 타입으로 우리가 처한 문제를 해결해 줄 도구입니다. 이번 장에서는 슬라이스로 프로그램에 데이터를 좀 더 쉽게 전달할 수 있는 방법과 더 간편하게 호출할 수 있는 함수를 작성하는 방법을 배워 보겠습니다.

슬라이스

Go에는 값을 추가하여 확장할 수 있는 데이터 구조가 존재하는데 이를 **슬라이스(slice)**라고 합니다. 배열과 마찬가지로 슬라이스도 복수 개의 원소로 이루어지며 모든 원소는 동일한 타입을 갖습니다. 그리고 배열과 달리 슬라이스의 끝에 원소를 추가할 수 있는 함수를 사용할 수 있습니다.

슬라이스 타입의 변수를 선언할 때에는 빈 대괄호([]) 다음에 원소의 타입을 지정하면 됩니다.

빈 대괄호 쌍
슬라이스가 가질 원소의 타입

```
var mySlice []string
```

슬라이스 변수 선언은 크기 지정만 제외하면 배열 변수 선언과 동일합니다.

크기를 지정합니다.

```
var myArray [5]int
var mySlice []int
```

지정된 크기가 없습니다.

배열 변수와 달리 슬라이스 변수는 자동으로 슬라이스를 생성하지는 않습니다. 따라서 make 내장 함수를 사용해 슬라이스를 명시적으로 생성해 줘야 합니다. make 함수에는 생성하려는 슬라이스 값의 타입(생성된 값을 할당할 슬라이스 변수와 동일한 타입만 가능합니다)과 생성할 슬라이스의 크기를 전달합니다.

슬라이스 변수를 선언합니다.

```
var notes []string
notes = make([]string, 7)
```

일곱 개의 문자열을 갖는 슬라이스를 생성합니다.

슬라이스가 생성되면 배열에서와 동일한 방식으로 값을 할당하고 가져올 수 있습니다.

```
notes[0] = "do"
notes[1] = "re"
notes[2] = "mi"
fmt.Println(notes[0])
fmt.Println(notes[1])
```

첫 번째 원소 값을 할당합니다.
두 번째 원소 값을 할당합니다.
세 번째 원소 값을 할당합니다.
첫 번째 원소를 출력합니다.
두 번째 원소를 출력합니다.

```
do
re
```

변수 선언과 슬라이스 생성을 항상 따로 할 필요는 없으며 make를 단축 변수 선언과 함께 사용하면 변수 타입을 자동으로 추론합니다.

다섯 개의 정수를 갖는 슬라이스를 생성한 다음 변수에 할당합니다.

```
primes := make([]int, 5)
primes[0] = 2
primes[1] = 3
fmt.Println(primes[0])
```

```
2
```

슬라이스 (계속)

len 내장 함수도 배열에서와 동일하게 동작합니다. len에 슬라이스를 전달하면 슬라이스의 길이를 정숫값으로 반환합니다.

```
notes := make([]string, 7)
primes := make([]int, 5)
fmt.Println(len(notes))
fmt.Println(len(primes))
```

```
7
5
```

for와 for...range 루프 또한 배열에서와 동일하게 동작합니다.

```
letters := []string{"a", "b", "c"}
for i := 0; i < len(letters); i++ {
        fmt.Println(letters[i])
}
for _, letter := range letters {
        fmt.Println(letter)
}
```

```
a
b
c
a
b
c
```

슬라이스 리터럴

배열과 마찬가지로 슬라이스에 들어갈 값을 미리 알고 있는 경우 **슬라이스 리터럴(slice literal)**을 사용하면 슬라이스 값을 초기화할 수 있습니다. 슬라이스 리터럴은 배열 리터럴과 매우 유사하지만 배열 리터럴은 대괄호에 배열의 길이를 명시하는 것과 달리 슬라이스 리터럴의 대괄호는 비어 있습니다. 빈 대괄호 다음에는 슬라이스 원소의 타입이 따라오며 다음으로는 각 원소의 초깃값이 담긴 목록이 중괄호로 감싸져 따라옵니다.

슬라이스 리터럴을 사용하면 자동으로 슬라이스를 생성하고 값을 채워 넣기 때문에 make 함수를 사용할 필요가 없습니다.

빈 대괄호 쌍

슬라이스가 가질 원소의 타입

쉼표로 구분된 슬라이스 값의 목록

```
[]int{9, 18, 27}
```

이 예제는 위에서 본 예제와 비슷하지만, 원소 값을 하나씩 할당하는 대신 슬라이스 리터럴을 사용해 슬라이스 전체를 한 번에 초기화하고 있습니다.

```
notes := []string{"do", "re", "mi", "fa", "so", "la", "ti"}
fmt.Println(notes[3], notes[6], notes[0])
primes := []int{
        2,
        3,
        5,
}
fmt.Println(primes[0], primes[1], primes[2])
```

슬라이스 리터럴을 사용해 값을 할당합니다.

멀티 라인 슬라이스 리터럴

```
fa ti do
2 3 5
```

수영장 퍼즐

여러분이 할 일은 수영장에 들어 있는 코드 조각을 아래 빈칸에 맞게 채워 넣는 것입니다. 각 코드 조각은 한 번만 사용할 수 있고 모두 사용할 필요는 없습니다. 여러분의 목표는 아래 보이는 출력값을 출력하는 프로그램을 완성하는 것입니다.

```
package main

import "fmt"

func main() {
	numbers := _____(__float64, __)
	numbers____ = 19.7
	numbers[2] = 25.2
	for __, _____ := range numbers {
		fmt.Println(i, number)
	}
	var letters = __string____________
	for i, letter := range letters {
		fmt.Println(i, ______)
	}
}
```

출력값

```
0 19.7
1 0
2 25.2
0 a
1 b
2 c
```

참고: 각 코드 조각은 딱 한 번만 사용할 수 있습니다!

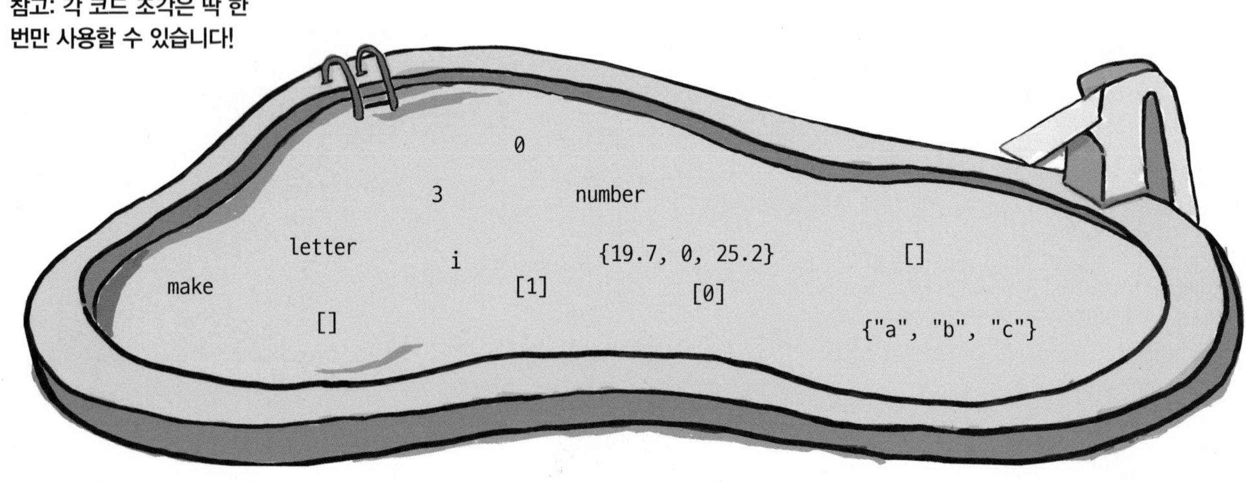

답은 203 페이지에 있습니다.

잠깐! 슬라이스는 배열이 할 수 있는 건
모두 할 수 있는데다가 원소도 추가할 수 있는데 왜
진작부터 슬라이스를 먼저 알려 주지 않고
굳이 배열을 배운 건가요?

그 이유는 바로 슬라이스가 배열을 기반으로 구현되었기 때문입니다. 따라서 배열에 대한 이해 없이는 슬라이스의 동작 방식을 이해할 수 없습니다. 그럼 이제 그 이유를 알아보겠습니다.

슬라이스 연산자

모든 슬라이스는 **내부 배열(underlying array)**을 기반으로 구현되었습니다. 내부 배열은 슬라이스의 데이터가 실제로 저장되는 공간이며, 슬라이스는 단지 이 배열 원소의 일부 또는 전체에 대한 추상화된 뷰일 뿐입니다.

make 함수 또는 슬라이스 리터럴로 슬라이스를 생성하면 내부 배열이 자동으로 생성됩니다(슬라이스를 거치지 않고 직접 내부 배열에 접근할 수는 없습니다). 그러나 배열을 직접 생성한 다음 **슬라이스 연산자**를 사용하면 해당 배열을 기반으로 하는 슬라이스를 만들 수도 있습니다.

슬라이싱을 시작할 인덱스 (포함)

슬라이싱이 끝나는 인덱스 (미포함)

```
mySlice := myArray[1:3]
```

슬라이스 연산자(슬라이싱)는 두 개의 인덱스를 사용한다는 점을 제외하면 개별 원소에 접근하는 구문과 유사합니다. 슬라이싱은 첫 번째 인덱스에서 시작해 두 번째 인덱스 이전에 끝납니다.

인덱스 0 - 슬라이싱은 인덱스 0에서 시작합니다.

인덱스 3 - 슬라이싱은 인덱스 3 이전에 끝납니다.

```
underlyingArray := [5]string{"a", "b", "c", "d", "e"}
slice1 := underlyingArray[0:3]
fmt.Println(slice1)
```

```
[a b c]
```

underlyingArray의 0부터 2번 인덱스까지의 원소들

이때 주의해야 할 것은 슬라이싱은 두 번째 인덱스를 포함하지 않고 해당 인덱스 바로 이전에 끝난다는 것입니다. 따라서, 슬라이싱된 결과로 반환되는 슬라이스는 두 번째 인덱스 이전까지의 원소들은 모두 포함하지만 두 번째 인덱스 자체는 포함하지 *않습니다*. 즉, 슬라이스 연산 underlyingArray[i:j]은 underlyingArray[i]부터 underlyingArray[j-i]까지의 원소를 갖는 슬라이스를 반환합니다.

인덱스 1 - 슬라이싱은 인덱스 1에서 시작합니다.

인덱스 4 - 슬라이싱은 인덱스 4 이전에 끝납니다.

(동작 방식이 다소 비직관적이긴 하지만 비슷한 표기법이 Python 프로그래밍 언어 진영에서 20년 이상 사용되어 왔으며 문제없이 잘 동작하는 것 같습니다.)

```
underlyingArray := [5]string{"a", "b", "c", "d", "e"}
i, j := 1, 4
slice2 := underlyingArray[i:j]
fmt.Println(slice2)
```

```
[b c d]
```

underlyingArray의 1부터 3번 인덱스까지의 원소들

슬라이스 연산자 (계속)

슬라이스에 내부 배열의 마지막 원소를 포함시키려면 배열의 마지막 원소 다음의 인덱스를 슬라이스 연산자의 두 번째 인덱스로 지정해야 합니다.

인덱스 2 - 슬라이싱은 인덱스 2에서 시작합니다.

인덱스 5는 존재하지 않지만 슬라이싱은 인덱스 4에서 끝납니다.

```
underlyingArray := [5]string{"a", "b", "c", "d", "e"}
slice3 := underlyingArray[2:5]
fmt.Println(slice3)
```

```
[c d e]
```

underlyingArray의 2부터 4번 인덱스까지의 원소들

하지만 이보다 더 큰 인덱스 값을 지정하면 존재하지 않는 인덱스까지 포함하려고 하기 때문에 에러가 발생합니다.

```
underlyingArray := [5]string{"a", "b", "c", "d", "e"}
slice3 := underlyingArray[2:6]
```

```
invalid slice index 6 (out of bounds for 5-element array)
```

슬라이스 연산자에는 시작 및 끝 인덱스에 대한 기본값이 존재합니다. 시작 인덱스를 생략하면 기본값으로 0(배열의 첫 원소)이 사용됩니다.

인덱스 0 - 슬라이싱은 인덱스 0에서 시작합니다.

인덱스 3 - 슬라이싱은 인덱스 3 이전에 끝납니다.

```
underlyingArray := [5]string{"a", "b", "c", "d", "e"}
slice4 := underlyingArray[:3]
fmt.Println(slice4)
```

```
[a b c]
```

underlyingArray의 0부터 2번 인덱스까지의 원소들

그리고 끝 인덱스를 생략하면 시작 인덱스부터 내부 배열의 마지막 원소까지 슬라이싱됩니다.

인덱스 1 - 슬라이싱은 인덱스 1에서 시작합니다.

배열의 마지막 - 슬라이싱은 배열의 마지막 인덱스에서 끝납니다.

```
underlyingArray := [5]string{"a", "b", "c", "d", "e"}
slice5 := underlyingArray[1:]
fmt.Println(slice5)
```

```
[b c d e]
```

underlyingArray의 1부터 마지막 인덱스까지의 원소들

내부 배열

앞서 언급했듯이 슬라이스는 자체적으로 데이터를 저장하지는 않으며 단지 내부 배열의 원소에 대한 뷰일 뿐입니다. 슬라이스는 슬라이드(내부 배열)에 들어 있는 내용물의 특정 부분에 초점을 맞추고 있는 현미경에 비유할 수 있습니다.

내부 배열의 슬라이스를 사용하면 슬라이스를 통해 노출되는 내부 배열 원소의 일부만 "볼" 수 있습니다.

슬라이스

내부 배열

```
array1 := [5]string{"a", "b", "c", "d", "e"}
slice1 := array1[0:3]
fmt.Println(slice1)
```

```
[a b c]
```

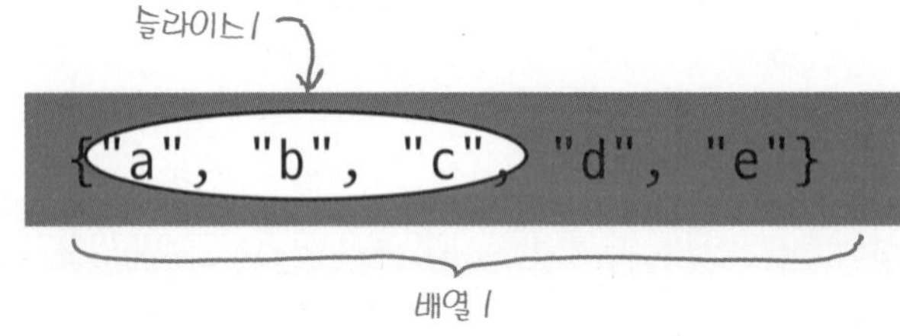


```
array2 := [5]string{"f", "g", "h", "i", "j"}
slice2 := array2[2:5]
fmt.Println(slice2)
```

```
[h i j]
```

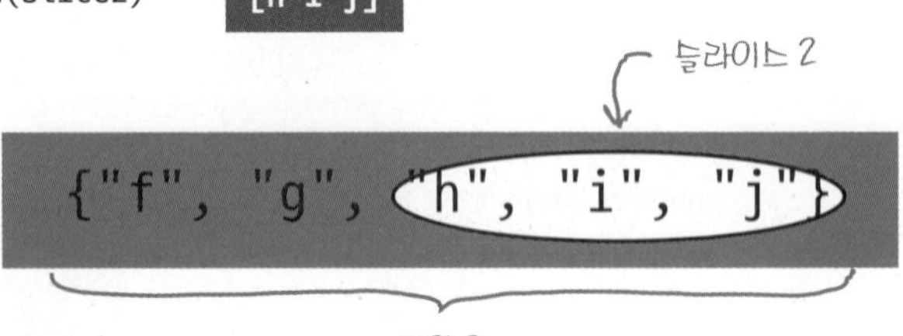

여러 슬라이스가 동일한 내부 배열을 가리킬 수도 있습니다. 각 슬라이스는 자체적으로 내부 배열 원소의 하위 집합에 대한 뷰가 되며, 서로 포함하는 원소가 겹칠 수도 있습니다.

```
array3 := [5]string{"a", "b", "c", "d", "e"}
slice3 := array3[0:3]
slice4 := array3[2:5]
fmt.Println(slice3, slice4)
```

```
[a b c] [c d e]
```

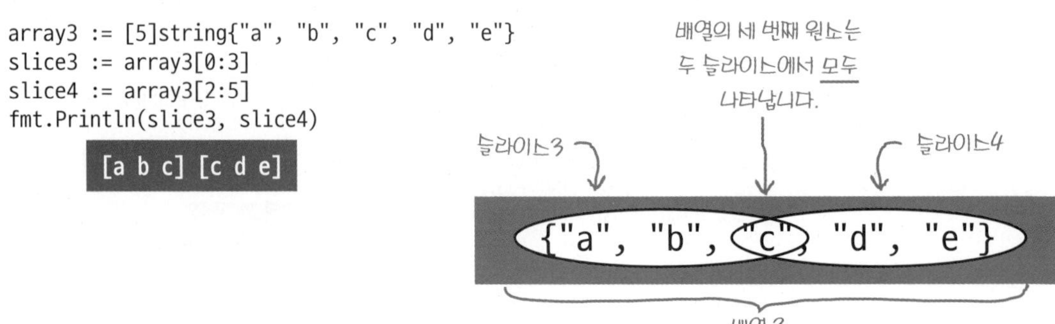

내부 배열을 변경하면 슬라이스도 변경됩니다

슬라이스를 다룰 때에는 주의해야 할 것이 있습니다. 슬라이스는 단지 배열 데이터에 대한 뷰이기 때문에 내부 배열을 변경하면 슬라이스에도 변경된 값이 반영됩니다.

```
array1 := [5]string{"a", "b", "c", "d", "e"}
slice1 := array1[0:3]
array1[1] = "X"
fmt.Println(array1)
fmt.Println(slice1)
```

내부 배열의 원소 값을 변경하면...

```
[a X c d e]
[a X c]
```

변경사항이 슬라이스에도 반영됩니다!

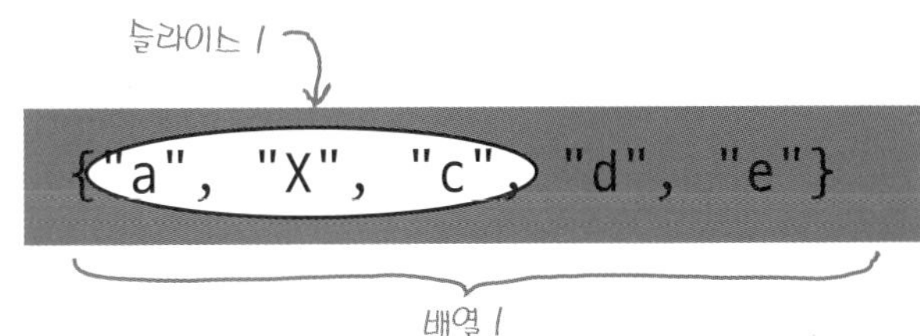

슬라이스에 새 값을 할당하면 내부 배열의 해당 원소 값도 변경됩니다.

```
array2 := [5]string{"f", "g", "h", "i", "j"}
slice2 := array2[2:5]
slice2[1] = "X"
fmt.Println(array2)
fmt.Println(slice2)
```

슬라이스의 원소 값을 변경하면...

```
[f g h X j]
[h X j]
```

내부 배열도 변경됩니다!

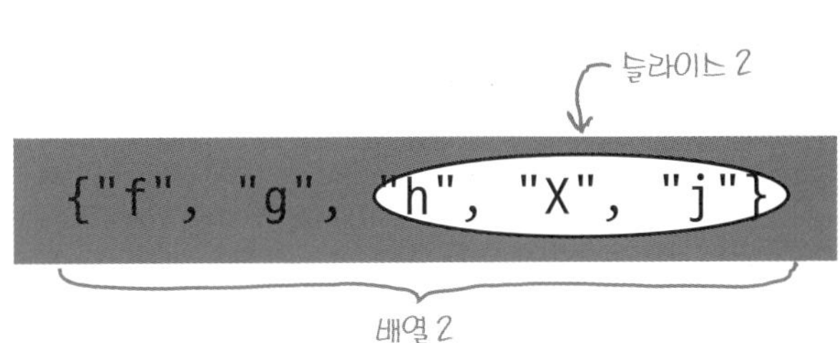

여러 슬라이스가 동일한 내부 배열을 가리키고 있을 때 내부 배열의 원소 값을 변경하면 모든 슬라이스에 변경사항이 적용됨을 볼 수 있습니다.

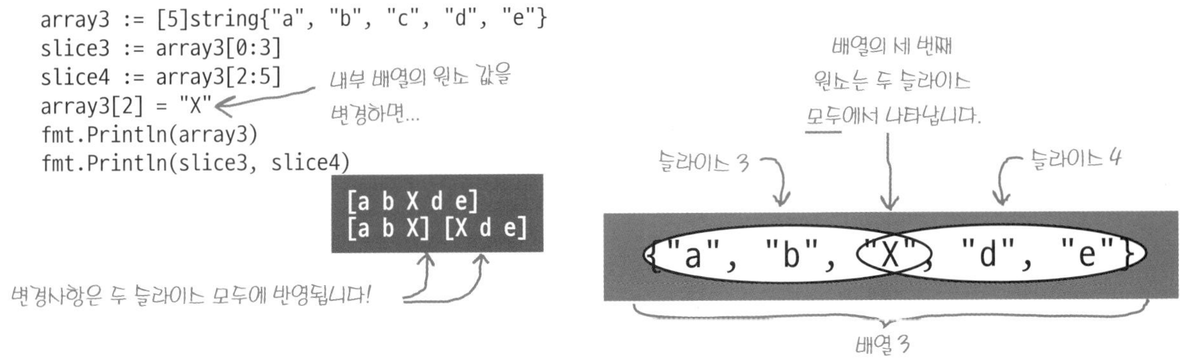

```
array3 := [5]string{"a", "b", "c", "d", "e"}
slice3 := array3[0:3]
slice4 := array3[2:5]
array3[2] = "X"
fmt.Println(array3)
fmt.Println(slice3, slice4)
```

내부 배열의 원소 값을 변경하면...

```
[a b X d e]
[a b X] [X d e]
```

변경사항은 두 슬라이스 모두에 반영됩니다!

이러한 잠재적인 문제 때문에 일반적으로 배열을 먼저 만들고 슬라이스 연산자를 사용하는 방법보다는 make나 슬라이스 리터럴을 사용해 슬라이스를 만드는 방법이 더 낫습니다. make나 슬라이스 리터럴을 사용하면 내부 배열을 건드릴 일이 전혀 없기 때문이죠.

"append" 함수를 사용해 슬라이스에 원소 추가하기

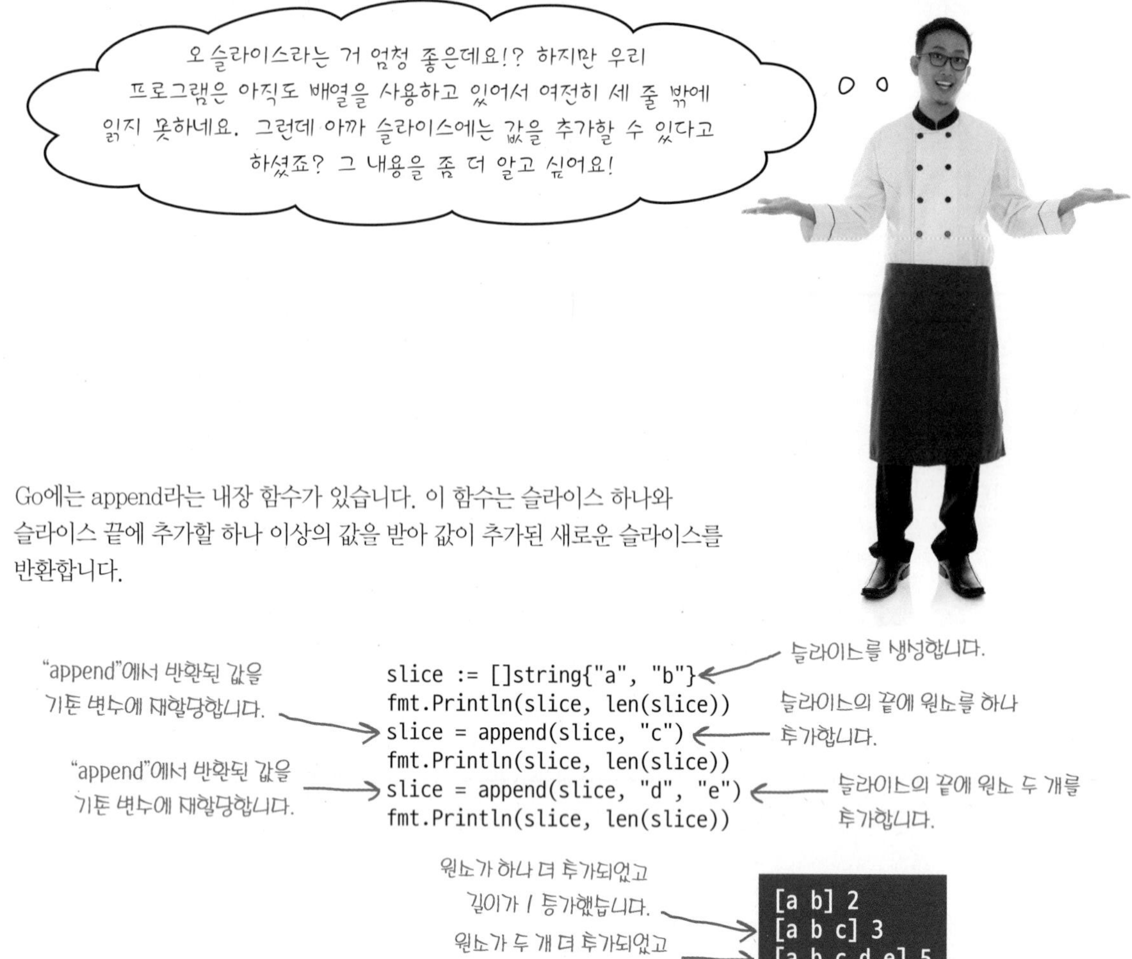

오 슬라이스라는 거 엄청 좋은데요!? 하지만 우리 프로그램은 아직도 배열을 사용하고 있어서 여전히 세 줄 밖에 읽지 못하네요. 그런데 아까 슬라이스에는 값을 추가할 수 있다고 하셨죠? 그 내용을 좀 더 알고 싶어요!

Go에는 append라는 내장 함수가 있습니다. 이 함수는 슬라이스 하나와 슬라이스 끝에 추가할 하나 이상의 값을 받아 값이 추가된 새로운 슬라이스를 반환합니다.

```
slice := []string{"a", "b"}
fmt.Println(slice, len(slice))
slice = append(slice, "c")
fmt.Println(slice, len(slice))
slice = append(slice, "d", "e")
fmt.Println(slice, len(slice))
```



```
[a b] 2
[a b c] 3
[a b c d e] 5
```


원소가 하나 더 추가되었고 길이가 1 증가했습니다.
원소가 두 개 더 추가되었고 길이가 2 증가했습니다.

값을 할당할 인덱스를 따로 기록하거나 할 필요 없이 append 함수에 슬라이스와 추가할 값만 전달하면 새로운 슬라이스가 반환됩니다. 아주 쉽죠?

물론 여기에도 한 가지 주의할 점이 있습니다.

"append" 함수를 사용해 슬라이스에 원소 추가하기 (계속)

위 코드를 보면 append의 반환 값을 append에 인자로 넘긴 기존의 슬라이스 변수에 재할당하고 있음을 볼 수 있습니다. 이는 append에서 반환된 슬라이스의 동작 방식으로 인한 잠재적인 일관성 문제를 피하기 위함입니다.

슬라이스의 내부 배열은 크기를 변경할 수 없기 때문에 배열에 원소를 추가할 공간이 부족해지면 모든 원소를 더 큰 사이즈의 배열에 복사한 다음 슬라이스가 새로운 배열을 가리키도록 변경됩니다. 하지만 이 모든 과정은 append 함수 내부에서 이루어지기 때문에 함수에서 반환된 슬라이스가 전달된 슬라이스와 동일한 내부 배열을 사용하는지, 크기가 변경된 다른 내부 배열을 사용하는지는 알 수 없습니다. 따라서 원본 슬라이스와 append 함수에서 반환된 슬라이스를 모두 사용하는 경우 예상치 못한 문제가 발생할 수 있습니다.

예를 들어, 다음 코드에는 네 개의 슬라이스가 있는데 마지막 세 개는 append 함수에 의해 생성되었습니다. 여기서는 append의 반환 값을 동일한 변수에 재할당하는 컨벤션을 따르지 않고 있습니다. s4와 s3는 동일한 내부 배열을 공유하고 있기 때문에 s4 슬라이스의 원소 값을 변경하면 s3 슬라이스에도 변경된 값이 반영됩니다. 반대로 s2나 s1은 다른 내부 배열을 사용하고 있기 때문에 아무 영향도 받지 않습니다.

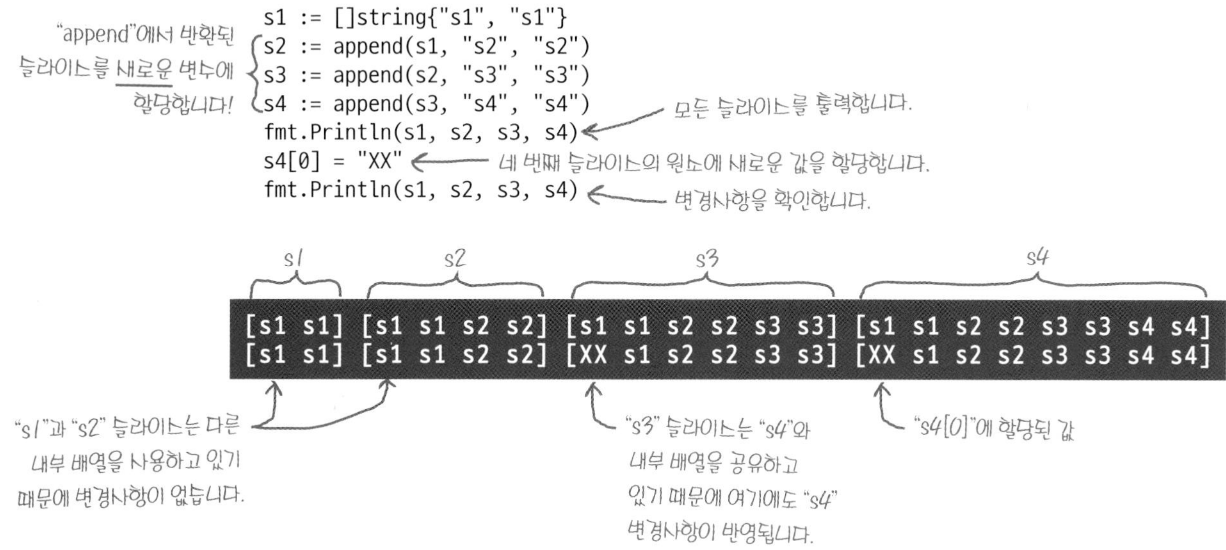

따라서 append를 호출할 때에는 반환 값을 append에 전달한 것과 동일한 슬라이스 변수에 재할당하는 게 일반적입니다. 이처럼 하나의 슬라이스만 저장하면 서로 다른 두 슬라이스가 동일한 내부 배열을 공유하는 문제를 걱정할 필요가 없습니다!

"append"에서 반환된 슬라이스를 동일한 변수에 할당합니다!

```
s1 := []string{"s1", "s1"}
s1 = append(s1, "s2", "s2")
s1 = append(s1, "s3", "s3")
s1 = append(s1, "s4", "s4")
fmt.Println(s1)
```

```
[s1 s1 s2 s2 s3 s3 s4 s4]
```

← 이제 그런 끔찍한 일은 발생하지 않습니다!

슬라이스와 제로 값

배열과 마찬가지로 아무 값도 할당하지 않은 슬라이스 원소에 접근하면 제로 값이 반환됩니다.

아무 값도 할당되지 않은 빈 슬라이스를 생성합니다.

```
floatSlice := make([]float64, 10)
boolSlice := make([]bool, 10)
fmt.Println(floatSlice[9], boolSlice[5])
```

```
0 false
```

배열과 달리 슬라이스 변수 자체는 nil 슬라이스라는 제로 값을 갖습니다. 즉, 아무 슬라이스도 할당되지 않은 슬라이스 변수는 nil 값을 갖게 됩니다.

슬라이스는 생성하지 않고 슬라이스 변수만 선언합니다.

"%#v" 동사는 값을 Go 코드에서 보이는 대로 출력합니다.

```
var intSlice []int
var stringSlice []string
fmt.Printf("intSlice: %#v, stringSlice: %#v\n", intSlice, stringSlice)
```

두 슬라이스 모두 nil입니다.

```
intSlice: []int(nil), stringSlice: []string(nil)
```

다른 언어에서는 슬라이스 변수를 사용하기 전에 변수가 실제로 유효한 슬라이스 값을 가지고 있는지 확인해야 하는 경우도 있지만 Go의 내장 함수들은 nil 슬라이스 값을 마치 빈 슬라이스인 것처럼 처리하도록 작성되었습니다. 예를 들어, len 함수의 경우 nil 슬라이스를 받으면 0을 반환합니다.

"len" 함수에 nil 슬라이스를 전달합니다.

```
fmt.Println(len(intSlice))
```

```
0
```

마치 빈 슬라이스를 전달한 것처럼 처리되어 0을 반환합니다.

append 함수도 마찬가지로 nil 슬라이스를 빈 슬라이스처럼 처리합니다. append 함수에 빈 슬라이스를 전달하면 슬라이스에 값을 추가한 다음 하나의 원소를 갖는 슬라이스를 반환합니다. append 함수에 nil 슬라이스를 전달하면 실제로는 값이 "추가될" 슬라이스가 없더라도 하나의 원소가 추가된 슬라이스를 반환받게 됩니다.

"append" 함수에 nil 슬라이스를 전달합니다.

```
intSlice = append(intSlice, 27)
fmt.Printf("intSlice: %#v\n", intSlice)
```

마치 빈 슬라이스에 값을 추가한 것처럼 하나의 원소를 갖는 슬라이스를 반환합니다.

```
sstringSlice: []int{27}
```

이 말은 즉, 슬라이스를 다룰 때 슬라이스 변수가 빈 슬라이스인지 nil 슬라이스인지는 신경 쓸 필요가 없다는 것입니다. 두 슬라이스 모두 동일하게 취급할 수 있기 때문에 코드는 "그저" 잘 동작할 것입니다!

```
var slice []string
if len(slice) == 0 {
	slice = append(slice, "first item")
}
fmt.Printf("%#v\n", slice)
```

이 변수는 nil 슬라이스를 갖습니다.

"len" 함수는 0을 반환합니다.

"append" 함수는 마치 빈 슬라이스가 전달된 것처럼 동작하며 하나의 원소를 갖는 슬라이스를 반환합니다.

```
[]string{"first item"}
```

슬라이스와 "append" 함수를 사용해 추가 데이터 읽어 오기

슬라이스와 append 함수를 배웠으니 이제 average 프로그램을 수정해 봅시다! average 프로그램의 문제는 *data.txt* 파일에 있는 네 번째 데이터를 읽을 때 에러가 발생한다는 것이었습니다.

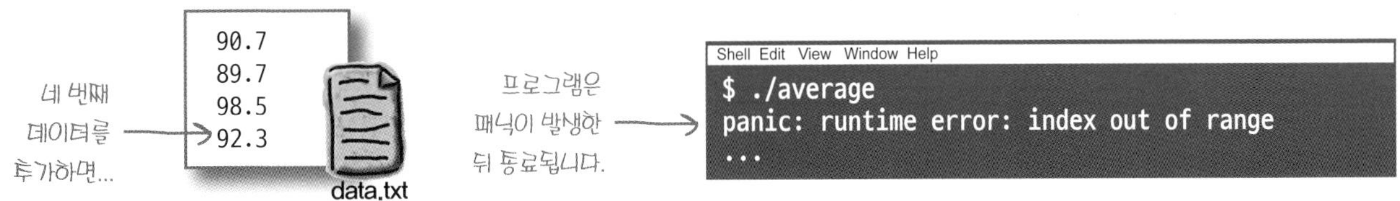
네 번째
데이터를
추가하면...
90.7
89.7
98.5
92.3
data.txt
프로그램은
패닉이 발생한
뒤 종료됩니다.
Shell Edit View Window Help
$ ./average
panic: runtime error: index out of range
...

datafile 패키지에서 데이터를 읽어 배열에 저장하는 파일을 찾아가 봅시다.

작업공간 > src > github.com > headfirstgo > datafile > floats.go

```
// Package datafile은 파일로부터 샘플 데이터를 읽어 옵니다.
package datafile

import (
	"bufio"
	"os"
	"strconv"
)

// GetFloats는 파일의 각 줄을 float64 타입으로 읽어 옵니다.
func GetFloats(fileName string) ([3]float64, error) {
	var numbers [3]float64
	file, err := os.Open(fileName)
	if err != nil {
		return numbers, err
	}
	i := 0
	scanner := bufio.NewScanner(file)
	for scanner.Scan() {
		numbers[i], err = strconv.ParseFloat(scanner.Text(), 64)
		if err != nil {
			return numbers, err
		}
		i++
	}
	err = file.Close()
	if err != nil {
		return numbers, err
	}
	if scanner.Err() != nil {
		return numbers, scanner.Err()
	}
	return numbers, nil
}
```

함수는 floast64 배열을 반환합니다.

numbers[0]부터 numbers[2]까지의 인덱스만 유효합니다.

number[3]에 값을 할당하려고 하면 패닉이 발생합니다

슬라이스와 "append" 함수를 사용해 추가 데이터 읽어 오기 (계속)

지금까지 배운 내용들은 슬라이스를 이해하는 데 중점을 두었기 때문에 이제 GetFloats 함수가 배열 대신 슬라이스를 사용하도록 수정하는 일은 식은 죽 먹기입니다.

먼저 함수의 반환 값 타입을 float64 배열에서 float64 슬라이스로 수정합니다. 이전에 배열 데이터를 저장하기 위해 numbers라는 변수명을 사용했는데, 슬라이스를 저장하는 변수에 동일한 변수명을 사용하겠습니다. numbers에는 초깃값을 할당하지 않았기 때문에 nil 슬라이스가 됩니다.

이제 파일에서 데이터를 읽을 때 배열 인덱스 값을 지정할 필요 없이 append를 사용해 슬라이스를 확장하면서(또는 nil 슬라이스의 경우에는 슬라이스를 생성합니다) 값을 추가할 수 있습니다. 즉, 이제 인덱스를 기록하는 변수 i를 만들고 업데이트하는 코드가 필요 없게 됩니다. ParseFloat 함수에서 반환되는 float64 값은 새로운 임시 변수에 할당해 두고, 파싱 에러 여부를 확인한 다음 append를 사용해 임시 변수에 저장된 값을 numbers 슬라이스에 추가합니다.

그 외의 나머지 코드는 이전 코드와 동일합니다. 슬라이스는 대부분의 경우 배열을 대체할 수 있습니다.

작업공간 > src > github.com > headfirstgo > datafile > floats.go

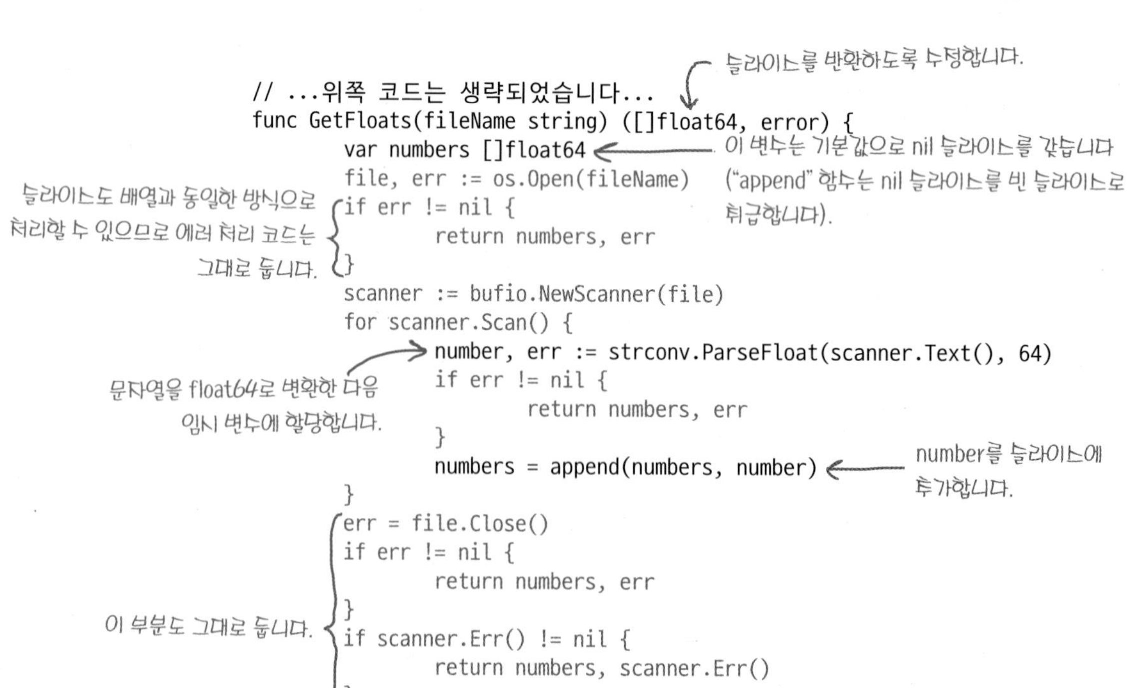

```
// ...위쪽 코드는 생략되었습니다...
func GetFloats(fileName string) ([]float64, error) {
	var numbers []float64
	file, err := os.Open(fileName)
	if err != nil {
		return numbers, err
	}
	scanner := bufio.NewScanner(file)
	for scanner.Scan() {
		number, err := strconv.ParseFloat(scanner.Text(), 64)
		if err != nil {
			return numbers, err
		}
		numbers = append(numbers, number)
	}
	err = file.Close()
	if err != nil {
		return numbers, err
	}
	if scanner.Err() != nil {
		return numbers, scanner.Err()
	}
	return numbers, nil
}
```

슬라이스를 반환하도록 수정합니다.
이 변수는 기본값으로 nil 슬라이스를 갖습니다("append" 함수는 nil 슬라이스를 빈 슬라이스로 취급합니다).
슬라이스도 배열과 동일한 방식으로 처리할 수 있으므로 에러 처리 코드는 그대로 둡니다.
문자열을 float64로 변환한 다음 임시 변수에 할당합니다.
number를 슬라이스에 추가합니다.
이 부분도 그대로 둡니다.

개선된 프로그램 사용해 보기

GetFloats 함수에서 반환된 슬라이스는 main 패키지의 average 프로그램에서도 배열의 대체제로써 잘 동작합니다. 따라서 main 프로그램은 수정할 필요 없습니다.

변수에 GetFloats의 반환 값을 할당할 때 := 단축 변수 선언을 사용하고 있기 때문에 numbers 변수는 자동으로 [3]float64(배열)에서 []float64(슬라이스)로 추론됩니다. for...range 루프와 len 함수 또한 슬라이스와 배열에서의 동작 방식이 동일하기 때문에 나머지 코드도 수정할 필요가 없습니다.

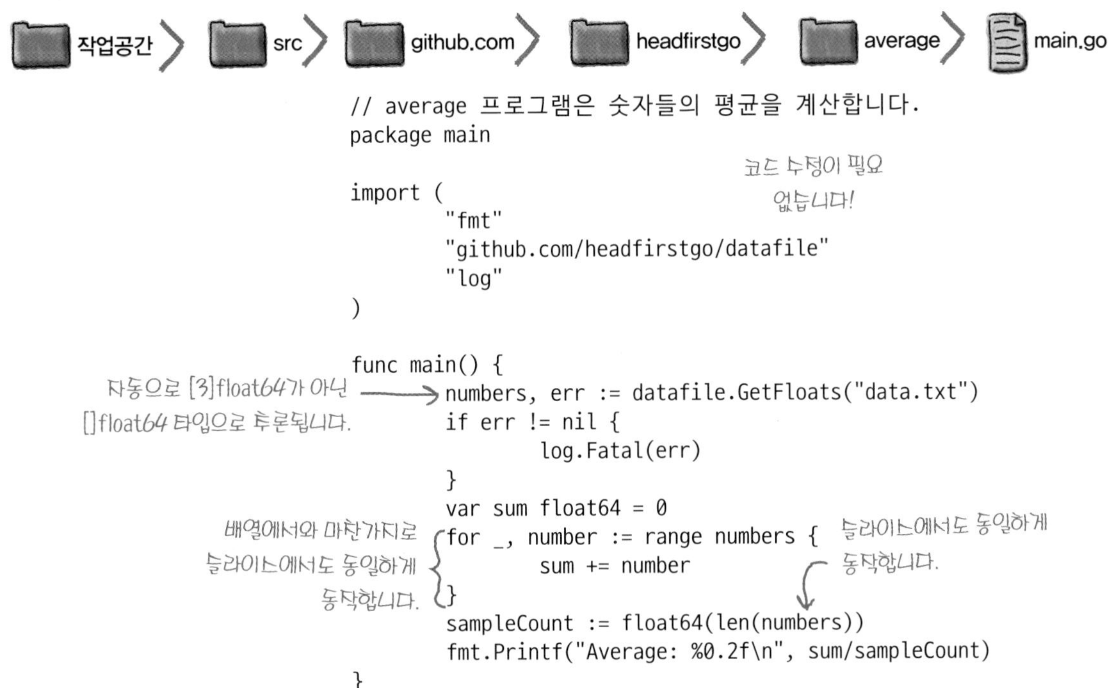

작업공간
src
github.com
headfirstgo
average
main.go
코드 수정이 필요 없습니다!
자동으로 [3]float64가 아닌 []float64 타입으로 추론됩니다.
배열에서와 마찬가지로 슬라이스에서도 동일하게 동작합니다.
슬라이스에서도 동일하게 동작합니다.

```
// average 프로그램은 숫자들의 평균을 계산합니다.
package main

import (
	"fmt"
	"github.com/headfirstgo/datafile"
	"log"
)

func main() {
	numbers, err := datafile.GetFloats("data.txt")
	if err != nil {
		log.Fatal(err)
	}
	var sum float64 = 0
	for _, number := range numbers {
		sum += number
	}
	sampleCount := float64(len(numbers))
	fmt.Printf("Average: %0.2f\n", sum/sampleCount)
}
```

이제 수정된 프로그램을 실행할 준비가 다 되었습니다! *data.txt* 파일은 bin 하위 디렉터리에 그대로 유지해 두고 이전과 동일한 명령어를 사용해 코드를 컴파일하고 실행합니다. 프로그램을 실행하면 data.txt에서 데이터를 읽어 와 평균을 계산합니다. *data.txt*에 데이터를 추가하거나 빼도 여전히 잘 동작합니다!

```
90.7
89.7
98.5
92.3
```

data.txt

average가 의존 패키지로 사용하고 있기 때문에 수정된 "datafile" 패키지도 같이 컴파일됩니다.

"bin" 하위 디렉터리로 이동합니다.

프로그램을 실행합니다.

파일에 저장된 내 숫자의 평균값입니다!

Shell Edit View Window Help

```
$ go install github.com/headfirstgo/average
$ cd /Users/jay/go/bin
$ ./average
Average: 92.80
```

에러 발생 시 nil 슬라이스 반환하기

GetFloats 함수를 한 번 더 개선해 봅시다. 현재 GetFloats 함수는 에러가 발생한 경우에도 numbers를 반환하고 있습니다. 즉, 중도에 에러가 발생할 경우 유효하지 않은 데이터를 반환받는 경우가 발생할 수도 있습니다.

```
number, err := strconv.ParseFloat(scanner.Text(), 64)
if err != nil {        // 사용해서는 안 되는 유효하지 않은 데이터를 반환하고 있습니다!
        return numbers, err
}
```

GetFloats를 호출하는 코드는 반환된 에러 값이 nil인지 아닌지 확인한 다음, 에러가 발생했을 경우에는 반환된 슬라이스 데이터를 무시해야 합니다. 하지만 현재는 유효하지 않은 슬라이스 데이터를 가진 경우에도 항상 슬라이스를 반환하고 있습니다. 그럼 이제 GetFloats에서 에러가 발생하면 슬라이스가 아닌 nil을 반환하도록 수정해 봅시다.

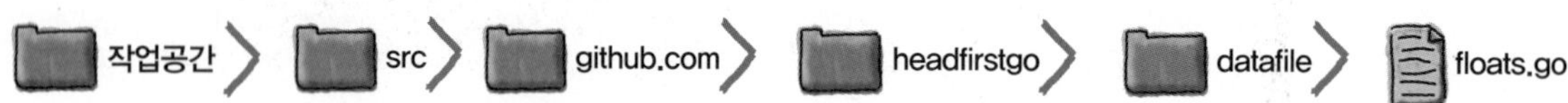


```
// ...위쪽 코드는 생략되었습니다...
func GetFloats(fileName string) ([]float64, error) {
        var numbers []float64
        file, err := os.Open(fileName)
        if err != nil {
                return nil, err   // 슬라이스 대신 nil을 반환합니다(이 위치에서는 슬라이스가 아직 nil이긴 하지만 명시적으로 nil 값을 반환해 두는 게 더 명확합니다).
        }
        scanner := bufio.NewScanner(file)
        for scanner.Scan() {
                number, err := strconv.ParseFloat(scanner.Text(), 64)
                if err != nil {
                        return nil, err   // 슬라이스 대신 nil을 반환합니다.
                }
                numbers = append(numbers, number)
        }
        err = file.Close()
        if err != nil {
                return nil, err   // 슬라이스 대신 nil을 반환합니다.
        }
        if scanner.Err() != nil {
                return nil, scanner.Err()   // 슬라이스 대신 nil을 반환합니다.
        }
        return numbers, nil
}
```

수정된 datafile 패키지를 사용하는 프로그램을 다시 컴파일한 뒤 실행해 봅시다. 실행 결과는 이전과 동일하지만 에러 처리 코드가 좀 더 깔끔해졌습니다.

Shell Edit View Window Help

```
$ go install github.com/headfirstgo/average
$ cd /Users/jay/go/bin
$ ./average
Average: 92.80
```

연습문제

아래 프로그램은 배열로부터 슬라이스를 가져와 원소를 추가하고 있습니다. 어떤 값들이 출력될지 적어 보세요.

```
package main

import "fmt"

func main() {
	array := [5]string{"a", "b", "c", "d", "e"}
	slice := array[1:3]
	slice = append(slice, "x")
	slice = append(slice, "y", "z")
	for _, letter := range slice {
		fmt.Println(letter)
	}
}
```

출력값

....
....
....
....
....
....
....

실제로 채워질 값들의 개수보다 더 많은 빈칸을 만들어 놨습니다. 얼마나 많은 값들이 출력될까요? 정답은 여러분에게 달렸습니다!

정답은 203 페이지에 있습니다.

명령줄 인자

이제야 잘 동작하네요! 한 가지만 더 하면 되는데... 새로운 평균값을 계산할 때마다 data.txt를 수정하는 일은 번거롭습니다. 혹시 샘플 값들을 입력받는 다른 방법이 있을까요?

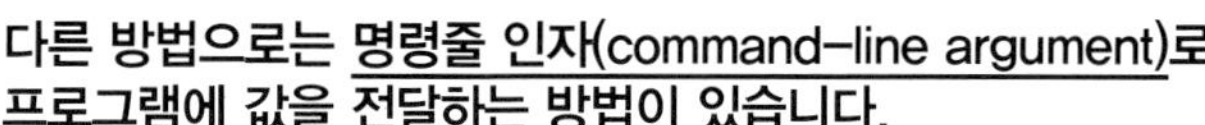
다른 방법으로는 명령줄 인자(command-line argument)로 프로그램에 값을 전달하는 방법이 있습니다.

많은 Go 함수에 인자를 전달함으로써 함수의 행동을 제어할 수 있는 것처럼 터미널이나 명령 프롬프트에서 실행하는 많은 프로그램에도 인자를 전달할 수가 있습니다. 이를 프로그램의 *명령줄 인터페이스*라고 합니다.

여러분은 이 책에서 이미 명령줄 인자를 사용해 본 적이 있습니다. cd("change directory") 명령어를 실행할 때에는 이동할 디렉터리 이름을 인자로 전달합니다. go 명령어를 실행할 때에도 사용할 하위 명령어 (run, install 등)와 하위 명령어에서 사용할 파일이나 패키지의 이름을 인자로 전달합니다.

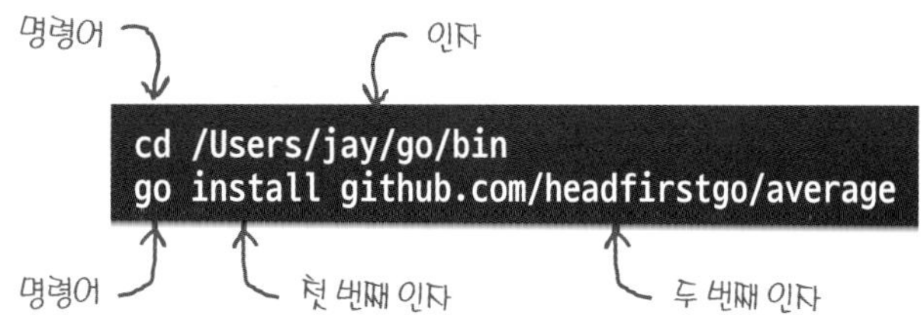

os.Args 슬라이스에서 명령줄 인자 가져오기

명령줄 인자로부터 값을 읽어 와 평균을 계산하는 average 프로그램의 새로운 버전인 average2 프로그램을 만들어 봅시다.

os 패키지에는 현재 실행 중인 프로그램에 전달된 명령줄 인자를 나타내는 문자열 슬라이스가 담긴 os.Args라는 패키지 변수가 있습니다. 우선 os.Args 슬라이스가 어떤 값을 담고 있는지 한 번 출력해 봅시다.

작업 공간의 average 디렉터리와 나란히 average2라는 새 디렉터리를 생성한 뒤 이 안에 *main.go* 파일을 저장합니다.

그리고 *main.go*에 다음 코드를 작성하세요. 이 코드는 fmt와 os 패키지를 가져온 뒤 fmt.Println을 사용해 os.Args의 값을 출력합니다.

```
// average2 프로그램은 숫자들의 평균을 계산합니다.
package main

import (
        "fmt"
        "os"
)

func main() {
        fmt.Println(os.Args)
}
```

os.Args 슬라이스를 출력합니다.

그럼 이제 한 번 실행해 봅시다. 터미널이나 명령 프롬프트에서 다음 명령어를 통해 프로그램을 컴파일하고 설치합니다.

```
go install github.com/headfirstgo/average2
```

명령어를 실행하면 작업 공간의 *bin* 하위 디렉터리에 *average2*(윈도우에서는 *average2.exe*)라는 실행 파일이 설치됩니다. 그다음에는 cd 명령어로 *bin* 디렉터리로 이동한 뒤 **average2** 명령어를 입력하되 잠시 엔터키는 누르지 않습니다. 그리고 실행 파일명 다음으로 한 칸 띄운 다음 공백으로 구분된 하나 이상의 인자를 입력한 뒤 엔터키를 누르면 프로그램은 os.Args에 담긴 값들을 출력할 것입니다.

average2 프로그램을 다른 인자 값과 함께 다시 실행해 보면 다른 값이 출력됨을 볼 수 있습니다.

```
Shell Edit View Window Help
$ go install github.com/headfirstgo/average2
$ cd /Users/jay/go/bin
$ ./average2 71.8 56.2 89.5
[./average2 71.8 56.2 89.5]
$ ./average2 do re mi fa so
[./average2 do re mi fa so]
```

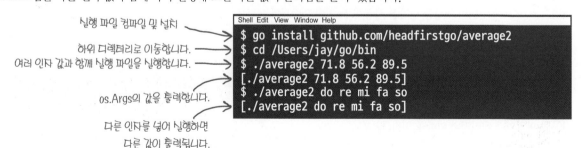

실행 파일 컴파일 및 설치

하위 디렉터리로 이동합니다.

여러 인자 값과 함께 실행 파일을 실행합니다.

os.Args의 값을 출력합니다.

다른 인자를 넣어 실행하면 다른 값이 출력됩니다.

슬라이스 연산자는 슬라이스에도 사용할 수 있습니다

인자값 출력 코드는 아주 잘 동작하긴 하지만, os.Args의 첫 번째 원소에 실행 파일의 이름이 포함되는 문제가 있습니다.

```
$ ./average2 71.8 56.2 89.5
[./average2 71.8 56.2 89.5]
```

첫 번째 원소에 프로그램의 이름이 보입니다.

슬라이스의 첫 번째 값을 제외하는 건 일도 아닙니다. 슬라이스 연산자를 사용해 첫 번째 원소를 제외한 나머지 원소를 모두 포함하는 슬라이스를 가져오는 방법을 기억하고 계신가요?

인덱스 1 - 슬라이싱은 인덱스 값 1에서 시작합니다.

배열의 끝 - 슬라이싱은 마지막 인덱스에서 끝납니다.

```
underlyingArray := [5]string{"a", "b", "c", "d", "e"}
slice5 := underlyingArray[1:]
fmt.Println(slice5)
```

```
[b c d e]
```

underlyingArray의 1부터 마지막 인덱스까지의 원소들

슬라이스 연산자는 배열뿐만 아니라 슬라이스에도 사용할 수 있습니다. os.Args에 슬라이스 연산자 [1:]를 사용하면 슬라이스의 첫 번째 원소(인덱스 0)를 제외한 두 번째 원소(인덱스 1)부터 마지막 원소까지의 모든 원소를 포함하는 새로운 슬라이스를 얻을 수 있습니다.

```
// average2 프로그램은 숫자들의 평균을 계산합니다.
package main

import (
	"fmt"
	"os"
)

func main() {
	fmt.Println(os.Args[1:])
}
```

os.Args의 두 번째 원소부터 마지막 원소까지의 모든 원소를 포함하는 새로운 슬라이스를 가져옵니다.

average2를 다시 컴파일한 뒤 실행해 보면 이번에는 출력값에 실제 명령줄 인자만 포함되어 있음을 볼 수 있습니다.

```
Shell Edit View Window Help
$ go install github.com/headfirstgo/average2
$ ./average2 71.8 56.2 89.5
[71.8 56.2 89.5]
$ ./average2 do re mi fa so
[do re mi fa so]
```

실행 파일명이 생략되었습니다

실행 파일명이 생략되었습니다.

명령줄 인자를 사용하도록 수정하기

이제 명령줄 인자를 문자열 슬라이스로 가져오는 방법을 배웠으니 average2 프로그램이 인자 값들을 숫자 값으로 변환한 뒤 평균을 계산할 수 있도록 코드를 수정해 보겠습니다. 기존의 average 프로그램과 datafile 패키지에서 배운 개념 대부분을 그대로 사용할 것입니다.

우선 슬라이스 연산자를 사용해 os.Args에서 프로그램명을 제외한 슬라이스를 arguments라는 변수에 할당한 뒤 숫자들의 합계를 저장할 sum 변수를 선언합니다. 그다음 for...range 루프를 사용해 arguments 슬라이스의 원소들을 순회하면서 (빈 식별자 _를 사용해 인덱스는 무시합니다) strconv.ParseFloat를 사용해 문자열 인자를 float64로 변환합니다. 변환 도중 에러가 발생하면 에러를 보고한 뒤 프로그램을 종료하고 에러가 없으면 현재 값을 sum 변수에 합산합니다.

모든 인자를 다 순회한 다음에는 len(arguments)로 샘플 데이터의 개수를 구한 다음 sum을 해당 값으로 나누어 평균값을 구합니다.

작업공간 > src > github.com > headfirstgo > average2 > main.go

```go
// average2 프로그램은 숫자들의 평균을 계산합니다.
package main

import (
	"fmt"
	"log"
	"os"
	"strconv"
)

func main() {
	arguments := os.Args[1:]
	var sum float64 = 0
	for _, argument := range arguments {
		number, err := strconv.ParseFloat(argument, 64)
		if err != nil {
			log.Fatal(err)
		}
		sum += number
	}
	sampleCount := float64(len(arguments))
	fmt.Printf("Average: %0.2f\n", sum/sampleCount)
}
```

"log"와 "strconv" 패키지를 가져옵니다.

os.Args의 첫 번째 원소를 제외한 슬라이스를 가져옵니다.

숫자들의 합계를 저장할 변수를 선언합니다.

각 명령줄 인자를 처리합니다.

문자열 변환 중 에러가 발생하면 에러를 보고한 뒤 프로그램을 종료합니다.

문자열을 float64로 변환합니다.

숫자를 합산합니다.

arguments 슬라이스의 길이로 샘플 데이터의 개수를 구합니다.

평균을 계산한 뒤 출력합니다.

변경사항이 모두 적용된 코드를 다시 컴파일한 뒤 실행해 보면 프로그램은 이제 명령줄 인자로 제공된 숫자 값들의 평균을 계산할 수 있습니다. 인자의 개수와 상관없이 잘 동작합니다!

Shell Edit View Window Help

```
$ go install github.com/headfirstgo/average2
$ cd /Users/jay/go/bin
$ ./average2 71.8 56.2 89.5
Average: 72.50
$ ./average2 90.7 89.7 98.5 92.3
Average: 92.80
```

여러 인자 값과 함께 프로그램을 실행합니다.

원하는 만큼 인자를 전달할 수 있습니다.

가변 인자 함수

슬라이스를 배웠으니 이제야 여태 이야기하지 않은 Go의 특징을 얘기할 수 있을 것 같습니다. 지금까지 사용해 온 함수 중 일부는 임의 개수의 인자를 받을 수 있다는 사실 혹시 눈치채고 계셨나요? fmt.Println나 append 함수가 바로 그 예입니다.

```
fmt.Println(1)     ← "Println"은 하나 또는 다섯 개의 인자를 받을 수 있습니다!
fmt.Println(1, 2, 3, 4, 5)
letters := []string{"a"}
letters = append(letters, "b")     ← "append"는 두 개 또는 여섯 개의 인자를 받을 수 있습니다!
letters = append(letters, "c", "d", "e", "f", "g")
```

모든 함수가 임의 개수의 인자를 받을 수 있는 것은 아닙니다! 우리가 여태 구현해 온 모든 함수는 정의된 매개변수와 호출할 때의 인자의 개수가 *정확히* 일치해야 했습니다. 만약 개수가 일치하지 않으면 컴파일 에러가 발생합니다.

```
func twoInts(first int, second int) {     ← 두 개의 매개변수를 정의하면
	fmt.Println(first, second)
}

func main() {
	twoInts(1)     ← 인자를 한 개만 전달할 수는 없으며
	twoInts(1, 2, 3)     ← 세 개를 전달할 수도 없습니다.
}
```

```
tmp/sandbox815038307/main.go:10:9: not enough arguments in call to twoInts
	have (number)
	want (int, int)
tmp/sandbox815038307/main.go:11:9: too many arguments in call to twoInts
	have (number, number, number)
	want (int, int)
```

그렇다면 Println과 append는 어떻게 임의 개수의 인자를 받을 수 있는 것일까요? 이 함수들은 가변 인자 함수로 선언되어 있습니다. **가변 인자 함수 (variadic function)**란 임의 개수의 인자를 가지고 호출할 수 있는 함수입니다. 가변 인자 함수는 함수 선언 부의 마지막(혹은 단일) 매개변수의 타입 앞에 생략 부호를 붙여 만들 수 있습니다.

```
                                  생략 부호   타입
func myFunc(param1 int, param2 ...string) {
	// 함수 코드
}
```

가변 인자 함수 (계속)

가변 인자 함수의 마지막 매개변수는 임의 개수의 인자를 슬라이스로 받으며 보통의 슬라이스 변수처럼 사용할 수 있습니다.

다음은 twoInts 함수의 가변 인자 버전으로 인자의 개수와 무관하게 잘 동작합니다.

"numbers" 변수는 인자들이 담긴 슬라이스를 갖습니다.

```
func severalInts(numbers ...int) {
	fmt.Println(numbers)
}

func main() {
	severalInts(1)
	severalInts(1, 2, 3)
}
```

```
[1]
[1 2 3]
```

다음은 문자열을 받는 가변 인자 함수입니다.
인자를 전달하지 않아도 에러가 발생하지 않으며 함수는 가변 인자를 그저 빈 슬라이스로 처리합니다.

변수는 인자들이 담긴 슬라이스를 갖습니다.

```
func severalStrings(strings ...string) {
	fmt.Println(strings)
}

func main() {
	severalStrings("a", "b")
	severalStrings("a", "b", "c", "d", "e")
	severalStrings()
}
```

인자가 없으면 빈 슬라이스를 받습니다.

```
[a b]
[a b c d e]
[]
```

함수는 물론 하나 이상의 고정된 인자를 받을 수 있습니다. 가변 인자는 생략할 수 있지만(생략할 경우 빈 슬라이스) 고정 인자는 값을 반드시 지정해 줘야 하며 생략할 경우 컴파일 에러가 발생합니다. 가변 인자는 함수 정의의 *마지막 매개변수*에만 사용할 수 있으며 고정 인자 앞에서는 사용할 수 없습니다.

첫 번째 인자로는 정숫값이 필요합니다.

두 번째 인자로는 부울 값이 필요합니다.

나머지 인자들은 문자열이어야 하며 이 변수에 슬라이스로 저장됩니다.

```
func mix(num int, flag bool, strings ...string) {
	fmt.Println(num, flag, strings)
}

func main() {
	mix(1, true, "a", "b")
	mix(2, false, "a", "b", "c", "d")
}
```

```
1 true [a b]
2 false [a b c d]
```

가변 인자 사용하기

여기에 float64 값들을 받아 가장 큰 값을 반환하는 maximum이라는 함수가 있습니다. maximum 함수의 인자들은 numbers 매개변수에 슬라이스로 저장됩니다. 먼저 math.Inf를 사용해 현재 최댓값을 음의 무한대를 나타내는 −Inf로 설정합니다(최댓값을 0부터 시작할 수도 있지만 음수 값도 처리하기 위해 음의 무한대로 설정했습니다). 그다음 for...range를 사용해 numbers 슬라이스를 순회하면서 현재 숫자를 현재 최댓값과 비교한 뒤 더 큰 경우 현재 숫자를 새로운 최댓값으로 설정합니다. 그리고 순회가 끝나면 최댓값을 반환합니다.

```
package main

import (
	"fmt"
	"math"
)

func maximum(numbers ...float64) float64 {
	max := math.Inf(-1)
	for _, number := range numbers {
		if number > max {
			max = number
		}
	}
	return max
}

func main() {
	fmt.Println(maximum(71.8, 56.2, 89.5))
	fmt.Println(maximum(90.7, 89.7, 98.5, 92.3))
}
```

임의 개수의 float64 값을 받습니다.

아주 작은 값으로 시작합니다.

각 가변 인자 값을 처리합니다.

인자 값 중에서 가장 큰 값을 찾습니다.

```
89.5
98.5
```

아래에 최소, 최대값과 함께 임의 개수의 float64 값을 받는 inRange 함수가 있습니다. 이 함수는 최솟값보다 작거나 최댓값보다 큰 값을 제외한 특정 범위 내에 있는 값들만 포함하는 슬라이스를 반환합니다.

```
package main

import "fmt"

func inRange(min float64, max float64, numbers ...float64) []float64 {
	var result []float64
	for _, number := range numbers {
		if number >= min && number <= max {
			result = append(result, number)
		}
	}
	return result
}

func main() {
	fmt.Println(inRange(1, 100, -12.5, 3.2, 0, 50, 103.5))
	fmt.Println(inRange(-10, 10, 4.1, 12, 12, 5.2))
}
```

구간 최솟값

구간 최댓값

임의 개수의 float64 인자 값

범위 내에 있는 인자 값들을 저장할 슬라이스

각 가변 인자 값을 처리합니다.

인자 값이 최솟값보다 작지 않으며 최댓값보다 크지 않은 경우

반환될 슬라이스에 추가합니다.

1과 100 사이의 값들을 찾습니다.

−10과 10 사이의 값들을 찾습니다.

```
[3.2 50]
[4.1 5.2]
```

코드 자석

가변 인자를 정의해서 사용하는 Go 프로그램이 냉장고에 뒤죽박죽 섞여 있습니다. 이 코드 조각을 재조합해서 주어진 출력값을 출력하도록 만들 수 있을까요?

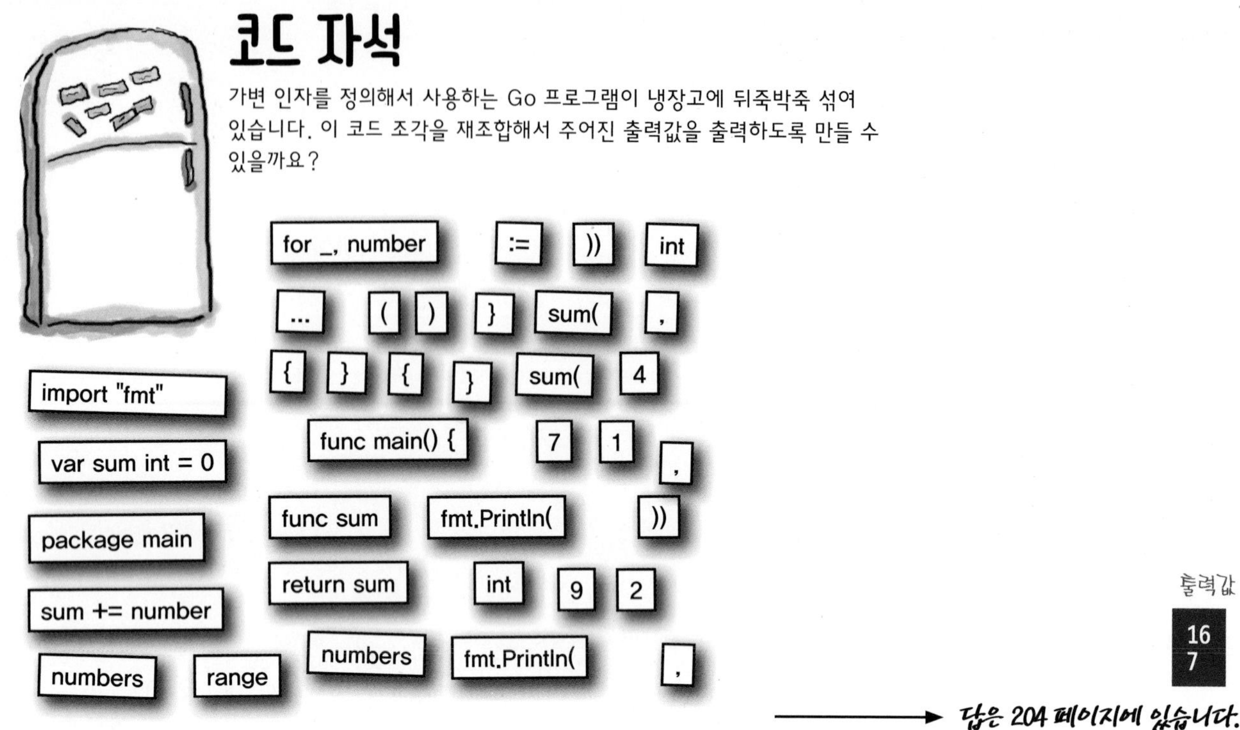

출력값

```
16
7
```

답은 204 페이지에 있습니다.

가변 인자 함수를 사용해 평균 계산하기

임의 개수의 float64 값을 받아 평균을 계산해 반환하는 average 가변 인자 함수를 만들어 봅시다. 코드는 average2 프로그램과 매우 유사합니다. 우선 인자 값들의 합계를 저장할 sum 변수를 선언합니다. 그다음 인자 슬라이스를 순회하면서 각 인자 값들을 sum에 더한 뒤, 마지막으로 sum을 (float64로 변환한) 인자의 개수로 나눠 평균을 구합니다. 이제 원하는 개수만큼 숫자들의 평균을 계산할 수 있는 함수가 생겼습니다.

```
package main

import "fmt"

func average(numbers ...float64) float64 {
	var sum float64 = 0
	for _, number := range numbers {
		sum += number
	}
	return sum / float64(len(numbers))
}

func main() {
	fmt.Println(average(100, 50))
	fmt.Println(average(90.7, 89.7, 98.5, 92.3))
}
```

- 임의 개수의 float64 인자 값 (numbers ...float64)
- 인자들의 합계를 저장할 변수를 선언합니다. (var sum float64 = 0)
- 각 가변 인자 값을 처리합니다. (for 루프)
- 인자 값을 합계에 더합니다. (sum += number)
- 합계를 인자의 개수로 나눠 평균을 구합니다. (return 문)

```
75
92.8
```

가변 인자 함수에 슬라이스 전달하기

새로운 average 가변 인자 함수 또한 아주 잘 동작하므로 이제 average2 프로그램이 이 함수를 사용할 수 있도록 수정해 봅시다. average 함수를 그대로 average2 코드에 복사 붙여 넣기합니다.

main 함수에서는 여전히 각 명령줄 인자의 문자열을 float64로 변환해 줘야 합니다. 먼저 결괏값을 저장할 numbers라는 슬라이스 변수를 선언합니다. 그리고 이번에는 각 명령줄 인자의 타입 변환이 끝나면 바로 계산하지 않고 numbers 슬라이스에 추가합니다.

그다음 average 함수에 numbers 슬라이스를 전달합니다. 하지만 이 상태에서 프로그램을 컴파일하면 컴파일 에러가 발생합니다.

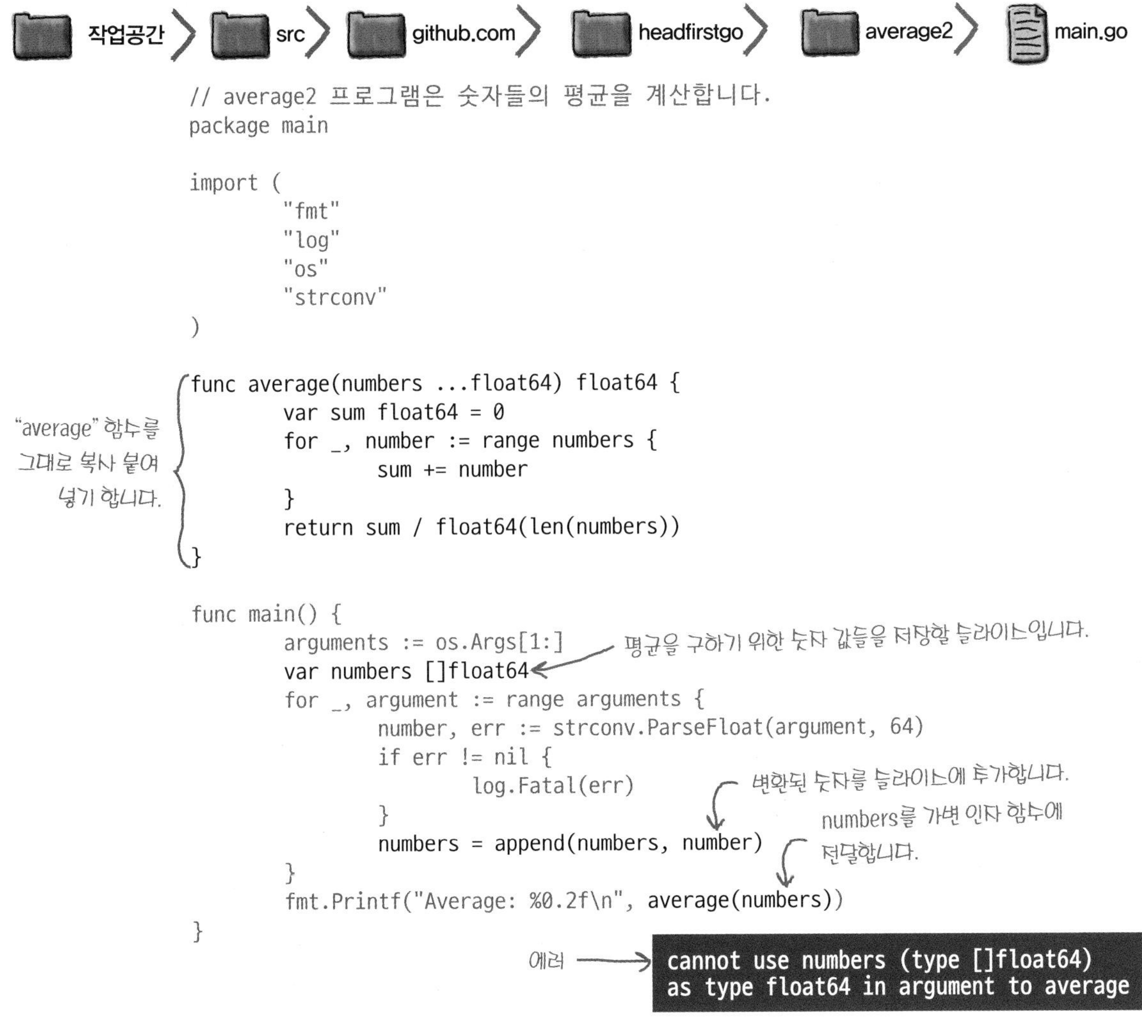

작업공간
src
github.com
headfirstgo
average2
main.go
"average" 함수를 그대로 복사 붙여 넣기 합니다.
평균을 구하기 위한 숫자 값들을 저장할 슬라이스입니다.
변환된 숫자를 슬라이스에 추가합니다.
numbers를 가변 인자 함수에 전달합니다.
에러

```
// average2 프로그램은 숫자들의 평균을 계산합니다.
package main

import (
	"fmt"
	"log"
	"os"
	"strconv"
)

func average(numbers ...float64) float64 {
	var sum float64 = 0
	for _, number := range numbers {
		sum += number
	}
	return sum / float64(len(numbers))
}

func main() {
	arguments := os.Args[1:]
	var numbers []float64
	for _, argument := range arguments {
		number, err := strconv.ParseFloat(argument, 64)
		if err != nil {
			log.Fatal(err)
		}
		numbers = append(numbers, number)
	}
	fmt.Printf("Average: %0.2f\n", average(numbers))
}
```

```
cannot use numbers (type []float64)
as type float64 in argument to average
```

여기서 average 함수는 하나 이상의 float64 인자 값을 받고 있지만, float64 슬라이스로 값을 받고 있지는 않습니다.

가변 인자 함수에 슬라이스 전달하기 (계속)

그럼 이제 어떻게 해야 할까요? 가변 인자를 받는 함수와 슬라이스를 받는 함수 중 하나만 택해야 하는 것일까요?

다행히도 Go에는 이러한 상황에서 사용할 수 있는 특별한 문법이 존재하는데, 바로 가변 인자 함수를 호출할 때 가변 인자 위치에서 슬라이스 뒤에 생략 부호(...)를 붙여 주는 것입니다.

```
func severalInts(numbers ...int) {
	fmt.Println(numbers)
}

func mix(num int, flag bool, strings ...string) {
	fmt.Println(num, flag, strings)
}

func main() {
	intSlice := []int{1, 2, 3}
	severalInts(intSlice...)
	stringSlice := []string{"a", "b", "c", "d"}
	mix(1, true, stringSlice...)
}
```

가변 인자에 정수 슬라이스 사용하기

가변 인자에 문자열 슬라이스 사용하기

```
[1 2 3]
1 true [a b c d]
```

따라서 average 함수 호출 코드에서 numbers 슬라이스 뒤에 생략 부호만 추가해 주면 됩니다.

```
func main() {
	arguments := os.Args[1:]
	var numbers []float64
	for _, argument := range arguments {
		number, err := strconv.ParseFloat(argument, 64)
		if err != nil {
			log.Fatal(err)
		}
		numbers = append(numbers, number)
	}
	fmt.Printf("Average: %0.2f\n", average(numbers...))
}
```

가변 인자 함수에 슬라이스 전달하기

코드 수정이 완료되면 프로그램을 다시 컴파일한 뒤 실행해 봅시다. 이제 average2 프로그램은 명령줄 인자로 받은 값들을 float64 슬라이스로 변환한 다음 average 가변 인자 함수로 전달합니다.

```
Shell Edit View Window Help
$ go install github.com/headfirstgo/average2
$ cd /Users/jay/go/bin
$ ./average2 71.8 56.2 89.5
Average: 72.50
$ ./average2 90.7 89.7 98.5 92.3
Average: 92.80
```

잘 동작합니다!

슬라이스가 저를 살렸어요!

완전 멋져요! 지난 데이터만 입력하면 바로 평균값을
구할 수 있네요! 사용법도 간편하고 이 프로그램으로
다른 재료의 예상 주문량도 계산할 수 있을 것 같아요!
저도 Go를 설치하러 가 봐야겠습니다!


```
Shell Edit View Window Help
$ go install github.com/headfirstgo/average2
$ cd /Users/jay/go/bin
$ ./average2 71.8 56.2 89.5
Average: 72.50
$ ./average2 90.7 89.7 98.5 92.3
Average: 92.80
```

값의 목록을 다루는 일은 모든 프로그래밍 언어에 중요하고 필수적인 기능입니다. 배열과 슬라이스를 사용하면 필요한 크기만큼 데이터를 저장하고 사용할 수 있습니다. Go에서는 for...range 루프와 같은 기능들 덕분에 데이터 컬렉션을 더욱 편리하게 다룰 수 있습니다.

CHAPTER 6

Go 도구 상자

6장이 끝났습니다!
도구 상자에 슬라이스를 담았습니다.

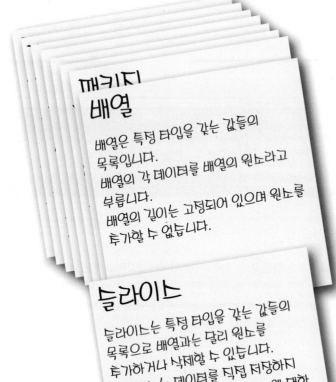

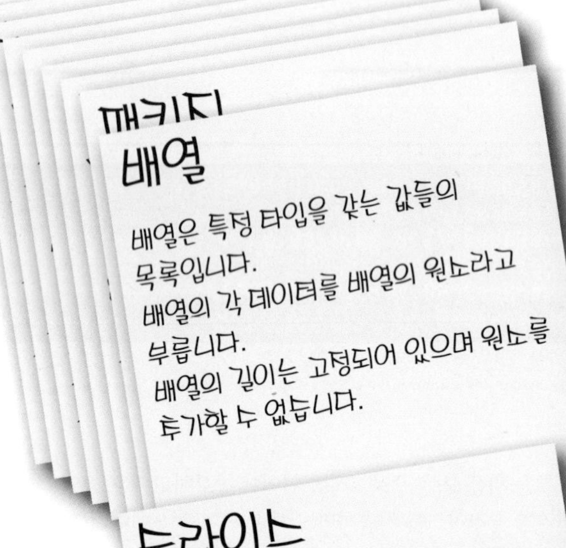

배열
배열은 특정 타입을 갖는 값들의 목록입니다.
배열의 각 데이터를 배열의 원소라고 부릅니다.
배열의 길이는 고정되어 있으며 원소를 추가할 수 없습니다.
슬라이스
슬라이스는 특정 타입을 갖는 값들의 목록으로 배열과는 달리 원소를 추가하거나 삭제할 수 있습니다.
슬라이스는 데이터를 직접 저장하지 않으며, 단지 내부 배열의 원소에 대한 뷰일 뿐입니다.

중요 항목

- 슬라이스 변수 타입은 배열 변수 타입과 유사하지만 길이가 생략되어 있습니다.
- 슬라이스를 사용하는 코드는 대부분 배열을 사용하는 코드와 동일합니다. 여기에는 원소에 접근하는 방법, 제로 값, len 함수 및 for...range 루프를 사용하는 방법 등이 모두 포함됩니다.
- 슬라이스 리터럴은 배열 리터럴과 유사하지만 길이가 생략되어 있습니다.
- 배열이나 슬라이스에 슬라이스 연산자 s[i:j]를 사용하면 i번째부터 j-1번째까지의 원소를 포함하는 슬라이스를 가져올 수 있습니다.
- os.Args 패키지 변수는 현재 실행 중인 프로그램에 전달된 명령줄 인자가 담긴 문자열 슬라이스를 가지고 있습니다.
- 가변 인자 함수는 임의 개수의 인자를 가지고 호출할 수 있는 함수입니다.
- 가변 인자 함수는 함수 선언 부의 마지막(혹은 단일) 매개변수의 타입 앞에 생략 부호를 붙여 선언할 수 있으며, 해당 매개변수는 가변 인자를 슬라이스로 받습니다.
- 가변 인자 함수를 호출할 때 생략 부호를 사용하면 가변 인자로 슬라이스를 전달할 수 있습니다.

수영장 퍼즐 정답

```
package main

import "fmt"

func main() {
	numbers := make([]float64, 3)
	numbers[0] = 19.7
	numbers[2] = 25.2
	for i, number := range numbers {
		fmt.Println(i, number)
	}
	var letters = []string{"a", "b", "c"}
	for i, letter := range letters {
		fmt.Println(i, letter)
	}
}
```

연습문제 정답

아래 프로그램은 배열로부터 슬라이스를 가져와 원소를 추가하고 있습니다. 어떤 값들이 출력될지 적어 보세요.

```
package main

import "fmt"

func main() {
	array := [5]string{"a", "b", "c", "d", "e"}
	slice := array[1:3]
	slice = append(slice, "x")
	slice = append(slice, "y", "z")
	for _, letter := range slice {
		fmt.Println(letter)
	}
}
```

출력값

b
c
x
y
z

코드 자석 정답

```
package main

import "fmt"

func sum ( numbers ... int ) int {
    var sum int = 0
    for _, number := range numbers {
        sum += number
    }
    return sum
}

func main() {
    fmt.Println( sum( 7 , 9 ))
    fmt.Println( sum( 1 , 2 , 4 ))
}
```

출력값

```
16
7
```

7 데이터 라벨링

물건을 무더기로 쌓아 두는 건 괜찮습니다. 하지만 그 속에서 뭔가를 찾아야 한다면? 여러분은 이미 배열이나 슬라이스를 사용해 목록을 만드는 방법을 배웠습니다. 또한 배열이나 슬라이스에 들어 있는 모든 값에 동일한 연산을 적용하는 방법도 배웠죠. 그러데 만약 모든 값이 아닌 특정한 값만 필요한 경우에는 어떻게 해야 할까요? 원하는 값을 찾기 위해서는 배열이나 슬라이스의 처음부터 시작해 모든 원소를 일일이 확인해야 합니다.

모든 값에 라벨을 붙일 수 있는 컬렉션 타입이 있다면 좋을 것 같지 않나요? 그러면 원하는 값도 바로 바로 찾을 수 있을 텐데 말이죠! 이 장에서는 바로 이러한 데이터를 다룰 수 있는 **맵(map)**을 배워 보겠습니다.

개표하기

이 예제 또한 Head First Ruby의 해시 챕터에 있던 예제입니다. 루비의 해시는 Go의 맵과 아주 유사하기 때문에 적합한 예제라고 생각합니다!

올해 슬리피 크리크 지역교육위원회 이사가 선출될 예정이며, 여론조사는 선거가 정말 임박했음을 보여 주고 있습니다. 선거의 밤이 되자 후보자들은 흥분된 상태로 투표를 지켜보고 있습니다.

나는 주민들이 우리 아이들을 가장 우선시하는 후보자를 선출할 것이라고 확신합니다!
이제 재정적 책임과 의무를 학교 시스템으로 다시 가져올 때입니다!
이름: 엠버 그라함
직업: 매니저
이름: 브라이언 마틴
직업: 회계사

투표 용지에는 두 명의 후보자, 엠버 그라함과 브라이언 마틴이 적혀 있습니다. 유권자는 단기명 투표를 할 수 있기 때문에 주요 후보자보다는 적겠지만 일부 용지에는 다른 후보자의 이름이 적혀 있을 수도 있습니다.

올해 사용하는 전자 투표 기계는 투표를 한 줄에 하나씩 텍스트 파일로 기록합니다(올해는 예산이 빠듯해서 시의회는 저렴한 투표 기계를 사용하기로 했습니다).

다음은 A 지역의 투표 결과가 기록된 파일입니다.

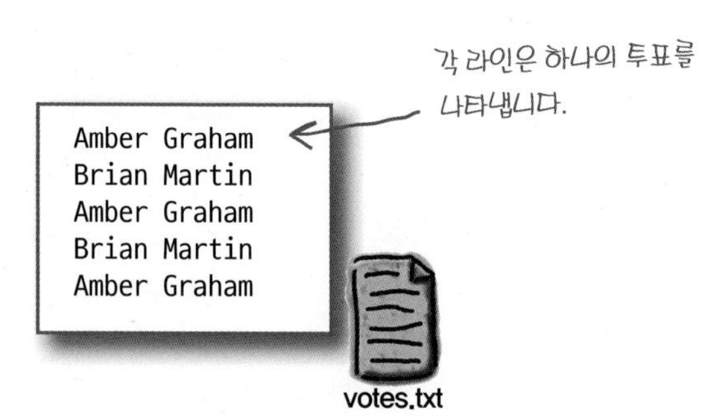

이제 파일의 모든 라인을 읽어 온 다음 각 후보자의 이름이 나타난 횟수를 총 집계해야 합니다. 표를 가장 많이 얻은 후보자가 당선될 것입니다!

파일에서 이름 읽어 오기

가장 먼저 votes.txt 파일의 내용을 읽어 와야 합니다. 이전 장에서 만든 datafile 패키지에는 파일의 모든 라인을 슬라이스로 읽어 오는 GetFloats라는 함수가 있지만, 이 함수는 float64 타입의 값만 읽을 수 있습니다. 이번에는 파일의 모든 라인을 string 슬라이스로 읽어 오는 함수가 필요합니다.

먼저 floats.go 파일이 들어 있는 *datafile* 패키지 디렉터리에 strings.go 파일을 생성합니다. 이제 이 파일에 GetStrings 함수를 작성해 보겠습니다. GetStrings 함수는 GetFloats와 매우 유사합니다(동일한 코드는 모두 회색 처리했습니다). 다만, 이번에는 파일에서 읽어 온 라인을 float64 타입으로 변환하지 않고 곧바로 문자열 슬라이스에 추가합니다.

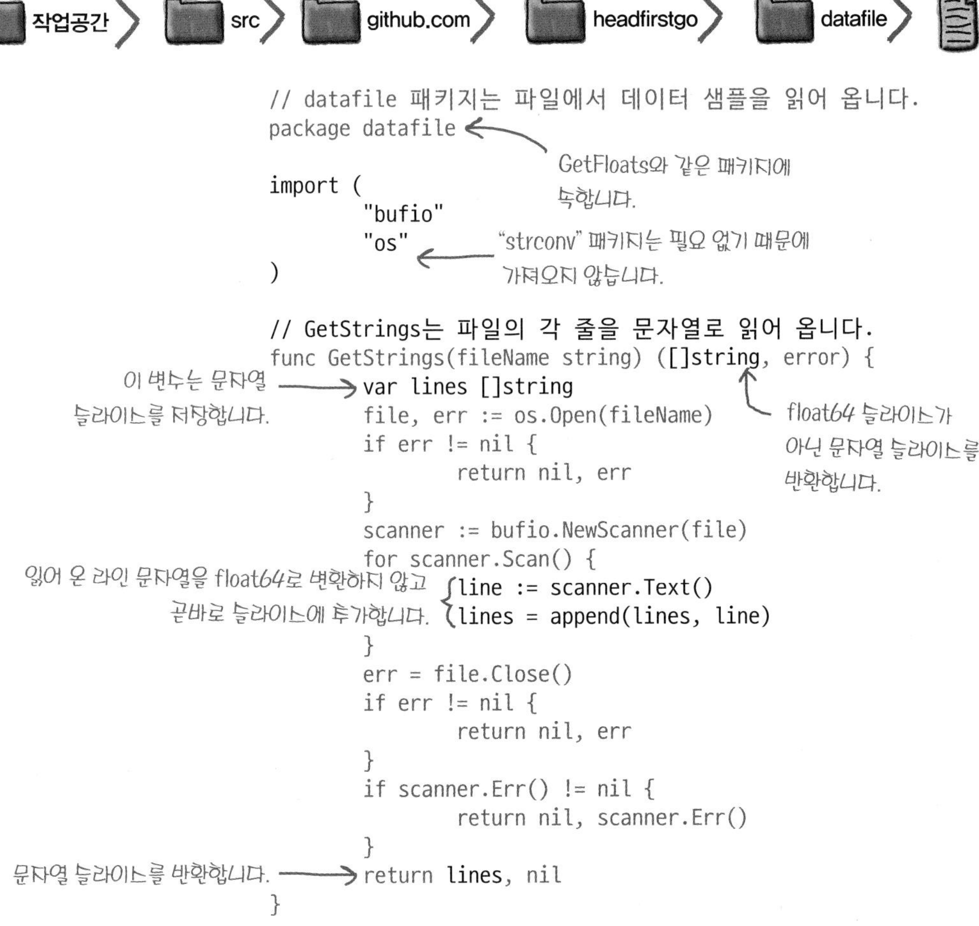

작업공간
src
github.com
headfirstgo
datafile
strings.go
GetFloats와 같은 패키지에 속합니다.
"strconv" 패키지는 필요 없기 때문에 가져오지 않습니다.
이 변수는 문자열 슬라이스를 저장합니다.
float64 슬라이스가 아닌 문자열 슬라이스를 반환합니다.
읽어 온 라인 문자열을 float64로 변환하지 않고 곧바로 슬라이스에 추가합니다.
문자열 슬라이스를 반환합니다.

```go
// datafile 패키지는 파일에서 데이터 샘플을 읽어 옵니다.
package datafile

import (
	"bufio"
	"os"
)

// GetStrings는 파일의 각 줄을 문자열로 읽어 옵니다.
func GetStrings(fileName string) ([]string, error) {
	var lines []string
	file, err := os.Open(fileName)
	if err != nil {
		return nil, err
	}
	scanner := bufio.NewScanner(file)
	for scanner.Scan() {
		line := scanner.Text()
		lines = append(lines, line)
	}
	err = file.Close()
	if err != nil {
		return nil, err
	}
	if scanner.Err() != nil {
		return nil, scanner.Err()
	}
	return lines, nil
}
```

파일에서 이름 읽어 오기 (계속)

그럼 이제 개표 프로그램을 만들어 봅시다. 개표 프로그램의 이름은 count라고 명명하겠습니다. 작업 공간의 *src/github.com/headfirstgo* 디렉터리 안에 count라는 디렉터리를 생성한 다음 *count* 디렉터리 안에는 *main.go*라는 파일을 생성합니다.

프로그램을 작성하기 전에 GetStrings 함수가 제대로 동작하는지부터 확인해 보겠습니다. main 함수에서 datafile.GetStrings 함수를 호출해 읽어 올 파일인 "votes.txt"를 전달합니다. 반환된 문자열 슬라이스와 에러 값은 각각 lines 변수와 err 변수에 저장합니다. 늘 그래왔듯이 err가 nil이 아닌 경우에는 에러를 출력한 뒤 프로그램을 종료합니다. 그 외의 경우에는 fmt.Println을 사용해 lines 슬라이스를 출력합니다.

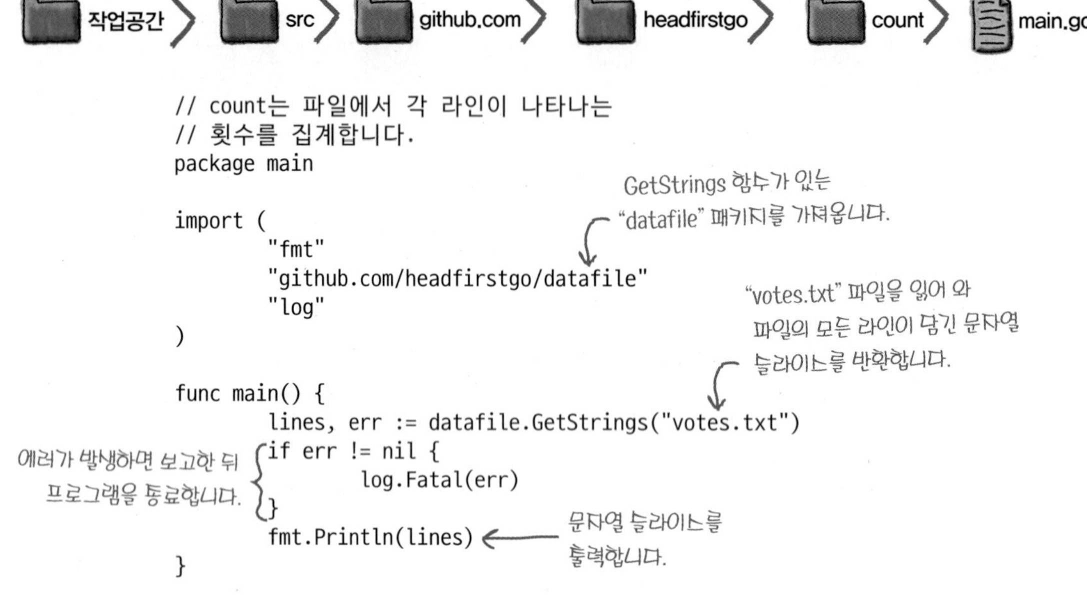
작업공간
src
github.com
headfirstgo
count
main.go
GetStrings 함수가 있는 "datafile" 패키지를 가져옵니다.
"votes.txt" 파일을 읽어 와 파일의 모든 라인이 담긴 문자열 슬라이스를 반환합니다.
에러가 발생하면 보고한 뒤 프로그램을 종료합니다.
문자열 슬라이스를 출력합니다.

```
// count는 파일에서 각 라인이 나타나는
// 횟수를 집계합니다.
package main

import (
	"fmt"
	"github.com/headfirstgo/datafile"
	"log"
)

func main() {
	lines, err := datafile.GetStrings("votes.txt")
	if err != nil {
		log.Fatal(err)
	}
	fmt.Println(lines)
}
```

다른 프로그램에서와 마찬가지로 go install에 count 패키지의 임포트 경로를 전달하면 프로그램을 컴파일할 수 있습니다(count 프로그램이 사용하고있는 datafile도 같이 컴파일 됩니다). 디렉터리 구조를 위와 같이 구성한 경우 임포트 경로는 github.com/headfirstgo/count가 됩니다.

"count" 디렉터리 내의 코드를 컴파일하고 실행 파일을 설치합니다.

Shell Edit View Window Help

```
$ go install github.com/headfirstgo/count
```

명령어를 실행하면 *bin* 디렉터리에 count 실행 파일이 생성됩니다. (Windows에서는 *count.exe*)

파일에서 이름 읽어 오기 (계속)

이전 장에서 사용한 *data.txt* 파일과 마찬가지로 *votes.txt* 파일도 프로그램을 실행하는 디렉터리와 같은 디렉터리 내에 존재해야 합니다. 오른쪽에 적힌 내용을 작업 공간의 *bin* 디렉터리에 votes.txt라는 파일로 저장하세요. 터미널에서 cd 명령어를 사용해 bin 디렉터리로 이동하면 됩니다.

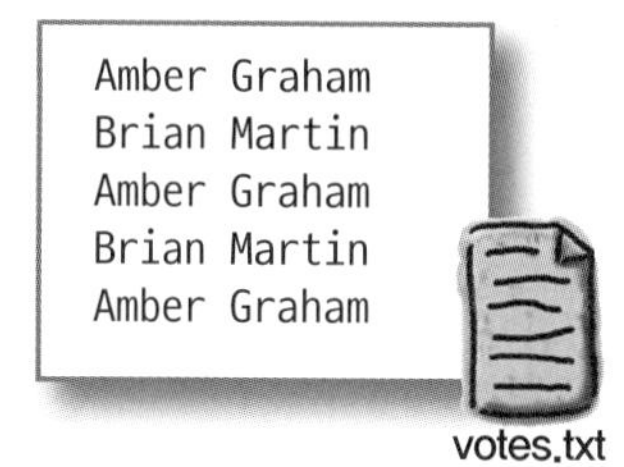

이제 **./count**(윈도우에서는 **count.exe**)로 프로그램을 실행해 보면 votes.txt에 저장된 모든 라인을 읽어 온 문자열 슬라이스가 출력됨을 볼 수 있습니다.

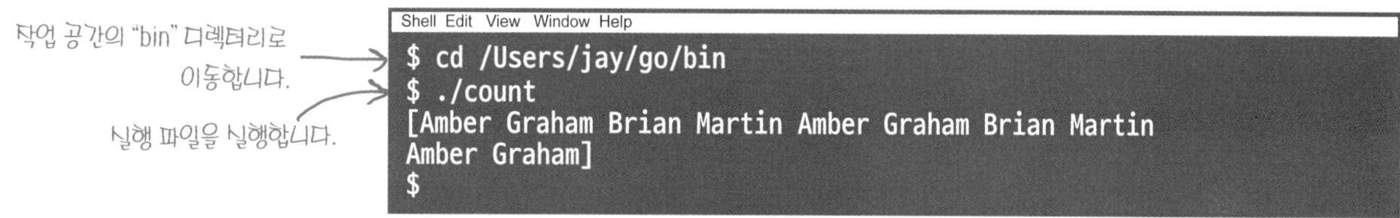

슬라이스로 투표 수 세기

파일에서 읽어 온 내용을 슬라이스로 저장하는 일은 이미 여러 번 해 봤기 때문에 그다지 새롭지는 않습니다. 하지만 이번에는 파일에서 각 이름이 나타나는 횟수를 집계해야 하는 새로운 미션이 생겼습니다. 지금부터는 횟수를 집계할 수 있는 두 가지 방법을 소개하려고 하는데, 하나는 슬라이스를 사용한 방법이고 다른 하나는 새로운 자료 구조인 *맵(map)*을 사용하는 방법입니다.

첫 번째 방법에서는 우선 동일한 개수와 동일한 순서를 갖는 두 개의 슬라이스 변수를 생성합니다. 첫 번째 슬라이스 names는 파일에서 읽어 온 이름의 목록을 저장하는데 각 이름은 단 한 번만 저장합니다. 그리고 두 번째 슬라이스 counts는 각 이름이 파일에서 나타나는 횟수를 저장합니다. 따라서 counts[0]는 names[0]에 대한 횟수, counts[1]은 names[1]에 대한 횟수를 나타내게 됩니다.

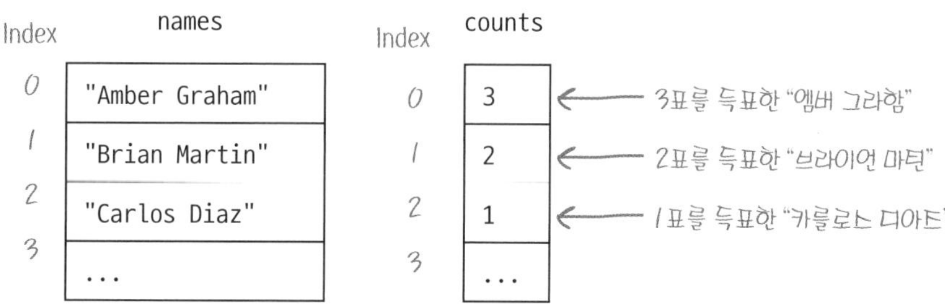

슬라이스로 투표 수 세기 (계속)

이제 실제로 각 이름이 파일에서 몇 번 나타나는지 집계할 수 있도록 count 프로그램을 수정해 봅시다. 우리의 계획은 우선 names 슬라이스에 각 후보자의 이름을 저장한 다음 각 이름이 나타나는 횟수를 counts 슬라이스에 1:1 매칭되도록 저장하는 것입니다.

작업공간 > src > github.com > headfirstgo > count > main.go

```
// ...위쪽 코드는 생략되었습니다....
func main() {
        lines, err := datafile.GetStrings("votes.txt")
        if err != nil {
                log.Fatal(err)
        }
        var names []string   ← 후보자들의 이름 목록을 저장할 변수입니다.
        var counts []int   ← 각 이름이 나타나는 횟수를 저장합니다.
        for _, line := range lines {
                matched := false
                for i, name := range names {   ← names 슬라이스를 순회합니다.
                        if name == line {   ← 읽어 온 라인이 현재 이름과 일치하면 ...
                                counts[i]++   ← 카운트를 하나 증가시킵니다.
                                matched = true   ← 발견했음을 표시합니다.
                        }
                }
                if matched == false {   ← 일치하는 이름이 없으면 새로 추가합니다.
                        names = append(names, line)   ← 새로운 이름을 추가합니다.
                        counts = append(counts, 1)   ← 카운트 값도 하나 추가해 둡니다(첫 등장이므로 초깃값으로 1을 사용합니다).
                }
        }
        for i, name := range names {
                fmt.Printf("%s: %d\n", name, counts[i])
        }
}
```

파일의 각 라인을 읽어 와 처리합니다. (첫 번째 for 루프)

집계가 끝나면 결과를 출력합니다. (두 번째 for 루프)

names 슬라이스에서 이름을 출력하고... (name)

counts 슬라이스에서는 이름이 나타난 횟수를 출력합니다. (counts[i])

프로그램을 다시 컴파일한 뒤 실행 파일을 실행해 보면 votes.txt 파일에 저장된 모든 이름과 함께 각 이름이 나타나는 횟수가 출력됨을 볼 수 있습니다.

```
Shell Edit View Window Help
$ go install github.com/headfirstgo/count      ← 프로그램 컴파일하기
$ cd /Users/jay/go/bin                         ← "bin" 하위 디렉터리로 이동합니다.
$ ./count                                      ← 변경된 프로그램 실행하기
Amber Graham: 3                                ← 각 이름이 나타나는 횟수가 출력됩니다.
Brian Martin: 2
```

그럼 이제 위 코드의 동작 방식을 좀 더 자세히 살펴보겠습니다.

슬라이스로 투표 수 세기 (계속)

count 프로그램은 투표 수를 세기 위해 루프 안에 또 다른 루프를 사용하고 있습니다. 바깥 루프에서는 파일에서 한 줄씩 읽어 온 라인을 line 변수에 할당하고 있습니다.

파일의 각 라인을 읽어 와 처리합니다.

```
for _, line := range lines {
    // ...
}
```

안쪽 루프에서는 names 슬라이스를 순회하면서 현재 읽어 온 이름과 일치하는 이름이 있는지 확인합니다.

"names" 슬라이스에서 현재 라인과 일치하는 이름을 검색합니다

```
for i, name := range names {
        if name == line {
                counts[i] += 1
                matched = true
        }
}
```

누군가 단기명 투표를 하여 "Carlos Diaz"라는 이름이 적힌 투표 용지가 나왔다고 해 봅시다. 프로그램은 names의 모든 원소를 하나씩 순회하면서 "Carlos Diaz"와 일치하는 이름이 있는지 확인합니다.

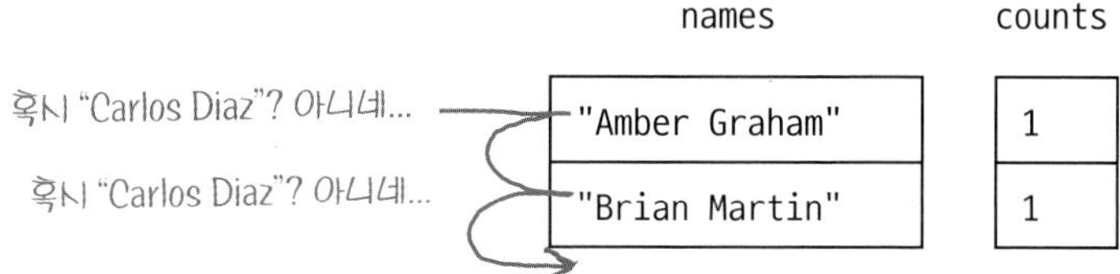

일치하는 이름이 없을 경우 프로그램은 names 슬라이스에 "Carlos Diaz"를 추가하고 counts 슬라이스에는 이름과 매칭되는 위치에 카운트 1을 추가할 것입니다("Carlos Diaz"가 처음 등장했으므로).

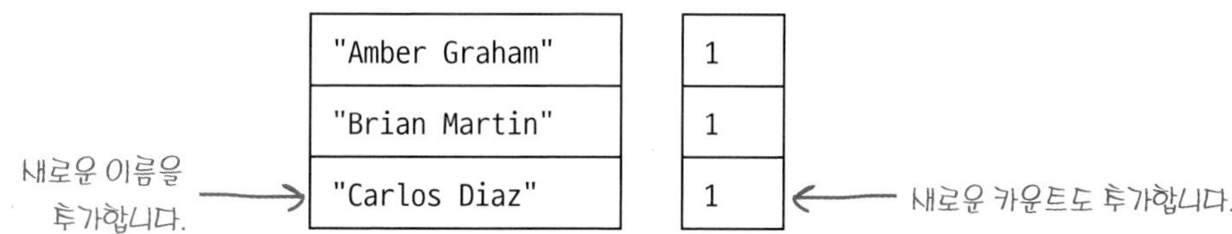

반대로 만약 다음 라인이 "Brian Martin"인 경우에는 이름이 이미 names 슬라이스에 존재하므로 counts 슬라이스의 카운트만 1만큼 증가시켜 줍니다.

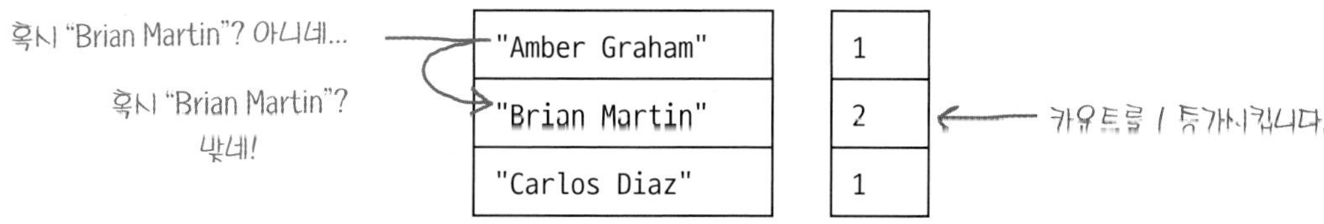

맵

하지만 이름을 슬라이스에 저장하는 데에는 문제가 하나 있습니다. 바로 파일을 한 줄씩 읽을 때마다 이름을 비교하기 위해 매번 names 슬라이스를 순회해야 한다는 것입니다. 이 방식은 위에서 살펴본 예제와 같이 데이터의 크기가 작은 경우에는 문제되지 않지만 데이터가 많은 경우에는 프로그램이 아주 느려질 수도 있습니다.

names	counts
"Amber Graham"	1
"Brian Martin"	1
"Carlos Diaz"	1

혹시 "Mikey Moose"? 아니네...

혹시 "Mikey Moose"? 아니네...

혹시 "Mikey Moose"? 아니네...

데이터를 슬라이스에 적재하는 건 마치 서류를 무더기로 쌓아 두는 것과 같습니다. 원하는 서류야 찾을 수 있겠지만, 서류를 찾으려면 모든 서류를 다 뒤져 봐야 한다는 문제점이 있습니다.

Go에는 데이터 컬렉션을 저장하는 또 다른 방식인 *맵(map)*이라고 하는 자료구조가 있습니다. **맵**이란 저장된 값을 *키(key)*를 통해 접근할 수 있는 컬렉션입니다. 키를 사용하면 맵의 데이터를 아주 편리하게 가져올 수 있습니다. 맵은 마치 널 부러진 서류 더미가 아닌 잘 라벨링된 서류 문서함과 같습니다.

맨 위에서 시작해 모든 더미를 확인해봐야 합니다.

슬라이스

키를 사용하면 원하는 데이터를 빠르게 찾을 수 있습니다.

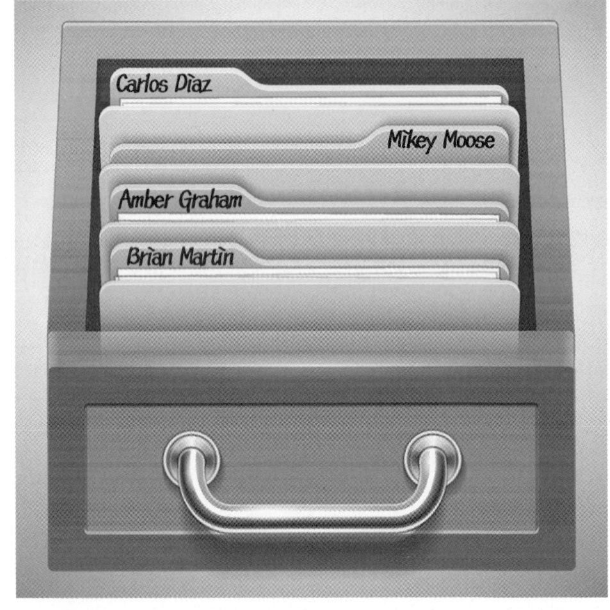

맵

배열과 슬라이스에서는 인덱스 값으로 정수만 사용할 수 있는 반면 맵에서는 모든 타입의 값을 키로 사용할 수 있습니다(단, ==을 사용하여 서로 비교할 수 있는 타입이어야 합니다). 여기에는 숫자, 문자열 등도 포함됩니다. 키는 모두 동일한 타입이어야 하고 값 또한 모두 동일한 타입이어야 하지만 키와 값이 동일한 타입일 필요는 없습니다.

맵 (계속)

맵 변수는 map 키워드 뒤에 키의 타입을 포함하는 대괄호([])와 값의 타입을 차례대로 타이핑하여 선언할 수 있습니다.

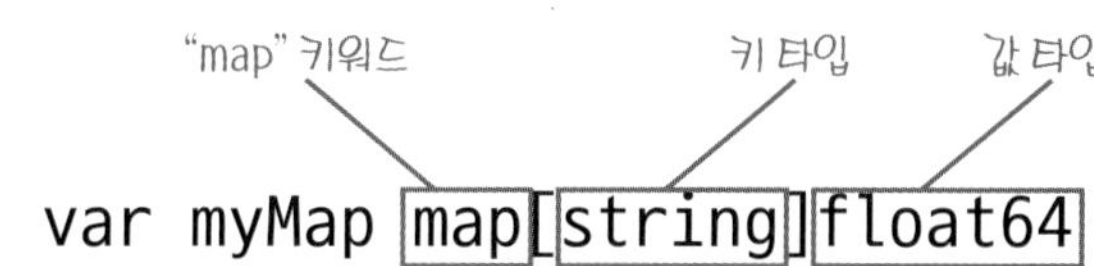

슬라이스 변수와 마찬가지로 맵 변수도 값이 자동으로 생성되지 않기 때문에 make 함수를 사용해 맵 값을 직접 생성해 줘야 합니다. 사용법은 슬라이스와 유사하며 make에 슬라이스 타입 대신 맵 타입을 전달하면 됩니다(당연한 얘기지만 make에서 사용할 타입은 선언 타입과 동일해야 합니다).

```
var ranks map[string]int        ← 맵 변수를 선언합니다.
ranks = make(map[string]int)    ← 맵의 실제 값을 생성합니다.
```

단축 변수 선언을 사용하면 더 간편하게 생성할 수 있습니다.

```
ranks := make(map[string]int)   ← 변수를 선언하는 동시에 맵을 생성합니다.
```

맵에 값을 넣고 가져오는 문법은 배열이나 슬라이스의 그것과 유사합니다. 단, 배열과 슬라이스는 인덱스로 정숫값만 사용할 수 있는 반면 맵의 키에는 거의 모든 타입의 값을 사용할 수 있습니다. ranks 맵은 문자열 키를 사용하고 있습니다.

```
ranks["gold"] = 1
ranks["silver"] = 2
ranks["bronze"] = 3
fmt.Println(ranks["bronze"])
fmt.Println(ranks["gold"])
```

```
3
1
```

배열과 슬라이스는 인덱스로 정숫값만 사용할 수 있는 반면 맵의 키에는 거의 모든 타입의 값을 사용할 수 있습니다.

다음은 문자열 키와 문자열 값을 갖는 또 다른 맵입니다.

```
elements := make(map[string]string)
elements["H"] = "Hydrogen"
elements["Li"] = "Lithium"
fmt.Println(elements["Li"])
fmt.Println(elements["H"])
```

```
Lithium
Hydrogen
```

그리고 다음은 정수 키와 부울 값을 갖는 맵입니다.

```
isPrime := make(map[int]bool)
isPrime[4] = false
isPrime[7] = true
fmt.Println(isPrime[4])
fmt.Println(isPrime[7])
```

```
false
true
```

맵 리터럴

배열이나 슬라이스와 마찬가지로 맵에서도 키와 값을 이미 알고 있는 경우 **맵 리터럴(map literal)**을 사용할 수 있습니다. 맵 리터럴은 맵 타입(map[KeyType][ValueType] 형태)으로 시작해 키/값 쌍들이 중괄호 안에 감싸여 따라옵니다. 키/값 쌍은 키, 콜론 그리고 값으로 구성되며 복수 개의 키/값 쌍들은 쉼표로 구분됩니다.

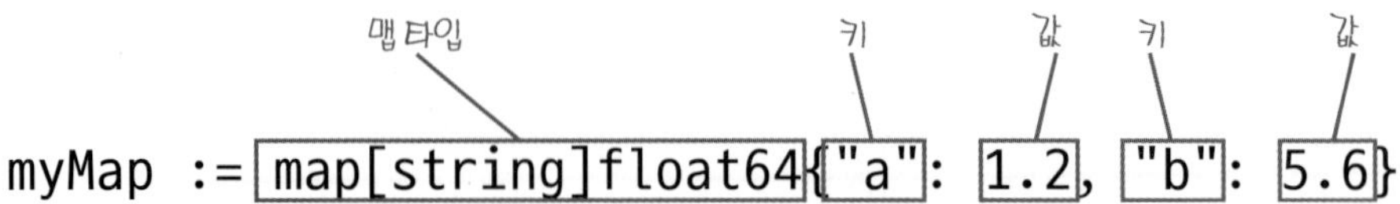

맵 타입
키
값
키
값
myMap := map[string]float64{"a": 1.2, "b": 5.6}

다음은 바로 전 페이지에서 본 예제들로 맵 리터럴을 사용하도록 수정한 버전입니다.

```
ranks := map[string]int{"bronze": 3, "silver": 2, "gold": 1}  ← 맵 리터럴
fmt.Println(ranks["gold"])
fmt.Println(ranks["bronze"])
elements := map[string]string{  ← 멀티 라인 맵 리터럴
        "H": "Hydrogen",
        "Li": "Lithium",
}
fmt.Println(elements["H"])
fmt.Println(elements["Li"])
```

```
1
3
Hydrogen
Lithium
```

슬라이스 리터럴에서와 마찬가지로 중괄호를 빈 상태로 두면 빈 맵이 생성됩니다.

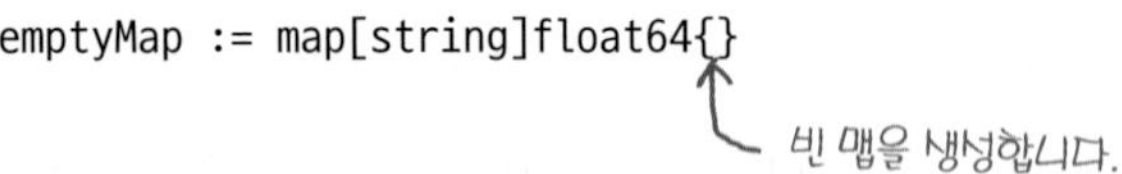

emptyMap := map[string]float64{}
빈 맵을 생성합니다.

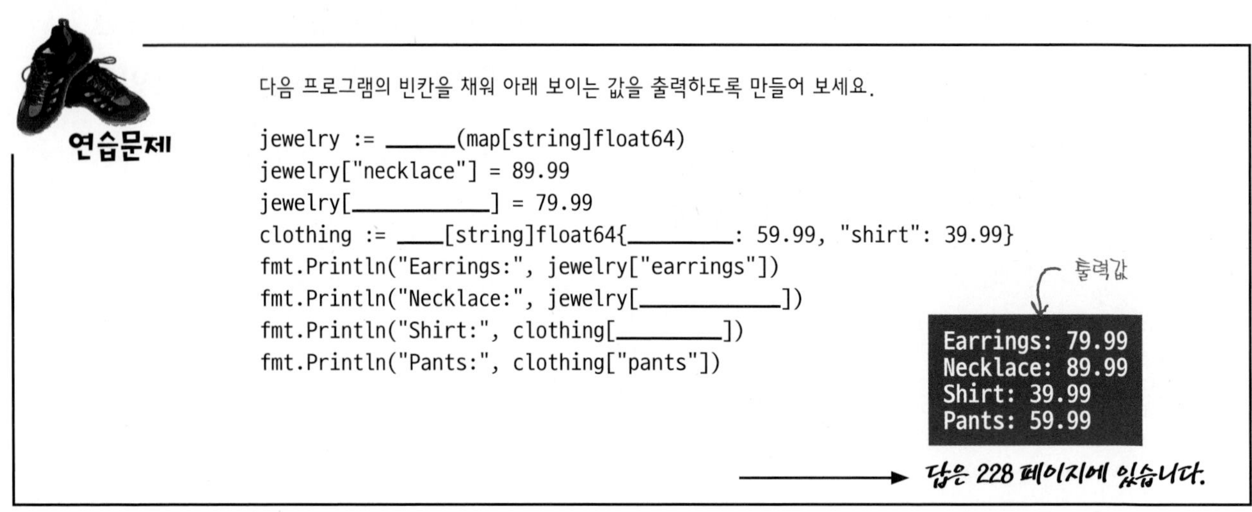

연습문제

다음 프로그램의 빈칸을 채워 아래 보이는 값을 출력하도록 만들어 보세요.

```
jewelry := ______(map[string]float64)
jewelry["necklace"] = 89.99
jewelry[____________] = 79.99
clothing := ____[string]float64{_________: 59.99, "shirt": 39.99}
fmt.Println("Earrings:", jewelry["earrings"])
fmt.Println("Necklace:", jewelry[____________])
fmt.Println("Shirt:", clothing[_________])
fmt.Println("Pants:", clothing["pants"])
```

출력값

```
Earrings: 79.99
Necklace: 89.99
Shirt: 39.99
Pants: 59.99
```

답은 228 페이지에 있습니다.

맵에서의 제로 값

배열과 슬라이스에서와 마찬가지로 아무 값도 할당하지 않은 맵의 키에 접근하면 제로 값이 반환됩니다.

문자열 키와 정숫값을 갖는 맵을 생성합니다.

```
numbers := make(map[string]int)
numbers["I've been assigned"] = 12
fmt.Printf("%#v\n", numbers["I've been assigned"])
fmt.Printf("%#v\n", numbers["I haven't been assigned"])
```

할당된 값을 출력합니다.

할당되지 않은 값을 출력합니다.

```
12
0
```

제로 값을 출력합니다.

값의 타입에 따라 제로 값은 바뀔 수도 있습니다. 예를 들어, 문자열 값을 갖는 맵에서 제로 값은 0이 아닌 빈 문자열이 됩니다.

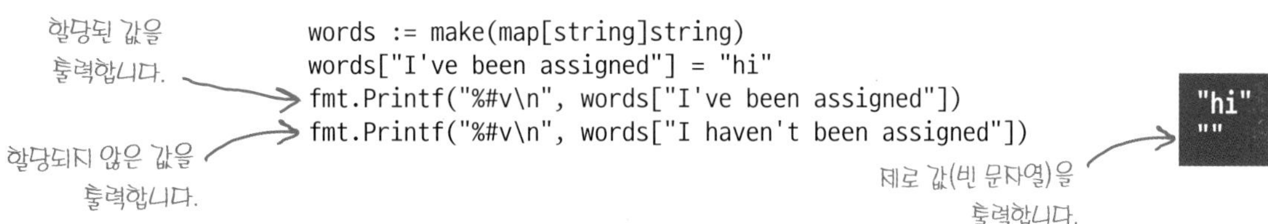

할당된 값을 출력합니다.
words := make(map[string]string)
words["I've been assigned"] = "hi"
fmt.Printf("%#v\n", words["I've been assigned"])
fmt.Printf("%#v\n", words["I haven't been assigned"])
할당되지 않은 값을 출력합니다.
"hi"
""
제로 값(빈 문자열)을 출력합니다.

제로 값 덕분에 명시적으로 값을 할당하지 않은 경우에도 맵을 안전하게 다룰 수 있습니다.

```
counters := make(map[string]int)
counters["a"]++
counters["a"]++
counters["c"]++
fmt.Println(counters["a"], counters["b"], counters["c"])
```

두 번 증가했습니다. / 제로 값에 머물러 있습니다. / 한 번 증가했습니다.

```
2 0 1
```

맵 변수의 제로 값은 nil입니다

슬라이스와 마찬가지로 맵 변수 자체의 제로 값은 nil입니다. 맵 변수를 선언만 하고 아무 값도 할당하지 않으면 맵 변수의 값은 nil이 됩니다. 이 말은 즉, 키/값을 추가할 수 있는 맵이 존재하지 않는다는 것을 의미하기 때문에 다음 코드는 패닉을 발생시킵니다.

```
var nilMap map[int]string
fmt.Printf("%#v\n", nilMap)
nilMap[3] = "three"
```

맵이 "nil"이기 때문에 값을 추가할 수 없습니다!

```
map[int]string(nil)
panic: assignment to entry in nil map
```

키/값을 추가하려면 먼저 make나
맵 리터럴을 사용해 맵을 생성한 다음 맵 변수에 할당해 줘야 합니다.

```
var myMap map[int]string = make(map[int]string)
myMap[3] = "three"
fmt.Printf("%#v\n", myMap)
```

먼저 맵을 생성해야 합니다.

이제 맵에 값을 추가할 수 있습니다.

```
map[int]string{3:"three"}
```

할당된 값과 제로 값 구분하는 방법

제로 값이 값의 할당 여부를 판단하는 데에 유용하긴 하나, 제로 값만으로는 키 값이 제로 값으로 할당된 건지 아니면 키 자체가 존재하지 않는 건지 판단하기는 어렵습니다.

다음 프로그램이 바로 위와 같은 문제가 발생할 수 있는 예시입니다. 이 코드는 "Carl"이 낙제했다는 잘못된 내용을 보고하고 있는데 사실 이 프로그램에는 "Carl"의 점수가 기록되지 않았습니다.

```
func status(name string) {
	grades := map[string]float64{"Alma": 0, "Rohit": 86.5}
	grade := grades[name]
	if grade < 60 {
		fmt.Printf("%s is failing!\n", name)
	}
}

func main() {
	status("Alma")   // 0의 값이 할당된 키 값
	status("Carl")   // 아무 값도 할당되지 않은 키 값
}
```

```
Alma is failing!
Carl is failing!
```

이와 같은 상황을 처리하기 위해 맵 키에 접근할 때 선택적으로 반환되는 부울 값을 갖는 두 번째 반환 값을 사용할 수 있습니다. 이 값은 접근하고 있는 키 값이 맵에 존재하는 경우에는 true 값을, 존재하지 않는 경우에는 false 값을 갖습니다. 대부분 Go 개발자는 이 부울 값을 ok라는 변수에 할당하곤 합니다(ok라는 이름이 직관적이고 간단명료하기 때문이죠).

```
counters := map[string]int{"a": 3, "b": 0}
var value int
var ok bool
value, ok = counters["a"]   // 할당된 값에 접근하면
fmt.Println(value, ok)      // "ok"는 true가 됩니다.
value, ok = counters["b"]   // 할당된 값에 접근하면
fmt.Println(value, ok)      // "ok"는 true가 됩니다.
value, ok = counters["c"]   // 할당되지 않은 값에 접근하면
fmt.Println(value, ok)      // "ok"는 false가 됩니다.
```

Go의 메인테이너 그룹은 이를 "comma ok idiom"이라고 부릅니다. 이에 대한 내용은 11장의 타입 단언(type assertions) 파트에서 다시 살펴보겠습니다!

```
3 true
0 true
0 false
```

단순히 키의 존재 여부만 확인하고 싶은 경우에는 빈 식별자를 사용해 반환 값을 무시하면 됩니다.

```
counters := map[string]int{"a": 3, "b": 0}
var ok bool
_, ok = counters["b"]   // 키의 존재 여부만 확인하고 반환 값은 무시합니다.
fmt.Println(ok)
_, ok = counters["c"]   // 키의 존재 여부만 확인하고 반환 값은 무시합니다.
fmt.Println(ok)
```

```
true
false
```

할당된 값과 제로 값 구분하는 방법 (계속)

두 번째 반환 값을 사용하면 맵에서 반환된 값이 할당은 되었지만 제로 값으로 할당된 값인지 값이 할당되지 않아서 반환된 제로 값인지 판별할 수 있습니다.

다음은 성적의 낙제 여부를 판단하기 전에 키의 존재 여부를 먼저 확인하도록 수정한 코드입니다.

```
func status(name string) {
        grades := map[string]float64{"Alma": 0, "Rohit": 86.5}
        grade, ok := grades[name]
        if !ok {
                fmt.Printf("No grade recorded for %s.\n", name)
        } else if grade < 60 {
                fmt.Printf("%s is failing!\n", name)
        }
}

func main() {
        status("Alma")
        status("Carl")
}
```

키의 존재 여부와 함께 값을 받아옵니다.

키가 존재하지 않으면...

...해당 학생의 점수는 기록되지 않았다고 출력해 줍니다.

만약 존재하면, 성적의 낙제 여부를 판단하는 코드를 계속 실행합니다.

```
Alma is failing!
No grade recorded for Carl.
```

연습문제

다음 프로그램의 출력값을 적어 보세요.

```
data := []string{"a", "c", "e", "a", "e"}
counts := make(map[string]int)
for _, item := range data {
        counts[item]++
}
letters := []string{"a", "b", "c", "d", "e"}
for _, letter := range letters {
        count, ok := counts[letter]
        if !ok {
                fmt.Printf("%s: not found\n", letter)
        } else {
                fmt.Printf("%s: %d\n", letter, count)
        }
}
```

출력값

답은 228 페이지에 있습니다.

"delete" 함수를 사용해 키/값 쌍 삭제하기

키 값을 다 사용하고 나면 맵에서 키를 삭제하고 싶은 경우가 있을 수 있습니다. Go의 내장 함수인 delete 함수에 삭제할 키를 가진 맵과 삭제할 키 값을 인자로 전달하면 키를 삭제할 수 있습니다. 키를 삭제하면 키에 대응되는 맵의 값도 함께 제거됩니다.

아래 코드는 두 개의 서로 다른 맵에 각각 값을 할당한 다음 다시 값을 삭제하고 있습니다. 삭제하고 난 뒤 키에 접근하면 제로 값이 반환되며(ranks 맵에서는 0, isPrime 맵에서는 false) 두 번째 부울 값은 두 경우 모두 키가 존재하지 않는다는 의미의 false가 반환됩니다.

```
var ok bool
ranks := make(map[string]int)
var rank int
ranks["bronze"] = 3                          // "bronze" 키에 값을 할당합니다.
rank, ok = ranks["bronze"]                   // 값이 존재하므로 "ok" 변수는 true가 됩니다.
fmt.Printf("rank: %d, ok: %v\n", rank, ok)
delete(ranks, "bronze")                      // "bronze" 키와 해당 키의 값을 삭제합니다.
rank, ok = ranks["bronze"]                   // 값이 삭제되었으므로 "ok" 변수는 false가 됩니다.
fmt.Printf("rank: %d, ok: %v\n", rank, ok)

isPrime := make(map[int]bool)
var prime bool
isPrime[5] = true                            // 5 키에 값을 할당합니다.
prime, ok = isPrime[5]                       // 값이 존재하므로 "ok" 변수는 true가 됩니다.
fmt.Printf("prime: %v, ok: %v\n", prime, ok)
delete(isPrime, 5)                           // 5 키와 해당 키의 값을 삭제합니다.
prime, ok = isPrime[5]                       // 값이 삭제되었으므로 "ok" 변수는 false가 됩니다.
fmt.Printf("prime: %v, ok: %v\n", prime, ok)
```

```
rank: 3, ok: true
rank: 0, ok: false
prime: true, ok: true
prime: false, ok: false
```

개표 프로그램에서 맵 사용하기

이제 맵에 대해 배웠으니 맵을 사용해 개표 프로그램을 간소화할 수 있는지 살펴보겠습니다.

이전에는 후보자의 이름을 저장하는 names라는 변수와 각 후보자의 투표 수를 저장하는 counts 라는 변수, 총 두 개의 슬라이스를 사용했습니다. 따라서 파일에서 이름을 읽어 올 때마다 names 슬라이스를 매번 순회하면서 일치하는 이름의 위치를 확인한 뒤 각 이름에 대응되는 counts 슬라이스의 값을 증가시켜 줘야 했습니다.

```
// ...
var names []string    ← 후보자들의 이름 목록을 저장할 변수입니다.
var counts []int    ← 각 이름이 나타나는 횟수를 저장할 변수입니다.
for _, line := range lines {
        matched := false
        for i, name := range names {    ← names 슬라이스를 순회합니다.
                if name == line {    ← 읽어 온 라인이 현재 이름과 일치하면 ...
                        counts[i] += 1    ← 카운트를 하나 증가시킵니다.
// ...
```

이때 맵을 사용하면 코드가 매우 단순해집니다. 두 개의 슬라이스는 하나의 맵(counts 맵)으로 대체할 수 있습니다. 이 맵은 후보자의 이름을 키 값으로 하고 값으로는 투표 수를 저장할 정수를 사용합니다. 맵을 다 만들고 나면 파일에서 이름을 읽어 와 맵의 키로 지정한 다음 해당 키의 값을 증가시키기만 하면 됩니다.

다음은 맵을 만든 다음 일부 후보자 이름의 값을 직접 증가시키는 간단한 코드입니다.

```
counts := make(map[string]int)
counts["Amber Graham"]++
counts["Brian Martin"]++
counts["Amber Graham"]++
fmt.Println(counts)
```

```
map[Amber Graham:2 Brian Martin:1]
```

또한 이전 프로그램에서는 names 슬라이스에 이름이 없는 경우 names와 counts 슬라이스에 새로운 값을 추가해 주는 별도 코드가 필요했습니다.

```
if matched == false {    ← 일치하는 이름이 없을 경우
        names = append(names, line)    ← 새로운 이름으로 추가하고
        counts = append(counts, 1)    ← 새로운 카운트도 추가합니다(첫 등장이므로 초깃값으로 1을 사용합니다).
}
```

하지만 맵을 사용하면 더 이상 이런 코드는 필요 없습니다. 맵에 키가 존재하지 않으면 제로 값이 반환되는데(여기서는 값의 타입으로 정수를 사용하므로 0이 반환됩니다). 이 값을 1 증가시키면 맵에는 1이라는 값이 할당되고, 이름이 다시 등장할 경우 좀 전에 할당된 값인 1이 반환되어 이 값을 기준으로 카운트가 증가됩니다.

개표 프로그램에서 맵 사용하기 (계속)

그럼 이제 개표 프로그램에서 counts 맵을 사용하여 파일로부터 각 후보자의 투표 수를 집계해 봅시다.

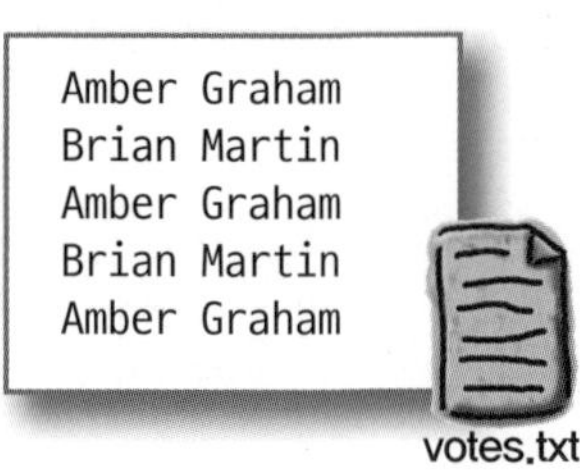
Amber Graham
Brian Martin
Amber Graham
Brian Martin
Amber Graham
votes.txt

맵을 배우기 위해 많은 내용을 다뤘지만 그에 비해 최종 코드는 약간 초라할 정도로 간단합니다! 두 개의 슬라이스 선언을 하나의 맵 선언으로 대체했고, 그다음 파일의 각 문자열을 순회하는 코드에서는 11줄이나 되던 코드를 맵에서 각 후보자 이름에 대한 카운트를 증가시키는 단 한 줄의 코드로 줄였습니다. 그리고 마지막에 슬라이스를 순회하면서 개표 결과를 출력하던 코드도 counts 맵을 출력하는 단 한 줄의 코드로 대체했습니다.

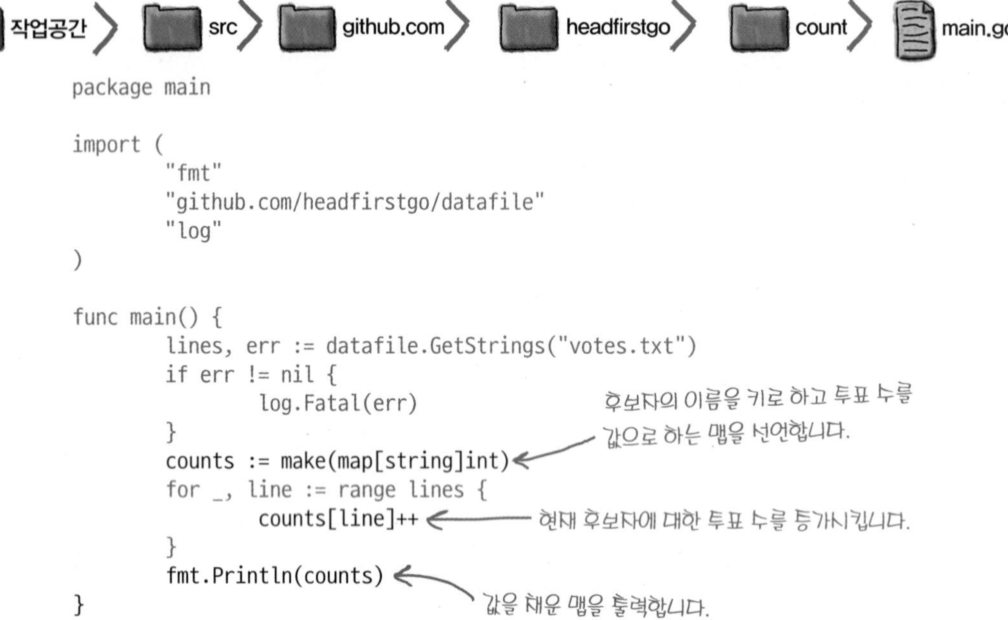
작업공간
src
github.com
headfirstgo
count
main.go
후보자의 이름을 키로 하고 투표 수를 값으로 하는 맵을 선언합니다.
현재 후보자에 대한 투표 수를 증가시킵니다.
값을 채운 맵을 출력합니다.

```
package main

import (
	"fmt"
	"github.com/headfirstgo/datafile"
	"log"
)

func main() {
	lines, err := datafile.GetStrings("votes.txt")
	if err != nil {
		log.Fatal(err)
	}
	counts := make(map[string]int)
	for _, line := range lines {
		counts[line]++
	}
	fmt.Println(counts)
}
```

이 코드는 코드 자체는 별거 없어 보이지만 내부적으로는 여러 복잡한 연산들을 수행합니다. 하지만 맵을 사용하면 맵이 자체적으로 모두 처리해 주는 덕분에 적은 코드로도 많은 것들을 할 수 있습니다!

이제 프로그램을 다시 컴파일 한 뒤 실행 파일을 실행해 보면 프로그램은 votes.txt 파일을 읽어 와 각 이름을 처리한 뒤 각 이름의 투표 수가 저장된 counts 맵을 출력합니다.

```
Shell Edit View Window Help
$ go install github.com/headfirstgo/count
$ cd /Users/jay/go/bin
$ ./count
map[Amber Graham:3 Brian Martin:2]
```

맵과 함께 for...range 사용하기

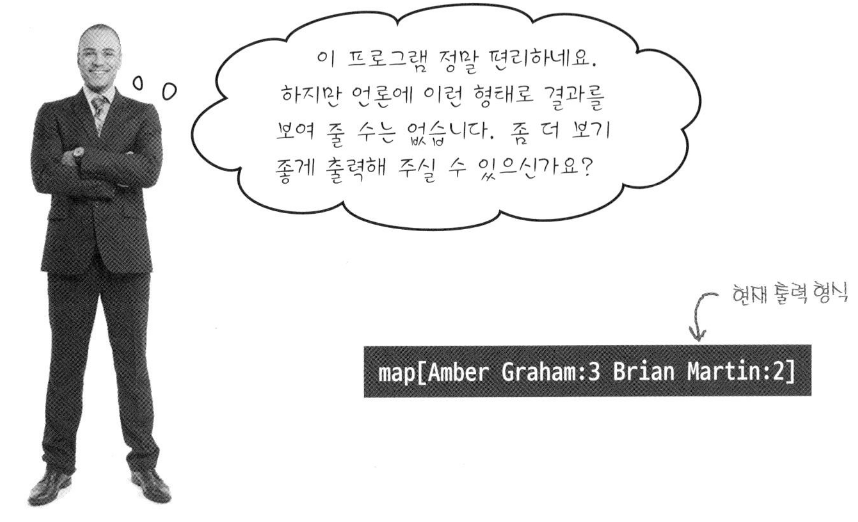

이 프로그램 정말 편리하네요. 하지만 언론에 이런 형태로 결과를 보여 줄 수는 없습니다. 좀 더 보기 좋게 출력해 주실 수 있으신가요?
현재 출력 형식
map[Amber Graham:3 Brian Martin:2]

이름: 케빈 와그너
직업: 선거 자원 봉사자

원하는 출력 형태

```
Amber Graham: 3
Brian Martin: 2
```

맞습니다. 후보자의 이름과 개표 결과를 한 줄에 한 명씩 보여 주는 게 좀 더 보기 편할 것 같습니다.

맵의 키와 값을 한 줄에 하나씩 출력하려면 맵에 들어 있는 모든 값을 순회해야 합니다.

배열과 슬라이스를 순회할 때 사용한 for...range는 맵에서도 사용할 수 있습니다. 다만, 맵에서는 첫 번째 변수에 정수 인덱스가 아닌 현재 순회 중인 맵의 키 값이 할당됩니다.

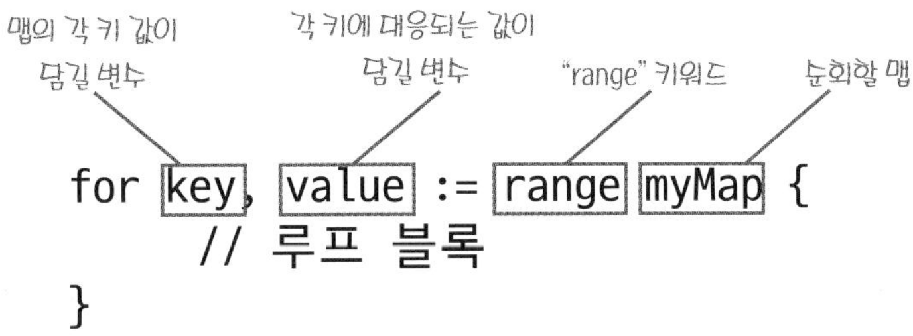

맵에서 for...range 사용하기 (계속)

for...range 루프를 사용하면 맵의 키와 값을 간편하게 순회할 수 있습니다. 키를 저장할 변수와 키에 대응되는 값을 저장할 변수만 지정해 주면 루프는 알아서 맵을 순회합니다.

```
package main

import "fmt"

func main() {
	grades := map[string]float64{"Alma": 74.2, "Rohit": 86.5, "Carl": 59.7}
	for name, grade := range grades {
		fmt.Printf("%s has a grade of %0.1f%%\n", name, grade)
	}
}
```

모든 키/값 쌍을 순회합니다.

각 키의 값와 키에 대응되는 값을 출력합니다.

```
Carl has a grade of 59.7%
Alma has a grade of 74.2%
Rohit has a grade of 86.5%
```

키만 필요한 경우에는 값을 저장하는 변수를 생략할 수 있습니다.

키만 순회하기

```
fmt.Println("Class roster:")
for name := range grades {
	fmt.Println(name)
}
```

```
Class roster:
Alma
Rohit
Carl
```

값만 필요한 경우에는 키 변수에 빈 식별자 _를 사용할 수 있습니다.

값만 순회하기

```
fmt.Println("Grades:")
for _, grade := range grades {
	fmt.Println(grade)
}
```

```
Grades:
59.7
74.2
86.5
```

하지만 이 코드에는 문제가 하나 있습니다. 위 코드를 저장한 다음 터미널에서 실행해 보면 키와 값이 무작위 순서로 출력됨을 볼 수 있습니다. 또한 이 순서는 프로그램을 돌릴 때마다 매번 바뀝니다.

(참고: 단, Go 플레이그라운드는 예외입니다. 물론 Go 플레이그라운드에서의 출력값도 무작위 순서이긴 하지만 실행할 때마다 매번 같은 순서로 출력됩니다.)

루프는 매번 다른 순서로 순회합니다!

```
Shell Edit View Window Help
$ go run temp.go
Alma has a grade of 74.2%
Rohit has a grade of 86.5%
Carl has a grade of 59.7%
$ go run temp.go
Carl has a grade of 59.7%
Alma has a grade of 74.2%
Rohit has a grade of 86.5%
```

for...range 루프는 맵을 무작위 순서로 처리합니다!

맵은 정렬되지 않은 컬렉션이기 때문에 for...range 루프는 맵을 무작위 순서로 순회합니다. 그렇기 때문에 맵에 for...range 루프를 사용하는 경우, 값이 어떤 순서로 반환될지 알 수 없습니다. 순서가 중요하지 않은 경우에는 괜찮지만 일정한 순서가 필요한 경우에는 순서를 지정하기 위한 추가 작업이 필요합니다.

다음은 후보자의 이름을 항상 알파벳 순으로 출력하도록 수정한 코드입니다. 이 코드는 두 개의 for 루프를 사용하는데 첫 번째 루프는 맵의 키를 순회하면서 각 키 값을 문자열 슬라이스에 추가합니다. 그다음 sort 패키지의 Strings 함수를 사용해 슬라이스에 저장된 이름을 알파벳 순으로 정렬합니다.

두 번째 for 루프는 맵이 아닌 정렬된 이름이 저장된 슬라이스를 순회합니다(바로 이전 루프 덕분에 맵의 키가 정렬된 상태로 저장되어 있습니다). 이 루프는 이름과 해당 이름에 매칭되는 맵의 값을 출력합니다. 여전히 맵의 모든 키를 순회하기는 하지만 맵이 아닌 정렬된 슬라이스에 저장된 키 값을 사용한다는 점이 다릅니다.

```
package main

import (
	"fmt"
	"sort"
)

func main() {
	grades := map[string]float64{"Alma": 74.2, "Rohit": 86.5, "Carl": 59.7}
	var names []string
	for name := range grades {
		names = append(names, name)
	}
	sort.Strings(names)
	for _, name := range names {
		fmt.Printf("%s has a grade of %0.1f%%\n", name, grades[name])
	}
}
```

맵의 모든 키를 저장하는 슬라이스를 만듭니다.

슬라이스를 알파벳 순으로 정렬합니다.

알파벳 순으로 정렬된 이름 목록을 순회합니다.

현재 순회 중인 이름으로 맵에서 점수를 가져옵니다.

수정된 코드를 저장한 뒤 실행해 보면 이제 모든 학생의 이름이 매번 알파벳 순으로 출력됨을 볼 수 있습니다. 몇 번을 실행해 봐도 같은 결과가 나옵니다.

순서가 중요하지 않은 경우에는 for...range 루프에 곧바로 맵을 사용해도 상관없지만 순서가 중요하다면 위와 같은 순서를 처리하기 위한 추가 코드를 작성해야 합니다.

```
Shell Edit View Window Help
$ go run temp.go
Alma has a grade of 74.2%
Carl has a grade of 59.7%
Rohit has a grade of 86.5%
$ go run temp.go
Alma has a grade of 74.2%
Carl has a grade of 59.7%
Rohit has a grade of 86.5%
```

이름은 매번 알파벳 순으로 출력됩니다.

개표 프로그램에서 for...range 루프 사용하기

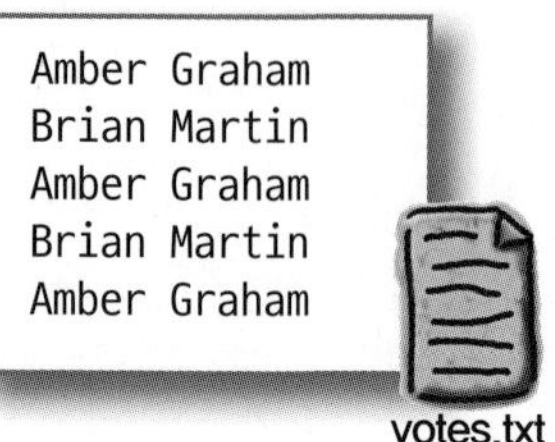

슬리피 크리크 주에는 후보자의 수가 별로 많지 않기 때문에 이름을 알파벳 순으로 정렬해서 보여 줄 필요는 없을 것 같습니다. 따라서 for...range 루프에 곧바로 맵을 사용하겠습니다.

수정할 코드는 아주 간단한데, 맵 전체를 출력하는 코드를 for...range 루프로 변경해 주기만 하면 됩니다. 키는 name 변수에, 값은 count 변수에 할당한 다음 Printf를 사용해 각 후보자의 이름과 투표 수를 출력합니다.

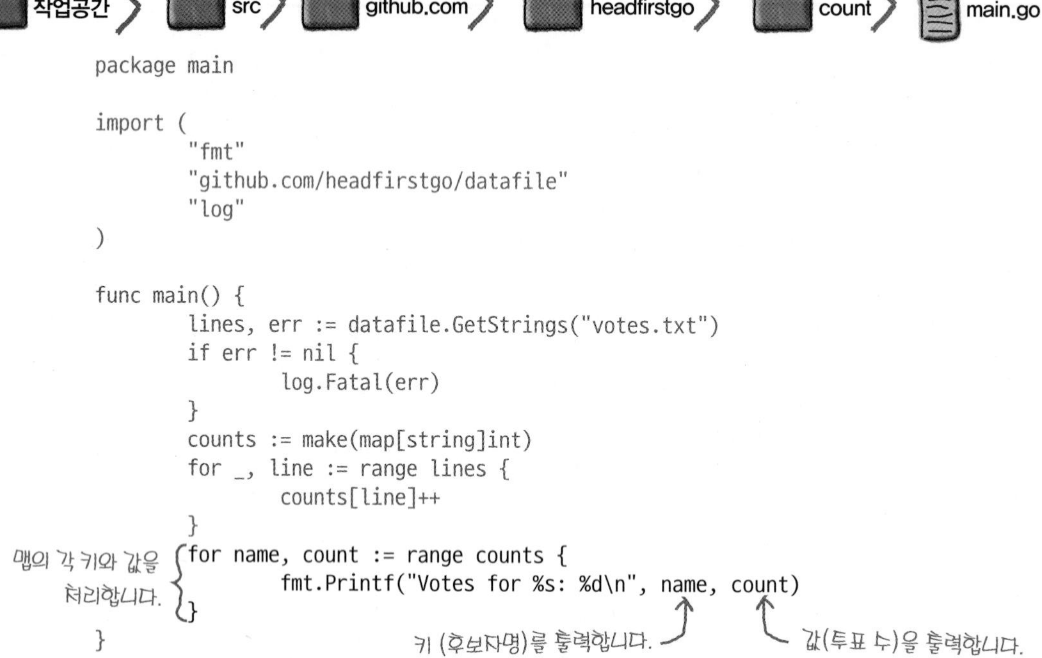


```
package main

import (
	"fmt"
	"github.com/headfirstgo/datafile"
	"log"
)

func main() {
	lines, err := datafile.GetStrings("votes.txt")
	if err != nil {
		log.Fatal(err)
	}
	counts := make(map[string]int)
	for _, line := range lines {
		counts[line]++
	}
	for name, count := range counts {
		fmt.Printf("Votes for %s: %d\n", name, count)
	}
}
```

프로그램을 다시 컴파일한 뒤 실행 파일을 실행해 보면 새로운 형식의 출력값을 볼 수 있습니다. 다음은 실제 출력값으로 각 후보자의 이름과 투표 수가 한 줄에 하나씩 깔끔하게 출력되고 있습니다.

```
Shell  Edit  View  Window  Help
$ go install github.com/headfirstgo/count
$ cd /Users/jay/go/bin
$ ./count
Votes for Amber Graham: 3
Votes for Brian Martin: 2
```

개표 프로그램이 완성되었습니다!

저는 여러분이 올바른 선택을 할 것을 알고 있었습니다! 열심히 선거 유세를 펼쳐 주신 상대편 후보자께도 축의를 표하고 싶습니다.

```
Shell Edit View Window Help
$ go install github.com/headfirstgo/count
$ cd /Users/jay/go/bin
$ ./count
Votes for Amber Graham: 3
Votes for Brian Martin: 2
```

드디어 개표 프로그램이 완성되었습니다!

배열과 슬라이스만 사용했을 때에는 값을 찾기 위한 많은 추가 코드와 연산 비용이 필요했습니다. 하지만 맵을 사용하면 이 모든 과정을 쉽고 비용 효율적으로 처리할 수 있습니다. 언제든 컬렉션에서 값을 검색해야 하는 일이 생긴다면 맵을 사용해 보는 것도 한 번 고려해 보세요!

코드 자석

for...range 루프를 사용해 맵 데이터를 출력하는 Go 프로그램이 냉장고에 뒤죽박죽 섞여 있습니다. 이 코드 조각을 재조합해서 주어진 출력값을 출력하도록 만들 수 있을까요? (출력 순서는 달라도 괜찮습니다.)

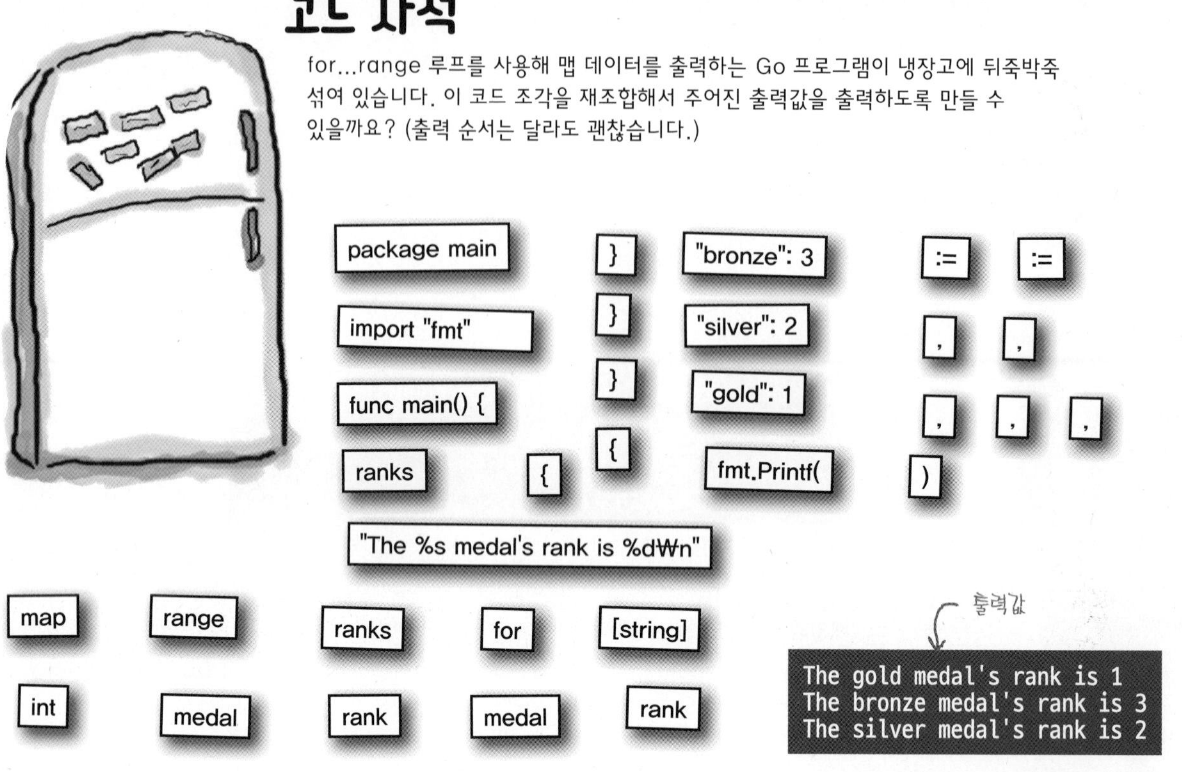


```
The gold medal's rank is 1
The bronze medal's rank is 3
The silver medal's rank is 2
```

답은 229 페이지에 있습니다.

CHAPTER 7

Go 도구 상자

7장이 끝났습니다!
도구 상자에 맵을 담았습니다.

배열

슬라이스

맵

맵은 키와 값이 하나의 쌍으로 저장되는 컬렉션입니다.
배열과 슬라이스에서는 인덱스 값으로 정수만 사용할 수 있는 반면 맵에서는 거의 모든 타입의 값을 키로 사용할 수 있습니다.
키는 모두 동일한 타입이어야 하고 값 또한 모두 동일한 타입이어야 하지만 키와 값이 동일한 타입일 필요는 없습니다.

중요 항목

- 맵 변수를 선언할 때에는 키의 타입과 값의 타입을 모두 지정해 줘야 합니다.
  ```
  var myMap map[string]int
  ```
- 새로운 맵을 생성하려면 make 함수에 원하는 맵의 타입을 지정해 주면 됩니다.
  ```
  myMap = make(map[string]int)
  ```
- 맵에 값을 할당하려면 대괄호 안에 값을 저장할 키를 지정해 주면 됩니다.
  ```
  myMap["my key"] = 12
  ```
- 맵에서 값을 가져올 때에도 마찬가지로 키를 지정해 줍니다.
  ```
  fmt.Println(myMap["my key"])
  ```
- **맵 리터럴**을 사용하면 맵을 생성함과 동시에 맵 데이터를 초기화할 수 있습니다.
  ```
  map[string]int{"a": 2, "b": 3}
  ```
- 배열 및 슬라이스와 마찬가지로 할당되지 않은 키 값에 접근하는 경우 제로 값이 반환됩니다.
- 맵에서 값을 가져올 때 선택적으로 반환되는 두 번째 부울 값을 사용하면 값이 할당되지 않은 건지 값이 제로 값으로 할당된 것인지를 확인할 수 있습니다.
  ```
  value, ok := myMap["c"]
  ```
- 키의 존재 여부만 확인하려면 첫 번째 반환 값에 빈 식별자 _를 사용하면 됩니다.
  ```
  _, ok := myMap["c"]
  ```
- delete 내장 함수를 사용하면 맵에서 키와 값을 삭제할 수 있습니다.
  ```
  delete(myMap, "b")
  ```
- 배열 및 슬라이스에서와 마찬가지로 맵에도 for...range 루프를 사용할 수 있습니다. 루프의 첫 번째 변수에는 맵의 키가 할당되며 두 번째 변수에는 맵의 값이 할당됩니다.
  ```
  for key, value := range myMap {
      fmt.Println(key, value)
  }
  ```

연습문제 정답

다음 프로그램의 빈칸을 채워 아래 보이는 값을 출력하도록 만들어 보세요.

```
jewelry := make(map[string]float64)       ← 새로운 빈 맵을 생성합니다.
jewelry["necklace"] = 89.99  } 키/값 쌍을 할당합니다.
jewelry["earrings"] = 79.99  }
clothing := map[string]float64{"pants": 59.99, "shirt": 39.99}
fmt.Println("Earrings:", jewelry["earrings"])
fmt.Println("Necklace:", jewelry["necklace"])
fmt.Println("Shirt:", clothing["shirt"])
fmt.Println("Pants:", clothing["pants"])
```

맵 리터럴을 사용해 초기화된 새로운 맵을 생성합니다.

맵의 값들을 출력합니다.

출력값

```
Earrings: 79.99
Necklace: 89.99
Shirt: 39.99
Pants: 59.99
```

연습문제 정답

다음 프로그램의 출력값을 적어 보세요.

```
data := []string{"a", "c", "e", "a", "e"}
counts := make(map[string]int)
for _, item := range data {
	counts[item]++
}
letters := []string{"a", "b", "c", "d", "e"}
for _, letter := range letters {
	count, ok := counts[letter]
	if !ok {
		fmt.Printf("%s: not found\n", letter)
	} else {
		fmt.Printf("%s: %d\n", letter, count)
	}
}
```

슬라이스에서 각 문자의 빈도 수를 세어 보겠습니다.

빈도 수를 저장할 맵

모든 문자를 순회합니다.

현재 순회 중인 문자의 빈도 수를 증가시킵니다.

이 문자들이 맵의 키 목록에 존재하는지 확인합니다.

현재 순회 중인 문자에 대한 빈도 수와 함께 문자의 존재 여부를 나타내는 두 번째 반환 값을 가져옵니다.

문자가 존재하지 않으면...

존재하지 않는다는 메시지를 출력합니다.

그 외 문자가 존재하는 경우...

문자와 해당 문자의 빈도 수를 출력합니다.

출력값

a: 2

b: not found

c: 1

d: not found

e: 2

코드 자석 정답

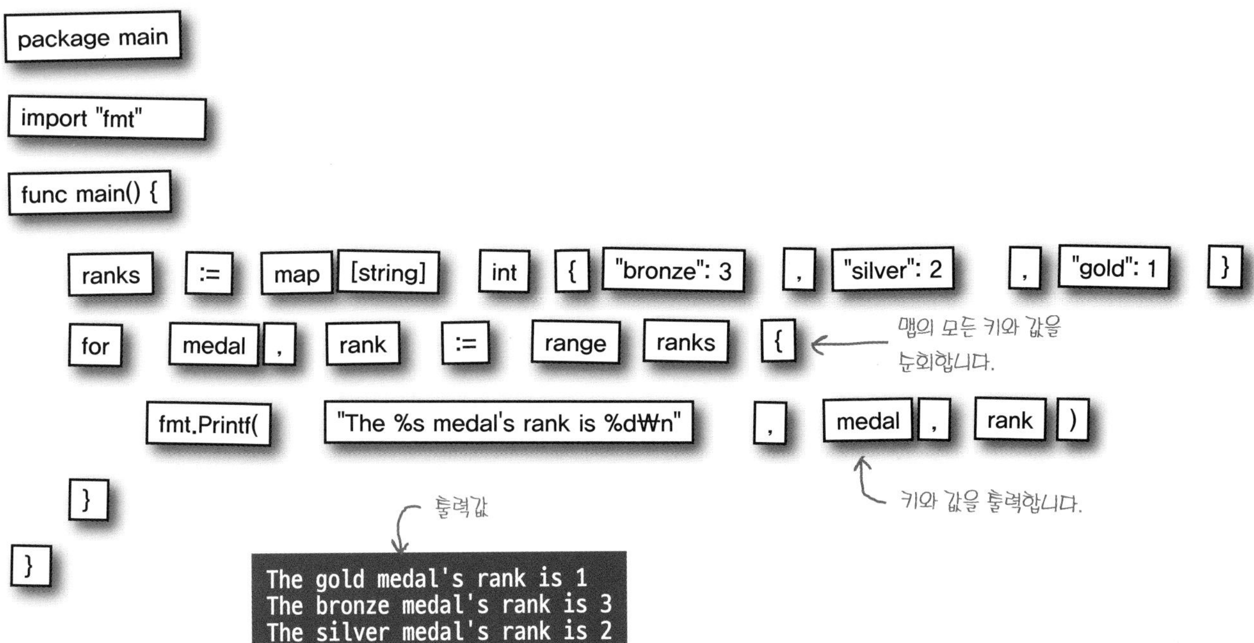

package main
import "fmt"
func main() {
ranks := map [string] int { "bronze": 3 , "silver": 2 , "gold": 1 }
for medal , rank := range ranks {
fmt.Printf("The %s medal's rank is %d₩n" , medal , rank)
}
}
맵의 모든 키와 값을 순회합니다.
키와 값을 출력합니다.
출력값


```
The gold medal's rank is 1
The bronze medal's rank is 3
The silver medal's rank is 2
```

8 저장소 만들기

구조체

string, int, bool을 하나로
합치기로 했습니다!
이거 아주 잘 동작하는데요!?
하나의 구조로 합치니까
하나씩 따로 전달하는 것보다 훨씬
편리한 것 같아요!

때로는 서로 다른 타입을 가진 두 개 이상의 데이터를 함께 저장해야 하는 경우도 있습니다. 우리는 지금까지 값의 목록을 저장하는 슬라이스, 키의 목록을 값의 목록과 매핑하여 저장하는 맵을 배웠습니다. 하지만 이 두 자료 구조는 모두 *한 가지* 타입의 값만 저장할 수 있는데 때로는 여러 타입의 데이터를 하나로 묶어서 다뤄야 하는 경우도 있습니다. 가령 청구서나 영수증은 품목 이름(문자열)과 개수(정수)로 이루어져 있으며, 학생부 기록은 학생명(문자열)과 평균 성적(부동 소수점 숫자)으로 이루어져 있습니다. 슬라이스와 맵에서는 서로 다른 타입의 값을 혼용해서 사용할 수 없지만 **구조체(struct)**라는 타입을 사용하면 서로 다른 타입의 값을 함께 사용할 수 있습니다. 이 장에서는 구조체를 배워 보겠습니다!

슬라이스와 맵은 한 가지 타입의 값만 갖습니다

*Gopher Fancy*는 사랑스러운 설치류에 대해 다루는 새로운 잡지사입니다.
이 잡지사는 현재 구독자 기반을 추적하기 위한 시스템을 개발하는 중입니다.

시작하기 전에 먼저 구독자의 이름, 월간 구독료, 구독 여부를 저장해야 합니다. 하지만 이름은 string 타입이고, 구독료는 float64 타입에 구독 여부는 bool 타입입니다. 하나의 슬라이스로는 이 값들을 저장할 수 없는 상황입니다!

```
subscriber := []string{}
subscriber = append(subscriber, "Aman Singh")
subscriber = append(subscriber, 4.99)
subscriber = append(subscriber, true)
```

- `subscriber := []string{}` ← 슬라이스는 한 가지 타입의 값만 가질 수 있습니다.
- `append(subscriber, 4.99)` ← float64 값은 추가할 수 없습니다!
- `append(subscriber, true)` ← 부울 값은 추가할 수 없습니다!

```
cannot use 4.99 (type float64) as type string in append
cannot use true (type bool) as type string in append
```

그래서 맵도 써 봤습니다. 맵의 키를 각 데이터의 라벨로 사용할 수 있으니 잘 동작할 것 같았는데 슬라이스와 마찬가지로 맵 또한 한 가지 타입의 값만 가질 수 있습니다!

```
subscriber := map[string]float64{}
subscriber["name"] = "Aman Singh"
subscriber["rate"] = 4.99
subscriber["active"] = true
```

- `map[string]float64{}` ← 맵은 한 가지 타입의 값만 가질 수 있습니다.
- `subscriber["name"] = "Aman Singh"` ← 문자열 값은 저장할 수 없습니다!
- `subscriber["active"] = true` ← 부울 값은 저장할 수 없습니다!

```
cannot use "Aman Singh" (type string)
as type float64 in assignment
cannot use true (type bool)
as type float64 in assignment
```

그렇습니다. 배열, 슬라이스, 맵은 서로 다른 타입의 값들을 혼용해서 사용하는 데에는 크게 도움이 되지 않습니다. 이 세 자료 구조는 모두 한 가지 타입의 값만 저장할 수 있기 때문입니다. 하지만 다행히도 Go에는 이 문제를 해결할 수 있는 방법이 있습니다.

여러 타입의 값으로 구성된 구조체

구조체(struct, "structure"의 축약어)란 여러 타입의 값으로 구성된 값입니다. 슬라이스가 string 타입의 값만 저장할 수 있거나 맵이 int 타입의 값만 저장할 수 있는 것과는 다르게 구조체는 string, int, float64, bool 등 여러 타입의 값들을 한데 묶어 저장할 수 있습니다.

구조체는 struct 키워드 뒤에 중괄호를 두어 선언할 수 있습니다. 괄호 안에는 구조체에 함께 그룹핑할 값인 하나 이상의 **필드(field)**를 선언할 수 있습니다. 필드 정의는 한 줄에 하나씩 필드의 이름과 값의 타입으로 구성됩니다.

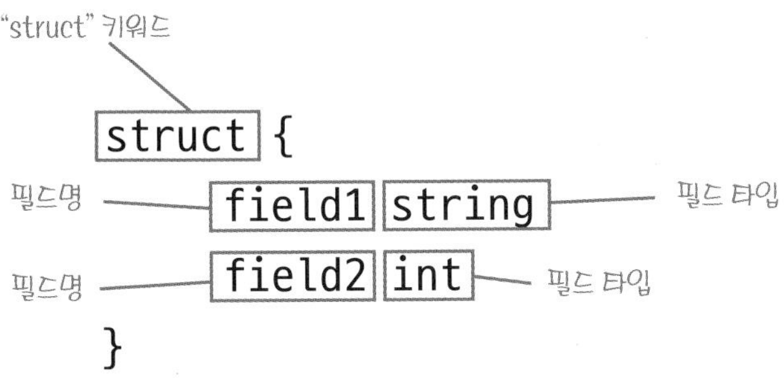

구조체는 변수의 타입으로 사용할 수 있습니다. 아래 코드는 float64 타입의 number, string 타입의 word, bool 타입의 toggle이라는 세 필드를 갖는 구조체 타입의 myStruct라는 변수를 선언하고 있습니다.

(구조체 타입의 변수를 선언할 때에는 미리 정의된 구조체 타입을 사용하는 게 일반적이지만 잠시 후에 배울 타입 정의는 아직 다루지 않았으므로 우선은 변수를 선언함과 동시에 구조체를 정의하는 방식을 사용하겠습니다.)

"myStruct"라는 변수를 선언합니다.

```
var myStruct struct {
    number float64
    word   string
    toggle bool
}
fmt.Printf("%#v\n", myStruct)
```

"myStruct" 변수는 float64 타입의 "number" 필드, string 타입의 "word" 필드, bool 타입의 "toggle" 필드를 가진 구조체 값을 저장합니다.

구조체를 Go 코드에서 보이는 그대로 출력합니다.

각 필드는 제로 값으로 초기화되었습니다.

```
struct { number float64; word string; toggle bool }
{number:0, word:"", toggle:false}
```

Printf에서 %#v 동사를 사용하면 myStruct를 구조체 리터럴로 보이는 문자열 그대로 출력합니다. 구조체 리터럴은 이 장의 후반부에서 배우겠지만, 출력된 값을 보면 number 필드는 0으로, word 필드는 빈 문자열로, toggle 필드는 false로 초기화되었음을 볼 수 있습니다. 즉 각 필드는 자신의 타입에 대한 제로 값으로 초기화되었습니다.

쉬어가기

구조체 필드 정의에서 필드 이름과 타입 사이의 공백 개수는 중요하지 않습니다.

구조체 필드를 정의할 때 필드명과 필드 타입 사이에 공백을 하나만 추가한 상태에서 go fmt를 사용하면 go fmt는 수직 정렬을 맞추기 위해 필드명과 필드 타입 사이에 공백을 더 추가하기도 합니다. 수직 정렬은 코드의 의미를 훼손하지 않으면서 코드를 좀 더 읽기 쉽게 만들어 줍니다.

```
var aStruct struct {
        shortName   int
        longerName  float64
        longestName string
}
```

필드 타입의 수직 정렬을 맞추기 위한 추가 공백

도트(.) 연산자를 사용한 구조체 필드 접근

아직은 구조체를 정의하기만 하고 실제로 사용해 보지는 않았습니다. 그럼 이제 구조체 필드에 값을 저장하고 가져오는 방법을 배워 보겠습니다.

우리는 지금까지 함수가 어떤 패키지에 "속해" 있는지 또는 메서드가 어떤 값에 "속해" 있는지 나타내기 위해 도트(.) 연산자를 사용해 왔습니다.

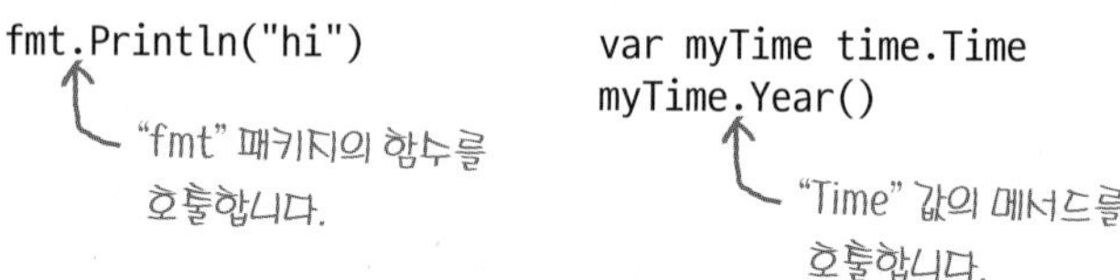
fmt.Println("hi")
"fmt" 패키지의 함수를 호출합니다.
var myTime time.Time
myTime.Year()
"Time" 값의 메서드를 호출합니다.

마찬가지로 도트 연산자를 사용하면 구조체에 "속해" 있는 필드에 접근할 수 있으며 필드에 값을 할당하거나 값을 가져올 수 있습니다.

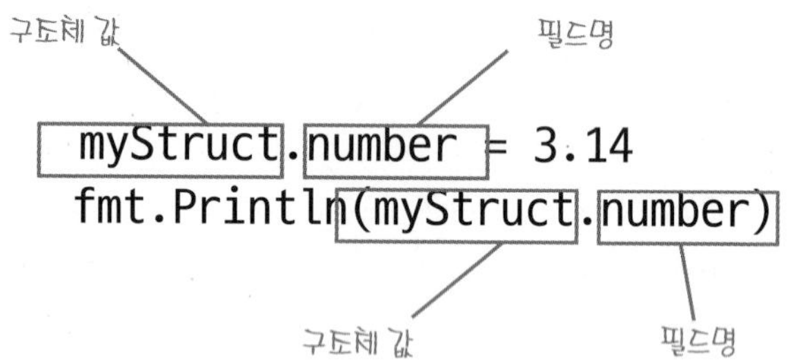
구조체 값
필드명
myStruct.number = 3.14
fmt.Println(myStruct.number)
구조체 값
필드명

도트 연산자를 사용하면 myStruct의 모든 필드에 값을 할당한 뒤 다시 모든 값을 가져와 출력할 수 있습니다.

```
var myStruct struct {
        number float64
        word   string
        toggle bool
}
myStruct.number = 3.14
myStruct.word = "pie"
myStruct.toggle = true
fmt.Println(myStruct.number)
fmt.Println(myStruct.word)
fmt.Println(myStruct.toggle)
```

구조체 필드에 값을 할당합니다.

구조체 필드에 저장된 값을 가져옵니다.

```
3.14
pie
true
```

구조체에 구독자 정보 저장하기

구조체 변수를 선언하고 구조체 필드에 값을 할당하는 방법을 배웠으니 이제 잡지의 구독자 정보를 저장할 구조체를 만들 수 있습니다.

먼저 subscriber라는 이름의 변수를 정의합니다. 그다음 subscriber에 name(string), rate(float64), active(bool) 필드를 가진 구조체 타입을 지정해 줍니다.

변수와 타입을 선언한 다음에는 도트 연산자를 사용해 구조체 필드에 접근할 수 있습니다. 각 필드에 적절한 타입의 값을 할당한 뒤 할당된 필드 값을 출력해 봅시다.

"subscriber" 변수를 선언합니다.
구조체 값을 갖습니다.

```
var subscriber struct {
        name   string
        rate   float64
        active bool
}
subscriber.name = "Aman Singh"
subscriber.rate = 4.99
subscriber.active = true
fmt.Println("Name:", subscriber.name)
fmt.Println("Monthly rate:", subscriber.rate)
fmt.Println("Active?", subscriber.active)
```

구조체는 문자열 타입의 "name" 필드와

float64 타입의 "rate" 필드

bool 타입의 "active" 필드를 갖습니다.

구조체 필드에 값을 할당합니다.

구조체 필드에 저장된 값을 가져옵니다.

```
Name: Aman Singh
Monthly rate: 4.99
Active? true
```

비록 구독자의 각 정보는 별도의 타입을 가진 필드에 저장되지만 구조체 덕분에 각 필드를 하나로 묶어 다룰 수 있습니다.

연습문제

다음 프로그램은 반려동물의 이름(string)과 나이(int)를 저장하는 구조체 변수를 선언하고 있습니다. 프로그램의 빈칸을 채워 아래 보이는 값을 출력하도록 만들어 보세요.

```
package main

import "fmt"

func main() {
        var pet ______ {
                name  ______
                ____  int
        }
        pet.______ = "Max"
        pet.age = 5
        fmt.Println("Name:", ____.name)
        fmt.Println("Age:", pet.____)
}
```

```
Name: Max
Age: 5
```

답은 262 페이지에 있습니다.

사용자 정의 타입과 구조체

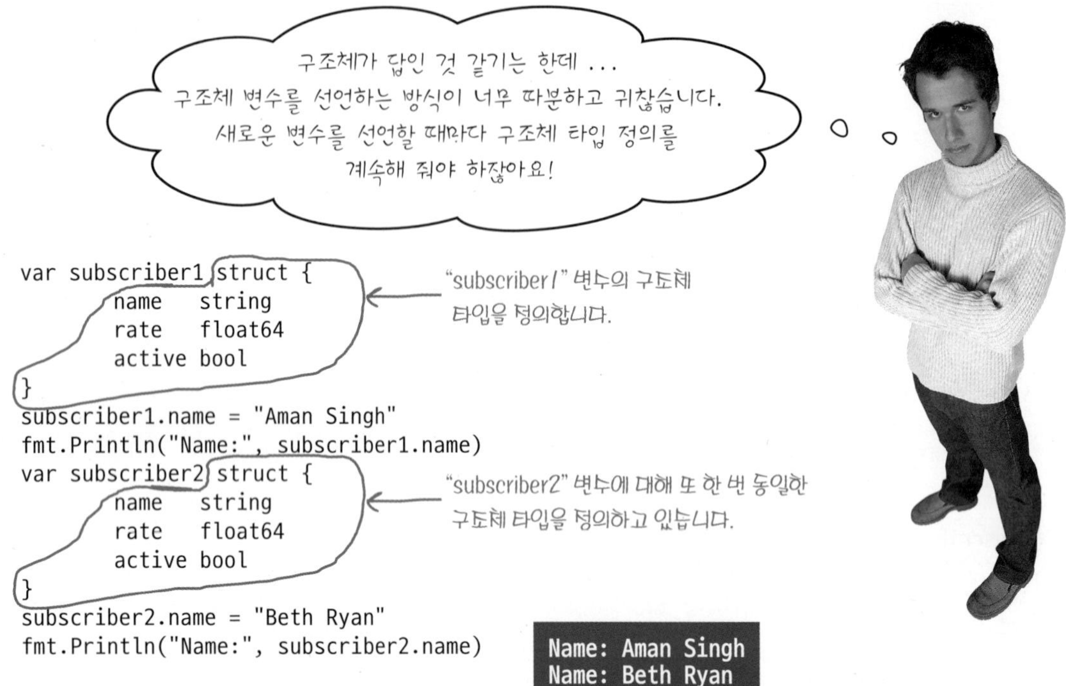

구조체가 답인 것 같기는 한데 ...
구조체 변수를 선언하는 방식이 너무 따분하고 귀찮습니다.
새로운 변수를 선언할 때마다 구조체 타입 정의를
계속해 줘야 하잖아요!
"subscriber1" 변수의 구조체 타입을 정의합니다.
"subscriber2" 변수에 대해 또 한 번 동일한 구조체 타입을 정의하고 있습니다.

```
var subscriber1 struct {
        name   string
        rate   float64
        active bool
}
subscriber1.name = "Aman Singh"
fmt.Println("Name:", subscriber1.name)
var subscriber2 struct {
        name   string
        rate   float64
        active bool
}
subscriber2.name = "Beth Ryan"
fmt.Println("Name:", subscriber2.name)
```

```
Name: Aman Singh
Name: Beth Ryan
```

지금까지 여러분은 이 책의 전반에 걸쳐 정수, 문자열, 부울, 슬라이스, 맵 등 다양한 데이터 타입을 사용해 왔습니다. 하지만 완전히 새로운 타입을 만들어 본 적은 없습니다.

타입 정의(Type definition)를 사용하면 여러분 자신만의 타입을 만들 수 있습니다. 타입 정의를 사용하면 **기본 타입(underlying type)**에 기반한 **사용자 정의 타입(defined type)**을 만들 수 있습니다.

float64, 문자열, 심지어는 슬라이스나 맵 등 모든 타입을 기본 타입으로 사용할 수 있지만 이 장에서는 구조체 타입을 기본 타입으로 사용하는 것에 중점을 두려고 합니다. 다른 기본 타입들은 사용자 정의 타입을 더 깊이 다루는 다음 장에서 살펴보겠습니다.

타입을 정의하려면 type 키워드 뒤로 새로 정의할 타입의 이름과 기반으로 할 기본 타입을 지정하면 됩니다. 기본 타입으로 구조체 타입을 사용하려면 구조체 변수를 선언했을 때와 동일하게 struct 키워드 뒤로 필드 정의의 목록을 중괄호로 감싸주면 됩니다.

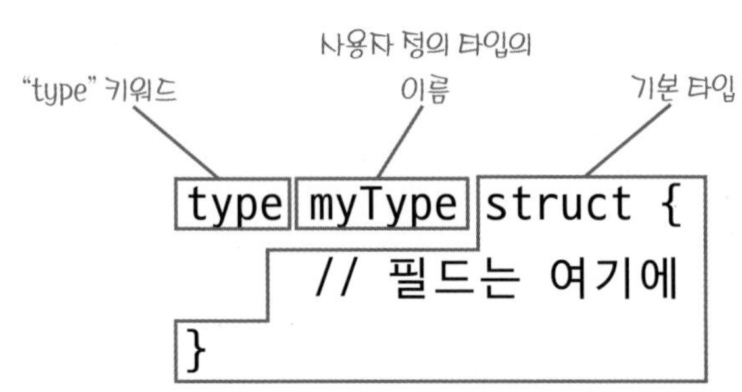

사용자 정의 타입과 구조체 (계속)

변수와 마찬가지로 타입 또한 함수 내에서 정의할 수 있습니다. 하지만 이 경우에는 타입의 스코프가 함수 블록으로 한정되기 때문에 함수 외부에서는 사용할 수 없습니다. 이러한 이유로 타입은 보통 함수 외부의 패키지 수준에서 선언하는 게 일반적입니다.

백문이 불여일견이라고 곧바로 타입 정의 예제 코드를 보겠습니다. 아래 코드는 part와 car라는 두 개의 타입을 정의하고 있습니다. 각 타입은 기본 타입으로 구조체를 사용하고 있습니다.

그다음 main 함수에서는 car 타입의 porsche 변수와 part 타입의 bolts 변수를 선언하고 있습니다. 이제 변수 선언 시 긴 구조체 정의를 일일이 작성할 필요 없이 사용자 정의 타입의 이름만 사용하면 됩니다.

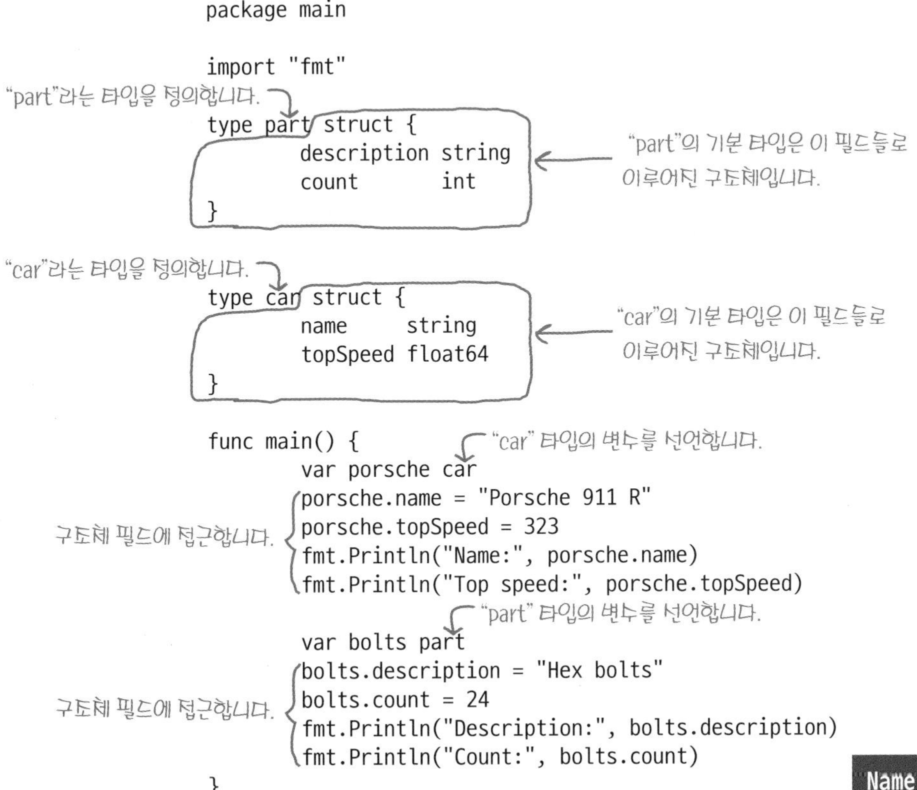
"part"라는 타입을 정의합니다.
"part"의 기본 타입은 이 필드들로 이루어진 구조체입니다.
"car"라는 타입을 정의합니다.
"car"의 기본 타입은 이 필드들로 이루어진 구조체입니다.
"car" 타입의 변수를 선언합니다.
구조체 필드에 접근합니다.
"part" 타입의 변수를 선언합니다.
구조체 필드에 접근합니다.

```
package main

import "fmt"

type part struct {
	description string
	count       int
}

type car struct {
	name     string
	topSpeed float64
}

func main() {
	var porsche car
	porsche.name = "Porsche 911 R"
	porsche.topSpeed = 323
	fmt.Println("Name:", porsche.name)
	fmt.Println("Top speed:", porsche.topSpeed)

	var bolts part
	bolts.description = "Hex bolts"
	bolts.count = 24
	fmt.Println("Description:", bolts.description)
	fmt.Println("Count:", bolts.count)
}
```

```
Name: Porsche 911 R
Top speed: 323
Description: Hex bolts
Count: 24
```

구조체 타입의 변수를 선언하고 나면 이전 프로그램과 마찬가지로 필드에 값을 할당하고 필드의 값을 다시 가져올 수 있습니다.

잡지 구독자 정보에 사용자 정의 타입 사용하기

이전에는 구독자 정보를 저장하는 구조체 변수를 선언할 때마다 구조체 타입의 전체 정의를 매번 작성해 줘야 했습니다.

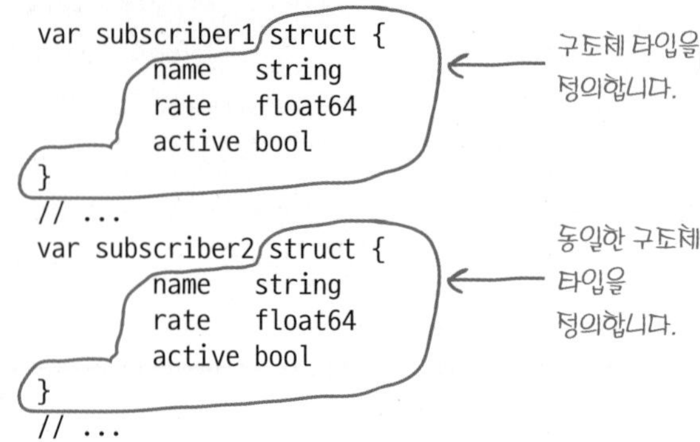
var subscriber1 struct {
name string
rate float64
active bool
}
// ...
var subscriber2 struct {
name string
rate float64
active bool
}
// ...
구조체 타입을 정의합니다.
동일한 구조체 타입을 정의합니다.

하지만 이제는 패키지 레벨에서 subscriber 타입을 선언할 수 있습니다. 구조체 타입을 사용자 정의 타입의 기본 타입으로 한 번만 정의해 두면 변수 선언 시에는 구조체 타입을 다시 작성하지 않아도 됩니다. 이제 구조체의 전체 정의를 반복해서 작성할 필요가 없어졌습니다.

```
package main

import "fmt"

type subscriber struct {
	name   string
	rate   float64
	active bool
}

func main() {
	var subscriber1 subscriber
	subscriber1.name = "Aman Singh"
	fmt.Println("Name:", subscriber1.name)
	var subscriber2 subscriber
	subscriber2.name = "Beth Ryan"
	fmt.Println("Name:", subscriber2.name)
}
```

"subscriber"라는 타입을 정의합니다.

변수를 선언할 때 사용한 구조체 타입을 타입 정의의 기본 타입으로 사용합니다.

"subscriber" 타입의 변수를 선언합니다.

두 번째 변수에도 "subscriber" 타입을 사용합니다.

```
Name: Aman Singh
Name: Beth Ryan
```

함수에서 사용자 정의 타입 사용하기

사용자 정의 타입은 변수의 타입뿐만 아니라 함수의 매개변수와 반환 값의 타입으로도 사용할 수 있습니다.

다음은 part 타입의 값을 받아 필드 값을 출력하는 showInfo 함수를 사용하는 예제입니다. 이 함수는 part 타입의 매개변수를 하나 받아 변수에서 필드에 접근하는 것과 같은 방식으로 매개변수의 필드에 접근하고 있습니다.

```
package main

import "fmt"

type part struct {
        description string
        count       int
}                 ← "part" 타입을 가진 매개변수를 선언합니다.

func showInfo(p part) {
        fmt.Println("Description:", p.description)   ← 매개변수의 필드에 접근합니다.
        fmt.Println("Count:", p.count)
}

func main() {     ← 타입의 변수를 하나 선언합니다.
        var bolts part
        bolts.description = "Hex bolts"
        bolts.count = 24
        showInfo(bolts)   ← 함수에 "part" 타입의 값을 전달합니다.
}
```

```
Description: Hex bolts
Count: 24
```

그리고 다음은 매개변수로 전달된 부품의 설명과 count 필드에 대한 미리 정의된 값으로 part 타입의 값을 생성하는 minimumOrder라는 함수를 사용하는 예제입니다. minimumOrder의 반환 값 타입을 part로 선언했기 때문에 이 함수는 새로운 구조체의 값을 반환할 수 있습니다.

```
// 패키지절, 임포트문, 타입 선언은 생략했습니다.
                                            ← "part" 타입의 반환 값을 선언합니다.
func minimumOrder(description string) part {
        var p part ← 타입의 변수를 선언합니다.
        p.description = description
        p.count = 100
        return p ← "part" 값을 반환합니다.
}

func main() {
        p := minimumOrder("Hex bolts") ← minimumOrder 함수를 호출합니다. 단축 변수 선언을 사용해 반환된 "part" 값을 저장합니다.
        fmt.Println(p.description, p.count)
}
```

```
Hex bolts 100
```

함수에서 사용자 정의 타입 사용하기 (계속)

그럼 이제 잡지의 subscriber 타입을 사용하는 몇 가지 함수를 살펴보겠습니다.

printInfo 함수는 매개변수로 subscriber 타입의 값을 받아 모든 필드의 값을 출력합니다.

defaultSubscriber 함수는 기본값을 가진 새로운 subscriber 구조체를 반환합니다. 이 함수는 name이라는 문자열 타입의 매개변수로 문자열을 받아 새로운 subscriber 값의 name 필드의 값으로 사용합니다. 그리고 rate와 active 필드를 기본값으로 설정한 뒤 마지막으로 완성된 subscriber 구조체 값을 반환합니다.

```
package main

import "fmt"

type subscriber struct {
	name   string
	rate   float64
	active bool
}

func printInfo(s subscriber) {
	fmt.Println("Name:", s.name)
	fmt.Println("Monthly rate:", s.rate)
	fmt.Println("Active?", s.active)
}

func defaultSubscriber(name string) subscriber {
	var s subscriber
	s.name = name
	s.rate = 5.99
	s.active = true
	return s
}

func main() {
	subscriber1 := defaultSubscriber("Aman Singh")
	subscriber1.rate = 4.99
	printInfo(subscriber1)

	subscriber2 := defaultSubscriber("Beth Ryan")
	printInfo(subscriber2)
}
```

...매개변수를 하나 선언합니다. (printInfo의 s) "subscriber" 타입의 ...

"subscriber" 타입의 값을 반환합니다.

"subscriber" 타입의 변수를 선언합니다.

구조체의 필드 값을 채웁니다.

"subscriber" 값을 반환합니다.

이 이름을 가진 구독자 정보를 생성합니다.

별도의 구독료를 책정합니다.

필드 값들을 출력합니다.

이 이름을 가진 구독자 정보를 생성합니다.

필드 값들을 출력합니다.

```
Name: Aman Singh
Monthly rate: 4.99
Active? true
Name: Beth Ryan
Monthly rate: 5.99
Active? true
```

main 함수에서는 defaultSubscriber에 구독자 이름을 전달해 새로운 subscriber 구조체 값을 생성하고 있습니다. 구독료를 할인받은 구독자는 rate 필드를 직접 설정해 줍니다. 값이 채워진 subscriber 구조체를 printInfo 함수로 전달하면 구조체에 저장된 값들을 출력할 수 있습니다.

주목!

이미 존재하는 타입의 이름을 변수명으로 사용하지 마세요!

car라는 타입을 정의하고 나서 car라는 이름의 변수를 선언하게 되면 이 변수는 car 타입의 이름을 가리키기 때문에 타입을 사용할 수 없게 됩니다.

타입을 참조합니다.

```
var car car
var car2 car
```

이제 변수를 참조하기 때문에 에러가 발생합니다!

물론 사용자 정의 타입의 경우 보통 패키지 외부로 노출하는 경우가 많기 때문에 이름이 대문자로 시작하는 반면 변수는 보통 소문자를 사용하기 때문에 Car라는 타입과 car라는 변수가 충돌할 일이 그리 많지는 않습니다. 패키지 외부로 노출하는 사용자 정의 타입은 이 장의 후반부에서 좀 더 자세히 다루겠습니다. 그럼에도 섀도잉은 언제든 발생할 수 있고 발생하면 골치 아픈 문제의 주범이 되기 때문에 항상 주의하는 게 좋습니다.

코드 자석

어떤 Go 프로그램이 냉장고에 뒤죽박죽 섞여 있습니다. 이 코드 조각을 재조합해서 주어진 출력값을 출력하도록 만들 수 있을까요? 완성된 프로그램은 student라고 정의된 구조체 타입과 이 타입의 값을 매개변수로 받는 printInfo 함수를 포함해야 합니다.

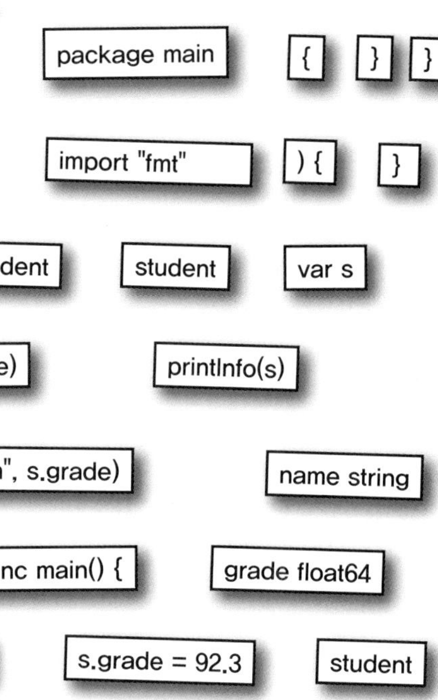

출력값

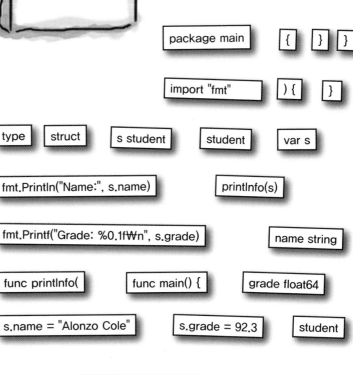

```
Name: Alonzo Cole
Grade: 92.3
```

답은 241 페이지에 있습니다.

함수에서 구조체 변경하기

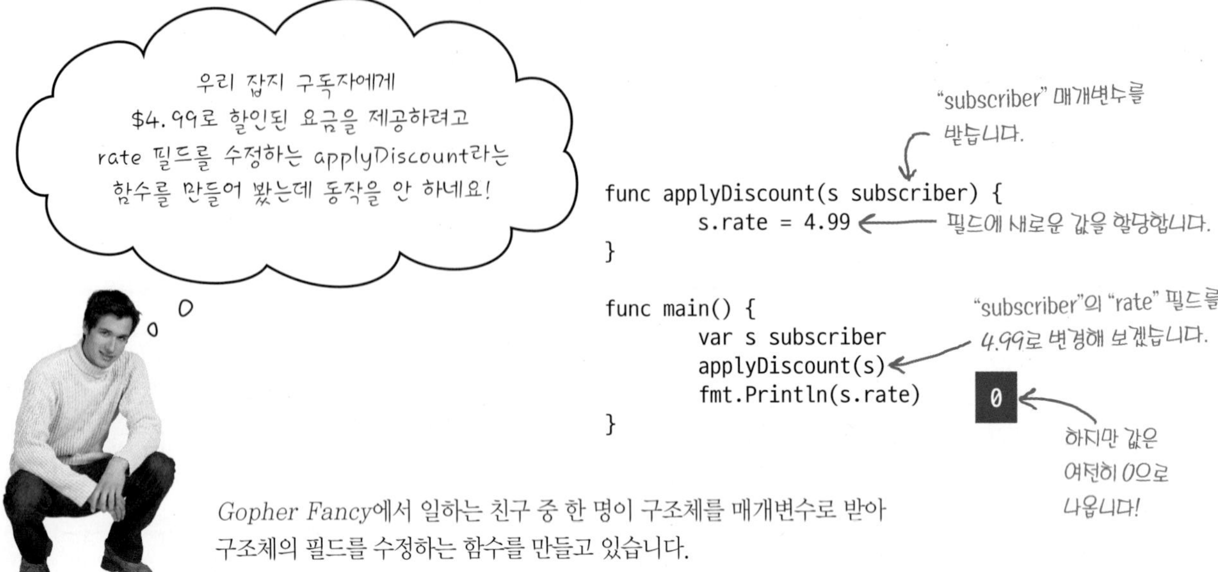


```
func applyDiscount(s subscriber) {
	s.rate = 4.99
}

func main() {
	var s subscriber
	applyDiscount(s)
	fmt.Println(s.rate)
}
```

*Gopher Fancy*에서 일하는 친구 중 한 명이 구조체를 매개변수로 받아 구조체의 필드를 수정하는 함수를 만들고 있습니다.

3장에서 인자로 받은 숫자를 두 배로 만들어 주는 double이라는 함수를 작성한 것 기억하시나요? double 함수가 실행된 후에도 숫자는 여전히 원래 값에 머물러 있었습니다.

그리고 Go가 매개변수 값으로 인자의 *복사본*을 사용하는 "pass-by-value" (값으로 전달) 언어라는 것도 배웠습니다. 즉, 함수가 매개변수를 변경하면 원래 값이 아닌 *복사본*의 값이 변경됩니다.

```
func main() {
	amount := 6
	double(amount)
	fmt.Println(amount)
}

func double(number int) {
	number *= 2
}
```

함수에 인자를 전달합니다.
원래 값을 출력합니다.
매개변수는 인자 값을 복사합니다.
원래 값이 아닌 복사된 값을 변경합니다.
6
변경되지 않은 값을 출력합니다.

구조체도 마찬가지입니다. subscriber 구조체를 applyDiscount에 전달하면 함수는 구조체의 *복사본*을 받기 때문에 rate 필드를 변경한다 한들 원래 값은 바뀌지 않은 채 *복사본*의 값만 변경됩니다.

구조체의 복사본을 받습니다!

```
func applyDiscount(s subscriber) {
	s.rate = 4.99
}
```

원래 값이 아닌 복사본의 값을 변경합니다!

함수에서 구조체 변경하기 (계속)

3장에서는 함수가 값 대신 값의 *포인터*를 받을 수 있도록 변경함으로써 위의 문제를 해결할 수 있었습니다. 함수를 호출할 때 주소 연산자(&)로 값의 포인터를 전달하면 함수에서는 * 연산자를 사용해 포인터의 값을 변경할 수 있었습니다.

결과적으로, 변경된 값은 함수가 반환된 이후에도 여전히 유효했습니다.

```
func main() {
	amount := 6
	double(&amount)
	fmt.Println(amount)
}

func double(number *int) {
	*number *= 2
}
```

값 대신 포인터를 전달합니다.

정수 타입 대신 정수 포인터 타입의 값을 받습니다.

포인터 주소에 있는 값을 변경합니다.

```
12
```

두 배가 된 값을 출력합니다.

포인터를 사용하면 함수에서 구조체 또한 변경할 수 있습니다.

다음은 applyDiscount의 수정된 버전으로 매개변수로 subscriber 구조체의 포인터를 받아 구조체의 rate 필드 값을 변경하고 있습니다.

main 함수에서는 applyDiscount 함수에 subscriber 구조체의 포인터를 전달하고 있습니다. 함수를 호출한 다음 전달한 값의 rate 필드를 출력해 보면 변경사항이 잘 적용됨을 확인할 수 있습니다!

```
package main

import "fmt"

type subscriber struct {
	name   string
	rate   float64
	active bool
}

func applyDiscount(s *subscriber) {
	s.rate = 4.99
}

func main() {
	var s subscriber
	applyDiscount(&s)
	fmt.Println(s.rate)
}
```

구조체 값 자체가 아닌 구조체의 포인터 값을 받습니다.

구조체의 필드 값을 변경합니다.

구조체가 아닌 포인터를 전달합니다.

```
4.99
```

잠깐, 이 함수 어떻게 동작하는 거죠? double 함수에서는 포인터 값을 가져올 때 * 연산자를 사용했는데, applyDiscount에서 rate 값을 변경할 땐 * 연산자를 사용할 필요가 없는 건가요?

그렇습니다! 필드 접근을 위한 도트 표기법은 구조체 자체뿐만 아니라 구조체 포인터에서도 사용할 수 있습니다.

포인터를 통한 구조체 필드 접근

포인터 변수를 출력하면 변수가 가리키는 메모리의 주소 값이 출력됩니다. 하지만 보통은 주소 값보다는 변수가 가진 값 자체를 출력하고 싶은 경우가 더 많습니다.

```
func main() {
        var value int = 2          ← 값을 하나 생성합니다.
        var pointer *int = &value  ← 값의 포인터를 가져옵니다.
        fmt.Println(pointer)       ← 아니 이런! 값이 아닌 포인터의 주소 값이 출력됩니다!
}
```

```
0xc420014100
```

주소 값 대신 포인터의 값을 가져오려면 * 연산자를 사용해야 합니다(*은 "value at"(~의 값)이라고 읽겠습니다).

```
func main() {
        var value int = 2
        var pointer *int = &value
        fmt.Println(*pointer)      ← 포인터 주소에 있는 값을 출력합니다.
}
```

```
2
```

구조체 포인터도 마찬가지로 * 연산자를 사용해야 할 것 같습니다. 하지만 구조체 포인터 앞에 *를 사용하면 제대로 동작하지 않습니다.

```
type myStruct struct {
        myField int
}

func main() {
        var value myStruct                  ← 구조체 값을 하나 생성합니다.
        value.myField = 3
        var pointer *myStruct = &value      ← 구조체 값의 포인터를 가져옵니다.
        fmt.Println(*pointer.myField)
}                 ↑ 포인터의 구조체 값을 가져와 봅니다.
```

에러 발생!

```
invalid indirect of
pointer.myField (type int)
```

Go는 *pointer.myField라는 코드를 myField의 포인터를 가져온다는 의미로 해석하는데 myField는 포인터 타입이 아니기 때문에 에러가 발생합니다. 처음 의도대로 동작하게 만들려면 *pointer를 괄호로 묶어 myStruct의 값을 먼저 가져온 다음 필드에 접근해야 합니다.

```
func main() {
        var value myStruct
        value.myField = 3
        var pointer *myStruct = &value
        fmt.Println((*pointer).myField)     ← 포인터의 구조체 값을 가져온 다음 구조체 필드에 접근합니다.
}
```

```
3
```

포인터를 통한 구조체 필드 접근 (계속)

구조체 필드에 접근할 때마다 매번 (*pointer).myField를 사용하면 금방 귀찮고 번거로워질 수 있습니다. 이러한 이유 때문에 도트 연산자는 구조체 값에서 직접 필드에 접근할 수 있는 것처럼 구조체 *포인터*에서도 필드에 대한 접근을 허용합니다. 이제 괄호랑 * 연산자는 생략할 수 있습니다.

```
func main() {
	var value myStruct
	value.myField = 3
	var pointer *myStruct = &value
	fmt.Println(pointer.myField)
}
```

포인터를 통해 구조체 필드에 접근하기

3

구조체 필드에 값을 할당하는 것도 마찬가지입니다.

```
func main() {
	var value myStruct
	var pointer *myStruct = &value
	pointer.myField = 9
	fmt.Println(pointer.myField)
}
```

포인터를 통해 구조체 필드에 값 할당하기

9

이와 같은 구조체 포인터의 특징이 applyDiscount 함수가 * 연산자를 사용하지 않고 구조체의 필드 값을 변경할 수 있던 이유입니다. applyDiscount 함수는 구조체 포인터를 통해 rate 필드에 값을 할당합니다.

```
func applyDiscount(s *subscriber) {
	s.rate = 4.99
}

func main() {
	var s subscriber
	applyDiscount(&s)
	fmt.Println(s.rate)
}
```

포인터를 통해 구조체 필드에 값을 할당합니다.

4.99

바보 같은 질문은 없습니다!

Q: 구조체 필드에 값을 할당하기 전에 사용한 defaultSubscriber 함수에서는 포인터를 사용할 필요가 없었는데 이 함수에서는 왜 사용하지 않은 건가요?

A: defaultSubscriber 함수는 구조체 값을 반환하며 함수의 호출자가 반환된 구조체의 값을 따로 저장하기 때문에 반환된 구조체의 모든 필드 값은 계속 유지됩니다. 하지만 기존 구조체를 반환하지 않고 변경만 하는 함수가 변경사항을 계속 유지하려면 포인터를 사용해야 합니다.

하지만 원한다면 defaultSubscriber 함수가 구조체 포인터를 반환하도록 만들 수 있습니다. 실제로 다음 페이지에서는 defaultSubscriber가 구조체 포인터를 반환하도록 변경할 것입니다.

포인터를 사용한 큰 구조체 전달

구조체도 매개변수로 쓰면 복사본을 받는군요. 이렇게 되면 필드가 많은 큰 구조체의 경우에는 인자로 전달할 때 메모리도 많이 사용하겠네요?

네 맞습니다. 구조체 크기만큼의 메모리를 사용해 구조체를 복사해야 합니다.

함수는 전달된 인자의 복사본을 사용하며, 이는 크기가 큰 구조체의 경우에도 예외는 아닙니다.

때문에 필드가 많은 구조체의 경우에는 함수의 인자로 구조체 자체보다는 구조체의 *포인터*를 전달하는 게 좋습니다(구조체를 변경할 필요가 없는 경우라 해도 이 방식이 더 좋습니다). 구조체의 포인터를 전달하는 경우에는 구조체의 복사본이 생겨나지 않기 때문에 메모리상에는 단 하나의 구조체만 존재하게 됩니다. 따라서 함수는 별도의 복사본을 사용하지 않고서도 구조체의 메모리 주소를 사용해 구조체의 값을 읽어 오거나 값을 변경할 수 있습니다.

우측에는 포인터를 반환하도록 수정한 defaultSubscriber 함수와 포인터를 받도록 수정한 printInfo 함수가 있습니다. 이 두 함수 모두 applyDiscount 함수처럼 구조체의 값을 변경하지는 않지만 포인터를 사용함으로써 복사본이 아닌 이미 메모리상에 존재하는 구조체의 값을 사용할 수 있습니다.

```
// 위 코드는 생략했습니다.
type subscriber struct {
	name   string
	rate   float64
	active bool
}

func printInfo(s *subscriber) {
	fmt.Println("Name:", s.name)
	fmt.Println("Monthly rate:", s.rate)
	fmt.Println("Active?", s.active)
}

func defaultSubscriber(name string) *subscriber {
	var s subscriber
	s.name = name
	s.rate = 5.99
	s.active = true
	return &s
}

func applyDiscount(s *subscriber) {
	s.rate = 4.99
}

func main() {
	subscriber1 := defaultSubscriber("Aman Singh")
	applyDiscount(subscriber1)
	printInfo(subscriber1)

	subscriber2 := defaultSubscriber("Beth Ryan")
	printInfo(subscriber2)
}
```

- printInfo(s *subscriber): 포인터를 받도록 수정합니다.
- defaultSubscriber(...) *subscriber: 포인터를 반환하도록 수정합니다.
- return &s: 구조체 자체 대신 구조체의 포인터를 반환합니다.
- subscriber1 := ...: 이 변수는 이제 구조체가 아닌 구조체의 포인터입니다.
- printInfo(subscriber1): 이미 포인터 변수이므로 주소 연산자는 사용하지 않습니다.

```
Name: Aman Singh
Monthly rate: 4.99
Active? true
Name: Beth Ryan
Monthly rate: 5.99
Active? true
```

연습문제

다음 두 프로그램은 정상적으로 동작하지 않습니다. 왼쪽 프로그램의 nitroBoost 함수는 car의 최고 속도에 50km/h를 더하고 있지만 값은 그대로입니다. 또 오른쪽 프로그램의 doublePack은 part의 count 필드를 두 배로 만들고 있지만 이 값 또한 그대로입니다.

최소한의 변경으로 코드를 수정해 보세요. 변경사항을 최소화하기 위해 여분은 조금만 남겨뒀습니다.

```
package main

import "fmt"

type car struct {
	name      string
	topSpeed  float64
}

func nitroBoost( c  car ) {
	c.topSpeed += 50
}

func main() {
	var mustang car
	mustang.name = "Mustang Cobra"
	mustang.topSpeed = 225
	nitroBoost( mustang )
	fmt.Println( mustang.name )
	fmt.Println( mustang.topSpeed )
}
```

50km/h가 더 높아야 합니다! →

```
Mustang Cobra
225
```

```
package main

import "fmt"

type part struct {
	description  string
	count        int
}

func doublePack( p  part ) {
	p.count *= 2
}

func main() {
	var fuses part
	fuses.description = "Fuses"
	fuses.count = 5
	doublePack( fuses )
	fmt.Println( fuses.description )
	fmt.Println( fuses.count )
}
```

두 배가 되어야 합니다! →

```
Fuses
5
```

→ 답은 263 페이지에 있습니다.

구조체 타입을 별도 패키지로 옮기기

이제 확실히 subscriber 구조체 타입의 편리함이 보이기 시작하네요. 그런데 main 패키지의 코드가 점점 길어지고 있는 것 같네요. subscriber 타입을 별도 패키지로 옮길 수 있을까요?

그거야 쉽죠. Go 작업 공간 내의 *headfirstgo* 디렉터리에 패키지를 관리할 magazine이라는 새로운 디렉터리를 만들어 봅시다. 그리고 magazine 디렉터리에는 *magazine.go*라는 파일을 생성합니다.

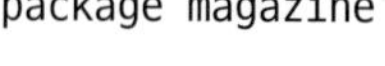

그리고 magazine.go 파일 상단에 package magazine 선언을 작성한 다음, 기존에 작성한 subscriber 구조체의 정의 코드를 그대로 복사해 *magazine.go*에 붙여 넣습니다.

```
package magazine

type subscriber struct {
        name   string
        rate   float64
        active bool
}
```

타입 정의를 그대로 가져와 붙여 넣습니다.

다음으로 위에서 만든 새로운 패키지를 사용할 프로그램을 만들어 봅시다. 지금은 테스트를 위해 임시로 만드는 프로그램이므로 별도의 패키지 폴더는 만들지 않고 나중에 go run 명령어로만 실행해 볼 것입니다. 그다음 원하는 디렉터리에 *main.go*라는 파일을 만드는데, 다른 패키지와의 충돌을 피하기 위해 Go 작업 공간 *밖의* 다른 디렉터리에 생성합니다.

이 코드는 나중에 원할 때 Go 작업 공간의 별도로 만든 패키지 디렉터리로 옮길 수 있습니다.

*main.go*에는 다음 코드를 저장합니다. 이 코드는 subscriber 구조체를 하나 만들고 구조체의 한 필드에 접근하고 있습니다.

이 코드는 이전에 본 예제와는 두 가지 차이점이 있습니다. 하나는 파일의 상단에서 magazine 패키지를 가져와야 한다는 점이고, 또 하나는 다른 패키지에 속한 타입을 가져오고 있기 때문에 타입명으로 magazine.subscriber를 사용해야 한다는 점입니다.

```
package main

import (
        "fmt"
        "github.com/headfirstgo/magazine"
)

func main() {
        var s magazine.subscriber
        s.rate = 4.99
        fmt.Println(s.rate)
}
```

새로 만든 "magazine" 패키지와 함께... ... 필요한 패키지를 가져옵니다.

이제 타입명에 패키지명이 접두사로 붙습니다.

사용자 정의 타입을 외부로 노출할 땐 대문자를 사용합니다

좀 전에 임시로 작성 프로그램에서 새로 만든 패키지의 subscriber 구조체 타입에 접근할 수 있는지 확인해 봅시다. 터미널에서 *main.go*가 저장된 디렉터리로 이동해 **go run main.go**를 실행합니다.

```
Shell Edit View Window Help
$ cd temp
$ go run main.go
./main.go:9:18: cannot refer to unexported name magazine.subscriber
./main.go:9:18: undefined: magazine.subscriber
```

프로그램을 실행해 보면 에러가 발생합니다. 여기 중요한 부분은 바로 "cannot refer to unexported name magazine.subscriber" 문구입니다.

Go의 타입명에는 변수 및 함수명에 적용되는 규칙과 동일한 규칙이 적용됩니다. 즉, 이름이 대문자로 시작하면 패키지 외부로 *노출되기* 때문에 다른 패키지에서도 접근할 수 있습니다. 하지만 subscriber 타입은 소문자로 시작하기 때문에 magazine 패키지 내부에서만 접근할 수 있습니다.

이 문제는 아주 간단히 해결할 수 있는데, 사용자 정의 타입의 이름의 첫 문자를 대문자로 바꿔주기만 하면 됩니다. 그다음 해당 타입을 사용하는 모든 코드에서도 마찬가지로 바뀐 타입명을 사용하도록 수정해 줍니다.

패키지 외부에서 접근해야 하는 타입의 이름은 대문자로 시작해야 합니다.

magazine.go

```
package magazine
    ← 타입명의 첫 문자를 대문자로 바꿔 줍니다.
type Subscriber struct {
        name   string
        rate   float64
        active bool
}
```

main.go

```
package main

import (
        "fmt"
        "github.com/headfirstgo/magazine"
)
                                          타입명의 첫 문자를
func main() {                             대문자로 바꿔 줍니다.
        var s magazine.Subscriber
        s.rate = 4.99
        fmt.Println(s.rate)
}
```

go run main.go로 수정된 코드를 다시 실행해 보면 magazine.subscriber 타입이 노출되지 않았다는 에러는 더 이상 발생하지 않습니다. 이 문제는 해결된 듯 하지만, 또 다른 에러가 발생하고 있습니다.

```
Shell Edit View Window Help
$ go run main.go
./main.go:10:13: s.rate undefined
(cannot refer to unexported field or method rate)
./main.go:11:25: s.rate undefined
(cannot refer to unexported field or method rate)
```

구조체 필드를 노출할 땐 대문자를 사용합니다

이제 main 패키지에서 Subscriber 타입에 접근할 수 있게 되었습니다. 하지만 이번에는 노출되지 않은 rate 필드를 참조할 수 없다는 에러가 발생하고 있습니다.

```
Shell Edit View Window Help
$ go run main.go
./main.go:10:13: s.rate undefined
(cannot refer to unexported field or method rate)
./main.go:11:25: s.rate undefined
(cannot refer to unexported field or method rate)
```

구조체는 패키지 외부로 노출되었지만 필드의 이름은 소문자로 시작하기 때문에 외부로 노출되지 않습니다. 그럼 이제 필드명을 Rate로 수정해 봅시다 (*magazine.go*와 *main.go* 두 곳 모두에서).

구조체 필드 또한 외부로 노출하려면 대문자로 시작해야 합니다.

magazine.go

```
package magazine

type Subscriber struct {
        name   string
대문자화 → Rate   float64
        active bool
}
```

main.go

```
package main

import (
        "fmt"
        "github.com/headfirstgo/magazine"
)

func main() {
        var s magazine.Subscriber
        s.Rate = 4.99 ← 대문자화
        fmt.Println(s.Rate) ← 대문자화
}
```

*main.go*를 다시 실행해 보면 이제는 잘 동작합니다. Subscriber 타입과 Rate 필드 모두 패키지 외부로 노출되었기 때문에 main 패키지에서 접근할 수 있습니다.

```
Shell Edit View Window Help
$ go run main.go
4.99
```

name과 active 필드는 여전히 감춰져 있음에도 불구하고 코드는 잘 동작합니다. 이와 같이 하나의 구조체 타입에 노출된 필드와 노출되지 않은 필드를 혼용해 사용하는 것도 가능합니다.

하지만 Subscriber 타입의 경우에는 name과 active 필드를 외부 패키지로부터 감출 필요가 없습니다. 그러므로 magazine.go로 돌아가 나머지 필드도 모두 외부로 노출시켜 줍시다. name은 Name으로 active는 Active로 변경해 주면 됩니다.

magazine.go

```
package magazine

type Subscriber struct {
대문자화 → Name   string
        Rate   float64
대문자화 → Active bool
}
```

구조체 리터럴

구조체를 정의한 뒤 필드에 하나씩 값을 할당해 주는 일은 따분한 일입니다.

```
var subscriber magazine.Subscriber
subscriber.Name = "Aman Singh"
subscriber.Rate = 4.99
subscriber.Active = true
```

Go는 슬라이스나 맵과 마찬가지로 **구조체 리터럴(struct literal)**을 지원하며 덕분에 구조체 생성과 동시에 초깃값을 할당할 수 있습니다.

구문은 맵 리터럴과 유사합니다. 타입 다음으로 중괄호가 오며 중괄호 안에서 필드명과 콜론 그리고 할당할 값의 조합으로 구조체 필드 값을 지정할 수 있습니다. 필드가 여러 개인 경우에는 쉼표로 구분합니다.

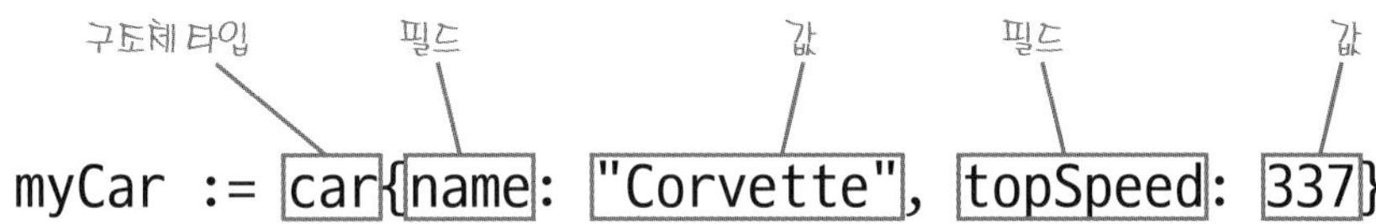

좀 전에는 Subscriber 구조체를 생성할 때 필드 값을 하나씩 할당해 줬습니다. 다음은 구조체 리터럴을 사용해 한 줄로 같은 일을 수행하는 코드입니다.

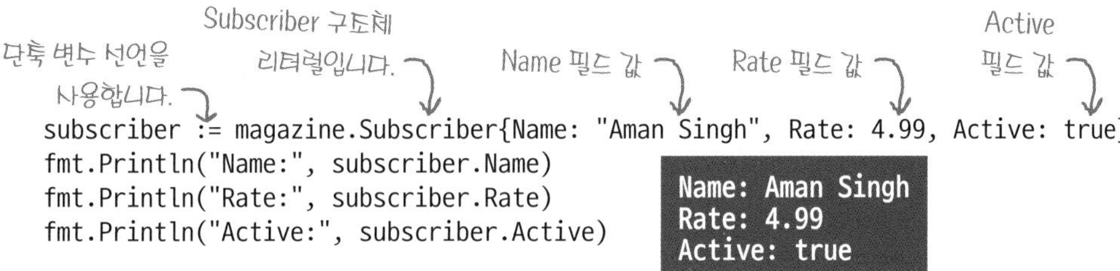


```
subscriber := magazine.Subscriber{Name: "Aman Singh", Rate: 4.99, Active: true}
fmt.Println("Name:", subscriber.Name)
fmt.Println("Rate:", subscriber.Rate)
fmt.Println("Active:", subscriber.Active)
```

```
Name: Aman Singh
Rate: 4.99
Active: true
```

지금까지는 구조체를 선언할 때 (함수에서 구조체가 반환되지 않은 이상) 다소 긴 선언문을 작성해야 했습니다. 하지만 구조체 리터럴을 사용하면 단축 변수 선언을 사용할 수 있습니다.

중괄호 안에서는 일부 또는 모든 필드를 생략할 수도 있습니다. 생략된 필드들은 필드가 가진 타입에 대한 제로 값으로 초기화됩니다.

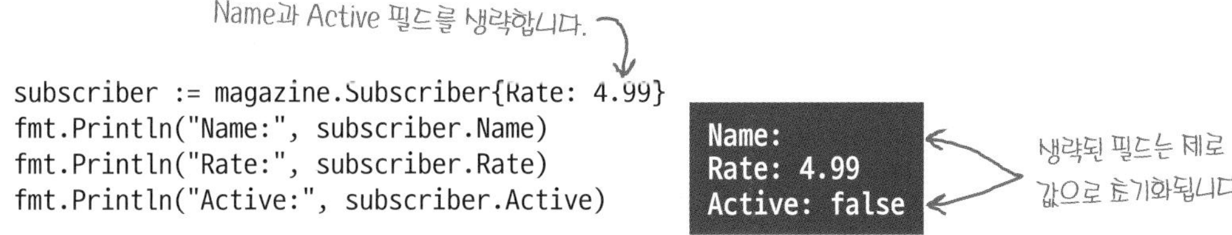


```
subscriber := magazine.Subscriber{Rate: 4.99}
fmt.Println("Name:", subscriber.Name)
fmt.Println("Rate:", subscriber.Rate)
fmt.Println("Active:", subscriber.Active)
```

```
Name:
Rate: 4.99
Active: false
```

수영장 퍼즐

여러분이 할 일은 수영장에 들어 있는 코드 조각을 아래 빈칸에 맞게 채워 넣는 것입니다. 각 코드 조각은 한 번만 사용할 수 있고 모두 사용할 필요는 없습니다. 여러분의 목표는 아래 보이는 출력값을 출력하는 프로그램을 완성하는 것입니다.

geo.go

```
package geo

type Coordinates struct {
        ________ float64
        ________ float64
}
```

main.go

```
package main

import (
        "fmt"
        "geo"
)

func main() {
        location := geo.__________{_________: 37.42, _________: -122.08}
        fmt.Println("Latitude:", location.Latitude)
        fmt.Println("Longitude:", location.Longitude)
}
```

출력값

```
Latitude: 37.42
Longitude: -122.08
```

참고: 각 코드 조각은 딱 한 번만 사용할 수 있습니다!

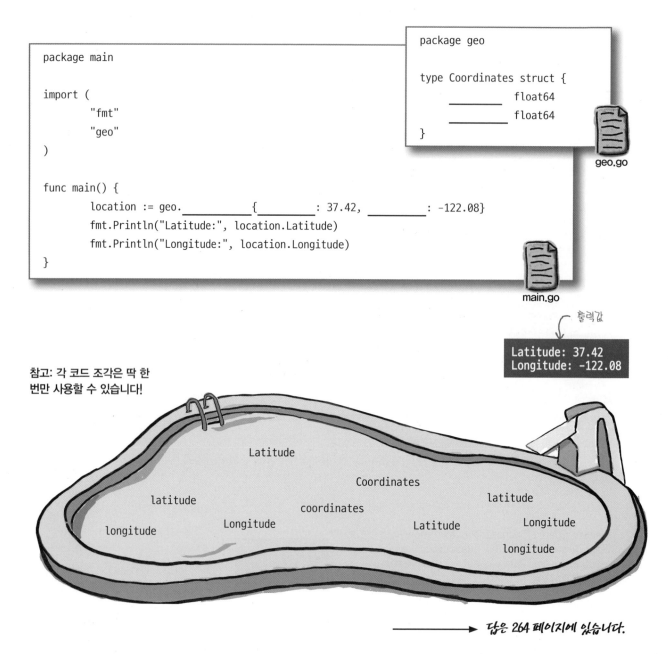

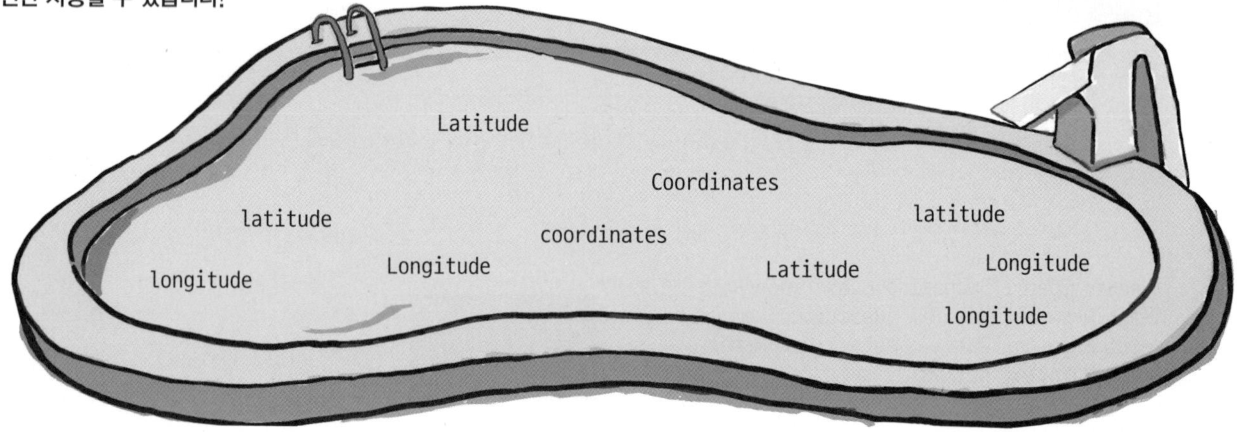

Latitude
Coordinates
latitude
coordinates
latitude
longitude
Longitude
Latitude
Longitude
longitude

답은 264 페이지에 있습니다.

Employee 구조체 타입 만들기

새로운 magazine 패키지는 아주 잘 동작합니다!
저희의 첫 간행물을 발송하기 전에 해야 할 일이 좀 더
남았는데 … 직원들의 이름과 연봉 정보를 저장할 Employee
구조체 타입이 필요합니다. 아 그리고 직원들과
구독자들의 우편 주소도 저장할 수 있어야 해요.

Employee 구조체 타입 추가는 일도 아닙니다. magazine 패키지에서 Subscriber 타입과 함께 구조체 타입을 추가해 주기만 하면 됩니다. 그럼 이제 magazine.go에서 구조체를 기본 타입으로 하는 Employee 타입을 정의해 봅시다. 구조체에는 string 타입의 Name 필드와 float64 타입의 Salary 필드를 추가합니다. 타입과 필드는 magazine 패키지 외부에서도 사용할 수 있도록 대문자로 시작하는 이름을 사용합니다.

타입을 다 만들었으면 *main.go*의 main 함수에서 타입을 직접 사용해 봅시다. 먼저 magazine.Employee 타입을 가진 변수를 선언하고 각 필드에는 필드 타입에 맞는 적절한 값을 할당한 다음 필드 값들을 출력합니다.

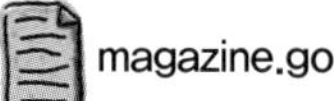

magazine.go

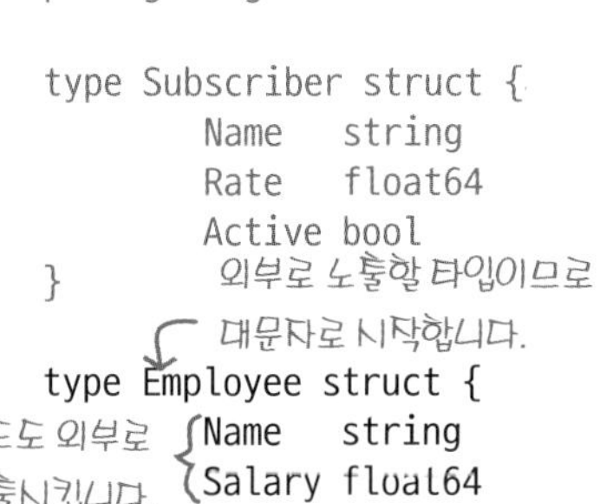

```
package magazine

type Subscriber struct {
	Name   string
	Rate   float64
	Active bool
}

type Employee struct {
	Name   string
	Salary float64
}
```

외부로 노출할 타입이므로 대문자로 시작합니다.
필드도 외부로 노출시킵니다.

main.go

```
package main

import (
	"fmt"
	"github.com/headfirstgo/magazine"
)

func main() {
	var employee magazine.Employee
	employee.Name = "Joy Carr"
	employee.Salary = 60000
	fmt.Println(employee.Name)
	fmt.Println(employee.Salary)
}
```

Employee 타입의 값을 생성합니다.

이제 터미널에서 go run main.go를 실행해 보면 프로그램은 magazine.Employee 구조체를 생성하고 필드 값을 채운 뒤 값을 출력합니다.

```
Joy Carr
60000
```

Address 구조체 타입 만들기

다음으로 Subscriber와 Employee 두 타입에 대해 우편 주소를 저장해야 합니다.

우편 주소에는 도로명 주소, 시, 도 그리고 우편 번호를 저장할 4개의 필드가 필요합니다.

```
type Subscriber struct {
        Name   string
        Rate   float64
        Active bool
        Street     string
        City       string
        State      string
        PostalCode string
}
```

여기에 필드를 추가하면

```
type Employee struct {
        Name   string
        Salary float64
        Street     string
        City       string
        State      string
        PostalCode string
}
```

여기에도 필드를 추가해 둬야 합니다.

하지만 우편 주소는 타입과 무관하게 항상 동일한 형식을 갖습니다. 여러 타입에 대해 같은 필드를 매번 반복해 작성하는 일은 매우 번거로운 일입니다.

구조체 필드는 모든 타입의 값을 가질 수 있으며 여기에는 *다른 구조체 타입*도 포함됩니다. 따라서 Address라는 구조체 타입을 만든 다음 Subscriber와 Employee에Address 타입의 필드를 추가해 주면 됩니다. 덕분에 많은 노력을 절약할 수 있으며, 나중에 주소 형식이 바뀌더라도 모든 타입에 걸쳐 일관성을 보장할 수 있습니다.

그럼 먼저 잘 동작하는지 확인하기 전에 Address라는 타입을 만들어 보겠습니다. 코드는 magazine 패키지의 Subscriber와 Employee 타입이 작성된 파일에 추가합니다. 그다음 main.go에서 Address 타입을 만들어 필드에 접근할 수 있는지 확인합니다.

magazine.go

```
package magazine

// Subscriber와 Employee 코드는
// 생략했습니다.

type Address struct {
        Street     string
        City       string
        State      string
        PostalCode string
}
```

새로운 타입을 추가합니다.

main.go

```
package main

import (
        "fmt"
        "github.com/headfirstgo/magazine"
)

func main() {
        var address magazine.Address
        address.Street = "123 Oak St"
        address.City = "Omaha"
        address.State = "NE"
        address.PostalCode = "68111"
        fmt.Println(address)
}
```

Address 값을 생성합니다.

그다음 터미널에서 **go run main.go**를 실행해 보면 프로그램은 Address 구조체를 생성하고 필드 값을 채운 뒤 구조체를 출력합니다.

```
{123 Oak St Omaha NE 68111}
```

필드 타입으로 구조체 사용하기

Address 구조체가 잘 동작함을 확인했습니다. 이제 Subscriber와 Employee 타입에 HomeAddress 필드를 추가해 봅시다.

구조체 필드를 추가하는 일은 다른 타입의 필드를 추가하는 것과 별반 다르지 않습니다. 필드명 다음에 구조체 타입의 필드 타입을 지정해 주면 됩니다.

Subscriber 구조체에 HomeAddress라는 필드를 추가할 때 magazine 패키지 외부에서도 접근할 수 있도록 대문자로 시작하는 이름을 지정해 줍니다. 그리고 필드의 타입은 Address로 지정합니다.

Employee에도 마찬가지로 HomeAddress 타입을 추가해 줍니다.

magazine.go

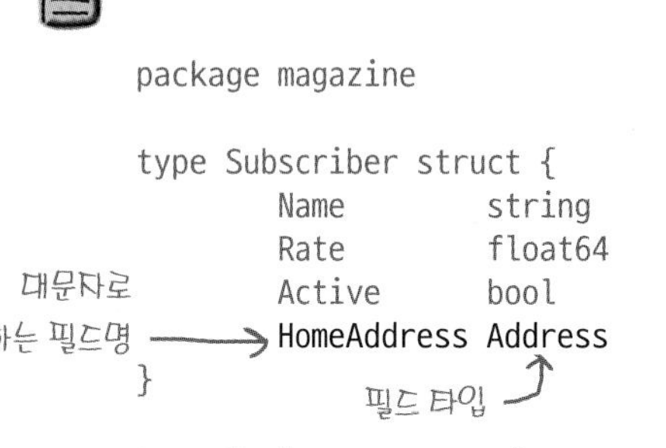


```
package magazine

type Subscriber struct {
        Name        string
        Rate        float64
        Active      bool
        HomeAddress Address
}

type Employee struct {
        Name        string
        Salary      float64
        HomeAddress Address
}

type Address struct {
        // 필드는 생략했습니다.
}
```

대문자로 시작하는 필드명 → HomeAddress / 필드 타입 → Address

내부 구조체에 값 할당하기

그럼 이번에는 Subscriber 구조체의 필드로 지정된 Address 구조체의 필드에 값을 할당하는 방법을 배워 보겠습니다.

첫 번째 방법은 별도의 Address 구조체 타입의 변수를 하나 만들어 Subscriber 구조체의 Address 필드에 할당하는 방법입니다. 다음은 이 방법을 사용하는 *main.go* 코드입니다.

main.go

```
package main

import (
        "fmt"
        "github.com/headfirstgo/magazine"
)

func main() {
        address := magazine.Address{Street: "123 Oak St",
                City: "Omaha", State: "NE", PostalCode: "68111"}
        subscriber := magazine.Subscriber{Name: "Aman Singh"}
        subscriber.HomeAddress = address
        fmt.Println(subscriber.HomeAddress)
}
```

- Address 값을 생성하고 필드를 채웁니다. (address := ...)
- Address 값을 할당할 Subscriber 구조체를 생성합니다. (subscriber := ...)
- HomeAddress 필드에 값을 할당합니다. (subscriber.HomeAddress = address)
- HomeAddress 필드 값을 출력합니다. (fmt.Println(...))

그다음 터미널에서 **go run main.go**를 실행해 보면 subscriber의 HomeAddress 필드가 위에서 생성한 Address 구조체의 값으로 설정되었음을 볼 수 있습니다.

```
{123 Oak St Omaha NE 68111}
```

내부 구조체에 값 할당하기 (계속)

또 다른 방법은 외부 구조체를 *통해* 내부 구조체의 필드에 값을 할당하는 방법입니다.

Subscriber 구조체가 생성되면 HomeAddress 필드 또한 제로 값 필드를 가진 Address 구조체로 초기화됩니다. 이때, fmt.Printf에서 "%#v" 동사로 HomeAddress를 출력해 보면 Go 코드에서 보이는 그대로 즉, 구조체 리터럴의 형태로 출력되는 값을 볼 수 있습니다. 출력된 값을 보면 Address의 모든 필드가 string 타입의 제로 값인 빈 문자열로 초기화되어 있음을 볼 수 있습니다.

```
subscriber := magazine.Subscriber{}
fmt.Printf("%#v\n", subscriber.HomeAddress)
```

Address 구조체의 각 필드는 빈 문자열로 설정됩니다(문자열의 제로 값).

필드는 이미 Address 구조체로 초기화되어 있습니다. →

```
magazine.Address{Street:"", City:"", State:"", PostalCode:""}
```

subscriber는 Subscriber 구조체를 포함하고 있는 변수이기 때문에 HomeAddress의 값을 명시적으로 할당하지 않아도 subscriber.HomeAddress를 통해 Address 구조체의 값을 가져올 수 있습니다.

도트 연산자를 연쇄적(체이닝, chaining)으로 사용하면 Address 구조체의 필드에도 접근할 수 있습니다. **subscriber.HomeAddress**로 Address 구조체를 가져온 다음 이어서 도트 연산자와 접근할 Address 구조체의 필드를 지정해 주면 됩니다.

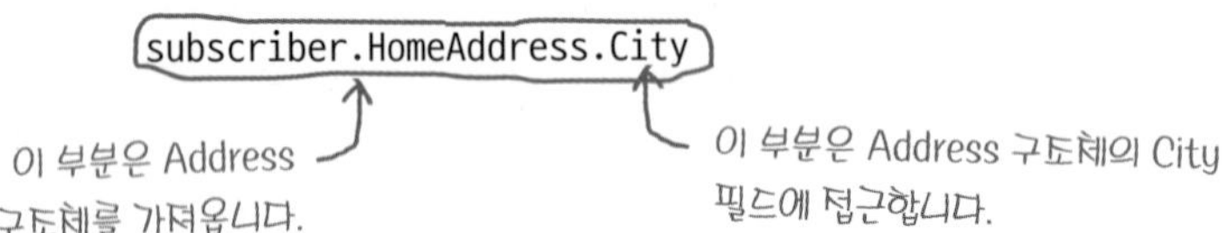
subscriber.HomeAddress.City
이 부분은 Address 구조체를 가져옵니다.
이 부분은 Address 구조체의 City 필드에 접근합니다.

위 코드를 사용하면 내부 구조체 필드에 값을 할당할 수도 있고…

```
subscriber.HomeAddress.PostalCode = "68111"
```

…값을 다시 가져올 수도 있습니다.

```
fmt.Println("Postal Code:", subscriber.HomeAddress.PostalCode)
```

내부 구조체에 값 할당하기 (계속)

다음은 도트 연산자 체이닝을 사용하도록 수정한 *main.go* 코드입니다. 먼저 subscriber 변수에 Subscriber 구조체를 저장합니다. 그러면 subscriber의 HomeAddress 필드는 자동으로 Address 구조체로 초기화됩니다. 그다음 subscriber.HomeAddress.Street, subscriber.HomeAddress.City 등으로 내부 구조체 필드에 값을 할당한 뒤 모든 필드 값을 출력합니다.

다음으로 employee 변수에 Employee 구조체를 저장한 뒤 위와 동일한 작업을 수행합니다.

main.go

```
package main

import (
	"fmt"
	"github.com/headfirstgo/magazine"
)

func main() {
	subscriber := magazine.Subscriber{Name: "Aman Singh"}
	subscriber.HomeAddress.Street = "123 Oak St"
	subscriber.HomeAddress.City = "Omaha"
	subscriber.HomeAddress.State = "NE"
	subscriber.HomeAddress.PostalCode = "68111"
	fmt.Println("Subscriber Name:", subscriber.Name)
	fmt.Println("Street:", subscriber.HomeAddress.Street)
	fmt.Println("City:", subscriber.HomeAddress.City)
	fmt.Println("State:", subscriber.HomeAddress.State)
	fmt.Println("Postal Code:", subscriber.HomeAddress.PostalCode)

	employee := magazine.Employee{Name: "Joy Carr"}
	employee.HomeAddress.Street = "456 Elm St"
	employee.HomeAddress.City = "Portland"
	employee.HomeAddress.State = "OR"
	employee.HomeAddress.PostalCode = "97222"
	fmt.Println("Employee Name:", employee.Name)
	fmt.Println("Street:", employee.HomeAddress.Street)
	fmt.Println("City:", employee.HomeAddress.City)
	fmt.Println("State:", employee.HomeAddress.State)
	fmt.Println("Postal Code:", employee.HomeAddress.PostalCode)
}
```

subscriber.HomeAddress의 모든 필드에 값을 할당합니다.

subscriber.HomeAddress의 모든 필드 값을 가져옵니다.

employee.HomeAddress의 모든 필드에 값을 할당합니다.

employee.HomeAddress의 모든 필드 값을 가져옵니다.

그다음 터미널에서 **go run main.go**를 실행해 보면 프로그램은 subscriber.HomeAddress와 employee.HomeAddress의 모든 필드 값을 출력합니다.

```
Subscriber Name: Aman Singh
Street: 123 Oak St
City: Omaha
State: NE
Postal Code: 68111
Employee Name: Joy Carr
Street: 456 Elm St
City: Portland
State: OR
Postal Code: 97222
```

익명 구조체 필드

외부 구조체를 통해 내부 구조체의 필드에 접근하는 일 또한 다소 번거롭고 따분한 일입니다. 내부 구조체의 필드에 접근하기 위해서는 매번 내부 구조체 필드의 이름(HomeAddress)을 지정해 줘야 하기 때문입니다.

```
subscriber := magazine.Subscriber{Name: "Aman Singh"}
subscriber.HomeAddress.Street = "123 Oak St"
subscriber.HomeAddress.City = "Omaha"
subscriber.HomeAddress.State = "NE"
subscriber.HomeAddress.PostalCode = "68111"
```

내부 구조체의 필드명을 명시해야만 필드에 접근할 수 있습니다.

Go에서는 **익명 필드(anonymous field)**를 정의할 수 있습니다. 익명 필드란 이름은 없고 타입만 지정된 구조체의 필드를 의미합니다. 익명 필드를 사용하면 내부 구조체에 접근하기가 좀 더 수월해집니다.

다음은 Subscriber와 Employee 타입의 HomeAddress 필드를 익명 필드로 전환한 코드입니다. 타입만 남겨둔 채 이름을 지우면 익명 필드로 전환할 수 있습니다.

magazine.go

```
package magazine

type Subscriber struct {
	Name   string
	Rate   float64
	Active bool
	Address
}

type Employee struct {
	Name   string
	Salary float64
	Address
}

type Address struct {
	// 필드는 생략했습니다.
}
```

타입만 남기고 이름("HomeAddress")은 지웁니다.

타입만 남기고 이름("HomeAddress")은 지웁니다.

익명 필드를 선언하면 필드의 타입명을 필드의 이름인 것 마냥 사용할 수 없습니다. 따라서 다음 코드에서 subscriber.Address와 employee.Address는 여전히 Address 구조체에 접근할 수 있습니다.

```
subscriber := magazine.Subscriber{Name: "Aman Singh"}
subscriber.Address.Street = "123 Oak St"
subscriber.Address.City = "Omaha"
fmt.Println("Street:", subscriber.Address.Street)
fmt.Println("City:", subscriber.Address.City)
employee := magazine.Employee{Name: "Joy Carr"}
employee.Address.State = "OR"
employee.Address.PostalCode = "97222"
fmt.Println("State:", employee.Address.State)
fmt.Println("Postal Code:", employee.Address.PostalCode)
```

타입명("Address")을 통해 내부 구조체 필드에 접근합니다.

```
Street: 123 Oak St
City: Omaha
State: OR
Postal Code: 97222
```

구조체 임베딩

익명 필드는 구조체 정의에서 필드명을 생략할 수 있다는 것 이외에도 많은 것들을 제공합니다.

외부 구조체의 익명 필드로 선언된 내부 구조체를 외부 구조체 안에 **임베딩(embedded)**되었다고 합니다. 임베딩된 구조체의 필드는 외부 구조체로 **승격(promoted)**되는데 승격되었다는 말은 내부 구조체의 필드를 마치 외부 구조체에 속해 있는 것처럼 접근할 수 있음을 의미합니다.

이제 Address 구조체 타입은 Subscriber와 Employee 구조체 타입에 임베딩되었기 때문에 subscriber.Address.City 대신 subscriber.City만으로 City 필드의 값을 가져올 수 있습니다. 마찬가지로 employee.Address.State 대신 employee.State만으로 State 필드의 값을 가져올 수 있습니다.

다음은 Address를 임베딩 타입으로 다루는 main.go의 최종 버전입니다. 이제 Address의 모든 필드가 자기 자신이 임베딩된 외부 구조체 타입에 속한 것 마냥 동작하기 때문에 마치 Address 타입이 없는 듯한 코드를 작성할 수 있습니다.

main.go

```
package main

import (
	"fmt"
	"github.com/headfirstgo/magazine"
)

func main() {
	subscriber := magazine.Subscriber{Name: "Aman Singh"}
	subscriber.Street = "123 Oak St"
	subscriber.City = "Omaha"
	subscriber.State = "NE"
	subscriber.PostalCode = "68111"
	fmt.Println("Street:", subscriber.Street)
	fmt.Println("City:", subscriber.City)
	fmt.Println("State:", subscriber.State)
	fmt.Println("Postal Code:", subscriber.PostalCode)

	employee := magazine.Employee{Name: "Joy Carr"}
	employee.Street = "456 Elm St"
	employee.City = "Portland"
	employee.State = "OR"
	employee.PostalCode = "97222"
	fmt.Println("Street:", employee.Street)
	fmt.Println("City:", employee.City)
	fmt.Println("State:", employee.State)
	fmt.Println("Postal Code:", employee.PostalCode)
}
```

Address의 필드가 마치 Subscriber에 정의된 것처럼 필드 값을 할당하고 있습니다.

subscriber를 통해 Address의 필드 값을 가져옵니다.

Address의 필드가 마치 Employee에 정의된 것처럼 필드 값을 할당하고 있습니다.

employee를 통해 Address의 필드 값을 가져옵니다.

```
Street: 123 Oak St
City: Omaha
State: NE
Postal Code: 68111
Street: 456 Elm St
City: Portland
State: OR
Postal Code: 97222
```

여기서 명심해야 할 것은 내부 구조체를 반드시 임베딩할 필요는 없다는 것입니다. 또한 항상 내부 구조체를 사용할 필요도 없습니다. 때로는 내부 구조체가 아닌 외부 구조체에 필드를 추가하는 것이 가장 깔끔한 방법일 수도 있습니다. 상황에 따라 가장 적합한 방법을 사용하는 게 중요합니다.

사용자 정의 타입이 완성되었습니다!

여러분이 만들어 주신 구조체 타입들
너무 마음에 듭니다! 이제 더 이상 구독자 정보를 나타내기
위해 여러 변수를 사용할 필요가 없어졌어요.
필요한 모든 데이터를 하나로 묶을 수 있다니! 감사합니다.
이제 첫 번째 간행물을 발송해야겠어요!

잘 하셨습니다! 여러분은 Subscriber와 Employee 구조체 타입도 만들고 두 타입에 Address 구조체도 임베딩해 봤습니다. 잡지사가 요구한 모든 정보를 표현할 수 있는 방법을 습득했습니다!

하지만 여전히 사용자 정의 타입에 대한 중요한 내용이 일부 빠져 있습니다. 이전 장에서 여러분은 값에서 호출할 수 있는 함수인 *메서드(method)*를 가진 time.Time과 strings.Replacer와 같은 타입을 사용해 본 적이 있습니다. 하지만 직접 정의한 타입에 대한 메서드를 정의하는 방법은 아직 배우지 않았습니다. 이 내용은 바로 다음 장에서 배울 예정입니다!

연습문제

다음은 이전에 본 퍼즐에서 가져온 geo 패키지의 소스 파일입니다. 여러분의 목표는 main.go가 문제없이 동작하도록 만드는 것입니다. 단, 조건이 하나 있는데, geo.go에 있는 Landmark 구조체 타입에 두 개의 필드를 추가해서 해결해야 합니다.

geo.go

```
package geo

type Coordinates struct {
        Latitude  float64
        Longitude float64
}

type Landmark struct {
        ____________
        ____________
}
```

여기에 필드 두 개를 추가하세요!

main.go

```
package main

import (
        "fmt"
        "geo"
)

func main() {
        location := geo.Landmark{}
        location.Name = "The Googleplex"
        location.Latitude = 37.42
        location.Longitude = -122.08
        fmt.Println(location)
}
```

출력값

```
{The Googleplex {37.42 -122.08}}
```

답은 264 페이지에 있습니다.

Go 도구 상자

8장이 끝났습니다!
도구 상자에 구조체와 사용자 정의 타입을 담았습니다.

배열

슬라이스

맵

구조체

구조체는 서로 다른 타입의 값들이 하나로 이루어진 값입니다.
구조체를 구성하는 개별 값을 필드라 칭합니다.
필드는 이름과 타입으로 이루어져 있습니다.

사용자 정의 타입

타입 정의를 사용해 새로운 타입을 만들 수 있습니다.
사용자 정의 타입은 값이 저장되는 방식을 결정하는 기본 타입을 기반으로 합니다.
사용자 정의 타입의 기본 타입으로는 모든 타입을 사용할 수 있으며 그중 구조체 타입을 가장 많이 사용합니다.

중요 항목

- 구조체 타입의 변수를 선언할 수 있으며, 구조체 타입은 struct 키워드 뒤로 중괄호로 감싼 필드의 이름과 필드 타입의 목록으로 나타낼 수 있습니다.

```
var myStruct struct {
      field1 string
      field2 int
}
```

- 매번 구조체 타입을 선언하는 건 번거롭기 때문에 보통은 구조체 타입을 기본 타입으로 하는 사용자 정의 타입을 사용하곤 합니다. 사용자 정의 타입은 변수, 함수의 매개변수 또는 반환 값 등에 사용할 수 있습니다.

```
type myType struct {
      field1 string
}
var myVar myType
```

- 도트 연산자를 사용하면 구조체 필드에 접근할 수 있습니다.

```
myVar.field1 = "value"
fmt.Println(myVar.field1)
```

- 함수를 통해 구조체를 변경해야 하거나 큰 구조체를 전달해야 하는 경우에는 구조체 포인터를 사용하는 것이 좋습니다.
- 타입은 이름이 대문자로 시작하는 경우에만 패키지 외부로 노출됩니다.
- 구조체 필드도 마찬가지로 이름이 대문자로 시작하는 경우에만 패키지 외부에서 접근할 수 있습니다.
- 구조체 리터럴을 사용하면 구조체의 선언과 동시에 필드 값을 초기화할 수 있습니다.

```
myVar := myType{field1: "value"}
```

- 이름 없이 타입만 가진 필드는 익명 필드로 정의됩니다.
- **임베딩**된 구조체의 필드는 마치 외부 구조체에 속해 있는 것처럼 접근할 수 있습니다.

CHAPTER 8

연습문제 정답

다음 프로그램은 반려동물의 이름(string)과 나이(int)를 저장하는 구조체 변수를 선언하고 있습니다. 프로그램의 빈칸을 채워 아래 보이는 값을 출력하도록 만들어 보세요.

```
package main

import "fmt"

func main() {
        var pet struct {
                name string
                age  int
        }
        pet.name = "Max"
        pet.age = 5
        fmt.Println("Name:", pet.name)
        fmt.Println("Age:", pet.age)
}
```

```
Name: Max
Age: 5
```

코드 자석 정답

```
package main

import "fmt"

type student struct {
        name string
        grade float64
}

func printInfo( s student ) {
        fmt.Println("Name:", s.name)
        fmt.Printf("Grade: %0.1f₩n", s.grade)
}

func main() {
        var s student
        s.name = "Alonzo Cole"
        s.grade = 92.3
        printInfo(s)
}
```

구조체 타입을 정의합니다.

"student" 구조체를 매개변수로 받는 함수를 정의합니다.

함수에 구조체를 전달합니다.

출력값

```
Name: Alonzo Cole
Grade: 92.3
```

연습문제 정답

다음 두 프로그램은 정상적으로 동작하지 않습니다. 왼쪽 프로그램의 nitroBoost 함수는 car의 최고 속도에 50km/h를 더하고 있지만 값은 그대로입니다. 또 오른쪽 프로그램의 doublePack은 part의 count 필드를 두 배로 만들고 있지만 이 값 또한 그대로입니다.

최소한의 변경으로 코드를 수정해 보세요. 변경사항을 최소화하기 위해 여분은 조금만 남겨뒀습니다.

```
package main

import "fmt"

type car struct {
	name      string
	topSpeed  float64
}

func nitroBoost( c * car ) {
	c.topSpeed += 50
}

func main() {
	var mustang car
	mustang.name = "Mustang Cobra"
	mustang.topSpeed = 225
	nitroBoost(&mustang )
	fmt.Println( mustang.name )
	fmt.Println( mustang.topSpeed )
}
```

구조체 대신 구조체의 포인터를 받습니다.

구조체 자체뿐만 아니라 구조체 포인터에서도 동일하게 동작하기 때문에 변경할 필요가 없습니다.

포인터를 전달합니다.

수정되었습니다. 50km/h 증가했습니다.

```
Mustang Cobra
275
```

```
package main

import "fmt"

type part struct {
	description  string
	count        int
}

func doublePack( p * part ) {
	p.count *= 2
}

func main() {
	var fuses part
	fuses.description = "Fuses"
	fuses.count = 5
	doublePack(&fuses )
	fmt.Println( fuses.description )
	fmt.Println( fuses.count )
}
```

구조체 대신 구조체의 포인터를 받습니다.

구조체 자체뿐만 아니라 구조체 포인터에서도 동일하게 동작하기 때문에 변경할 필요가 없습니다.

포인터를 전달합니다.

수정되었습니다. 원래 값의 두 배가 되었습니다.

```
Fuses
10
```

수영장 퍼즐 정답

```
package main

import (
	"fmt"
	"geo"
)

func main() {
	location := geo. Coordinates { Latitude : 37.42, Longitude : -122.08}
	fmt.Println("Latitude:", location.Latitude)
	fmt.Println("Longitude:", location.Longitude)
}
```

패키지 외부로 노출되어야 하므로 대문자로 시작해야 합니다.

필드명도 마찬가지로 대문자로 시작해야 합니다.

main.go

```
package geo

type Coordinates struct {
	Latitude  float64
	Longitude float64
}
```

geo.go

출력값

```
Latitude: 37.42
Longitude: -122.08
```

연습문제 정답

다음은 이전에 본 퍼즐에서 가져온 geo 패키지의 소스 파일입니다. 여러분의 목표는 main.go가 문제없이 동작하도록 만드는 것입니다. 단, 조건이 하나 있는데, geo.go에 있는 Landmark 구조체 타입에 두 개의 필드를 추가해서 해결해야 합니다.

```
package geo

type Coordinates struct {
	Latitude  float64
	Longitude float64
}

type Landmark struct {
	Name string
	Coordinates
}
```

geo.go

익명 필드로 임베딩된 Coordinates 덕분에 필드가 마치 Landmark에 정의된 것처럼 접근할 수 있습니다.

```
package main

import (
	"fmt"
	"geo"
)

func main() {
	location := geo.Landmark{}
	location.Name = "The Googleplex"
	location.Latitude = 37.42
	location.Longitude = -122.08
	fmt.Println(location)
}
```

main.go

출력값

```
{The Googleplex {37.42 -122.08}}
```

9 나만의 타입

사용자 정의 타입

제가 만든 Name 타입이 거의 다
완성되었어요! string 타입 기반이고
모든 Name 값에서 Capitalize
메서드를 사용할 수 있어서
정말 편리해요!

사용자 정의 타입에 대해 배울 내용이 아직 더 남아 있습니다. 이전 장에서는 구조체를 기본 타입으로 하는 타입을 정의하는 방법을 배웠습니다. 하지만 구조체 이외의 *다른 타입*을 기본 타입으로 갖는 타입은 다루지 않았죠.

그리고 혹시 특정 타입의 값과 연관된 함수인 메서드를 기억하고 계신가요? 이전에 이미 여러 타입의 메서드를 사용해 본 적은 있지만 메서드를 직접 정의하는 방법은 아직 배우지 않았습니다. 따라서 이번 장에서는 메서드를 정의하는 방법을 배워 보겠습니다!

실세계에서의 타입 에러

여러분이 미국에 거주한다면 아마 미국에서 사용하는 독특한 측정 시스템에 익숙할 것입니다. 예를 들어, 미국의 주유소에서는 연료를 전 세계 대부분에서 사용하고 있는 리터 단위의 약 4배에 달하는 갤런 단위로 판매하고 있습니다.

타국에서 자동차를 렌트한 미국인 스티브는 주유를 위해 주유소에 들렀습니다. 다른 도시에 위치한 호텔로 가는데 10갤런이면 충분할 거라고 생각한 스티브는 10갤런의 연료를 주유하기 시작했습니다.

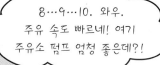

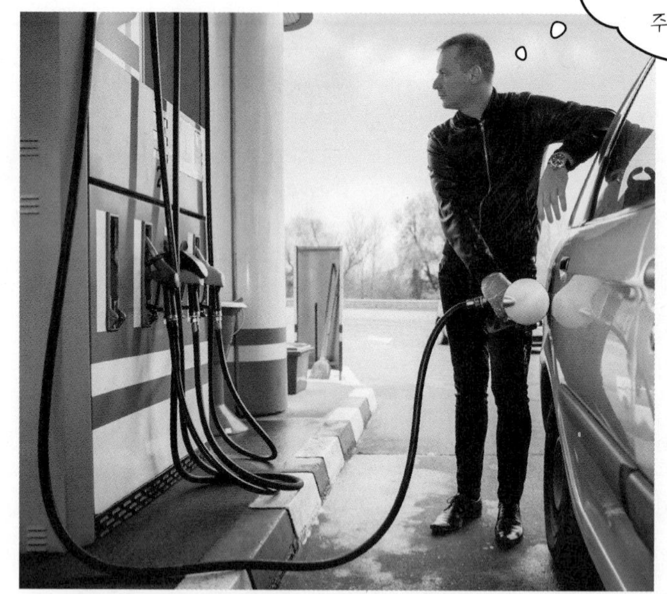
8…9…10. 와우.
주유 속도 빠르네! 여기
주유소 펌프 엄청 좋은데?!

하지만 주유를 마친 후 호텔로 돌아가던 스티브의 자동차는 목적지까지의 1/4 지점에서 연료를 다 소진해 멈춰버렸습니다.

만약 스티브가 가스 펌프에 붙어 있는 라벨을 좀 더 자세히 들여다봤다면 연료 단위가 갤런이 아닌 리터 단위임을 확인하고 10갤런과 동일한 양인 37.85리터가 필요함을 알았을 것입니다.

여러분도 마찬가지로 숫자 값을 볼 때 그 숫자가 어떤 단위로 측정된 값인지 확신할 수 있어야 합니다. 이 값의 단위가 리터인지 갤런인지 아니면 킬로미터, 파운드, 달러 또는 엔 중 하나인지 말이죠.

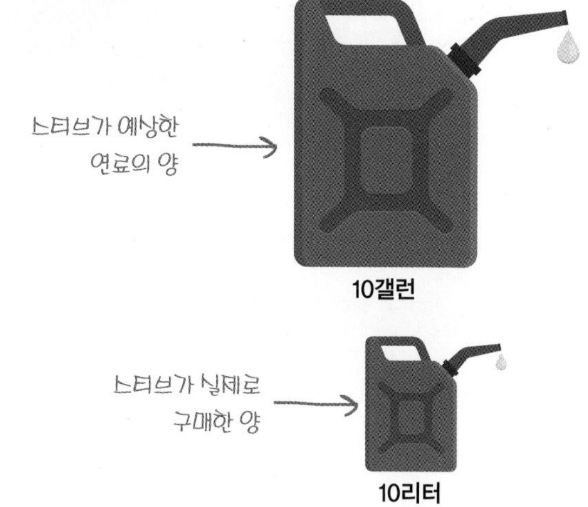
스티브가 예상한
연료의 양
10갤런
스티브가 실제로
구매한 양
10리터

기본 타입으로 정의한 사용자 정의 타입

다음 변수는…

```
var fuel float64 = 10
```

10갤런 또는 10리터 중 어느 값을 나타내고 있을까요? 이 코드를 작성한 사람은 알겠지만 다른 사람들이 볼 땐 단위를 가늠하기가 어려운 코드입니다.

이때 Go의 사용자 정의 타입을 사용하면 타입의 용도를 좀 더 명확히 나타낼 수 있습니다. 보통은 사용자 정의 타입의 기본 타입으로 구조체를 많이 사용하지만 구조체뿐만 아니라 int, float64, string, bool 등 존재하는 *모든 타입*을 기본 타입으로 사용할 수 있습니다.

Go의 사용자 정의 타입의 기본 타입으로는 보통 구조체를 많이 사용하지만 구조체 뿐만 아니라 int, string, bool 등 모든 타입을 기본 타입으로 사용할 수 있습니다.

다음 프로그램은 float64를 기본 타입으로 사용하는 Liters와 Gallons라는 두 개의 새로운 타입을 정의하고 있습니다. 이 두 타입은 패키지 수준에서 정의되었기 때문에 패키지에 속한 모든 함수에서 사용할 수 있습니다.

main 함수에서는 Gallons와 Liters 타입의 변수를 하나씩 선언한 다음 각 변수에 값을 할당한 뒤 다시 값을 출력하고 있습니다.

```
package main

import "fmt"

type Liters float64
type Gallons float64

func main() {
	var carFuel Gallons
	var busFuel Liters
	carFuel = Gallons(10.0)
	busFuel = Liters(240.0)
	fmt.Println(carFuel, busFuel)
}
```

float64를 기본 타입으로 하는 두 개의 타입을 정의합니다.

Gallons 타입의 변수를 정의합니다.

Liters 타입의 변수를 정의합니다.

float64 타입을 Gallons 타입으로 변환합니다.

float64 타입을 Liters 타입으로 변환합니다.

```
10 240
```

타입을 정의하고 나면 정의한 타입의 기본 타입으로 선언된 모든 값을 정의한 타입의 값으로 변환할 수 있습니다. 다른 타입 변환과 동일한 방식으로 변환하려는 타입 뒤에 변환할 값을 괄호로 감싸주면 됩니다.

위 타입 변환 코드는 다음과 같이 단축 변수 선언 형태로 사용할 수도 있습니다.

타입 변환 시 단축 변수 선언 사용

```
carFuel := Gallons(10.0)
busFuel := Liters(240.0)
```

기본 타입으로 정의한 사용자 정의 타입 (계속)

사용자 정의 타입으로 선언된 변수에는 다른 사용자 정의 타입으로 선언된 값은 할당할 수 없으며, 설사 기본 타입이 같은 경우라도 불가능합니다.

```
carFuel = Liters(240.0)
busFuel = Gallons(10.0)
```

에러 발생 →

```
cannot use Liters(240) (type Liters) as type Gallons in assignment
cannot use Gallons(10) (type Gallons) as type Liters in assignment
```

하지만 기본 타입이 같은 경우에는 타입 간 *변환*이 가능합니다. 즉, Liters와 Gallons는 기본 타입이 float64로 동일하기 때문에 서로 간 타입 변환이 가능합니다. Go는 타입을 변환할 때 값의 의미는 모른 채 값 그 자체만 고려하기 때문에 Gallons(Liters(240.0))와 Gallons(240.0)를 동일하게 취급합니다. 한 타입이 가진 원시 값을 단순히 다른 타입으로 변환하는 일은 타입이 제공하는 변환 에러를 방지하고자 하는 보호 기능을 무력화합니다(즉, 값의 의미를 파악하지 않고 단순히 값의 타입만 변환하는 경우 값의 의미를 상실하게 됩니다).

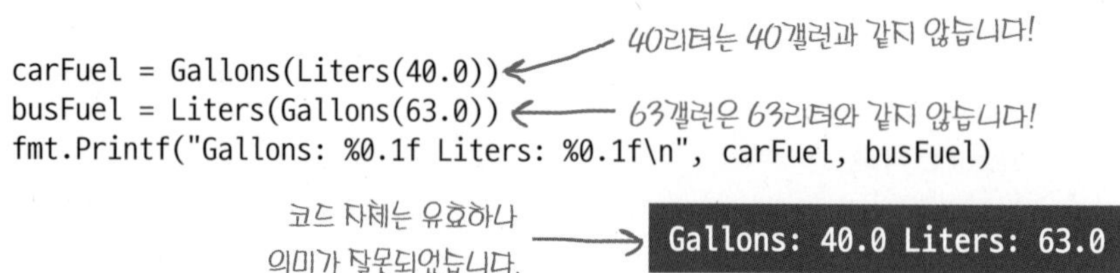

```
carFuel = Gallons(Liters(40.0))
busFuel = Liters(Gallons(63.0))
fmt.Printf("Gallons: %0.1f Liters: %0.1f\n", carFuel, busFuel)
```

40리터는 40갤런과 같지 않습니다!
63갤런은 63리터와 같지 않습니다!
코드 자체는 유효하나
의미가 잘못되었습니다.
Gallons: 40.0 Liters: 63.0

따라서 값은 그대로 둔 채 단순히 타입만 변환하는 게 아니라 변환할 값을 변환하려는 타입의 의미에 맞는 값으로 변환하는 데 필요한 연산을 수행해 줘야 합니다.

1리터는 약 0.264갤런이고, 1갤런은 약 3.785리터입니다. 따라서, Gallons를 Liters로 변환할 때에는 변환할 값에 변환 비율을 곱해 줘야 하며, 그 반대도 마찬가지입니다.

```
carFuel = Gallons(Liters(40.0) * 0.264)
busFuel = Liters(Gallons(63.0) * 3.785)
fmt.Printf("Gallons: %0.1f Liters: %0.1f\n", carFuel, busFuel)
```

리터를 갤런으로 변환합니다. (첫 번째 줄)
갤런을 리터로 변환합니다. (두 번째 줄)

적절히 잘 변환된 값 →

```
Gallons: 10.6 Liters: 238.5
```

사용자 정의 타입과 연산자

사용자 정의 타입은 기본 타입에서 사용할 수 있는 모든 연산자를 지원합니다. 예를 들어, float64를 기반으로 하는 타입은 산술 연산자 +, -, *, /와 더불어 비교 연산자 ==, >, < 또한 사용할 수 있습니다.

```
fmt.Println(Liters(1.2) + Liters(3.4))
fmt.Println(Gallons(5.5) - Gallons(2.2))
fmt.Println(Liters(2.2) / Liters(1.1))
fmt.Println(Gallons(1.2) == Gallons(1.2))
fmt.Println(Liters(1.2) < Liters(3.4))
fmt.Println(Liters(1.2) > Liters(3.4))
```

```
4.6
3.3
2
true
true
false
```

하지만 string 타입에서는 - 연산자를 사용할 수 없기 때문에 string을 기반으로 하는 타입은 +, ==, >, < 연산자는 사용 가능하지만 마찬가지로 - 연산자는 사용할 수 없습니다.

```
// 패키지절, 임포트문, 타입 선언은 생략했습니다.
type Title string

func main() {
	fmt.Println(Title("Alien") == Title("Alien"))
	fmt.Println(Title("Alien") < Title("Zodiac"))
	fmt.Println(Title("Alien") > Title("Zodiac"))
	fmt.Println(Title("Alien") + "s")
	fmt.Println(Title("Jaws 2") - " 2")
}
```

"string"을 기본 타입으로 하는 타입을 정의합니다.

이 코드들은 잘 동작합니다.

하지만 이 코드에서는 에러가 발생합니다!

에러 발생

```
invalid operation:
Title("Jaws 2") - " 2"
(operator - not defined
on string)
```

기본 타입의 리터럴 값과의 연산도 가능합니다.

```
fmt.Println(Liters(1.2) + 3.4)
fmt.Println(Gallons(5.5) - 2.2)
fmt.Println(Gallons(1.2) == 1.2)
fmt.Println(Liters(1.2) < 3.4)
```

```
4.6
3.3
true
true
```

하지만 다른 타입과의 연산은 불가능하며 설사 기본 타입이 같은 경우라도 불가능합니다. 다시 한 번 말하지만, 이러한 특징은 서로 다른 타입을 혼용할 여지를 미연에 방지해 줍니다.

```
fmt.Println(Liters(1.2) + Gallons(3.4))
fmt.Println(Gallons(1.2) == Liters(1.2))
```

에러 발생

```
invalid operation: Liters(1.2) + Gallons(3.4)
(mismatched types Liters and Gallons)
invalid operation: Gallons(1.2) == Liters(1.2)
(mismatched types Gallons and Liters)
```

따라서 Liters 값을 Gallons 값에 더하기 위해서는 먼저 해당 타입으로 타입을 변환해 줘야 합니다.

수영장 퍼즐

여러분이 할 일은 수영장에 들어 있는 코드 조각을 아래 빈칸에 맞게 채워 넣는 것입니다. 각 코드 조각은 한 번만 사용할 수 있고 모두 사용할 필요는 없습니다. 여러분의 목표는 아래 보이는 출력값을 출력하는 프로그램을 완성하는 것입니다.

```
package main

import "fmt"

type __________ int

func main() {
        var __________ Population
        population = __________(_____)
        fmt.Println("Sleepy Creek County population:", population)
        fmt.Println("Congratulations, Kevin and Anna! It's a girl!")
        population += __
        fmt.Println("Sleepy Creek County population:", population)
}
```

출력값 →

```
Sleepy Creek County population: 572
Congratulations, Kevin and Anna! It's a girl!
Sleepy Creek County population: 573
```

참고: 각 코드 조각은 딱 한 번만 사용할 수 있습니다!

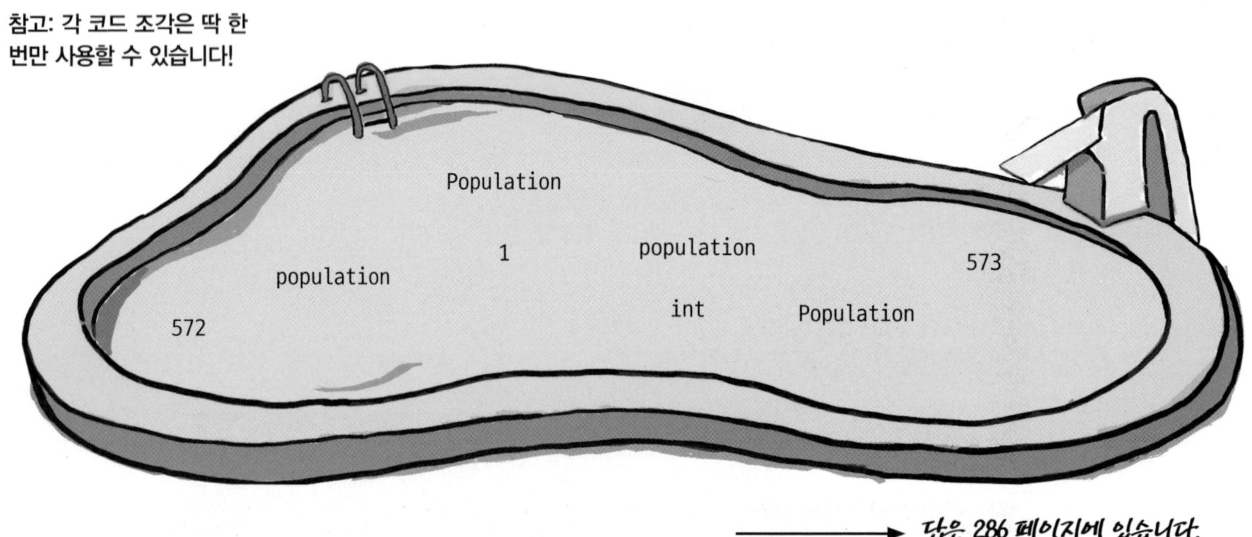

답은 286 페이지에 있습니다.

함수를 사용한 타입 변환

연료의 양으로 갤런 단위를 사용하는 자동차에 리터 단위를 사용하는 가스 펌프로 연료를 리필하는 상황을 떠올려 봅시다. 또는 반대로 리터 단위를 사용하는 버스에 갤런 단위를 사용하는 가스 펌프로 연료를 채우는 상황도 생각해 볼 수 있습니다. 서로 맞지 않는 단위로 인한 부정확한 계산을 사전에 방지할 수 있도록 Go는 서로 다른 타입의 값을 혼용하는 경우 컴파일 에러를 발생시킵니다.

```
package main

import "fmt"

type Liters float64
type Gallons float64

func main() {
	carFuel := Gallons(1.2)
	busFuel := Liters(2.5)
	carFuel += Liters(8.0)
	busFuel += Gallons(30.0)
}
```

Gallons 값에 Liters 값은 더할 수 없습니다!

Liters 값에 Gallons 값은 더할 수 없습니다!

에러 발생

```
invalid operation: carFuel += Liters(8)
(mismatched types Gallons and Liters)
invalid operation: busFuel += Gallons(20)
(mismatched types Liters and Gallons)
```

서로 다른 타입을 함께 연산하려면 먼저 타입 변환을 통해 타입부터 맞춰야 합니다. 이전에 Liters 값에 0.264를 곱해 Gallons 값으로 변환한 적이 있습니다. 또한 Gallons 값에는 3.785를 곱해 Liters 값으로 변환했습니다.

```
carFuel = Gallons(Liters(40.0) * 0.264)
busFuel = Liters(Gallons(63.0) * 3.785)
```

Liters를 Gallons로 변환

Gallons를 Liters로 변환

위의 변환 코드와 동일한 작업을 수행하는 ToGallons와 ToLiters라는 함수를 만들어 두면 타입을 변환할 때마다 호출해서 사용할 수 있습니다.

```
// 임포트문, 타입 선언은 생략했습니다.
func ToGallons(l Liters) Gallons {
	return Gallons(l * 0.264)
}

func ToLiters(g Gallons) Liters {
	return Liters(g * 3.785)
}

func main() {
	carFuel := Gallons(1.2)
	busFuel := Liters(4.5)
	carFuel += ToGallons(Liters(40.0))
	busFuel += ToLiters(Gallons(30.0))
	fmt.Printf("Car fuel: %0.1f gallons\n", carFuel)
	fmt.Printf("Bus fuel: %0.1f liters\n", busFuel)
}
```

갤런은 리터의 1/4보다 약간 많습니다.

리터는 갤런의 4배보다 약간 적습니다.

더하기 전에 Liters를 Gallons로 변환합니다.

더하기 전에 Gallons를 Liters로 변환합니다

```
Car fuel: 11.8 gallons
Bus fuel: 118.1 liters
```

함수를 사용한 타입 변환 (계속)

양을 측정할 수 있는 액체로는 휘발유 외에도 식용유, 탄산 음료, 주스 등이 존재합니다. 또한 리터와 갤런 외에도 더 많은 측량 단위가 존재합니다. 미국에만 해도 티스푼, 컵, 쿼트 등 측량 단위가 존재하죠. 또한 미터법에는 양을 나타내는 여러 개의 단위가 존재하는데 그중에서는 밀리리터(1/1000리터)가 가장 많이 사용됩니다.

그럼 한 번 float64를 기본 타입으로 하는 Milliliters라는 새로운 타입을 만들어 봅시다.

```
type Liters float64
type Milliliters float64
type Gallons float64
```

새로운 타입을 추가합니다.

다른 타입과 마찬가지로 Milliliters 값 또한 다른 타입으로 변환해야 하는 경우가 있습니다. 하지만 Milliliters를 Gallons로 변환하는 함수를 추가하게 되면 같은 패키지에서는 두 개의 ToGallons 함수를 선언할 수 없다는 에러가 발생합니다.

```
func ToGallons(l Liters) Gallons {
	return Gallons(l * 0.264)
}
func ToGallons(m Milliliters) Gallons {
	return Gallons(m * 0.000264)
}
```

Milliliters를 Gallons로 변환하는 함수를 이미 존재하는 함수와 같은 이름으로 추가할 수 없습니다!

에러 발생

```
12:31: ToGallons redeclared in this block
	previous declaration at prog.go:9:26
```

따라서 위의 두 ToGallons 함수를 LitersToGallons와 MillilitersToGallons와 같이 변환하려는 타입을 포함하는 이름으로 변경해야 합니다. 하지만 이러한 함수명은 사용할 때나 다른 타입 간의 변환 함수를 추가할 때마다 매번 타입명을 붙여 줘야 하기 때문에 코드 작성이 번거로우며 코드의 유지보수 또한 어려워지게 됩니다.

```
func LitersToGallons(l Liters) Gallons {
	return Gallons(l * 0.264)
}
func MillilitersToGallons(m Milliliters) Gallons {
	return Gallons(m * 0.000264)
}
func GallonsToLiters(g Gallons) Liters {
	return Liters(g * 3.785)
}
func GallonsToMilliliters(g Gallons) Milliliters {
	return Milliliters(g * 3785.41)
}
```

함수명 충돌은 사라졌지만, 이름이 너무 깁니다! (LitersToGallons, MillilitersToGallons)

충돌은 피했지만 이름이 너무 깁니다! (GallonsToLiters, GallonsToMilliliters)

바보 같은 질문은 없습니다!

Q: 다른 언어는 매개변수의 타입만 다르고, 이름은 동일한 함수를 선언할 수 있는 오버로딩을 지원하던데, Go에는 오버로딩이라는 개념이 없는 건가요?

A: 이 질문은 Go의 메인테이너가 자주 받는 질문으로 이에 대한 대답은 https://golang/org/doc/faq#overloading에서 볼 수 있습니다. "다른 언어를 사용해 본 경험으로는 같은 이름의 다른 시그니처를 가진 메서드는 종종 유용하기는 했으나 실제로는 다소 혼란스럽고 취약했습니다." Go는 오버로딩을 지원하지 않으면서 언어를 단순화하였습니다. 이 책의 후반부에서 보겠지만 Go 팀은 언어의 다른 영역에서도 마찬가지로 단순함을 취했고 단순한 기능과 복잡한 기능 중 하나를 택해야 하는 기로에 설 때마다 대부분 단순함을 택했습니다. 하지만 괜찮습니다. 오버로딩이 없어도 다른 방법을 사용해 구현할 수 있으니까요!

Liters 값에서만 사용할 수 있는
ToGallons랑 Milliliters 값에서만 사용할 수
있는 또 다른 ToGallons를 만들 수 있다면 얼마나
좋을까요? 하지만 이건 꿈에서나 가능하겠죠…

메서드를 사용한 함수명 충돌 방지

2장에서 주어진 타입의 값과 연관된 함수인 *메서드(method)*에 대해 언급한 적이 있습니다. 우리는 많고 많은 메서드 중 time.Time의 Year 메서드와 strings.Replacer의 Replace 메서드를 사용해 봤습니다.

```
func main() {
	var now time.Time = time.Now()
	var year int = now.Year()
	fmt.Println(year)
}
```

time.Now는 현재 날짜와 시간을 나타내는 time.Time 값을 반환합니다.

time.Time 값은 연도를 반환하는 Year 메서드를 가지고 있습니다.

```
2020
```

또는 컴퓨터 시간으로 설정된 연도 값

```
func main() {
	broken := "G# r#cks!"
	replacer := strings.NewReplacer("#", "o")
	fixed := replacer.Replace(broken)
	fmt.Println(fixed)
}
```

모든 "#"을 "o"로 치환하도록 설정된 strings.Replacer를 반환합니다.

strings.Replacer의 Replace 메서드를 호출해 치환할 문자열을 전달합니다.

Replace 메서드에서 반환된 문자열을 출력합니다.

```
Go rocks!
```

앞서 마주한 타입 변환 문제는 메서드를 사용하여 해결할 수 있습니다.

지금까지는 ToGallons라는 이름의 함수를 여러 번 정의할 수 없다는 이유로 변환하려는 타입의 이름이 포함된 길고 번거로운 함수명을 사용해야 했습니다.

```
LitersToGallons(Liters(2))
MillilitersToGallons(Milliliters(500))
```

하지만 타입별로 메서드를 정의하면 ToGallons라는 메서드를 여러 번 정의할 수 있습니다. 메서드를 사용하면 함수명이 충돌할 일도 없으며 함수명에 타입을 명시하지 않아도 되기 때문에 짧은 메서드명을 사용할 수 있습니다.

```
Liters(2).ToGallons()
Milliliters(500).ToGallons()
```

하지만 너무 앞서가진 맙시다. 위 솔루션을 적용하기 전에 먼저 메서드를 정의하는 방법부터 배워야 합니다.

메서드 정의하기

메서드 정의는 함수 정의와 매우 유사한데, 유일한 차이점은 메서드는 이름 앞에 **리시버 매개변수(receiver parameter)**를 추가로 선언해 줘야 한다는 점입니다.

메서드 선언 시에는 함수의 매개변수와 함께 리시버 매개변수의 이름과 타입을 지정해 줘야 합니다.

리시버 매개변수의 이름

리시버 매개변수의 타입

```
func (m MyType) sayHi() {
     fmt.Println("Hi from", m)
}
```

정의한 메서드를 호출하기 위해서는 메서드를 호출할 값 다음에 도트 연산자를 사용하여 메서드의 이름과 괄호를 붙여 주면 됩니다. 메서드를 호출하고 있는 값을 메서드 **리시버(receiver)**라고 합니다.

메서드 호출과 메서드 정의는 서로 유사한 형태를 지니고 있어 문법을 기억하기가 쉽습니다. 메서드를 호출할 때의 리시버와 메서드를 정의할 때의 리시버 매개변수 모두 메서드명보다 먼저 등장합니다.

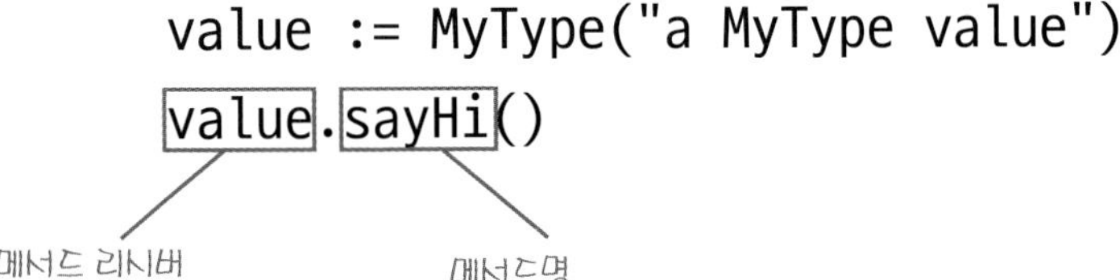
value := MyType("a MyType value")
value.sayHi()
메서드 리시버
메서드명

메서드를 정의할 때 리시버 매개변수의 이름에는 아무 이름이나 사용할 수 있지만 타입에는 정확한 타입을 명시해 줘야 합니다. 메서드는 리시버로 지정된 타입의 값과 연관된 함수이기 때문이죠.

다음 코드에서는 string을 기본 타입으로 하는 MyType이라는 타입과 sayHi라는 메서드를 정의하고 있습니다. sayHi의 리시버 매개변수는 MyType 타입이기 때문에 MyType 타입을 가진 모든 값에서 sayHi 메서드를 호출할 수 있습니다(이 경우 보통 sayHi는 MyType 위에 정의되었다고 말합니다).

특정 타입 위에 메서드를 정의하고 나면 해당 타입의 모든 값에서 메서드를 호출할 수 있습니다.

다음은 MyType 타입을 가진 두 값에서 각각 sayHi를 호출하는 코드입니다.

```
package main

import "fmt"

type MyType string
func (m MyType) sayHi() {
	fmt.Println("Hi")
}

func main() {
	value := MyType("a MyType value")
	value.sayHi()
	anotherValue := MyType("another value")
	anotherValue.sayHi()
}
```

새로운 타입을 정의합니다.

리시버 매개변수를 정의합니다.

이 메서드는 MyType 위에 정의됩니다.

MyType 타입의 값을 생성합니다.

값에서 sayHi를 호출합니다.

또 다른 MyType 타입의 값을 생성합니다.

새로운 값에서 sayHi를 호출합니다.

```
Hi
Hi
```

또 다른 매개변수인 리시버 매개변수

리시버 매개변수의 타입은 메서드와 연관된 타입입니다. 그렇다고 해서 리시버 매개변수가 특별한 매개변수인 것은 아닙니다. 메서드에서는 리시버 매개변수를 함수의 다른 매개변수와 동일한 방식으로 접근하고 사용할 수 있습니다.

다음 코드는 이전에 본 예제와 동일하나 이제 메서드에서 리시버 매개변수의 값도 출력하고 있습니다. 출력된 값을 통해 리시버 매개변수의 값을 확인할 수 있습니다.

```
package main

import "fmt"

type MyType string

func (m MyType) sayHi() {
	fmt.Println("Hi from", m)
}

func main() {
	value := MyType("a MyType value")
	value.sayHi()
	anotherValue := MyType("another value")
	anotherValue.sayHi()
}
```

리시버 매개변수의 값을 출력합니다.

메서드를 호출할 값

메서드를 호출할 값

리시버 매개변수로 전달한 리시버

```
Hi from a MyType value
Hi from another value
```

출력된 리시버의 값을 확인해 보세요.

Go에서는 리시버 매개변수의 이름에 아무 이름이나 사용할 수 있지만 가독성을 위해 하나의 타입에서 정의하는 모든 메서드에서는 동일한 리시버 이름을 사용하는 게 좋습니다.

Go 개발자는 보통 리시버의 이름으로 리시버 타입의 첫 번째 문자를 소문자로 사용하는 컨벤션을 따릅니다(위에서 MyType 리시버 매개변수의 이름에 m을 사용한 이유이기도 합니다).

Go는 다른 언어에서의 "self"나 "this" 대신 리시버 매개변수를 사용합니다.

바보 같은 질문은 없습니다!

Q: 아무 타입에서나 메서드를 정의할 수 있나요?

A: 메서드는 메서드를 정의하고 있는 패키지와 동일한 패키지에 정의된 타입에 대해서만 정의할 수 있습니다. 즉, 여러분의 hacking 패키지에서는 다른 사람이 만든 security 패키지에 있는 타입의 메서드를 정의할 수 없으며 int나 string과 같은 내장 타입도 마찬가지로 메서드를 정의할 수 없습니다.

Q: 하지만 다른 타입의 메서드와 제가 만든 메서드를 함께 사용할 수 있어야 하는데요!

A: 먼저 매개변수로 모든 타입을 사용할 수 있는 함수를 사용하는 것을 고려해 볼 수 있습니다. 하지만 직접 만든 메서드와 다른 패키지에 정의된 타입의 메서드를 반드시 함께 사용해야 한다면, 다른 패키지의 타입을 익명 필드로 갖는 구조체 타입을 만들어 사용할 수 있습니다. 이 방법은 다음 장에서 다뤄 보겠습니다.

Q: 메서드에서 메서드 리시버를 사용하는 다른 언어에서는 self나 this와 같은 특별한 변수를 사용하는 걸 봤는데, Go에 이런 역할의 변수는 없나요?

A: Go는 self나 this 대신 리시버 매개변수를 사용합니다. 가장 큰 차이점은 self나 this는 *암묵적*으로 설정되는 반면 리시버 매개변수는 *명시적*으로 선언한다는 점입니다. 이외에도, 리시버 매개변수는 this나 self와 동일한 역할을 수행하기 때문에 Go에서는 self나 this를 키워드로 예약해 둘 필요가 없습니다(따라서, 리시버 매개변수의 이름에 this를 사용할 수도 있지만 리시버 매개변수 컨벤션에 맞지 않기 때문에 사용하지 않는 걸 권장합니다).

함수와 아주 유사한 메서드

메서드는 리시버 위에서 호출한다는 점만 제외하면 함수와 아주 유사합니다.

다른 함수와 마찬가지로 메서드에도 추가 매개변수를 정의할 수 있습니다. 메서드 블록에서는 리시버 매개변수와 함께 추가로 정의한 매개변수에 접근할 수 있습니다. 메서드를 호출할 때에는 각 매개변수로 인자를 전달해야 합니다.

```
func (m MyType) MethodWithParameters(number int, flag bool) {
        fmt.Println(m)
        fmt.Println(number)
        fmt.Println(flag)
}

func main() {
        value := MyType("MyType value")
        value.MethodWithParameters(4, true)
}
```

리시버 매개변수 / 매개변수 / 매개변수 / 리시버 / 인자 / 인자

```
MyType value
4
true
```

다른 함수들과 마찬가지로 하나 이상의 반환 값을 선언할 수도 있습니다.

```
func (m MyType) WithReturn() int {
        return len(m)
}

func main() {
        value := MyType("MyType value")
        fmt.Println(value.WithReturn())
}
```

반환 값 / 리시버에 저장된 문자열의 길이를 반환합니다. / 메서드의 반환 값을 출력합니다.

```
12
```

또한 마찬가지로 이름이 대문자로 시작하면 패키지 외부로 노출되고 소문자로 시작하는 경우에는 노출되지 않기 때문에 메서드를 패키지 외부로 공개하기 위해서는 대문자로 시작하는 메서드명을 사용해야 합니다.

대문자로 시작하는 메서드는 외부로 노출됩니다.

```
func (m MyType) ExportedMethod() {
}
```

소문자로 시작하는 메서드는 노출되지 않습니다.

```
func (m MyType) unexportedMethod() {
}
```

연습문제

다음 빈칸을 채워 Add와 Subtract 메서드를 갖는 Number 타입을 정의해 아래 보이는 값을 출력하도록 만들어 보세요.

```
type Number int

func (__ _______) ___(____________ int) {
	fmt.Println(n, "plus", otherNumber, "is", int(n)+otherNumber)
}

func (__ _______) ________(____________ int) {
	fmt.Println(n, "minus", otherNumber, "is", int(n)-otherNumber)
}

func main() {
	ten := Number(10)
	ten.Add(4)
	ten.Subtract(5)
	four := Number(4)
	four.Add(3)
	four.Subtract(2)
}
```

```
10 plus 4 is 14
10 minus 5 is 5
4 plus 3 is 7
4 minus 2 is 2
```

답은 286 페이지에 있습니다.

포인터 리시버 매개변수

다음 코드에는 왠지 익숙한 문제가 하나 있습니다. int를 기본 타입으로 하는 새로운 Number 타입을 정의한 다음 리시버의 값을 두 배로 만들어 주는 Double 메서드를 호출해 봤지만 실행 결과를 보면 메서드 리시버의 값이 변경되지 않았음을 볼 수 있습니다.

```
package main

import "fmt"            "int"를 기본 타입으로 하는
                        타입을 정의합니다.
type Number int <

func (n Number) Double() { <   Number 타입 위에 메서드를 정의합니다.
        n *= 2 <-- 리시버 값을 두 배로 만듭니다.
}

func main() {
        number := Number(4) <   타입의 값을 생성합니다.
        fmt.Println("Original value of number:", number)
        number.Double() <-- Number 값을 두 배로 만듭니다.
        fmt.Println("number after calling Double:", number)
}
```

```
Original value of number: 4
number after calling Double: 4
```

← Number 값이 변경되지 않았습니다!

우리는 3장에서 double 함수를 사용할 때에도 비슷한 문제를 겪은 적이 있습니다. 그 당시 함수의 매개변수는 전달된 인자의 원래 값이 아닌 복사본을 받는다고 배웠습니다. 즉, 함수 내에서 아무리 값을 변경하더라도 원래 값에는 반영되지 않았습니다. 따라서 함수의 인자로 변경할 값이 아닌 변경할 값의 포인터를 전달함으로써 포인터의 값을 변경할 수 있도록 만들었습니다.

```
func main() {
        amount := 6
        double(&amount) <   값 대신 포인터를 전달합니다.
        fmt.Println(amount)
}
                    정수 타입 대신 정수 포인터 타입의
                    값을 받습니다.
func double(number *int) {
        *number *= 2
}
        포인터 주소에 있는
        값을 변경합니다.
```

```
12
```

← 두 배가 된 값을 출력합니다.

포인터 리시버 매개변수 (계속)

이전에 언급한 바와 같이 리시버 매개변수는 일반 매개변수와 다를 게 없으며, 따라서 다른 매개변수와 마찬가지로 리시버 매개변수도 리시버 값의 복사본을 받기 때문에 메서드 내에서 리시버의 값을 변경하면 원래 값이 아닌 리시버 *복사본*의 값이 변경됩니다.

3장의 double 함수와 마찬가지로 이 문제는 Double 메서드의 리시버 매개변수에 포인터를 사용하여 해결할 수 있습니다. 다른 매개변수와 같은 방식으로 리시버 타입 앞에 *를 붙여 포인터 타입을 나타낼 수 있습니다. 그다음 포인터의 값을 변경할 수 있도록 메서드 블록 코드도 수정해 줍니다. 수정사항을 모두 반영한 다음 Number 값에서 Double 함수를 호출해 보면 Number 값이 변경됨을 볼 수 있습니다.

```
// 패키지절, 임포트문, 타입 선언은 생략했습니다.

func (n *Number) Double() {
	*n *= 2
}

func main() {
	number := Number(4)
	fmt.Println("Original value of number:", number)
	number.Double()
	fmt.Println("number after calling Double:", number)
}
```

리시버 매개변수를 포인터 타입으로 변경합니다.

포인터의 값을 변경합니다.

메서드 호출 코드는 수정할 필요 없습니다.

```
Original value of number: 4
number after calling Double: 8
```

포인터의 값이 변경되었습니다.

여기서 주목할 점은 메서드 호출 코드는 전혀 변경할 필요가 없다는 것입니다. 포인터가 아닌 값에서 포인터 리시버 메서드를 호출하는 경우 Go는 자동으로 리시버를 포인터로 변환해 줍니다. 이는 포인터 변수에도 동일하며 포인터에서 값 리시버 메서드를 호출하는 경우 Go는 자동으로 포인터에서 값을 가져온 뒤 메서드를 호출합니다.

오른쪽에 보이는 코드에서 위 동작을 확인할 수 있습니다. method라는 메서드는 값 리시버를 받도록 정의되어 있지만 Go가 자동 변환을 수행해 주는 덕분에 값과 포인터 모두에서 호출할 수 있습니다. 포인터 리시버를 받는 pointerMethod도 마찬가지 이유로 값과 포인터 모두에서 호출할 수 있습니다.

그나저나 오른쪽의 코드는 컨벤션을 어기고 있습니다. 코드의 일관성을 위해 특정 타입의 메서드를 정의할 때 가급적이면 값 리시버와 포인터 리시버의 혼용은 피하고 두 타입 중 하나만 사용하는 게 좋습니다. 이 코드는 데모 목적으로만 두 타입을 혼용했습니다.

```
// 패키지절, 임포트문은 생략했습니다.
type MyType string

func (m MyType) method() {
	fmt.Println("Method with value receiver")
}
func (m *MyType) pointerMethod() {
	fmt.Println("Method with pointer receiver")
}

func main() {
	value := MyType("a value")
	pointer := &value
	value.method()
	value.pointerMethod()
	pointer.method()
	pointer.pointerMethod()
}
```

값은 자동으로 포인터로 변환됩니다.

자동으로 포인터의 값을 가져옵니다.

```
Method with value receiver
Method with pointer receiver
Method with value receiver
Method with pointer receiver
```

포인터 리시버 메서드를 호출하려면 값에서 포인터를 가져올 수 있어야 합니다!

포인터는 변수에 저장된 값에서만 가져올 수 있습니다. 변수에 저장되지 않은 값의 포인터 주소를 가져오려고 하면 에러가 발생합니다.

```
&MyType("a value")
```

에러 발생 →

```
cannot take the address
of MyType("a value")
```

포인터 리시버 메서드를 호출할 때에도 동일한 제약이 적용됩니다. Go는 리시버 값이 변수에 저장된 경우에만 자동으로 값을 포인터로 변환해 줍니다. 변수가 아닌 값 자체에서 포인터 리시버 메서드를 호출하게 되면 포인터를 가져오지 못해 위와 유사한 에러가 발생합니다.

```
MyType("a value").pointerMethod()
```

에러 발생 →

```
cannot call pointer method
on MyType("a value")
cannot take the address
of MyType("a value")
```

포인터를 가져오려면 값을 변수로 저장해야 합니다.

```
value := MyType("a value")
value.pointerMethod()
```

Go는 이 값을 포인터로 변환합니다.

부수면서 배우기!

여기에 두 개의 메서드를 가진 Number 타입이 있습니다. 코드의 여러 부분을 변형하고 컴파일해 보면서 어떤 일들이 벌어지는지 확인해 보세요!

```
package main

import "fmt"

type Number int

func (n *Number) Display() {
	fmt.Println(*n)
}
func (n *Number) Double() {
	*n *= 2
}

func main() {
	number := Number(4)
	number.Double()
	number.Display()
}
```

이렇게 변형하면...	이런 이유로 실패합니다

리시버 매개변수를 현재 패키지에서 정의되지 않은 타입으로 변경
func (n *~~Number~~int) Double() {
    *n *= 2
}
	메서드는 현재 패키지에서 정의된 타입에 대해서만 새로 정의할 수 있습니다. int와 같이 전역으로 정의된 타입의 메서드를 정의하려고 하면 컴파일 에러가 발생합니다.

Double의 리시버 매개변수를 포인터가 아닌 값 타입으로 변경
func (n *Number) Double() {
    *n *= 2
}
	리시버 매개변수는 값의 복사본을 받기 때문에 Double 함수는 복사본의 값만 변경하게 되고 원래 값은 변경되지 않습니다.

변수에 저장되지 않은 값에서 포인터 리시버 메서드 호출하기 Number(4).Double()	포인터 리시버 메서드를 호출할 때 Go는 변수에 저장되어 있는 값만 포인터로 변환할 수 있으며, 그렇지 않은 경우 에러가 발생합니다.

Display의 리시버 매개변수를 포인터가 아닌 값 타입으로 변경
func (n *Number) Display() {
    fmt.Println(*n)
}
	변경된 코드는 여전히 잘 동작하겠지만 컨벤션에는 어긋납니다. 리시버 매개변수에는 포인터와 값 모두 사용할 수 있지만 되도록이면 혼용하지 않는 게 가장 좋습니다.

메서드를 사용해 Liters와 Milliliters 값 변환하기

Milliliters 타입을 추가했을 때 Liters와 Milliliters 두 타입 모두에 대해 같은 이름의 ToGallons 함수를 선언할 수 없어 다음과 같이 긴 이름을 사용했습니다.

```
func LitersToGallons(l Liters) Gallons {
        return Gallons(l * 0.264)
}
func MillilitersToGallons(m Milliliters) Gallons {
        return Gallons(m * 0.000264)
}
```

하지만 함수와 달리 메서드는 서로 다른 타입에서 정의하는 경우에 한해서는 같은 이름을 사용할 수 있습니다.

그럼 이제 Liters 타입 위에 ToGallons 메서드를 정의해 봅시다. 코드는 LitersToGallons 함수와 거의 동일하지만 Liters 값을 일반 매개변수가 아닌 리시버 매개변수로 받는다는 점이 다릅니다. 그다음 MillilitersToGallons 함수도 Milliliters 타입의 ToGallons 메서드로 변환해 줍니다.

리시버 매개변수로 포인터가 아닌 값을 받고 있음을 볼 수 있는데, 이 메서드에서는 리시버의 값을 변경하지도 않을 뿐더러 값의 크기도 작기 때문에 값의 복사본을 사용해도 무방합니다.

```
package main

import "fmt"

type Liters float64
type Milliliters float64
type Gallons float64

func (l Liters) ToGallons() Gallons {
        return Gallons(l * 0.264)
}
func (m Milliliters) ToGallons() Gallons {
        return Gallons(m * 0.000264)
}

func main() {
        soda := Liters(2)
        fmt.Printf("%0.3f liters equals %0.3f gallons\n", soda, soda.ToGallons())
        water := Milliliters(500)
        fmt.Printf("%0.3f milliliters equals %0.3f gallons\n", water, water.ToGallons())
}
```

Liters의 메서드

개별 타입에 정의하는 경우에는 같은 이름을 사용할 수 있습니다.

메서드 블록은 이전 함수의 블록과 동일합니다.

Milliliters의 메서드

개별 타입에 정의하는 경우에는 같은 이름을 사용할 수 있습니다.

메서드 블록은 이전 함수의 블록과 동일합니다.

Liters 타입의 값을 생성합니다.

Liters 값을 Gallons 값으로 변환합니다.

Milliliters 타입의 값을 생성합니다.

```
2.000 liters equals 0.528 gallons
500.000 milliliters equals 0.132 gallons
```

Milliliters 값을 Gallons 값으로 변환합니다.

main 함수에서는 Liters 값을 생성한 뒤 ToGallons 메서드를 호출합니다. 리시버가 Liters 타입이므로 Liters 타입 위에 정의된 ToGallons 메서드가 호출되며, 마찬가지로 Milliliters 값 위에서 ToGallons를 호출하면 Milliliters 타입 위에 정의된 ToGallons 메서드가 호출됩니다.

메서드를 사용해 Gallons 값 변환하기

GallonsToLiters와 GallonsToMilliliters 함수를 메서드로 변환하는 것도 비슷한 과정입니다. Gallons 매개변수를 리시버 매개변수로 바꿔 주기만 하면 됩니다.

```
func (g Gallons) ToLiters() Liters {      ← Gallons 타입 위에 ToLiters 메서드를 정의합니다.
	return Liters(g * 3.785)
}
func (g Gallons) ToMilliliters() Milliliters {      ← Gallons 타입 위에 ToMilliliters 메서드를 정의합니다.
	return Milliliters(g * 3785.41)
}

func main() {
	milk := Gallons(2)      ← Gallons 타입의 값을 생성합니다.
	fmt.Printf("%0.3f gallons equals %0.3f liters\n", milk, milk.ToLiters())      ← Liters 값으로 변환합니다.
	fmt.Printf("%0.3f gallons equals %0.3f milliliters\n", milk, milk.ToMilliliters())      ← Milliliters 값으로 변환합니다.
}
```

```
2.000 gallons equals 7.570 liters
2.000 gallons equals 7570.820 milliliters
```

연습문제

여러분은 다음 코드에서 Liters 타입에는 ToMilliliters 메서드를, Milliliters 타입에는 ToLiters 메서드를 추가해야 합니다. 빈칸을 채워 main 함수의 코드가 아래 보이는 값을 출력하도록 만들어 보세요.

```
type Liters float64
type Milliliters float64
type Gallons float64

func ____________ ToMilliliters() ____________ {
	return Milliliters(l * 1000)
}
func ________________ ToLiters() ______ {
	return Liters(m / 1000)
}

func main() {
	l := ______(3)
	fmt.Printf("%0.1f liters is %0.1f milliliters\n", l, l.____________())
	ml := __________(500)
	fmt.Printf("%0.1f milliliters is %0.1f liters\n", ml, ml.__________())
}
```

```
3.0 liters is 3000.0 milliliters
500.0 milliliters is 0.5 liters
```

답은 287 페이지에 있습니다.

Go 도구 상자

9장이 끝났습니다!
도구 상자에 메서드 정의를 담았습니다.

사용자 정의 타입

사용자 정의 타입은 값이 저장되는 방식을 결정하는 기본 타입을 기반으로 합니다.
사용자 정의 타입의 기본 타입으로는 모든 타입을 사용할 수 있으며 그중 구조체 타입을 가장 많이 사용합니다.

메서드 정의

메서드 정의는 리시버 매개변수를 정의한다는 것만 제외하면 함수 정의와 매우 유사합니다.
메서드는 리시버 매개변수의 타입과 연관된 함수이기 때문에 어떤 타입에서 선언된 메서드는 해당 타입으로 선언된 모든 값에서 호출할 수 있습니다.

중요 항목

- 타입을 정의하고 나면 동일한 기본 타입을 가진 값을 해당 타입으로 변환할 수 있습니다.
  ```
  Gallons(10.0)
  ```
- 변수의 타입이 정해지면 다른 타입의 값은 할당할 수 없으며 설사 기본 타입이 같은 경우라도 불가능합니다.
- 사용자 정의 타입은 기본 타입에서 사용할 수 있는 모든 연산자를 사용할 수 있습니다. 가령, int를 기반으로 하는 타입은 +, -, *, /, 〉, 〈 연산자를 모두 사용할 수 있습니다.
- 사용자 정의 타입은 기본 타입의 리터럴 값과 함께 연산할 수 있습니다.
  ```
  Gallons(10.0) + 2.3
  ```
- 메서드 정의 시에는 메서드명 앞에 리시버 매개변수를 괄호로 감싸 지정해 줘야 합니다.
  ```
  func (m MyType) MyMethod() {
  }
  ```
- 리시버 매개변수는 메서드 블록에서 다른 매개변수처럼 사용할 수 있습니다.
  ```
  func (m MyType) MyMethod() {
      fmt.Println("called on", m)
  }
  ```
- 메서드에는 함수와 마찬가지로 추가 매개변수와 반환값을 정의할 수 있습니다.
- 한 패키지에서는 매개변수가 다르더라도 같은 이름의 함수를 두 번 이상 정의할 수는 없습니다. 하지만 메서드의 경우 서로 다른 타입에서 선언하는 경우에 한해서는 같은 이름을 사용할 수 있습니다.
- 메서드는 같은 패키지에 정의된 타입에 대해서만 정의할 수 있습니다.
- 다른 매개변수와 마찬가지로 리시버 매개변수도 값의 복사본을 받기 때문에 리시버를 변경해야 하는 경우에는 포인터 타입의 리시버 매개변수를 사용해야 합니다.

수영장 퍼즐 정답

```
package main

import "fmt"

type Population int

func main() {
	var population Population
	population = Population(572)
	fmt.Println("Sleepy Creek County population:", population)
	fmt.Println("Congratulations, Kevin and Anna! It's a girl!")
	population += 1
	fmt.Println("Sleepy Creek County population:", population)
}
```

"int"를 기본 타입으로 하는 Population 타입을 정의합니다.

정수를 Population 값으로 변환합니다.

기본 타입이 += 연산자를 지원하므로 Population에서도 사용할 수 있습니다.

출력값

```
Sleepy Creek County population: 572
Congratulations, Kevin and Anna! It's a girl!
Sleepy Creek County population: 573
```

연습문제 정답

다음 빈칸을 채워 Add와 Subtract 메서드를 갖는 Number 타입을 정의해 아래 보이는 값을 출력하도록 만들어 보세요.

```
type Number int

func (n Number) Add(otherNumber int) {
	fmt.Println(n, "plus", otherNumber, "is", int(n)+otherNumber)
}

func (n Number) Subtract(otherNumber int) {
	fmt.Println(n, "minus", otherNumber, "is", int(n)-otherNumber)
}

func main() {
	ten := Number(10)
	ten.Add(4)
	ten.Subtract(5)
	four := Number(4)
	four.Add(3)
	four.Subtract(2)
}
```

리시버 매개변수

메서드는 Number 타입 위에 정의됩니다.

Number 타입과 int 타입은 서로 더할 수 없기 때문에 타입 변환이 필요합니다.

리시버를 출력합니다.

일반 매개변수를 출력합니다.

리시버 매개변수

메서드는 Number 타입 위에 정의됩니다.

타입 변환이 필요합니다.

리시버를 출력합니다.

일반 매개변수를 출력합니다.

정수를 Number 타입으로 변환합니다.

Number 타입의 메서드를 호출합니다.

정수를 Number 타입으로 변환합니다.

Number 타입의 메서드를 호출합니다.

```
10 plus 4 is 14
10 minus 5 is 5
4 plus 3 is 7
4 minus 2 is 2
```

연습문제 정답

여러분은 다음 코드에서 Liters 타입에는 ToMilliliters 메서드를, Milliliters 타입에는 ToLiters 메서드를 추가해야 합니다. 빈칸을 채워 main 함수의 코드가 아래 보이는 값을 출력하도록 만들어 보세요.

```
type Liters float64
type Milliliters float64
type Gallons float64

func (l Liters) ToMilliliters() Milliliters {
	return Milliliters(l * 1000)
}
func (m Milliliters) ToLiters() Liters {
	return Liters(m / 1000)
}

func main() {
	l := Liters(3)
	fmt.Printf("%0.1f liters is %0.1f milliliters\n", l, l.ToMilliliters())
	ml := Milliliters(500)
	fmt.Printf("%0.1f milliliters is %0.1f liters\n", ml, ml.ToLiters())
}
```

← 리시버 값에 1,000을 곱한 뒤 결괏값의 타입을 Milliliters로 변환합니다.

← 리시버 값을 1,000으로 나눈 뒤 결괏값의 타입을 Liters로 변환합니다.

```
3.0 liters is 3000.0 milliliters
500.0 milliliters is 0.5 liters
```

10 당신만 알고 계세요

캡슐화와 임베딩

그 친구가 만든 Paragraph 타입은 데이터를 string 필드에 저장한다고 들었어! 그리고 멋진 Replace 메서드도 있다더라? 이 메서드는 임베딩하고 있는 strings.Replacer 타입에서 승격된 메서드인데 Paragraph 타입을 사용하는 너도 이 사실은 몰랐을걸?!

실수는 언제나 발생합니다. 여러분이 만든 프로그램이 사용자의 입력 혹은 어떤 파일로부터 잘못된 데이터를 읽어 오는 경우가 발생할 수도 있습니다. 이 장에서는 잘못된 데이터로부터 구조체 타입의 필드를 보호하기 위한 **캡슐화**(encapsulation)를 배워 보겠습니다. 캡슐화를 사용하면 데이터 필드를 좀 더 안전하게 다룰 수 있습니다!
그리고 또한 구조체 타입에 다른 타입을 **임베드**(embed)할 수 있는 방법도 다룰 예정입니다. 여러분이 만든 타입에 필요한 메서드가 이미 다른 타입에 정의되어 있는 경우 메서드 코드를 복사 붙여 넣기할 필요 없이 해당 타입을 임베딩하면 임베딩된 메서드를 마치 직접 정의한 것처럼 사용할 수 있습니다!

Date 구조체 타입 만들기

Remind Me라는 어느 한 현지 스타트업은 생일, 기념일 등을 기록할 수 있는 캘린더 애플리케이션을 개발하고 있습니다.

일정마다 제목과 연, 월, 일을 지정할 수 있어야 합니다. 도와줄 수 있으신가요?

연, 월, 일은 그 자체로 단독 사용하기에는 의미가 없기 때문에 하나로 묶어야 합니다. 서로 다른 값들을 하나로 묶는 데에는 구조체 타입이 제격입니다.

이전에도 언급했듯이 사용자 정의 타입은 모든 타입을 기본 타입으로 사용할 수 있으며 구조체도 예외는 아닙니다. 실제로 8장에서는 이미 사용자 정의 타입의 기본 타입으로 구조체 타입을 사용해 본 적이 있습니다.

그럼 이제 연, 월, 일을 나타내는 필드를 가진 Date 구조체 타입을 만들어 봅시다. 구조체에는 각각 int 타입으로 선언된 Year, Month, Day라는 필드를 추가합니다. 그다음 main 함수에서는 새로 만든 타입의 테스트를 위해 구조체 리터럴을 사용해 모든 필드가 채워진 Date 값을 만든 다음 Println로 값을 출력해 보겠습니다.

```
package main

import "fmt"

type Date struct {
	Year  int
	Month int
	Day   int
}

func main() {
	date := Date{Year: 2019, Month: 5, Day: 27}
	fmt.Println(date)
}
```

새로운 구조체 타입을 정의합니다.

구조체 필드를 정의합니다.

구조체 리터럴을 사용해 Date 값을 생성합니다.

```
{2019 5 27}
```

완성된 프로그램을 실행해 보면 Date 구조체의 Year, Month, Day 필드 값들이 출력됩니다. 문제없이 잘 동작하는 것 같습니다!

사용자가 Date 구조체 필드에 잘못된 값을 넣고 있어요!

Date 구조체 타입은 잘 동작하는 것 같은데 … 사용자가 "{2019 14 50}" 이나 "{0 0 -2}" 같은 이상한 날짜 값들을 입력하고 있어요!

왜 이런 일이 벌어졌는지 알 것 같습니다. 연도는 1 이상의 값만 유효하지만 지금은 Year 필드가 0이나 -999로 설정된다 해도 따로 막을 방법이 없습니다. 월 또한 1부터 12까지의 값만 유효하지만 0이나 13으로 설정된다 해도 막을 방법이 없으며 1부터 31까지만 유효한 일도 마찬가지로 -2나 50으로 설정된다 한들 막을 방법이 없습니다.

```
date := Date{Year: 2019, Month: 14,  Day:  50}
fmt.Println(date)
date = Date{Year: 0,  Month: 0,   Day:  -2}
fmt.Println(date)
date = Date{Year: -999,  Month: -1,   Day: 0}
fmt.Println(date)
```

잘못된 값! (Month: 14) 잘못된 값! (Day: 50)
잘못된 값! (Year: 0) 잘못된 값! (Month: 0) 잘못된 값! (Day: -2)
잘못된 값! (Year: -999) 잘못된 값! (Month: -1) 잘못된 값! (Day: 0)

```
{2019 14 50}
{0 0 -2}
{-999 -1 0}
```

이제 우리에게 필요한 건 사용자가 입력한 값을 저장하기 전에 먼저 유효성을 확인하는 일입니다. 컴퓨터 과학에서는 이를 가리켜 *데이터 유효성 검증 (data validation)*이라고 합니다. Year 필드는 1보다 큰지, Month 필드는 1과 12 사이의 값인지, Day 필드는 1과 31 사이의 값인지 검사해야 할 필요가 있습니다.

물론, 31일보다 적은 일 수를 가진 달도 있지만 예제 코드의 단순함을 유지하기 위해 1과 31 사이의 값만 검사하겠습니다.

설정자 메서드

구조체 타입은 또 다른 사용자 정의 타입으로 다른 사용자 정의 타입과 마찬가지로 메서드를 정의할 수 있습니다. 그럼 이제 Date 타입의 각 필드에 적절한 값을 설정하기 위해 값을 검증하기 위한 SetYear, SetMonth, SetDay 메서드를 추가해 보겠습니다.

이런 류의 메서드를 **설정자 메서드(setter method)**라고 부릅니다. 컨벤션에 따라 Go에서는 보통 SetX 형태로 설정자 메서드를 정의합니다.

설정자 메서드는 사용자 정의 타입 값의 필드 또는 기타 값을 설정할 때 사용하는 메서드입니다.

먼저 SetYear 메서드부터 정의해 보겠습니다. 리시버 매개변수는 Date 구조체 타입으로 지정합니다. SetYear는 매개변수로 연도 값을 받아 Date 구조체의 Year 필드에 할당합니다. 아직은 아무런 검증 코드도 없지만 이는 좀 더 나중에 추가하겠습니다.

main 함수에서는 Date 값을 생성하여 SetYear 메서드를 호출한 뒤 설정된 Year 필드 값을 출력합니다.

```
package main

import "fmt"

type Date struct {
	Year  int
	Month int
	Day   int
}

func (d Date) SetYear(year int) {
	d.Year = year
}

func main() {
	date := Date{}
	date.SetYear(2019)
	fmt.Println(date.Year)
}
```

필드에 할당할 값을 받습니다. (year)

구조체 필드에 값을 할당합니다. (d.Year = year)

타입의 값을 생성합니다. (date := Date{})

메서드를 통해 Year 필드 값을 설정합니다. (date.SetYear(2019))

Year 필드 값을 출력합니다. (fmt.Println(date.Year))

```
0
```

Year 값이 여전히 제로 값으로 설정되어 있습니다!

그러나 프로그램을 실행해 보면 제대로 동작하지 않음을 볼 수 있습니다. Date 타입의 값을 만들고 SetYear 메서드로 값을 설정했음에도 Year 필드는 여전히 제로 값으로 남아 있습니다.

설정자 메서드에서는 포인터 리시버를 사용해야 합니다

이전 장에서 본 Number 타입의 Double 메서드 기억하시나요? 처음에는 리시버 타입으로 포인터가 아닌 Number 타입의 값을 사용했습니다. 하지만 리시버 매개변수도 일반 매개변수와 마찬가지로 원래 값의 복사본을 사용하기 때문에 Double 메서드 또한 원래 값이 아닌 복사본의 값을 변경하는 문제가 있었습니다.

```
func (n *Number) Double() {
        *n *= 2
}
```

리시버 매개변수를 포인터 타입으로 변경합니다.

포인터의 값을 변경합니다.

복사본 문제를 해결하기 위해 Double 메서드의 리시버 타입을 포인터 리시버인 *Number로 변경했고 변경한 뒤로는 정상적으로 동작했습니다.

SetYear에도 동일한 문제가 발생하였으며, Date 리시버는 원래 구조체 값의 복사본을 받기 때문에 SetYear에서 변경한 값은 원래 값에 영향을 주지 않습니다.

```
func (d Date) SetYear(year int) {
        d.Year = year
}
```

Date 구조체의 복사본을 받습니다.

원래 값이 아닌 복사본을 업데이트하고 있습니다!

이 문제는 SetYear가 포인터 리시버(d *Date)를 받도록 수정함으로써 해결할 수 있습니다. 리시버 타입만 수정해도 d.Year가 자동으로 포인터에서 값을 가져와 주기 때문에 메서드 블록은 수정할 필요가 없습니다(내부적으로 (*d).Year의 형태로 자동 변환됨). main에서의 메서드 호출 코드 또한 변경할 필요가 없는데 메서드 호출 시 Date 값이 자동으로 *Date 타입으로 변환되기 때문입니다.

```
type Date struct {
        Year  int
        Month int
        Day   int
}

func (d *Date) SetYear(year int) {
        d.Year = year
}

func main() {
        date := Date{}
        date.SetYear(2019)
        fmt.Println(date.Year)
}
```

포인터 리시버로 변경해야 원래 값을 변경할 수 있습니다.

이제 복사본이 아닌 원래 값을 변경합니다.

자동으로 포인터에서 값을 가져옵니다.

자동으로 포인터로 변환됩니다.

```
2019
```

Year 필드가 변경되었습니다.

이제 SetYear는 포인터 리시버를 받기 때문에 프로그램을 다시 실행해 보면 Year 필드가 잘 변경됨을 확인할 수 있습니다.

나머지 설정자 메서드 추가하기

SetMonth와 SetDay 메서드도 같은 방식으로 정의할 수 있습니다. 메서드 정의에서 포인터 리시버를 사용한다는 점만 주의하면 됩니다. Go는 각 메서드를 호출할 때 리시버를 포인터로 변환한 다음 필드를 변경할 때에는 포인터를 다시 값으로 변환합니다.

```
package main

import "fmt"

type Date struct {
	Year  int
	Month int
	Day   int
}

func (d *Date) SetYear(year int) {
	d.Year = year
}
func (d *Date) SetMonth(month int) {
	d.Month = month
}
func (d *Date) SetDay(day int) {
	d.Day = day
}
```

포인터 리시버를 사용하세요!

main 함수에서는 Date 타입의 값을 생성한 뒤, 새로 만든 메서드를 사용해 Year, Month 및 Day 필드를 설정한 다음 구조체 값 전체를 출력합니다.

```
func main() {
	date := Date{}
	date.SetYear(2019)
	date.SetMonth(5)
	date.SetDay(27)
	fmt.Println(date)
}
```

월을 설정합니다.

일을 설정합니다.

모든 필드를 출력합니다.

```
{2019 5 27}
```

이제 Date 타입의 모든 필드에 대한 설정자 메서드를 갖게 되었습니다. 하지만 아직도 여전히 필드에 잘못된 값이 들어갈 수 있는 여지가 남아 있습니다. 그럼 이제 다음으로는 이 문제를 방지하기 위한 방법을 살펴보겠습니다.

```
date := Date{}
date.SetYear(0)
date.SetMonth(14)
date.SetDay(50)
fmt.Println(date)
```

잘못된 값!

잘못된 값!

잘못된 값!

```
{0 14 50}
```

연습문제

다음은 8장에서 본 Coordinates 구조체 타입입니다. 8장에서는 이 구조체 타입의 정의를 *geo* 패키지 디렉터리의 *coordinates.go* 파일로 옮겼습니다.

이제 여러분은 Coordinates 타입의 각 필드에 대한 설정자 메서드를 추가해야 합니다. coordinates.go 파일의 빈칸을 채워 main 함수의 코드가 아래 보이는 값을 출력하도록 만들어 보세요.

coordinates.go

```
package geo

type Coordinates struct {
        Latitude  float64
        Longitude float64
}

func (c ______________) SetLatitude(_________ float64) {
        ______________ = latitude
}

func (c ______________) SetLongitude(_________ float64) {
        ______________ = longitude
}
```

main.go

```
package main

import (
        "fmt"
        "geo"
)

func main() {
        coordinates := geo.Coordinates{}
        coordinates.SetLatitude(37.42)
        coordinates.SetLongitude(-122.08)
        fmt.Println(coordinates)
}
```

출력값

```
{37.42 -122.08}
```

답은 317 페이지에 있습니다.

설정자 메서드에 유효성 검증 추가하기

설정자 메서드에 데이터 유효성 검증 로직을 추가하려면 약간의 작업이 필요한데, 이때 필요한 내용은 3장에서 이미 다 배웠습니다.

각 설정자 메서드에서는 전달받은 값이 유효한 범위 내에 속하는지 확인합니다. 유효 범위 내에 속하지 않는 경우에는 error 값을 반환하고, 유효한 경우에는 Date 구조체 필드에 값을 저장한 뒤 nil 에러를 반환합니다.

먼저 SetYear 메서드에 유효성 검증 코드를 추가하겠습니다. 우선 에러 값을 반환할 수 있도록 메서드 선언부에 error 타입의 반환 값을 추가합니다. 그다음 메서드 블록에서는 전달받은 year 매개변수의 값이 1보다 작은지 검사해 1보다 작을 경우에는 "invalid year"라는 메시지를 가진 에러를 반환합니다. main 함수에서는 SetYear 메서드를 호출한 다음 반환 값을 err 변수에 저장합니다. 만약 err가 nil이 아니라면 전달한 값이 잘못되었음을 의미하므로 에러를 보고한 뒤 프로그램을 종료합니다. 그 외의 경우에는 Date 구조체의 Year 필드를 출력합니다.

```
package main

import (
	"errors"
	"fmt"
	"log"
)

type Date struct {
	Year  int
	Month int
	Day   int
}

func (d *Date) SetYear(year int) error {
	if year < 1 {
		return errors.New("invalid year")
	}
	d.Year = year
	return nil
}
// SetMonth, SetDay 메서드는 생략했습니다.

func main() {
	date := Date{}
	err := date.SetYear(0)
	if err != nil {
		log.Fatal(err)
	}
	fmt.Println(date.Year)
}
```

- "errors": 이 패키지를 사용해 에러 값을 생성할 수 있습니다.
- "log": 이 패키지를 사용해 에러를 보고하고 종료할 수 있습니다.
- error: 에러 반환 값을 추가합니다.
- return errors.New("invalid year"): 값이 유효하지 않으면 에러를 반환합니다.
- d.Year = year: 유효하면 필드에 값을 할당하고
- return nil: "nil" 에러를 반환합니다.
- SetYear(0): 이 값은 유효하지 않습니다!
- err := date.SetYear(0): 모든 에러를 잡아냅니다.
- log.Fatal(err): 값이 유효하지 않으면 에러를 보고하고 프로그램을 종료합니다.

에러 메시지가 출력되었습니다.

```
2018/03/17 19:58:02 invalid year
exit status 1
```

SetYear 메서드에 전달한 값이 유효하지 않으면 프로그램은 에러를 보고한 다음 종료되지만 유효한 경우에는 계속해서 뒤의 출력 코드를 실행합니다. 이제야 SetYear 메서드가 잘 동작하는 것 같습니다!

```
date := Date{}
err := date.SetYear(2019)
if err != nil {
	log.Fatal(err)
}
fmt.Println(date.Year)
```

- 2019: 유효한 값

```
2019
```

필드 값이 출력되었습니다.

설정자 메서드에 유효성 검증 추가하기 (계속)

SetMonth와 SetDay 메서드에서의 유효성 검증 코드 또한 SetYear의 코드와 유사합니다.

SetMonth에서는 전달받은 month 매개변수의 값이 1보다 작거나 12보다 큰지 검사해 해당될 경우 에러를 반환합니다. 그 외의 경우에는 필드에 값을 저장한 뒤 nil 에러를 반환합니다.

SetDay에서는 전달받은 day 매개변수의 값이 1보다 작거나 31보다 큰지 검사해 해당될 경우 에러를 반환하고, 그 외의 유효한 범위 내에 속할 경우에는 필드에 값을 저장한 뒤 nil 에러를 반환합니다.

```
// 패키지절, 임포트문, 타입 선언은 생략했습니다.
func (d *Date) SetYear(year int) error {
	if year < 1 {
		return errors.New("invalid year")
	}
	d.Year = year
	return nil
}
func (d *Date) SetMonth(month int) error {
	if month < 1 || month > 12 {
		return errors.New("invalid month")
	}
	d.Month = month
	return nil
}
func (d *Date) SetDay(day int) error {
	if day < 1 || day > 31 {
		return errors.New("invalid day")
	}
	d.Day = day
	return nil
}
```

main 함수에서 다음 코드 스니펫을 사용해 설정자 메서드를 테스트해 볼 수 있습니다.

```
func main() {
	// 여기서 아래 코드 스니펫을 테스트해 보세요.
}
```

SetMonth에 14를 전달하면 에러를 반환합니다.

```
date := Date{}
err := date.SetMonth(14)
if err != nil {
	log.Fatal(err)
}
fmt.Println(date.Month)
```

```
2018/03/17 20:17:42
invalid month
exit status 1
```

SetMonth에 5를 전달하면 정상적으로 동작합니다.

```
date := Date{}
err := date.SetMonth(5)
if err != nil {
	log.Fatal(err)
}
fmt.Println(date.Month)
```

```
5
```

SetDay에 50을 전달하면 에러를 반환합니다.

```
date :- Date{}
err := date.SetDay(50)
if err != nil {
	log.Fatal(err)
}
fmt.Println(date.Day)
```

```
2018/03/17 20:30:54
invalid day
exit status 1
```

SetDay에 27을 전달하면 정상적으로 동작합니다.

```
date := Date{}
err := date.SetDay(27)
if err != nil {
	log.Fatal(err)
}
fmt.Println(date.Day)
```

```
27
```

필드에 잘못된 값이 들어갈 여지가 여전히 남아 있습니다!

사용자가 설정자 메서드를 사용하는 경우에는 유효성을 검증할 수 있지만, 구조체 필드에 값을 직접 설정하는 사용자 때문에 여전히 잘못된 값이 들어오는 경우가 있습니다!

맞습니다. 현재는 Date 구조체의 필드를 직접 설정하는 행위를 막을 방법이 없습니다. 또한, 필드를 직접 설정하는 경우 설정자 메서드의 유효성 검증을 우회하게 되어 어떤 값이라도 저장할 수 있습니다.

```
date := Date{}
date.Year = 2019
date.Month = 14
date.Day = 50
fmt.Println(date)
```

```
{2019 14 50}
```

따라서 Date 타입을 사용하는 사용자가 설정자 메서드를 통해서만 필드를 설정할 수 있도록 필드를 보호하는 방법이 필요합니다.

방법은 간단한데, 바로 Date 타입을 별도 패키지로 분리한 다음 필드를 모두 노출시키지 않는 것입니다.

여태까지 마주한 노출되지 않은 변수 및 함수 등은 대부분 접근을 가로막는 장애물 같은 존재였습니다. 또한, 8장에서 가장 최근에 본 예제에서는 Subscriber 구조체 타입이 magazine 패키지 외부로 노출되었음에도 필드가 외부로 노출되지 않아 magazine 패키지 외부에서는 필드에 접근할 수 없었습니다.

이제 main 패키지에서 Subscriber 타입에 접근할 수 있게 되었습니다. 하지만 이번에는 노출되지 않은 *rate* 필드를 참조할 수 없다는 에러가 발생했습니다.

```
Shell Edit View Window Help
$ go run main.go
./main.go:10:13: s.rate undefined
(cannot refer to unexported field or method rate)
./main.go:11:25: s.rate undefined
(cannot refer to unexported field or method rate)
```

구조체는 패키지 외부로 노출되었지만 필드의 이름은 소문자로 시작하기 때문에 외부로 노출*되지 않습니다*. 그럼 이제 필드명을 Rate로 수정해 봅시다(*magazine.go*와 *main.go* 두 곳 모두에서).

하지만 이번 경우에는 실제로 필드로의 접근을 막는 게 목적이며, 이때 필요한 게 바로 노출되지 않은 구조체 필드입니다!

그럼 이제 Date 타입을 별도의 패키지로 옮긴 다음 필드의 노출을 막아 위의 문제를 해결해 봅시다.

Date 타입 별도 패키지로 옮기기

Go 작업 공간 내의 *headfirstgo* 디렉터리에 calendar 패키지를 저장할 디렉터리를 생성한 다음, calendar 디렉터리에는 *date.go*라는 파일을 생성합니다(패키지 디렉터리에서는 파일에 아무 이름이나 사용할 수 있습니다).

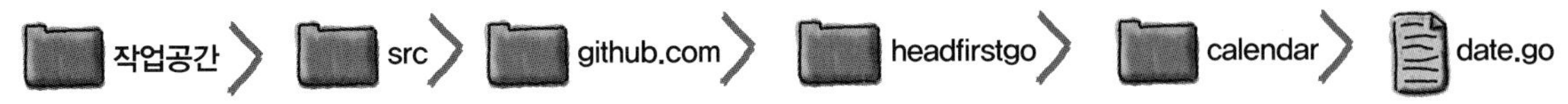

*date.go*에서는 package calendar 선언문을 추가한 뒤 "errors" 패키지를 가져옵니다(이 파일에서 사용할 유일한 패키지입니다). 그다음 Date 타입과 관련한 모든 코드를 복사해와 이 파일에 저장합니다.

```
package calendar   ← 이 파일은 "calendar" 패키지에 속합니다.

import "errors"   ← 이 파일에서는 "errors" 패키지의 함수만 사용합니다.

type Date struct {
        Year  int
        Month int
        Day   int
}
```

Date 타입과 관련한 모든 코드를 복사해와 이 파일에 저장합니다.

```
func (d *Date) SetYear(year int) error {
        if year < 1 {
                return errors.New("invalid year")
        }
        d.Year = year
        return nil
}
func (d *Date) SetMonth(month int) error {
        if month < 1 || month > 12 {
                return errors.New("invalid month")
        }
        d.Month = month
        return nil
}
func (d *Date) SetDay(day int) error {
        if day < 1 || day > 31 {
                return errors.New("invalid day")
        }
        d.Day = day
        return nil
}
```

Date 타입 별도 패키지로 옮기기 (계속)

다음으로 calendar 패키지를 사용하는 프로그램을 만들어 봅시다. 테스트 용도이므로 8장에서와 같이 다른 패키지와의 충돌을 피하기 위해 Go 작업 공간 *밖의* 다른 디렉터리에 생성합니다. 파일 이름은 *main.go*를 사용하겠습니다.

작업 공간 밖의 디렉터리

(이 코드는 나중에 원할 때 Go 작업 공간의 별도로 만든 패키지 디렉터리로 옮길 수 있습니다.)

이때 main.go에 추가한 코드에서는 여전히 필드를 직접 설정하거나 구조체 리터럴을 사용함으로써 유효하지 않은 Date 값을 만들어 낼 수 있습니다.

```
package main  ← 직접 실행할 프로그램이므로 "main" 패키지로 만듭니다.

import (
	"fmt"
	"github.com/headfirstgo/calendar"  ← 새로 만든 calendar 패키지를 가져옵니다.
)
                        ┌ 패키지를 지정해 줘야 합니다.
func main() {
	date := calendar.Date{}  ← 새로운 Date 값을 생성합니다.
	date.Year = 2019   ┐
	date.Month = 14    │ Date 필드를 직접 설정합니다.
	date.Day = 50      ┘
	fmt.Println(date)
	                       구조체 리터럴을 사용해 또 다른 Date 값의 필드 값을 설정합니다.
	date = calendar.Date{Year: 0, Month: 0, Day: -2}  ← 패키지를 지정합니다.
	fmt.Println(date)
}
```

터미널에서 *main.go*를 실행해 보면 두 가지 필드 설정 방법 모두 잘 동작하여 유효하지 않은 두 개의 날짜 값이 출력됨을 볼 수 있습니다.

```
Shell Edit View Window Help
$ cd temp
$ go run main.go
{2019 14 50}
{0 0 -2}
```

유효하지 않은 날짜입니다! (← {2019 14 50}, {0 0 -2})

Date 필드 숨기기

그럼 이제 Date 구조체의 모든 필드가 패키지 외부로 노출되지 않도록 수정해 봅시다. 필드 정의에서 모든 필드명의 첫 문자를 소문자로 변경해 주기만 하면 됩니다.

Date 타입 자체와 설정자 메서드는 calendar 패키지 *외부에서도 사용*해야 하므로 노출된 상태 그대로 둡니다.

date.go

```
package calendar

import "errors"
```

Date 타입은 노출된 상태로 유지해야 합니다!

```
type Date struct {
	year  int
	month int
	day   int
}
```

필드가 노출되지 않도록 이름을 변경해 둡니다.

메서드 매개변수도 그대로 둡니다. / 메서드명도 그대로 둡니다.

```
func (d *Date) SetYear(year int) error {
	if year < 1 {
		return errors.New("invalid year")
	}
	d.year = year
	return nil
}
```

필드명을 바뀐 이름으로 수정해 둡니다.

```
func (d *Date) SetMonth(month int) error {
	if month < 1 || month > 12 {
		return errors.New("invalid month")
	}
	d.month = month
	return nil
}
```

필드명을 바뀐 이름으로 수정해 둡니다.

```
func (d *Date) SetDay(day int) error {
	if day < 1 || day > 31 {
		return errors.New("invalid day")
	}
	d.day = day
	return nil
}
```

필드명을 바뀐 이름으로 수정해 둡니다.

main.go에서 사용 중인 필드명도 date.go에서 변경된 이름에 맞게 수정해 변경사항을 테스트해 봅시다.

main.go

```
// 패키지절과 임포트문은 생략되었습니다.
func main() {
	date := calendar.Date{}
	date.year = 2019
	date.month = 14
	date.day = 50
	fmt.Println(date)

	date = calendar.Date{year: 0, month: 0, day: -2}
	fmt.Println(date)
}
```

필드명을 새로 바꾼 이름에 맞게 수정해 둡니다.

필드명을 새로 바꾼 이름에 맞게 수정해 둡니다.

노출된 메서드를 통해 숨겨진 필드에 접근하기

여러분도 예상했겠지만 Date의 필드는 더 이상 노출되지 않기 때문에 main 패키지에서 필드에 직접 접근하려고 하면 컴파일 에러가 발생합니다. 이는 필드에 값을 직접 설정할 때나 구조체 리터럴을 사용할 때에도 마찬가지입니다.

필드에 직접 접근할 수 없습니다.

```
Shell Edit View Window Help
$ cd temp
$ go run main.go
./main.go:10:6: date.year undefined (cannot refer to unexported field or method year)
./main.go:11:6: date.month undefined (cannot refer to unexported field or method month)
./main.go:12:6: date.day undefined (cannot refer to unexported field or method day)
./main.go:15:27: unknown field 'year' in struct literal of type calendar.Date
./main.go:15:37: unknown field 'month' in struct literal of type calendar.Date
./main.go:15:45: unknown field 'day' in struct literal of type calendar.Date
```

하지만 간접적으로는 접근할 수 있습니다. 노출되지 않은 변수, 구조체 필드, 함수, 메서드 등은 동일한 패키지의 노출된 함수 및 메서드를 통해 접근할 수 있습니다. 따라서 main 패키지 코드의 Date 값에서 노출된 SetYear 메서드를 호출하면 필드는 비록 패키지 외부로 노출되지 않았더라도 SetYear가 Date 구조체의 year 필드를 변경할 수 있습니다. 노출된 SetMonth 메서드도 마찬가지로 노출되지 않은 month 필드를 변경할 수 있습니다.

이제 설정자 메서드를 사용하도록 main.go를 수정해 주면 Date 값의 필드를 변경할 수 있습니다.

main.go

```
package main

import (
	"fmt"
	"github.com/headfirstgo/calendar"
	"log"
)

func main() {
	date := calendar.Date{}
	err := date.SetYear(2019)   ← 설정자 메서드를 사용합니다.
	if err != nil {
		log.Fatal(err)
	}
	err = date.SetMonth(5)   ← 설정자 메서드를 사용합니다.
	if err != nil {
		log.Fatal(err)
	}
	err = date.SetDay(27)   ← 설정자 메서드를 사용합니다.
	if err != nil {
		log.Fatal(err)
	}
	fmt.Println(date)
}
```

노출되지 않은 변수, 구조체 필드, 함수, 메서드 등은 동일한 패키지의 노출된 함수 및 메서드를 통해 접근할 수 있습니다.

설정자 메서드를 통해 필드 값을 변경할 수 있습니다! →

```
Shell Edit View Window Help
$ cd temp
$ go run main.go
{2019 5 27}
```

노출된 메서드를 통해 숨겨진 필드에 접근하기 (계속)

main 함수에서 SetYear에 잘못된 값을 전달하면 다음과 같은 에러가 발생합니다.

main.go

```
func main() {
        date := calendar.Date{}
        err := date.SetYear(0)
        if err != nil {
                log.Fatal(err)
        }
        fmt.Println(date)
}
```

잘못된 값으로 설정자 메서드 호출

값이 유효하지 않다는 에러가 보고됩니다!

```
Shell Edit View Window Help
$ cd temp
$ go run main.go
2018/03/23 19:20:17 invalid year
exit status 1
```

Date 값의 필드는 설정자 메서드를 통해서만 변경할 수 있으므로 실수로 잘못된 값이 입력되지 않도록 프로그램을 보호할 수 있습니다.

이제 잘못된 날짜가 저장될 일은 없겠군요. 하지만 또 다른 문제가 생겼습니다. 필드 값을 설정할 수는 있는데 필드 값을 다시 가져오려면 어떻게 해야 하나요?

그렇습니다. 설정자 메서드를 통해 calendar 패키지의 노출되지 않은 필드를 설정할 수는 있지만 필드 값을 가져오는 메서드는 아직 없습니다.

Date 구조체 값 전체를 출력할 수는 있으나 *main.go*에서 Date의 개별 필드에 접근하려고 하면 접근할 수 없다는 메시지가 출력됩니다.

main.go

```
func main() {
        date := calendar.Date{}
        err := date.SetYear(2019)
        if err != nil {
                log.Fatal(err)
        }
        fmt.Println(date.year)
}
```

유효한 연도 값을 설정합니다.

year 필드를 출력해 보겠습니다.

필드가 노출되지 않았기 때문에 에러가 발생합니다!

```
Shell Edit View Window Help
$ cd temp
$ go run main.go
# command-line-arguments
./main.go:16:18: date.year undefined
(cannot refer to unexported field or method year)
```

접근자 메서드

앞서 살펴본 것처럼 구조체의 필드 또는 변수의 값을 설정하는 것이 주요 목적인 메서드를 설정자 메서드라고 합니다. 마찬가지로 구조체의 필드 또는 변수의 값을 가져오는 것이 주요 목적인 메서드를 **접근자 메서드(getter method)**라고 합니다.

설정자 메서드와는 달리 접근자 메서드는 매우 간단히 구현할 수 있는데 필드의 값을 반환해 주기만 하면 됩니다.

컨벤션에 따라 보통 접근자 메서드의 이름에는 접근하고자 하는 필드나 변수의 이름과 동일한 이름을 사용합니다(물론 메서드는 외부에서 접근할 수 있어야 하기 때문에 대문자로 시작해야 합니다). 따라서 Date 타입에는 year 필드에 접근하는 Year 메서드, month 필드에 접근하는 Month 메서드 그리고 day 필드에 접근하는 Day 메서드가 필요합니다.

접근자 메서드는 리시버의 값을 변경할 일이 없기 때문에 리시버로 Date 값을 *사용해도 됩니다*. 하지만 메서드 중 하나라도 포인터 리시버를 사용하고 있는 경우에는 일관성 유지를 위해 모든 리시버에 포인터 리시버를 사용하는 컨벤션을 따르는 게 좋습니다. 설정자 메서드에서 포인터 리시버를 사용하고 있으므로 접근자 메서드에도 포인터 리시버를 사용하겠습니다.

date.go를 수정하고 나면 main.go에서는 모든 Date 필드에 값을 설정한 뒤 접근자 메서드를 사용해 모든 필드 값을 출력하도록 수정해 줍니다.

date.go

```
package calendar

import "errors"

type Date struct {
	year  int
	month int
	day   int
}

func (d *Date) Year() int {
	return d.year
}
func (d *Date) Month() int {
	return d.month
}
func (d *Date) Day() int {
	return d.day
}
// Setter 메서드는 생략했습니다.
```

설정자 메서드와의 일관성 유지를 위해 포인터 리시버 타입을 사용합니다.

필드와 동일한 이름을 사용합니다(단, 첫 문자는 대문자를 사용해 패키지 외부로 노출합니다).

필드 값을 반환합니다.

main.go

```
// 패키지절과 임포트문은 생략되었습니다.
func main() {
	date := calendar.Date{}
	err := date.SetYear(2019)
	if err != nil {
		log.Fatal(err)
	}
	err = date.SetMonth(5)
	if err != nil {
		log.Fatal(err)
	}
	err = date.SetDay(27)
	if err != nil {
		log.Fatal(err)
	}
	fmt.Println(date.Year())
	fmt.Println(date.Month())
	fmt.Println(date.Day())
}
```

```
Shell Edit View Window Help
$ cd temp
$ go run main.go
2019
5
27
```

접근자 메서드에서 반환된 값들

캡슐화

프로그램의 어느 한 영역에 있는 데이터를 다른 코드로부터 숨기는 것을 **캡슐화 (encapsulation)**라고 합니다. 이는 Go만의 기법이나 특징은 아닙니다. 캡슐화는 (앞서 봤듯이) 잘못된 데이터로부터 코드를 보호하는 데 사용할 수 있기 때문에 중요하게 다뤄집니다. 또한 데이터에 직접 접근할 수 없기 때문에 캡슐화된 영역을 수정할 때 다른 코드에 미치는 영향에 대해서도 걱정할 필요가 없습니다.

다른 많은 프로그래밍 언어에서는 데이터를 클래스 내에서 캡슐화합니다(클래스는 Go의 타입과 유사한 개념이지만 동일하지는 않습니다). 반면, Go에서는 데이터를 패키지 내에서 캡슐화하며 노출되지 않은 변수, 구조체 필드, 함수 및 메서드를 사용해 구현합니다.

캡슐화는 Go보다는 다른 언어에서 훨씬 더 자주 사용됩니다. 어떤 언어들은 심지어 직접 접근해도 괜찮은 경우임에도 모든 필드에 대해 접근자 및 설정자를 정의하는 게 컨벤션인 경우도 있습니다. 하지만 Go 개발자는 필드 데이터의 유효성 검증이 필요한 경우와 같이 꼭 필요한 경우에만 캡슐화를 사용하는 경향이 있습니다. Go에서는 필드 캡슐화가 필요 없다고 생각되면 일반적으로 필드를 외부에 노출시키고 직접 접근하는 것이 좋습니다.

바보 같은 질문은 없습니다!

Q: 다른 언어에서는 동일한 패키지일지라도 클래스 외부에서는 캡슐화된 값에 접근할 수 없습니다. Go에서는 동일한 패키지의 다른 코드가 노출되지 않은 필드에 접근할 수 있는데, 이거 안전한 건가요?

A: 일반적으로 한 패키지의 모든 코드는 한 명의 개발자(또는 하나의 개발자 그룹)가 작성하곤 합니다. 또한 한 패키지 안에 있는 코드는 보통 유사한 목적을 가지고 있습니다. 따라서 동일한 패키지에 위치한 코드들은 자신과 동일한 패키지에 위치한 구조체의 노출되지 않은 필드에 접근할 가능성이 높으며 데이터를 유효한 방법으로만 사용할 가능성 또한 높습니다. 즉, 노출되지 않은 필드를 패키지 내의 나머지 코드와 공유하는 것은 일반적으로 안전한 편입니다.

패키지 외부의 코드는 다른 개발자가 작성했을 가능성이 높지만 노출되지 않은 필드는 패키지 내부에 숨겨져 있기 때문에 의도치 않게 잘못된 값으로 변경될 문제는 없습니다.

Q: GetName, GetCity 등과 같이 모든 접근자 메서드의 이름이 "Get"으로 시작하는 언어를 본 적이 있는데, Go에서도 가능한가요?

A: 물론 가능하지만 권장하지는 않습니다. Go 커뮤니티는 접근자 메서드명에 Get 접두사를 붙이는 컨벤션을 버리기로 결정했습니다. Get을 사용하면 다른 Go 개발자에게 혼란을 안겨줄 수 있습니다.

Go는 설정자 메서드는 여전히 다른 언어와 마찬가지로 Set 접두사를 사용하는데, 이는 같은 필드에 대한 설정자 메서드와 접근자 메서드를 구분하기 위함입니다.

이번 연습문제의 코드는 두 페이지를 차지합니다. 조금만 더 힘냅시다.

아래 빈칸을 채워 Coordinates 타입을 다음 조건에 맞게 변경해 보세요.

- 모든 필드를 외부로부터 숨깁니다.
- 각 필드에 대한 접근자 메서드를 추가합니다(접근자 메서드의 이름은 접근하려는 필드의 이름과 동일해야 하며 외부로 노출하기 위해 첫 문자는 대문자를 사용하는 컨벤션을 따르세요).
- 설정자 메서드에 유효성 검증 코드를 추가하세요. SetLatitude에서는 전달받은 값이 -90보다 작거나 90보다 큰 경우에, SetLongitude에서는 값이 -180보다 작거나 180보다 큰 경우에 에러를 반환해야 합니다.

coordinates.go

```
package geo

import "errors"

type Coordinates struct {
        ________ float64
        ________ float64
}

func (c *Coordinates) ________() ______ {
        return c.latitude
}

func (c *Coordinates) ________() ______ {
        return c.longitude
}

func (c *Coordinates) SetLatitude(latitude float64) ____ {
        if latitude < -90 || latitude > 90 {
                return ________("invalid latitude")
        }
        c.latitude = latitude
        return __
}
func (c *Coordinates) SetLongitude(longitude float64) ____ {
        if longitude < -180 || longitude > 180 {
                return ________("invalid longitude")
        }
        c.longitude = longitude
        return __
}
```

연습문제 (계속)

다음으로, 변경된 Coordinates 타입을 사용하도록 main 패키지 코드를 수정해 줍니다.

- 각 설정자 메서드 호출 시 반환된 error 값을 변수에 저장합니다.
- 에러 값이 nil이 아니면 log.Fatal 함수를 통해 에러 메시지를 보고한 뒤 프로그램을 종료합니다.
- 필드 설정에 문제가 없으면 접근자 메서드를 사용해 필드 값을 출력합니다.

완성된 코드를 실행하면 아래 보이는 출력값이 나와야 합니다(SetLatitude 호출은 성공해야 하고, SetLongtitude에는 잘못된 값을 전달하고 있으므로 프로그램은 에러 보고 후 즉시 종료되어야 합니다).

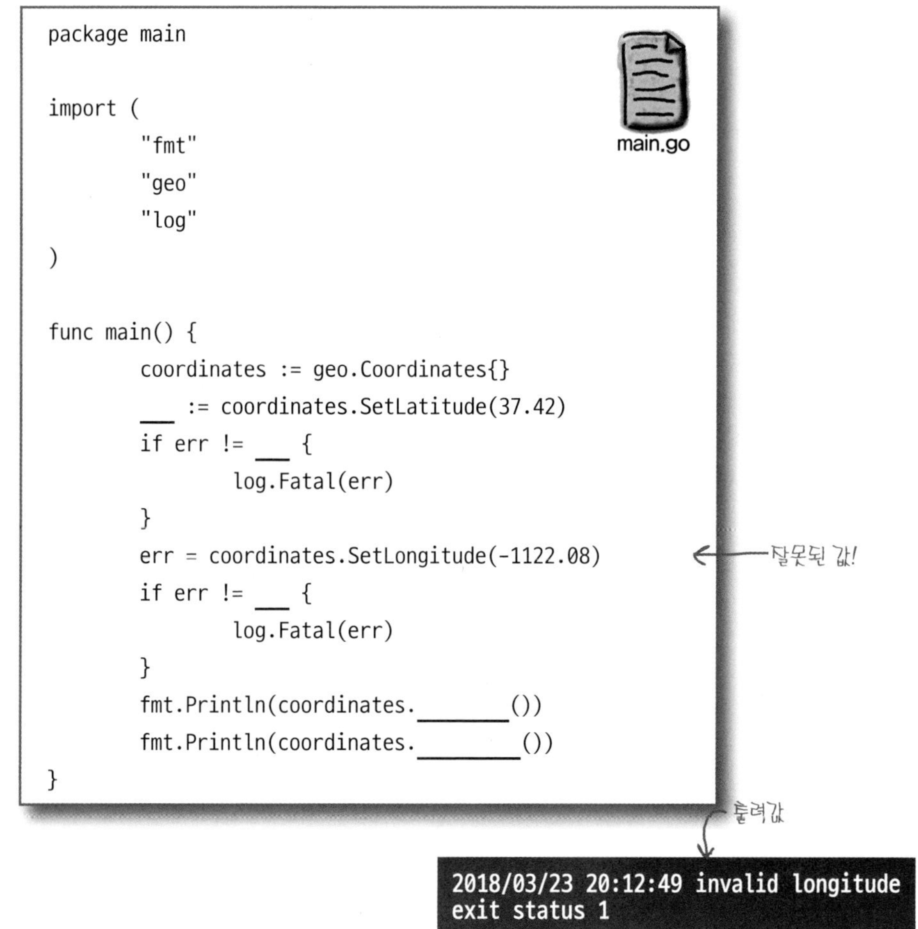

```
package main

import (
        "fmt"
        "geo"
        "log"
)

func main() {
        coordinates := geo.Coordinates{}
        ___ := coordinates.SetLatitude(37.42)
        if err != ___ {
                log.Fatal(err)
        }
        err = coordinates.SetLongitude(-1122.08)
        if err != ___ {
                log.Fatal(err)
        }
        fmt.Println(coordinates.________())
        fmt.Println(coordinates.________())
}
```



```
2018/03/23 20:12:49 invalid longitude
exit status 1
```

답은 318 페이지에 있습니다.

Event 타입에 Date 타입 임베딩하기

여러분이 만들어 주신 Date 타입은 아주 훌륭합니다! 설정자 메서드 덕분에 필드에 유효한 데이터만 저장할 수 있고, 접근자 메서드로 값도 가져올 수 있게 되었어요. 이제 일정 정보에 "엄마 생신" 이나 "기념일" 등과 같은 제목도 지정할 수 있어야 합니다. 도와줄 수 있으신가요?

위 기능을 추가하는 데 많은 작업이 필요하진 않습니다. 8장에서 Address 구조체 타입을 다른 두 구조체 타입에 어떻게 임베딩했는지 기억하시나요?

Address 타입은 외부 구조체 내에 익명 필드(이름 없이 타입만 지정한 필드)로 선언하여 임베딩할 수 있었습니다. 임베딩을 통해 Address의 각 필드는 외부 구조체로 승격되어 마치 외부 구조체에 직접 선언된 것 마냥 접근할 수 있었습니다.

```
package magazine

type Subscriber struct {
        Name   string
        Rate   float64
        Active bool
        Address
}

type Employee struct {
        Name   string
        Salary float64
        Address
}

type Address struct {
        // Fields omitted
}
```

Address의 필드가 마치 Subscriber에 정의된 것처럼 필드 값을 할당하고 있습니다.

```
subscriber.Street = "123 Oak St"
subscriber.City = "Omaha"
subscriber.State = "NE"
subscriber.PostalCode = "68111"
```

 작업공간 >  src >   github.com >  headfirstgo >  calendar >  event.go

임베딩 전략은 이전에도 잘 통했고, 우리가 지금 이루려는 목적에도 부합하기 때문에, 이번엔 Date를 익명 필드로 임베딩하는 Event 타입을 정의해 보겠습니다.

먼저 calendar 패키지 디렉터리에 event.go라는 파일을 생성합니다(이미 존재하는 date.go 파일에 작성해도 되지만 나누는 편이 코드를 구조화하는 데에는 더 유리합니다). 그다음 방금 생성한 파일에 string 타입의 Title 필드와 익명의 Date 필드를 가진 Event 타입을 정의합니다.

```
package calendar

type Event struct {
        Title string
        Date
}
```

익명 필드를 사용해 Date 타입을 임베딩합니다.

숨겨진 필드는 승격되지 않습니다

Event 타입에 Date 타입을 임베딩했지만 Date의 필드는 Event 타입으로 승격되지 않습니다. Date의 필드는 노출되지 않고, Go는 노출되지 않은 필드는 외부 타입으로 승격시키지 않기 때문입니다. 이는 일리 있는 동작 방식입니다. 필드는 캡슐화되어 있기 때문에 설정자나 접근자 메서드를 통해서만 접근할 수 있어야 하며, 필드 승격으로 인해 캡슐화가 우회되는 일은 원치 않기 때문입니다.

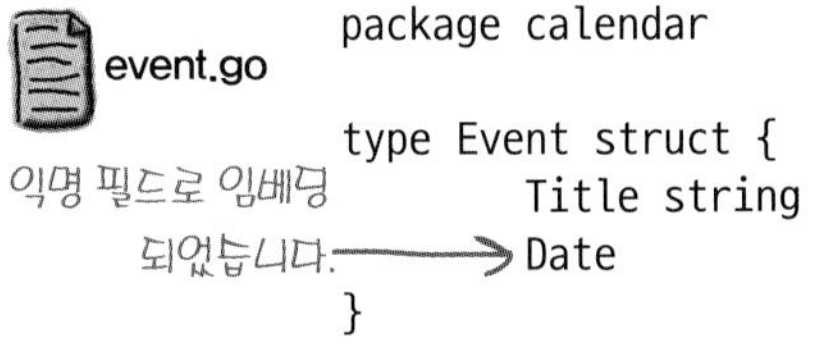
event.go
package calendar
type Event struct {
Title string
Date
}
익명 필드로 임베딩 되었습니다.

실제로 main 패키지에서 Event 타입을 통해 Date 타입의 month 필드를 설정하려고 시도해 보면 에러가 발생합니다.

main.go

```
package main

import "github.com/headfirstgo/calendar"

func main() {
	event := calendar.Event{}
	event.month = 5
}
```

← Date의 노출되지 않은 필드는 Event 타입으로 승격되지 않습니다!

에러 발생

```
event.month undefined (type calendar.Event has no field or method month)
```

물론, 도트 연산자 체이닝을 통해 Date 필드에 직접 접근하는 것 또한 불가능합니다. 노출되지 않은 Date 필드에는 직접 접근할 수 없으며, Date 타입이 Event 타입의 일부인 경우에도 불가능합니다.

main.go

```
func main() {
	event := calendar.Event{}
	event.Date.year = 2019
}
```

← Date 값에서도 Date 필드에 직접 접근할 수 없습니다.

에러 발생

```
event.Date.year undefined (cannot refer to unexported field or method year)
```

그럼 Event 타입에 임베딩된 Date 필드에 접근할 수 있는 방법은 없는 걸까요? 물론 다른 방법이 있기 때문에 걱정은 붙들어 매도 좋습니다!

필드와 마찬가지로 노출된 메서드도 승격됩니다

구조체 타입에 노출된 메서드를 가진 타입을 임베딩하면 임베딩된 타입의 메서드는 외부 타입으로 승격되고, 승격된 메서드는 마치 외부 타입에서 정의된 것처럼 호출할 수 있습니다(임베딩된 내부 타입의 필드가 외부 타입의 필드로 승격되는 것과 동일한 원리입니다).

다음 패키지에서는 두 개의 타입을 정의하고 있는데, 구조체 타입인 MyType은 EmbeddedType이라는 타입을 익명 필드로 임베딩하고 있습니다.

```
package mypackage   // ← 아래 타입들은 별도의 패키지에 속합니다.

import "fmt"
                    // MyType 타입을 구조체 타입으로 선언합니다.
type MyType struct {
        EmbeddedType   // ← EmbeddedType을 임베딩합니다.
}
                    // 임베딩할 타입을 선언합니다(구조체 타입인지 아닌지는 중요하지 않습니다).
type EmbeddedType string
                    // 이 메서드는 MyType으로 승격됩니다.
func (e EmbeddedType) ExportedMethod() {
        fmt.Println("Hi from ExportedMethod on EmbeddedType")
}
                    // 이 메서드는 승격되지 않습니다.
func (e EmbeddedType) unexportedMethod() {
}
```

EmbeddedType이 정의하고 있는 노출된 메서드(ExportedMethod)는 MyType으로 승격되기 때문에 MyType 값에서도 이 메서드를 호출할 수 있습니다.

```
package main

import "mypackage"

func main() {
        value := mypackage.MyType{}
        value.ExportedMethod()   // ← EmbeddedType으로부터 승격된 메서드를 호출합니다.
}
```

```
Hi from ExportedMethod on EmbeddedType
```

노출되지 않은 필드와 마찬가지로 노출되지 않은 메서드 또한 승격되지 않기 때문에 다음 코드에서는 에러가 발생합니다.

```
value.unexportedMethod()   // ← 노출되지 않은 메서드를 호출하려 합니다.
```

에러 발생

```
value.unexportedMethod undefined (type mypackage.MyType
has no field or method unexportedMethod)
```

필드와 마찬가지로 노출된 메서드도 승격됩니다 (계속)

Date 타입의 필드는 노출되지 않기 때문에 Event 타입으로 승격되지 않지만, Date 타입의 접근자 및 설정자 메서드는 노출되기 때문에 Event 타입으로 승격됩니다!

이 말은 즉, Event 값에서 Date 타입의 접근자 및 설정자 메서드를 사용할 수 있음을 의미합니다. 바로 아래 보이는 수정된 *main.go*에서는 실제로 각 메서드에 접근할 수 있음을 보여 줍니다. 늘 그래왔듯이, 노출된 메서드는 Date 타입의 노출되지 않은 필드에 접근할 수 있습니다.

main.go

```
package main

import (
	"fmt"
	"github.com/headfirstgo/calendar"
	"log"
)

func main() {
	event := calendar.Event{}
	err := event.SetYear(2019)
	if err != nil {
		log.Fatal(err)
	}
	err = event.SetMonth(5)
	if err != nil {
		log.Fatal(err)
	}
	err = event.SetDay(27)
	if err != nil {
		log.Fatal(err)
	}
	fmt.Println(event.Year())
	fmt.Println(event.Month())
	fmt.Println(event.Day())
}
```

Date 타입의 이 설정자 메서드는 Event 타입으로 승격되었습니다. (SetYear)

Date 타입의 이 설정자 메서드는 Event 타입으로 승격되었습니다. (SetMonth)

Date 타입의 이 설정자 메서드는 Event 타입으로 승격되었습니다. (SetDay)

Date 타입의 접근자 메서드들도 Event 타입으로 승격되었습니다.

```
2019
5
27
```

도트 연산자 체이닝을 통해 Date 값에서 직접 메서드를 호출할 수도 있습니다.

```
fmt.Println(event.Date.Year())
fmt.Println(event.Date.Month())
fmt.Println(event.Date.Day())
```

Event의 Date 필드를 가져와 직접 접근자 메서드를 호출합니다.

```
2019
5
27
```

Event 타입의 Title 필드 캡슐화하기

Event 구조체의 Title 필드는 노출되었기 때문에 직접 접근할 수 있습니다.

event.go

```
package calendar

type Event struct {
    Title string      ← 노출된 필드
    Date
}
```

main.go

```
// 패키지절, 임포트문은 생략되었습니다.
func main() {
    event := calendar.Event{}
    event.Title = "Mom's birthday"
    fmt.Println(event.Title)
}
```

```
Mom's birthday
```

이 때문에 Event 타입 또한 Date 필드에서 겪은 것과 같은 종류의 문제에 노출됩니다.
한 예로, Title 필드에는 아무런 길이 제한도 없습니다.

main.go

```
func main() {
    event := calendar.Event{}
    event.Title = "An extremely long title that is impractical to print"
    fmt.Println(event.Title)
}
```

```
An extremely long title that is impractical to print
```

따라서 이 필드도 캡슐화하여 유효성 검증을 추가하는 게 좋습니다. 다음은 캡슐화를 적용한 수정된 Event 타입입니다. 필드가 노출되지 않도록 이름을 title로 변경했고 접근자와 설정자 메서드를 추가했습니다. 설정자 메서드에서는 길이를 제한하기 위해 unicode/utf8 패키지의 RuneCountInString 함수를 사용하고 있습니다.

event.go

```
package calendar

import (
    "errors"          ← 에러 값을 생성하기 위한 패키지를 추가합니다.
    "unicode/utf8"    ← 문자열의 룬 개수를 세기 위한 패키지를 추가합니다.
)

type Event struct {
    title string      ← 노출되지 않도록 소문자로 변경합니다.
    Date
}

func (e *Event) Title() string {      ← 접근자 메서드
    return e.title
}
// 포인터를 사용해야 합니다.
func (e *Event) SetTitle(title string) error {      ← 설정자 메서드
    if utf8.RuneCountInString(title) > 30 {      ← 제목의 길이가 30자를 넘어가면 에러를 반환합니다.
        return errors.New("invalid title")
    }
    e.title = title
    return nil
}
```

승격된 메서드는 외부 타입의 메서드와 공존합니다

title 필드에 대한 설정자와 접근자 메서드가 추가되었으므로, 이제 30자보다 긴 제목을 사용할 경우 프로그램은 에러를 보고할 수 있습니다. 다음 코드에서처럼 39자의 제목을 저장하려고 하면 에러가 반환됩니다.

main.go

```
// 패키지절, 임포트문은 생략되었습니다.
func main() {
	event := calendar.Event{}
	err := event.SetTitle("An extremely long and impractical title")
	if err != nil {
		log.Fatal(err)
	}
}
```

```
2018/03/23 20:44:17 invalid title
exit status 1
```

Event 타입의 Title과 SetTitle 메서드는 Date 타입으로부터 승격된 메서드와 공존하게 됩니다. 따라서 calendar 패키지를 사용하는 코드는 모든 메서드가 마치 Event 타입에 속해 있는 것처럼 다룰 수 있으며 타입이 실제로 어떤 메서드를 직접 정의하고 있는지는 신경 쓸 필요가 없습니다.

main.go

```
// 패키지절, 임포트문은 생략되었습니다.
func main() {
	event := calendar.Event{}
	err := event.SetTitle("Mom's birthday")   ← Event에 직접 정의되었습니다.
	if err != nil {
		log.Fatal(err)
	}
	err = event.SetYear(2019)   ← Date로부터 승격되었습니다.
	if err != nil {
		log.Fatal(err)
	}
	err = event.SetMonth(5)   ← Date로부터 승격되었습니다.
	if err != nil {
		log.Fatal(err)
	}
	err = event.SetDay(27)   ← Date로부터 승격되었습니다.
	if err != nil {
		log.Fatal(err)
	}
	fmt.Println(event.Title())   ← Event에 직접 정의되었습니다.
	fmt.Println(event.Year())   ← Date로부터 승격되었습니다.
	fmt.Println(event.Month())   ← Date로부터 승격되었습니다.
	fmt.Println(event.Day())   ← Date로부터 승격되었습니다.
}
```

```
Mom's birthday
2019
5
27
```

달력 패키지가 완성되었습니다!

이제 Event 타입에서는 Title 및 SetTitle 메서드와 함께 연, 월, 일을 설정하는 모든 메서드가 마치 Event 타입에 속해 있는 것처럼 호출할 수 있게 되었습니다. 실제로는 Date 타입에 정의되었지만 이 사실을 신경 쓸 필요가 없습니다. 이제 다 완성된 것 같습니다!

메서드 승격을 사용하면 한 타입의 메서드가 마치 다른 타입에 속한 것처럼 사용할 수 있습니다. 메서드 승격을 활용하면 다른 여러 타입의 메서드를 결합한 타입을 만들 수도 있습니다. 여하튼 메서드 승격 덕분에 편리함을 해치지 않으면서도 코드를 깔끔하게 유지할 수 있습니다.

연습문제

우리는 이전 연습문제에서 Coordinates 타입의 코드를 완성했습니다. 이제 이 코드는 더 이상 수정하지 않아도 됩니다. 오른쪽 코드는 참고용으로만 사용하세요. 그리고 이제 다음 페이지에서는 이 타입의 모든 메서드를 Landmark 타입으로 승격시키기 위해 이 타입을 Landmark 타입에 임베딩할 것입니다(이 타입 또한 8장에서 이미 본 적이 있습니다).

coordinates.go

```
package geo

import "errors"

type Coordinates struct {
	latitude  float64
	longitude float64
}

func (c *Coordinates) Latitude() float64 {
	return c.latitude
}
func (c *Coordinates) Longitude() float64 {
	return c.longitude
}

func (c *Coordinates) SetLatitude(latitude float64) error {
	if latitude < -90 || latitude > 90 {
		return errors.New("invalid latitude")
	}
	c.latitude = latitude
	return nil
}

func (c *Coordinates) SetLongitude(longitude float64) error {
	if longitude < -180 || longitude > 180 {
		return errors.New("invalid longitude")
	}
	c.longitude = longitude
	return nil
}
```

연습문제 (계속)

다음은 Landmark 타입의 수정된 버전으로, 이름(name) 필드를 캡슐화하여 Name 접근자 메서드와 SetName 설정자 메서드를 통해서만 접근 가능하게 만들고자 합니다. SetName은 인자가 빈 문자열일 때에는 에러를 반환하고, 그 외의 경우에는 이름 필드에 값을 설정한 뒤 nil 에러를 반환해야 합니다. Landmark는 또한 Coordinates의 모든 메서드가 Landmark로 승격되도록 익명의 Coordinates 필드를 가져야 합니다.

다음 빈칸을 채워 Landmark 타입의 코드를 완성해 보세요.

landmark.go

```
package geo

import "errors"

type Landmark struct {
        _____ string
        __________
}

func (l *Landmark) _____() string {
        return l.name
}

func (l *Landmark) ______(name string) error {
        if name == "" {
                return errors.New("invalid name")
        }
        l.name = name
        return nil
}
```

Landmark 코드가 모두 완성되면 main 함수는 아래 보이는 출력값을 출력해야 합니다.

main.go

```
package main
// 임포트문은 생략했습니다.
func main() {
        location := geo.Landmark{}
        err := location.SetName("The Googleplex")
        if err != nil {
                log.Fatal(err)
        }
        err = location.SetLatitude(37.42)
        if err != nil {
                log.Fatal(err)
        }
        err = location.SetLongitude(-122.08)
        if err != nil {
                log.Fatal(err)
        }
        fmt.Println(location.Name())
        fmt.Println(location.Latitude())
        fmt.Println(location.Longitude())
}
```

출력값

```
The Googleplex
37.42
-122.08
```

답은 320 페이지에 있습니다.

CHAPTER 10

Go 도구 상자

10장이 끝났습니다!
도구 상자에 캡슐화와 임베딩을 담았습니다.

캡슐화

캡슐화란 프로그램의 어느 한 영역에 있는 데이터를 다른 코드로부터 숨기는 기법을 말합니다.
캡슐화는 잘못된 데이터를 방지하는 데 활용할 수 있습니다.
캡슐화된 데이터는 코드 변경이 비교적 용이하며, 다른 코드가 직접 접근할 수 없기 때문에 캡슐화된 영역을 수정함으로써 다른 코드에 미치는 영향을 걱정할 필요가 없습니다.

임베딩

다른 구조체 타입에 익명 필드로 저장되는 타입을 구조체에 임베딩되었다고 합니다.
임베딩된 타입의 메서드는 외부 타입으로 승격되며, 승격된 메서드는 마치 외부 타입에서 정의된 것처럼 호출할 수 있습니다.

중요 항목

- Go에서는 데이터를 패키지 내에서 캡슐화하며 노출되지 않은 패키지 변수나 구조체 필드를 사용합니다.
- 노출되지 않은 변수, 구조체 필드, 함수, 메서드 등은 여전히 동일한 패키지에 정의된 노출된 함수나 메서드를 통해 접근할 수 있습니다.
- 데이터를 사용하기 전에 데이터가 유효한지 확인하는 것을 데이터 **유효성 검증**이라고 합니다.
- 캡슐화된 필드의 값을 설정하기 위한 메서드를 **설정자 메서드**라고 합니다. 설정자 메서드는 보통 받아 온 값이 유효한지 확인하기 위한 유효성 검증 로직을 포함하고 있습니다.
- 설정자 메서드는 리시버의 값을 변경해야 하기 때문에 포인터 타입의 리시버 매개변수를 사용합니다.
- 컨벤션에 따라 설정자 메서드의 이름은 보통 SetX의 형태로 명명하며 X에는 설정하려는 필드의 이름이 들어갑니다.
- 캡슐화된 필드의 값을 가져오기 위한 메서드를 **접근자 메서드**라고 합니다.
- 컨벤션에 따라 접근자 메서드의 이름은 보통 X의 형태로 명명하며 X에는 가져오려는 필드의 이름이 들어갑니다. 일부 다른 프로그래밍 언어에서는 접근자 메서드의 이름으로 GetX 형태의 이름을 사용하는데, Go에서는 권장되지 않습니다.
- 외부 타입에서 정의된 메서드와 임베딩된 타입에서 승격된 메서드는 서로 공존합니다.
- 임베딩된 타입의 노출되지않은 메서드는 외부 타입으로 승격되지 않습니다.

연습문제 정답

이제 여러분은 Coordinates 타입의 각 필드에 대한 설정자 메서드를 추가해야 합니다. coordinates.go 파일의 빈칸을 채워 main 함수의 코드가 아래 보이는 값을 출력하도록 만들어 보세요.

```go
package geo

type Coordinates struct {
	Latitude  float64
	Longitude float64
}

func (c *Coordinates ) SetLatitude(latitude float64) {
	c.Latitude = latitude
}

func (c *Coordinates ) SetLongitude( longitude float64) {
	c.Longitude = longitude
}
```

리시버를 변경하려면 포인터 타입을 사용해야 합니다.

리시버를 변경하려면 포인터 타입을 사용해야 합니다.

coordinates.go

```go
package main

import (
	"fmt"
	"geo"
)

func main() {
	coordinates := geo.Coordinates{}
	coordinates.SetLatitude(37.42)
	coordinates.SetLongitude(-122.08)
	fmt.Println(coordinates)
}
```

main.go

출력값

```
{37.42 -122.08}
```

연습문제 정답

이번 연습문제의 코드는 두 페이지를 차지합니다. 조금만 더 힘냅시다.

아래 빈칸을 채워 Coordinates 타입을 다음 조건에 맞게 변경해 보세요.

- 모든 필드를 외부로부터 숨깁니다.
- 각 필드에 대한 접근자 메서드를 추가합니다(접근자 메서드의 이름은 접근하려는 필드의 이름과 동일해야 하며 외부로 노출하기 위해 첫 문자는 대문자를 사용하는 컨벤션을 따르세요).
- 설정자 메서드에 유효성 검증 코드를 추가하세요. SetLatitude에서는 전달받은 값이 -90보다 작거나 90보다 큰 경우에, SetLongitude에서는 값이 -180보다 작거나 180보다 큰 경우에 에러를 반환해야 합니다.

coordinates.go

```
package geo

import "errors"

type Coordinates struct {
        latitude   float64   필드는 노출되면
        longitude  float64   안 됩니다.
} 접근자 메서드의 이름은 필드와 동일한 이름을 사용하되, 대문자로 시작합니다.   필드와 동일한 타입
func (c *Coordinates) Latitude () float64 {
        return c.latitude
} 접근자 메서드의 이름은 필드와 동일한 이름을 사용하되, 대문자로 시작합니다.   필드와 동일한 타입
func (c *Coordinates) Longitude () float64 {
        return c.longitude
}                                                    에러 타입을 반환해야 합니다.
func (c *Coordinates) SetLatitude(latitude float64) error {
        if latitude < -90 || latitude > 90 {
                return errors.New ("invalid latitude")
        }                               새로운 에러 값을 반환합니다.
        c.latitude = latitude
        return nil  ← 에러가 없으면 nil을 반환합니다.
}                                                    에러 타입을 반환해야 합니다.
func (c *Coordinates) SetLongitude(longitude float64) error {
        if longitude < -180 || longitude > 180 {
                return errors.New ("invalid longitude")
        }                               새로운 에러 값을 반환합니다.
        c.longitude = longitude
        return nil  ← 에러가 없으면 nil을 반환합니다.
}
```

연습문제 정답 계속

다음으로, 변경된 Coordinates 타입을 사용하도록 main 패키지 코드를 수정해 줍니다.

- 각 설정자 메서드 호출 시 반환된 error 값을 변수에 저장합니다.
- 에러 값이 nil이 아니면 log.Fatal 함수를 통해 에러 메시지를 보고한 뒤 프로그램을 종료합니다.
- 필드 설정에 문제가 없으면 접근자 메서드를 사용해 필드 값을 출력합니다.

SetLatitude 호출은 성공해야 하고, SetLongtitude에는 잘못된 값을 전달하고 있으므로 프로그램은 에러 보고 후 즉시 종료되어야 합니다.

main.go

```
package main

import (
        "fmt"
        "geo"
        "log"
)

func main() {
        coordinates := geo.Coordinates{}
        err := coordinates.SetLatitude(37.42)
        if err != nil {
                log.Fatal(err)
        }
        err = coordinates.SetLongitude(-1122.08)
        if err != nil {
                log.Fatal(err)
        }
        fmt.Println(coordinates.Latitude())
        fmt.Println(coordinates.Longitude())
}
```

반환된 에러 값을 저장합니다.

에러가 발생하면, 에러를 보고한 뒤 프로그램을 종료합니다.

(잘못된 값!)

접근자 메서드를 호출합니다.

출력값

```
2018/03/23 20:12:49 invalid longitude
exit status 1
```

연습문제 정답

다음은 Landmark 타입의 수정된 버전으로, 이름(name) 필드를 캡슐화하여 Name 접근자 메서드와 SetName 설정자 메서드를 통해서만 접근 가능하게 만들고자 합니다. SetName은 인자가 빈 문자열일 때에는 에러를 반환하고, 그 외의 경우에는 이름 필드에 값을 설정한 뒤 nil 에러를 반환해야 합니다. Landmark 또한 Coordinates의 모든 메서드가 Landmark로 승격되도록 익명의 Coordinates 필드를 가져야 합니다.

landmark.go

```
package geo

import "errors"

type Landmark struct {
	name string        ← "name" 필드가 캡슐화되도록 외부로부터 숨깁니다.
	Coordinates        ← 익명 필드로 임베딩합니다.
}

func (l *Landmark) Name() string {
	return l.name       ← 필드와 동일한 이름을 사용하되, 외부로 노출시킵니다.
}
                        필드와 동일한 이름을 사용하되, "Set" 접두사를 붙입니다.
func (l *Landmark) SetName (name string) error {
	if name == "" {
		return errors.New("invalid name")
	}
	l.name = name
	return nil
}
```

main.go

```
package main
// 임포트문은 생략했습니다.
func main() {
	location := geo.Landmark{}                   ← Landmark 값을 생성합니다.
	err := location.SetName("The Googleplex")    ← Landmark에 직접 정의되었습니다.
	if err != nil {
		log.Fatal(err)
	}
	err = location.SetLatitude(37.42)            ← Coordinates로부터 승격되었습니다.
	if err != nil {
		log.Fatal(err)
	}
	err = location.SetLongitude(-122.08)         ← Coordinates로부터 승격되었습니다.
	if err != nil {
		log.Fatal(err)
	}
	fmt.Println(location.Name())                 ← Landmark에 직접 정의되었습니다.
	fmt.Println(location.Latitude())   } Coordinates로부터
	fmt.Println(location.Longitude())  } 승격되었습니다.
}
```

출력값

```
The Googleplex
37.42
-122.08
```

11 당신은 무엇을 할 수 있나요?

인터페이스

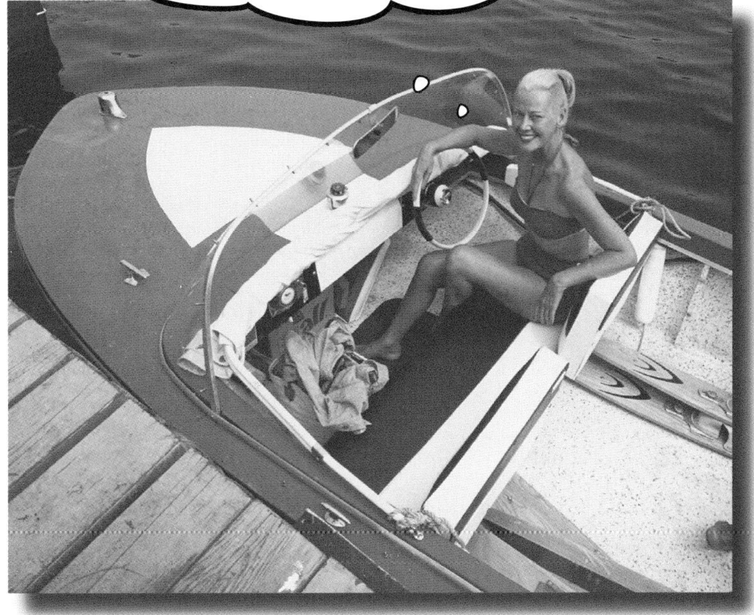

때로는 어떤 값이 어떤 특정 타입을 갖는지 관심이 없는 경우가 있습니다.

그 값이 *무엇인지*보다는 그 값으로 어떤 일을 *할 수 있는지*에만 관심을 두는 경우가 있습니다. 즉, 어떤 값에서 특정 메서드를 호출할 수 있는지가 주요 관심사인 것이죠. 타입이 Pen 타입인지 Pencil 타입인지와는 무관하게 Draw 메서드만 가지고 있으면 되는 경우도 있고, 마찬가지로 타입이 Car 타입인지 Boat 타입인지와는 무관하게 Steer 메서드만 가지고 있으면 되는 경우도 있습니다. 위와 같은 상황에서 사용할 수 있는 것이 바로 Go의 **인터페이스(interface)**라는 개념입니다. 인터페이스를 사용하면 특정 메서드를 정의하는 모든 타입의 값을 저장할 수 있는 변수 또는 매개변수를 정의할 수 있습니다.

동일한 메서드를 가진 서로 다른 타입

혹시 오디오 테이프 레코더 기억하시나요? 정말 훌륭한 기기였는데 말이죠. 레코더를 사용하면 서로 다른 아티스트의 노래를 하나의 테이프에 저장할 수 있었습니다. 물론, 보통 레코더는 부피가 너무 커서 가지고 다닐 수 없었죠. 때문에 밖에서 음악을 듣고 다니려면 배터리가 내장된 별도 테이프 플레이어가 필요했습니다. 플레이어에는 비록 레코딩 기능은 없었지만 나만의 믹스테이프를 만들고 친구들과 서로 음악을 공유하기에는 아주 제격이었어요!

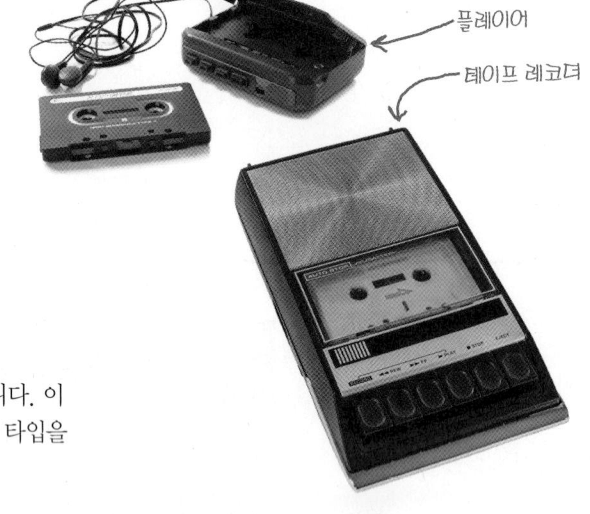

우리는 향수에 젖어 추억에 잠길 수 있는 gadget 패키지를 만들었습니다. 이 패키지에서는 테이프 레코더와 테이프 플레이어를 흉내 내는 두 개의 타입을 정의하고 있습니다.

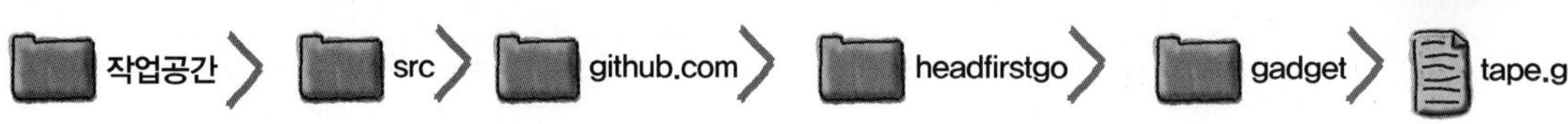

TapePlayer 타입은 음악 재생을 시뮬레이션하는 Play 메서드와 가상 재생을 멈추기 위한 Stop 메서드를 가지고 있습니다.

TapeRecorder 타입도 마찬가지로 Play와 Stop 메서드를 가지고 있으며 추가로 Record 메서드를 가지고 있습니다.

```
package gadget

import "fmt"

type TapePlayer struct {
	Batteries string
}
func (t TapePlayer) Play(song string) {
	fmt.Println("Playing", song)
}
func (t TapePlayer) Stop() {
	fmt.Println("Stopped!")
}

type TapeRecorder struct {
	Microphones int
}
func (t TapeRecorder) Play(song string) {    // TapePlayer와 같은 Play 메서드를 가짐.
	fmt.Println("Playing", song)
}
func (t TapeRecorder) Record() {
	fmt.Println("Recording")
}
func (t TapeRecorder) Stop() {               // TapePlayer와 같은 Stop 메서드를 가짐.
	fmt.Println("Stopped!")
}
```

한 가지 타입만 받을 수 있는 메서드 매개변수

다음은 gadget 패키지를 사용하는 간단한 프로그램으로, TapePlayer 타입의 값과 재생할 곡의 제목으로 이루어진 슬라이스를 받는 playList 함수를 정의하고 있습니다. 이 함수는 슬라이스 목록을 순회하면서 각 제목을 TapePlayer의 Play 메서드의 인자로 전달합니다. 목록에 있는 모든 곡의 플레이가 끝나면 TapePlayer의 Stop 메서드를 호출합니다.

그리고 main 함수에서는 TapePlayer 타입의 변수와 곡 제목 슬라이스를 생성해 playList로 전달합니다.

```
package main

import "github.com/headfirstgo/gadget"

func playList(device gadget.TapePlayer, songs []string) {
	for _, song := range songs {
		device.Play(song)
	}
	device.Stop()
}

func main() {
	player := gadget.TapePlayer{}
	mixtape := []string{"Jessie's Girl", "Whip It", "9 to 5"}
	playList(player, mixtape)
}
```

만든 패키지를 가져옵니다.

곡 목록을 순회합니다.

현재 곡을 재생합니다.

플레이가 모두 끝나면 플레이어를 멈춥니다.

TapePlayer 타입의 값을 생성합니다.

곡 제목 슬라이스를 생성합니다.

playList로 곡들을 재생합니다.

```
Playing Jessie's Girl
Playing Whip It
Playing 9 to 5
Stopped!
```

playList 함수는 TapePlayer 타입의 값과 함께 훌륭히 동작하고 있습니다. 이제 TapeRecorder에서도 잘 동작하길 바랍니다(결국 테이프 레코더라는 것은 레코딩 기능이 있는 테이프 플레이어일 뿐입니다). 하지만 playList의 첫 번째 매개변수는 TapePlayer 타입으로 선언되었기 때문에, 다른 타입의 값을 전달하려고 하면 컴파일 에러가 발생합니다.

TapePlayer 대신 TapeRecorder 타입의 값을 생성합니다.

```
func main() {
	player := gadget.TapeRecorder{}
	mixtape := []string{"Jessie's Girl", "Whip It", "9 to 5"}
	playList(player, mixtape)
}
```

playList에 TapeRecorder 값을 전달합니다.

에러 발생

```
cannot use player (type gadget.TapeRecorder)
as type gadget.TapePlayer in argument to playList
```

한 가지 타입만 받을 수 있는 메서드 매개변수 (계속)

곤란하네요. playList 함수가 실질적으로 필요한 것은 Play 및 Stop 메서드를 정의하는 타입입니다. TapePlayer와 TapeRecorder 두 타입 모두 이 두 메서드를 가지고 있습니다!


```
func playList(device gadget.TapePlayer, songs []string) {
	for _, song := range songs {
		device.Play(song)
	}
	device.Stop()
}

type TapePlayer struct {
	Batteries string
}
func (t TapePlayer) Play(song string) {
	fmt.Println("Playing", song)
}
func (t TapePlayer) Stop() {
	fmt.Println("Stopped!")
}

type TapeRecorder struct {
	Microphones int
}
func (t TapeRecorder) Play(song string) {
	fmt.Println("Playing", song)
}
func (t TapeRecorder) Record() {
	fmt.Println("Recording")
}
func (t TapeRecorder) Stop() {
	fmt.Println("Stopped!")
}
```

device.Play(song) ← 문자열 매개변수를 받는 Play 메서드를 가진 값이 필요합니다.

device.Stop() ← 매개변수가 없는 Stop 메서드를 가진 값이 필요합니다.

func (t TapePlayer) Play(song string) ← TapePlayer는 문자열 매개변수를 받는 Play 메서드를 가지고 있습니다.

func (t TapePlayer) Stop() ← TapePlayer는 매개변수가 없는 Stop 메서드를 가지고 있습니다.

func (t TapeRecorder) Play(song string) ← TapeRecorder 또한 문자열 매개변수를 받는 Play 메서드를 가지고 있습니다.

func (t TapeRecorder) Stop() ← TapeRecorder 또한 매개변수가 없는 Stop 메서드를 가지고 있습니다.

이번에는 Go 언어의 타입 안전성이 우리를 도와주기는커녕 앞길을 막아서고 있습니다. TapeRecorder 타입은 playList 함수에 필요한 모든 메서드를 정의하지만 playList가 TapePlayer 타입만 받고 있기 때문에 사용할 수 없습니다.

그럼 이제 어떻게 해야 할까요? TapeRecorder를 받는 playListWithRecorder 같은 함수를 또 만들어야 할까요?

사실 Go에는 이 방법 외에도 또 다른 방법이 있습니다.

인터페이스

인터페이스는 특정 값이 가지고 있기를 기대하는 메서드 집합입니다.

컴퓨터에 프로그램을 설치하고 나면 보통은 해당 프로그램과 상호작용할 수 있는 방법들이 제공되기를 기대하곤 합니다. 가령, 워드 프로세스에서는 텍스트를 입력할 수 있는 편집 칸을 기대할 수 있고, 백업 프로그램에서는 파일을 저장할 위치를 선택할 수 있는 기능을 기대할 수 있으며, 스프레드시트에서는 데이터를 입력할 열과 행을 추가할 수 있는 기능을 기대하게 됩니다. 사용자가 프로그램과 상호작용할 수 있도록 프로그램이 제공하는 제어장치를 통틀어 *인터페이스(interface)*라고 부릅니다.

실제로 그렇게 생각해 봤는지는 모르겠지만, 여러분은 Go의 값이 여러분과 상호작용할 수 있는 방법을 제공하기를 기대하고 있을지도 모릅니다. Go의 값과 상호작용할 수 있는 가장 일반적인 방법은 무엇일까요? 바로 값의 메서드를 사용하는 것입니다.

Go에서 **인터페이스**는 특정 값이 가지고 있기를 기대하는 메서드의 집합으로 정의됩니다. 즉, 인터페이스는 동작을 수행할 수 있는 타입이 지녀야 하는 동작들의 집합이라고 생각할 수 있습니다.

인터페이스는 interface 키워드를 사용하여 정의할 수 있습니다. interface 키워드 다음으로는 메서드가 가지고 있기를 기대하는 매개변수 또는 반환 값과 함께 메서드 이름의 목록이 중괄호 안에 감싸여 따라옵니다.

"interface" 키워드

```
type myInterface interface {
        methodWithoutParameters()
        methodWithParameter(float64)
        methodWithReturnValue() string
}
```

메서드명 (methodWithoutParameters), 메서드명 (methodWithParameter), 매개변수 타입 (float64), 메서드명 (methodWithReturnValue), 반환 값 타입 (string)

저는 한 번 "추출" 버튼이 없는 커피 메이커를 구매한 적이 있어요! 제가 기대한 것과는 달랐죠. 정말 만족하지 못한 구매였어요.

인터페이스 정의에 나열된 모든 메서드를 가진 타입은 해당 인터페이스를 **만족**한다고 합니다. 인터페이스를 만족하는 타입은 해당 인터페이스가 필요한 모든 곳에서 사용할 수 있습니다.

인터페이스를 만족하려면 인터페이스에 정의된 메서느명, 매개변수 타입(선택) 그리고 반환 값 타입(선택)이 모두 일치해야 합니다. 타입은 인터페이스 정의에 나열된 메서드 외에도 다른 메서드를 추가로 가질 수 있지만, 인터페이스 정의에 나열된 메서드는 반드시 모두 구현해야 하며 하나라도 구현하지 않으면 인터페이스를 만족할 수 없습니다.

타입은 여러 인터페이스를 만족할 수 있으며, 인터페이스 또한 인터페이스를 만족하는 여러 타입을 가질 수 있습니다(그리고 보통 인터페이스는 여러 타입을 갖습니다).

인터페이스를 만족하는 타입 정의하기

아래 코드에 간단한 실험용 패키지인 mypkg라는 패키지를 만들었습니다. 이 패키지는 세 개의 메서드를 갖는 MyInterface라는 인터페이스와 함께 MyInterface를 만족하는 MyType이라는 타입을 정의하고 있습니다.

MyInterface 인터페이스를 만족하려면 MethodWithoutParamters 메서드, float64 타입의 매개변수를 받는 MethodWithParameter 메서드, 그리고 string 타입을 반환하는 MethodWithReturnValue의 세 개의 메서드가 필요합니다.

그리고 MyType이라는 또 하나의 타입을 선언하고 있는데, 이 예제에서 MyType의 기본 타입은 중요하지 않으므로 int를 사용하겠습니다. 그리고 MyType에는 MyInterface를 만족하는 데 필요한 세 개의 모든 메서드와 함께 인터페이스와는 무관한 추가 메서드를 하나 더 정의합니다.

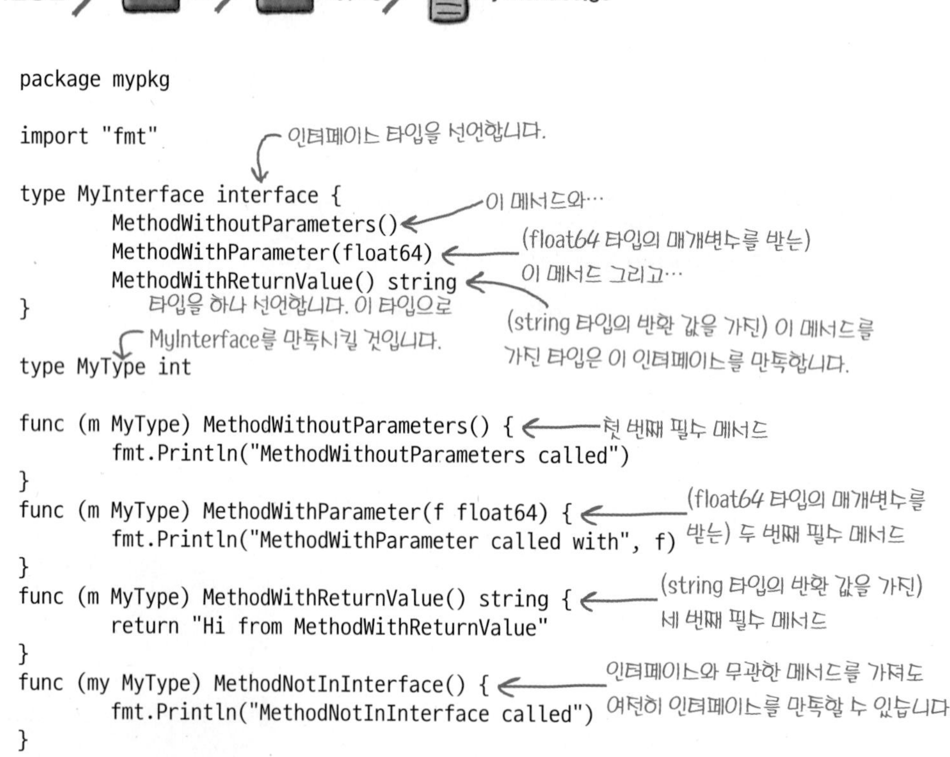
작업공간
src
mypkg
myinterface.go
인터페이스 타입을 선언합니다.
이 메서드와…
(float64 타입의 매개변수를 받는)
이 메서드 그리고…
(string 타입의 반환 값을 가진) 이 메서드를
가진 타입은 이 인터페이스를 만족합니다.
타입을 하나 선언합니다. 이 타입으로
MyInterface를 만족시킬 것입니다.
첫 번째 필수 메서드
(float64 타입의 매개변수를
받는) 두 번째 필수 메서드
(string 타입의 반환 값을 가진)
세 번째 필수 메서드
인터페이스와 무관한 메서드를 가져도
여전히 인터페이스를 만족할 수 있습니다.

```
package mypkg

import "fmt"

type MyInterface interface {
	MethodWithoutParameters()
	MethodWithParameter(float64)
	MethodWithReturnValue() string
}

type MyType int

func (m MyType) MethodWithoutParameters() {
	fmt.Println("MethodWithoutParameters called")
}
func (m MyType) MethodWithParameter(f float64) {
	fmt.Println("MethodWithParameter called with", f)
}
func (m MyType) MethodWithReturnValue() string {
	return "Hi from MethodWithReturnValue"
}
func (my MyType) MethodNotInInterface() {
	fmt.Println("MethodNotInInterface called")
}
```

다른 많은 언어에서는 MyType이 MyInterface를 만족한다는 것을 직접 명시해 줘야 하는데, Go에서는 *자동*으로 처리되기 때문에, 어떤 타입이 특정 인터페이스에 선언된 모든 메서드를 구현하고 있으면 추가로 선언하지 않아도 해당 인터페이스가 필요한 모든 곳에서 사용할 수 있습니다.

인터페이스를 만족하는 타입 정의하기 (계속)

다음은 mypkg를 테스트해 볼 수 있는 간단한 프로그램입니다.

인터페이스 타입으로 선언된 변수는 인터페이스를 만족하는 모든 타입의 값을 가질 수 있습니다. 다음 코드에서는 MyInterface를 타입으로 하는 value 변수를 선언한 다음 MyType 타입의 값을 value 변수에 할당하고 있습니다(MyType이 MyInterface를 만족하기 때문에 가능한 일입니다). 그리고 다음으로 value 값에서 인터페이스에 정의된 모든 메서드를 호출하고 있습니다.

```
package main

import (
        "fmt"
        "mypkg"
)

func main() {
        var value mypkg.MyInterface
        value = mypkg.MyType(5)
        value.MethodWithoutParameters()
        value.MethodWithParameter(127.3)
        fmt.Println(value.MethodWithReturnValue())
}
```

인터페이스 타입을 가진 변수를 선언합니다.

MyType의 값은 MyInterface를 만족하고 있기 때문에 MyInterface 타입의 변수에 할당할 수 있습니다.

MyInterface의 모든 메서드를 호출할 수 있습니다.

```
MethodWithoutParameters called
MethodWithParameter called with 127.3
Hi from MethodWithReturnValue
```

구체 타입, 인터페이스 타입

이전 장에서 정의한 모든 타입은 구체 타입이었습니다. **구체 타입(concrete type)**은 어떤 값이 *무엇을 할 수 있는지*뿐만 아니라 그 값이 *무엇인지* 또한 정의합니다. 즉, 구체 타입에서는 값의 데이터가 저장될 기본 타입을 지정합니다.

반면, 인터페이스 타입은 값이 무엇인지는 기술하지 않습니다. 기본 타입이 무엇인지, 값이 어떻게 저장되는지는 아무런 정보도 기술하지 않으며 값이 무엇을 할 수 있는지만 기술합니다. 즉, 어떤 메서드를 가지고 있는지만 기술할 뿐입니나.

메모를 작성해야 하는 상황을 가정해 보겠습니다. 책상 서랍에는 Pen, Pencil, Marker 등 몇 가지 구체 타입을 가진 값이 들어 있습니다. 각 구체 타입은 Write 메서드를 구현하고 있어 무엇을 사용하든 상관없습니다. 단지 Write 메서드를 가진 WritingInstrument 인터페이스를 만족하는 구체 타입이 필요할 뿐입니다.

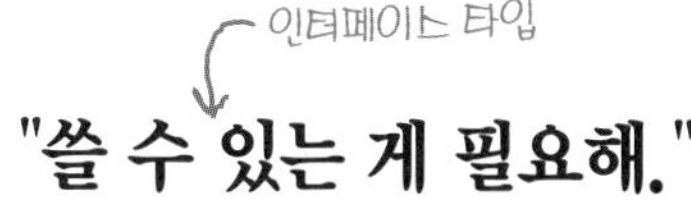

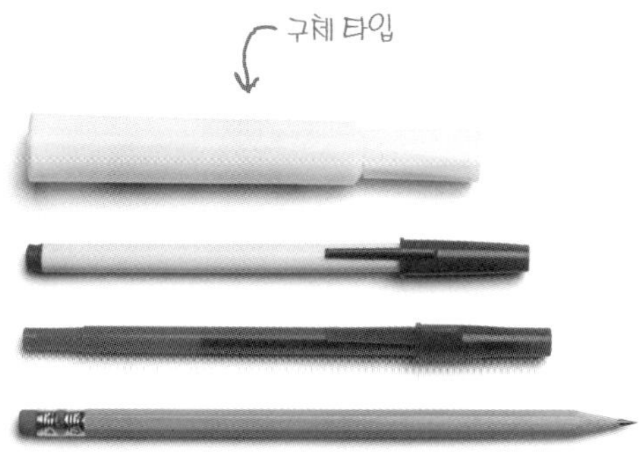

인터페이스를 만족하는 타입 할당하기

인터페이스 타입을 가진 변수는 인터페이스를 만족하는 모든 타입의 값을 가질 수 있습니다.

MakeSound라는 메서드를 가진 Whistle과 Horn이라는 타입을 생각해 봅시다. 우리는 MakeSound 메서드를 가진 NoiseMaker라는 인터페이스를 만들 수 있고, NoiseMaker 타입으로 선언한 toy 변수에는 Whistle 또는 Horn 타입의 값(또는 MakeSound 메서드를 가진 다른 모든 타입의 값)을 할당할 수 있습니다.

그리고 toy 변수에 할당된 모든 값에서 MakeSound 메서드를 호출할 수 있습니다. toy 변수가 가지고 있는 값의 구체 타입이 정확히 무엇인지는 알지 못하더라도 무슨 일을 할 수 있는지는 알고 있습니다. 어떤 타입에 MakeSound 메서드가 구현되지 않았으면 NoiseMaker 인터페이스를 만족하지 못하기 때문에 애초에 변수에 값을 할당할 수가 없습니다.

```
package main

import "fmt"

type Whistle string

func (w Whistle) MakeSound() {
	fmt.Println("Tweet!")
}

type Horn string

func (h Horn) MakeSound() {
	fmt.Println("Honk!")
}

type NoiseMaker interface {
	MakeSound()
}

func main() {
	var toy NoiseMaker
	toy = Whistle("Toyco Canary")
	toy.MakeSound()
	toy = Horn("Toyco Blaster")
	toy.MakeSound()
}
```

MakeSound 메서드를 가지고 있습니다. (Whistle의 MakeSound)

이 타입 또한 MakeSound 메서드를 가지고 있습니다. (Horn의 MakeSound)

MakeSound 메서드를 가진 모든 타입을 표현합니다. (NoiseMaker interface)

NoiseMaker 타입의 변수를 선언합니다. (var toy NoiseMaker)

NoiseMaker를 만족하는 타입의 값을 할당합니다. (toy = Whistle(...))

NoiseMaker를 만족하는 또 다른 타입의 값을 할당합니다. (toy = Horn(...))

```
Tweet!
Honk!
```

함수의 매개변수에도 인터페이스 타입을 사용할 수 있습니다(결국 함수의 매개변수도 변수이므로). 예를 들어, NoiseMaker 타입의 값을 매개변수로 받는 play 함수를 선언하면 MakeSound 메서드를 가진 모든 타입의 값을 play 함수로 전달할 수 있습니다.

```
func play(n NoiseMaker) {
	n.MakeSound()
}

func main() {
	play(Whistle("Toyco Canary"))
	play(Horn("Toyco Blaster"))
}
```

```
Tweet!
Honk!
```

인터페이스에 정의된 메서드만 호출할 수 있습니다

인터페이스 타입의 변수에 값을 할당하고 나면 해당 값에서는 인터페이스에 *정의된 메서드*만 호출할 수 있습니다.

MakeSound 메서드와 함께 추가로 Walk 메서드를 갖는 Robot이라는 타입을 만들어봅시다. 그다음 play 함수에는 Walk 메서드 호출을 추가하고 새로운 Robot 타입의 값을 play 메서드로 전달합니다.

그러나 코드를 컴파일해 보면 NoiseMaker에 Walk 메서드가 정의되지 않았다는 에러 메시지와 함께 컴파일되지 않습니다.

이유가 무엇일까요? Robot 값은 분명히 Walk 메서드를 가지고 있고 메서드 정의에도 아무 문제가 없는데 말이죠!

하지만 play 함수로 전달하는 값은 Robot 타입이 아닌 NoiseMaker 타입입니다. 이 상태에서 play 함수에 Whistle이나 Horn 타입의 값을 전달하면 어떻게 될까요? 이 두 타입은 Walk 메서드를 가지고 있지 않습니다!

어떤 변수가 특정 인터페이스 타입으로 선언되었을 때 해당 변수에서 확실히 호출할 수 있다고 보장할 수 있는 메서드는 인터페이스에 정의된 메서드밖에 없습니다. 즉, Go의 인터페이스 변수에서는 인터페이스에 정의된 메서드의 호출만 허용됩니다(인터페이스 값으로부터 구체 타입의 값을 가져와 해당 타입에 한정된 메서드를 호출할 수 있는 방법이 있는데, 이는 곧 살펴보겠습니다).

```
package main

import "fmt"

type Whistle string

func (w Whistle) MakeSound() {
	fmt.Println("Tweet!")
}

type Horn string

func (h Horn) MakeSound() {
	fmt.Println("Honk!")
}
                    ← 새로운 Robot 타입을 선언합니다.
type Robot string   ← Robot 타입은 NoiseMaker 인터페이스를 만족합니다.

func (r Robot) MakeSound() {
	fmt.Println("Beep Boop")
}
                    ← 추가 메서드
func (r Robot) Walk() {
	fmt.Println("Powering legs")
}

type NoiseMaker interface {
	MakeSound()
}

func play(n NoiseMaker) {
	n.MakeSound()   ← NoiseMaker 인터페이스의 일부이므로 가능.
	n.Walk()        ← NoiseMaker의 일부가 아니므로 불가능!
}

func main() {
	play(Robot("Botco Ambler"))
}
```

에러 발생

```
n.Walk undefined
(type NoiseMaker has no
field or method Walk)
```

인터페이스 타입을 가진 변수에 다른 메서드를 가진 타입을 할당하는 것은 괜찮습니다. 인터페이스의 메서드가 아닌 다른 메서드를 호출하지만 않는다면 아무 문제도 발생하지 않습니다.

```
func play(n NoiseMaker) {
	n.MakeSound()   ← 인터페이스에 정의된 메서드만 호출할 수 있습니다.
}

func main() {
	play(Robot("Botco Ambler"))
}
```

```
Beep Boop
```

부수면서 배우기!

다음 코드에는 Fan과 CoffeePot이라는 두 개의 구체 타입이 정의되었습니다. 또한 TurnOn 메서드를 가진 Appliance라는 인터페이스도 정의되었습니다. Fan과 CoffeePot 모두 TurnOn 메서드를 가지고 있기 때문에 Appliance 인터페이스를 만족합니다.

따라서 main 함수에서는 Appliance 타입의 변수에 Fan 및 CoffeePot 타입의 값을 할당할 수 있습니다.

코드의 여러 부분을 변형하고 컴파일해 보면서 어떤 일이 벌어지는지 확인해 보세요!

```
type Appliance interface {
	TurnOn()
}

type Fan string
func (f Fan) TurnOn() {
	fmt.Println("Spinning")
}

type CoffeePot string
func (c CoffeePot) TurnOn() {
	fmt.Println("Powering up")
}
func (c CoffeePot) Brew() {
	fmt.Println("Heating Up")
}

func main() {
	var device Appliance
	device = Fan("Windco Breeze")
	device.TurnOn()
	device = CoffeePot("LuxBrew")
	device.TurnOn()
}
```

이렇게 변형하면...	이런 이유로 실패합니다
구체 타입에서 인터페이스에 정의되지 않은 메서드 호출하기 `device.Brew()`	인터페이스 타입으로 선언된 변수에서는 구체 타입이 어떤 메서드를 가지고 있는지와 무관하게 인터페이스에 정의된 메서드만 호출할 수 있습니다.
타입에서 인터페이스를 만족하는 메서드 제거 ~~`func (c CoffeePot) TurnOn() {`~~ ~~`fmt.Println("Powering up")`~~ `}`	타입이 인터페이스를 만족하지 않으면 인터페이스 타입으로 선언된 변수에 해당 타입의 값을 할당할 수 없습니다.

인터페이스를 만족하는 메서드에 별도의 반환 값 또는 매개변수 추가
`func (f Fan) TurnOn() error {`
`fmt.Println("Spinning")`
`return nil`
`}`
	구체 타입에서의 메서드 정의와 인터페이스의 메서드 정의의 모든 매개변수 및 반환 값의 개수나 타입이 일치하지 않으면 구체 타입은 인터페이스를 만족하지 못합니다.

인터페이스를 사용해 playList 함수 수정하기

그럼 이제 인터페이스를 사용해 playList 함수가 구체 타입인 TapePlayer 및 TapeRecorder 모두에서 Play 및 Stop 메서드를 사용하도록 만들 수 있는지 확인해 보겠습니다.

```
// TapePlayer 타입 정의는 여기에
func (t TapePlayer) Play(song string) {
        fmt.Println("Playing", song)
}
func (t TapePlayer) Stop() {
        fmt.Println("Stopped!")
}
// TapeRecorder 타입 정의는 여기에
func (t TapeRecorder) Play(song string) {
        fmt.Println("Playing", song)
}
func (t TapeRecorder) Record() {
        fmt.Println("Recording")
}
func (t TapeRecorder) Stop() {
        fmt.Println("Stopped!")
}
```

먼저 main 패키지에서 Player라는 인터페이스를 선언합니다(gadget 패키지에서 선언할 수도 있지만 직접 사용하려는 위치와 동일한 패키지에서 인터페이스를 정의하면 유연성이 좀 더 향상됩니다). 인터페이스는 string 타입의 매개변수를 받는 Play 메서드와 매개변수가 없는 Stop 메서드를 갖도록 정의합니다. 이는 TapePlayer 및 TapeRecorder 두 타입 모두 Player 인터페이스를 만족함을 의미합니다.

그리고 playList 함수는 TapePlayer에 한정된 값이 아닌 Player 인터페이스를 만족하는 모든 값을 받을 수 있도록 수정해 줍니다. player 변수의 타입도 마찬가지로 TapePlayer에서 Player로 수정해 줍니다. 이제 TapePlayer 및 TapeRecorder 값 모두 player 변수에 할당할 수 있습니다. 그다음 playList 함수에 두 타입의 값을 전달합니다.

```
package main

import "github.com/headfirstgo/gadget"

type Player interface {    ← 인터페이스 타입을 정의합니다.
        Play(string)       ← 문자열 매개변수를 받는 Play 메서드가 필요합니다.
        Stop()             ← Stop 메서드 또한 필요합니다.
}
                         ↓ TapePlayer뿐만 아니라 Player를 만족하는 모든 값을 받을 수 있습니다.
func playList(device Player, songs []string) {
        for _, song := range songs {
                device.Play(song)
        }
        device.Stop()
}

func main() {
        mixtape := []string{"Jessie's Girl", "Whip It", "9 to 5"}
        var player Player = gadget.TapePlayer{}  ← 모든 Player 값을 받을 수 있도록 수정합니다.
        playList(player, mixtape)        ← playList에 TapePlayer 타입의 값을 전달합니다.
        player = gadget.TapeRecorder{}
        playList(player, mixtape)        ← playList에 TapeRecorder 타입의 값을 전달합니다.
}
```

```
Playing Jessie's Girl
Playing Whip It
Playing 9 to 5
Stopped!
Playing Jessie's Girl
Playing Whip It
Playing 9 to 5
Stopped!
```

주목!

타입이 포인터 리시버 메서드를 선언하고 있는 경우, 인터페이스 변수에는 해당 타입의 포인터 값만 할당할 수 있습니다.

아래 코드에서 Switch 타입의 toggle 메서드는 리시버 값을 변경해야 하기 때문에 포인터 리시버를 사용해야 합니다.

```
package main

import "fmt"

type Switch string
func (s *Switch) toggle() {
	if *s == "on" {
		*s = "off"
	} else {
		*s = "on"
	}
	fmt.Println(*s)
}

type Toggleable interface {
	toggle()
}

func main() {
	s := Switch("off")
	var t Toggleable = s
	t.toggle()
	t.toggle()
}
```

하지만 Toggleable 인터페이스 타입의 변수에 Switch 변수를 할당하려고 하면 에러가 발생합니다.

```
Switch does not implement Toggleable
(toggle method has pointer receiver)
```

Go는 값이 인터페이스를 만족하는지 판단할 때, 포인터 메서드는 값에 포함하지 않습니다. 반면 포인터에는 포함하기 때문에 Toggleable 변수에 Switch 값 대신 Switch 타입의 포인터를 할당함으로써 위 문제를 해결할 수 있습니다.

```
var t Toggleable = &s
```
← 포인터를 대신 할당합니다.

코드를 위와 같이 수정하면 정상적으로 동작할 것입니다.

바보 같은 질문은 없습니다!

Q: 인터페이스 타입의 이름은 대문자와 소문자 중 어느 걸로 시작해야 하나요?

A: 인터페이스 타입의 이름에 대한 규칙 또한 타입에서 적용되는 규칙과 동일합니다. 소문자로 시작하면 패키지 외부로 인터페이스가 노출되지 않으며, 대문자로 시작하면 패키지 외부로 노출됩니다. 경우에 따라 패키지 내부에서만 사용하고 싶은 경우에는 소문자를 사용해 인터페이스 타입을 숨기고 다른 패키지에서도 사용하고 싶은 경우에는 대문자를 사용해 인터페이스 타입을 노출시키면 됩니다.

연습문제

오른쪽에 보이는 코드에서는 Car와 Truck 이라는 타입을 정의하며 각 타입은 Accelerate, Brake, Steer 메서드를 가지고 있습니다. 빈칸을 채워 이 세 메서드를 가진 Vehicle 인터페이스를 추가해 main 함수의 코드가 아래 보이는 값을 출력하도록 만들어 보세요.

```
package main

import "fmt"

type Car string
func (c Car) Accelerate() {
	fmt.Println("Speeding up")
}
func (c Car) Brake() {
	fmt.Println("Stopping")
}
func (c Car) Steer(direction string) {
	fmt.Println("Turning", direction)
}

type Truck string
func (t Truck) Accelerate() {
	fmt.Println("Speeding up")
}
func (t Truck) Brake() {
	fmt.Println("Stopping")
}
func (t Truck) Steer(direction string) {
	fmt.Println("Turning", direction)
}
func (t Truck) LoadCargo(cargo string) {
	fmt.Println("Loading", cargo)
}

______________________________
	________________
	_______
	_______________
_

func main() {
	var vehicle Vehicle = Car("Toyoda Yarvic")
	vehicle.Accelerate()
	vehicle.Steer("left")

	vehicle = Truck("Fnord F180")
	vehicle.Brake()
	vehicle.Steer("right")
}
```

여기에 코드를 작성하세요!

```
Speeding up
Turning left
Stopping
Turning right
```

답은 348 페이지에 있습니다.

타입 단언

TapePlayer와 TapeRecorder 타입의 여러 메서드를 테스트하기 위해 TryOut이라는 새로운 함수를 정의했습니다. TryOut은 Player 인터페이스 타입의 단일 매개변수를 가지고 있어 TapePlayer 또는 TapeRecorder 타입의 값을 전달할 수 있습니다.

TryOut에서는 Player 인터페이스의 일부인 Play 및 Stop 메서드를 호출하고 있습니다. 그리고 Play 인터페이스에는 없고 TapeRecorder 타입에만 정의된 Record 메서드 또한 호출하고 있습니다. 현재는 TryOut에 TapeRecorder 타입의 값만 전달하고 있으니 괜찮을 것 같지 않나요?

아쉽게도 위 질문에 대한 대답은 "아니오"입니다. 우리는 앞서 구체 타입의 값을 인터페이스 타입의 변수에 할당하면(변수에는 함수의 매개변수도 포함), 구체 타입이 무슨 메서드를 가지고 있든지 해당 변수에서는 인터페이스의 일부로 정의된 메서드만 호출할 수 있다고 배웠습니다. TryOut 함수는 TapeRecorder(구체 타입)의 값이 아닌 Player(인터페이스 타입)의 값을 사용하고 있습니다. 그리고 Play 인터페이스는 Record 메서드를 가지고 있지 않습니다.

```
type Player interface {
        Play(string)
        Stop()
}

func TryOut(player Player) {
        player.Play("Test Track")
        player.Stop()
        player.Record()
}

func main() {
        TryOut(gadget.TapeRecorder{})
}
```

이 메서드는 Player 인터페이스의 일부이므로 호출할 수 있습니다.

Player 인터페이스의 일부가 아닙니다!

(Player 인터페이스를 만족하는) TapeRecorder 타입의 값을 전달합니다.

에러 발생

```
player.Record undefined (type Player
has no field or method Record)
```

따라서 인터페이스 타입의 값으로부터(Record 메서드를 가진) 구체 타입의 값을 다시 가져오는 방법이 필요합니다.

여러분은 본능적으로 가장 먼저 Player 값을 TapeRecorder 값으로 변환하는 타입 변환을 시도해 볼 것입니다. 하지만 타입 변환은 인터페이스 타입에는 사용할 수 없기 때문에 에러가 발생합니다. 에러 메시지는 다른 방법을 시도해 볼 것을 제안합니다.

```
func TryOut(player Player) {
        player.Play("Test Track")
        player.Stop()
        recorder := gadget.TapeRecorder(player)
        recorder.Record()
}
```

타입 변환은 동작하지 않습니다!

에러 발생

```
cannot convert player (type Player) to type
gadget.TapeRecorder: need type assertion
```

"타입 단언(type assertion)"이라니? 이게 뭘까요?

타입 단언 (계속)

구체 타입의 값이 인터페이스 타입의 변수에 할당되었을 때 **타입 단언(type assertion)**을 사용하면 구체 타입의 값을 가져올 수 있습니다. 이는 일종의 타입 변환입니다. 문법은 심지어 메서드 호출과 타입 변환을 섞어 놓은 것처럼 보입니다. 인터페이스 값 다음에 점과 함께 구체 타입이 괄호로 감싸여 따라옵니다(정확히는 이를 값의 구체 타입이 무엇인지 주장 혹은 단언한다고 합니다).

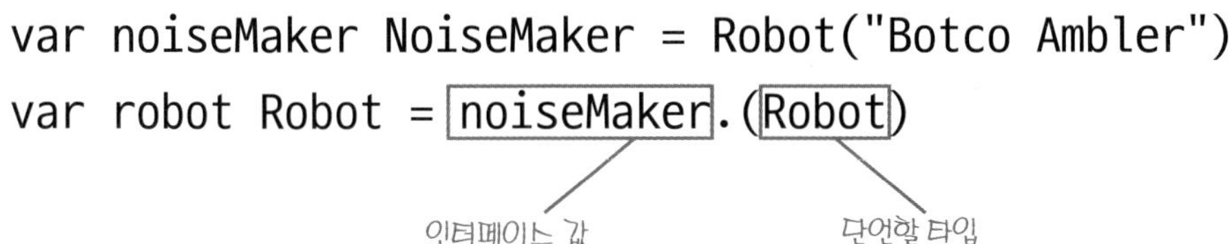

위 타입 단언 코드의 의미를 풀어 쓰면 다음과 같습니다.
"이 변수가 NoiseMaker 인터페이스 타입인 건 알고 있지만, 이 NoiseMaker 값이 실제로는 Robot 타입의 값이라는 것을 확신할 수 있어."

타입 단언을 사용해 구체 타입의 값을 가져오고 나면 인터페이스에는 정의되지 않았지만 해당 구체 타입에는 정의되어 있는 메서드를 호출할 수 있습니다.

다음 코드는 Robot 타입의 값을 NoiseMaker 인터페이스 값에 할당하고 있습니다. NoiseMaker에서는 인터페이스의 일부인 MakeSound 메서드를 호출할 수 있습니다. 하지만 Walk 메서드를 호출하려면 먼저 타입 단언을 사용해 Robot 타입의 값을 가져와야 합니다. (NoiseMaker 값이 아닌) Robot 타입의 값을 가져오고 나면 그제서야 Walk 메서드를 호출할 수 있습니다.

```
type Robot string
func (r Robot) MakeSound() {
	fmt.Println("Beep Boop")
}
func (r Robot) Walk() {
	fmt.Println("Powering legs")
}

type NoiseMaker interface {
	MakeSound()
}

func main() {
	var noiseMaker NoiseMaker = Robot("Botco Ambler")
	noiseMaker.MakeSound()
	var robot Robot = noiseMaker.(Robot)
	robot.Walk()
}
```

인터페이스 타입의 변수를 정의합니다.

인터페이스를 만족하는 타입의 값을 할당합니다.

인터페이스에 정의된 메서드를 호출합니다.

타입 단언을 사용해 다시 구체 타입의 값으로 변환합니다.

(인터페이스가 아닌) 구체 타입 위에 정의된 메서드를 호출합니다.

```
Beep Boop
Powering legs
```

타입 단언 실패

이전에 본 TryOut 함수에서는 Player 타입의 값에서 인터페이스에 속하지 않은 Record 메서드를 호출할 수 없었습니다. 그럼 이제 타입 단언을 통해 해당 메서드를 호출할 수 있도록 만들어 보겠습니다.

이전과 같이, TryOut 함수에 TapeRecorder 타입의 값을 전달하면 이 값은 Player 인터페이스 타입으로 선언된 매개변수에 할당됩니다. Play와 Stop 메서드는 모두 Player 인터페이스의 일부이기 때문에 Player 타입의 값에서는 이 두 메서드 모두 호출할 수 있습니다.

그다음 타입 단언을 사용해 Player를 다시 TapeRecorder로 변환합니다. 그리고 Player 값 대신 변환된 TapeRecorder 타입의 값에서 Record 메서드를 호출합니다.

```
type Player interface {
        Play(string)
        Stop()
}

func TryOut(player Player) {
        player.Play("Test Track")
        player.Stop()
        recorder := player.(gadget.TapeRecorder)
        recorder.Record()
}

func main() {
        TryOut(gadget.TapeRecorder{})
}
```

TapeRecorder 타입의 값을 저장합니다.

타입 단언을 사용해 TapeRecorder 타입의 값을 가져옵니다.

구체 타입에만 정의된 메서드를 호출합니다.

```
Playing Test Track
Stopped!
Recording
```

이제 TapeRecorder 타입과 함께 모든 코드가 아주 잘 동작하는 듯합니다. 하지만 만약 이때 TryOut에 TapePlayer 타입의 값을 전달하게 되면 어떻게 될까요? TryOut의 매개변수가 가진 구체 타입이 항상 TapeRecorder 타입이라고 가정한 이 코드가 과연 잘 동작할까요?

```
func main() {
        TryOut(gadget.TapeRecorder{})
        TryOut(gadget.TapePlayer{})
}
```

TapePlayer 값도 한 번 전달해 봅니다.

이 코드는 컴파일은 성공하지만 실행하려고 하면 런타임 패닉이 발생합니다. 여러분도 예상할 수 있듯이 TapePlayer를 TapeRecorder로 타입 단언 하려고 하니 당연히 실패하게 됩니다.

패닉 발생!

```
Playing Test Track
Stopped!
Recording
Playing Test Track
Stopped!
panic: interface conversion: main.Player
is gadget.TapePlayer, not gadget.TapeRecorder
```

타입 단언 실패 시 패닉 방지하기

하나의 반환 값을 받는 컨텍스트에서 타입 단언문을 사용하는 경우, 원래 타입과 단언하려는 타입이 일치하지 않으면 프로그램은 (컴파일 도중이 아닌) 런타임 도중 패닉이 발생합니다.

```
var player Player = gadget.TapePlayer{}
recorder := player.(gadget.TapeRecorder)
```

실제로는 TapePlayer 타입인데 TapeRecorder 타입으로 단언할 경우…

패닉 발생!!

```
panic: interface conversion: main.Player
is gadget.TapePlayer, not gadget.TapeRecorder
```

반면 다중 반환 값을 받는 컨텍스트에서 타입 단언문을 사용하는 경우에는 타입 단언의 성공 여부를 나타내는 선택적인 두 번째 값이 반환됩니다(따라서 타입 단언이 실패해도 패닉이 발생하지 않습니다). 두 번째 반환 값은 bool 타입으로 값의 원래 타입과 단언하려는 타입이 일치하는 경우에는 true를, 그 외의 경우에는 false 값을 갖습니다. 두 번째 반환 값을 가지고 무얼 하든 상관은 없지만 컨벤션에 따라 보통은 ok라는 변수에 할당하곤 합니다.

7장에서 맵에 접근할 때 처음 접한 "comma ok idiom"을 따르는 또 다른 케이스입니다.

다음은 위 코드의 수정된 버전으로 타입 단언의 결과를 구체 타입의 값을 저장할 변수와 두 번째 ok 변수에 할당하고 있습니다. 그다음 if문에서는 ok 값을 확인해 (Player 값이 TapeRecorder 값을 가진 경우) 구체 타입에서 Record 메서드를 호출할 수 있는지 혹은 (Player 값이 다른 구체 타입을 가진 경우) 해당 메서드 호출을 건너뛸 것인지를 판별하고 있습니다.

```
var player Player = gadget.TapePlayer{}
recorder, ok := player.(gadget.TapeRecorder)
if ok {
        recorder.Record()
} else {
        fmt.Println("Player was not a TapeRecorder")
}
```

- 두 번째 반환 값을 변수에 할당합니다.
- 원래 타입이 TapeRecorder인 경우 값에서 Record 메서드를 호출합니다.
- 그렇지 않으면 타입 단언이 실패했다고 보고합니다.

```
Player was not a TapeRecorder
```

이 경우 구체 타입은 TapeRecorder가 아닌 TapePlayer이므로 타입 단언은 실패하게 되고 ok는 false 값을 갖게 됩니다. 따라서 if문의 else문이 실행되어 Player was not a TapeRecorder라는 메시지가 출력됩니다. 다행히 런타임 패닉은 피했습니다.

타입 단언을 사용할 때 인터페이스 값의 원래 값이 무엇인지 확신하기 어려운 경우에는 선택적 ok 값을 사용해 다른 타입을 가졌을 경우에 대한 대비책을 미리 마련해 런타임 패닉을 방지해야 합니다.

타입 단언으로 TapePlayers 및 TapeRecorders 타입 확인하기

그럼 지금까지 배운 내용을 활용해 TryOut 함수가 TapePlayer와 TapeRecorder 두 타입 모두에 동작할 수 있도록 개선해 봅시다. 이번에는 타입 단언의 두 번째 반환 값을 무시하지 않고 ok 변수에 할당하겠습니다. 타입 단언이 성공하면(즉, recorder 변수가 TapeRecorder 값을 가진 경우로 Record 함수를 사용할 수 있음을 의미함) ok 변수는 true 값을 갖고, 그 외의 경우(즉, Recorder를 호출할 수 없음을 의미함)에는 false 값을 갖습니다. 그럼 이제 Record 메서드 호출 코드는 타입 선언이 성공한 경우에만 호출되도록 if문으로 감싸줍니다.

```
type Player interface {
        Play(string)
        Stop()
}

func TryOut(player Player) {
        player.Play("Test Track")
        player.Stop()
        recorder, ok := player.(gadget.TapeRecorder)
        if ok {
                recorder.Record()
        }
}

func main() {
        TryOut(gadget.TapeRecorder{})
        TryOut(gadget.TapePlayer{})
}
```

원래 값이 TapeRecorder 타입인 경우에만 Record 메서드를 호출합니다.

두 번째 반환 값을 변수에 할당합니다.

```
Playing Test Track
Stopped!
Recording
Playing Test Track
Stopped!
```

TapeRecorder 타입의 값을 전달하면

타입 단언은 성공하고 Record가 호출됩니다.

TapePlayer 타입의 값을 전달하면

타입 단언은 실패하고 Record는 호출되지 않습니다.

이전과 마찬가지로 main 함수에서 먼저 TapeRecorder 값으로 TryOut을 호출합니다. TryOut은 Player 인터페이스 값을 받아 Play와 Stop 메서드를 호출합니다. Player 값의 구체 타입이 TapeRecorder라는 타입 단언이 성공하면 타입 단언 결과로 반환된 TapeRecorder 값에서 Recorder 메서드를 호출합니다.

그다음 TapePlayer 값으로 TryOut을 다시 호출합니다(이전에는 타입 단언 시 패닉이 발생했기 때문에 프로그램이 중단되었습니다). 이전과 마찬가지로 Play와 Stop 메서드가 호출됩니다. Player의 값은 TapeRecorder가 아닌 TapePlayer 타입의 값을 가지고 있기 때문에 타입 단언은 실패하지만 ok 변수로 두 번째 반환 값을 받고 있기 때문에 패닉은 발생하지 않습니다. 대신 ok 값이 false로 설정되며 if문이 실행되지 않고 따라서 Record 메서드도 호출되지 않습니다(TapePlayer는 Record 메서드를 가지고 있지 않기 때문에 잘된 일입니다).

타입 단언 덕분에 TryOut 함수는 TapeRecorder 및 TapePlayer 두 타입 모두에 잘 동작합니다!

수영장 퍼즐

오른쪽에 보이는 코드는 이전에 본 연습문제를 일부 수정한 코드로 Vehicle 인터페이스의 모든 메서드를 호출하는 TryVehicle 함수가 추가되었으며 이 함수는 타입 단언을 사용해 Truck 타입의 값을 얻어옵니다. 타입 단언이 성공하면 Truck 타입의 값에서 LoadCargo를 호출해야 합니다.

여러분이 할 일은 수영장에 들어 있는 코드 조각을 아래 빈칸에 맞게 채워 넣는 것입니다. 각 코드 조각은 한 번만 사용할 수 있고 모두 사용할 필요는 없습니다. 여러분의 목표는 아래 보이는 출력값을 출력하는 프로그램을 완성하는 것입니다.

```
type Truck string
func (t Truck) Accelerate() {
	fmt.Println("Speeding up")
}
func (t Truck) Brake() {
	fmt.Println("Stopping")
}
func (t Truck) Steer(direction string) {
	fmt.Println("Turning", direction)
}
func (t Truck) LoadCargo(cargo string) {
	fmt.Println("Loading", cargo)
}

type Vehicle interface {
	Accelerate()
	Brake()
	Steer(string)
}

func TryVehicle(vehicle ________) {
	vehicle.______________
	vehicle.Steer("left")
	vehicle.Steer("right")
	vehicle.Brake()
	truck, __ := vehicle.________
	if ok {
		_____.LoadCargo("test cargo")
	}
}

func main() {
	TryVehicle(Truck("Fnord F180"))
}
```

출력값 →

```
Speeding up
Turning left
Turning right
Stopping
Loading test cargo
```

참고: 각 코드 조각은 딱 한 번만 사용할 수 있습니다!

수영장 코드 조각: truck, (Vehicle), (Truck), Truck, Accelerate(), vehicle, Vehicle, ok

답은 348 페이지에 있습니다.

"error" 인터페이스

이번 장은 Go에 내장된 몇 가지 인터페이스를 살펴보면서 마무리짓고자 합니다. 이번에 소개할 인터페이스는 우리가 인지하지는 못했지만 이미 계속 사용해 왔습니다.

3장에서 에러 값을 만드는 방법을 배울 때 "에러 값은 문자열을 반환하는 Error라는 메서드를 가진 값이다."라고 말한 적이 있습니다.

에러 값을 반환합니다.
에러 메시지를 출력합니다.
에러 메시지를 한 번 더 출력합니다.

```
err := fmt.Errorf("a height of %0.2f is invalid", -2.33333)
fmt.Println(err.Error())
fmt.Println(err)
```

```
a height of -2.33 is invalid
a height of -2.33 is invalid
```

특정 메서드를 가진 모든 값을 내포하는 타입이라 ... 그거 인터페이스 같은데요!

맞습니다. error 타입은 인터페이스입니다! 이 인터페이스는 다음과 같이 정의되었습니다.

```
type error interface {
        Error() string
}
```

error 타입을 인터페이스로 선언한다는 것은 문자열을 반환하는 Error 메서드를 가진 모든 값은 error 인터페이스를 만족하는 에러 값이 됨을 의미합니다. 즉, 여러분만의 에러 타입을 정의할 수 있으며 그렇게 정의한 타입은 error 타입의 값이 필요한 모든 곳에서 사용할 수 있습니다.

예를 들어, 아래에 간단히 정의된 ComedyError 타입은 문자열을 반환하는 Error 메서드를 가지고 있기 때문에 error 인터페이스를 만족하며 따라서 error 타입의 변수에 할당할 수 있습니다.

"string"을 기본 타입으로 하는 타입을 정의합니다.
error 인터페이스를 만족합니다.
Error 메서드는 문자열을 반환해야 하므로 타입을 변환해 줍니다.
"error" 타입의 변수를 선언합니다.
ComedyError는 error 인터페이스를 만족하기 때문에 ComedyError 타입의 값을 err 변수에 할당할 수 있습니다.

```
type ComedyError string
func (c ComedyError) Error() string {
        return string(c)
}

func main() {
        var err error
        err = ComedyError("What's a programmer's favorite beer? Logger!")
        fmt.Println(err)
}
```

```
What's a programmer's favorite beer? Logger!
```

"error" 인터페이스 (계속)

에러 값이 필요함과 동시에 단순 에러 메시지 이상의 더 많은 정보를 추적해야 하는 경우에는 error 인터페이스를 만족하면서 원하는 정보를 저장할 수 있는 타입을 만들면 됩니다.

어떤 장비의 과열 여부를 모니터링하는 프로그램을 작성한다고 가정해 봅시다. 다음의 OverheatError 타입이 유용해 보입니다. 이 타입은 Error 메서드를 가지고 있기 때문에 error 인터페이스를 만족합니다. 흥미롭게도 float64을 기본 타입으로 사용해 과열로 인한 에러 발생 시 그 과열 정도를 추적할 수 있습니다.

```
type OverheatError float64
func (o OverheatError) Error() string {
	return fmt.Sprintf("Overheating by %0.2f degrees!", o)
}
```

float64를 기본 타입으로 하는 타입을 정의합니다.

error 인터페이스를 만족합니다.

에러 메시지에 온도 값을 포함시킵니다.

다음은 OverheatError 타입을 사용하는 checkTemperature 함수입니다. 이 함수는 장비 시스템의 실제 온도와 안전하다고 여기는 온도 값을 매개변수로 받습니다. 함수의 반환 값은 OverheatError가 아닌 error 타입으로 선언되어 있는데 OverheatError가 error 인터페이스를 만족하기 때문에 문제 없습니다. actual 온도가 safe 온도를 초과하면, checkTemperature는 초과량을 기록하는 새로운 OverheatError 에러를 반환합니다.

반환 값은 기본 에러 타입으로 지정합니다.

```
func checkTemperature(actual float64, safe float64) error {
	excess := actual - safe
	if excess > 0 {
		return OverheatError(excess)
	}
	return nil
}

func main() {
	var err error = checkTemperature(121.379, 100.0)
	if err != nil {
		log.Fatal(err)
	}
}
```

실제 온도가 안전 온도를 초과하면…

초과량을 기록하는 OverheatError를 반환합니다.

```
2018/04/02 19:27:44 Overheating by 21.38 degrees!
```

바보 같은 질문은 없습니다!

Q: error 인터페이스 타입은 임포트문으로 가져오지도 않았는데 어떻게 사용할 수 있는 건가요? 이름도 소문자로 시작하고 있는데 그럼 노출되지 않은 타입 아닌가요? error 타입이 정의된 패키지는 어디에 있나요?

A: error 타입은 int와 string과 같은 "미리 정의된 식별자"입니다. 따라서 다른 미리 정의된 식별자와 마찬가지로 어느 패키지의 일부도 아닙니다. 이는 "유니버스 블록(universe block)"의 일부로 패키지에 관계없이 어느 곳에서나 사용할 수 있습니다.

if와 for 블록은 함수 블록에 포함되며, 함수 블록은 패키지 블록에 포함된다는 것 기억하고 계신가요? 유니버스 블록은 모든 패키지 블록을 포함합니다. 즉, 유니버스 블록에 정의된 모든 것은 임포트문으로 가져오지 않아도 언제든지 사용할 수 있으며 여기에는 error 타입과 다른 미리 정의된 식별자들 또한 포함됩니다.

"Stringer" 인터페이스

9장에서 부피 측정을 위한 다양한 단위를 구분하기 위해 만든 Gallons, Liters, Milliliters 타입을 기억하시나요? 우리는 이 단위들의 구분이 생각보다 쉽지 않다는 것을 발견했습니다. 12갤런은 12리터 또는 12밀리리터와는 완전히 다른 양이지만 막상 출력해 보면 모두 동일한 양으로 보입니다. 또한 소수점 이하 자릿수가 너무 많으면 출력할 때 보기가 불편합니다.

```
type Gallons float64
type Liters float64
type Milliliters float64

func main() {
	fmt.Println(Gallons(12.09248342))
	fmt.Println(Liters(12.09248342))
	fmt.Println(Milliliters(12.09248342))
}
```

Gallons 타입의 값을 생성하고 출력합니다.

Liters 타입의 값을 생성하고 출력합니다.

Milliliters 타입의 값을 생성하고 출력합니다.

모든 값이 동일해 보입니다!

```
12.09248342
12.09248342
12.09248342
```

Printf를 사용하면 숫자를 반올림한 뒤 측정 단위를 나타내는 약어를 추가할 수 있지만 이 타입들이 필요한 모든 곳에서 매번 다음과 같은 코드를 작성하는 것은 매우 번거로운 일입니다.

숫자의 출력 형식을 지정하고 단위 약어를 추가합니다.

```
fmt.Printf("%0.2f gal\n", Gallons(12.09248342))
fmt.Printf("%0.2f L\n", Liters(12.09248342))
fmt.Printf("%0.2f mL\n", Milliliters(12.09248342))
```

```
12.09 gal
12.09 L
12.09 mL
```

바로 이와 같은 상황을 위해 fmt 패키지는 fmt.Stringer라는 인터페이스를 정의하고 있는데 이 인터페이스를 사용하면 특정 타입의 출력 형식을 직접 지정할 수 있습니다. Stringer 인터페이스는 문자열을 반환하는 String() 메서드만 정의하면 만족할 수 있으며, 인터페이스 정의는 다음과 같습니다.

```
type Stringer interface {
	String() string
}
```

문자열을 반환하는 String 메서드를 가진 모든 타입은 fmt.Stringer 인터페이스를 만족합니다.

예를 들어, 다음 예제에서 CoffeePot 타입은 Stringer 인터페이스를 만족합니다.

```
type CoffeePot string
func (c CoffeePot) String() string {
	return string(c) + " coffee pot"
}

func main() {
	coffeePot := CoffeePot("LuxBrew")
	fmt.Println(coffeePot.String())
}
```

Stringer 인터페이스를 만족합니다.

메서드는 문자열을 반환해야 합니다.

```
LuxBrew coffee pot
```

"Stringer" 인터페이스 (계속)

fmt 패키지의 많은 함수가 전달된 값이 Stringer 인터페이스를 만족하고 있는지 확인하며, 만족하는 경우 String 메서드를 호출합니다. 여기에는 Print, Println 및 Printf 함수도 포함됩니다. CoffeePot 타입은 Stringer 인터페이스를 만족하고 있으므로 CoffeePot 값을 이 세 함수에 직접 전달할 수 있으며, 이 함수는 값을 출력할 때 CoffeePot의 String 메서드의 반환 값을 사용합니다.

CoffeePot 타입의 값을 생성합니다.

CoffeePot 값을 다양한 fmt 함수에 전달합니다.

```
coffeePot := CoffeePot("LuxBrew")
fmt.Print(coffeePot, "\n")
fmt.Println(coffeePot)
fmt.Printf("%s", coffeePot)
```

```
LuxBrew coffee pot
LuxBrew coffee pot
LuxBrew coffee pot
```

String 메서드의 반환 값이 출력됩니다.

그럼 이제 인터페이스 타입을 제대로 사용해 보기 위해 Gallons, Liters, Milliliters 타입이 Stringer 인터페이스를 만족하도록 만들어 봅시다. 좀 아까 작성한 형식 지정 코드를 각 타입에 맞는 String 메서드로 옮깁니다. 그다음 Printf 대신 Sprintf 함수를 사용해 결괏값을 문자열로 반환합니다.

```
type Gallons float64
func (g Gallons) String() string {
	return fmt.Sprintf("%0.2f gal", g)
}

type Liters float64
func (l Liters) String() string {
	return fmt.Sprintf("%0.2f L", l)
}

type Milliliters float64
func (m Milliliters) String() string {
	return fmt.Sprintf("%0.2f mL", m)
}

func main() {
	fmt.Println(Gallons(12.09248342))
	fmt.Println(Liters(12.09248342))
	fmt.Println(Milliliters(12.09248342))
}
```

Gallons 타입이 Stringer 인터페이스를 만족하도록 만듭니다.

Liters 타입이 Stringer 인터페이스를 만족하도록 만듭니다.

Milliliters 타입이 Stringer 인터페이스를 만족하도록 만듭니다.

각 타입의 값을 Println 함수로 전달합니다.

```
12.09 gal
12.09 L
12.09 mL
```

각 타입의 String 메서드의 반환 값이 출력에 사용됩니다.

이제 Gallons, Liters, Milliliters 값을 Println(또는 다른 대부분의 fmt 함수)에 전달할 때마다 String 메서드가 호출되고 메서드의 반환 값이 출력될 것입니다. 각 타입의 값을 출력하는 데 유용하게 사용할 수 있는 기본 출력 형식의 설정이 마무리되었습니다!

빈 인터페이스

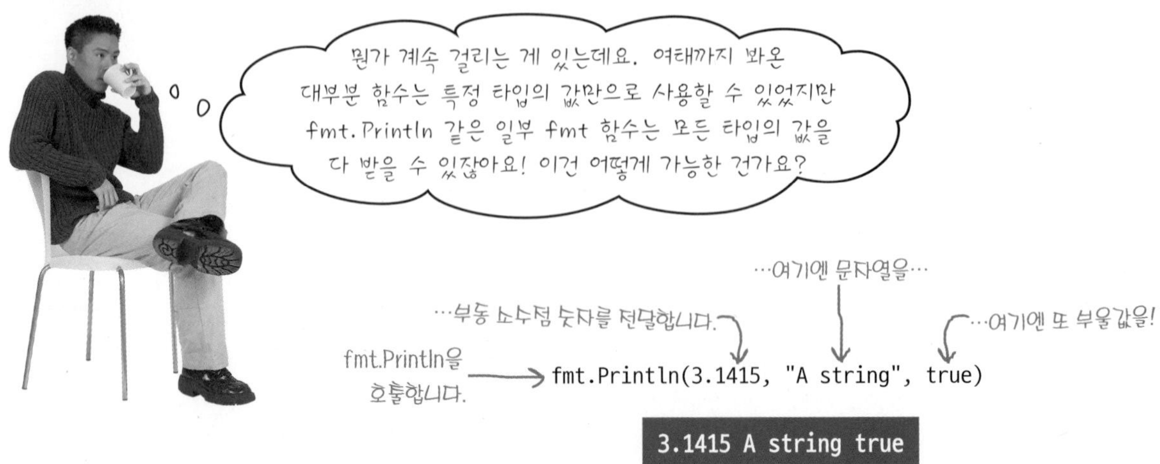

뭔가 계속 걸리는 게 있는데요. 여태까지 봐온 대부분 함수는 특정 타입의 값만으로 사용할 수 있었지만 fmt.Println 같은 일부 fmt 함수는 모든 타입의 값을 다 받을 수 있잖아요! 이건 어떻게 가능한 건가요?
…여기엔 문자열을…
…부동 소수점 숫자를 전달합니다.
…여기엔 또 부울값을!
fmt.Println을 호출합니다.
fmt.Println(3.1415, "A string", true)
3.1415 A string true

좋은 질문입니다! **go doc**을 실행해 fmt.Println의 문서를 가져와 매개변수가 어떤 타입으로 선언되었는지 살펴보도록 합시다.

"fmt" 패키지의 "Println" 함수에 대한 문서를 확인합니다.

"..."은 이 함수가 가변 인자 함수임을 나타냅니다. 그런데 "interface{}" 타입은 뭘까요?

```
File Edit Window Help
$ go doc fmt Println
func Println(a ...interface{}) (n int, err error)
    Println formats using the default formats for its operands and writes to
    standard output. Spaces are always added between operands and a newline...
```

6장에서 봤듯이 ...은 함수가 임의 개수의 매개변수를 받을 수 있는 가변 인자 함수임을 나타냅니다. 그런데 interface{} 타입은 대체 뭘까요?

인터페이스 선언은 해당 인터페이스를 만족시키기 위해 타입이 가져야 하는 메서드를 지정합니다. 예를 들어, NoiseMaker 인터페이스는 MakeSound 메서드를 가진 타입이면 모두 만족할 수 있습니다.

```
type NoiseMaker interface {
        MakeSound()
}
```

그런데 만약 메서드가 전혀 필요 없는 인터페이스 타입을 선언하면 어떻게 될까요? 이 인터페이스는 그 어떤 타입이라도 만족할 수 있습니다! 즉 모든 타입이 이 인터페이스를 만족할 수 있게 됩니다!

```
type Anything interface {
}
```

빈 인터페이스 (계속)

interface{} 타입을 **빈 인터페이스(empty interface)**라고 하며, 이 타입은 모든 타입의 값을 저장할 수 있습니다. 빈 인터페이스에는 인터페이스를 만족하기 위해 필요한 메서드가 없기 때문에 모든 값이 만족할 수 있습니다.

따라서 빈 인터페이스 타입의 매개변수를 받는 함수를 선언하면 인자로 모든 타입의 값을 전달할 수 있습니다.

빈 인터페이스 타입의 매개변수를 받습니다.

```
func AcceptAnything(thing interface{}) {
}

func main() {
	AcceptAnything(3.1415)
	AcceptAnything("A string")
	AcceptAnything(true)
	AcceptAnything(Whistle("Toyco Canary"))
}
```

이 값은 모두 함수에 전달하기 유효한 타입입니다.

빈 인터페이스에는 인터페이스를 만족하기 위해 필요한 메서드가 없기 때문에 모든 값이 만족할 수 있습니다.

하지만 무턱대고 모든 매개변수에 빈 인터페이스 타입을 사용하지는 마세요. 빈 인터페이스 타입의 값으로는 *할 수 있는 게* 그리 많지 않습니다.

fmt 패키지의 함수 대부분은 빈 인터페이스 값을 허용하므로 AcceptAnything 함수의 매개변숫값을 전달할 수 있습니다.

```
func AcceptAnything(thing interface{}) {
	fmt.Println(thing)
}

func main() {
	AcceptAnything(3.1415)
	AcceptAnything(Whistle("Toyco Canary"))
}
```

```
3.1415
Toyco Canary
```

하지만 빈 인터페이스 값에서는 아무 메서드도 호출할 수 없습니다! 여러분도 아시다시피 인터페이스 타입의 값을 가진 값에서는 인터페이스에 정의된 메서드만 호출할 수 있습니다. 하지만 빈 인터페이스에는 메서드가 없습니다. 이 말은 즉, 빈 인터페이스 타입의 값에서는 그 어떤 메서드도 호출할 수 없음을 의미합니다.

```
func AcceptAnything(thing interface{}) {
	fmt.Println(thing)
	thing.MakeSound()
}
```

빈 인터페이스 값에서 메서드를 호출합니다.

에러 발생

```
thing.MakeSound undefined (type interface {} is interface with no methods)
```

빈 인터페이스 (계속)

빈 인터페이스 타입의 값에서 메서드를 호출하려면 먼저 타입 단언으로 구체 타입의 값을 가져와야 합니다.

```
func AcceptAnything(thing interface{}) {
        fmt.Println(thing)
        whistle, ok := thing.(Whistle)
        if ok {
                whistle.MakeSound()
        }
}

func main() {
        AcceptAnything(3.1415)
        AcceptAnything(Whistle("Toyco Canary"))
}
```

타입 단언을 사용해 Whistle 타입의 값을 가져옵니다.

Whistle 타입의 값에서 메서드를 호출합니다.

```
3.1415
Toyco Canary
Tweet!
```

이쯤 되면 빈 인터페이스 타입이 아닌 특정 구체 타입의 값만 받는 함수를 작성하는 게 더 좋은 선택일 수도 있습니다.

```
func AcceptWhistle(whistle Whistle) {
        fmt.Println(whistle)
        whistle.MakeSound()
}
```

Whistle 타입을 받습니다.

메서드를 호출합니다. 타입 변환이 필요 없습니다.

이렇듯 함수를 정의할 때 빈 인터페이스 타입을 사용함으로써 얻을 수 있는 이득에는 한계가 있습니다. 하지만 빈 인터페이스 값은 fmt 패키지의 함수뿐만 아니라 다른 패키지에서도 종종 볼 수 있습니다. 이제 여러분은 나중에 함수 문서에서 interface{} 매개변수를 보게 되면 그 의미를 정확히 이해할 수 있을 것입니다.

변수나 함수의 매개변수를 정의할 때 보통은 어떤 값이 할당될지 정확히 알고 있습니다. 이런 경우에는 Pen, Car 또는 Whistle과 같은 구체 타입을 사용할 수 있습니다. 하지만 값이 무슨 일을 할 수 있는지 알고 있는 경우에는 WritingInstrument, Vehicle 또는 NoiseMaker와 같은 인터페이스 타입을 사용해야 합니다.

인터페이스 타입에 정의된 메서드를 정의하고 나면, 값의 구체 타입에 상관없이 변숫값을 할당하거나 함수를 호출 할 수 있습니다. 값이 무엇이든 간에 메서드만 정확히 구현하고 있으면 됩니다!

Go 도구 상자

11장이 끝났습니다!
도구 상자에 인터페이스를 담았습니다.

인터페이스

인터페이스는 특정 값이 가지고 있기를 기대하는 메서드의 집합입니다. 인터페이스 정의에 나열된 모든 메서드를 가진 타입은 해당 인터페이스를 만족한다고 합니다. 어떤 인터페이스를 만족하는 타입은 해당 인터페이스 타입으로 선언된 모든 변수 또는 함수의 매개변수에 할당할 수 있습니다.

중요 항목

- 구체 타입은 어떤 값이 *무엇을 할 수 있는지*뿐만 아니라 그 값이 *무엇인지* 또한 정의합니다. 즉, 구체 타입에서는 값의 데이터가 저장될 기본 타입을 지정합니다.
- 인터페이스 타입은 추상 타입으로 값이 무엇인지는 기술하지 않습니다. 기본 타입이 무엇인지, 값이 어떻게 저장되는지는 아무런 정보도 기술하지 않으며 값이 무엇을 할 수 있는지만 기술합니다. 즉, 어떤 메서드를 가지고 있는지만 기술할 뿐입니다.
- 인터페이스 정의에는 메서드가 가져야 할 메서드명, 매개변수 타입(선택) 그리고 반환 값 타입(선택)의 목록을 포함해야 합니다.
- 인터페이스를 만족하려면 인터페이스에 정의된 메서드명, 매개변수 타입(선택) 그리고 반환 값 타입(선택)이 모두 일치해야 합니다.
- 타입은 인터페이스 정의에 나열된 메서드 외에도 다른 메서드를 추가로 가질 수 있지만, 인터페이스 정의에 나열된 메서드는 반드시 모두 구현해야 하며 하나라도 구현하지 않으면 인터페이스를 만족할 수 없습니다.
- 타입은 여러 인터페이스를 만족할 수 있으며, 인터페이스 또한 인터페이스를 만족하는 여러 타입을 가질 수 있습니다.
- 인터페이스 만족은 자동으로 처리됩니다. Go에서는 구체 타입이 인터페이스를 만족한다는 사실을 명시적으로 선언해 줄 필요가 없습니다.
- 인터페이스 타입의 변수에서는 인터페이스에 정의된 메서드만 호출할 수 있습니다.
- 구체 타입의 값을 인터페이스 타입의 변수에 할당한 경우 타입 단언을 사용하면 구체 타입의 값을 다시 가져올 수 있습니다. 타입 단언으로 구체 타입의 값을 가져와야만 구체 타입에 정의된 메서드를 호출할 수 있습니다(인터페이스에 정의된 메서드가 아니더라도).
- 타입 단언문은 타입 단언의 성공 여부를 나타내는 두 번째 부울 값을 반환합니다.

```
car, ok := vehicle.(Car)
```

CHAPTER 11

연습문제 정답

```
type Car string
func (c Car) Accelerate() {
    fmt.Println("Speeding up")
}
func (c Car) Brake() {
    fmt.Println("Stopping")
}
func (c Car) Steer(direction string) {
    fmt.Println("Turning", direction)
}

type Truck string
func (t Truck) Accelerate() {
    fmt.Println("Speeding up")
}
func (t Truck) Brake() {
    fmt.Println("Stopping")
}
func (t Truck) Steer(direction string) {
    fmt.Println("Turning", direction)
}
func (t Truck) LoadCargo(cargo string) {
    fmt.Println("Loading", cargo)
}

type Vehicle interface {
    Accelerate()
    Brake()
    Steer(string)
}

func main() {
    var vehicle Vehicle = Car("Toyoda Yarvic")
    vehicle.Accelerate()
    vehicle.Steer("left")

    vehicle = Truck("Fnord F180")
    vehicle.Brake()
    vehicle.Steer("right")
}
```

Steer 함수에 매개변수 지정하는 것 잊지 마세요!

```
Speeding up
Turning left
Stopping
Turning right
```

수영장 퍼즐 제목

```
type Truck string
func (t Truck) Accelerate() {
    fmt.Println("Speeding up")
}
func (t Truck) Brake() {
    fmt.Println("Stopping")
}
func (t Truck) Steer(direction string) {
    fmt.Println("Turning", direction)
}
func (t Truck) LoadCargo(cargo string) {
    fmt.Println("Loading", cargo)
}

type Vehicle interface {
    Accelerate()
    Brake()
    Steer(string)
}

func TryVehicle(vehicle Vehicle) {
    vehicle.Accelerate()
    vehicle.Steer("left")
    vehicle.Steer("right")
    vehicle.Brake()
    truck, ok := vehicle.(Truck)
    if ok {
        truck.LoadCargo("test cargo")
    }
}

func main() {
    TryVehicle(Truck("Fnord F180"))
}
```

ok: 타입 단언 성공 여부

truck: Vehicle 타입이 아닌 Truck 타입의 값을 가지므로 LoadCargo 메서드를 호출할 수 있습니다.

```
Speeding up
Turning left
Turning right
Stopping
Loading test cargo
```

12 다시 일어서기

실패 복구하기

하! 데이터가 손상된 걸
알아챘을 땐 정말 패닉이었어요!
복구할 시간만 주시면 파일은 닫도록
할게요.

에러는 모든 프로그램에서 항상 발생할 수 있기 때문에 미리 에러에 대한 대비책을 마련해 둬야 합니다. 때로는 단순히 에러 메시지를 출력한 뒤 프로그램을 종료하는 식으로 간단히 처리할 수도 있습니다. 하지만 어떤 에러는 발생 시 추가 동작을 요구하는 경우도 있습니다. 열린 파일 혹은 네트워크 연결을 닫아야 한다거나 시스템이 지저분해지지 않도록 다른 자원을 정리해야 하는 상황이 발생할 수도 있습니다. 이번 장에서는 에러가 발생하는 경우를 포함해서 자원 정리 작업을 뒤로 **지연(defer)**시키는 방법을 배워 보겠습니다. 또한 (드물긴 하지만) 적절한 상황에서 프로그램을 **패닉(panic)**시키는 방법과 프로그램을 패닉으로부터 **복구(recover)**하는 방법도 살펴보겠습니다.

파일에서 숫자 읽어 오기

Go에서 에러를 처리하는 방법은 지금까지 여러 번 이야기했습니다. 하지만 지금까지 다룬 기법만으로는 모든 상황을 대응할 수 없습니다. 그럼 그러한 예시를 하나 살펴보겠습니다.

텍스트 파일로부터 float64 값을 읽어 와 모두 더한 뒤 총합을 출력하는 *sum.go*라는 프로그램을 만드는 상황을 생각해 봅시다.

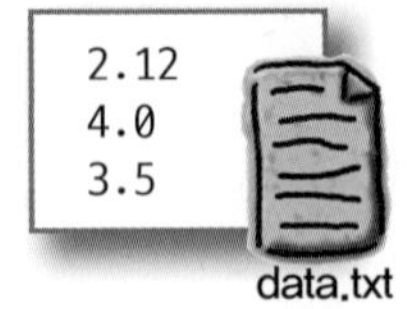


```
Shell Edit View Window Help
$ go run sum.go data.txt
Opening data.txt
Closing file
Sum: 9.62
```

6장에서는 텍스트 파일에서 읽어 온 각 라인을 float64 타입으로 변환한 다음 슬라이스에 담아 반환하는 GetFloats라는 함수를 만들었습니다.

다음은 6장에서 만든 GetFloats 함수를 main 패키지로 가져온 다음 텍스트 파일을 여닫는 두 개의 함수를 사용하도록 수정한 코드입니다.

```
package main   ← 전체 코드를 sum.go 소스 파일의 "main" 패키지로 가져왔습니다.

import (
	"bufio"
	"fmt"
	"log"
	"os"
	"strconv"
)

func OpenFile(fileName string) (*os.File, error) {
	fmt.Println("Opening", fileName)
	return os.Open(fileName)   ← 파일을 열고 (발생한) 에러 값과 함께 파일에 포인터를 반환합니다.
}
func CloseFile(file *os.File) {
	fmt.Println("Closing file")
	file.Close()   ← 파일을 닫습니다.
}

func GetFloats(fileName string) ([]float64, error) {
	var numbers []float64
	file, err := OpenFile(fileName)   ← os.Open 대신 OpenFile을 호출합니다.
	if err != nil {
		return nil, err
	}
	scanner := bufio.NewScanner(file)
	for scanner.Scan() {
		number, err := strconv.ParseFloat(scanner.Text(), 64)
		if err != nil {
			return nil, err
		}
		numbers = append(numbers, number)
	}
	CloseFile(file)   ← file.Close 대신 CloseFile을 호출합니다.
	if scanner.Err() != nil {
		return nil, scanner.Err()
	}
	return numbers, nil
}
```

파일에서 숫자 읽어 오기 (계속)

파일명은 명령줄 인자로 받도록 만들고 싶습니다. 이때는 프로그램을 실행할 때 전달한 모든 명령줄 인자가 저장되는 문자열 슬라이스인 os.Args를 사용할 수 있습니다.

따라서 main 함수에서는 첫 번째 명령줄 인자인 os.Args[1]을 통해 파일명을 가져올 수 있습니다(os.Args[0]에는 실행될 프로그램의 이름이 들어가기 때문에 실제 프로그램의 인자로 사용되는 값은 os.Args[1]과 그 뒤에 포함됩니다).

그다음 받아 온 파일명을 GetFloats로 전달해 float64 값이 담긴 슬라이스를 받아옵니다.

도중에 에러가 발생하면 GetFloats 함수에서는 에러가 반환되고 해당 에러는 err 변수에 저장됩니다. err가 nil이 아니면 에러가 발생했음을 의미하므로 에러 메시지를 출력하고 프로그램을 종료합니다.

그 외에는 파일 읽기에 성공한 경우이므로 for 루프로 반환된 슬라이스를 순회한 뒤 마지막에 총합을 출력합니다.

첫 번째 명령줄 인자를 파일명으로 사용합니다.

에러 값과 함께 파일에서 읽어 온 숫자의 슬라이스를 저장합니다.

에러가 발생하면 보고한 뒤 프로그램을 종료합니다.

슬라이스에 담긴 모든 숫자를 더합니다.

총합을 출력합니다.

```
func main() {
	numbers, err := GetFloats(os.Args[1])
	if err != nil {
		log.Fatal(err)
	}
	var sum float64 = 0
	for _, number := range numbers {
		sum += number
	}
	fmt.Printf("Sum: %0.2f\n", sum)
}
```

그리고 이제 위 소스 코드 전체를 sum.go 파일에 저장합니다. 그다음 한 줄에 하나씩 숫자로 채워진 일반 텍스트 파일을 만들어 봅시다. *data.txt*라는 파일명으로 *sum.go*와 같은 디렉터리에 저장합니다.

```
20.25
5.0
10.5
15.0
```

data.txt

그다음 go run sum.go data.txt로 프로그램을 실행하면 문자열 "data.txt"는 sum.go 프로그램의 첫 번째 인자이므로 GetFloats 함수로 전달되는 파일명으로 사용됩니다.

OpenFile과 CloseFile 함수에서도 fmt.Println을 사용하고 있기 때문에 각 함수가 언제 호출되는지 알 수 있으며, 마지막 라인에서는 data.txt 파일에 담긴 모든 숫자의 총합을 확인할 수 있습니다. 모두 잘 동작하는 것 같습니다!

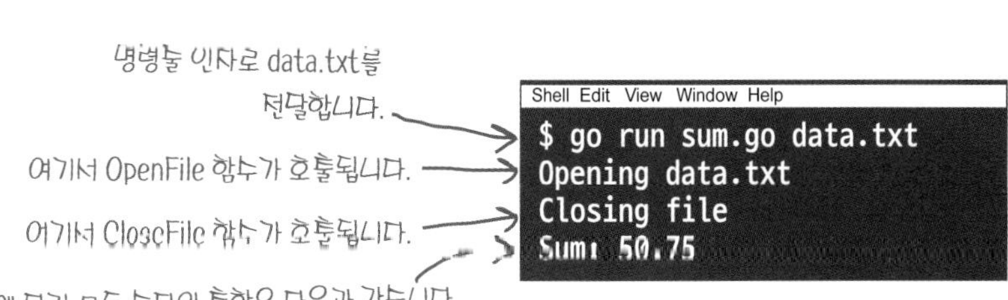
명령줄 인자로 data.txt를 전달합니다.
여기서 OpenFile 함수가 호출됩니다.
여기서 CloseFile 함수가 호출됩니다.
파일에 담긴 모든 숫자의 총합은 다음과 같습니다.
Shell Edit View Window Help
$ go run sum.go data.txt
Opening data.txt
Closing file
Sum: 50.75

에러가 발생하면 파일이 닫히지 않습니다!

그런데 이때 만약 *sum.go* 프로그램에 잘못된 형식의 파일을 전달하면 문제가 발생하기 시작합니다. 예를 들어, 파일에 float64 값으로 변환할 수 없는 값이 포함된 경우에는 다음과 같은 에러가 발생합니다.

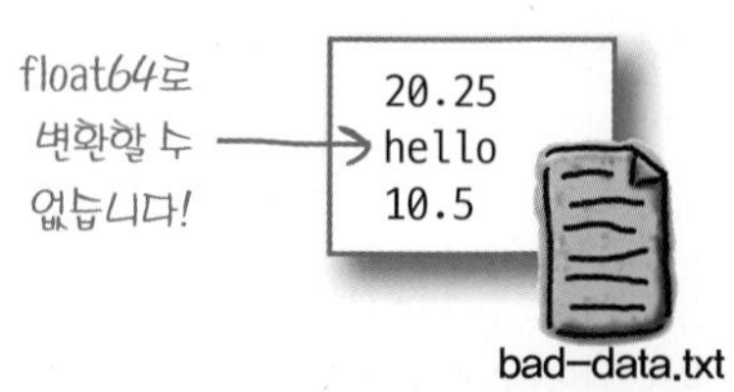
float64로
변환할 수
없습니다!
20.25
hello
10.5
bad-data.txt

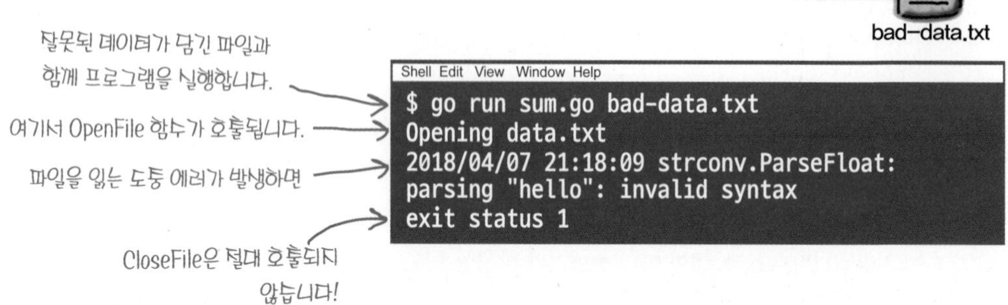
잘못된 데이터가 담긴 파일과
함께 프로그램을 실행합니다.
여기서 OpenFile 함수가 호출됩니다.
파일을 읽는 도중 에러가 발생하면
CloseFile은 절대 호출되지
않습니다!
Shell Edit View Window Help
$ go run sum.go bad-data.txt
Opening data.txt
2018/04/07 21:18:09 strconv.ParseFloat:
parsing "hello": invalid syntax
exit status 1

에러가 발생한 상황 자체는 괜찮습니다. 모든 프로그램은 이따금씩 잘못된 데이터를 받는 경우가 있게 마련입니다. 하지만 GetFloats 함수는 작업이 완료되면 CloseFile 함수를 호출하게끔 만들어져 있습니다. 하지만 프로그램의 출력값에는 "Closing file"이라는 메시지가 표시되지 않고 있는데, 이는 즉, CloseFile 함수가 호출되지 않았음을 의미합니다.

문제는 float64로 변환할 수 없는 문자열로 strconv.ParseFloat 함수를 호출하면 에러를 반환한다는 것입니다. 그리고 GetFloats 함수는 변환 에러가 발생하는 즉시 에러를 반환하도록 만들어져 있습니다.

하지만 에러 반환이 CloseFile 호출보다 먼저 실행되기 때문에 파일은 결코 닫히지 않습니다.

```
func GetFloats(fileName string) ([]float64, error) {
    var numbers []float64
    file, err := OpenFile(fileName)
    if err != nil {
        return nil, err
    }
    scanner := bufio.NewScanner(file)
    for scanner.Scan() {
        number, err := strconv.ParseFloat(scanner.Text(), 64)
        if err != nil {
            return nil, err
        }
        numbers = append(numbers, number)
    }
    CloseFile(file)
    if scanner.Err() != nil {
        return nil, scanner.Err()
    }
    return numbers, nil
}
```

ParseFloat는 문자열을 float64로 변환할 수 없는 경우 에러를 반환하므로, GetFloats도 에러를 반환합니다.

이는 CloseFile이 절대 호출되지 않음을 의미합니다!

함수 호출 지연시키기

지금은 파일 닫기에 실패한 것이 별거 아닌 것처럼 보일 수도 있습니다. 그리고 단일 파일을 여는 간단한 프로그램의 경우에는 크게 문제가 없을 수도 있습니다. 하지만 열린 파일은 계속해서 운영체제의 자원을 점유합니다. 시간이 지날수록 열린 파일이 쌓이게 되면 프로그램에 문제가 발생하게 되고 심지어는 시스템 전체의 성능 저하를 초래할 수도 있습니다. 따라서 프로그램이 끝났을 때 파일을 닫는 습관을 들이는 것은 아주 중요합니다.

하지만 에러가 발생한 상황에서는 어떻게 파일을 닫을 수 있을까요? GetFloats 함수는 파일을 읽는 도중 에러가 발생하면 CloseFile이 호출되지 않더라도 즉시 함수를 빠져나가도록 작성되었습니다.

함수 호출은 보통 호출문이 선언된 순서대로 실행됩니다. 즉, 다음 코드에서 fmt.Println("Goodbye!") 호출은 다른 두 fmt.Println 호출보다 먼저 실행됩니다.

```
package main

import "fmt"

func Socialize() {
	fmt.Println("Goodbye!")
	fmt.Println("Hello!")
	fmt.Println("Nice weather, eh?")
}

func main() {
	Socialize()
}
```

```
Goodbye!
Hello!
Nice weather, eh?
```

하지만 fmt.Println("Goodbye!") 호출 앞에 defer 키워드를 추가하면, 이 호출은 Socialize 함수의 나머지 코드가 모두 실행되고 Socialize 함수가 종료될 때까지 실행되지 않습니다. 이 defer 키워드는 무슨 일이 있어도 실행되어야 하는 함수 호출에 사용할 수 있습니다.

```
package main

import "fmt"

func Socialize() {
	defer fmt.Println("Goodbye!")
	fmt.Println("Hello!")
	fmt.Println("Nice weather, eh?")
}

func main() {
	Socialize()
}
```

함수 호출 앞에 "defer" 키워드를 추가합니다.

첫 번째 함수 호출은 Socialize가 종료될 때까지 지연됩니다.

```
Hello!
Nice weather, eh?
Goodbye!
```

지연된 함수 호출을 사용해 에러 복구하기

좋네요. 근데 좀 전에는 "무슨 일이 있어도" 실행되어야 하는 함수 호출에 defer가 사용된다고 말씀하셨잖아요. 좀 더 설명해 주시겠어요?

defer 키워드는 호출하고 있는 함수가 return 키워드로 인해 일찍 종료되더라도 특정 함수의 호출이 수행됨을 보장합니다.

다음은 Socialize 함수가 에러를 반환하도록 수정한 코드입니다. Socialize는 fmt.Println("Nice weather, eh?") 호출이 실행되기 전에 종료됩니다. 하지만 fmt.Println("Goodbye!") 호출 앞에 defer 키워드가 붙어 있기 때문에 Socialize는 함수를 끝내기 전에 항상 "Goodbye!"를 출력합니다.

"defer" 키워드는 호출하고 있는 함수가 일찍 종료되더라도 특정 함수의 호출이 수행됨을 보장합니다.

```
package main

import (
	"fmt"
	"log"
)

func Socialize() error {
	defer fmt.Println("Goodbye!")
	fmt.Println("Hello!")
	return fmt.Errorf("I don't want to talk.")
	fmt.Println("Nice weather, eh?")
	return nil
}

func main() {
	err := Socialize()
	if err != nil {
		log.Fatal(err)
	}
}
```

"Goodbye!"를 출력하는 함수 호출 지연시키기

에러를 반환합니다.

이 코드는 실행되지 않습니다!

지연된 함수는 Socialize가 종료될 때에도 여전히 호출됩니다.

```
Hello!
Goodbye!
2018/04/08 19:24:48 I don't want to talk.
```

지연된 함수 호출을 사용해 파일 닫기 보장하기

defer 키워드는 "무슨 일이 있어도" 반드시 함수가 호출됨을 보장할 수 있기 때문에 보통 에러가 발생한 경우에도 실행해야 하는 코드에 사용하곤 합니다. 흔한 예가 바로 열린 파일을 닫는 일입니다.

그리고 sum.go 프로그램의 GetFloats 함수에 필요한 작업이 바로 파일을 닫는 일입니다. OpenFile 함수를 호출하고 나면 파일 내용을 잘못 읽는 경우에도 CloseFile을 호출할 수 있어야 합니다.

이 작업은 아주 간단한데, CloseFile 함수의 호출을(에러 처리 코드를 포함하는) OpenFile 함수 호출 바로 다음으로 옮긴 다음 앞에 defer 키워드만 붙여 주면 됩니다.

defer를 사용하면 에러 발생 여부와 무관하게 GetFloats가 종료될 때 CloseFile이 호출됨을 보장할 수 있습니다.

이제 sum.go는 잘못된 데이터가 담긴 파일을 읽는 경우에도 종료하기 전에 항상 파일을 닫습니다.

```
func OpenFile(fileName string) (*os.File, error) {
	fmt.Println("Opening", fileName)
	return os.Open(fileName)
}
func CloseFile(file *os.File) {
	fmt.Println("Closing file")
	file.Close()
}

func GetFloats(fileName string) ([]float64, error) {
	var numbers []float64
	file, err := OpenFile(fileName)
	if err != nil {
		return nil, err
	}
	defer CloseFile(file)
	scanner := bufio.NewScanner(file)
	for scanner.Scan() {
		number, err := strconv.ParseFloat(scanner.Text(), 64)
		if err != nil {
			return nil, err
		}
		numbers = append(numbers, number)
	}
	if scanner.Err() != nil {
		return nil, scanner.Err()
	}
	return numbers, nil
}
```

OpenFile (및 에러 처리 코드) 바로 아래로 이동시킵니다.

"defer"를 추가하면 GetFloats가 종료될 때까지 실행되지 않습니다.

여기서 에러가 발생하더라도 CloseFile은 여전히 실행됩니다!

CloseFile은 여기서 에러가 발생하는 경우에도 실행됩니다!

물론 CloseFile은 GetFloats가 정상적으로 완료되어도 호출됩니다!

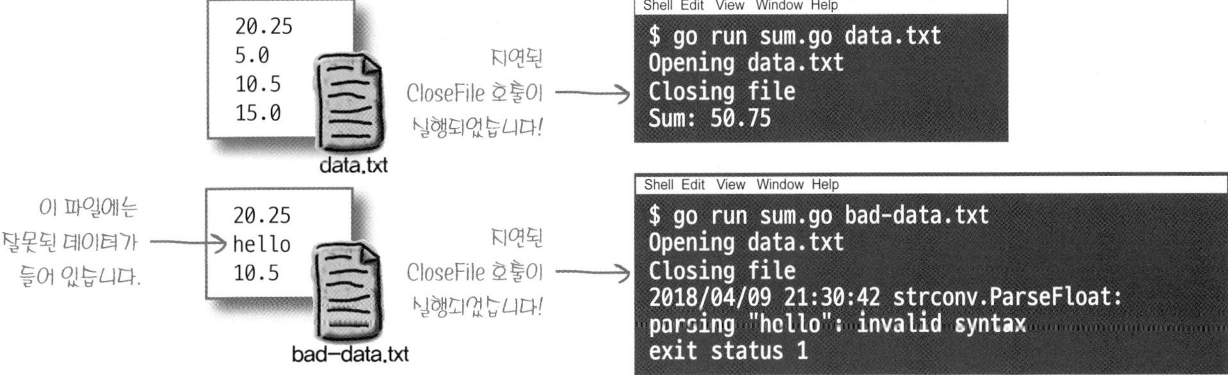
20.25
5.0
10.5
15.0
data.txt
지연된 CloseFile 호출이 실행되었습니다!
Shell Edit View Window Help
$ go run sum.go data.txt
Opening data.txt
Closing file
Sum: 50.75
이 파일에는 잘못된 데이터가 들어 있습니다.
20.25
hello
10.5
bad-data.txt
지연된 CloseFile 호출이 실행되었습니다!
Shell Edit View Window Help
$ go run sum.go bad-data.txt
Opening data.txt
Closing file
2018/04/09 21:30:42 strconv.ParseFloat:
parsing "hello": invalid syntax
exit status 1

코드 자석

다음 코드는 냉장고를 시뮬레이션하는 Refrigerator라는 타입을 정의하고 있습니다. Refrigerator는 기본 타입으로 문자열 슬라이스를 사용하며 이 슬라이스에는 냉장고에 들어 있는 음식들의 이름이 담깁니다. 이 타입은 문을 여는 행위를 시뮬레이션하는 Open 메서드와 닫은 행위에 대한 Close 메서드를 가지고 있습니다. FindFood 메서드는 Open 메서드를 통해 문을 연 다음 find 함수를 사용해 슬라이스 목록에서 특정 음식을 찾고 나면 다시 Close 메서드를 사용해 문을 닫습니다.

하지만 FindFood에는 문제가 하나 있습니다. 이 메서드는 찾는 음식이 없을 경우 에러 값을 반환하는데 에러가 반환되는 경우 Close가 호출되기 전에 함수가 먼저 종료되기 때문에 가상 냉장고는 계속 열린 채로 방치될 것입니다!

(다음 페이지에서 계속…)

```
func find(item string, slice []string) bool {
	for _, sliceItem := range slice {
		if item == sliceItem {
			return true   ← 문자열이 슬라이스에 존재하면 true를 반환합니다.
		}
	}
	return false   ← 반대로 문자열이 존재하지 않으면 false를 반환합니다.
}

type Refrigerator []string   ← Refrigerator 타입은 문자열 슬라이스를 기본 타입으로 하고 있으며 이 슬라이스에는 냉장고에 들어 있는 음식들의 이름이 담깁니다.

func (r Refrigerator) Open() {   ← 냉장고 열기를 시뮬레이션합니다.
	fmt.Println("Opening refrigerator")
}
func (r Refrigerator) Close() {   ← 냉장고 닫기를 시뮬레이션합니다.
	fmt.Println("Closing refrigerator")
}
func (r Refrigerator) FindFood(food string) error {
	r.Open()
	if find(food, r) {   ← 냉장고에 원하는 음식이 들어 있으면
		fmt.Println("Found", food)   ← 찾았다고 알려 줍니다.
	} else {
		return fmt.Errorf("%s not found", food)   ← 찾지 못한 경우에는 에러를 반환합니다.
	}
	r.Close()   ← 하지만 에러를 반환하면 이 함수는 호출되지 않습니다!
	return nil
}

func main() {
	fridge := Refrigerator{"Milk", "Pizza", "Salsa"}
	for _, food := range []string{"Milk", "Bananas"} {
		err := fridge.FindFood(food)
		if err != nil {
			log.Fatal(err)
		}
	}
}
```

냉장고는 열렸지만 닫히지 않습니다! →

```
Opening refrigerator
Found Milk
Closing refrigerator
Opening refrigerator
2018/04/09 22:12:37 Bananas not found
```

답은 377 페이지에 있습니다.

코드 자석 (계속)

아래 자석을 사용해 FindFood 메서드를 수정해 보세요. 수정된 버전에서는 Close 메서드의 호출을 지연시켜 (음식의 발견 여부와는 무관하게) FindFood가 종료될 때 항상 실행되도록 만들어야 합니다.

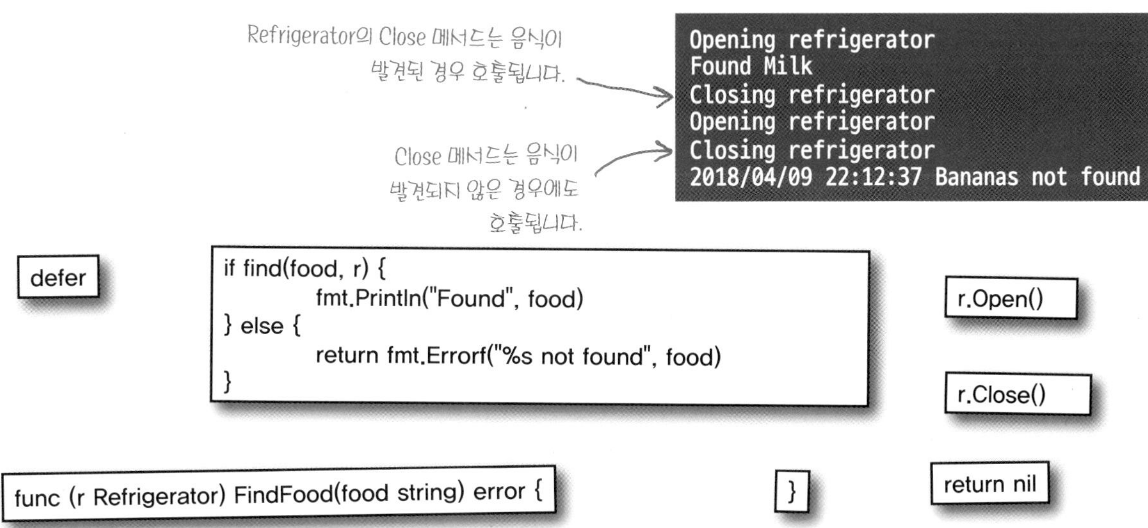

Refrigerator의 Close 메서드는 음식이 발견된 경우 호출됩니다.
Close 메서드는 음식이 발견되지 않은 경우에도 호출됩니다.
Opening refrigerator
Found Milk
Closing refrigerator
Opening refrigerator
Closing refrigerator
2018/04/09 22:12:37 Bananas not found
defer
if find(food, r) {
fmt.Println("Found", food)
} else {
return fmt.Errorf("%s not found", food)
}
r.Open()
r.Close()
func (r Refrigerator) FindFood(food string) error {
}
return nil

바보 같은 질문은 없습니다!

Q: 함수와 메서드 호출은 연기할 수 있는데 for 루프와 변수 선언문과 같은 다른 명령문도 연기할 수 있나요?

A: 아니요. defer는 함수나 메서드 호출 시에만 사용할 수 있습니다. 연기하려는 작업을 함수나 메서드 안에 작성하여 해당 함수나 메서드의 호출을 연기할 수는 있지만 defer 키워드 자체는 함수나 메서드 호출 시에만 사용할 수 있습니다.

디렉터리 내의 파일 나열하기

Go는 에러 처리에 도움이 되는 몇 가지 기능을 추가로 더 제공하고 있는데, 잠시 후에 프로그램으로 보여 드리겠습니다. 하지만 이 프로그램은 몇 가지 트릭을 사용하기 때문에 시작하기에 앞서 먼저 그 트릭에 대해 소개하겠습니다. 우선 디렉터리의 내용을 읽어 오는 방법을 알아야 합니다.

일단 오른쪽에 보이는 것처럼 두 개의 파일과 하나의 하위 디렉터리를 포함하는 *my_directory*라는 디렉터리를 생성합니다. 아래 프로그램은 *my_directory*의 내용을 읽어 와 디렉터리에 포함되어 있는 각 파일 또는 디렉터리의 이름을 출력합니다.

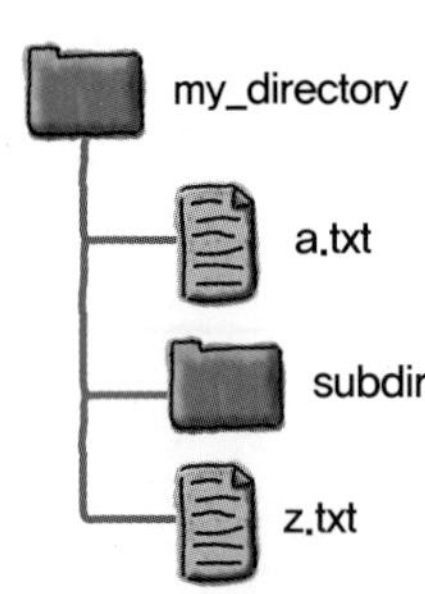

io/ioutil 패키지에 있는 ReadDir라는 함수를 사용하면 디렉터리의 내용을 읽어 올 수 있습니다. ReadDir 함수에 디렉터리명을 전달하면 (에러 값과 함께) 디렉터리에 포함된 파일 또는 디렉터리의 목록이 포함된 슬라이스를 반환합니다.

슬라이스에 포함된 모든 값은 FileInfo 인터페이스를 만족하며, 이 인터페이스는 파일명을 반환하는 Name 메서드와 해당 파일이 디렉터리인 경우 true를 반환하는 IsDir 메서드를 가지고 있습니다.

다음 프로그램은 ReadDir를 호출하면서 인자로 *my_directory*를 전달합니다. 그다음 반환받은 슬라이스를 순회하면서 IsDir가 true인 경우에는 "Directory:"와 파일명을, false인 경우에는 "File:"과 파일명을 출력합니다.

files.go

```
package main

import (
	"fmt"
	"io/ioutil"
	"log"
)

func main() {
	files, err := ioutil.ReadDir("my_directory")
	if err != nil {
		log.Fatal(err)
	}

	for _, file := range files {
		if file.IsDir() {
			fmt.Println("Directory:", file.Name())
		} else {
			fmt.Println("File:", file.Name())
		}
	}
}
```

"my_directory"의 내용이 담긴 슬라이스를 가져옵니다.

슬라이스의 각 파일을 순회합니다.

파일이 디렉터리인 경우 "Directory:"와 파일명을 출력합니다.

디렉터리가 아니면 "File:"과 파일명을 출력합니다.

위 코드를 *my_directory*와 같은 디렉터리에 files.go라는 파일로 저장합니다. 그다음 터미널에서 해당 디렉터리로 이동해 **go run files.go** 명령어로 프로그램을 실행해 보면 *my_directory*에 포함된 파일 및 디렉터리의 목록이 출력됩니다.

Shell Edit View Window Help

```
$ cd work
$ go run files.go
File: a.txt
Directory: subdir
File: z.txt
```

하위 디렉터리 내의 파일 나열하기 (다소 까다로움)

우회로로 갑시다

단일 디렉터리의 내용을 읽는 프로그램은 별로 복잡하지 않습니다. 하지만 Go 작업 공간처럼 좀 더 복잡한 디렉터리 구조의 내용을 읽어 와야 하는 경우도 있습니다. 여기에는 하위 디렉터리 내에 중첩된 하위 디렉터리의 전체 트리 구조가 포함되며 일부는 파일을 포함하고 일부는 포함하지 않습니다.

go
src
geo
coordinates.go
landmark.go
locked
secret.go
vehicle
car.go

이런 부류의 프로그램은 상당히 복잡합니다. 윤곽을 대략 그려 보면 로직은 다음과 같습니다.

I. 디렉터리 내의 파일 목록을 가져옵니다.

A. 다음 파일을 가져옵니다.

B. 파일이 디렉터리인가?

1. 맞다면: 해당 디렉터리 내의 파일 목록을 가져옵니다.

a. 다음 파일을 가져옵니다.

b. 파일이 디렉터리인가?

01. 맞다면: 해당 디렉터리 내의 파일 목록을 가져옵니다...

2. 아니면: 파일명을 출력합니다.

이 로직은 너무 깊이 중첩되어 있기 때문에 충분한 윤곽 수준을 잡을 수가 없습니다!

꽤 복잡하죠? 하지만 이런 코드를 작성하고 싶진 않습니다!

하지만 더 간단한 방법이 있다면 어떨까요? 다음과 같은 로직을 생각해 봅시다.

I. 디렉터리 내의 파일 목록을 가져옵니다.

A. 다음 파일을 가져옵니다.

B. 파일이 디렉터리인가?

1. 맞다면: 이 디렉터리를 기준으로 1번 과정을 반복합니다.

2. 아니면: 파일명을 출력합니다.

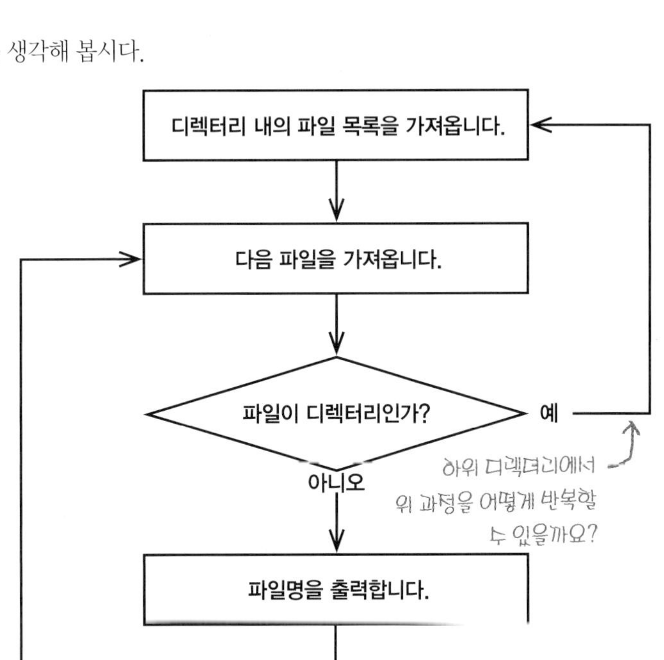

"새로운 디렉터리를 가지고 처음 로직을 반복한다."를 어떻게 구현할지 감이 오지 않습니다. 이 로직을 구현하려면 새로운 프로그래밍 개념이 필요합니다.

재귀 함수 호출

에러 처리에 대한 내용으로 돌아가기 전에 두 번째 (마지막) 트릭을 소개해 보겠습니다.

Go는 **재귀(recursion)**를 지원하는 많은 프로그래밍 언어 중 하나로, 재귀를 사용하면 함수가 자기 자신을 호출할 수 있습니다.

하지만 재귀는 주의 깊게 사용하지 않으면 함수가 자기 자신을 무한정 호출하는 무한 루프에 빠질 수 있습니다.

```
package main

import "fmt"

func recurses() {
	fmt.Println("Oh, no, I'm stuck!")
	recurses()   ← "recurses" 함수는 자기 자신을 호출합니다!
}

func main() {
	recurses()   ← "recurses" 함수 최초 호출
}
```

```
Oh, no, I'm stuck!
Oh, no, I'm stuck!
Oh, no, I'm stuck!
Oh, no, ^Csignal: interrupt
```

이 프로그램을 실행하는 사람은 Ctrl-C를 눌러야 무한 루프에서 빠져나올 수 있습니다.

재귀 루프는 스스로 멈출 수 있게 만들어야 비로소 유용하게 사용할 수 있습니다.

다음은 시작 숫자부터 끝 숫자까지 카운트 하는 재귀 버전의 count 함수입니다 (일반적인 경우에는 루프가 더 효율적이긴 하지만 이 예제가 재귀의 동작 방식을 보여 주는 데에는 적합한 것 같습니다).

```
package main

import "fmt"

func count(start int, end int) {
	fmt.Println(start)   ← 현재 시작 숫자를 출력합니다.
	if start < end {   ← 아직 끝 숫자에 도달하지 않았으면
		count(start+1, end)   ← "count" 함수는 시작 숫자를 1만큼 올려 자기 자신을 호출합니다.
	}
}

func main() {
	count(1, 3)   ← 1부터 3까지 카운트하도록 지정한 다음 최초로 "count" 함수를 호출합니다.
}
```

```
1
2
3
```

재귀 함수 호출 (계속)

우회로로 갑시다

프로그램의 실행 순서는 다음과 같습니다:

1. main 함수는 start 매개변수 1과 end 매개변수 3으로 count 함수를 호출합니다.
2. count는 start 매개변수의 값을 출력합니다: 1
3. start(1)이 end(3)보다 작으므로 count는 start 매개변수 2와 end 매개변수 3으로 자기 자신을 호출합니다.
4. count의 두 번째 호출은 새로운 start 매개변수의 값을 출력합니다: 2
5. start(2)가 end(3)보다 작으므로 count는 start 매개변수 3과 end 매개변수 3으로 자기 자신을 호출합니다.
6. count의 세 번째 호출은 새로운 start 매개변수의 값을 출력합니다: 3
7. start(3)는 end(3)보다 작지 않으므로 count는 더 이상 자기 자신을 호출하지 않고 반환됩니다.
8. 이전 두 번의 count 호출도 마찬가지로 반환되며 프로그램은 종료됩니다.

count가 호출되고 함수가 종료되는 시점마다 Printf 함수 호출을 추가하면 실행 순서를 좀 더 분명하게 확인할 수 있습니다.

```
package main

import "fmt"

func count(start int, end int) {
	fmt.Printf("count(%d, %d) called\n", start, end)
	fmt.Println(start)
	if start < end {
		count(start+1, end)
	}
	fmt.Printf("Returning from count(%d, %d) call\n", start, end)
}

func main() {
	count(1, 3)
}
```

```
count(1, 3) called
1
count(2, 3) called
2
count(3, 3) called
3
Returning from count(3, 3) call
Returning from count(2, 3) call
Returning from count(1, 3) call
```

간단한 재귀 함수를 살펴봤으니, 이제 files.go 프로그램에 재귀를 적용해 하위 디렉터리의 내용을 나열하는 방법을 살펴보겠습니다.

재귀적으로 디렉터리 내용 나열하기

go
src
geo
coordinates.go
landmark.go
locked
secret.go
vehicle
car.go
우회로로 갑시다

우리는 *files.go* 프로그램이 Go 작업 공간 디렉터리에 속한 모든 하위 디렉터리의 내용을 나열하기를 원합니다. 다음의 재귀 로직을 사용해 구현할 수 있으면 좋겠습니다.

I. 디렉터리 내의 파일 목록을 가져옵니다.

A. 다음 파일을 가져옵니다.

B. 파일이 디렉터리인가?

1. 맞다면: 이 디렉터리를 기준으로 1번 과정을 반복합니다.

2. 아니면: 파일명을 출력합니다.

main 함수에서 디렉터리의 내용을 읽어 오는 코드는 모두 지웠습니다. main 함수에서는 이제 단순히 scanDirectory라는 재귀 함수를 호출합니다. scanDirectory 함수는 스캔할 디렉터리의 경로를 인자로 받으므로 "go" 하위 디렉터리의 경로를 전달합니다.

scanDirectory는 가장 먼저 현재 작업 중인 디렉터리를 알 수 있도록 현재 경로를 출력합니다. 그다음 인자로 받은 경로를 대상으로 ioutil.ReadDir를 호출해 디렉터리의 내용을 가져옵니다.

그다음으로 ReadDir에서 반환된 FileInfo 슬라이스를 순회하면서 각 파일을 처리합니다. 루프에서는 filepath.Join을 사용해 현재 디렉터리의 경로와 현재 파일명을 슬래시로 합칩니다(즉, "go"와 "src"는 "go/src"로 합쳐집니다).

현재 파일이 디렉터리가 아니면 scanDirectory는 해당 파일의 전체 경로를 출력한 뒤 (현재 디렉터리에 처리할 파일이 더 남아 있을 경우) 다음 파일로 넘어갑니다.

하지만 현재 파일이 디렉터리라면 재귀가 시작됩니다. 즉, scanDirectory는 하위 디렉터리의 경로로 자기 자신을 호출합니다. 만약 해당 하위 디렉터리에 하위 디렉터리가 있는 경우 scanDirectory는 중첩 하위 디렉터리의 경로로 다시 한 번 자기 자신을 호출하며 전체 파일 트리를 순회할 때까지 반복합니다.

```
package main

import (
    "fmt"
    "io/ioutil"
    "log"
    "path/filepath"
)

func scanDirectory(path string) error {
    fmt.Println(path)
    files, err := ioutil.ReadDir(path)
    if err != nil {
        return err
    }

    for _, file := range files {
        filePath := filepath.Join(path, file.Name())
        if file.IsDir() {
            err := scanDirectory(filePath)
            if err != nil {
                return err
            }
        } else {
            fmt.Println(filePath)
        }
    }
    return nil
}

func main() {
    err := scanDirectory("go")
    if err != nil {
        log.Fatal(err)
    }
}
```

재귀 함수는 스캔할 경로를 매개변수로 받습니다.
에러 발생 시 에러를 반환합니다.
현재 디렉터리의 경로를 출력합니다.
디렉터리의 내용이 담긴 슬라이스를 가져옵니다.
디렉터리의 경로와 파일명을 슬래시로 합칩니다.
하위 디렉터리인 경우에는
하위 디렉터리의 경로로 scanDirectory를 재귀 호출합니다.
일반 파일인 경우에는 경로를 출력합니다.
최상위 디렉터리에서 scanDirectory를 호출하여 스캔 작업을 시작합니다.

재귀적으로 디렉터리 내용 나열하기 (계속)

우회로로 갑시다

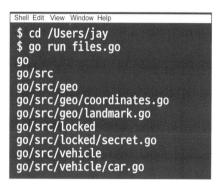

이제 위 코드를 Go 작업 공간이 위치한 디렉터리에서 *files.go*로 저장한 다음 터미널에서 **go run files.go**를 입력해 프로그램을 실행해 봅시다.

```
Shell Edit View Window Help
$ cd /Users/jay
$ go run files.go
go
go/src
go/src/geo
go/src/geo/coordinates.go
go/src/geo/landmark.go
go/src/locked
go/src/locked/secret.go
go/src/vehicle
go/src/vehicle/car.go
```

scanDirectory 함수가 동작하는 방식을 보면 재귀의 아름다움을 몸소 느낄 수 있습니다. 이 프로그램은 아까 본 예시 디렉터리 구조에서 다음과 같이 동작합니다.

1. main 함수는 "go" 디렉터리의 경로로 scanDirectory를 호출합니다.
2. scanDirectory는 전달받은 경로("go")를 출력해 현재 작업 중인 디렉터리를 나타냅니다.
3. "go" 경로로 ioutil.ReadDir 함수를 호출합니다.
4. 반환된 슬라이스에는 "src"라는 값 하나만 담겨 있습니다.
5. filepath.Join 함수를 사용해 현재 디렉터리 경로인 "go"와 파일명 "src"을 합쳐 "go/src"라는 경로를 만듭니다.
6. *src*는 하위 디렉터리이므로 scanDirectory는 재호출되며 이번에는 "go/src" 경로를 스캔합니다. ← 재귀!
7. scanDirectory는 새로운 경로 "go/src"를 출력합니다.
8. "go/src" 경로로 ioutil.ReadDir 함수를 호출합니다.
9. 반환된 슬라이스의 첫 번째 값은 "geo"입니다.
10. filepath.Join 함수를 사용해 현재 디렉터리 경로인 "go/src"와 파일명 "geo"을 합쳐 "go/src/geo"라는 경로를 만듭니다.
11. *geo*는 하위 디렉터리이므로 scanDirectory는 재호출되며 이번에는 "go/src/geo" 경로를 스캔합니다. ← 재귀!
12. scanDirectory는 새로운 경로 "go/src/geo"를 출력합니다.
13. "go/src/geo" 경로로 ioutil.ReadDir 함수를 호출합니다.
14. 반환된 슬라이스의 첫 번째 값은 "coordinates.go"입니다.
15. *coordinates.go*는 디렉터리가 아니므로 파일명만 출력해 줍니다.
16. 반복…

go ← scanDirectory("go")
src ← scanDirectory("go/src")
geo ← scanDirectory("go/src/geo")
(등등...)
coordinates.go
landmark.go

재귀 함수는 작성하기가 다소 까다로우며 가끔은 일반 루프보다 컴퓨팅 자원도 많이 소모하지만 다른 방법으로는 해결하기 어려운 문제에 대한 해결책을 제공하기도 합니다.

files.go 프로그램이 완성되었으니 트릭에 관한 여정은 이만 끝내겠습니다. 이제 Go의 에러 처리 기능에 대한 논의로 다시 돌아가봅시다.

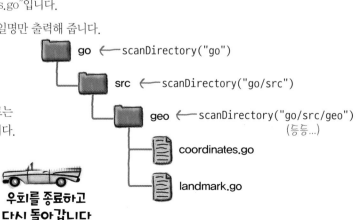

우회를 종료하고 다시 돌아갑니다

재귀 함수에서 에러 처리하기

scanDirectory는 하위 디렉터리를 스캔하는 도중에 문제를 마주치면(가령, 디렉터리에 대한 접근 권한이 없는 경우) 에러를 반환합니다. 이는 예상된 동작입니다. 프로그램이 파일 시스템을 제어할 수 없어 불가피하게 에러가 발생하는 경우에 에러를 보고하는 일은 중요합니다.

```
Shell Edit View Window Help
$ go run files.go
go
go/src
go/src/geo
go/src/geo/coordinates.go
go/src/geo/landmark.go
go/src/locked
2018/04/09 19:09:21 open
go/src/locked: permission denied
exit status 1
```

그러나 반환되는 에러를 보여 주는 Printf 문을 몇 개 추가해 보면 에러가 처리되는 방식이 이상적이지 않음을 볼 수 있습니다.

```
func scanDirectory(path string) error {
    fmt.Println(path)
    files, err := ioutil.ReadDir(path)
    if err != nil {
        fmt.Printf("Returning error from scanDirectory(\"%s\") call\n", path)
        return err
    }

    for _, file := range files {
        filePath := filepath.Join(path, file.Name())
        if file.IsDir() {
            err := scanDirectory(filePath)
            if err != nil {
                fmt.Printf("Returning error from scanDirectory(\"%s\") call\n", path)
                return err
            }
        } else {
            fmt.Println(filePath)
        }
    }
    return nil
}

func main() {
    err := scanDirectory("go")
    if err != nil {
        log.Fatal(err)
    }
}
```

ReadDir 호출에서 발생한 에러의 디버깅 정보를 출력합니다.

scanDirectory 호출에서 발생한 에러의 디버깅 정보를 출력합니다.

scanDirectory의 재귀 호출 중 한 호출에서 에러가 발생하면 해당 에러는 main 함수에 도달할 때까지 모든 재귀 체인에 걸쳐 반환되어야 합니다.

```
Shell Edit View Window Help
$ go run files.go
go
go/src
go/src/geo
go/src/geo/coordinates.go
go/src/geo/landmark.go
go/src/locked
Returning error from scanDirectory("go/src/locked") call
Returning error from scanDirectory("go/src") call
Returning error from scanDirectory("go") call
2018/06/11 11:01:28 open go/src/locked: permission denied
exit status 1
```

패닉 시작하기

scanDirectory 함수는 프로그램이 런타임에 패닉 상태로 빠질 수 있는 드문 예입니다(즉, 패닉이 흔하게 발생할 수 있는 경우는 아닙니다).

우리는 이전에 이미 배열 및 슬라이스의 잘못된 인덱스에 접근할 때 패닉을 본 적이 있습니다.

```
notes := [7]string{"do", "re", "mi", "fa", "so", "la", "ti"}
for i := 0; i <= len(notes); i++ {
        fmt.Println(i, notes[i])
}
```

"i" 변수가 도달할 수 있는 최댓값은 7입니다.

배열의 길이인 7을 반환합니다.

```
0 do
1 re
2 mi
3 fa
4 so
5 la
6 ti
panic: runtime error: index out of range

goroutine 1 [running]:
main.main()
        /tmp/sandbox094804331/main.go:11 +0x140
```

인덱스 7에 접근하면 패닉이 발생합니다!

또한 타입 단언이 실패했을 때에도 패닉이 발생했습니다(두 번째 선택적 부울값을 사용하지 않았을 경우).

```
var player Player = gadget.TapePlayer{}
recorder := player.(gadget.TapeRecorder)
```

실제로는 TapePlayer 타입인데 TapeRecorder 타입으로 단언할 경우…

패닉 발생!

```
panic: interface conversion: main.Player
is gadget.TapePlayer, not gadget.TapeRecorder
```

프로그램에서 패닉이 발생하면 현재 함수는 실행을 중단하고 프로그램은 에러 메시지를 출력한 뒤 크래시를 발생시킵니다.

내장된 panic 함수를 호출하면 직접 패닉을 일으킬 수 있습니다.

```
package main

func main() {
        panic("oh, no, we're going down")
}
```

```
panic: oh, no, we're going down

goroutine 1 [running]:
main.main()
        /tmp/main.go:4 +0x40
```

panic 함수는 빈 인터페이스를 만족하는 단일 인자를 받습니다(즉, 어느 값이나 전달할 수 있습니다). 인자는 (필요할 경우) 문자열로 변환되며 패닉 로그 메시지의 일부로 출력됩니다.

스택 트레이스

호출된 함수는 자기 자신을 호출한 함수로 되돌아가야 합니다. 이를 위해 Go는 다른 프로그래밍 언어와 마찬가지로 특정 시점에서 활성화된 함수 호출의 목록을 저장하는 **호출 스택(call stack)**을 유지합니다.

프로그램에서 패닉이 발생하면 **스택 트레이스(stack trace)** 또는 호출 스택 목록이 패닉 에러 메시지에 포함됩니다. 스택 트레이스는 크래시의 원인을 파악할 때 유용하게 사용할 수 있습니다.

```
package main

func main() {
	one()
}
func one() {
	two()
}
func two() {
	three()
}
func three() {
	panic("This call stack's too deep for me!")
}
```

이 함수 호출을 스택에 추가합니다.

스택에 또 다른 호출도 추가합니다.

세 번째 호출도 추가합니다.

패닉 발생! 스택 트레이스는 위의 모든 호출을 포함합니다.

```
panic: This call stack's too deep for me!

goroutine 1 [running]:
main.three()
	/tmp/main.go:13 +0x40
main.two()
	/tmp/main.go:10 +0x20
main.one()
	/tmp/main.go:7 +0x20
main.main()
	/tmp/main.go:4 +0x20
```

스택 트레이스는 호출된 함수의 목록을 포함합니다.

지연된 호출은 크래시가 발생하기 전에 실행됩니다

프로그램에서 패닉이 발생해도 모든 지연된 함수 호출은 계속해서 실행됩니다. 만약 지연된 호출이 두 개 이상이라면 지연된 순서의 역순으로 실행됩니다.

```
func main() {
	one()
}
func one() {
	defer fmt.Println("deferred in one()")
	two()
}
func two() {
	defer fmt.Println("deferred in two()")
	panic("Let's see what's been deferred!")
}
```

이 함수의 호출이 먼저 지연되었으므로 마지막에 실행됩니다.

이 함수의 호출은 마지막에 지연되었으므로 먼저 실행됩니다.

지연된 호출은 크래시가 발생하기 전에 모두 실행됩니다.

```
deferred in two()
deferred in one()
panic: Let's see what's been deferred!

goroutine 1 [running]:
main.two()
	/tmp/main.go:14 +0xa0
main.one()
	/tmp/main.go:10 +0xa0
main.main()
	/tmp/main.go:6 +0x20
```

scanDirectory에서 "panic" 사용하기

우측의 scanDirectory 함수는 에러 값을 반환하는 대신 panic을 호출하도록 수정되었습니다. 이는 에러 처리를 아주 단순하게 만듭니다.

먼저, scanDirectory의 함수 선언에서 error 반환 값을 지웁니다. 그다음 ReadDir에서 반환된 에러 값은 panic 함수의 인자로 넘깁니다. 마지막으로 scanDirectory를 재귀 호출하는 곳과 main에서 scanDirectory를 호출하는 곳에 있는 에러 처리 코드도 지워 줍니다.

```
package main

import (
    "fmt"
    "io/ioutil"
    "path/filepath"
)

func scanDirectory(path string) {
    fmt.Println(path)
    files, err := ioutil.ReadDir(path)
    if err != nil {
        panic(err)
    }

    for _, file := range files {
        filePath := filepath.Join(path, file.Name())
        if file.IsDir() {
            scanDirectory(filePath)
        } else {
            fmt.Println(filePath)
        }
    }
}

func main() {
    scanDirectory("go")
}
```

에러 반환 값은 이제 필요 없습니다.

에러 값을 반환하는 대신 "panic"에 전달합니다.

더 이상 에러 반환 값을 저장하거나 확인할 필요가 없습니다.

더 이상 에러 반환 값을 저장하거나 확인할 필요가 없습니다.

이제 scanDirectory는 디렉터리를 읽는 도중 에러가 발생하면 패닉을 발생시킵니다. 패닉이 발생하면 scanDirectory의 모든 재귀 호출이 종료됩니다.

Shell Edit View Window Help

```
$ go run files.go
go
go/src
go/src/geo
go/src/geo/coordinates.go
go/src/geo/landmark.go
go/src/locked
panic: open go/src/locked: permission denied

goroutine 1 [running]:
main.scanDirectory(0xc420014220, 0xd)
        /Users/jay/files.go:37 +0x29a
main.scanDirectory(0xc420014130, 0x6)
        /Users/jay/files.go:43 +0x1ed
main.scanDirectory(0x10c4148, 0x2)
        /Users/jay/files.go:43 +0x1ed
main.main()
        /Users/jay/files.go:52 +0x30
exit status 2
```

언제 패닉을 사용하는가

panic을 사용하면 코드는 간단해지지만
프로그램에 크래시가 발생합니다!
그다지 개선된 것 같지는 않네요.

곧, 크래시를 방지하는 방법을 보여 드리겠습니다. 하지만 패닉 호출이 에러를 다루는 이상적인 방법이 아니라는 것은 사실입니다.

접근 불가능한 파일, 네트워크 장애 및 잘못된 입력 등과 같은 것은 일반적으로 "정상"적인 상태라고 간주하여 error 값을 통해 처리하는 것이 좋습니다. panic은 보통 사용자의 실수나 의도와는 무관한 프로그램 자체의 버그를 나타내는 "제어 불가능한" 상황에서 사용해야 합니다.

다음은 panic을 사용해 버그를 나타내는 프로그램의 예시입니다. 가상의 문 셋 중 하나에 숨겨져 있는 상품을 받는 프로그램으로 doorNumber 변수에는 사용자의 입력이 아닌 rand.Intn 함수에 의해 선택된 난수가 지정됩니다. 만약 doorNumber에 1, 2, 3 이외의 숫자가 저장된다면 이는 사용자의 오류가 아닌 프로그램의 버그입니다.

따라서 doorNumber에 잘못된 값이 들어가는 경우에는 panic을 호출하는 게 맞습니다. 이런 일은 절대 발생해서는 안 되며 만에 하나 발생한다면 동작을 잘못하기 전에 프로그램을 중단하는 게 좋습니다.

```
package main

import (
	"fmt"
	"math/rand"
	"time"
)

func awardPrize() {
	doorNumber := rand.Intn(3) + 1
	if doorNumber == 1 {
		fmt.Println("You win a cruise!")
	} else if doorNumber == 2 {
		fmt.Println("You win a car!")
	} else if doorNumber == 3 {
		fmt.Println("You win a goat!")
	} else {
		panic("invalid door number")
	}
}

func main() {
	rand.Seed(time.Now().Unix())
	awardPrize()
}
```

1과 3 사이의 정수 난수를 생성합니다. (rand.Intn(3) + 1)

이외의 숫자가 생성되어선 안 되지만, 만에 하나 생성된다면 패닉을 발생시킵니다. (panic("invalid door number"))

```
You win a cruise!
```

연습문제

다음은 예제 코드와 코드의 실행 결과로 출력값 중 일부는 빈칸으로 남겨 놨습니다.
빈칸을 채워 보세요.

```
package main

import "fmt"

func snack() {
        defer fmt.Println("Closing refrigerator")
        fmt.Println("Opening refrigerator")
        panic("refrigerator is empty")
}

func main() {
        snack()
}
```

출력값

```
____________________
____________________
panic: ____________________

goroutine 1 [running]:
main.______()
        /tmp/main.go:8 +0xe0
main.main()
        /tmp/main.go:12 +0x20
```

→ 답은 378 페이지에 있습니다.

"recover" 함수

scanDirectory 함수가 에러를 반환하는 대신 패닉을 사용하도록 수정하면 에러 처리 코드가 아주 간단해집니다. 하지만 패닉은 복잡한 스택 트레이스와 함께 프로그램을 중단시킵니다. 사용자에게는 그저 간단한 에러 메시지를 보여 주는 게 더 좋을 텐데 말이죠.

Go에는 패닉 상태에 빠진 프로그램을 복구할 수 있는 recover라는 내장 함수가 존재합니다. 패닉을 발생시키는 프로그램을 우아하게 종료하려면 recover를 사용해야 합니다.

recover를 정상적인 프로그램 실행 중에 호출하면 nil만 반환하고 아무 일도 수행하지 않습니다.

```
package main

import "fmt"

func main() {
	fmt.Println(recover())
}
```

패닉이 발생하지 않은 프로그램에서 "recover"를 호출하면…

```
<nil>
```

아무 일도 수행하지 않고, nil을 반환합니다.

프로그램이 패닉 상태일 때 recover를 호출하면 패닉을 멈출 수 있습니다. 하지만 함수에서 panic을 호출하면 함수는 즉시 실행을 중단합니다. 따라서 패닉 상태가 계속 이어지기 때문에 panic을 호출하는 함수와 동일한 함수에서 recover를 호출하는 것은 의미가 없습니다.

```
func freakOut() {
	panic("oh no")
	recover()
}
func main() {
	freakOut()
	fmt.Println("Exiting normally")
}
```

패닉은 freakOut 함수의 나머지 코드의 실행을 중단합니다.

따라서 이 코드는 실행되지 않습니다!

어쨌든 크래시는 발생합니다!

```
panic: oh no

goroutine 1 [running]:
main.freakOut()
	/tmp/main.go:4 +0x40
main.main()
	/tmp/main.go:8 +0x20
```

하지만 프로그램이 패닉 상태일 때 recover를 호출하는 방법이 있습니다. 패닉이 발생하면 모든 지연된 함수 호출이 먼저 실행되기 때문에 recover를 별도의 함수에서 호출하도록 만든 뒤 패닉을 발생시키는 코드 앞에서 해당 함수의 호출을 지연시키면 됩니다.

```
func calmDown() {
	recover()
}
func freakOut() {
	defer calmDown()
	panic("oh no")
}
func main() {
	freakOut()
	fmt.Println("Exiting normally")
}
```

별도의 함수에서 "recover"를 호출합니다.

복구를 수행하는 함수의 호출을 지연시킵니다.

이 코드 다음으로 패닉이 발생하면 지연된 함수 호출이 프로그램을 복구할 것입니다!

프로그램은 정상적으로 종료되었습니다.

```
Exiting normally
```

"recover" 함수 (계속)

recover를 호출했다고 해서 패닉이 발생한 지점에서부터 코드 실행이 재개되는 것은 아닙니다. 적어도 정확히 그렇지는 않습니다. 패닉이 발생한 함수는 그 즉시 종료되며 패닉을 일으킨 코드 뒤에 위치한 모든 코드는 실행되지 않습니다. 하지만 패닉이 발생한 함수를 빠져나오고 난 후의 실행은 재개됩니다.

```
func calmDown() {
        recover()
}
func freakOut() {
        defer calmDown()
        panic("oh no")
        fmt.Println("I won't be run!")
}
func main() {
        freakOut()
        fmt.Println("Exiting normally")
}
```

복구 시 freakOut은 이 지점에서 종료됩니다.

패닉 이후의 코드는 실행되지 않습니다!

그러나 이 코드는 freakOut이 종료된 후에 실행됩니다.

```
Exiting normally
```

패닉 값은 recover에서 반환됩니다

앞서 언급했듯이 패닉이 없을 때 recover를 호출하면 nil이 반환됩니다.

패닉이 발생하지 않은 프로그램에서 "recover"를 호출하면…

```
func main() {
        fmt.Println(recover())
}
```

```
<nil>
```

아무 일도 수행하지 않고, nil을 반환합니다.

하지만 패닉이 *발생한* 경우, recover는 panic에 전달된 모든 값을 반환합니다. 따라서 반환 값을 사용해 패닉에 대한 정보를 가져올 수 있으며 이는 복구 작업을 수행하거나 사용자에게 에러 메시지를 보고할 때 유용하게 사용할 수 있습니다.

```
func calmDown() {
        fmt.Println(recover())
}
func main() {
        defer calmDown()
        panic("oh no")
}
```

"recover"를 호출해 패닉 값을 가져옵니다.

"recover"에서 반환될 값입니다.

```
oh no
```

패닉 값은 recover에서 반환됩니다 (계속)

처음 panic 함수를 소개했을 때 panic 함수는 인자로 interface{} 타입의 값을 받는다고 언급했습니다. 즉, panic 함수는 모든 값을 받을 수 있습니다. 마찬가지로 recover 함수의 반환 값도 interface{} 타입을 갖습니다. 따라서 recover의 반환 값은 (interface{} 타입의 값을 받는) Println과 같은 fmt 패키지 함수에 전달할 수 있습니다. 하지만 반환 값에서 바로 메서드를 호출할 수는 없습니다.

다음은 panic에 error 타입의 값을 전달하는 코드입니다. 하지만 이 과정에서 error 타입의 값은 interface{} 타입의 값으로 변환됩니다. 따라서 지연된 함수가 recover를 호출하면 interface{} 타입의 값이 반환됩니다. 비록 반환된 값의 기본 값이 Error 메서드를 가진 error 타입의 값일지라도 interface{} 타입의 값에서 Error 메서드를 호출하려고 하면 컴파일 에러가 발생합니다.

```
func calmDown() {
        p := recover()
        fmt.Println(p.Error())
}
func main() {
        defer calmDown()
        err := fmt.Errorf("there's an error")
        panic(err)
}
```

interface{} 타입의 값을 반환합니다.

기본 값의 "error" 타입에는 Error 메서드가 존재하지만 interface{} 타입에는 해당 메서드가 존재하지 않습니다.

"panic"에 문자열 대신 error 타입의 값을 전달합니다.

컴파일 에러 발생!

```
p.Error undefined (type interface {}
is interface with no methods)
```

따라서 패닉 값에서 메서드를 호출하려면 타입 단언을 사용해 기본 타입의 값으로 변환해야 합니다.

다음은 위 코드의 수정된 버전으로 recover의 반환 값을 error 타입의 값으로 변환하고 있습니다. 변환이 완료되면 Error 메서드를 호출할 수 있습니다.

```
func calmDown() {
        p := recover()
        err, ok := p.(error)
        if ok {
                fmt.Println(err.Error())
        }
}
func main() {
        defer calmDown()
        err := fmt.Errorf("there's an error")
        panic(err)
}
```

패닉 값의 타입을 "error" 타입으로 단언합니다.

이제 "error" 타입의 값으로 Error 메서드를 호출할 수 있습니다.

```
there's an error
```

scanDirectory에서 패닉 복구하기

files.go 프로그램을 마지막으로 작성했을 때, scanDirectory 함수에 추가한 panic 함수 호출은 에러 처리 코드를 단순하게 만들었지만 프로그램 크래시의 원인이 되기도 했습니다. defer, panic, recover에 대해 지금까지 배운 모든 내용을 활용하면 패닉 발생 시 적절한 에러 메시지를 출력하고 프로그램이 정상적으로 종료되도록 만들 수 있습니다.

먼저 복구를 수행할 reportPanic이라는 함수를 만든 다음 main 함수에서 defer를 사용하여 호출합니다. 잠재적인 패닉이 발생할 수 있는 scanDirectory 함수를 호출하기 전에 먼저 호출을 지연시킵니다.

reportPanic에서는 recover를 호출해 반환된 패닉 값을 저장합니다. 프로그램에서 패닉이 발생하면 이 코드가 패닉을 중단합니다.

하지만 reportPanic이 호출되는 것만으로는 실제로 패닉이 발생했는지 안 했는지 알 수 없습니다. reportPanic의 지연된 호출은 scanDirectory에서의 패닉 여부와는 무관하게 항상 실행되기 때문이죠. 따라서 recover에서 반환된 패닉 값이 nil인지 아닌지부터 검사해야 합니다. 만약 nil이라면 패닉이 발생하지 않았다는 의미이므로 아무 일도 하지 않고 reportPanic을 종료합니다.

하지만 만약 패닉 값이 nil이 아니라면 실제로 패닉이 발생했다는 의미이므로 에러를 보고해야 합니다.

scanDirectory에서는 panic에 error 타입의 값을 전달하고 있기 때문에 타입 단언을 사용해 interface{} 타입의 패닉 값을 error 타입의 값으로 변환해야 합니다. 변환이 성공하면 error 값을 출력합니다.

위와 같이 수정하고 나면 알아보기 힘들던 패닉 로그 및 스택 트레이스 대신 간단한 에러 메시지를 볼 수 있습니다.

```
$ go run files.go
go
go/src
go/src/geo
go/src/geo/coordinates.go
go/src/geo/landmark.go
go/src/locked
open go/src/locked: permission denied
```

```go
package main

import (
    "fmt"
    "io/ioutil"
    "path/filepath"
)

func reportPanic() {
    p := recover()
    if p == nil {
        return
    }
    err, ok := p.(error)
    if ok {
        fmt.Println(err)
    }
}

func scanDirectory(path string) {
    fmt.Println(path)
    files, err := ioutil.ReadDir(path)
    if err != nil {
        panic(err)
    }

    for _, file := range files {
        filePath := filepath.Join(path, file.Name())
        if file.IsDir() {
            scanDirectory(filePath)
        } else {
            fmt.Println(filePath)
        }
    }
}

func main() {
    defer reportPanic()
    scanDirectory("go")
}
```

새로운 함수를 추가합니다.

"recover"를 호출하고 반환 값을 저장합니다.

"recover"가 nil을 반환하면 패닉이 없음을 의미합니다.

아무 일도 하지 않습니다.

그 외의 값이 반환되면 "error" 타입의 기본 값을 가져온 다음

에러 메시지를 출력합니다.

패닉이 발생할 수 있는 코드를 호출하기 전에 새로운 reportPanic 함수의 호출을 지연시킵니다.

한 번 더 패닉

reportPanic에는 짚고 넘어가야 할 또 다른 잠재적인 문제가 하나 있습니다. reportPanic 함수는 현재 scanDirectory에서 발생하지 않은 패닉까지도 모두 처리하고 있습니다. 또한 패닉 값을 error 타입으로 변환하지 못할 경우 reportPanic은 아무 값도 출력하지 않습니다.

이는 main 함수에서 문자열 인자를 사용하는 또 다른 panic 함수 호출을 추가함으로써 테스트해 볼 수 있습니다.

```
func main() {
        defer reportPanic()
        panic("some other issue")
        scanDirectory("go")
}
```

문자열 패닉 값을 사용하는 새로운 패닉.

```
Shell Edit View Window Help
$ go run files.go
$
```

출력값이 없습니다!

reportPanic 함수는 새로운 코드로부터 발생한 패닉을 복구하고 있지만 패닉 값이 error 타입이 아니기 때문에 아무 값도 출력하지 않습니다. 이 경우 사용자는 프로그램이 왜 실패했는지 알 수가 없습니다!

복구에 대비하지 않은, 예상치 못한 패닉을 다루기 위한 일반 전략은 새로운 패닉을 발생시키는 것입니다. 대비하지 못한 패닉은 결국 예상치 못한 상황이기 때문에 다시 패닉을 발생시키는 대처는 대개 적절하다고 볼 수 있습니다.

오른쪽 코드는 예상치 못한 패닉을 처리할 수 있도록 수정한 reportPanic 함수입니다. 패닉 값을 error 타입으로 변환하는 타입 단언이 성공하면 이전과 같이 에러 메시지를 출력하고, 실패하면 동일한 패닉 값으로 panic 함수를 다시 호출합니다.

files.go 프로그램을 다시 실행해 보면 수정사항이 잘 동작함을 볼 수 있습니다. reportPanic은 테스트 panic 호출에서 발생한 패닉을 복구한 다음 error 타입으로의 타입 단언이 실패하면 다시 패닉을 발생시킵니다. 이제 우리는 다른 예상치 못한 패닉도 잘 보고되리라고 확신하면서 main 함수에 임시로 추가해 둔 panic 호출을 제거할 수 있습니다!

```
func reportPanic() {
    p := recover()
    if p == nil {
        return
    }
    err, ok := p.(error)
    if ok {
        fmt.Println(err)
    } else {
        panic(p)
    }
}

func scanDirectory(path string) {
    fmt.Println(path)
    files, err := ioutil.ReadDir(path)
    if err != nil {
        panic(err)
    }
    // 코드 생략
}

func main() {
    defer reportPanic()
    panic("some other issue")
    scanDirectory("go")
}
```

패닉 값이 에러 타입이 아니면 같은 값으로 한 번 더 패닉을 일으킵니다.

reportPanic이 잘 동작함을 확신하게 되면 이 테스트 코드는 잊지 말고 꼭 제거하세요!

```
Shell Edit View Window Help
$ go run files.go
panic: some other issue [recovered]
        panic: some other issue

goroutine 1 [running]:
main.reportPanic()
        /Users/jay/files.go:27 +0xd7
panic(0x109ee80, 0x10d1c80)
        /go/.../panic.go:505 +0x229
main.main()
        /Users/jay/files.go:52 +0x55
exit status 2
```

바보 같은 질문은 없습니다!

Q: "예외(exception)"를 가진 다른 프로그래밍 언어를 본 적이 있는데, panic과 recover 함수도 비슷한 방식으로 동작하는 것 같습니다. panic과 recover를 다른 언어의 예외처럼 사용해도 될까요?

A: 우리는 그런 방식을 강력히 권장하지 않으며 이는 Go 언어의 메인테이너도 마찬가지로 권장하지 않는 방식입니다. 심지어 panic과 recover는 언어 설계 자체에서도 권장하지 않는다고 말할 수 있습니다. 2012년에 열린 한 컨퍼런스 기조 연설에서 롭 파이크(Go 창시자 중 한 명)는 panic과 recover를 "의도적으로 서툰" 것으로 묘사했습니다. 이 말은 즉 초기 창시자가 Go 언어를 설계할 때 panic과 recover를 자주 사용하지 않도록 일부러 사용하기 불편하게 만들었음을 의미합니다.

다음은 예외의 주요 단점에 Go 설계자가 답변한 것입니다: 예외는 프로그램의 흐름을 매우 복잡하게 만듭니다. 대신 Go 개발자에게는 에러 값을 if 및 return문과 함께 사용함으로써 프로그램의 다른 코드와 정확히 동일한 방식으로 에러를 처리하도록 권장합니다. 물론 함수 내에서 직접 에러를 처리하면 함수의 코드가 조금 더 길어질 수는 있지만 에러를 전혀 처리하지 않는 것보다는 낫습니다(Go 창시자는 예외를 사용하는 많은 개발자가 예외를 발생시킨 다음 나중에 제대로 처리하지 못한다는 것을 발견했습니다). 에러를 직접 다루게 되면 에러가 어떻게 처리되는지를 즉각적이고 명확히 알아볼 수 있습니다. 즉, 에러 처리 코드를 보기 위해 프로그램의 다른 부분을 살펴볼 필요가 없습니다.

따라서 Go에서는 예외와 같은 기능을 찾지 마세요. 예외 기능은 의도적으로 생략되었습니다. 지금까지 예외를 사용해 온 개발자는 적응 기간이 필요할 수도 있겠지만, Go 메인테이너는 예외 없는 코드가 결국에는 더 나은 소프트웨어를 만들 수 있을 거라고 믿습니다.

롭 파이크 연설의 요약본은 다음 링크에서 보실 수 있습니다.
https://talks.golang.org/2012/splash.article#TOC_16

CHAPTER 12

Go 도구 상자

12장이 끝났습니다!
도구 상자에 지연된 함수 호출과 패닉 복구를 담았습니다.

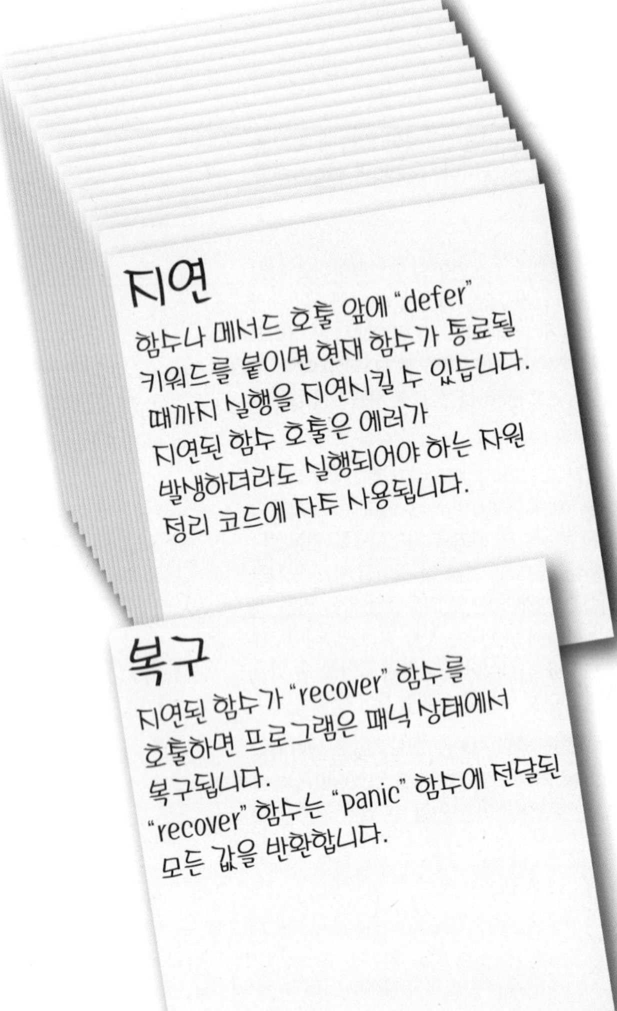

지연
함수나 메서드 호출 앞에 "defer"
키워드를 붙이면 현재 함수가 종료될
때까지 실행을 지연시킬 수 있습니다.
지연된 함수 호출은 에러가
발생하더라도 실행되어야 하는 자원
정리 코드에 자주 사용됩니다.
복구
지연된 함수가 "recover" 함수를
호출하면 프로그램은 패닉 상태에서
복구됩니다.
"recover" 함수는 "panic" 함수에 전달된
모든 값을 반환합니다.

중요 항목

- 함수에서 에러가 발생하면 발생 즉시 미리 빠져나오는 게 좋지만 이 경우 정리 코드를 실행하지 못하는 경우가 발생할 수 있습니다.
- defer 키워드를 사용하면 자원 정리가 필요한 코드 바로 다음에 자원 정리 함수를 호출할 수 있습니다. 이렇게 하면 에러의 발생 여부와 무관하게 함수가 종료될 때 정리 코드를 실행할 수 있습니다.
- 내장된 panic 함수를 사용하면 패닉을 발생시킬 수 있습니다.
- 내장된 recover 함수를 호출하지 않으면 패닉 상태에 빠진 프로그램은 로그 메시지와 함께 중단됩니다(크래시 발생).
- panic 함수의 인자로는 어떤 값이든 전달할 수 있습니다. 전달된 값은 문자열로 변환되어 로그 메시지의 일부로 출력됩니다.
- 패닉 로그 메시지에는 디버깅에 유용한 스택 트레이스와 활성화된 함수 호출의 목록이 포함되어 있습니다.
- 프로그램에서 패닉이 발생해도 모든 지연된 함수 호출은 계속해서 실행되기 때문에 크래시가 발생하기 전에 정리 코드를 실행할 수 있습니다.
- 지연된 함수는 또한 내장된 recover 함수를 호출할 수 있으며 이 경우 프로그램은 정상 실행을 재개할 수 있습니다.
- 패닉이 없을 때 recover를 호출하면 nil을 반환합니다.
- 패닉이 발생했을 때 recover를 호출하면 panic으로 전달된 값을 반환합니다.
- 패닉은 예상치 못한 에러가 발생한 경우에만 사용하는 게 좋습니다. 프로그램에서 발생할 수 있는 모든 에러(예: 파일 누락 또는 잘못된 형식의 데이터)는 미리 예상한 다음 패닉 대신 에러 값을 사용해 처리하는 것이 좋습니다.

코드 자석 정답

```
func find(item string, slice []string) bool {
	for _, sliceItem := range slice {
		if item == sliceItem {
			return true
		}
	}
	return false
}

type Refrigerator []string

func (r Refrigerator) Open() {
	fmt.Println("Opening refrigerator")
}
func (r Refrigerator) Close() {
	fmt.Println("Closing refrigerator")
}

func main() {
	fridge := Refrigerator{"Milk", "Pizza", "Salsa"}
	for _, food := range []string{"Milk", "Bananas"} {
		err := fridge.FindFood(food)
		if err != nil {
			log.Fatal(err)
		}
	}
}
```

```
func (r Refrigerator) FindFood(food string) error {
	r.Open()
	defer r.Close()
	if find(food, r) {
		fmt.Println("Found", food)
	} else {
		return fmt.Errorf("%s not found", food)
	}
	return nil
}
```

Close는 에러 발생 여부와는 무관하게 FindFood가 종료될 때 호출됩니다.

```
Opening refrigerator
Found Milk
Closing refrigerator
Opening refrigerator
Closing refrigerator
2018/04/09 22:12:37 Bananas not found
```

Refrigerator의 Close 메서드는 음식이 발견된 경우 호출됩니다

Close 메서드는 음식이 발견되지 않은 경우에도 호출됩니다.

연습문제 정답

다음은 예제 코드와 코드의 실행 결과로 출력값 중 일부는 빈칸으로 남겨 놨습니다.
빈칸을 채워 보세요.

```
package main

import "fmt"

func snack() {
	defer fmt.Println("Closing refrigerator")
	fmt.Println("Opening refrigerator")
	panic("refrigerator is empty")
}

func main() {
	snack()
}
```

출력값

이 호출은 지연되었기 때문에 "snack" 함수가 (패닉으로) 종료되기 전까지 실행되지 않습니다.

```
Opening refrigerator
Closing refrigerator
panic: refrigerator is empty

goroutine 1 [running]:
main.snack()
	/tmp/main.go:8 +0xe0
main.main()
	/tmp/main.go:12 +0x20
```

13 작업 공유하기

고루틴과 채널

그 계좌에서 미납된 청구서 몇 개를 더 발견했어요. 금액은 $151.79, $247.23, $124.92이고...

알겠어요. 제가 총합을 계산하는 동안 계속 더 찾아줘요.

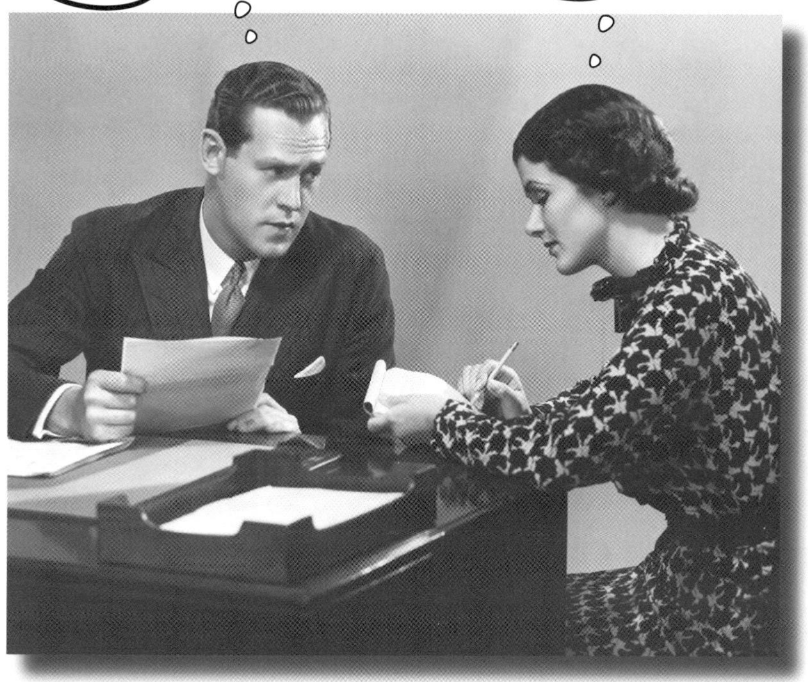

한 번에 한 가지 일을 처리하는 것이 항상 작업을 완료하는 가장 빠른 방법은 아닙니다. 몇몇 큰 문제는 작은 작업들로 나눌 수 있습니다. **고루틴**(Goroutine)을 사용하면 한 프로그램에서 한 번에 여러 개의 작업을 동시에 실행할 수 있습니다. 고루틴은 **채널**(channel)을 사용해 작업을 조정할 수 있으며, 고루틴 간에 데이터를 동기화하여 한 고루틴이 다른 고루틴보다 앞서가지 않도록 제어할 수 있습니다. 고루틴을 사용하면 멀티 프로세서의 이점을 최대로 활용하여 여러분의 프로그램을 최대한 빠르게 실행하도록 만들 수 있습니다!

웹 페이지 가져오기

이 장에서는 여러 개의 작업을 동시에 수행함으로써 일을 빠르게 처리하는 방법을 알아보겠습니다. 하지만 먼저, 이 상황을 시뮬레이션하기 위해선 작은 부분들로 나눌 수 있는 하나의 큰 작업이 필요합니다. 따라서 시작하기에 앞서 두 페이지 정도를 할애하여 예제로 사용할 상황을 설정해 보겠습니다.

웹 페이지의 크기가 작을수록 브라우저는 해당 페이지를 더 빠르게 로딩합니다. 로딩 속도를 측정하기 위해 웹 페이지의 크기를 바이트 단위로 측정할 도구가 필요한 상황을 가정해 보겠습니다.

Go의 표준 라이브러리를 사용하면 어렵지 않게 구현할 수 있습니다. 다음 프로그램은 몇 번의 함수 호출만으로 웹사이트에 접속하여 웹 페이지를 가져오고 있습니다.

http.Get 함수에 가져올 웹사이트의 URL을 전달하면 http.Response 객체와 함께 에러 값이 반환됩니다.

http.Response는 웹 페이지의 정보를 담고 있는 Body라는 필드를 가진 구조체입니다. Body는 io 패키지의 ReadCloser 인터페이스를 만족하며, 따라서 (웹 페이지의 데이터를 읽을 때 사용할 수 있는) Read 메서드와 네트워크 연결을 닫을 때 사용할 수 있는 Close 메서드를 가지고 있습니다.

데이터를 다 읽고 나면 항상 네트워크 연결을 닫을 수 있도록 defer를 사용하여 Close 호출을 지연시켜 줍니다. 다음으로 응답 바디를 ioutil 패키지의 ReadAll 함수로 전달해 웹 페이지의 전체 내용을 byte 슬라이스로 가져옵니다.

byte 타입은 아직 다루지 않았지만 이 타입 또한 float64나 bool과 같은 Go의 기본 타입으로 보통 파일이나 네트워크 연결에서 읽은 로우(raw) 데이터를 저장하는 데 사용합니다. byte 슬라이스는 직접 출력할 경우 (숫자로 표현된 로우 데이터이기에) 알아보기가 힘들며 string으로 변환하면 좀 더 읽기 좋은 형태의 텍스트로 볼 수 있습니다 (물론 이는 byte 슬라이스가 가진 데이터 자체가 읽기 좋은 형태의 데이터인 경우에 한해서입니다). 따라서 응답 바디를 string으로 변환해 출력하는 것으로 함수를 완성할 수 있습니다.

```go
package main

import (
	"fmt"
	"io/ioutil"
	"log"
	"net/http"
)

func main() {
	response, err := http.Get("https://example.com")
	if err != nil {
		log.Fatal(err)
	}
	defer response.Body.Close()
	body, err := ioutil.ReadAll(response.Body)
	if err != nil {
		log.Fatal(err)
	}
	fmt.Println(string(body))
}
```

가져올 페이지의 URL로 http.Get 함수를 호출합니다.

"main" 함수가 종료될 때 네트워크 연결을 해제합니다.

모든 응답 데이터를 읽어 옵니다.

응답 데이터를 문자열로 변환한 뒤 출력합니다.

코드를 파일로 저장한 다음 go run으로 파일을 실행해 보면 프로그램은 *https://example.com* 페이지의 HTML 내용을 읽어 와 출력합니다.

```
File Edit Window Help
$ go run temp.go
<!doctype html>
<html>
<head>
    <title>Example Domain</title>
    <meta charset="utf-8" />
...
```

HTML 페이지 내용

웹 페이지 가져오기 (계속)

이 프로그램이 사용하고 있는 함수와 타입을 좀 더 자세히 알고 싶은 경우에는 4장에서 배운 go doc 명령어를 사용해 문서를 확인해 보면 됩니다. 이 명령어를 사용하여 각 함수들에 대한 문서를 가져와 보세요(또는 터미널보다 브라우저를 더 선호한다면 검색 엔진을 사용해 문서를 찾아볼 수도 있습니다).

```
File Edit Window Help
go doc http Get
go doc http Response
go doc io ReadCloser
go doc ioutil ReadAll
```

Go의 문서를 활용하면 이 프로그램이 어떻게 동작하는지 좀 더 자세한 인사이트를 얻을 수 있습니다!

좀 전에 작성한 코드를 사용하면 여러 웹 페이지의 크기를 계산하는 프로그램을 작성하는 것도 어렵지 않습니다.

페이지를 가져오는 코드는 매개변수로 URL을 받는 별도의 responseSize 함수로 옮길 수 있습니다. 함수 내에서는 디버깅을 위해 받아 온 URL을 출력합니다. http.Get을 호출해 응답을 읽어 오고 네트워크 연결을 해제하는 대부분의 코드는 그대로 사용합니다. 단, 마지막 라인은 byte 슬라이스를 string으로 변환하는 대신 len 함수를 사용해 응답의 길이를 계산한 다음 길이를 출력하도록 수정합니다.

그리고 main 함수는 몇 가지 다른 URL로 responseSize 함수를 호출하도록 수정합니다. 그나음 프로그램을 실행해 보면 URL과 해당 페이지의 크기가 차례대로 출력됨을 볼 수 있습니다.

```
package main

import (
	"fmt"
	"io/ioutil"
	"log"
	"net/http"
)

func main() {
	responseSize("https://example.com/")
	responseSize("https://golang.org/")
	responseSize("https://golang.org/doc")
}

func responseSize(url string) {
	fmt.Println("Getting", url)
	response, err := http.Get(url)
	if err != nil {
		log.Fatal(err)
	}
	defer response.Body.Close()
	body, err := ioutil.ReadAll(response.Body)
	if err != nil {
		log.Fatal(err)
	}
	fmt.Println(len(body))
}
```

여러 페이지의 크기를 가져옵니다.

매개변수로 URL을 받습니다.

페이지를 읽어 오는 코드를 별도의 함수로 분리합니다.

가져온 URL을 출력합니다.

주어진 URL을 대상으로 Get 요청을 수행합니다.

byte 슬라이스의 크기는 페이지의 크기와 같습니다.

```
Getting https://example.com/
1270
Getting https://golang.org/
8766
Getting https://golang.org/doc
13078
```

페이지의 URL과 크기(크기는 바이트 단위)

우회를 종료하고 다시 돌아갑니다

멀티태스킹

이제 이 장의 요점을 살펴보겠습니다. 이 장의 목표는 한 번에 여러 개의 작업을 수행함으로써 프로그램의 속도를 높이는 방법을 찾는 것입니다.

좀 전에 만든 프로그램에서는 여러 개의 responseSize 호출을 한 번에 하나씩 호출하고 있습니다. responseSize 함수에 대한 각 호출은 웹사이트에 대한 네트워크 연결을 생성한 다음 사이트로부터 응답이 오길 기다린 뒤 응답의 크기 계산까지 끝나고 나서야 종료됩니다. 하나의 responseSize 호출이 종료되어야만 다음 호출을 실행할 수 있습니다. 만약 모든 코드가 세 번씩 반복되는 크고 긴 함수가 있다면 이 함수는 responseSize를 세 번 호출하는 것과 동일한 시간이 소요될 것입니다.

responseSize를 순차적으로 세 번 호출하면 이만큼 시간이 소요됩니다.

시작

```
fmt.Println("Getting", url)
response, err := http.Get(url)
if err != nil {
	log.Fatal(err)
}
defer response.Body.Close()
body, err := ioutil.ReadAll(
	response.Body)
if err != nil {
	log.Fatal(err)
}
fmt.Println(len(body))

fmt.Println("Getting", url)
response, err := http.Get(url)
if err != nil {
	log.Fatal(err)
}
defer response.Body.Close()
body, err := ioutil.ReadAll(
	response.Body)
if err != nil {
	log.Fatal(err)
}
fmt.Println(len(body))

fmt.Println("Getting", url)
response, err := http.Get(url)
if err != nil {
	log.Fatal(err)
}
defer response.Body.Close()
body, err := ioutil.ReadAll(
	response.Body)
if err != nil {
	log.Fatal(err)
}
fmt.Println(len(body))
```

종료

하지만 세 개의 responseSize 호출을 한 번에 실행할 수 있는 방법이 있다면 어떨까요? 그런 방법이 있다면 프로그램의 실행 시간을 1/3로 단축할 수 있을 것 같은데 말이죠!

responseSize의 모든 호출이 동시에 실행되면 프로그램은 훨씬 빨라질 것입니다!

시작

```
fmt.Println("Getting", url)
response, err := http.Get(url)
if err != nil {
	log.Fatal(err)
}
defer response.Body.Close()
body, err := ioutil.ReadAll(
	response.Body)
if err != nil {
	log.Fatal(err)
}
fmt.Println(len(body))
```

```
fmt.Println("Getting", url)
response, err := http.Get(url)
if err != nil {
	log.Fatal(err)
}
defer response.Body.Close()
body, err := ioutil.ReadAll(
	response.Body)
if err != nil {
	log.Fatal(err)
}
fmt.Println(len(body))
```

```
fmt.Println("Getting", url)
response, err := http.Get(url)
if err != nil {
	log.Fatal(err)
}
defer response.Body.Close()
body, err := ioutil.ReadAll(
	response.Body)
if err != nil {
	log.Fatal(err)
}
fmt.Println(len(body))
```

종료

고루틴을 사용한 동시성

responseSize가 http.Get을 호출하면 프로그램은 웹사이트가 응답할 때까지 대기해야 합니다. 응답을 대기하는 동안에는 아무 일도 수행하지 않습니다.

어떤 프로그램은 사용자의 입력을 기다려야 하는 경우도 있고, 또 어떤 프로그램은 파일에서 데이터를 읽는 동안 대기해야 하는 경우도 있습니다. 이처럼 프로그램이 대기 상태에 놓이는 많은 상황이 존재합니다.

동시성(Concurrency)을 활용하면 프로그램이 한 작업을 멈추고 다른 작업을 수행할 수 있도록 만들 수 있습니다. 사용자의 입력을 기다리는 프로그램은 백그라운드에서 다른 작업을 수행할 수 있습니다. 우리의 responseSize 프로그램도 마찬가지로 첫 요청이 완료되기를 기다리는 동안 다른 네트워크 요청을 수행하도록 만들 수 있습니다.

동시성을 지원하도록 작성된 프로그램은 여러 작업을 동시에 실행하는 **병렬성(parallelism)**도 지원할 수 있습니다. 단일 프로세서를 가진 컴퓨터는 한 번에 하나의 작업만 실행할 수 있습니다. 그러나 요즘에는 대부분의 컴퓨터가 멀티 프로세서(또는 멀티 코어를 갖는 단일 프로세서)를 지원합니다. 멀티 코어 또는 멀티 프로세서를 가진 컴퓨터는 동시적 작업을 각기 다른 프로세서로 분배하여 한 번에 여러 작업을 수행할 수 있습니다(분배를 직접 관리할 일은 거의 없으며 보통은 운영체제가 알아서 분배해 줍니다).

고루틴은 한 작업을 멈추고 다른 작업을 수행할 수 있는 동시성을 지원합니다. 또한 특정 상황에서는 한 번에 여러 개의 작업을 동시에 수행할 수 있는 병렬성도 지원합니다.

큰 작업을 동시에 실행할 수 있는 작은 하위 작업들로 나누는 일은 종종 프로그램의 속도를 크게 향상시킵니다.

Go에서는 동시에 실행되는 작업을 **고루틴**이라고 부릅니다. 이는 다른 프로그래밍 언어에 있는 *스레드(thread)*와 유사한 개념이지만 고루틴은 스레드보다 좀 더 적은 메모리를 사용하며 좀 더 빠른 시작 및 종료 시간을 가졌기 때문에 한 번에 더 많은 고루틴을 실행할 수 있습니다.

또한 고루틴은 사용하기도 쉽습니다. *또 다른* 고루틴을 시작하기 위해서는 함수 또는 메서드 호출 앞에 go 키워드만 붙여 주면 됩니다.

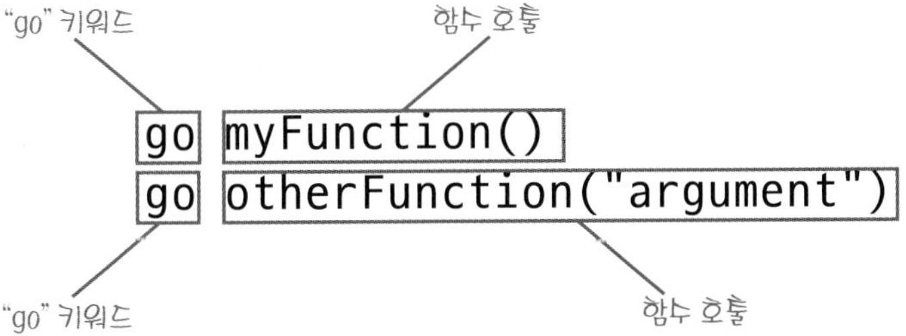

또 다른 고루틴이라고 말한 부분을 주목하세요. 모든 Go 프로그램의 main 함수는 고루틴을 사용하여 실행되기 때문에 모든 Go 프로그램은 최소 하나의 고루틴 위에서 실행됩니다. 즉, 여러분은 여태까지 여러분도 모르게 계속해서 고루틴을 사용해 온 셈입니다!

고루틴 사용하기

다음 프로그램은 한 번에 하나의 함수를 호출하고 있습니다. a 함수에서는 문자열 "a"를 50번 출력하는 루프를 사용하고 있으며, b 함수에서는 문자열 "b"를 50번 출력하고 있습니다. main 함수는 a를 호출한 다음 b를 호출하고 마지막으로 메시지 하나를 호출한 뒤 종료됩니다.

```
package main

import "fmt"

func a() {
	for i := 0; i < 50; i++ {
		fmt.Print("a")
	}
}

func b() {
	for i := 0; i < 50; i++ {
		fmt.Print("b")
	}
}

func main() {
	a()
	b()
	fmt.Println("end main()")
}
```

```
aaaaaaaaaaaaaaaaaaaaaaaaaaaaaaaa
aaaaaaaaaaaaaaaaaabbbbbbbbbbbbbb
bbbbbbbbbbbbbbbbbbbbbbbbbbbbbbbb
bbbbend main()
```

이는 마치 main 함수에 a 함수의 모든 코드와 b 함수의 모든 코드 및 출력 코드가 순서대로 나열된 것과 같습니다.

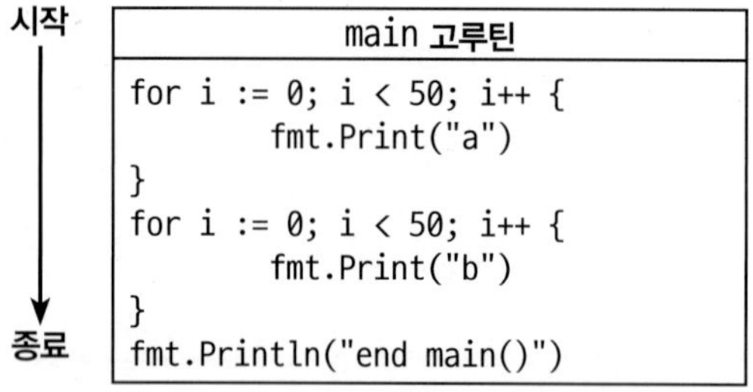

시작 → 종료

main 고루틴

```
for i := 0; i < 50; i++ {
	fmt.Print("a")
}
for i := 0; i < 50; i++ {
	fmt.Print("b")
}
fmt.Println("end main()")
```

a와 b 함수를 새로운 고루틴에서 실행하려면 각 함수 호출 앞에 go 키워드를 추가해 줘야 합니다.

```
func main() {
	go a()
	go b()
	fmt.Println("end main()")
}
```

이렇게 하면 새로운 고루틴들은 main 함수와 동시에 실행됩니다.

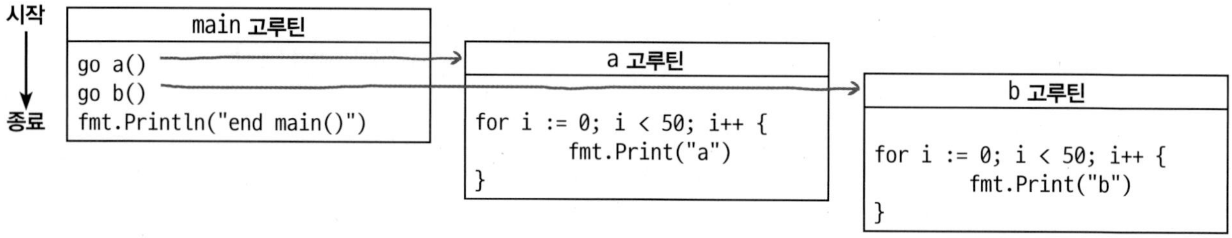

시작 → 종료

main 고루틴

```
go a()
go b()
fmt.Println("end main()")
```

a 고루틴

```
for i := 0; i < 50; i++ {
	fmt.Print("a")
}
```

b 고루틴

```
for i := 0; i < 50; i++ {
	fmt.Print("b")
}
```

고루틴 사용하기 (계속)

하지만 이 프로그램을 실행해 보면 main 함수의 마지막에 있는 Println 호출에서 출력된 값만 보입니다. 현재 a와 b 함수의 출력값은 보이지 않습니다!

```
func main() {
        go a()
        go b()
        fmt.Println("end main()")
}
```

"a"와 "b" 함수의 출력값은 어디로 갔을까요?

```
end main()
```

문제는 다음과 같습니다. Go 프로그램은 main 고루틴(main 함수를 호출하는 고루틴)이 종료되면 다른 고루틴이 아직 실행 중이더라도 그 즉시 실행을 중단합니다. 현재 main 함수는 a와 b 함수가 실행될 기회를 얻기도 전에 종료되고 있습니다.

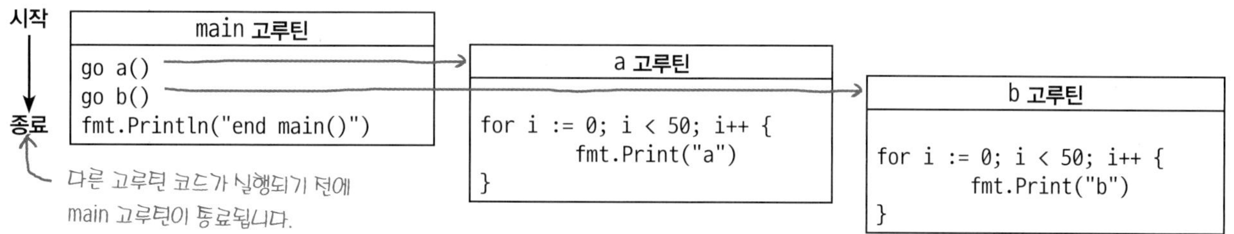

시작
종료
main 고루틴
go a()
go b()
fmt.Println("end main()")
a 고루틴
for i := 0; i < 50; i++ {
fmt.Print("a")
}
b 고루틴
for i := 0; i < 50; i++ {
fmt.Print("b")
}
다른 고루틴 코드가 실행되기 전에
main 고루틴이 종료됩니다.

따라서 a와 b 함수를 실행하는 고루틴이 완료되기 전까지 main 고루틴을 실행 중인 상태로 유지해야 합니다. 이 작업을 정석대로 하려면 Go의 또 다른 기능인 채널(channel)이라는 것을 사용해야 하는데, 채널은 이 장의 후반부에서 다룹니다. 따라서 지금은 main 고루틴을 일정 시간만큼 중단시켜 다른 고루틴이 실행될 수 있도록 만들어 보겠습니다.

중단 작업에는 time 패키지의 Sleep이라는 함수를 사용할 것입니다. Sleep을 사용하면 현재 고루틴을 일정 시간만큼 일시 중지할 수 있습니다. main 함수에서 time.Sleep(time.Second)를 호출하면 main 고루틴은 1초 동안 일시 중지됩니다.

```
func main() {
        go a()
        go b()
        time.Sleep(time.Second)
        fmt.Println("end main()")
}
```

main 고루틴을 1초간 일시 중지합니다.

1초는 다른 고루틴이 실행되기에 충분한 시간입니다.

```
aaaaaaaaaaaaaaaaaaaaaabbbbbaaa
aaaaaaaabbbbbbbbbbaaaaaaaaaaa
abbaaaaabbbbbbbbbbbbbbbbbbbbb
bbbbbbbbbbend main()
```

time.Sleep 함수가 종료되면 main 고루틴은 실행을 종료합니다.

프로그램을 다시 실행해 보면 고루틴들이 마침내 실행될 기회를 얻으면서 a와 b의 출력값을 확인할 수 있게 됩니다. 프로그램이 두 고루틴 사이를 전환함에 따라 두 함수의 출력값이 혼합되어 출력됩니다(여러분의 실행 결과는 위 출력 결과와 다르게 보일 수도 있습니다). 1초가 지나 main 고루틴이 다시 깨어나면 fmt.Println을 호출하고 종료됩니다.

고루틴 사용하기 (계속)

main 고루틴에서의 time.Sleep 호출은 a와 b 고루틴이 실행을 완료하는 데 충분한 시간을 제공합니다.

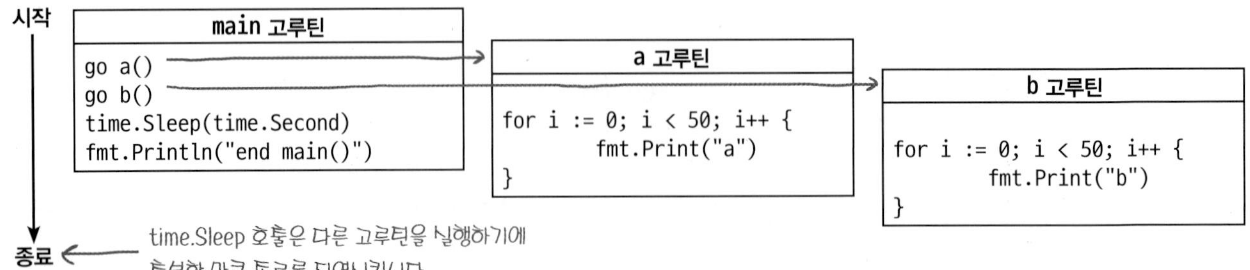

responseSize 함수에 고루틴 사용하기

웹 페이지의 크기를 출력하는 프로그램에 고루틴을 적용하는 것은 아주 쉬우며, responseSize 함수의 각 호출 앞에 go 키워드만 붙여 주면 됩니다.

이번에도 마찬가지로 responseSize 고루틴이 끝나기 전에 main 고루틴이 종료되는 것을 막기 위해서는 main 함수에 time.Sleep 호출을 추가해 줘야 합니다.

1초는 네트워크 요청을 완료하는 데 충분하지 않을 수도 있으므로 time.Sleep(5 * time.Second)를 사용해 고루틴을 5초간 일시 중지합니다(네트워크가 느리거나 무응답인 상태라면 시간을 더 늘려야 할 수도 있습니다).

```
package main

import (
	"fmt"
	"io/ioutil"
	"log"
	"net/http"
	"time"   ← "time" 패키지를 추가합니다.
)

func main() {
	go responseSize("https://example.com/")
	go responseSize("https://golang.org/")
	go responseSize("https://golang.org/doc")
	time.Sleep(5 * time.Second)
}

func responseSize(url string) {
	fmt.Println("Getting", url)
	response, err := http.Get(url)
	if err != nil {
		log.Fatal(err)
	}
	defer response.Body.Close()
	body, err := ioutil.ReadAll(response.Body)
	if err != nil {
		log.Fatal(err)
	}
	fmt.Println(len(body))
}
```

responseSize 호출을 고루틴문으로 변환합니다.

5초간 일시 중지합니다. → time.Sleep(5 * time.Second)

responseSize 함수에 고루틴 사용하기 (계속)

수정된 프로그램을 실행해 보면 세 개의 responseSize 고루틴이 동시에 실행되면서 가져오려는 세 개의 URL이 한 번에 출력됨을 볼 수 있습니다.

세 개의 http.Get 호출 또한 동시에 실행되며 따라서 프로그램은 더 이상 다음 요청을 전달하기 전에 이전 요청의 응답을 기다릴 필요가 없습니다. 세 개의 응답 사이즈 또한 기존의 순차 버전보다 고루틴을 사용한 버전에서 더 빠르게 출력됩니다. 하지만 main에서는 time.Sleep 호출이 완료되길 기다리고 있기 때문에 프로그램은 종료될 때까지 여전히 5초가 소요됩니다.

responseSize의 첫 부분에 있는 Println 호출들이 동시에 실행됩니다.

각 사이트의 응답이 도착하자마자 응답 사이트가 출력됩니다.

```
Getting https://example.com/
Getting https://golang.org/doc
Getting https://golang.org/
1270
8766
13078
```

우리는 responseSize의 호출이 실행되는 순서를 직접 제어할 수 없습니다. 따라서 프로그램을 다시 실행해 보면 각 요청이 이전과는 다른 순서로 실행될 수도 있습니다.

각 요청들은 매번 다른 순서로 실행될 수 있습니다.

```
Getting https://golang.org/doc
Getting https://golang.org/
Getting https://example.com/
1270
8766
13078
```

이 프로그램은 각 요청에 대한 응답이 더 빨리 도착하더라도 항상 5초 후에 종료되기 때문에 고루틴을 사용함으로써 얻는 속도 향상을 최대로 활용하지 못하는 문제가 있습니다. 이보다 더 안 좋은 상황은 사이트의 응답 시간이 오래 걸려 5초만으로는 부족할 경우 응답이 도착하기도 전에 프로그램이 종료되는 문제 또한 발생할 여지가 있습니다.

time.Sleep 호출이 종료되어 사이트로부터 응답을 받기도 전에 프로그램이 종료될 수 있습니다.

```
Getting https://golang.org/doc
Getting https://golang.org/
Getting https://example.com/
1270
```

time.Sleep이 다른 고루틴이 끝날 때까지 기다리기 위한 이상적인 방법이 아님은 분명해지고 있습니다. 이제 다음 수 페이지에 걸쳐 채널을 살펴보고 나면 좀 더 나은 대안이 나올 것입니다.

고루틴의 실행 시점은 직접 제어할 수 없습니다

responseSize 고루틴은 실행할 때마다 다른 순서로 실행됨을 볼 수 있습니다.

```
Getting https://example.com/
Getting https://golang.org/doc
Getting https://golang.org/
```

```
Getting https://golang.org/doc
Getting https://golang.org/
Getting https://example.com/
```

또한 이전 프로그램이 a와 b 고루틴 사이를 언제 전환하는지도 알 수 없었습니다.

```
aaaaaabbbbbbbbbbbbbbbb
bbbbbbbaaaaaaaaaaaaaaa
aaaaaaaaaaaaaaaaaaaaab
bbbbbbbbbbbbbbbbbbbbbb
bbbbaaaaaaaaaend main()
```

```
bbbbbbbbbbbbbbbbbbbaaa
aaaabbbbbbbbbbbbbaaaaa
aaaaaaaaaaaaaaaaaaaaaa
aaaaaaaaaaaaaaaabbbbbb
bbbbbbbbbbbbbend main()
```

```
aaaaaaaaaaaaaaaaaaaaaa
aaaaaaaaaaaaaaaaaaaaaa
aaaaaabbbbbbbbbbbbbbbb
bbbbbbbbbbbbbbbbbbbbbb
bbbbbbbbbbbbbend main()
```

일반적인 환경에서 Go는 고루틴 간의 전환 시기와 전환 기간에 대해 아무것도 보장하지 않습니다. 이는 고루틴이 어떤 방식으로든 가장 효율적으로 실행되도록 만들어 줍니다. 하지만 고루틴 간 실행 순서가 중요하다면 채널을 사용하여 고루틴들을 동기화해야 합니다(이는 곧 살펴보겠습니다).

코드 자석

고루틴을 사용하는 프로그램이 냉장고에 뒤죽박죽 섞여 있습니다. 이 코드 조각을 재조합해서 주어진 출력값과 *유사한* 출력값을 출력하도록 만들 수 있을까요? (고루틴의 실행 순서를 예측하는 것은 불가능하기 때문에 출력값이 아래의 예시 출력값과 완전히 동일할 필요는 없습니다.)

```
(s string)

repeat    repeat

time.Sleep(time.Second)

()    ("x")

go    ("y")

go

for i := 0; i < 25; i++ {
        fmt.Print(s)
}

{    }    {    }

package main

import (
        "fmt"
        "time"
)

func repeat

func main
```

가능한 출력값 중 하나 →

```
yyyyyyyyyyyyxxxxxxxxxxxxyyyyyyxxxxxxxxxxxxxyyyyyxx
```

정답은 400 페이지에 있습니다.

go문은 반환 값과 함께 사용할 수 없습니다

고루틴으로의 전환은 또 다른 문제를 야기합니다. go문에는 반환 값을 가진 함수를 사용할 수 없습니다. 페이지의 크기를 직접 출력하는 대신 값으로 반환하도록 responseSize 함수를 변경하려는 상황을 가정해 봅시다.

```
func main() {
	var size int
	size = go responseSize("https://example.com/")
	fmt.Println(size)
	size = go responseSize("https://golang.org/")
	fmt.Println(size)
	size = go responseSize("https://golang.org/doc")
	fmt.Println(size)
	time.Sleep(5 * time.Second)
}

func responseSize(url string) int {
	fmt.Println("Getting", url)
	response, err := http.Get(url)
	if err != nil {
		log.Fatal(err)
	}
	defer response.Body.Close()
	body, err := ioutil.ReadAll(response.Body)
	if err != nil {
		log.Fatal(err)
	}
	return len(body)
}
```

이 코드는 완전히 잘못되었습니다!

반환 값을 추가합니다.

응답 크기를 출력하지 않고 반환합니다.

컴파일 에러 발생

```
./pagesize.go:13:9: syntax error: unexpected go, expecting expression
./pagesize.go:15:9: syntax error: unexpected go, expecting expression
./pagesize.go:17:9: syntax error: unexpected go, expecting expression
```

위 코드를 컴파일해 보면 컴파일 에러가 발생합니다. 컴파일러는 go문으로 호출하고 있는 함수로부터 반환 값을 가져오고 있는 지점에서 컴파일을 중단합니다.

이는 아주 적절한 에러입니다. responseSize를 go문으로 호출한다는 것은 "responseSize는 별도의 고루틴에서 실행하고 나는 현재 함수를 계속 실행하겠어."라고 말하는 것과 같습니다. responseSize 함수는 웹사이트의 응답을 기다려야 하기 때문에 값을 즉시 반환하지 않습니다. 하지만 main 고루틴 코드는 아직 존재하지도 않는 반환 값이 즉시 반환되길 기대하고 있습니다.

이는 responseSize와 같이 실행 시간이 긴 함수뿐만 아니라 go문으로 실행되는 모든 함수에 동일하게 적용되는 규칙입니다. 언제 준비될지 모르는 반환 값에 의존할 수는 없으므로 Go 컴파일러는 애초에 반환 값을 사용하려는 시도 자체를 차단합니다.

"이거 실행해 둬. 끝날 때까지 기다리지는 않을 거야."라는 의미입니다.

```
size = go responseSize("https://example.com/")
fmt.Println(size)
```

그렇다면 이 반환 값은 무슨 값일까요?

go문은 반환 값과 함께 사용할 수 없습니다 (계속)

Go에서는 go 문으로 호출된 함수의 반환 값을 사용할 수 없는데, 반환하려는 값이 사용하려는 시점보다 먼저 준비될 것임을 보장할 수 없기 때문입니다.

```
func greeting() string {
	return "hi"
}

func main() {
	fmt.Println(go greeting())
}
```

고루틴으로 호출된 함수

함수의 (아직 준비되지 않았을 수도 있을) 반환 값을 특시 사용하려는 시도

컴파일 에러 발생

```
syntax error: unexpected go, expecting expression
```

하지만 Go에는 고루틴끼리 서로 통신을 할 수 있는 방법이 존재하는데, 바로 **채널(channel)** 입니다. 채널을 사용하면 한 고루틴에서 다른 고루틴으로 값을 전달할 수 있을 뿐만 아니라 수신 고루틴이 값을 사용하기 전에 송신 고루틴이 값을 보냈음을 보장할 수 있습니다.

채널을 사용해 볼 실용적인 방법으로 유일한 것은 한 고루틴에서 또 다른 고루틴으로 직접 통신을 해 보는 것입니다. 채널을 사용하려면 우선 다음 세 작업을 할 수 있어야 합니다.

- 채널 생성하기.
- 채널을 매개변수로 받는 함수 작성하기. 이 함수는 별도의 고루틴에서 실행하여 채널에 값을 전달하도록 함.
- 고루틴에서 채널을 통해 전달한 값 수신하기.

각 채널은 특정 타입의 값만 주고받을 수 있기 때문에 int 값을 갖는 하나의 채널과 구조체 타입을 갖는 또 다른 채널처럼 별도의 채널들을 가질 수 있습니다. 채널 변수를 선언하기 위해서는 chan 키워드 다음으로 채널이 주고받을 값의 타입을 지정해 주면 됩니다.

"chan" 키워드

채널이 주고받을 값의 타입

```
var myChannel chan float64
```

실제로 사용할 수 있는 채널을 생성하려면 (맵과 슬라이스 생성 시에도 사용한) make 함수를 사용해야 합니다. make 함수에는 생성할 채널의 타입만 전달해 주면 됩니다(채널을 할당할 변수와 동일한 타입이어야 합니다).

```
var myChannel chan float64
myChannel = make(chan float64)
```

채널 변수를 선언합니다.

실제로 사용할 수 있는 채널을 생성합니다.

채널 변수를 별도로 선언하는 것보다는 대부분의 경우 단축 변수 선언을 사용하는 것이 더 간편합니다.

```
myChannel := make(chan float64)
```

채널을 생성함과 동시에 채널 변수를 선언합니다.

채널을 통해 값 주고받기

채널에 값을 전달할 때에는 <- 연산자를 사용합니다. 이는 보내는 값이 보낼 채널을 가리키는 것처럼 보입니다.

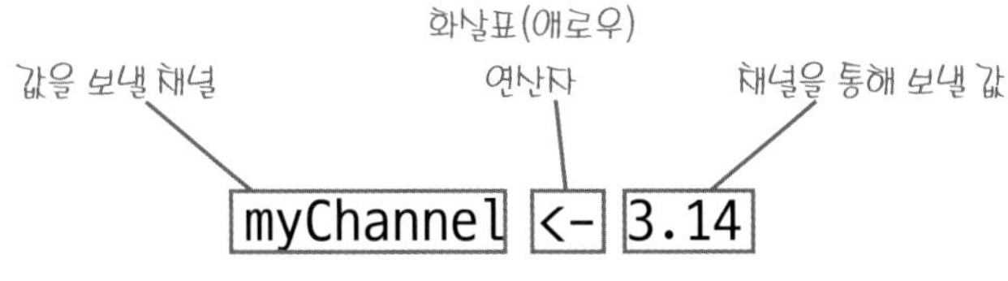

채널에서 값을 *받아올* 때에도 마찬가지로 <- 연산자를 사용하지만, 화살표의 위치가 다르며 이번에는 화살표가 값을 가져올 채널의 왼쪽에 위치합니다(이는 채널에서 값을 빼오는 것처럼 보입니다).

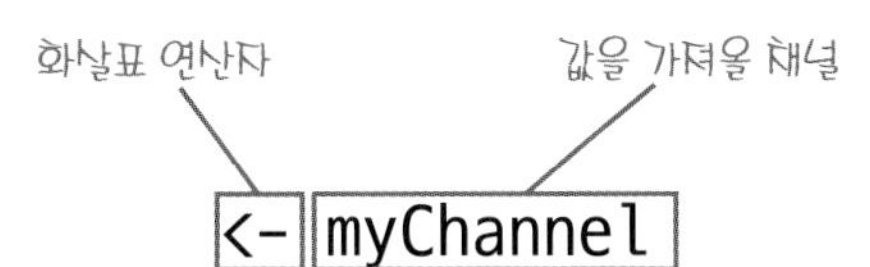

다음은 이전 장에서 본 greeting 함수로 채널을 사용하도록 수정된 버전입니다. greeting 함수에는 문자열 채널 타입의 myChannel이라는 매개변수를 추가했습니다. greeting 함수는 이제 문자열 값을 반환하는 대신 myChannel로 전달합니다.

main 함수에서는 make 함수를 사용해 greeting으로 전달할 채널을 생성한 다음 greeting을 새로운 고루틴으로 호출합니다. 여기서 핵심은 별도의 고루틴을 사용한다는 것인데, 채널의 경우 고루틴 간의 통신에서만 사용할 수 있기 때문입니다(이 이유에 대해서는 잠시 후에 설명합니다). 마지막으로 greeting으로 전달한 채널에서 문자열 값을 가져와 출력합니다.

```
func greeting(myChannel chan string) {    // 매개변수로 채널을 사용합니다.
        myChannel <- "hi"    // 채널을 통해 값을 전달합니다.
}

func main() {
        myChannel := make(chan string)    // 새로운 채널을 생성합니다.
        go greeting(myChannel)    // 채널을 새로운 고루틴에서 실행되는 함수로 전달합니다.
        fmt.Println(<-myChannel)    // 채널에서 값을 가져옵니다.
}
```

```
hi
```

채널에서 가져온 값을 Println으로 바로 전달할 필요는 없습니다. 채널에서 가져온 값은 값이 필요한 모든 곳에서 사용할 수 있습니다(즉, 변수나 함수의 반환 값으로도 사용할 수 있습니다). 예를 들어, 위 예제에서는 채널에서 받아 온 값을 변수에 먼저 할당할 수 있습니다.

```
receivedValue := <-myChannel    // 수신한 값을 변수에 저장할 수도 있습니다.
fmt.Println(receivedValue)
```

채널을 사용한 고루틴 동기화

이전에 채널은 수신 고루틴이 값을 사용하기 전에 송신 고루틴이 값을 보냈음을 보장할 수 있다고 말한 적이 있습니다. 채널은 현재 고루틴의 모든 작업을 중지하는 **블로킹(blocking)**으로 이를 보장할 수 있습니다. 어떤 채널에 대한 송신 연산은 다른 고루틴이 해당 채널에서 값을 가져가기 전까지 송신 고루틴을 블로킹합니다. 그 반대도 마찬가지인데, 수신 연산은 다른 고루틴이 해당 채널에 값을 보내기 전까지 수신 고루틴을 블로킹합니다. 이러한 동작 방식을 통해 고루틴은 자기 자신의 행동을 **동기화(synchronize)**할 수 있습니다. 즉, 자신의 실행 타이밍을 조정할 수 있습니다.

수신 고루틴은 다른 고루틴이 값을 보내기 전까지 대기합니다.

다음 프로그램은 두 개의 채널을 생성하고 각 채널을 두 개의 새로운 고루틴으로 전달하고 있습니다. 그리고 main 고루틴에서는 두 채널에서 받아 온 값을 출력하고 있습니다. "a"와 "b"를 반복적으로 출력한 고루틴과는 달리 이 프로그램의 출력값은 예측 가능하며 항상 "a", "d", "b", "e", "c", "f"의 순서로 출력됩니다.

```
func abc(channel chan string) {
	channel <- "a"
	channel <- "b"
	channel <- "c"
}

func def(channel chan string) {
	channel <- "d"
	channel <- "e"
	channel <- "f"
}

func main() {
	channel1 := make(chan string)
	channel2 := make(chan string)
	go abc(channel1)
	go def(channel2)
	fmt.Print(<-channel1)
	fmt.Print(<-channel2)
	fmt.Print(<-channel1)
	fmt.Print(<-channel2)
	fmt.Print(<-channel1)
	fmt.Print(<-channel2)
	fmt.Println()
}
```

두 개의 채널을 생성합니다. (channel1, channel2 := make(chan string))

각 채널을 새로운 고루틴에서 실행되는 함수로 전달합니다. (go abc(channel1), go def(channel2))

채널에서 가져온 값을 순서대로 출력합니다. (fmt.Print …)

```
adbecf
```

abc 고루틴은 값을 전달할 때마다 main 고루틴이 값을 가져갈 때까지 자기 자신을 블로킹하기 때문에 출력 순서를 예측할 수 있습니다. def 고루틴도 마찬가지입니다. main 고루틴은 abc와 def 고루틴의 조정자가 되며 각 고루틴이 보내는 값을 읽을 준비가 된 경우에만 고루틴의 실행을 재개할 수 있습니다.

시작 → 종료

main() 고루틴	abc() 고루틴	def() 고루틴
...		
go abc(channel1)		
go def(channel2)		
fmt.Print(<-channel1)	channel <- "a"	
fmt.Print(<-channel2)		channel <- "d"
fmt.Print(<-channel1)	channel <- "b"	
fmt.Print(<-channel2)		channel <- "e"
fmt.Print(<-channel1)	channel <- "c"	
fmt.Print(<-channel2)		channel <- "f"
fmt.Println()		

고루틴 동기화 관찰하기

abc와 def 고루틴은 채널을 통해 값을 아주 빠르게 전달하기 때문에 그 사이 어떤 일이 벌어지는지 관찰하기가 어렵습니다. 다음은 블로킹을 확인할 수 있도록 의도적으로 속도를 늦추고 있는 또 다른 프로그램입니다.

이 프로그램은 현재 고루틴을 일정 시간만큼 일시 중지하는 reportNap 함수로 시작합니다. 고루틴은 매초 중지될 때마다 중지되었다는 상태 메시지를 출력합니다.

그다음 고루틴에서 실행할 send 함수를 추가하고 채널에 두 개의 값을 전달합니다. 단, 값을 보내기 전에 먼저 reportNap을 호출하여 고루틴을 2초간 중지시킵니다.

main 고루틴에서는 채널을 하나 생성하여 send 함수로 전달합니다. 그리고 reportNap을 호출하여 5초간 일시 중지한 다음 마지막으로 채널에서 두 번의 수신 연산을 수행합니다.

이 프로그램을 실행하면 첫 2초 동안은 두 고루틴 모두 중지됩니다. 2초 후에는 send 고루틴이 깨어나 채널에 값을 전달합니다. 하지만 send 고루틴의 송신 연산은 main 고루틴이 채널에서 값을 받아가기 전까지 send 고루틴을 블로킹하기 때문에 더 이상 아무것도 실행되지 않습니다.

중지할 고루틴의 이름 / 중지할 시간

```
func reportNap(name string, delay int) {
        for i := 0; i < delay; i++ {
                fmt.Println(name, "sleeping")
                time.Sleep(1 * time.Second)
        }
        fmt.Println(name, "wakes up!")
}

func send(myChannel chan string) {
        reportNap("sending goroutine", 2)
        fmt.Println("***sending value***")
        myChannel <- "a"
        fmt.Println("***sending value***")
        myChannel <- "b"
}

func main() {
        myChannel := make(chan string)
        go send(myChannel)
        reportNap("receiving goroutine", 5)
        fmt.Println(<-myChannel)
        fmt.Println(<-myChannel)
}
```

"main"이 중지된 상태에서 이 전달은 블로킹됩니다. (myChannel <- "a")

main 고루틴은 3초간 더 중지되기 때문에 당장은 아무 일도 일어나지 않습니다. 그리고 3초 후 main 고루틴이 깨어나면 채널에서 값을 받아옵니다. 그제서야 send 고루틴의 블로킹이 해제되고 두 번째 값을 전달할 수 있게 됩니다.

```
receiving goroutine sleeping
sending goroutine sleeping
sending goroutine sleeping
receiving goroutine sleeping
receiving goroutine sleeping
sending goroutine wakes up!
***sending value***
receiving goroutine sleeping
receiving goroutine sleeping
receiving goroutine wakes up!
a
***sending value***
b
```

송신 및 수신 고루틴 모두 중지된 상태입니다.

송신 고루틴이 깨어나면 채널에 값을 전달합니다.

수신 고루틴은 여전히 중지된 상태입니다.

수신 고루틴이 깨어나면 채널에서 값을 받아옵니다.

그제서야 send 고루틴의 블로킹이 해제되어 두 번째 값을 전달할 수 있게 됩니다.

부수면서 배우기!

다음은 이전에도 본 채널을 사용해 볼 수 있는 가장 간단한 예제 코드입니다. greeting 함수는 고루틴에서 실행되며 main 고루틴으로 문자열을 전달합니다.

코드의 여러 부분을 변형하고 실행해 보면서 어떤 일들이 벌어지는지 확인해 보세요!

```
func greeting(myChannel chan string) {
        myChannel <- "hi"
}

func main() {
        myChannel := make(chan string)
        go greeting(myChannel)
        fmt.Println(<-myChannel)
}
```

이렇게 변형하면...	이런 이유로 실패합니다
main 함수에서 채널에 값을 전달 `myChannel <- "hi from main"`	"all goroutines are asleep - deadlock!"이라는 에러가 발생합니다. 이 경우 main 고루틴은 또 다른 고루틴이 채널에서 값을 받아 가기를 대기하면서 블로킹되는데 다른 고루틴에서는 수신 연산을 사용하고 있지 않기 때문에 main 고루틴은 블로킹된 상태로 무한정 머물게 됩니다.
greeting 함수 앞의 go 키워드 제거 ~~`go`~~ `greeting(myChannel)`	이 경우 greeting 함수는 main 고루틴에서 실행됩니다. 따라서 위와 같은 이유로 데드락이 발생하면서 에러가 발생합니다. greeting에서의 송신 연산은 main 고루틴을 블로킹하지만 수신 연산을 사용하는 고루틴이 없기 때문에 블로킹된 상태로 머물게 됩니다.
채널에 값을 전달하는 코드 라인 삭제 ~~`myChannel <- "hi"`~~	이때도 마찬가지로 데드락이 발생하지만 그 원인은 다릅니다. main 고루틴은 값을 받고 있는데 값을 보내는 고루틴이 없기 때문에 데드락이 발생합니다.
채널에서 값을 받아 오는 코드 라인 삭제 ~~`fmt.Println(<-myChannel)`~~	greeting의 송신 연산으로 인해 greeting 고루틴은 블로킹되지만 main 고루틴을 블로킹할 수 있는 수신 연산이 없기 때문에 main은 즉시 완료되며 프로그램은 출력값 없이 종료됩니다.

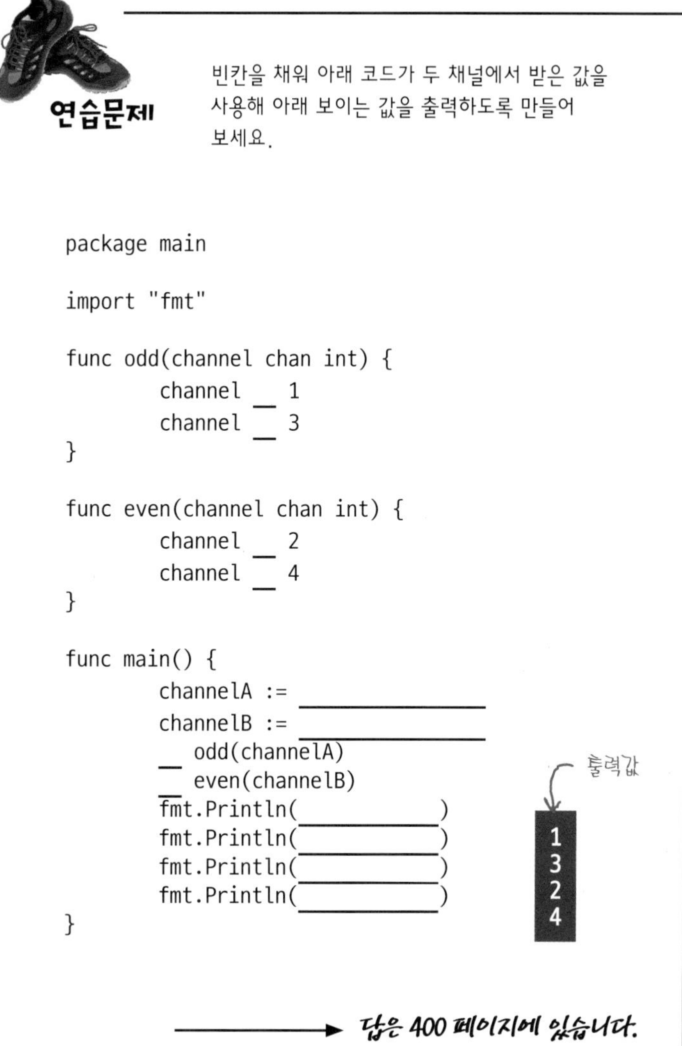

연습문제

빈칸을 채워 아래 코드가 두 채널에서 받은 값을 사용해 아래 보이는 값을 출력하도록 만들어 보세요.

```
package main

import "fmt"

func odd(channel chan int) {
        channel __ 1
        channel __ 3
}

func even(channel chan int) {
        channel __ 2
        channel __ 4
}

func main() {
        channelA := ____________
        channelB := ____________
        __ odd(channelA)
        __ even(channelB)
        fmt.Println(__________)
        fmt.Println(__________)
        fmt.Println(__________)
        fmt.Println(__________)
}
```


답은 400 페이지에 있습니다.

채널을 사용해 웹 페이지 크기 계산 프로그램 수정하기

웹 페이지의 크기를 계산하는 프로그램에는 여전히 다음과 같은 두 가지 문제가 남아 있습니다.

- 고루틴으로 호출하는 경우에는 responseSize 함수의 반환 값을 사용할 수 없습니다.
- main 고루틴이 응답 사이즈를 받기 전에 종료되어버리는 문제로 인해 time.Sleep으로 5초간 일시 중지했지만 5초라는 시간은 때로는 너무 길고 때로는 너무 짧다는 문제가 있습니다.

```
func main() {
        var size int
        size = go responseSize("https://example.com/")
        fmt.Println(size)
        size = go responseSize("https://golang.org/")
        fmt.Println(size)
        size = go responseSize("https://golang.org/doc")
        fmt.Println(size)
        time.Sleep(5 * time.Second)
}
```

go문에서는 반환 값을 가져올 수 없습니다!

모든 페이지의 크기가 반환되기도 전에 프로그램이 종료될 수 있습니다.

채널을 사용하면 위 두 문제를 동시에 해결할 수 있습니다!

time.Sleep은 이제 더 이상 필요하지 않기 때문에 우선 import문에서 time 패키지를 지웁니다. 그다음 responseSize 함수가 int 채널을 받도록 수정합니다. 마지막으로 페이지의 크기를 반환하는 대신 채널을 통해 전달하도록 수정해 줍니다.

```
package main

import (
        "fmt"
        "io/ioutil"
        "log"
        "net/http"
)

func responseSize(url string, channel chan int) {
        fmt.Println("Getting", url)
        response, err := http.Get(url)
        if err != nil {
                log.Fatal(err)
        }
        defer response.Body.Close()
        body, err := ioutil.ReadAll(response.Body)
        if err != nil {
                log.Fatal(err)
        }
        channel <- len(body)
}
```

time.Sleep은 이제 사용하지 않으므로 "time" 패키지를 제거합니다.

페이지의 크기를 보낼 수 있도록 responseSize에 채널을 전달합니다.

페이지의 크기를 반환하는 대신 채널을 통해 전달합니다.

채널을 사용해 웹 페이지 크기 계산 프로그램 수정하기 (계속)

main 함수에서는 make를 사용해 int 채널을 생성합니다. 다음으로 responseSize를 호출할 때마다 인자로 채널을 전달하도록 수정합니다. 마지막으로 responseSize가 보내는 값들을 받기 위해 채널에서 세 번의 수신 연산을 수행합니다.

```
func main() {
        sizes := make(chan int)
        go responseSize("https://example.com/", sizes)
        go responseSize("https://golang.org/", sizes)
        go responseSize("https://golang.org/doc", sizes)
        fmt.Println(<-sizes)
        fmt.Println(<-sizes)
        fmt.Println(<-sizes)
}
```

int 채널을 생성합니다.

responseSize를 호출할 때마다 채널을 전달합니다.

채널에는 세 번의 송신이 이루어지므로 세 번의 수신을 수행합니다.

```
Getting https://golang.org/doc
Getting https://example.com/
Getting https://golang.org/
8766
13078
1270
```

이 코드를 실행해 보면 프로그램은 웹사이트가 응답하는 대로 빠르게 완료됨을 볼 수 있습니다. 완료 속도는 매번 달라질 수 있겠지만 테스트해 본 결과 약 1초 내외로 완료됨을 확인할 수 있었습니다!

개선할 수 있는 또 다른 부분은 가져올 URL의 목록을 슬라이스로 저장한 다음 슬라이스를 순회하면서 responseSize를 호출하고 채널에서 값을 받아오는 것입니다. 이를 통해 코드의 중복을 줄일 수 있으며 나중에 URL도 쉽게 추가할 수 있습니다.

responseSize는 변경할 필요 없이 main만 수정하면 됩니다. URL의 목록을 저장할 문자열 슬라이스를 생성한 다음, 슬라이스를 순회하면서 현재 URL과 채널로 responseSize를 호출합니다. 마지막으로 슬라이스에서 URL의 목록을 순회하는 루프와 채널에서 값을 받아와 출력하는 루프를 분리합니다(별도의 루프에서 작업을 수행한다는 점이 중요합니다. 만약 responseSize 고루틴을 실행하는 루프와 동일한 루프에서 동시에 값을 받아오게 되면, main 고루틴은 값을 받기 전까지 블로킹되기 때문에 한 번에 한 페이지에만 요청을 날리게 되는 문제가 발생합니다).

```
func main() {
        sizes := make(chan int)
        urls := []string{"https://example.com/",
                "https://golang.org/", "https://golang.org/doc"}
        for _, url := range urls {
                go responseSize(url, sizes)
        }
        for i := 0; i < len(urls); i++ {
                fmt.Println(<-sizes)
        }
}
```

URL의 목록을 슬라이스에 저장합니다.

각 URL로 responseSize를 호출합니다.

responseSize 함수가 값을 송신할 때마다 채널에서 값을 받아옵니다.

```
Getting https://golang.org/
Getting https://golang.org/doc
Getting https://example.com/
1270
8766
13078
```

루프를 사용하니 코드가 훨씬 깔끔해졌으며 여전히 동일한 결괏값을 얻을 수 있습니다!

채널로 구조체 전달하기

responseSize 함수에는 여전히 한 가지 문제가 남아 있습니다. 우리는 어떤 웹사이트가 먼저 응답할지 알 수 있는 방법이 없습니다. 그리고 현재는 페이지의 URL과 응답의 크기를 별개로 취급하고 있기 때문에 어떤 크기 값이 어떤 페이지에 대한 값인지 알 수 있는 방법이 없습니다!

```
Getting https://golang.org/
Getting https://golang.org/doc
Getting https://example.com/
1270
8766
13078
```

각 응답 크기는 어떤 URL에 대한 값일까요?

이 문제는 간단하게 해결할 수 있습니다. 채널에는 기본 타입뿐만 아니라 슬라이스, 맵, 구조체와 같은 복합 타입도 사용할 수 있기 때문에 페이지의 URL과 응답의 크기를 함께 저장할 구조체 타입을 만들면 채널을 통해 두 값을 함께 전달할 수 있습니다.

구조체 타입을 기본 타입으로 하는 Page라는 새로운 타입을 선언합니다. Page 타입은 페이지의 URL을 저장하는 URL 필드와 페이지의 크기를 저장하는 Size 필드를 갖습니다.

그다음 responseSize의 채널 매개변수의 타입을 int에서 Page로 변경합니다. 이제 responseSize는 현재 URL과 페이지의 크기를 갖는 새로운 Page 값을 생성하여 채널로 전달합니다.

main 함수의 make 함수에서도 마찬가지로 채널 타입을 변경해 줍니다. 이제 채널에서 값을 가져오면 Page 타입의 값을 받게 되고, 따라서 URL과 Size 필드 값을 모두 출력할 수 있습니다.

```
type Page struct {  ← 필요한 필드를 갖는 새로운 구조체 타입을 선언합니다.
	URL  string
	Size int
}
                    responseSize로 전달하는 채널은
                    이제 int가 아닌 Page 타입의 값을 사용합니다.
func responseSize(url string, channel chan Page) {
	// Omitting identical code...
	channel <- Page{URL: url, Size: len(body)}
}                   ↑ 현재 URL과 페이지의 크기를 갖는 Page 값을 전달합니다.

func main() {
	pages := make(chan Page)  ← 채널 타입을 변경합니다.
	urls := []string{"https://example.com/",
		"https://golang.org/", "https://golang.org/doc"}
	for _, url := range urls {
		go responseSize(url, pages)  ← responseSize에 채널을 전달합니다.
	}
	for i := 0; i < len(urls); i++ {
		page := <-pages  ← Page 값을 받아옵니다.
		fmt.Printf("%s: %d\n", page.URL, page.Size)
	}
}       URL과 페이지의 크기 값을 함께 출력합니다.
```

```
https://example.com/: 1270
https://golang.org/: 8766
https://golang.org/doc: 13078
```

이제 프로그램은 페이지의 크기와 URL의 쌍을 출력합니다. 이제 어떤 크기 값이 어떤 URL에 대한 값인지 단번에 알 수 있습니다.
이전에는 한 번에 하나의 요청만 처리할 수 있었지만 이제는 고루틴을 통해 한 웹사이트의 응답을 대기하는 동안 다음 요청을 동시에 처리할 수 있게 되어 기존 대비 약 1/3로 단축된 시간 만에 모든 처리가 완료됩니다!

Go 도구 상자

13장이 끝났습니다!
도구 상자에 고루틴과 채널을 담았습니다.

고루틴

고루틴은 동시에 실행되는 함수입니다. 고루틴은 동시에 "go" 키워드를 붙이는 함수 호출 앞에 "go" 키워드를 붙이는 go문을 사용하여 새로운 고루틴을 띄울 수 있습니다.

채널

채널은 고루틴 간에 값을 전송하는 데 사용하는 데이터 구조입니다. 기본적으로 채널에 값을 송신하면 다른 곳에서 값을 받아갈 때까지 현재 고루틴을 블로킹(중지)합니다. 값을 수신할 때에도 마찬가지로 다른 곳에서 값을 보내주기 전까지 현재 고루틴을 블로킹합니다.

중요 항목

- 프로그램이 시작될 때 호출되는 main 함수는 고루틴을 사용하여 실행하기 때문에 모든 Go 프로그램은 최소 하나의 고루틴을 갖습니다.
- Go 프로그램은 main 고루틴이 종료하면 다른 고루틴들이 아직 실행 중이더라도 그 즉시 실행을 중단합니다.
- time.Sleep 함수는 현재 고루틴을 일정 시간만큼 일시 중지합니다.
- Go는 고루틴 간 전환 시기와 전환 기간에 대해 아무것도 보장하지 않습니다. 이는 고루틴이 어떤 방식으로든 가장 효율적으로 실행되도록 만들어 줍니다. 하지만 이는 연산이 어떤 순서로 실행될지 확신할 수 없음을 의미합니다.
- go문에서는 함수의 반환 값을 사용할 수 없습니다. 부분적인 이유로는, 반환 값을 사용하려고 할 때 반환 값이 준비되지 않았을 수도 있기 때문입니다.
- 고루틴의 값이 필요한 경우에는 값을 받아올 수 있는 채널을 전달해야 합니다.
- 채널은 내장된 make 함수를 사용하여 생성할 수 있습니다.
- 채널은 한 가지 타입의 값만 송/수신할 수 있으며 채널 생성 시 타입을 지정할 수 있습니다.
  ```
  myChannel := make(chan MyType)
  ```
- <- 연산자를 사용하여 채널에 값을 전달할 수 있습니다.
  ```
  myChannel <- "a value"
  ```
- <-는 채널에서 값을 가져올 때에도 사용할 수 있습니다.
  ```
  value := <-myChannel
  ```

CHAPTER 13

코드 자석 정답

```
package main

import (
        "fmt"
        "time"
)

func repeat (s string) {
    for i := 0; i < 25; i++ {
            fmt.Print(s)
    }
}

func main () {
    go repeat ("x")
    go repeat ("y")
    time.Sleep(time.Second)
}
```

같은 함수를 두 개의 다른 고루틴에서 실행합니다.

다른 고루틴이 완료되기 전에 main 고루틴이 종료되는 것을 방지합니다.

가능한 출력값 중 하나

```
yyyyyyyyyyyyyxxxxxxxxxxxxy
yyyyyxxxxxxxxxxxxxyyyyyxx
```

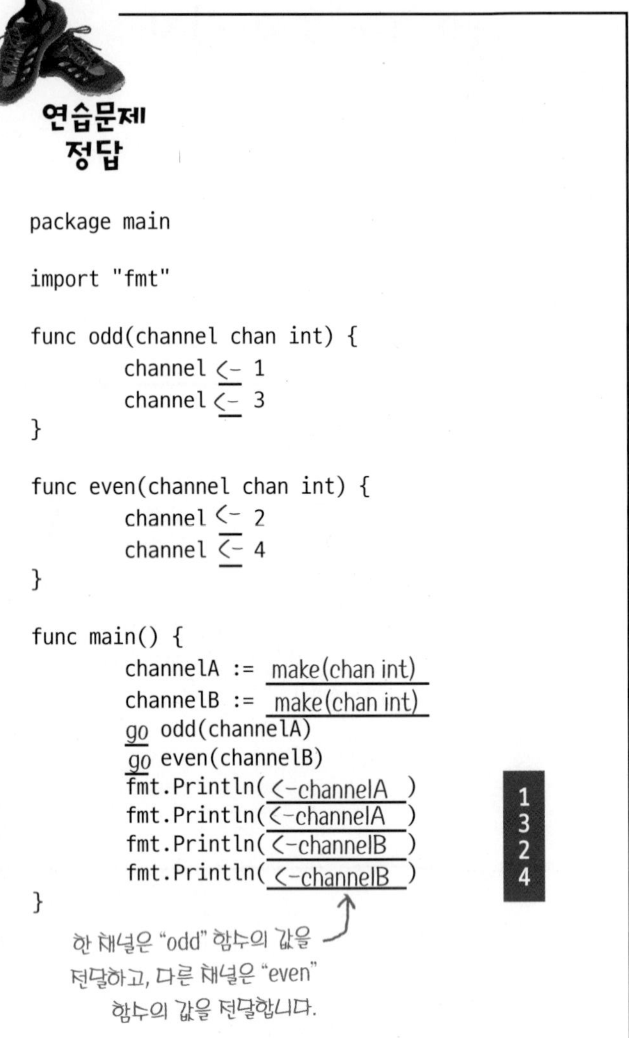

연습문제 정답

```
package main

import "fmt"

func odd(channel chan int) {
        channel <- 1
        channel <- 3
}

func even(channel chan int) {
        channel <- 2
        channel <- 4
}

func main() {
        channelA := make(chan int)
        channelB := make(chan int)
        go odd(channelA)
        go even(channelB)
        fmt.Println(<-channelA)
        fmt.Println(<-channelA)
        fmt.Println(<-channelB)
        fmt.Println(<-channelB)
}
```

```
1
3
2
4
```

한 채널은 "odd" 함수의 값을 전달하고, 다른 채널은 "even" 함수의 값을 전달합니다.

14 코드 품질 보증

자동 테스트

저는 매 교대 전에 모든 장비를 테스트합니다. 이렇게 하면 불량품이 발생하기 전에 미리 문제를 발견하여 고칠 수 있습니다!

여러분이 만든 소프트웨어가 잘 동작한다고 확신할 수 있나요? 정말로 확신할 수 있습니까? 아마 여러분은 새로운 버전의 소프트웨어를 배포하기 전에 새로운 기능들이 모두 다 잘 동작하는지 확인하기 위해 해당 기능들을 테스트해 봤을 것입니다. 하지만 기존 기능들 또한 여전히 잘 동작하는지도 테스트해 보셨나요? 이 질문을 듣고 걱정이 든다면 여러분의 프로그램에는 자동 테스트가 필요한 상황인 것입니다. 자동 테스트가 있으면 코드를 변경한 후에도 프로그램의 기능들이 정상적으로 동작한다는 것을 보장할 수 있습니다. Go의 testing 패키지와 go test 도구를 사용하면 이미 배운 기술들을 동원하여 자동 테스트를 더 쉽게 작성할 수 있습니다!

자동 테스트는 사람보다 먼저 버그를 찾아냅니다

개발자 A과 개발자 B는 둘이 자주 가던 레스토랑에서 우연히 만났습니다.

개발자 A: 새로운 직장은 어때?

개발자 B: 그냥 그래. 저녁 먹고 나면 다시 들어가 봐야 해. 일부 고객에게 결제가 두 번 청구되는 버그가 발견됐거든.

개발자 A: 아아. 청구 서버에서는 버그가 어떻게 발생한 건데?

개발자 B: 아마 몇 달 전부터 발생한 것 같아. 그때 개발자 중 한 명이 청구 코드 일부를 수정했거든.

개발자 A: 저런, 오래됐네. 테스트할 때는 발견 안 된 거야?

개발자 B: 테스트?

개발자 A: 자동 테스트 말이야. 버그가 있었으면 실패했을 것 같은데.

개발자 B: 음, 우린 테스트 코드 없어.

개발자 A: 뭐라고?!

여러분의 고객은 전적으로 여러분이 작성한 코드에 의존합니다. 코드가 잘못되면 경우에 따라서는 대참사가 발생할 수도 있으며 여러분의 회사 평판 또한 타격을 입을 것입니다. 여러분 또한 버그를 고치는 데 시간을 많이 들여야 하죠.
자동 테스트가 발명된 이유도 위와 같습니다. **자동 테스트(automated test)**는 프로그램의 일부 코드를 자동으로 실행하여 프로그램이 원래 목적에 맞게 잘 동작하는지 검증하기 위한 별도 프로그램입니다.

> 저는 새로운 기능을 추가할 때마다 테스트 목적으로 매번 실행해 보는데, 이걸로는 부족한가요?

매번 기존 기능을 모두 테스트하여 수정한 코드가 기존 기능을 망가뜨리지 않는다는 것을 확인하지 않는 한 그것만으로는 부족합니다. 자동 테스트는 수동 테스트와 비교하여 시간을 많이 절약하며 일반적으로 수동 테스트보다 더 철저히 테스트할 수 있습니다.

자동 테스트가 필요한 함수

자동 테스트했다면 잡았을 버그의 예시를 하나 들어 보겠습니다. 다음은 여러 문자열을 결합하여 영어 문장에 사용하기 적합한 단일 문자열을 만들어 주는 함수를 가진 간단한 패키지입니다. 두 개의 단어는 *and*로 결합합니다(예: "apple and orange"). 두 개 이상의 단어가 있는 경우에는 쉼표를 적절히 추가해 줍니다(예: "apple, orange and pear").

이 예제 또한 Head First Ruby의 테스트 장에서 가져왔습니다.

```
package prose

import "strings"

func JoinWithCommas(phrases []string) string {
	result := strings.Join(phrases[:len(phrases)-1], ", ")
	result += " and "
	result += phrases[len(phrases)-1]
	return result
}
```

위 코드는 문자열 슬라이스와 문자열을 묶을 때 사용하는 연결 문자열을 받는 strings.Join 함수를 사용하고 있습니다. Join은 슬라이스의 모든 원소를 결합한 단일 문자열을 반환합니다.

결합할 문자열 슬라이스

문자열을 묶을 때 사용하는 연결 문자열

```
fmt.Println(strings.Join([]string{"05", "14", "2018"}, "/"))
fmt.Println(strings.Join([]string{"state", "of", "the", "art"}, "-"))
```

```
05/14/2018
state-of-the-art
```

JoinWithCommas에서는 슬라이스 연산자를 사용하여 마지막을 제외한 모든 문장이 담긴 슬라이스를 가져온 다음 strings.Join에 전달하여 콤마 및 공백으로 연결된 하나의 문자열로 결합합니다. 그다음 (공백으로 둘러싸인) *and*를 추가한 다음 마지막 문장을 합치며 마무리합니다.

```
[]string{"apple", "orange", "pear", "banana"}
```

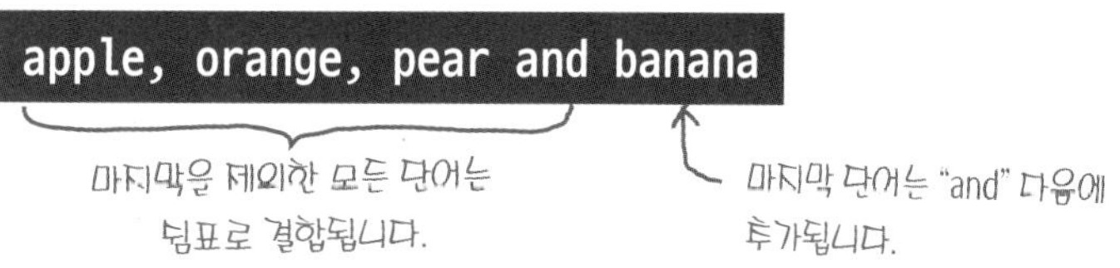

apple, orange, pear and banana
마지막을 제외한 모든 단어는 쉼표로 결합됩니다.
마지막 단어는 "and" 다음에 추가됩니다.

자동 테스트가 필요한 함수 (계속)

다음은 새로운 함수의 테스트용 프로그램입니다. prose 패키지를 가져온 다음 JoinWithCommas에 두 개의 슬라이스를 전달합니다.

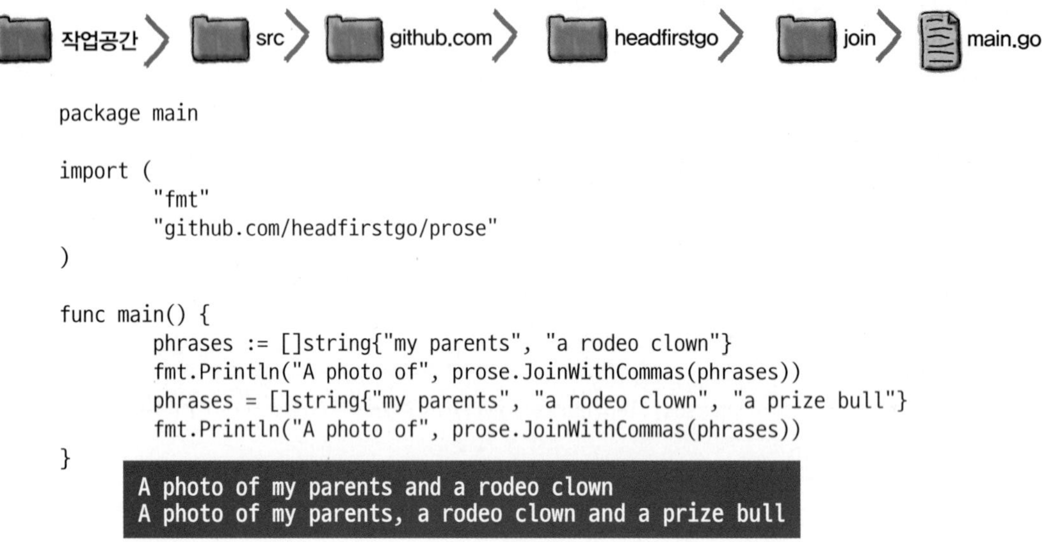


```
package main

import (
        "fmt"
        "github.com/headfirstgo/prose"
)

func main() {
        phrases := []string{"my parents", "a rodeo clown"}
        fmt.Println("A photo of", prose.JoinWithCommas(phrases))
        phrases = []string{"my parents", "a rodeo clown", "a prize bull"}
        fmt.Println("A photo of", prose.JoinWithCommas(phrases))
}
```

```
A photo of my parents and a rodeo clown
A photo of my parents, a rodeo clown and a prize bull
```

잘 동작하지만, 결괏값에 한 가지 문제가 있습니다. 철없는 얘기일 수 있지만 위에서 두 번째 문장은 부모님이 로데오의 카우보이이자 황소라는 농담으로 이어질 수 있습니다. 그리고 이와 같은 나열 방식은 또 다른 오해를 불러일으킬 수 있습니다.

혼동을 피하기 위해 패키지 코드를 수정하여 and 앞에도 쉼표를 추가해 보겠습니다(예: "apple, orange, and pear")

```
func JoinWithCommas(phrases []string) string {
        result := strings.Join(phrases[:len(phrases)-1], ", ")
        result += ", and "   ← "and" 앞에 쉼표 추가
        result += phrases[len(phrases)-1]
        return result
}
```

프로그램을 다시 실행해 보면 두 문장에서 모두 and 앞에 쉼표가 추가된 것을 볼 수 있습니다. 이제야 두 번째 문장의 의미가 카우보이와 황소와 함께 있는 부모님의 사진이라는 것이 분명해졌습니다.

```
A photo of my parents, and a rodeo clown
A photo of my parents, a rodeo clown, and a prize bull
```

새로운 쉼표가 보입니다!

버그를 발견했어요!

잠시만요! 새로운 코드는 항목이 세 개일 때에는
잘 동작하는데 두 개일 때에는 아닌 것 같네요.
버그가 나타났어요!

오 그러네요! 두 개일 때에는 "my parents and a rodeo clown"을 반환해야 하는데 이 경우에도 쉼표가 추가되는 문제가 있습니다! 세 개일 때의 문제 해결에만 집중한 나머지 두 개인 경우에서 새로운 버그가 발생한 셈입니다.

여기에는 쉼표가 들어가지 않습니다!

```
A photo of my parents, and a rodeo clown
```

만약 이 함수에 대한 자동 테스트가 있었다면 이런 문제는 피할 수 있었을 것입니다.

자동 테스트는 특정 입력의 집합과 함께 코드를 실행하여 그 결괏값을 예상 결과와 대조해 봅니다. 코드의 결괏값이 예상한 결괏값과 일치하면 테스트는 "통과"합니다.

하지만 코드에 (쉼표를 추가한 것과 같은) 버그가 발생하면 코드의 결괏값이 예상한 결괏값과 일치하지 않게 되어 테스트는 "실패"할 것입니다. 이렇게 되면 버그의 발생 여부를 즉시 파악할 수 있습니다.

통과.

☑ JoinWithCommas에 [ ]slice…{,"pear"}를 전달하면 "apple, orange, and pear"가 반환되어야 합니다.

실패!

☒ JoinWithCommas에 [ ]slice…{,"pear"}를 전달하면 "apple and orange"가 반환되어야 합니다.

자동 테스트는 코드를 변경할 때마다 자동으로 버그를 검사해 주는 도구와 같습니다.

테스트 작성하기

Go는 자동 테스트를 작성할 수 있는 testing 패키지와 테스트를 실행할 수 있는 go test 명령어를 제공하고 있습니다.

간단한 테스트부터 작성해 봅시다. 처음부터 실용적인 테스트 코드를 작성하기보다는 먼저 테스트 코드의 동작 방식을 살펴본 다음 JoinWithCommas 함수를 수정하는 데 도움이 되는 실제 테스트 코드를 작성해 보겠습니다.

먼저 prose 패키지 디렉터리에 *join.go* 파일과 함께 나란히 *join_test.go*라는 파일을 생성합니다. 파일 이름에서 *join*은 중요하지 않지만 _test.go는 중요합니다. go test 명령어는 이 접미사를 가진 이름의 파일을 검색합니다.

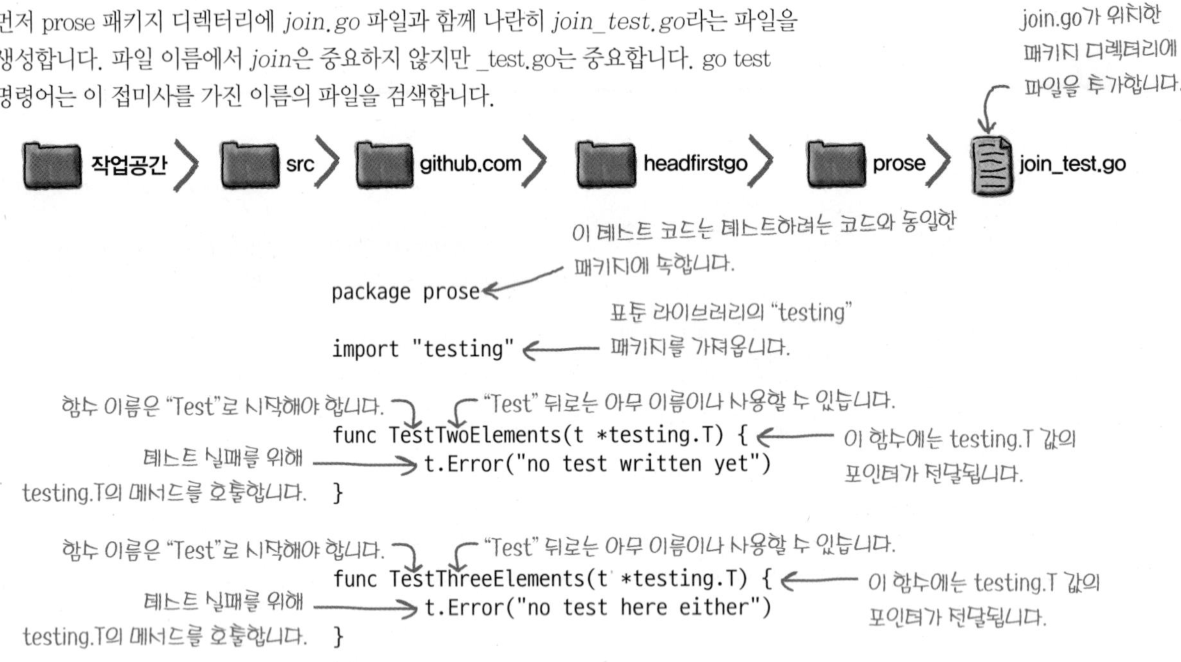


```
package prose

import "testing"

func TestTwoElements(t *testing.T) {
	t.Error("no test written yet")
}

func TestThreeElements(t *testing.T) {
	t.Error("no test here either")
}
```

테스트 파일의 코드는 보통의 Go 함수들로 이루어져 있으나 go test 도구와 함께 사용하려면 다음과 같은 몇 가지 컨벤션을 따라야 합니다.

- 테스트 파일이 테스트하려는 코드와 반드시 동일한 패키지에 속할 필요는 없으나 패키지의 노출되지 않은 타입이나 함수에 접근하려면 동일한 패키지에 속해야 합니다.
- testing 패키지의 타입을 사용하려면 테스트가 필요하기 때문에 각 테스트 파일의 맨 위에서 해당 패키지를 가져와야 합니다.
- 테스트 함수의 이름은 Test로 시작해야 합니다(이외 나머지 부분에는 원하는 이름을 사용할 수 있지만 대문자로 시작하는 것이 좋습니다).
- 테스트 함수는 단일 매개변수로 testing.T 값의 포인터를 받습니다.
- testing.T 값의 (Error와 같은) 메서드를 호출하여 실패한 테스트를 보고할 수 있습니다. 대부분 메서드는 테스트가 실패한 원인을 설명하는 문자열 메시지를 매개변수로 받습니다.

"go test" 명령어로 테스트 실행하기

테스트는 go test 명령어를 사용하여 실행할 수 있습니다. go test 명령어는 go install이나 go doc과 같이 하나 이상의 패키지 경로를 인자로 받아, 패키지 디렉터리에서 이름이 *_test.go*로 끝나는 모든 파일을 검색하여 Test로 시작하는 모든 함수를 실행합니다.

그럼 이제 prose 패키지에 추가한 테스트를 실행해 봅시다. 터미널에서 다음 명령어를 실행합니다.

```
go test github.com/headfirstgo/prose
```

테스트 함수가 실행되면 다음과 같은 결과가 출력됩니다.

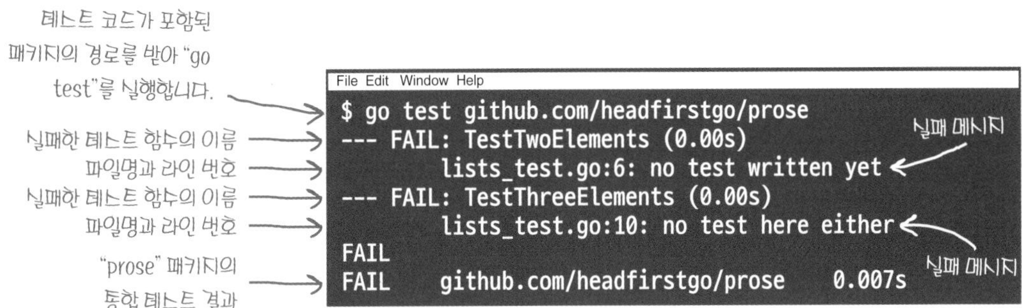

두 테스트 함수 모두 전달된 testing.T 값에서 Error 메서드를 호출하고 있기 때문에 모든 테스트가 실패합니다. 테스트가 실패하면 실패한 테스트 함수의 이름과 함께 Error 메서드가 포함된 라인의 번호와 실패 메시지를 출력합니다.

출력 결과 가장 아래에는 prose 패키지의 종합 테스트 결과가 나타납니다. 테스트 코드 중에 하나의 테스트라도 실패하면 패키지 전체에 대해 "FAIL"이라는 결과가 출력됩니다.

테스트 코드에서 Error 메서드 호출을 제거한 다음 …

```
func TestTwoElements(t *testing.T) {
}  ← t.Error 호출을 제거합니다.

func TestThreeElements(t *testing.T) {
}  ← t.Error 호출을 제거합니다.
```

go test 명령어를 다시 실행해 보면 테스트는 모두 통과합니다. 모든 테스트가 통과되면 go test는 prose 패키지 전체에 "ok"라는 결과를 출력합니다.

"prose" 패키지의 모든 테스트가 통과되었습니다. →

```
File Edit Window Help
$ go test github.com/headfirstgo/prose
ok      github.com/headfirstgo/prose    0.007s
```

실제 반환 값 테스트하기

테스트를 통과하게 만들 수도 있고 실패하게 만들 수도 있습니다. 그럼 이제 실제로 JoinWithCommas 함수의 문제를 해결하기 위한 몇 가지 테스트를 작성해 봅시다.

TestTwoElements를 수정하여 두 개의 원소를 가진 슬라이스로 JoinWithCommas 함수를 호출했을 때 예상되는 반환 값을 검사합니다. 마찬가지로 TestThreeElements에선 세 개의 원소를 가진 슬라이스에 대한 반환 값을 검사합니다. 그다음 테스트를 실행해 보면 현재 TestTwoElements는 실패하고 TestThreeElements는 통과됨을 확인할 수 있습니다.

테스트 코드가 모두 준비되면, 이제 JoinWithCommas 함수를 수정하여 모든 테스트를 통과시켜야 합니다. 모든 테스트가 통과될 때면 코드가 정상적으로 수정되었음을 알 수 있게 됩니다.

TestTwoElements에서는 JoinWithComams 함수에 두 개의 원소를 가진 슬라이스 []string{"apple", "orange"}를 전달합니다. 반환 값이 "apple and orange"와 다르면 테스트는 실패합니다. 마찬가지로 TestThreeElements에서는 세 개의 원소를 가진 슬라이스 []string{"apple", "orange", "pear"}를 전달합니다. 반환 값이 "apple, orange, and pear"와 다르면 테스트는 실패합니다.

```
func TestTwoElements(t *testing.T) {
        list := []string{"apple", "orange"}
        if JoinWithCommas(list) != "apple and orange" {
                t.Error("didn't match expected value")
        }
}

func TestThreeElements(t *testing.T) {
        list := []string{"apple", "orange", "pear"}
        if JoinWithCommas(list) != "apple, orange, and pear" {
                t.Error("didn't match expected value")
        }
}
```

두 개의 문자열을 가진 목록을 전달합니다.

JoinWithCommas가 예상 문자열을 반환하지 않으면

테스트를 실패 처리합니다.

세 개의 문자열을 가진 목록을 전달합니다.

JoinWithCommas가 예상 문자열을 반환하지 않으면

테스트를 실패 처리합니다.

테스트를 다시 실행해 보면 TestThreeElements 테스트는 통과하지만 TestTwoElements 테스트는 실패합니다.

TestTwoElements 테스트만 실패합니다.

```
File Edit Window Help
$ go test github.com/headfirstgo/prose
--- FAIL: TestTwoElements (0.00s)
        lists_test.go:13: didn't match expected value
FAIL
FAIL    github.com/headfirstgo/prose    0.006s
```

실제 반환 값 테스트하기 (계속)

이는 좋은 일입니다. 위의 테스트 결과는 join 프로그램의 출력값에 근거하여 우리가 예상한 결과와 일치합니다. 이는 즉, 테스트 코드를 JoinWithCommas 함수가 정상적으로 동작하는지에 대한 지표로 삼을 수 있음을 의미합니다.

통과. ☑ JoinWithCommas에 []slice…{,"pear"}를 전달하면 "apple, orange, and pear"가 반환되어야 합니다.

JoinWithCommas에 []slice…{,"pear"}를 전달하면 "apple and orange"가 반환되어야 합니다.

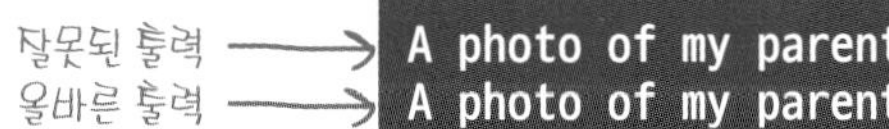

```
A photo of my parents, and a rodeo clown
A photo of my parents, a rodeo clown, and a prize bull
```

연습문제

빈칸을 채워 아래 테스트 코드를 완성해 보세요.

작업공간 > src > arithmetic > math.go

```
package arithmetic

func Add(a float64, b float64) float64 {
        return a + b
}
func Subtract(a float64, b float64) float64 {
        return a - b
}
```

작업공간 > src > arithmetic > math_test.go

```
package ____________

import ___________

func ____Add(t _____________) {
        if _____(1, 2) != 3 {
                __________("1 + 2 did not equal 3")
        }
}

func ____Subtract(t _____________) {
        if __________(8, 4) != 4 {
                __________("8 - 4 did not equal 4")
        }
}
```

→ 답은 423 페이지에 있습니다.

Errorf 메서드를 사용해 실패 메시지 상세히 작성하기

현재 출력되는 테스트 실패 메시지는 문제를 파악하는 데 큰 도움이 되지 않습니다. 예상한 값과 JoinWithCommas의 반환 값이 다르다는 사실은 알 수 있지만 각 값이 어떤 값인지는 확인할 수 없습니다.

```
--- FAIL: TestTwoElements (0.00s)
        lists_test.go:13: didn't match expected value
FAIL
FAIL    github.com/headfirstgo/prose    0.006s
```

예상 값은 어떤 값일까요? 또 함수에서는 어떤 값이 반환되었을까요?

테스트 함수의 testing.T 매개변수는 Errorf 메서드도 가지고 있습니다. Error와 달리 Errorf는 fmt.Printf 및 fmt.Sprintf 함수와 같이 형식 동사를 가진 문자열을 받습니다. Errorf를 사용해 테스트 실패 메시지에 함수로 넘긴 인자나 반환받은 반환 값 및 예상한 값과 같은 추가 정보를 포함시킬 수 있습니다.

다음은 Errorf를 사용하여 실패 메시지를 더 자세히 출력하도록 수정한 테스트 함수입니다. 각 테스트 함수에서는 문자열을 반복해서 타이핑할 필요 없도록 ("기대하는 값"을 저장할) want 변수를 추가하여 JoinWithCommas가 반환하기를 기대하는 반환 값을 저장합니다. 또한 실제 반환 값을 저장할 got 변수도 추가해 줍니다. got 변수가 want와 다르면 Errorf를 호출하여 JoinWithCommas에 전달한 슬라이스와 실제 반환 값 및 예상한 값을 포함하는 에러 메시지를 생성합니다(%#v 동사를 사용해 슬라이스를 Go 코드에서 보이는 그대로 출력합니다).

```
func TestTwoElements(t *testing.T) {
    list := []string{"apple", "orange"}
    want := "apple and orange"
    got := JoinWithCommas(list)
    if got != want {
        t.Errorf("JoinWithCommas(%#v) = \"%s\", want \"%s\"", list, got, want)
    }
}
```

원하는 반환 값 (want)
실제 반환 값 (got)
JoinWithCommas에 전달한 슬라이스를 디버깅하기 쉬운 형식으로 출력합니다.
이 슬라이스를 사용해 반환된 값을 포함시킵니다.
이 슬라이스에 대해 예상한 값을 포함시킵니다.

```
func TestThreeElements(t *testing.T) {
    list := []string{"apple", "orange", "pear"}
    want := "apple, orange, and pear"
    got := JoinWithCommas(list)
    if got != want {
        t.Errorf("JoinWithCommas(%#v) = \"%s\", want \"%s\"", list, got, want)
    }
}
```

원하는 반환 값 (want)
실제 반환 값 (got)
JoinWithCommas에 전달한 슬라이스를 디버깅하기 쉬운 형식으로 출력합니다.
이 슬라이스를 전달하여 반환된 값을 추가합니다.
이 슬라이스를 전달했을 때 예상한 값을 추가합니다.

테스트를 다시 실행해 보면 실패한 테스트에 대한 자세한 정보를 확인할 수 있습니다.

```
--- FAIL: TestTwoElements (0.00s)
    lists_test.go:15: JoinWithCommas([]string{"apple", "orange"}) =
                      "apple, and orange", want "apple and orange"
FAIL
FAIL    github.com/headfirstgo/prose    0.006s
```

테스트 "헬퍼(helper)" 함수

_test.go 파일에 테스트 함수만 작성할 수 있는 것은 아닙니다. 테스트 코드 간에 반복되는 코드를 줄이기 위해 테스트 파일에서 해당 코드만 따로 "헬퍼(helper)" 함수로 분리할 수 있습니다. go test 명령어는 Test로 시작하는 함수만 사용하기 때문에 함수명에 이 접두사만 안 붙어 있으면 됩니다.

위 코드에서는 TestTwoElements와 TestThreeELements 함수 간에 t.Errorf 호출이 중복되고 있습니다(따라서 테스트가 추가되면 더 많은 중복 코드가 생길 수 있습니다). 이 문제를 해결하는 방법 하나는 문자열 생성 코드를 errorString이라는 별도의 함수로 분리하는 것입니다.

errorString 함수는 JoinWithCommas에 전달된 슬라이스와 got 변수 및 want 변수의 값을 받습니다. 따라서 이제 testing.T 값에서 Errorf를 호출하는 대신 fmt.Sprintf를 사용하여 생성한 에러 메시지를 반환해 주는 errorString을 사용할 수 있으며, 테스트 코드에서는 반환받은 실패 메시지와 함께 Error를 호출할 수 있습니다. 헬퍼 함수 덕분에 코드가 깔끔해졌으며 여전히 동일한 출력값을 얻을 수 있습니다!

```
import (
	"fmt"  ← fmt.Sprintf를 사용하려면 "fmt" 패키지가 필요합니다.
	"testing"
)

func TestTwoElements(t *testing.T) {
	list := []string{"apple", "orange"}
	want := "apple and orange"
	got := JoinWithCommas(list)
	if got != want {
		t.Error(errorString(list, got, want))  ← t.Errorf 대신 새로 만든 헬퍼 함수를 사용합니다.
	}
}

func TestThreeElements(t *testing.T) {
	list := []string{"apple", "orange", "pear"}
	want := "apple, orange, and pear"
	got := JoinWithCommas(list)
	if got != want {
		t.Error(errorString(list, got, want))  ← t.Errorf 대신 새로 만든 헬퍼 함수를 사용합니다.
	}
}
        함수명이 Test로 시작하지 않기 때문에 테스트 함수로 취급되지 않습니다.
func errorString(list []string, got string, want string) string {
	return fmt.Sprintf("JoinWithCommas(%#v) = \"%s\", want \"%s\"", list, got, want)
}
```

동일한 출력값

```
--- FAIL: TestTwoElements (0.00s)
        lists_test.go:18: JoinWithCommas([]string{"apple", "orange"}) =
                        "apple, and orange", want "apple and orange"
FAIL
FAIL    github.com/headfirstgo/prose    0.006s
```

테스트 통과시키기

이제 유용한 실패 메시지를 출력하는 테스트 코드는 다 준비되었으니 테스트 결과를 활용하여 실제 코드를 수정해 보겠습니다.

우리는 JoinWithCommas 함수에 대한 두 개의 테스트가 있습니다. 원소가 셋인 슬라이스를 사용한 테스트는 성공하지만 원소가 둘인 슬라이스를 사용한 테스트는 실패합니다.

그 이유는 바로 JoinWithCommas가 현재 항목이 두 개 담긴 목록에도 쉼표를 추가하고 있기 때문입니다.

통과. ☑ JoinWithCommas에 []slice…{,"pear"}를 전달하면 "apple, orange, and pear"가 반환되어야 합니다.

실패! ☒ JoinWithCommas에 []slice…{,"pear"}를 전달하면 "apple and orange"가 반환되어야 합니다.

여기에는 쉼표가 들어가지 않습니다!

```
A photo of my parents, and a rodeo clown
```

JoinWithCommas 함수를 수정해 이 문제를 해결해 봅시다. 문자열 슬라이스에 두 개의 문자열만 있는 경우에는 " and "로만 결합한 문자열을 반환하고 그 외의 경우에만 기존 로직을 사용하도록 수정합니다.

```
func JoinWithCommas(phrases []string) string {
	if len(phrases) == 2 {
		return phrases[0] + " and " + phrases[1]
	} else {
		result := strings.Join(phrases[:len(phrases)-1], ", ")
		result += ", and "
		result += phrases[len(phrases)-1]
		return result
	}
}
```

슬라이스에 원소가 두 개만 있는 경우에는 "and"로 결합합니다.

그 외에는 기존 로직을 그대로 사용합니다.

코드 수정은 다 되었는데 과연 잘 동작할까요? 테스트 코드를 실행해 보면 바로 알 수 있습니다! 곧바로 테스트를 다시 실행해 보면 이번에는 TestTwoElements까지 통과되면서 모든 테스트가 통과함을 볼 수 있습니다.

모든 테스트를 통과했습니다!

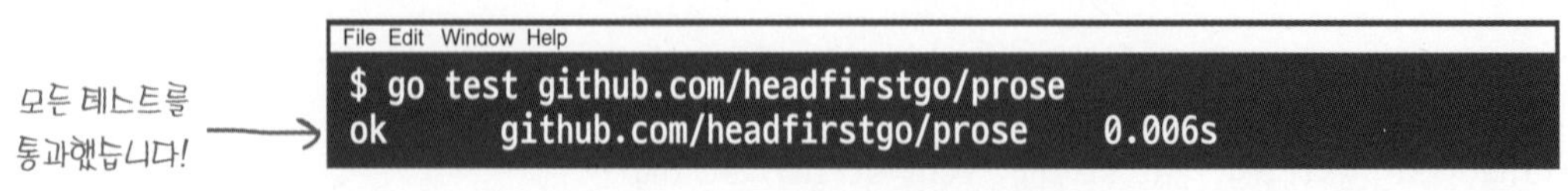
File Edit Window Help
$ go test github.com/headfirstgo/prose
ok   github.com/headfirstgo/prose   0.006s

통과. ☑ JoinWithCommas에 []slice…{,"pear"}를 전달하면 "apple, orange, and pear"가 반환되어야 합니다.

실패! ☑ JoinWithCommas에 []slice…{,"pear"}를 전달하면 "apple and orange"가 반환되어야 합니다.

테스트 통과시키기 (계속)

단위 테스트를 통과했으므로 이제 JoinWithCommas는 문자열을 두 개 가진 슬라이스에도 잘 동작한다고 확신할 수 있습니다. 문자열을 세 개 가진 슬라이스에도 단위 테스트를 통과했기 때문에 이 부분은 걱정할 필요 없습니다.

이 결과는 join 프로그램의 출력값에도 반영되어 있는데, 프로그램을 다시 실행해 보면 이번에는 두 슬라이스에 모두 정상적으로 출력됨을 확인할 수 있습니다!

```
func main() {
	phrases := []string{"my parents", "a rodeo clown"}
	fmt.Println("A photo of", prose.JoinWithCommas(phrases))
	phrases = []string{"my parents", "a rodeo clown", "a prize bull"}
	fmt.Println("A photo of", prose.JoinWithCommas(phrases))
}
```

문자열이 두 개일 때에는 추가 쉼표가 붙지 않습니다.

문자열이 세 개일 때에도 여전히 잘 동작합니다!

```
A photo of my parents and a rodeo clown
A photo of my parents, a rodeo clown, and a prize bull
```

테스트 주도 개발

단위 테스트를 경험한 적이 있다면 여러분은 *테스트-주도 개발*이라고 알려진 개발 사이클에 기반하여 개발해 왔을 수도 있습니다.

1. **테스트 작성하기:** 아직 완성되지 않은 기능에 대한 테스트를 작성한 다음, 테스트를 실행하여 테스트가 *실패*하는지 확인합니다.

2. **통과 시키기:** 기능에 대한 코드를 구현합니다. 이 단계에서는 코드의 형태나 효율은 신경 쓰지 않고 코드가 잘 동작하도록 만드는 것만을 목표로 합니다. 코드가 완성된 다음에는 테스트를 실행하여 통과하는지 확인합니다.

3. **코드 리팩토링하기:** 이제부터는 자유롭게 코드를 *리팩토링*하고 변경하고 개선할 수 있습니다. 여러분은 처음에 테스트가 *실패*한 것을 확인해 봤기 때문에 코드가 잘못 수정되면 테스트가 다시 실패할 것이라는 것을 알고 있으며, 마찬가지로 테스트가 *통과*한 것도 확인해 봤기 때문에 코드가 정상적으로 동작하는 한 테스트는 계속 통과할 것이라는 것도 알고 있습니다.

코드가 깨질 염려 없이 코드를 *변경*할 수 있는 자유가 바로 단위 테스트를 작성하는 진정한 이유입니다. 이제는 코드를 더 단순하고 읽기 쉽게 만드는 방법을 발견할 때마다 망설이지 않고 코드를 변경할 수 있습니다. 코드 변경이 완료되면 간단하게 테스트를 다시 실행해 볼 수 있고, 모든 기능이 여전히 잘 동작한다면 확신을 가지고 안심할 수 있습니다.

또 다른 버그 수정하기

JoinWithCommas 함수는 단일 문자열이 담긴 슬라이스로도 호출할 수 있습니다. 하지만 이 경우에는 항목 하나를 목록의 마지막 항목으로 처리하기 때문에 정상적으로 동작하지 않습니다.

```
phrases = []string{"my parents"}
fmt.Println("A photo of", prose.JoinWithCommas(phrases))
```

현재는 단일 항목을 목록의 마지막 항목처럼 다루고 있습니다.

```
A photo of , and my parents
```

이 경우 JoinWithCommas는 어떤 값을 반환해야 할까요? 단일 항목을 가진 목록이 들어오면 쉼표나 and 및 그 어떤 것도 추가할 필요 없이 그저 해당 단일 항목을 그대로 반환해 주면 됩니다.

```
A photo of my parents
```

단일 항목 목록은 이와 같이 출력되어야 합니다.

*join_test.go*에 이 경우에 대한 새로운 테스트를 추가해 봅시다. TestTwoElements와 TestThreeElements 테스트와 같은 기존 테스트와 함께 TestOneElement라는 새로운 테스트 함수를 추가합니다. 새로운 테스트는 다른 테스트와 매우 유사해 보이지만 이번에는 JoinWithCommas에 단일 문자열을 가진 슬라이스를 전달하고 있으며 반환 값으로는 단일 문자열을 기대하고 있습니다.

```
func TestOneElement(t *testing.T) {
	list := []string{"apple"}
	want := "apple"
	got := JoinWithCommas(list)
	if got != want {
		t.Error(errorString(list, got, want))
	}
}
```

하나의 문자열만 가진 슬라이스를 전달합니다. (list)

하나의 문자열로 이루어진 반환 값을 기대합니다. (want)

```
--- FAIL: TestOneElement (0.00s)
        lists_test.go:13: JoinWithCommas([]string{"apple"}) =
                          ", and apple", want "apple"
FAIL
FAIL    github.com/headfirstgo/prose    0.006s
```

여러분도 아시다시피 현재 코드에는 버그가 있기 때문에, 테스트는 JoinWithCommas가 “apple”이 아닌 “, and apple”이라는 값을 반환하고 있다는 에러 메시지와 함께 실패합니다.

또 다른 버그 수정하기 (계속)

JoinWithCommas를 수정하여 실패한 테스트를 고치는 일은 아주 간단합니다. 그저 주어진 슬라이스의 원소 개수를 확인하여 한 개인 경우 그 문자열을 그대로 반환해 주면 됩니다.

```
func JoinWithCommas(phrases []string) string {
        if len(phrases) == 1 {
                return phrases[0]
        } else if len(phrases) == 2 {
                return phrases[0] + " and " + phrases[1]
        } else {
                result := strings.Join(phrases[:len(phrases)-1], ", ")
                result += ", and "
                result += phrases[len(phrases)-1]
                return result
        }
}
```

수정한 코드로 테스트를 다시 실행해 보면 모든 테스트가 통과함을 볼 수 있습니다.

모든 테스트를 통과했습니다!

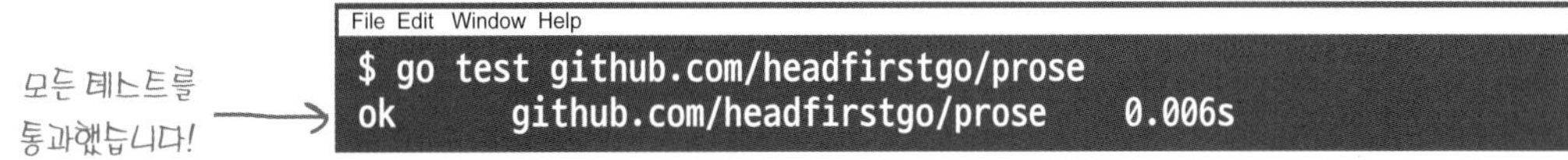
File Edit Window Help
$ go test github.com/headfirstgo/prose
ok   github.com/headfirstgo/prose   0.006s

실제로 JoinWithCommas를 사용하는 코드에서도 정상적으로 동작함을 확인할 수 있습니다.

```
phrases = []string{"my parents"}
fmt.Println("A photo of", prose.JoinWithCommas(phrases))
```

이제 정상적으로 동작합니다!

```
A photo of my parents
```

바보 같은 질문은 없습니다!

Q: 테스트 코드가 제 프로그램을 비대하고 느리게 만들지는 않을까요?

A: 걱정 마세요! go test 명령어가 *_test.go*로 끝나는 이름의 파일에만 동작하도록 설정되었다면, go build나 go install과 같은 다른 go 도구는 *_test.go*로 끝나는 파일들을 무시하도록 설정되어 있습니다. go 도구는 프로그램 코드를 실행 파일로 컴파일할 수 있지만 컴파일 과정에서 테스트 코드는 모두 무시하며 테스트 코드가 프로그램 코드와 동일한 패키지 디렉터리에 저장되어 있는 경우에도 마찬가지입니다(즉, 테스트 코드는 모두 무시됨).

코드 자석

저런! compare라는 패키지에 두 정수 중 큰 정수를 반환하는 Larger라는 함수를 만들었는데 비교가 잘못되어 Larger에서 작은 정수가 반환되고 있어요!

문제를 파악하기 위해 테스트 코드를 작성하기 시작했는데, 아래 보이는 코드 조각을 재조합해서 테스트 코드가 아래 보이는 출력값을 출력하도록 만들 수 있을까요? 추가로 테스트 실패 메시지가 담긴 문자열을 반환하는 헬퍼 함수를 만든 다음 각 테스트 함수 안에서 헬퍼 함수를 사용해야 합니다.

작업공간 > src > compare > larger.go

```
package compare

func Larger(a int, b int) int {
	if a < b {      ← 이런! 비교가
		return a       반대로 되었네요!
	} else {
		return b
	}
}
```

작업공간 > src > compare > larger_test.go

```
package compare

import (
	"fmt"
	"testing"
)

func TestFirstLarger(t *testing.T) {
	want := 2
	got := Larger(2, 1)
	if got != want {
		t.Error(                                  )   ← 여기서 헬퍼 함수를 호출하세요.
	}
}

func TestSecondLarger(t *testing.T) {
	want := 8
	got := Larger(4, 8)
	if got != want {
		t.Error(                                  )   ← 여기서 헬퍼 함수를 호출하세요.
	}
}
```

여기에 헬퍼 함수를 정의하세요.

코드 자석:

- "Larger(%d, %d) = %d, want %d",
- (4, 8, got, want)
- func
- (2, 1, got, want)
- string
- fmt.Sprintf(
-)
- return
- (
-)
- {
- }
- want int
- errorString
- a int,
- errorString
- b int,
- errorString
- got int,
- a, b, got, want

```
File Edit Window Help
$ go test compare
--- FAIL: TestFirstLarger (0.00s)
        larger_test.go:12:
        Larger(2, 1) = 1, want 2
--- FAIL: TestSecondLarger (0.00s)
        larger_test.go:20:
        Larger(4, 8) = 4, want 8
FAIL
FAIL    compare 0.007s
```

→ 답은 424 페이지에 있습니다.

부분 테스트 집합 실행하기

때로는 전체가 아닌 특정 테스트만 실행해야 하는 상황이 생길 수 있습니다. go test 명령어는 이를 위한 두 개의 명령줄 플래그를 제공하고 있습니다. **플래그(flag)**란 보통 대시(-)로 시작하는 하나 이상의 문자로 이루어진 인자를 말하며 커맨드 라인 프로그램에 전달하여 프로그램의 행동을 변경하기 위한 용도로 사용합니다.

go test 명령어에서 유용하게 사용할 수 있는 첫 번째 플래그는 "verbose"를 뜻하는 -v 플래그입니다. go test 명령어를 사용할 때 이 플래그를 추가하면 실행한 모든 테스트 함수의 이름과 테스트 결과가 출력됩니다. 통과한 테스트는 보통 아무 값도 출력하지 않지만 이 플래그를 사용한 모드에서는 통과한 테스트의 결과까지 모두 출력됩니다.

명령어에 "-v" 플래그를 추가합니다.

```
File Edit Window Help
$ go test github.com/headfirstgo/prose -v
=== RUN   TestOneElement
--- PASS: TestOneElement (0.00s)
=== RUN   TestTwoElements
--- PASS: TestTwoElements (0.00s)
=== RUN   TestThreeElements
--- PASS: TestThreeElements (0.00s)
PASS
ok      github.com/headfirstgo/prose    0.007s
```

모든 테스트의 이름 및 결과 목록이 출력됩니다.

(go test -v의 출력값이나 테스트 코드 파일에 선언된 함수들의 이름으로부터 알 수 있는) 하나 이상의 테스트 이름을 알고 있는 경우에는 -run 옵션에 해당 테스트 이름을 추가함으로써 실행할 테스트의 집합을 제한할 수 있습니다. -run 옵션 다음으로 함수 이름의 일부 또는 전체를 지정하면 지정한 문자열과 일치하는 이름을 가진 테스트 함수들만 실행됩니다.

가령, go test 명령어에 -run Two 옵션을 추가하면, 이름에 Two라는 문자열이 포함된 테스트 함수들만 실행됩니다. 이 경우에는 TestTwoElements 함수만 실행될 것입니다(-run 옵션을 사용할 때에도 -v 플래그의 사용은 본인 자유지만 -v 를 사용하면 어떤 테스트가 실행 중인지 한 눈에 파악할 수 있으므로 사용하는 게 좋습니다).

```
File Edit Window Help
$ go test github.com/headfirstgo/prose -v -run Two
=== RUN   TestTwoElements
--- PASS: TestTwoElements (0.00s)
PASS
ok      github.com/headfirstgo/prose    0.007s
```

이름에 "Two"가 포함된 테스트를 실행합니다.

다른 예로, -run Elements 옵션을 사용하면 TestTwoElements 및 TestThreeElements 두 함수가 실행될 것입니다(TestOneElement는 실행되지 않는데 이름 끝에 s가 빠져 있기 때문입니다).

```
File Edit Window Help
$ go test github.com/headfirstgo/prose -v -run Elements
=== RUN   TestTwoElements
--- PASS: TestTwoElements (0.00s)
=== RUN   TestThreeElements
--- PASS: TestThreeElements (0.00s)
PASS
ok      github.com/headfirstgo/prose    0.007s
```

이름에 "Elements"가 포함된 테스트를 실행합니다.

테이블 주도 테스트

현재 만들어 둔 세 테스트 함수 간에는 코드가 약간 중복됩니다. 실제로 이 코드가 하는 일은 JoinWithCommas에 슬라이스를 전달하여 반환된 값이 예상한 문자열 값과 동일한지 비교하는 것이 끝입니다.

```
func TestOneElement(t *testing.T) {
        list := []string{"apple"}
        want := "apple"
        got := JoinWithCommas(list)
        if got != want {
                t.Error(errorString(list, got, want))
        }
}
```

중복된 코드

```
func TestTwoElements(t *testing.T) {
        list := []string{"apple", "orange"}
        want := "apple and orange"
        got := JoinWithCommas(list)
        if got != want {
                t.Error(errorString(list, got, want))
        }
}
```

중복된 코드

```
func TestThreeElements(t *testing.T) {
        list := []string{"apple", "orange", "pear"}
        want := "apple, orange, and pear"
        got := JoinWithCommas(list)
        if got != want {
                t.Error(errorString(list, got, want))
        }
}
```

중복된 코드

```
func errorString(list []string, got string, want string) string {
        return fmt.Sprintf("JoinWithCommas(%#v) = \"%s\", want \"%s\"", list, got, want)
}
```

세 테스트 함수를 개별로 관리하는 대신 입력 데이터와 해당 입력에 대한 예상 값을 "테이블" 형태로 만들어 하나의 테스트 함수에서 테이블의 각 행을 테스트하는 방식으로 변경할 수 있습니다.

테이블 형태에 대한 표준은 없지만 흔히 사용되는 방법은 해당 테스트에서만 특수하게 사용할 새로운 타입을 정의하여 각 테스트에 대한 입력과 예상 출력값을 저장하는 것입니다. 다음은 실제로 사용하게 될 testData 라는 타입으로 이 타입에는 JoinWithCommas에 전달할 문자열 슬라이스를 저장하는 list 필드와 예상 반환 값을 저장하는 want 필드가 있습니다.

```
type testData struct {
        list []string
        want string
}
```

JoinWithCommas에 전달할 슬라이스

위 슬라이스에 대해 JoinWithCommas가 반환하길 기대하는 문자열

테이블 주도 테스트 (계속)

testData 타입은 *lists_test.go* 파일 내에서 정의할 수 있습니다.

세 테스트 함수는 TestJoinWithCommas라는 단일 테스트 함수로 통합할 수 있습니다. 함수 상단에서는 tests 슬라이스를 생성하여 TestOneElement, TestTwoElements, TestThreeElements에 있던 list와 want 변수의 값들을 tests 슬라이스의 testData 구조체 값으로 만들어 줍니다.

그다음 슬라이스의 각 testData를 순회하면서 list 슬라이스를 JoinWithCommas에 전달하여 반환받은 값을 got 변수에 저장합니다. 만약 got과 testData의 want 필드가 다르다면 Errorf를 호출하여 errorString 헬퍼 함수에서 한 것과 같이 테스트 실패 메시지를 생성합니다(그리고 이제 errorString 함수는 필요 없게 되었으므로 삭제해도 좋습니다).

```
import "testing"

type testData struct {
	list []string
	want string
}

func TestJoinWithCommas(t *testing.T) {
	tests := []testData{
		testData{list: []string{"apple"}, want: "apple"},
		testData{list: []string{"apple", "orange"}, want: "apple and orange"},
		testData{list: []string{"apple", "orange", "pear"}, want: "apple, orange, and pear"},
	}
	for _, test := range tests {
		got := JoinWithCommas(test.list)
		if got != test.want {
			t.Errorf("JoinWithCommas(%#v) = \"%s\", want \"%s\"", test.list, got, test.want)
		}
	}
}
```

테스트 파일 내에서 testData 타입을 정의할 수 있습니다.

이 함수 하나로 세 함수를 대체할 수 있습니다.

testData 값을 갖는 슬라이스를 생성합니다.

TestOneElement에 있던 데이터

TestOneElement에 있던 데이터

TestOneElement에 있던 데이터

슬라이스의 각 testData를 순회하여 처리합니다.

JoinWithCommas에 슬라이스를 전달합니다.

반환받은 값이 예상한 값과 일치하지 않으면…

…에러 메시지를 만들고 테스트를 실패 처리합니다.

수정된 코드는 기존 코드보다 훨씬 짧으며 중복도 많이 줄었지만 테이블 내 테스트는 별도의 테스트 함수에서 실행되었을 때와 동일하게 정상적으로 통과하고 있습니다.

```
File Edit Window Help
$ go test github.com/headfirstgo/prose
ok      github.com/headfirstgo/prose    0.006s
```

테스트를 사용해 패닉 발생 코드 수정하기

테이블 주도 테스트의 가장 큰 장점은 새로운 테스트의 추가가 매우 쉽다는 것입니다. JoinWithCommas에 빈 슬라이스를 전달하면 어떻게 동작할지 확신이 서지 않는 상황에서 이를 확인해 보려면 tests 슬라이스에 새로운 testData 구조체 값만 추가해 주면 됩니다. JoinWithCommas에 빈 슬라이스를 전달하면 빈 문자열이 반환되어야 합니다.

```
func TestJoinWithCommas(t *testing.T) {
    tests := []testData{
        testData{list: []string{}, want: ""},
        testData{list: []string{"apple"}, want: "apple"},
        testData{list: []string{"apple", "orange"}, want: "apple and orange"},
        testData{list: []string{"apple", "orange", "pear"}, want: "apple, orange, and pear"},
    }
    // 추가 코드는 생략되었습니다...
}
```

JoinWithCommas에 빈 슬라이스를 전달하는 새로운 testData 값을 추가합니다.

확신이 서지 않던 사실이 틀리지 않았습니다. 테스트를 실행해 보면 스택 트레이스와 함께 패닉이 발생함을 볼 수 있습니다.

```
--- FAIL: TestJoinWithCommas (0.00s)
panic: runtime error: slice bounds out of range [recovered]
        panic: runtime error: slice bounds out of range

goroutine 5 [running]:
testing.tRunner.func1(0xc4200a20f0)
        /usr/go/1.10/libexec/src/testing/testing.go:742 +0x29d
panic(0x110a480, 0x11d6fd0)
        /usr/go/1.10/libexec/src/runtime/panic.go:505 +0x229
github.com/headfirstgo/prose.JoinWithCommas(0x11fa400, 0x0, 0x0, 0x10afead, 0x11ae270)
        /Users/jay/go/src/github.com/headfirstgo/prose/lists.go:11 +0x1bf
github.com/headfirstgo/prose.TestJoinWithCommas(0xc4200a20f0)
        /Users/jay/go/src/github.com/headfirstgo/prose/lists_test.go:20 +0x250
...
FAIL    github.com/headfirstgo/prose    0.009s
```

보아하니 어떤 코드가 슬라이스의 범위를 벗어난 인덱스에 접근한 것 같습니다(즉, 존재하지 않는 원소에 접근하고 있는 문제로 보임).

```
panic: runtime error: slice bounds out of range
```

스택 트레이스를 살펴보면 패닉은 *lists.go* 파일의 11번 라인에 위치한 JoinWithCommas 함수에서 발생했음을 볼 수 있습니다.

에러는 JoinWithCommas 함수에서 발생했습니다.

```
github.com/headfirstgo/prose.JoinWithCommas(0x11fa400, 0x0, 0x0, 0x10afead, 0x11ae270)
        /Users/jay/go/src/github.com/headfirstgo/prose/lists.go:11 +0x1bf
```

에러는 lists.go의 11번 라인에서 발생했습니다.

테스트를 사용해 패닉 발생 코드 수정하기 (계속)

패닉은 lists.go 파일의 11번 라인에서 발생했는데, 이 라인은 슬라이스의 마지막 원소를 제외한 나머지 원소를 가져와 쉼표로 결합하는 부분입니다. 하지만 phrases 슬라이스로 전달한 슬라이스는 비어 있기 때문에 접근할 수 있는 원소가 없습니다.

```
func JoinWithCommas(phrases []string) string {
        if len(phrases) == 1 {
                return phrases[0]
        } else if len(phrases) == 2 {
                return phrases[0] + " and " + phrases[1]
        } else {
                result := strings.Join(phrases[:len(phrases)-1], ", ")
                result += ", and "
                result += phrases[len(phrases)-1]
                return result
        }
}
```

여기서 빈 슬라이스의 원소에 접근하려고 할 때 패닉이 발생합니다.

phrases 슬라이스가 비어 있는 경우에는 그 어떤 원소에도 접근해서는 안 되며, 결합할 원소가 없기 때문에 빈 문자열을 반환해야 합니다. 그럼 이제 if 문에 len(phrases)가 0일 때 빈 문자열을 반환하는 또 다른 조건문을 추가해 봅시다.

```
func JoinWithCommas(phrases []string) string {
        if len(phrases) == 0 {
                return ""
        } else if len(phrases) == 1 {
                return phrases[0]
        } else if len(phrases) == 2 {
                return phrases[0] + " and " + phrases[1]
        } else {
                result := strings.Join(phrases[:len(phrases)-1], ", ")
                result += ", and "
                result += phrases[len(phrases)-1]
                return result
        }
}
```

슬라이스가 비어 있으면 빈 문자열을 반환합니다.

그다음 테스트를 다시 실행해 보면 빈 슬라이스를 전달하는 테스트를 포함한 모든 테스트가 통과함을 볼 수 있습니다.

```
File Edit Window Help
$ go test github.com/headfirstgo/prose
ok      github.com/headfirstgo/prose    0.006s
```

JoinWithCommas를 추가로 수정하거나 개선하고 싶다면 바로 해 봐도 좋습니다! 이제 더 이상 코드가 깨지는 것을 걱정할 필요가 없습니다. 코드 변경이 완료되면 간단하게 테스트를 다시 실행해 볼 수 있고, 모든 기능이 여전히 잘 동작한다면 확신을 가지고 안심할 수 있습니다(또한 변경하는 도중에 테스트가 실패하면 어느 부분을 수정해야 하는지 바로 알 수 있습니다).

CHAPTER 14

Go 도구 상자

14장이 끝났습니다!
도구 상자에 테스팅을 담았습니다.

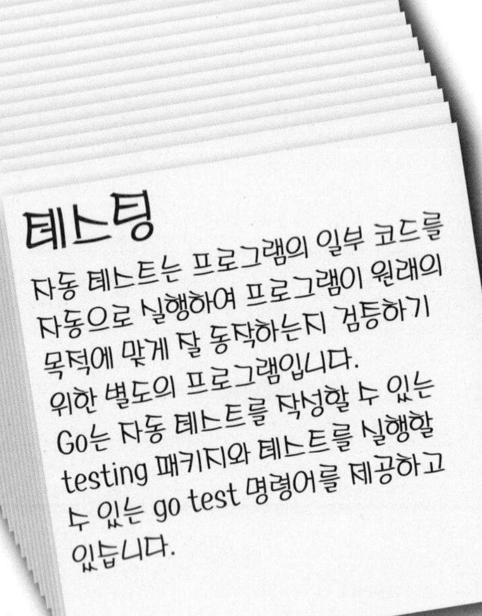

테스팅
자동 테스트는 프로그램의 일부 코드를
자동으로 실행하여 프로그램이 원래의
목적에 맞게 잘 동작하는지 검증하기
위한 별도의 프로그램입니다.
Go는 자동 테스트를 작성할 수 있는
testing 패키지와 테스트를 실행할
수 있는 go test 명령어를 제공하고
있습니다.

중요 항목

- 자동 테스트는 특정 입력 집합과 특정 결괏값으로 테스트를 실행합니다. 테스트 코드의 반환 값이 예상한 값과 일치하면 테스트는 "통과"하고, 일치하지 않으면 "실패"합니다.
- 테스트는 go test 명령어를 사용하여 실행할 수 있습니다. 이 명령어는 특정 패키지 내에서 이름이 *_test.go*로 끝나는 모든 파일을 검색합니다.
- 테스트 파일이 테스트하려는 코드와 반드시 동일한 패키지에 속할 필요는 없으나 패키지의 노출되지 않은 타입이나 함수에 접근하려면 동일한 패키지에 속해야 합니다.
- testing 패키지의 타입을 사용하려면 테스트가 필요하기 때문에 각 테스트 파일의 맨 위에서 해당 패키지를 가져와야 합니다.
- *_test.go* 파일은 하나 이상의 테스트 함수를 가질 수 있으며 각 테스트 함수의 이름은 Test로 시작해야 하고 Test 뒤로는 아무 이름이나 사용할 수 있습니다.
- 테스트 함수는 단일 매개변수로 testing.T 값의 포인터를 받습니다.
- 테스트 코드에서는 패키지에 존재하는 함수와 메서드를 호출하여 반환받은 값과 예상한 값이 일치하는지 확인할 수 있습니다. 만약 일치하지 않으면 테스트는 실패합니다.
- testing.T 값의 (Error와 같은) 메서드를 호출하여 실패한 테스트를 보고할 수 있습니다. 대부분 메서드는 테스트가 실패한 원인을 설명하는 문자열 메시지를 매개변수로 받습니다.
- Errorf 메서드는 Error 메서드와 유사하게 동작하지만 fmt.Printf 및 fmt.Sprintf 함수와 같이 형식 동사를 가진 문자열을 받을 수 있습니다.
- _test.go 파일 내에서 이름이 Test로 시작하지 않는 함수는 go test 명령어로 실행되지 않습니다. 이 같은 함수들은 테스트 함수를 위한 "헬퍼" 함수로 사용할 수 있습니다.
- 테이블 주도 테스트는 입력 데이터와 해당 입력에 대한 예상 값으로 이루어진 "테이블"을 사용하는 테스트 기법입니다. 테이블의 각 입력 집합을 순회하면서 테스트할 코드의 인자로 전달하여 반환받은 값이 예상한 값과 일치하는지 확인합니다.

연습문제 정답

math.go

```
package arithmetic

func Add(a float64, b float64) float64 {
        return a + b
}

func Subtract(a float64, b float64) float64 {
        return a - b
}
```

math_test.go

```
package arithmetic

import "testing"

func TestAdd(t *testing.T) {
    if Add(1, 2) != 3 {
        t.Error("1 + 2 did not equal 3")
    }
}

func TestSubtract(t *testing.T) {
    if Subtract(8, 4) != 4 {
        t.Error("8 - 4 did not equal 4")
    }
}
```

테스트할 코드와 동일한 패키지

testing.T 타입을 사용하기 위해선 이 패키지가 필요합니다.

테스트 함수는 *testing.T 값을 인자로 받아야 합니다.

테스트할 코드를 호출합니다. 반환 값이 예상한 값과 다르면 테스트를 실패 처리합니다.

테스트 함수는 *testing.T 값을 인자로 받아야 합니다.

테스트할 코드를 호출합니다. 반환 값이 예상한 값과 다르면 테스트를 실패 처리합니다.

코드 자석 정답

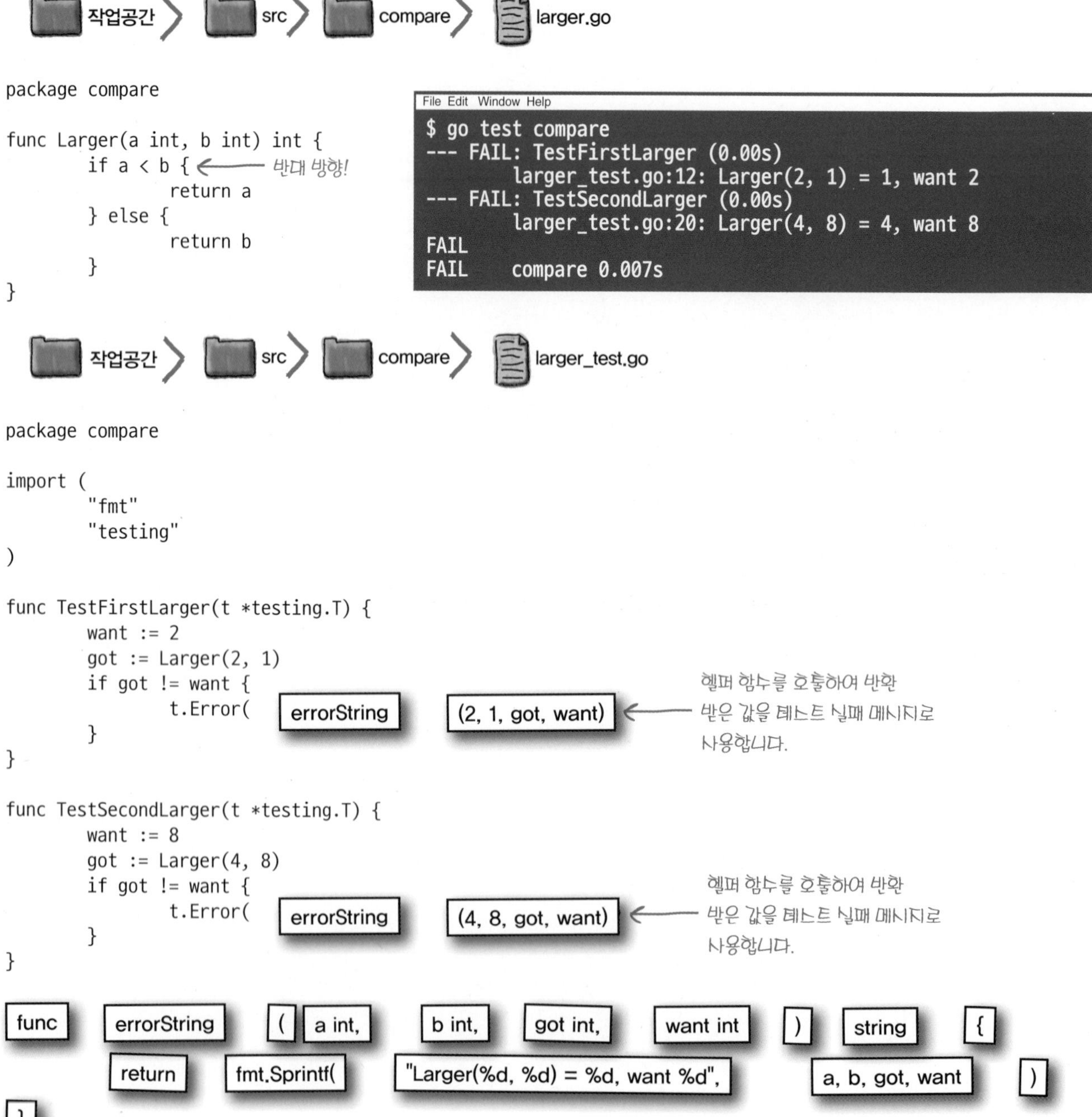
작업공간 src compare larger.go
package compare

func Larger(a int, b int) int {
	if a < b { ← 반대 방향!
		return a
	} else {
		return b
	}
}
File Edit Window Help
$ go test compare
--- FAIL: TestFirstLarger (0.00s)
	larger_test.go:12: Larger(2, 1) = 1, want 2
--- FAIL: TestSecondLarger (0.00s)
	larger_test.go:20: Larger(4, 8) = 4, want 8
FAIL
FAIL	compare 0.007s
작업공간 src compare larger_test.go
package compare

import (
	"fmt"
	"testing"
)

func TestFirstLarger(t *testing.T) {
	want := 2
	got := Larger(2, 1)
	if got != want {
		t.Error(errorString (2, 1, got, want)
	}
}
헬퍼 함수를 호출하여 반환 받은 값을 테스트 실패 메시지로 사용합니다.

func TestSecondLarger(t *testing.T) {
	want := 8
	got := Larger(4, 8)
	if got != want {
		t.Error(errorString (4, 8, got, want)
	}
}
헬퍼 함수를 호출하여 반환 받은 값을 테스트 실패 메시지로 사용합니다.

func errorString (a int, b int, got int, want int) string {
	return fmt.Sprintf("Larger(%d, %d) = %d, want %d", a, b, got, want)
}

15 요청에 응답하기

웹 앱

지금은 21세기이며 사용자는 웹 앱을 원하고 있습니다. Go에는 웹 앱 개발에 필요한 모든 것이 준비되어 있습니다! Go의 표준 라이브러리에는 여러분만의 웹 앱을 호스팅하고 그렇게 만든 웹 앱을 웹 브라우저에서 접근할 수 있도록 만들어 주는 패키지가 포함되어 있습니다. 이 책의 마지막 두 장에서는 웹 앱을 만드는 방법을 다뤄 보려고 합니다. 웹 앱에 가장 먼저 필요한 것은 웹 브라우저가 보낸 요청에 응답하는 기능입니다. 이 장에서는 net/http 패키지를 사용하여 요청에 응답하는 방법을 배워 보겠습니다.

Go로 웹 앱 작성하기

터미널에서 동작하는 앱은 혼자 사용하기에는 아주 충분하고 훌륭합니다. 하지만 인터넷과 월드 와이드 웹(World Wide Web)의 영향을 받은 일반 사용자는 여러분이 만든 앱을 사용하려고 굳이 터미널 사용법을 배우고 싶어하지는 않을 것입니다. 그들은 또한 디바이스에 애플리케이션을 설치하는 것조차 원치 않으며 브라우저에서 링크만 클릭하면 곧바로 사용할 수 있기를 기대합니다.

하지만 염려할 필요는 없습니다! Go를 사용하면 웹에서 동작하는 앱 또한 만들 수 있습니다.

이제 터미널에게 이별을 고할 시간입니다.

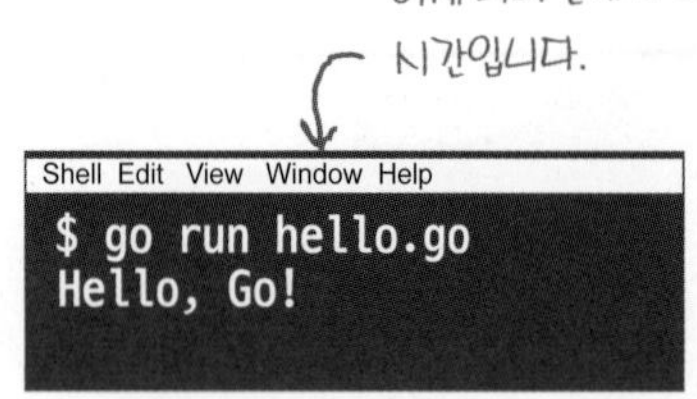

브라우저와 인사하세요!

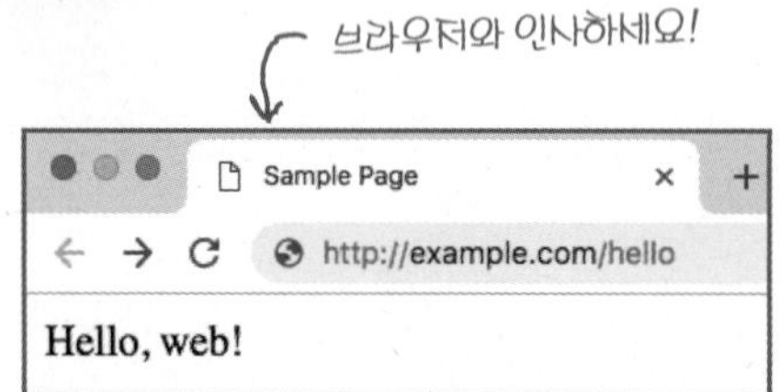

우리는 여러분을 "웹 앱을 작성하는 일은 쉬운 일이 아니다."라는 방향으로 이끌 생각은 없습니다. 웹 앱을 작성하는 일은 여러분이 지금까지 배운 모든 지식과 기술에 더해 몇 가지 추가 학습을 요구할 것입니다. 하지만 Go는 웹 개발을 더 쉽게 만들어 주는 몇 가지 훌륭한 패키지를 제공하고 있습니다.

그러한 패키지 중 하나가 바로 net/http 패키지입니다. HTTP란 "HyperText Transfer Protocol"의 약자로 웹 브라우저와 웹 서버 간 통신에서 사용되는 프로토콜입니다. net/http를 사용하면 Go로 여러분만의 웹 앱을 만들 수 있습니다.

브라우저, 요청, 서버 및 응답

브라우저에 URL을 입력하면 브라우저는 웹 페이지에 대한 요청을 *서버*로 전송합니다. 요청을 받은 서버는 적절한 페이지를 가져온 다음 응답에 담아 브라우저로 돌려 줍니다.

웹 초창기 시절의 서버는 보통 하드 드라이브에 저장된 HTML 파일에서 읽어 온 내용을 브라우저로 돌려주곤 했습니다.

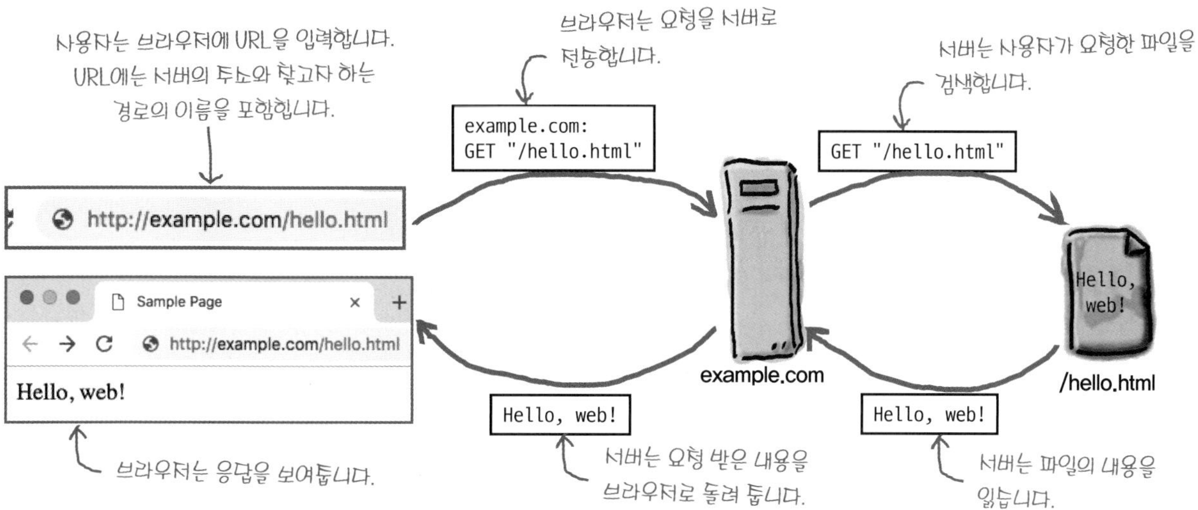

하지만 요즘에는 서버가 직접 파일을 읽어 오는 대신 요청을 처리하는 프로그램과 통신하는 것이 더 일반적입니다. 이러한 프로그램은 Go뿐만 아니라 원하는 그 어떤 언어로도 작성할 수 있습니다.

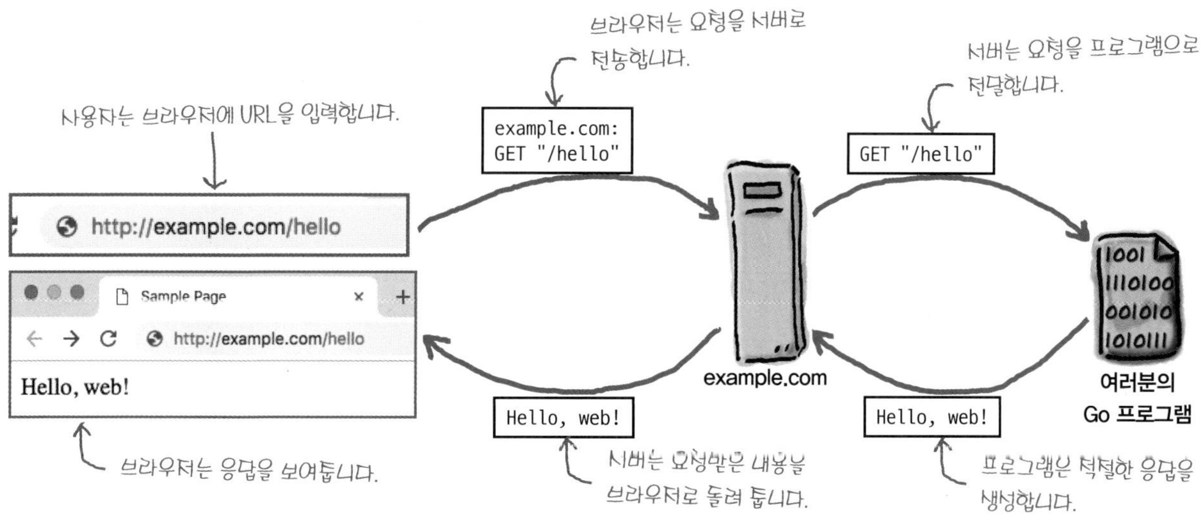

간단한 웹 앱

브라우저에서 요청을 다루는 일은 복잡합니다. 다행히도 그러한 복잡한 작업 모두 직접 처리할 필요는 없습니다. 13장에서 사용해 본 net/http 패키지를 사용하면 서버로의 요청을 만들 수 있습니다. 또한 net/http 패키지에는 작은 웹 서버가 내장되어 있어 요청에 대한 응답도 할 수 있습니다. 따라서 우리가 할 일은 응답 데이터를 채워 넣는 일밖에 없습니다.

다음은 net/http를 사용하여 브라우저에 간단한 응답을 반환하는 프로그램입니다. 비록 코드는 짧지만 여기에는 많은 일이 일어나고 있으며, 몇 가지는 처음 보는 것들입니다. 먼저 프로그램을 실행해 보고 난 다음에 하나 하나씩 자세히 설명하겠습니다.

```
package main

import (
	"log"
	"net/http"
)

func viewHandler(writer http.ResponseWriter, request *http.Request) {
	message := []byte("Hello, web!")
	_, err := writer.Write(message)
	if err != nil {
		log.Fatal(err)
	}
}

func main() {
	http.HandleFunc("/hello", viewHandler)
	err := http.ListenAndServe("localhost:8080", nil)
	log.Fatal(err)
}
```

"net/http" 패키지를 가져옵니다.

브라우저에 전달할 응답을 수정하기 위한 값

브라우저에서 전달 받은 요청을 나타내는 값

응답에 "Hello, web!"을 추가합니다.

"/hello"로 끝나는 URL에 대한 요청을 받으면…

…viewHandler 함수를 호출하여 응답을 생성합니다.

브라우저의 요청을 수신하고 응답합니다.

위 코드를 파일로 저장한 다음 go run으로 실행해 봅시다.

서버를 실행합니다. →

```
File Edit Window Help
$ go run hello.go
```

우리가 만든 웹 앱이 실행되고 있습니다! 이제 웹 브라우저에서 웹 서버에 접속하여 잘 동작하는지 테스트해 보겠습니다. 브라우저를 열어 주소 창에 다음 URL을 입력합니다(이런 형태의 URL을 처음 본다면 조금 낯설어 보일 수 있지만 걱정 마세요. 이 URL이 의미하는 바에 대해서는 곧 설명합니다).

```
http://localhost:8080/hello
```

URL을 입력하면 브라우저는 웹 앱에 요청을 보내고 웹 앱은 "Hello, web!"이라는 문자열로 응답합니다.

웹 앱은 실행이 중단될 때까지 계속해서 요청을 수신합니다. 응답 페이지가 잘 보이면 터미널에서 Ctrl-C를 눌러 프로그램에 중단 시그널을 전달합니다.

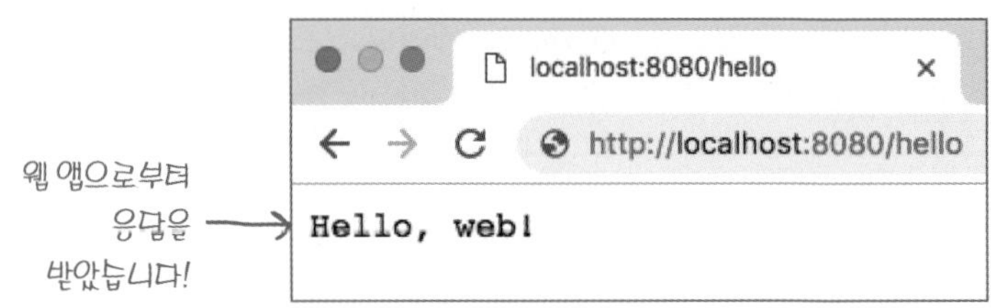
웹 앱으로부터 응답을 받았습니다!
localhost:8080/hello
http://localhost:8080/hello
Hello, web!

스스로 대화하는 컴퓨터

우리가 만든 작은 웹 앱을 실행하면 웹 앱은 바로 여러분의 컴퓨터에서 자체 웹 서버를 실행합니다.

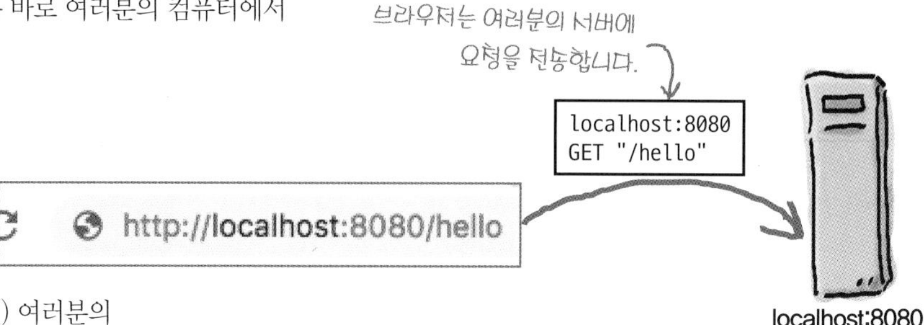

위에서 만든 앱은 현재 (인터넷 환경이 아닌) 여러분의 컴퓨터에서 실행되고 있기 때문에 URL에 특수한 호스트명인 localhost를 사용합니다. localhost를 사용하면 브라우저는 자기 자신이 실행되고 있는 컴퓨터로 네트워크 연결을 생성합니다.

```
http://localhost:8080/hello
```

호스트 — localhost
포트 — 8080

또한 URL의 일부로 포트를 지정해 줘야 합니다(포트는 애플리케이션이 메시지를 수신할 수 있는 네트워크 통신 채널을 숫자로 나타낸 값입니다). 위 코드에서는 서버가 8080 포트에서 요청을 수신하도록 지정해 놨기 때문에 URL에는 호스트명 다음으로 8080 포트가 붙습니다.

포트 번호를 지정합니다.

```
http.ListenAndServe("localhost:8080", nil)
```

바보 같은 질문은 없습니다!

Q: 브라우저를 연결할 수 없다는 에러가 발생했어요!

A: 서버가 실행되지 않았을 수도 있습니다. 터미널에서 에러가 발생하는지 확인해 보세요. 또한 브라우저에 호스트명과 포트 번호를 잘못 입력하지 않았는지도 다시 확인해 보세요.

Q: 왜 URL에 포트 번호를 지정해 줘야 하나요? 다른 웹사이트에서는 필요 없던데요!

A: 대부분 웹 서버는 HTTP 요청을 80번 포트에서 수신하는데, 이 포트는 웹 브라우저가 HTTP 요청을 전송할 때 사용하는 기본 포트이기 때문입니다. 그러나 많은 운영체제에서는 보안상의 이유로 80번 포트를 수신하는 서비스를 실행하려면 특별한 권한이 필요합니다. 이러한 이유로 80번 포트 대신 8080 포트를 수신하도록 설정했습니다.

Q: 브라우저에 "404 page not found."라는 메시지가 나타났어요.

A: 서버로부터 응답이 온 것은 맞지만 이 메시지는 현재 요청하고 있는 리소스가 존재하지 않음을 의미합니다. URL이 */hello*로 끝나는지 확인해 보고 프로그램 코드에 오타가 있지는 않은지 확인해 보세요.

Q: 앱을 실행하려고 하니 "listen tcp 127.0.0.1:0808: bind: address already in use"라는 에러가 발생했어요!

A: 해당 에러는 여러분의 프로그램이 다른 프로그램이 이미 사용하고 있는 동일한 포트에서 수신을 시도하려고 할 때 발생하는 에러입니다(OS는 이를 허용하지 않습니다). 하나 이상의 서버 프로그램을 실행한 적이 있나요? 만약 그렇다면 터미널에서 Ctrl-C를 눌러 프로그램을 종료하세요. 새 서버를 실행하기 전에는 항상 이전 서버를 종료해 주세요.

웹 앱 동작 방식 설명

이제 웹 앱의 각 부분을 자세히 살펴볼 시간입니다.

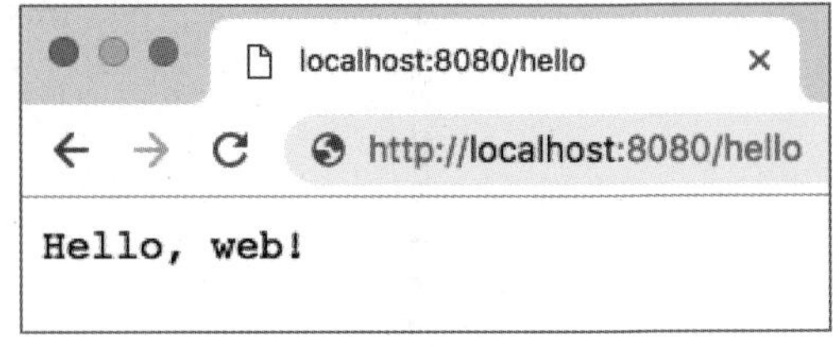

main 함수에서는 "/hello" 문자열과 viewHandler 함수로 http.HandleFunc를 호출하고 있습니다(Go는 *일급 함수(first-class function)*를 지원하기 때문에 함수를 다른 함수로 넘길 수 있습니다. 일급 함수는 잠시 후에 살펴보겠습니다). 이 코드는 "*/hello*로 끝나는 URL 요청을 받을 때마다 viewHandler를 호출하라"라는 의미를 지닙니다.

그다음 http.ListenAndServe를 호출하여 웹 서버를 실행합니다. "localhost:8080"이라는 문자열을 전달하면 8080번 포트에서 자기 자신으로부터 전달되는 요청만 수락하게 됩니다(다른 컴퓨터의 요청도 받기 위해서는 0.0.0.0:8080"을 사용하면 됩니다. 포트 번호도 8080이 아닌 다른 포트 번호를 사용할 수 있습니다). 두 번째 인자로는 nil을 전달했는데 이는 HandleFunc로 설정한 함수로만 요청을 처리하겠다는 것을 의미합니다.

← 나중에라도 요청을 처리하는 또 다른 방법이 궁금하다면 "http" 패키지의 "ListenAndServe" 함수, "Handler" 인터페이스 및 "ServeMux" 타입에 대한 문서를 찾아보세요.

ListenAndServe를 HandleFunc보다 나중에 호출한 이유는 ListenAndServe는 에러가 발생하지 않는 이상 무한히 실행되기 때문입니다. 만약 에러가 발생한다면 반환된 에러 값을 보고한 뒤 프로그램을 종료합니다. 반대로 에러가 없는 경우 프로그램은 터미널에서 Ctrl-C를 눌러 강제 종료할 때까지 계속 실행됩니다.

"/hello"로 끝나는 URL에 대한 요청을 받으면…

…viewHandler 함수를 호출하여 응답을 생성합니다.

```
func main() {
	http.HandleFunc("/hello", viewHandler)
	err := http.ListenAndServe("localhost:8080", nil)
	log.Fatal(err)
}
```

브라우저의 요청을 수신하고 응답 합니다.

main과 달리 viewHandler 함수는 비교적 간단합니다. 서버는 브라우저 응답에 데이터를 추가할 때 사용할 http.ResponseWriter와 브라우저 요청을 나타내는 http.Request 값의 포인터를 viewHandler 함수로 전달합니다(위 프로그램에서는 Request 값을 사용하지 않지만 핸들러 함수는 항상 요청 값 인자를 받아야 합니다).

브라우저에게 전달할 응답을 수정하기 위한 값

브라우저에서 전달받은 요청을 나타내는 값

```
func viewHandler(writer http.ResponseWriter, request *http.Request) {
	...
}
```

웹 앱 동작 방식 설명 (계속)

viewHandler에서는 ResponseWriter.Write의 Write 메서드를 사용하여 응답 데이터를 추가합니다. 이 메서드는 문자열이 아닌 바이트 슬라이스를 받기 때문에 "Hello, web!" 문자열을 []byte 타입으로 변환하여 Write에 전달합니다.

```
message := []byte("Hello, web!")  ← "Hello, web!"을 바이트 슬라이스로 변환합니다.
_, err := writer.Write(message)   ← 응답에 "Hello, web!"을 추가합니다.
```

13장에서 다뤄 본 바이트 값을 기억하고 계실 것입니다. http.Get 함수를 통해 받아 온 응답 값을 ioutil.ReadAll 함수에 전달하면 바이트 슬라이스가 반환됩니다.

byte 타입은 아직 다루지 않았지만 이 타입 또한 float64나 bool과 같은 Go의 기본 타입으로 보통 파일이나 네트워크 연결에서 읽은 로우(raw) 데이터를 저장하는 데 사용합니다. byte 슬라이스는 직접 출력할 경우 (숫자로 표현된 로우 데이터이기에) 알아보기가 힘들며 string으로 변환하면 좀 더 읽기 좋은 형태의 텍스트로 볼 수 있습니다(물론 이는 byte 슬라이스가 가진 데이터 자체가 읽기 좋은 형태의 데이터인 경우에 한해서입니다). 따라서 응답 바디를 string으로 변환해 출력하는 것으로 함수를 완성할 수 있습니다.

```
func main() {
	response, err := http.Get("https://example.com")
	if err != nil {
		log.Fatal(err)        "main" 함수가 종료될 때 네트워크 연결을 해제합니다.
	}
	defer response.Body.Close()
	body, err := ioutil.ReadAll(response.Body)
	if err != nil {                  ↑ 모든 응답 데이터를 읽어 옵니다.
		log.Fatal(err)
	}
	fmt.Println(string(body))  ← 응답 데이터를 문자열로 변환한 뒤 출력합니다.
}
```

13장에서 봤듯이 []byte 타입은 문자열로 변환할 수 있습니다.

```
fmt.Println(string([]byte{72, 101, 108, 108, 111}))
```

```
Hello
```

그리고 이번에 만든 웹 앱에서 봤듯이 문자열 또한 []byte 타입으로 변환할 수 있습니다.

```
fmt.Println([]byte("Hello"))
```

```
[72 101 108 108 111]
```

ResponseWriter의 Write 메서드는 성공적으로 쓰인 바이트의 개수와 함께 에러 값을 반환합니다. 쓰인 바이트의 개수 데이터로는 할 수 있는 일이 없으므로 무시합니다. 하지만 에러가 발생했다면 에러를 보고한 뒤 프로그램을 종료합니다.

```
_, err := writer.Write(message)
if err != nil {
	log.Fatal(err)
}
```

리소스 경로

우리는 좀 전에 웹 앱에 접속할 때 브라우저에 */hello*로 끝나는 URL을 입력했습니다. 그런데 /hello는 왜 필요한 것일까요?

```
http://localhost:8080/hello
```

서버에는 보통 HTML 페이지, 이미지 등 브라우저로 전달할 수 있는 다양한 리소스가 존재합니다.

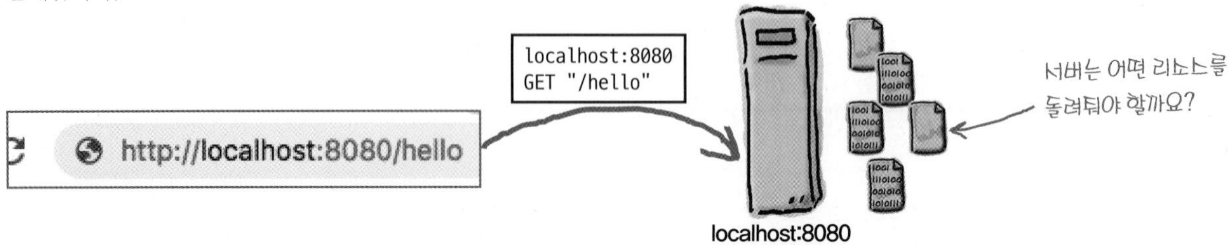
localhost:8080
GET "/hello"
http://localhost:8080/hello
localhost:8080
서버는 어떤 리소스를 돌려줘야 할까요?

URL에서 호스트 주소와 포트 다음에 오는 부분을 *리소스 경로(resource path)*라고 합니다. 이를 통해 브라우저는 그 수많은 리소스 중 어떤 리소스가 필요한 건지 서버에게 알려줄 수 있습니다. net/http 서버는 URL의 끝 부분에서 경로를 가져와 요청 처리 시 사용합니다.

```
http://localhost:8080/hello
```

경로

웹 앱에서 http.HandleFunc 함수를 호출할 땐 "/hello" 문자열과 viewHandler 함수를 전달했습니다. 이때 전달한 문자열은 요청 리소스의 경로로 사용됩니다. 이때부터 /hello 경로를 가진 요청이 들어오면 viewHandler 함수가 호출됩니다. viewHandler 함수는 전달받은 요청에 대한 적절한 응답을 생성하는 역할을 수행합니다.

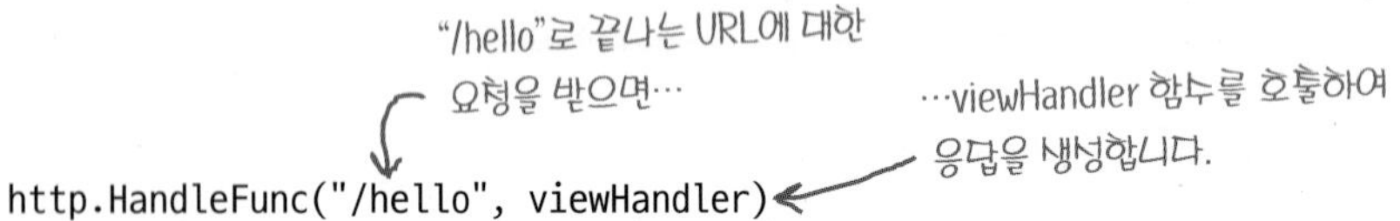
"/hello"로 끝나는 URL에 대한 요청을 받으면…
…viewHandler 함수를 호출하여 응답을 생성합니다.
http.HandleFunc("/hello", viewHandler)

현재는 "Hello, web!"이라는 텍스트를 가진 응답을 생성하고 있습니다.

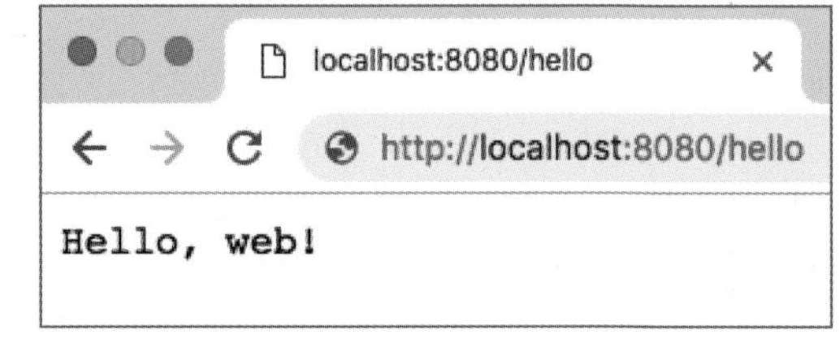
localhost:8080/hello
http://localhost:8080/hello
Hello, web!

하지만 수신하는 모든 요청에 대해 "Hello, web!"이라고 응답할 수는 없는 노릇입니다. 대다수 앱은 각기 다른 요청 경로에 각기 다른 방법으로 응답해야 합니다.

서로 다른 요청에 서로 다른 응답을 내리기 위한 한 가지 방법은 처리하려는 경로마다 해당 경로를 처리하기 위한 함수와 함께 HandleFunc를 호출하는 것입니다. 이렇게 하면 앱은 해당 경로에 (서로 다른) 응답을 할 수 있게 됩니다.

서로 다른 리소스 경로에 다르게 응답하기

다음은 세 언어로 인사말을 반환하도록 수정한 앱입니다. 이번에는 HandleFunc를 세 번 호출하고 있습니다. "/hello" 경로를 가진 요청이 들어오면 englishHandler 함수가 호출되고, "/salut" 요청은 frenchHandler 함수가 처리하며, "/namaste" 요청은 hindiHandler 함수가 처리합니다. 각 핸들러 함수는 자기 자신의 ResponseWriter 값과 문자열을 새로운 write 함수로 전달합니다. write 함수는 전달받은 문자열을 응답에 추가합니다.

```
package main

import (
	"log"
	"net/http"
)

func write(writer http.ResponseWriter, message string) {
	_, err := writer.Write([]byte(message))
	if err != nil {
		log.Fatal(err)
	}
}

func englishHandler(writer http.ResponseWriter, request *http.Request) {
	write(writer, "Hello, web!")
}
func frenchHandler(writer http.ResponseWriter, request *http.Request) {
	write(writer, "Salut web!")
}
func hindiHandler(writer http.ResponseWriter, request *http.Request) {
	write(writer, "Namaste, web!")
}

func main() {
	http.HandleFunc("/hello", englishHandler)
	http.HandleFunc("/salut", frenchHandler)
	http.HandleFunc("/namaste", hindiHandler)
	err := http.ListenAndServe("localhost:8080", nil)
	log.Fatal(err)
}
```

핸들러 함수의 ResponseWriter (writer 매개변수)

응답에 추가할 메시지 (message 매개변수)

이전처럼 문자열을 바이트 슬라이스로 변환한 다음 응답에 추가합니다. (writer.Write 줄)

이 문자열을 응답에 추가합니다. ("Hello, web!")

이 문자열을 응답에 추가합니다. ("Salut web!")

이 문자열을 응답에 추가합니다. ("Namaste, web!")

경로가 "/hello"인 요청을 받으면 englishHandler를 호출합니다.

경로가 "/salut"인 요청을 받으면 frenchHandler를 호출합니다.

경로가 "/namaste"인 요청을 받으면 hindiHandler를 호출합니다.

http://localhost:8080/hello

Hello, web!

http://localhost:8080/namaste

Namaste, web!

http://localhost:8080/salut

Salut web!

연습문제

아래에 간단한 웹 앱 코드와 함께 몇 가지 가능한 응답이 나열되어 있습니다. 각 응답 옆에는 해당 응답을 생성하기 위해 브라우저에 입력해야 하는 URL을 적어 보세요.

```
package main

import (
	"log"
	"net/http"
)

func write(writer http.ResponseWriter, message string) {
	_, err := writer.Write([]byte(message))
	if err != nil {
		log.Fatal(err)
	}
}

func d(writer http.ResponseWriter, request *http.Request) {
	write(writer, "z")
}
func e(writer http.ResponseWriter, request *http.Request) {
	write(writer, "x")
}
func f(writer http.ResponseWriter, request *http.Request) {
	write(writer, "y")
}

func main() {
	http.HandleFunc("/a", f)
	http.HandleFunc("/b", d)
	http.HandleFunc("/c", e)
	err := http.ListenAndServe("localhost:4567", nil)
	log.Fatal(err)
}
```

응답	응답을 생성하는 URL
x	....
y	....
z	....

답은 442 페이지에 있습니다.

일급 함수

핸들러 함수와 함께 http.HandleFunc를 호출하는 부분을 자세히 보면 핸들러 함수의 호출 결과를 HandleFunc에 전달하고 있지는 않습니다. HandleFunc에는 함수 *그 자체*를 전달하고 있습니다. 해당 함수는 일치하는 요청 경로로 요청이 수신될 때 호출되도록 저장됩니다.

HandleFunc에 englishHandler 함수를 전달합니다.

HandleFunc에 frenchHandler 함수를 전달합니다.

HandleFunc에 hindiHandler 함수를 전달합니다.

```
func main() {
	http.HandleFunc("/hello", englishHandler)
	http.HandleFunc("/salut", frenchHandler)
	http.HandleFunc("/namaste", hindiHandler)
	err := http.ListenAndServe("localhost:8080", nil)
	log.Fatal(err)
}
```

Go 언어는 **일급 함수(first-class function)**를 지원합니다. 즉, Go에서 함수는 "일급 시민(first-class citizen)"으로 취급됩니다.

일급 함수를 지원하는 프로그래밍 언어에서는 함수를 변수에 할당하고, 해당 변수에서 함수를 호출할 수 있습니다.

아래 코드는 먼저 sayHi 함수를 정의합니다. main 함수에서는 func() 타입을 가진 myFunction이라는 변수를 선언합니다. func() 타입은 해당 변수가 함수를 저장할 수 있음을 의미합니다.

그다음 sayHi 함수 자체를 myFunction에 할당합니다. 괄호는 붙이지 않습니다. 즉, 함수를 호출하는 코드인 sayHi()의 형태로 작성하지 않습니다. 다음과 같이 함수 이름만 작성합니다.

```
myFunction = sayHi
```

이 코드는 sayHi 함수 자체를 myFunction 변수에 할당합니다.

하지만 다음 라인에서는, 다음과 같이 myFunction 변수명 뒤에 괄호를 추가합니다.

```
myFunction()
```

이 코드가 실행되면 myFunction 변수 안에 저장된 함수가 호출됩니다.

평소처럼 함수 하나를 선언합니다.

```
func sayHi() {
	fmt.Println("Hi")
}

func main() {
	var myFunction func()
	myFunction = sayHi
	myFunction()
}
```

타입의 변수를 선언합니다. 이 변수는 함수를 저장합니다.

sayHi 함수를 변수에 할당합니다.

변수에 저장된 함수를 호출합니다.

```
Hi
```

다른 함수에 함수 전달하기

일급 함수를 지원하는 프로그래밍 언어에서는 함수를 다른 함수의 인자로 전달할 수 있습니다. 다음 코드는 간단한 sayHi 함수와 sayBye 함수를 정의하고 있습니다. 또한, 다른 함수를 theFunction이라는 매개변수로 받는 twice라는 함수도 정의하고 있습니다. twice 함수는 theFunction에 저장되는 함수를 두 번 호출합니다.

main에서는 twice를 호출하면서 인자로 sayHi 함수를 전달해 sayHi가 두 번 실행되도록 합니다. 그다음 sayBye 함수로 twice 함수를 호출하여 sayBye가 두 번 실행되도록 합니다.

```
func sayHi() {
	fmt.Println("Hi")
}
func sayBye() {
	fmt.Println("Bye")
}

func twice(theFunction func()) {
	theFunction()
	theFunction()
}

func main() {
	twice(sayHi)
	twice(sayBye)
}
```

"twice" 함수는 다른 함수를 매개변수로 받습니다.

theFunction() ← 전달받은 함수를 호출합니다.

theFunction() ← (다시 한 번) 전달받은 함수를 호출합니다.

twice(sayHi) ← "twice" 함수에 "sayHi" 함수를 전달합니다.

twice(sayBye) ← "twice" 함수에 "sayBye" 함수를 전달합니다.

```
Hi
Hi
Bye
Bye
```

타입으로서의 함수

다른 함수를 호출할 때 인자로 아무 함수나 사용할 수는 없습니다. http.HandleFunc의 인자로 sayHi 함수를 전달하려고 하면 컴파일 에러가 발생합니다.

```
func sayHi() {
	fmt.Println("Hi")
}

func main() {
	http.HandleFunc("/hello", sayHi)
	err := http.ListenAndServe("localhost:8080", nil)
	log.Fatal(err)
}
```

sayHi 함수를 HTTP 요청 핸들러 함수로 설정해 보기

컴파일 에러 발생

```
cannot use sayHi (type func()) as type func(http.ResponseWriter, *http.Request)
in argument to http.HandleFunc
```

타입으로서의 함수 (계속)

함수의 매개변수와 반환 값은 함수 타입의 일부입니다. 함수를 저장하는 변수는 함수가 가지고 있어야 하는 매개변수 및 반환 값을 지정해야 하며, 해당 변수는 지정된 매개변수 및 반환 값의 개수와 타입이 일치하는 함수만 저장할 수 있습니다.

다음 코드는 func() 타입의 greeterFunction을 정의하고 있습니다. 이 변수는 매개변수와 반환 값이 없는 함수를 저장합니다. 그다음 func(int, int) float64 타입의 mathFunction을 정의하고 있는데 이 변수는 두 개의 정수를 매개변수로 받고 float64 값을 반환하는 함수를 저장합니다.

이 코드는 또한 sayHi와 divide 함수도 정의하고 있습니다. greeterFunction 변수에 sayHi를 할당하고 mathFunction 변수에 divide를 할당하면 코드는 정상적으로 컴파일되고 잘 실행됩니다.

```
func sayHi() {
	fmt.Println("Hi")
}
func divide(a int, b int) float64 {
	return float64(a) / float64(b)
}

func main() {
	var greeterFunction func()
	var mathFunction func(int, int) float64
	greeterFunction = sayHi
	mathFunction = divide
	greeterFunction()
	fmt.Println(mathFunction(5, 2))
}
```

이 함수는 매개변수 및 반환 값이 없는 함수를 저장합니다.

이 함수는 두 개의 int 매개변수와 float64 반환 값을 가진 함수를 저장합니다.

greeterFunction 변수에 "sayHi" 함수를 할당합니다.

mathFunction 변수에 "divide" 함수를 할당합니다.

```
Hi
2.5
```

하지만 두 할당 함수를 서로 바꿔 보면 또다시 컴파일 에러가 발생합니다.

```
greeterFunction = divide
mathFunction = sayHi
```

컴파일 에러 발생

```
cannot use divide (type func(int, int) float64) as type func() in assignment
cannot use sayHi (type func()) as type func(int, int) float64 in assignment
```

divide 함수는 두 개의 int 매개변수를 받고 float64 값을 반환하므로 greeterFunction 변수에 저장할 수 없습니다(이 변수는 매개변수와 반환 값이 없는 함수를 받기 때문이죠). 마찬가지로 sayHi 함수는 매개변수를 받지 않으며 아무 값도 반환하지 않으므로 mathFunction 변수에 저장할 수 없습니다(이 변수는 두 개의 int 매개변수와 float64 반환 값을 가진 함수를 받기 때문이죠).

타입으로서의 함수 (계속)

함수를 매개변수로 받는 함수는 전달받을 함수의 매개변수 및 반환 값의 타입도 지정해 줘야 합니다.

다음은 passedFunction 매개변수를 받는 doMath 함수입니다. 전달되는 함수는 두 개의 int 매개변수를 받고 하나의 float64 값을 반환해야 합니다.

이 코드는 또한 divide와 multiply 함수도 정의하고 있습니다. 각 함수는 두 개의 int 매개변수를 받고 하나의 float64 값을 반환합니다. 따라서 divide와 multiply 모두 doMath에 전달할 수 있습니다.

```
func doMath(passedFunction func(int, int) float64) {
        result := passedFunction(10, 2)
        fmt.Println(result)
}

func divide(a int, b int) float64 {
        return float64(a) / float64(b)
}
func multiply(a int, b int) float64 {
        return float64(a * b)
}

func main() {
        doMath(divide)
        doMath(multiply)
}
```

doMath 함수는 매개변수로 다른 함수를 받습니다. 전달되는 함수는 두 개의 정수를 받고 하나의 float64 값을 반환해야 합니다.

전달받은 함수를 호출합니다.

전달받은 함수의 반환 값을 출력합니다.

이 함수는 doMath에 전달할 수 있습니다.

이 함수도 doMath에 전달할 수 있습니다.

doMath에 "divide" 함수를 전달합니다.

doMath에 "multiply" 함수를 전달합니다.

```
5
20
```

지정된 타입과 일치하지 않는 함수는 doMath에 전달할 수 없습니다.

```
func main() {
        doMath(sayHi)
}
```

sayHi 함수에는 매개변수나 반환 값이 없습니다.

컴파일 에러 발생

```
cannot use sayHi (type func()) as type func(int, int) float64 in argument to doMath
```

따라서 http.HandleFunc에 잘못된 타입의 함수를 전달하면 컴파일 에러가 발생합니다. HandleFunc 함수는 ResponseWriter와 Request의 포인터를 매개변수로 받는 함수가 전달되기를 기대합니다. 그 외의 것들을 전달하면 컴파일 에러가 발생합니다.

Go의 이러한 동작 방식은 바람직합니다. 요청을 분석하고 응답을 수정하지 못하는 함수는 브라우저의 요청을 처리할 수 없습니다. 따라서 잘못된 타입의 함수를 전달하려고 하면 Go는 프로그램을 컴파일하기 전에 문제를 경고합니다.

```
http.HandleFunc("/hello", sayHi)
```

컴파일 에러 발생

```
cannot use sayHi (type func()) as type func(http.ResponseWriter, *http.Request)
in argument to http.HandleFunc
```

수영장 퍼즐

여러분이 **할 일**은 수영장에 들어 있는 코드 조각을 아래 빈칸에 맞게 채워 넣는 것입니다. 각 코드 조각은 한 번만 사용할 수 있고 모두 사용할 필요는 없습니다. 여러분의 **목표**는 아래 보이는 출력값을 출력하는 프로그램을 완성하는 것입니다.

```
func callFunction(passedFunction _______) {
        passedFunction()
}
func callTwice(passedFunction _______) {
        passedFunction()
        passedFunction()
}
func callWithArguments(passedFunction _______________) {
        passedFunction("This sentence is", false)
}
func printReturnValue(passedFunction func() string) {
        fmt.Println(___________________)
}

func functionA() {
        fmt.Println("function called")
}
func functionB() _______ {
        fmt.Println("function called")
        return "Returning from function"
}
func functionC(a string, b bool) {
        fmt.Println("function called")
        fmt.Println(a, b)
}

func main() {
        callFunction(__________)
        callTwice(__________)
        callWithArguments(functionC)
        printReturnValue(functionB)
}
```

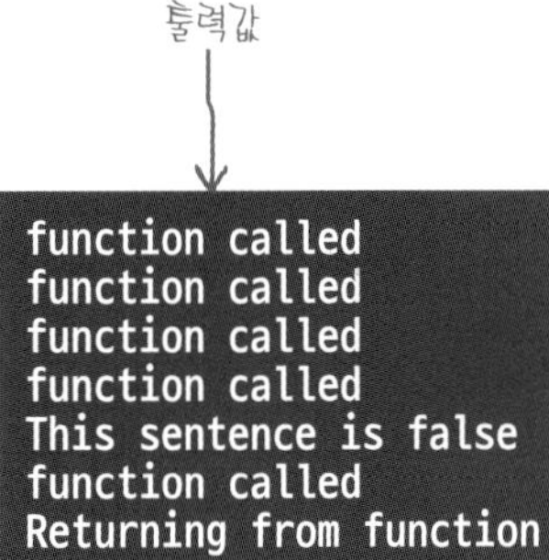


```
function called
function called
function called
function called
This sentence is false
function called
Returning from function
```

참고: 각 코드 조각은 딱 한 번만 사용할 수 있습니다!

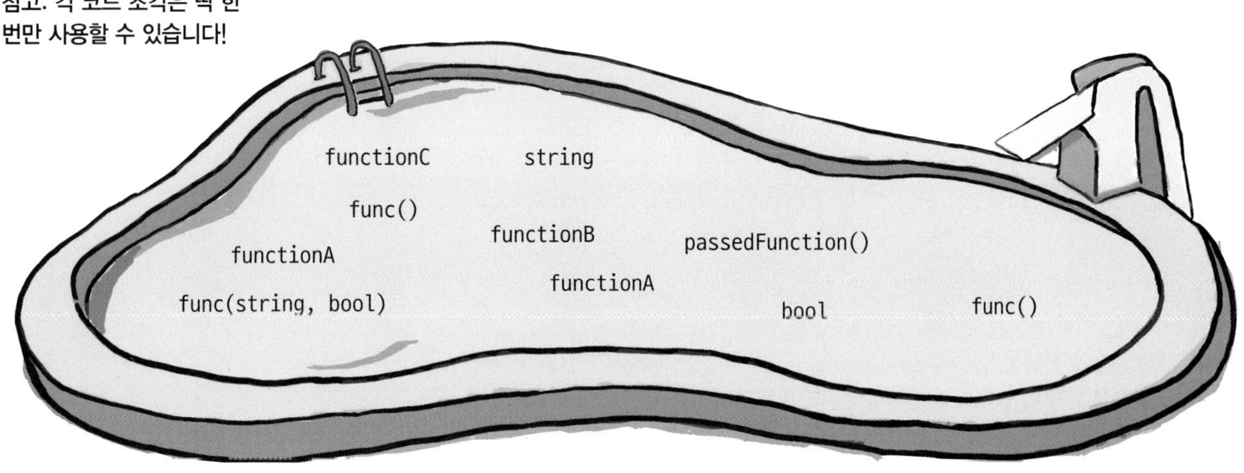

답은 443 페이지에 있습니다.

향후 계획

이제 여러분은 브라우저에서 요청을 받고 응답을 보내는 방법을 터득했습니다. 드디어 가장 까다로운 파트가 끝났습니다!

```
package main

import (
	"log"
	"net/http"
)

func viewHandler(writer http.ResponseWriter, request *http.Request) {
	message := []byte("Hello, web!")
	_, err := writer.Write(message)
	if err != nil {
		log.Fatal(err)
	}
}

func main() {
	http.HandleFunc("/hello", viewHandler)
	err := http.ListenAndServe("localhost:8080", nil)
	log.Fatal(err)
}
```

브라우저에게 전달할 응답을 수정하기 위한 값

브라우저에서 전달받은 요청을 나타내는 값

응답에 "Hello, web!"을 추가합니다.

"/hello"로 끝나는 URL에 대한 요청을 받으면…

…viewHandler 함수를 호출하여 응답을 생성합니다.

브라우저의 요청을 수신하고 응답합니다.

localhost:8080/hello

http://localhost:8080/hello

Hello, web!

웹 앱으로부터 응답을 받았습니다!

마지막 장에서는 지금까지 배운 내용을 종합 활용하여 좀 더 복잡한 앱을 만들어 보겠습니다.

지금까지 우리가 다룬 모든 응답에서는 평문 텍스트를 사용했습니다. 다음으로는 좀 더 구조적인 페이지를 표현하기 위한 HTML을 배워 보겠습니다. 그리고 브라우저로 응답을 전달하기 전에 html/template 패키지를 사용하여 HTML에 데이터를 삽입하는 방법을 배워 보겠습니다. 곧 다시 만납시다!

Go 도구 상자

15장이 끝났습니다!
도구 상자에 HTTP 핸들러 함수와 일급 함수를 담았습니다.

HTTP 핸들러 함수

net/http 핸들러 함수는 특정 경로에 대한 브라우저의 요청을 처리하기 위한 함수입니다.
핸들러 함수는 매개변수로 http.ResponseWriter 값을 받습니다.
핸들러 함수는 ResponseWriter를 사용하여 응답을 작성해야 합니다.

일급 함수

일급 함수를 지원하는 프로그래밍 언어에서는 함수를 변수에 할당하고, 해당 변수에서 함수를 호출할 수 있습니다.
다른 함수를 호출할 때 함수를 인자로 전달할 수도 있습니다.

중요 항목

- net/http 패키지의 ListenAndServe는 지정한 포트에서 웹 서버를 실행합니다.
- localhost 호스트명은 여러분의 컴퓨터에서 동일한 컴퓨터로의 네트워크 연결을 처리합니다.
- 각 HTTP 요청에는 브라우저가 요청하는 리소스를 지정하는 리소스 경로가 포함되어 있습니다.
- HandleFunc 함수는 경로 문자열과 해당 경로에 대한 요청을 처리하기 위한 함수를 매개변수로 받습니다.
- HandleFunc를 여러 번 호출하여 다른 경로에 대한 다른 핸들러 함수를 설정할 수 있습니다.
- 핸들러 함수는 http.ResponseWriter 값과 http.Request 값에 대한 포인터를 매개변수로 받아야 합니다.
- 바이트 슬라이스와 함께 http.ResponseWriter의 Write 메서드를 호출하면, 해당 데이터는 브라우저로 전송되는 응답에 추가됩니다.
- 함수를 저장하는 변수는 함수 타입을 갖습니다.
- 함수 타입에는 함수가 받는 매개변수의 개수와 타입(또는 없을 수도 있음) 및 함수가 반환하는 값의 개수와 타입(또는 없을 수도 있음)을 포함합니다.
- myVar라는 변수가 함수를 저장하고 있는 경우 함수명 뒤에 (함수가 요구하는 인자를 포함하는) 괄호를 추가함으로써 함수를 호출할 수 있습니다.

아래에 간단한 웹 앱 코드와 함께 몇 가지 가능한 응답이 나열되어 있습니다.
각 응답 옆에 해당 응답을 생성하기 위해 브라우저에 입력해야 하는 URL을 적어 보세요.

```
package main

import (
	"log"
	"net/http"
)

func write(writer http.ResponseWriter, message string) {
	_, err := writer.Write([]byte(message))
	if err != nil {
		log.Fatal(err)
	}
}

func d(writer http.ResponseWriter, request *http.Request) {
	write(writer, "z")
}
func e(writer http.ResponseWriter, request *http.Request) {
	write(writer, "x")
}
func f(writer http.ResponseWriter, request *http.Request) {
	write(writer, "y")
}

func main() {
	http.HandleFunc("/a", f)
	http.HandleFunc("/b", d)
	http.HandleFunc("/c", e)
	err := http.ListenAndServe("localhost:4567", nil)
	log.Fatal(err)
}
```

다른 포트를 지정했습니다!

응답	응답을 생성하는 URL
x	http://localhost:4567/c
y	http://localhost:4567/a
z	http://localhost:4567/b

수영장 퍼즐 정답

```
func callFunction(passedFunction func() ) {
        passedFunction()
}
func callTwice(passedFunction func() ) {
        passedFunction()
        passedFunction()
}
func callWithArguments(passedFunction func(string, bool) ) {
        passedFunction("This sentence is", false)
}
func printReturnValue(passedFunction func() string) {
        fmt.Println( passedFunction() )
}

func functionA() {
        fmt.Println("function called")
}
func functionB() string {
        fmt.Println("function called")
        return "Returning from function"
}
func functionC(a string, b bool) {
        fmt.Println("function called")
        fmt.Println(a, b)
}

func main() {
        callFunction( functionA )
        callTwice( functionA )
        callWithArguments(functionC)
        printReturnValue(functionB)
}
```

callFunction 함수의 바디를 보아 전달된 함수는 매개변수를 갖지 않음을 알 수 있습니다.

callTwice 함수의 바디를 보아 전달된 함수는 매개변수를 갖지 않음을 알 수 있습니다.

callWithArguments 함수의 바디를 보아 전달된 함수는 이러한 매개변수 타입을 가져야 함을 알 수 있습니다.

전달된 함수를 호출하여 반환 값을 출력합니다.

이 함수가 printReturnValue에 전달될 경우 functionB는 문자열을 반환해야 합니다.

functionA만이 올바른 매개변수 (및 올바른 출력값)를 가지고 있습니다.

```
function called
function called
function called
function called
This sentence is false
function called
Returning from function
```

16 패턴 따르기

HTML 템플릿

템플릿을 만들어 사용하니
기록 속도가 훨씬 빨라졌어요!
빈칸 몇 개만 채우면 끝난답니다!

웹 앱은 일반 텍스트가 아닌 HTML로 응답해야 합니다. 일반 텍스트는 이메일이나 소셜 미디어상의 포스트에 사용하기는 적합하지만, 웹 페이지에는 구조적이고 형식화된 텍스트가 필요합니다. 웹 페이지에는 제목과 문단이 필요하며 사용자가 데이터를 전송할 수 있는 폼이 필요합니다. 이를 위해서는 HTML 코드가 필요합니다.

그리고 최종적으로 데이터를 HTML 코드에 삽입할 수 있어야 합니다. 때문에 Go는 html/template이라는 패키지를 제공하고 있으며, 이 패키지는 HTML 응답에 데이터를 포함시킬 수 있는 강력한 방법을 제공합니다. 템플릿은 더 크고, 더 나은 웹 앱을 구축하는 데 핵심 역할을 수행하며, 따라서 이 마지막 장에서는 템플릿을 사용하는 방법을 배워 보겠습니다!

방명록 앱

15장에서 배운 모든 것을 활용해 봅시다. 이번 장에서는 웹사이트를 위한 간단한 방명록 앱을 만들어 볼 것입니다. 방문자는 폼에 메시지를 입력할 수 있고 이는 나중에 파일로 저장됩니다. 또한 방문자는 이전의 모든 서명 목록을 볼 수 있습니다.

localhost:8080/guestbook/new
http://localhost:8080/guestboo...
Add a Signature
This site is great!
Submit

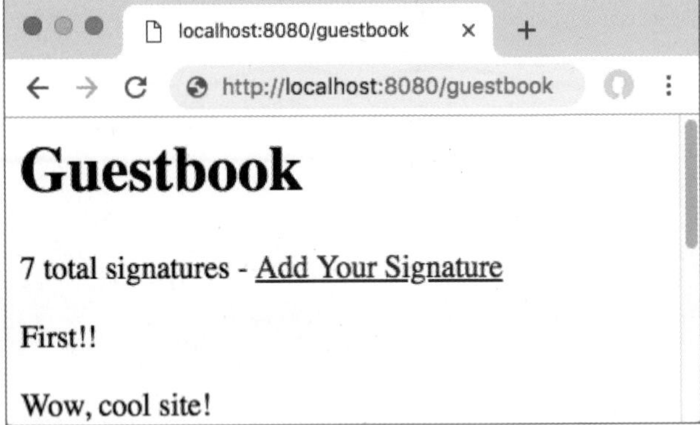
localhost:8080/guestbook
http://localhost:8080/guestbook
Guestbook
7 total signatures - Add Your Signature
First!!
Wow, cool site!

이 앱이 잘 동작하도록 만들기 위해 넘어야 할 산이 많이 남아 있습니다. 하지만 걱정하지 마세요. 우리는 이 과정을 몇 단계로 나누어 처리할 것입니다. 각 단계별로 어떤 내용을 다룰지 살펴보겠습니다.

먼저 앱을 설정하고 방명록의 메인 페이지 요청에 응답하도록 해야 합니다. 여기서 필요한 내용은 이전 장에서 이미 다 배웠기 때문에 이 부분은 그리 어렵지 않습니다.

그다음 응답에 HTML을 추가해야 합니다. 몇 개의 HTML 태그를 사용한 간단한 페이지를 만들어 파일로 저장한 다음 파일에서 HTML 코드를 로드하여 앱의 응답에 사용할 것입니다.

그리고 방문자가 입력한 서명을 가져와 HTML로 보여 줘야 합니다. html/template 패키지로 이 작업을 수행하는 방법을 보여 드리겠습니다.

그다음 서명을 추가하기 위한 폼이 담긴 별도의 페이지를 생성해야 합니다. 이는 HTML을 사용하여 아주 쉽게 만들 수 있습니다.

마지막으로 사용자가 폼을 전송하면 폼 내용을 새 서명으로 저장해야 합니다. 서명 데이터는 나중에 다시 읽어 올 수 있도록 전송된 다른 모든 서명과 함께 텍스트 파일로 저장합니다.

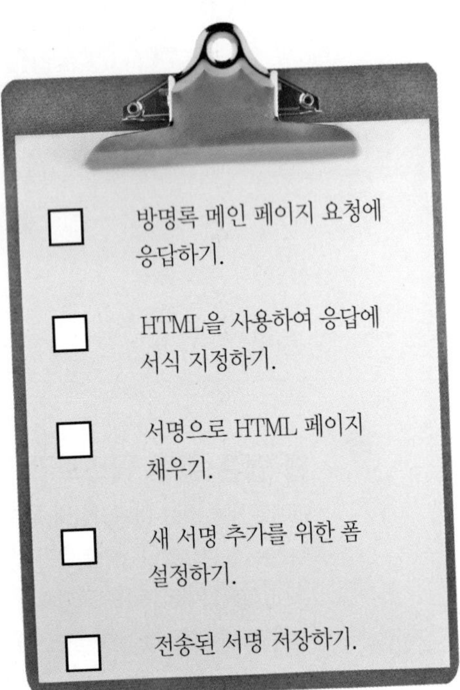
방명록 메인 페이지 요청에 응답하기.
HTML을 사용하여 응답에 서식 지정하기.
서명으로 HTML 페이지 채우기.
새 서명 추가를 위한 폼 설정하기.
전송된 서명 저장하기.

요청 처리 함수와 에러 처리 함수

가장 먼저 할 일은 방명록의 메인 페이지를 보여 주는 것입니다. 이미 몇 가지 웹 앱 예제를 만들어 봤기 때문에 이 부분은 그리 어렵지 않습니다. main 함수에서 http.HandleFunc를 호출하여 "/guestbook" 경로를 가진 모든 요청에 대해 viewHandler라는 함수를 호출할 수 있도록 설정합니다. 그다음 http.ListenAndServe를 호출하여 서버를 시작합니다.

현재 viewHandler 함수는 이전 예제에서 본 핸들러 함수들과 유사해 보입니다. 이 함수는 이전에 본 핸들러와 마찬가지로 http.ResponseWriter와 http.Request의 포인터를 매개변수로 받습니다. 응답 문자열을 []byte로 변환하고 ResponseWriter의 Write 메서드를 사용하여 응답에 추가합니다.

이번에는 check 함수라는 새로운 함수가 추가되었습니다. 이 웹 앱에는 잠재적으로 발생할 수 있는 많은 수의 error 반환 값이 존재하는데, 에러가 반환되는 모든 곳에서 에러를 확인하고 보고하는 코드를 중복해서 작성하고 싶지 않습니다. 따라서 각 에러를 새로운 check 함수로 전달합니다. 전달된 error가 nil이면 check는 아무 일도 하지 않으며 그 외에는 에러를 보고하고 프로그램을 종료합니다.

guestbook.go

```
package main

import (
	"log"
	"net/http"
)

func check(err error) {
	if err != nil {
		log.Fatal(err)
	}
}

func viewHandler(writer http.ResponseWriter, request *http.Request) {
	placeholder := []byte("signature list goes here")
	_, err := writer.Write(placeholder)
	check(err)
}

func main() {
	http.HandleFunc("/guestbook", viewHandler)
	err := http.ListenAndServe("localhost:8080", nil)
	log.Fatal(err)
}
```

에러 보고 코드를 이 함수로 옮깁니다.

항상 그렇듯이 핸들러 함수에는 ResponseWriter와...

Request의 포인터 값이 전달됩니다.

문자열을 바이트 슬라이스로 변환한 다음...

...Write 메서드를 사용하여 응답에 추가합니다.

그다음 에러가 있는 경우 에러 보고를 위해 "check" 함수를 호출합니다.

"/guestbook" 경로를 가진 모든 요청에 대해 viewHandler가 호출되도록 설정합니다.

여느 때처럼 8080 포트에서 수신하도록 서버를 설정합니다.

이 에러 값은 nil이 될 수 없기 때문에 check 함수를 사용하지 않습니다.

ResponseWriter의 Write 메서드를 호출하면 에러가 발생할 수도 있고 발생하지 않을 수도 있기 때문에 error 반환 값을 check 함수에 전달합니다. 그러나 http.ListenAndServe에서 반환된 error 반환 값은 check 함수로 전달하고 있지 않음을 볼 수 있습니다. 왜냐하면 ListenAndServe는 항상 에러를 반환하기 때문입니다(에러가 없는 경우, ListenAndServe는 그 어떤 값도 반환하지 않고 계속 실행됩니다). 따라서 ListenAndServe로부터 반환된 에러 값은 nil이 될 수 없으므로 그 즉시 log.Fatal을 호출하는 것입니다.

프로젝트 디렉터리 설정 및 앱 시연

이 프로젝트에서는 여러 개의 파일을 만들 예정이므로 잠시 이 파일들을 저장할 새 디렉터리를 만들어 봅시다(Go 작업 공간 디렉터리 내에 만들 필요는 없습니다). 이 디렉터리에 앞서 살펴본 코드를 *guestbook.go*라는 파일로 저장합니다.

프로젝트를 저장할 디렉터리를 만든 다음 해당 디렉터리에 코드를 guestbook.go로 저장합니다.

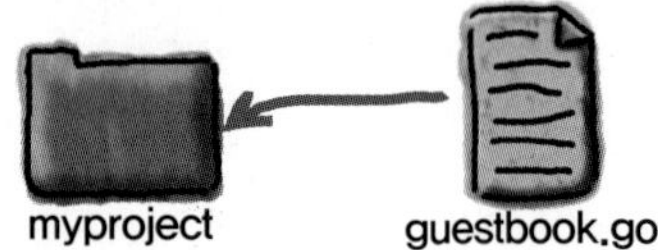

이제 터미널에서 *guestbook.go*가 저장된 디렉터리로 이동해 **go run**으로 프로그램을 실행해 봅시다.

그다음 브라우저에서 다음 URL로 접속합니다.

```
http://localhost:8080/guestbook
```

끝의 /guestbook 경로만 제외하면 이전에 본 앱의 URL과 동일합니다. 브라우저는 앱에 요청을 전송하고 앱은 위 코드에 작성해 둔 문자열 텍스트로 응답합니다.

앱은 이제 요청에 응답하고 있습니다. 첫 번째 작업이 완료되었습니다!

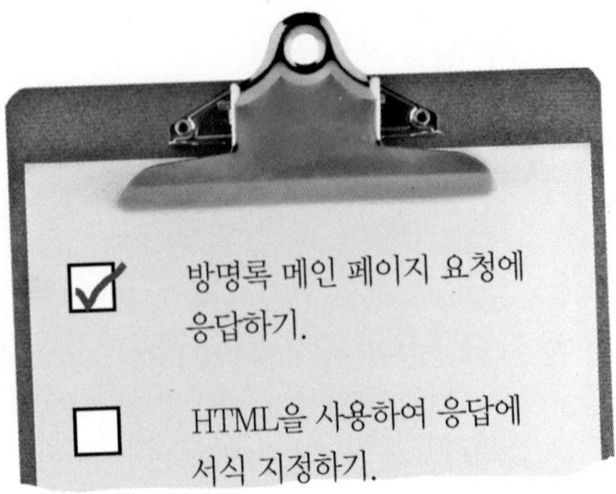

방명록 메인 페이지 요청에 응답하기.
HTML을 사용하여 응답에 서식 지정하기.

하지만 지금은 일반 텍스트로만 응답하고 있습니다. 다음에는 HTML을 사용하여 응답 데이터에 서식을 적용해 보겠습니다.

HTML로 서명 목록 만들기

지금까지는 브라우저에 작은 텍스트를 전송해 왔습니다. 페이지에 서식을 적용하려면 실제 HTML이 필요합니다. HTML은 태그를 사용하여 텍스트에 서식을 적용합니다.

진행하면서 HTML의 기초도 조금씩 다룰 것이므로, 이전에 HTML을 사용해 보지 않았더라도 괜찮습니다.

다음 HTML 코드를 *guestbook.go*가 저장된 동일한 디렉터리에 *view.html*이라는 파일로 저장합니다.

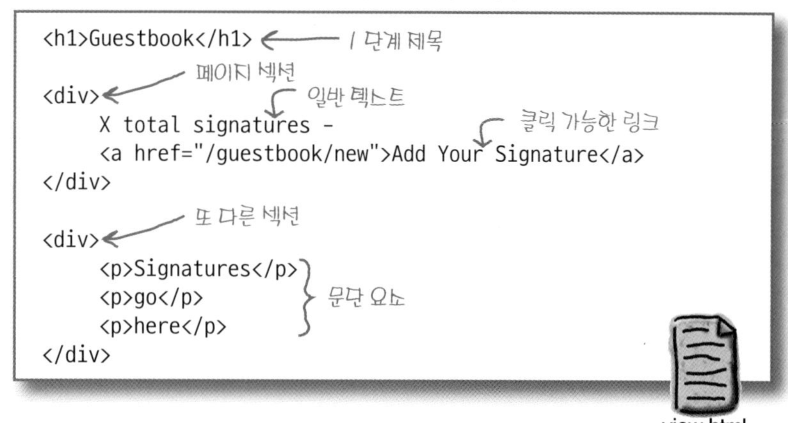

```
<h1>Guestbook</h1>

<div>
    X total signatures -
    <a href="/guestbook/new">Add Your Signature</a>
</div>

<div>
    <p>Signatures</p>
    <p>go</p>
    <p>here</p>
</div>
```


다음은 이 파일에서 사용된 HTML 요소입니다.

- 〈h1〉: 1 단계 제목 요소. 큰 굵은 글씨로 표시됩니다.
- 〈div〉: 분할 요소. 태그 자체가 직접 보이지는 않지만, 페이지를 섹션으로 나누는 데 사용됩니다.
- 〈p〉: 문단 요소. 각 서명은 별도의 단락으로 취급합니다.
- 〈a〉: "anchor"의 약자. 링크를 생성합니다.

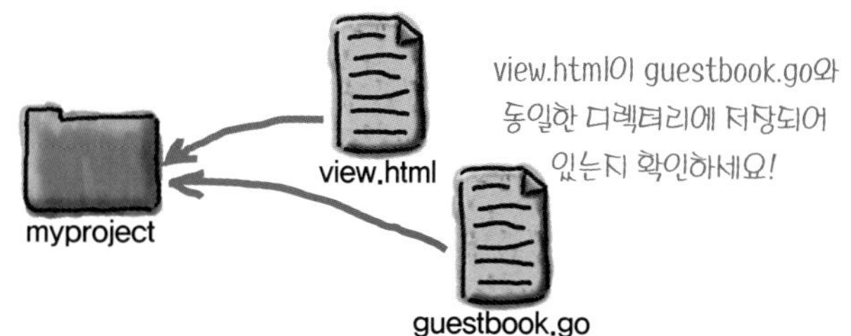

이제 브라우저에서 HTML을 열어 보겠습니다. 웹 브라우저를 실행한 뒤 메뉴에서 "파일 열기"를 선택하여 좀 전에 저장한 HTML 파일을 엽니다.

페이지의 요소가 HTML 코드와 어떻게 일치하는지 확인해 보세요. 각 요소는 여는 태그(〈h1〉, 〈div〉, 〈p〉 등)와 그와 대응되는 닫는 태그(〈/h1〉, 〈/div〉, 〈/p〉 등)를 가지고 있습니다. 여는 태그와 닫는 태그 사이의 텍스트는 페이지에서 요소의 내용으로 사용됩니다. 어떤 요소는 다른 요소를 포함할 수도 있습니다(이 페이지에서는 〈div〉 요소 안에 다른 요소가 포함되어 있습니다).

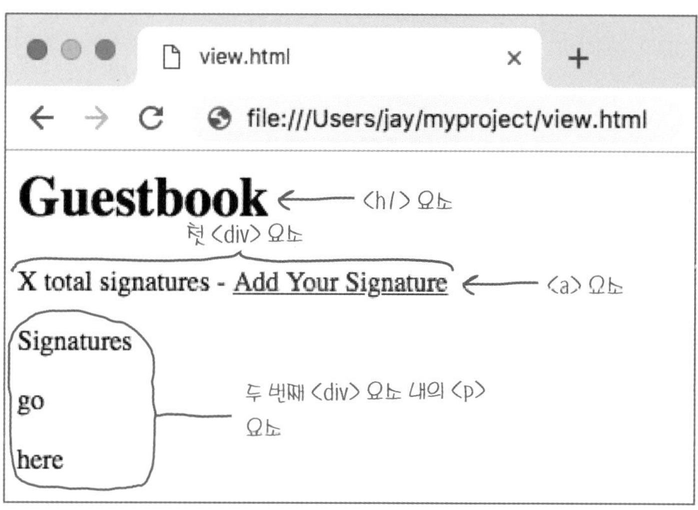

원한다면 링크를 클릭할 수도 있습니다. 하지만 링크를 클릭하면 "Page not found" 에러가 발생합니다. 이 문제를 해결하려면 먼저 웹 앱을 통해 HTML 페이지를 제공하는 방법을 알아야 합니다.

앱에서 HTML로 응답하기

view.html 파일에서 브라우저로 직접 띄운 HTML은 잘 동작하지만 이제는 앱을 통해 제공할 수 있어야 합니다. *guestbook.go* 코드를 수정하여 좀 전에 만든 HTML로 응답할 수 있도록 만들어 봅시다.

Go는 파일에서 HTML을 가져온 다음 HTML에 서명 목록을 삽입하는 데 사용할 수 있는 html/template 패키지를 제공하고 있습니다. 지금은 일단 view.html에 있는 내용을 그대로 불러오고, 서명을 삽입하는 작업은 다음 단계에서 진행하겠습니다.

먼저 import문에 html/template 패키지를 추가해야 합니다. 그 외에는 viewHandler 함수만 수정하면 됩니다. viewHandler 에서는 template.ParseFiles 함수를 호출하여 로드할 파일의 이름인 "view.html"을 인자로 전달합니다. ParseFiles는 *view.html* 의 내용을 읽어 와 Template 값을 생성한 다음 Template의 포인터와 함께 error 값을 반환합니다. 반환받은 error 값은 check 함수로 전달합니다.

Template 값에서 결괏값을 가져오려면 두 개의 인자와 함께 Execute 메서드를 호출해야 합니다. 첫 번째 인자는 결괏값을 쓰기 위한 대상으로 ResponseWriter 값을 전달합니다. 두 번째 인자는 템플릿에 삽입할 데이터를 전달하는 용도이지만 지금 당장은 아무 값도 삽입하지 않으므로 nil을 전달합니다.

```
// 코드 생략...
import (
	"html/template"   ← "html/template" 패키지를 가져옵니다.
	"log"
	"net/http"
)

func check(err error) {
	// 코드 생략...
}

func viewHandler(writer http.ResponseWriter, request *http.Request) {
	html, err := template.ParseFiles("view.html")   ← view.html의 내용을 사용하여 새 템플릿을 만듭니다.
	check(err)   ← 에러가 있는 경우 보고합니다.
	err = html.Execute(writer, nil)   ← 템플릿 내용을 ResponseWriter에 씁니다.
	check(err)   ← 에러가 있는 경우 보고합니다.
}
// 코드 생략...
```

html/template 패키지는 곧 자세히 알아볼 예정이며, 지금은 일단 위 코드가 잘 동작하는지부터 확인해 보겠습니다. 터미널에서 *guestbook.go*를 실행합니다(코드를 실행하기 전에 먼저 프로젝트 디렉터리에 위치하고 있는지부터 확인하세요. 그렇지 않으면 ParseFiles 함수는 *view.html* 파일을 찾을 수 없습니다). 그다음 브라우저에서 다음 URL로 다시 접속해 보세요.

http://localhost:8080/guestbook

이제 "signature list goes here"라는 텍스트 대신 view.html에 저장된 HTML을 볼 수 있습니다.

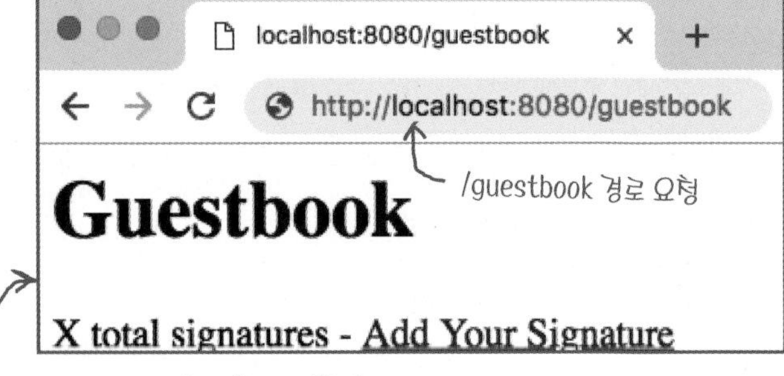

"text/template" 패키지

앱은 이제 HTML 코드로 응답하고 있습니다. 두 번째 작업이 완료되었습니다!

하지만 지금은 하드 코딩된 서명 목록을 보여 주고 있습니다. 다음으로 할 일은 html/template 패키지를 사용하여 서명 목록을 HTML에 삽입하는 것입니다. HTML은 서명 목록이 변경되면 같이 변경됩니다.

- [x] 방명록 메인 페이지 요청에 응답하기.
- [x] HTML을 사용하여 응답에 서식 지정하기.
- [ ] 서명으로 HTML 페이지 채우기.

html/template 패키지는 text/template 패키지를 기반으로 합니다. 두 패키지는 거의 동일한 방식으로 사용할 수 있지만 html/template에는 HTML로 작업할 때 필요한 몇 가지 부가적인 보안 기능이 추가되어 있습니다. 먼저 text/template 패키지를 사용하는 방법을 배운 다음 배운 내용을 html/template 패키지에 적용해 보겠습니다.

아래 프로그램은 text/template을 사용하여 템플릿 문자열을 파싱한 뒤 그 결과를 출력하고 있습니다. 파싱 결과는 터미널에 출력하고 있으므로 웹 브라우저로 확인할 필요는 없습니다.

main 함수에서는 text/template 패키지의 New 함수를 호출하여 새로운 Template 값의 포인터를 반환합니다. 그다음 Template 값에서 Parse 메서드를 호출하여 문자열 "Here's my template!\n"을 전달합니다. Parse는 파일로부터 템플릿 텍스트를 가져오는 ParseFiles와는 달리 인자로 받은 문자열을 템플릿 텍스트로 사용합니다. Parse는 템플릿과 error 값을 반환합니다. 반환된 템플릿은 tmpl 변수에 저장하고 에러가 발생했을 경우 에러를 보고하기 위해 에러 값은 (*guestbook.go*에서와 마찬가지로) check 함수로 전달합니다.

그다음 *guestbook.go*에서와 같이 tmpl에 저장된 Template 값에서 Execute 메서드를 호출합니다. 결괏값 쓰기 대상으로는 http.ResponseWriter가 아닌 os.Stdout을 전달합니다. os.Stdout을 사용하면 템플릿 문자열 "Here's my template!\n"은 HTTP 응답이 아닌 터미널에 쓰입니다(출력됩니다).

```
package main

import (
	"log"
	"os"
	"text/template"
)

func check(err error) {
	if err != nil {
		log.Fatal(err)
	}
}

func main() {
	text := "Here's my template!\n"
	tmpl, err := template.New("test").Parse(text)
	check(err)
	err = tmpl.Execute(os.Stdout, nil)
	check(err)
}
```

os.Stdout에 접근하려면 이 패키지가 필요합니다. ("os")

html/template 대신 text/template을 가져옵니다. ("text/template")

이전에 본 "check" 함수와 동일합니다.

템플릿 텍스트 (text)

텍스트를 기반으로 새로운 Template 값을 생성합니다.

템플릿 텍스트를 씁니다.

HTTP 응답 대신 템플릿을 터미널에 출력합니다.

```
Here's my template!
```

Execute 메서드에 io.Writer 인터페이스 사용하기

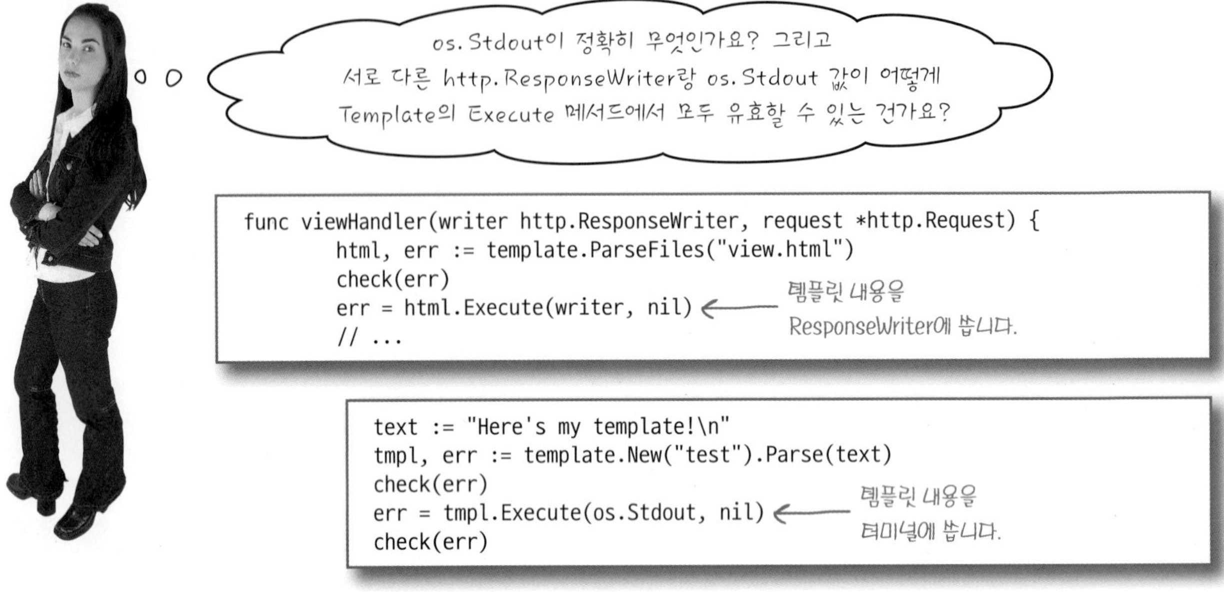

os.Stdout이 정확히 무엇인가요? 그리고
서로 다른 http.ResponseWriter랑 os.Stdout 값이 어떻게
Template의 Execute 메서드에서 모두 유효할 수 있는 건가요?


```
func viewHandler(writer http.ResponseWriter, request *http.Request) {
        html, err := template.ParseFiles("view.html")
        check(err)
        err = html.Execute(writer, nil)  ← 템플릿 내용을 ResponseWriter에 씁니다.
        // ...
```

```
text := "Here's my template!\n"
tmpl, err := template.New("test").Parse(text)
check(err)
err = tmpl.Execute(os.Stdout, nil)  ← 템플릿 내용을 터미널에 씁니다.
check(err)
```

os.Stdout 값은 os 패키지의 일부입니다. Stdout은 "표준 출력(standard output)"의 약자입니다. 이는 파일처럼 동작하지만 여기에 쓰인 모든 데이터는 디스크에 저장되지 않고 터미널에 출력됩니다(fmt.Println이나 fmt.Printf와 같은 함수들은 내부적으로 os.Stdout에 데이터를 쓰고 있습니다).

그렇다면 http.ResponseWriter와 os.Stdout 값은 어떻게 Template.Execute에서 모두 유효할 수 있는 것일까요? 한 번 문서를 확인해 봅시다.

```
File Edit Window Help
$ go doc text/template Template.Execute
func (t *Template) Execute(wr io.Writer, data interface{}) error
    Execute applies a parsed template to the specified data object, and writes
    the output to wr. If an error occurs executing the template or writing its
    ...
```

흠, Execute의 첫 번째 인자는 io.Writer입니다. 이게 무엇일까요? io 패키지의 문서를 확인해 봅시다.

```
File Edit Window Help
$ go doc io Writer
type Writer interface {
        Write(p []byte) (n int, err error)
}
    Writer is the interface that wraps the basic Write method.
    ...
```

io.Writer는 인터페이스인 것 같습니다! 이 인터페이스는 byte 슬라이스를 매개변수로 받고 쓰인 바이트의 길이를 나타내는 int 값과 error 값을 반환하는 Write 메서드를 가진 타입이면 만족할 수 있습니다.

ResponseWriter와 os.Stdout은 io.Writer를 만족합니다.

우리는 이미 http.ResponseWriter 값이 Write 메서드를 가지고 있음을 본 적이 있으며 이전의 몇몇 예제에서도 Write 메서드를 사용해 본 적이 있습니다.

```
func viewHandler(writer http.ResponseWriter, request *http.Request) {
	placeholder := []byte("signature list goes here")
	_, err := writer.Write(placeholder)
	check(err)
}
```

문자열을 바이트 슬라이스로 변환한 다음

Write 메서드를 사용하여 응답에 추가합니다.

os.Stdout 값에도 Write 메서드가 존재함을 확인할 수 있습니다! os.Stdout의 Write 메서드에 byte 슬라이스를 전달하면 전달한 데이터가 터미널에 쓰입니다(출력됩니다).

데이터를 터미널에 씁니다.

```
func main() {
	_, err := os.Stdout.Write([]byte("hello"))
	check(err)
}
```

```
hello
```

이 말은 즉, http.ResponseWriter 값과 os.Stdout 모두 io.Write 인터페이스를 만족하여 Template 값의 Execute 메서드에 전달할 수 있음을 의미합니다. Execute는 전달되는 값이 무엇이든 간에 해당 값의 Write 메서드를 호출하여 템플릿을 쓰게 될 것입니다.

http.ResponseWriter에 전달하면 템플릿은 HTTP 응답에 쓰이고, os.Stdout에 전달하면 템플릿은 터미널의 출력에 쓰일 것입니다.

```
func main() {
	tmpl, err := template.New("test").Parse("Here's my template!\n")
	check(err)
	err = tmpl.Execute(os.Stdout, nil)
	check(err)
}
```

템플릿 텍스트를 씁니다.

템플릿을 터미널에 씁니다.

```
Here's my template!
```

액션으로 템플릿에 데이터 삽입하기

Template의 Execute 메서드의 두 번째 인자로는 템플릿에 삽입할 데이터를 전달할 수 있습니다. 인자의 타입은 빈 인터페이스로 아무 값이나 전달할 수 있습니다.

```
File Edit Window Help
$ go doc text/template Template.Execute
func (t *Template) Execute(wr io.Writer, data interface{}) error
    Execute applies a parsed template to the specified data object, and writes
    the output to wr. If an error occurs executing the template or writing its
    ...
```

지금까지는 템플릿에 데이터를 삽입할 자리가 없었기 때문에 데이터 값으로 nil을 전달했습니다.

이 템플릿에는 데이터를 삽입할 자리가 없습니다.

```
func main() {
        tmpl, err := template.New("test").Parse("Here's my template!\n")
        check(err)
        err = tmpl.Execute(os.Stdout, nil)
        check(err)
}
```

삽입할 데이터로 "nil"을 전달합니다.

```
Here's my template!
```

템플릿에 데이터를 삽입하려면 템플릿 텍스트에 **액션(action)**을 추가해야 합니다. 액션은 이중 중괄호 {{ }}로 나타냅니다. 이중 중괄호 안에는 삽입할 데이터 또는 템플릿에서 수행할 연산을 지정할 수 있습니다. 템플릿이 액션을 만나면 액션의 내용을 평가(혹은 실행)하여 그 결과를 액션이 있던 템플릿 위치에 삽입합니다.

액션에서는 단일 마침표를 사용하여 Execute 메서드로 전달된 데이터 값을 참조할 수 있습니다. 이렇게 전달된 데이터를 "도트(dot)"라고 합니다.

다음 코드는 템플릿에 액션 하나를 설정합니다. 그다음 템플릿의 Execute 메서드를 몇 번 호출해 보면 호출마다 다른 데이터가 삽입됩니다. Execute는 os.Stdout에 결괏값을 쓰기 전에 전달받은 데이터로 액션을 치환합니다.

데이터를 삽입할 액션

```
func main() {
        templateText := "Template start\nAction: {{.}}\nTemplate end\n"
        tmpl, err := template.New("test").Parse(templateText)
        check(err)
        err = tmpl.Execute(os.Stdout, "ABC")
        check(err)
        err = tmpl.Execute(os.Stdout, 42)
        check(err)
        err = tmpl.Execute(os.Stdout, true)
        check(err)
}
```

다른 데이터로 동일한 템플릿을 실행합니다.

값이 액션을 치환하여 템플릿에 삽입됩니다.

```
Template start
Action: ABC
Template end
Template start
Action: 42
Template end
Template start
Action: true
Template end
```

액션으로 템플릿에 데이터 삽입하기 (계속)

템플릿 액션으로 할 수 있는 일은 아주 많습니다. 이와 관련하여 몇 가지 실험을 해 보려고 하는데, 실험을 좀 더 수월히 진행할 수 있도록 executeTemplate이라는 함수를 만들어 보겠습니다. 이 함수는 새로운 템플릿을 만들기 위한 Parse에 전달할 템플릿 문자열과 템플릿의 Execute 메서드에 전달할 데이터 값을 매개변수로 받습니다. 이전과 마찬가지로 각 템플릿의 결괏값은 os.Stdout에 쓰겠습니다.

이 문자열을 기반으로 템플릿을 생성합니다.

이 데이터는 템플릿의 Execute 메서드로 전달합니다.

```
func executeTemplate(text string, data interface{}) {
        tmpl, err := template.New("test").Parse(text)
        check(err)
        err = tmpl.Execute(os.Stdout, data)
        check(err)
}
```

전달받은 텍스트로 템플릿을 생성합니다.

전달받은 데이터는 템플릿 액션에서 사용합니다.

앞서 언급했듯이 단일 마침표를 사용하면 "도트"라고 하는 템플릿이 사용 중인 데이터의 현재 값을 참조할 수 있습니다. 도트 값은 템플릿 내 다양한 컨텍스트에서 변경될 수 있지만 초깃값은 Execute에 전달된 값을 가리킵니다.

```
func main() {
        executeTemplate("Dot is: {{.}}!\n", "ABC")
        executeTemplate("Dot is: {{.}}!\n", 123.5)
}
```

```
Dot is: ABC!
Dot is: 123.5!
```

"if" 액션으로 템플릿에 선택 영역 만들기

템플릿에서 {{if}} 액션과 이에 대응되는 {{end}} 마커 사이에 위치한 영역은 if 조건문이 참인 경우에만 템플릿에 포함됩니다. 다음 코드에서는 동일한 템플릿 텍스트를 두 번 실행하고 있는데 하나는 도트를 true로, 다른 하나는 false로 설정했습니다. {{if}} 액션 덕분에 "Dot is true!"라는 텍스트는 도트가 true인 경우에만 출력됩니다.

템플릿의 이 부분은 도트 값이 true인 경우에만 나타납니다.

```
executeTemplate("start {{if .}}Dot is true!{{end}} finish\n", true)
executeTemplate("start {{if .}}Dot is true!{{end}} finish\n", false)
```

```
start Dot is true! finish
start  finish
```

"range" 액션으로 템플릿 영역 반복하기

템플릿에서 {{range}} 액션과 이에 대응되는 {{end}} 마커 사이에 위치한 영역은 배열, 슬라이스, 맵, 채널을 순회하면서 반복됩니다. range 액션 영역 내에 위치한 모든 액션도 마찬가지로 순회 횟수만큼 반복됩니다.

반복되는 영역에서 도트 값은 컬렉션의 현재 값으로 설정되기 때문에 순회하면서 컬렉션의 각 원소 값을 출력하거나 다른 작업을 수행하는 데 사용할 수 있습니다.

다음 템플릿은 슬라이스의 모든 원소를 출력하는 {{range}} 액션을 가지고 있습니다. 루프를 순회하기 전/후에 도트 값은 슬라이스 그 자체가 됩니다. 하지만 루프 내에서 도트는 슬라이스의 현재 원소를 가리킵니다. 이러한 동작 방식이 반영된 출력값을 확인해 보겠습니다.

템플릿의 이 부분은 슬라이스의 원소 개수만큼 반복됩니다.

```
templateText := "Before loop: {{.}}\n{{range .}}In loop: {{.}}\n{{end}}After loop: {{.}}\n"
```

루프 전에 도트는 전체 슬라이스를 가리킵니다.

루프에서 도트는 슬라이스의 현재 값을 갖습니다.

루프 후에 도트는 다시 전체 슬라이스를 가리킵니다.

```
executeTemplate(templateText, []string{"do", "re", "mi"})
```

데이터 값으로 슬라이스를 전달합니다.

```
Before loop: [do re mi]
In loop: do
In loop: re
In loop: mi
After loop: [do re mi]
```

다음 템플릿은 float64 슬라이스를 순회하면서 가격 목록을 표시하고 있습니다.

템플릿의 이 부분은 슬라이스의 원소 개수만큼 반복됩니다.

```
templateText = "Prices:\n{{range .}}${{.}}\n{{end}}"
executeTemplate(templateText, []float64{1.25, 0.99, 27})
```

```
Prices:
$1.25
$0.99
$27
```

{{range}} 액션에 전달된 값이 비어 있거나 nil이면 루프는 실행되지 않습니다

```
templateText = "Prices:\n{{range .}}${{.}}\n{{end}}"
executeTemplate(templateText, []float64{})
executeTemplate(templateText, nil)
```

빈 슬라이스를 전달합니다.

nil을 전달합니다.

```
Prices:
Prices:
```

루프 영역이 빠져 있습니다.

루프 영역이 빠져 있습니다.

액션으로 템플릿에 구조체 필드 삽입하기

하지만 기본 타입은 한 가지 타입의 값만 갖기 때문에 템플릿을 채우는 데 필요한 다양한 정보를 가질 수 없습니다. 템플릿을 사용할 땐 보통 구조체 타입을 많이 사용합니다.

도트 값이 구조체인 경우, 도트 뒤에 필드명을 붙이는 액션으로 템플릿에 필드 값을 삽입할 수 있습니다. 다음 코드는 Part 구조체 타입을 생성한 다음 Part의 Name 및 Count 필드를 출력할 템플릿을 설정합니다.

```
type Part struct {
	Name  string
	Count int
}
templateText := "Name: {{.Name}}\nCount: {{.Count}}\n"
executeTemplate(templateText, Part{Name: "Fuses", Count: 5})
executeTemplate(templateText, Part{Name: "Cables", Count: 2})
```

Part의 Name 필드 값을 삽입합니다.

Part의 Count 필드 값을 삽입합니다.

```
Name: Fuses
Count: 5
Name: Cables
Count: 2
```

마지막으로, 다음 코드는 Subscriber 구조체 타입과 구조체 값을 출력하는 템플릿을 선언합니다. 이 템플릿에서 Name 필드는 항상 출력되지만 Rate 필드의 경우에는 {{if}} 액션을 통해 Active 필드가 true인 경우에만 출력됩니다.

```
type Subscriber struct {
	Name   string
	Rate   float64
	Active bool
}
templateText = "Name: {{.Name}}\n{{if .Active}}Rate: ${{.Rate}}\n{{end}}"
subscriber := Subscriber{Name: "Aman Singh", Rate: 4.99, Active: true}
executeTemplate(templateText, subscriber)
subscriber = Subscriber{Name: "Joy Carr", Rate: 5.99, Active: false}
executeTemplate(templateText, subscriber)
```

템플릿의 이 부분은 Subscriber의 Active 필드 값이 true인 경우에만 출력됩니다.

비구독자의 경우에는 Rate 영역이 생략됩니다.

```
Name: Aman Singh
Rate: $4.99
Name: Joy Carr
```

이외에도 템플릿으로 할 수 있는 일은 아주 많지만 여기서 모두 다루기에는 지면이 부족하니 이만 마치겠습니다. 더 자세한 내용은 text/template 패키지의 문서를 확인해 보세요.

```
File Edit Window Help
$ go doc text/template
package template // import "text/template"

Package template implements data-driven templates for generating textual
output.

To generate HTML output, see package html/template, which has the same
interface as this package but automatically secures HTML output against
certain attacks.
...
```

파일에서 서명 목록 읽어 오기

이제 템플릿에 데이터를 삽입하는 방법을 알게 되었으니 방명록 페이지에 서명 목록을 삽입할 준비가 거의 다 되었습니다. 하지만 먼저 템플릿에 데이터를 삽입하려면 서명 목록 데이터가 필요합니다.

프로젝트 디렉터리에 몇 줄의 텍스트를 *signatures.txt*라는 파일로 저장합니다. 이제 이 데이터를 "서명" 데이터로 사용할 것입니다.

이 "서명들"을 프로젝트 디렉터리에 파일로 저장합니다.
First signature
Second signature
Third signature
signatures.txt

이제 이 서명 데이터를 앱으로 가져와야 합니다. *guestbook.go*에 getStrings라는 함수를 추가합니다. 이 함수는 7장에서 본 datafile.GetStrings와 유사한 작업을 수행하는데, 파일에서 각 라인을 읽어 와 문자열 슬라이스에 추가한 뒤 슬라이스를 반환합니다.

하지만 몇 가지 차이점이 있습니다. 첫 번째로, getStrings는 에러 발생 시 에러를 반환하지 않고 check 함수를 통해 에러를 보고합니다.

두 번째로, 파일이 존재하지 않을 경우 getStrings는 에러를 보고하는 대신 nil 값을 반환합니다. 이는 os.Open에서 반환받은 error 값을 os.IsNotExist 함수에 전달함으로써 확인할 수 있습니다. 이 함수는 전달받은 에러가 파일이 존재하지 않을 때 발생하는 에러일 경우 true를 반환합니다.

```
import (
	"bufio"   ← getStrings에서 사용합니다.
	"fmt"     ← viewHandler에서 임시로 사용하기 위한 용도입니다.
	"html/template"
	"log"
	"net/http"
	"os"      ← getStrings에서 사용합니다.
)

// 코드 생략...

func getStrings(fileName string) []string {
	var lines []string
	file, err := os.Open(fileName)   ← 파일을 엽니다.
	if os.IsNotExist(err) {          ← 파일이 존재하지 않음을 나타내는 에러가 반환될 경우
		return nil                   ← 문자열 슬라이스가 아닌 nil 값을 반환합니다.
	}
	check(err)          ← 그 외 다른 종류 에러일 때는 보고한 뒤 프로그램을 종료합니다.
	defer file.Close()  ← 함수가 종료되면 항상 파일을 닫도록 합니다.
	scanner := bufio.NewScanner(file)
	for scanner.Scan() {
		lines = append(lines, scanner.Text())
	}
	check(scanner.Err())  ← 읽는 도중에 에러가 발생하면 보고한 후 프로그램을 종료합니다.
	return lines
}

// 코드 생략...
```

파일에서 서명 목록 읽어 오기 (계속)

또한 getStrings를 호출한 다음 읽어 온 파일의 내용을 임시로 출력하기 위한 fmt.Printf의 호출 코드를 추가하여 viewHandler 함수를 약간 수정해 보겠습니다.

```
func viewHandler(writer http.ResponseWriter, request *http.Request) {
        signatures := getStrings("signatures.txt")
        fmt.Printf("%#v\n", signatures)
        html, err := template.ParseFiles("view.html")
        check(err)
        err = html.Execute(writer, nil)
        check(err)
}
```

getStrings 호출을 추가합니다.

읽어 온 서명을 보여 줍니다.

getStrings가 잘 동작하는지 확인해 봅시다. 터미널에서 프로젝트 디렉터리로 이동하여 *guestbook.go* 파일을 실행합니다. 그다음 브라우저에서 *http://localhost:8080/guestbook* 에 접속하여 viewHandler 함수를 호출합니다. 호출된 viewHandler 함수는 *signatures.txt* 파일의 내용을 읽어 와 슬라이스로 반환하는 getStrings를 호출할 것입니다.

메인 페이지에 접속하면 서명 슬라이스가 출력됩니다.

File Edit Window Help

```
$ cd myproject
$ go run guestbook.go
[]string{"First signature", "Second signature", "Third signature"}
```

바보 같은 질문은 없습니다!

Q: 만약 signatures.txt 파일이 없어서 getStrings가 nil을 반환하면 어떻게 되나요? 템플릿 렌더링 시 문제되지는 않나요?

A: 아무 문제 없습니다. 우리는 이미 앞서 append 함수나 다른 Go에서 제공하는 내장 함수들이 nil 슬라이스 및 맵을 마치 비어 있는 슬라이스 및 맵으로 처리하도록 만들어져 있음을 본 적이 있습니다. 예를 들어, len 함수는 nil 슬라이스를 전달받으면 0을 반환합니다.

슬라이스가 할당되지 않았기 때문에 mySlice의 값은 nil이 됩니다.

```
var mySlice []string
fmt.Printf("%#v, %d\n", mySlice, len(mySlice))
```

```
[]string(nil), 0
```

하지만 "len"은 마치 빈 슬라이스가 전달된 것처럼 0을 반환합니다.

템플릿 액션도 마찬가지로 nil 슬라이스 및 맵을 비어 있는 컬렉션으로 처리합니다. 예를 들어, 위에서 배운 것처럼 {{range}} 액션은 nil 값을 받으면 액션 처리를 건너뜁니다. 따라서 getStrings가 슬라이스가 아닌 nil을 반환해도 괜찮습니다. 파일에서 서명을 읽어 오지 못하면 템플릿은 서명 출력을 건너뜁니다.

서명 목록과 서명 개수를 가진 구조체

이제 서명 슬라이스를 HTML 템플릿의 Execute 메서드로 전달하여 템플릿에 서명 목록을 삽입할 수 있습니다. 하지만 방명록 메인 페이지에서는 서명 목록과 함께 서명의 총 개수 또한 보여 주고 싶습니다.

그러나 템플릿의 Execute 메서드에는 하나의 값만 전달하고 있기 때문에, 서명 목록과 함께 서명의 총 개수를 함께 저장할 수 있는 구조체 타입이 필요합니다.

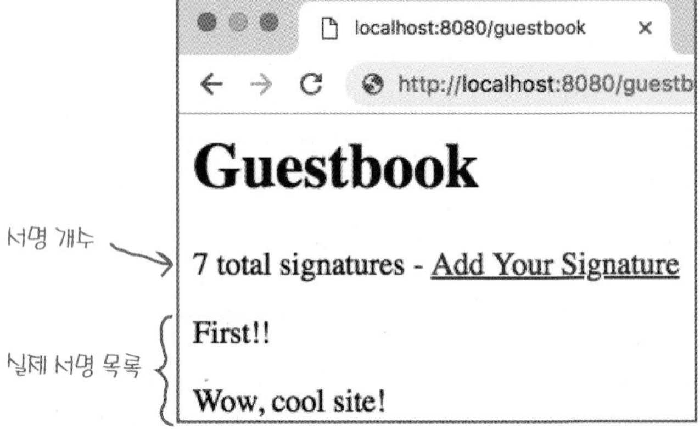

guestbook.go 파일 상단에 Guestbook이라는 새로운 구조체 타입을 선언합니다. 이 구조체는 서명 개수를 저장할 SignatureCount 필드와 서명 슬라이스를 저장할 Signatures 필드를 갖습니다.

```
type Guestbook struct {
        SignatureCount int
        Signatures     []string
}
```

guestbook.go 상단에 새로운 타입을 정의합니다.

이제 새로운 Guestbook 구조체를 생성하여 템플릿에 전달하도록 viewHandler를 수정해야 합니다. 우선, 서명 슬라이스를 출력하는 fmt.Printf는 이제 필요 없으므로 지워 줍니다(임포트문에서도 “fmt” 패키지를 지워 줍니다). 그다음에는 새로운 Guestbook 값을 생성하여, SignatureCount 필드에는 signatures 슬라이스의 길이를 저장하고, Signatures 필드에는 signatures 슬라이스 자체를 저장합니다. 마지막으로 템플릿에 데이터를 전달해야 합니다. 따라서 Execute 메서드의 두 번째 인자로 전달하는 값을 nil에서 새로 만든 Guestbook 값으로 변경합니다.

```
func viewHandler(writer http.ResponseWriter, request *http.Request) {
        signatures := getStrings("signatures.txt")
        html, err := template.ParseFiles("view.html")
        check(err)
        guestbook := Guestbook{
                SignatureCount: len(signatures),
                Signatures:     signatures,
        }
        err = html.Execute(writer, guestbook)
        check(err)
}
```

- 새로운 Guestbook 구조체를 생성합니다.
- SignatureCount 필드에 signatures 슬라이스의 길이를 저장합니다.
- Signatures 필드에는 signatures 슬라이스 자체를 그대로 저장합니다.
- 템플릿의 Execute 메서드에 구조체를 전달합니다.

템플릿에 서명 목록 추가하기

이제 서명 목록을 보여 주도록 view.html의 템플릿 텍스트를 수정해 봅시다.

템플릿의 Execute 메서드로 Guestbook 구조체를 전달하고 있으므로, 템플릿 내에서 도트는 Guestbook 구조체 값을 갖게 됩니다. 먼저 첫 번째 div 요소의 X total signatures에서 X 부분을 Guestbook의 SignatureCount 필드를 삽입하는 액션인 {{.SignatureCount}}로 치환합니다.

두 번째 div 요소에서는 서명마다 p 요소를 하나씩 나열하고 있는데, 이번에는 range 액션인 {{range .Signatures}}를 사용하여 Signatures 슬라이스의 각 서명을 순회합니다(div 요소가 끝나기 전에 {{end}} 마커를 추가하는 것 잊지 마세요). range 액션 내부에는 도트를 출력하는 액션을 가진 p 요소 <p>{{.}}</p>가 들어 있습니다. 도트는 루프 내에서 슬라이스의 각 원소로 설정되므로 p 요소는 슬라이스의 각 서명에 대한 텍스트가 포함되어 출력됩니다.

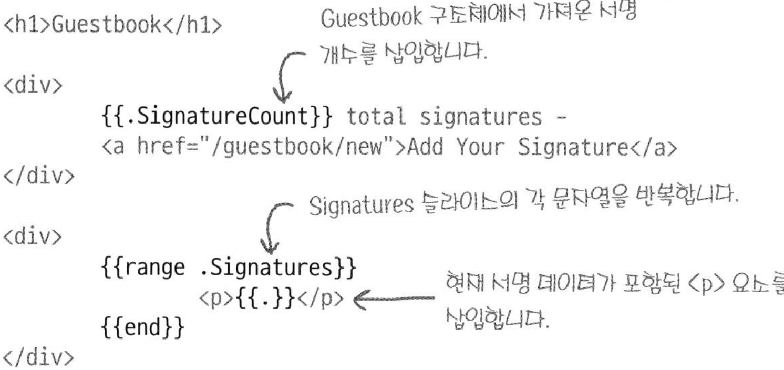

```
<h1>Guestbook</h1>

<div>
        {{.SignatureCount}} total signatures -
        <a href="/guestbook/new">Add Your Signature</a>
</div>

<div>
        {{range .Signatures}}
                <p>{{.}}</p>
        {{end}}
</div>
```


그럼 이제 데이터를 가진 템플릿을 테스트해 봅시다! *guestbook.go* 앱을 재실행한 뒤 브라우저에서 *http://localhost:8080/guestbook*에 다시 접속합니다. 응답을 통해 템플릿을 확인할 수 있는데, 상단에는 서명의 총 개수가 보이며, 다음으로 각 서명은 각자 속한 <p> 요소 내에서 나타나고 있습니다.

바보 같은 질문은 없습니다!

Q: html/template 패키지에는 "보안 기능"이 포함되었다고 하셨는데, 어떤 것이 있나요?

A: text/template 패키지는 전달받은 데이터를 있는 그대로 템플릿에 삽입합니다. 하지만 이는 웹 페이지 방문자가 "서명" 데이터에 HTML 코드를 삽입할 경우, 해당 서명 데이터가 페이지 HTML의 일부로 취급될 수 있음을 의미합니다.

이는 여러분 스스로 한 번 시도해 볼 수 있습니다. 먼저 *guestbook.go*에서 html/template 임포트문을 text/template으로 변경합니다(이 두 패키지의 모든 함수명이 동일하기 때문에 코드는 수정하지 않아도 됩니다). 그다음, *signatures.txt* 파일에 다음 문자열을 한 줄 추가합니다.

```
<script>alert("hi!");</script>
```

이 문자열은 자바스크립트 코드가 포함된 HTML 태그입니다. 앱을 실행하여 서명 페이지를 새로 고침해 보면 알림 팝업이 나타남을 볼 수 있는데, text/template 패키지가 전달받은 문자열을 있는 그대로 페이지에 삽입했기 때문입니다.

이제 다시 *guestbook.go*로 돌아가 html/template으로 되돌린 다음 앱을 재실행합니다. 페이지를 새로고침해 보면 팝업이 나타나는 대신 위의 태그가 문자열 그대로 출력됨을 볼 수 있습니다.

이는 html/template 패키지가 HTML을 자동으로 "이스케이프"했기 때문인데, 이스케이프하면 HTML로 취급되는 문자들을 페이지의 텍스트로 보이는 코드로 치환합니다. 다음은 위 문자열이 실제로 응답으로 삽입되는 문자열입니다.

```
&lt;script&gt;alert(&#34;hi!&#34;);&lt;/script&gt;
```

이와 같이 스크립트 태그를 삽입하는 것은 악의적인 사용자가 웹 페이지에 악성 코드를 심을 수 있는 수많은 방법 중 하나일 뿐입니다. html/template 패키지를 사용하면 방금 소개한 공격 및 다른 많은 공격을 좀 더 쉽게 방어할 수 있습니다!

연습문제

다음은 파일로부터 HTML 템플릿을 읽어 와 터미널에 출력하는 프로그램입니다.
bill.html 파일의 빈칸을 채워 프로그램이 아래 보이는 값을 출력하도록 만들어 보세요.

bill.go

```
type Invoice struct {
	Name    string
	Paid    bool
	Charges []float64
	Total   float64
}

func main() {
	html, err := template.ParseFiles("bill.html")
	check(err)
	bill := Invoice{
		Name:    "Mary Gibbs",
		Paid:    true,
		Charges: []float64{23.19, 1.13, 42.79},
		Total:   67.11,
	}
	err = html.Execute(os.Stdout, bill)
	check(err)
}
```

bill.html

```
<h1>Invoice</h1>

<p>Name: ____________</p>

{{if _______}}
<p>Paid - Thank you!</p>
_________

<h1>Fees</h1>

{{range .Charges}}
<p>$______</p>
{{end}}

<p>Total: $____________</p>
```

출력값

```
<h1>Invoice</h1>

<p>Name: Mary Gibbs</p>

<p>Paid - Thank you!</p>

<h1>Fees</h1>

<p>$23.19</p>

<p>$1.13</p>

<p>$42.79</p>

<p>Total: $67.11</p>
```

답은 478 페이지에 있습니다.

HTML 폼으로 사용자 데이터 받기

세 번째 작업도 끝났습니다. 이제 두 개 밖에 남지 않았습니다!

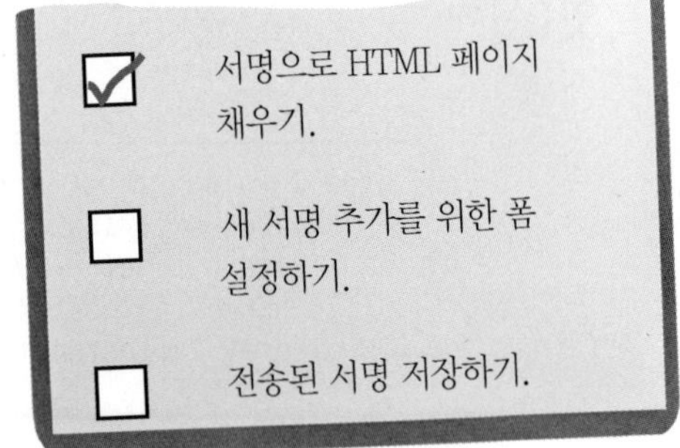

다음으로는, 방문자가 본인 서명을 입력할 수 있도록 하는 HTML 폼을 만들어야 합니다. 폼을 사용하면 사용자가 하나 이상의 데이터를 입력한 뒤 전송 버튼을 눌러 서버로 데이터를 전송할 수 있습니다.

프로젝트 디렉터리에 *new.html*이라는 파일을 만들어, 다음 HTML 코드를 작성합니다. 새로운 태그가 몇 개 추가되었습니다.

- **<form>**: 이 요소는 다른 폼 구성 요소들을 하나로 묶어 줍니다.
- **"text" 타입 속성을 가진 <input>**: 사용자가 문자열을 입력할 수 있는 텍스트 필드입니다. name 속성은 서버로 전송되는 필드 값에 대한 라벨로 사용됩니다(맵의 키라고 생각하시면 됩니다).
- **"submit" 타입 속성을 가진 <input>**: 사용자가 클릭하여 폼 데이터를 전송할 수 있는 버튼을 생성합니다.

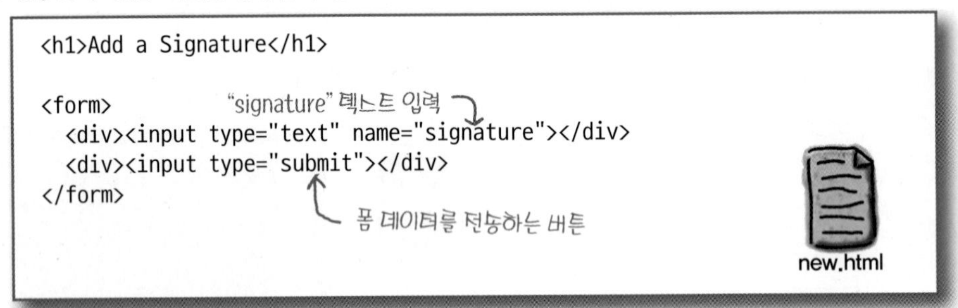

```
<h1>Add a Signature</h1>

<form>
  <div><input type="text" name="signature"></div>
  <div><input type="submit"></div>
</form>
```


위 HTML 파일을 브라우저로 열어 보면 다음과 같은 화면이 보일 것입니다.

HTML 폼에 응답하기

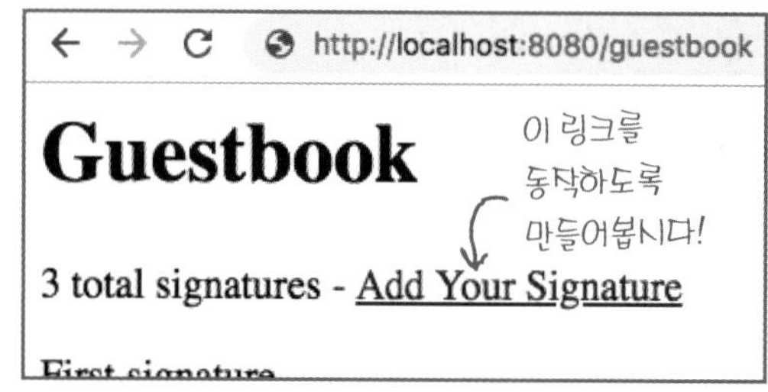

*view.html*에는 이미 */guestbook/new* 경로를 가리키는 “Add Your Signature” 링크가 존재합니다. 이 링크를 클릭하면 같은 서버의 새로운 경로로 접속하는데, 이는 다음 URL을 입력하는 것과 같습니다.

http://localhost:8080/guestbook/new

하지만 지금 이 경로로 접속해 보면 서버는 “404 page not found” 에러로 응답합니다. 따라서, 사용자가 링크를 클릭하면 *new.html*의 폼 템플릿을 응답할 수 있도록 앱을 수정해야 합니다.

*guestbook.go*에 newHandler 함수를 추가합니다. 이 함수는 viewHandler 함수의 초기 버전과 아주 유사합니다. viewHandler와 마찬가지로 newHandler 또한 http.ResponseWriter와 http.Request의 포인터를 매개변수로 받습니다. 함수 내에서는 *new.html* 파일로 template.ParseFiles를 호출합니다. 그다음 반환받은 템플릿에서 Execute 메서드를 호출하여 *new.html*의 내용을 HTTP 응답으로 만듭니다. 이 템플릿에는 아무 데이터도 삽입하지 않으므로 Execute의 두 번째 매개변수에는 nil을 전달합니다.

다음으로 “Add Your Signature” 링크를 클릭했을 때 newHandler 함수가 호출되는지 확인해야 합니다. main 함수에서 http.HandlerFunc 호출을 하나 더 추가하고 경로가 */guestbook/new*인 요청의 핸들러 함수로 newHandler를 설정합니다.

```
// 코드 생략...

func newHandler(writer http.ResponseWriter, request *http.Request) {
        html, err := template.ParseFiles("new.html")
        check(err)
        err = html.Execute(writer, nil)
        check(err)
}

// 코드 생략...

func main() {
        http.HandleFunc("/guestbook", viewHandler)
        http.HandleFunc("/guestbook/new", newHandler)
        err := http.ListenAndServe("localhost:8080", nil)
        log.Fatal(err)
}
```

viewHandler와 동일한 매개변수를 가진 또 다른 핸들러 함수를 추가합니다.

new.html의 내용을 템플릿 텍스트로 읽어 옵니다.

템플릿을 응답에 씁니다 (데이터는 전달하지 않습니다).

“/guestbook/new” 경로를 가진 모든 요청에 대해 newHandler가 호출되도록 설정합니다.

위 수정된 코드를 저장하고 guestbook.go를 재실행한 다음 “Add Your Signature” 링크를 클릭하면 */guestbook/new* 경로로 이동합니다. 해당 경로로 접속하면 newHandler 함수가 호출되어 *new.html*에 저장된 HTML을 읽어 와 응답으로 내려 줍니다.

http://localhost:8080/guestbook/new

Add a Signature

Submit

폼 전송 요청

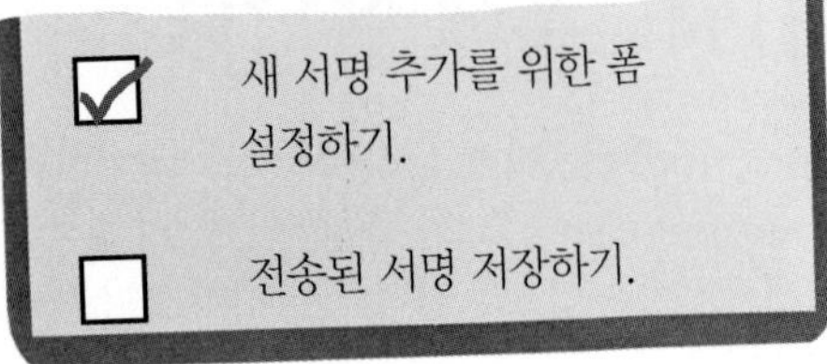

새 서명 추가를 위한 폼 설정하기.
전송된 서명 저장하기.

네 번째 작업도 끝났습니다. 이제 마지막 하나만 남았습니다!

누군가 URL로 직접 접속하거나 링크를 클릭하여 */guestbook/new* 경로에 접속하면, 서명을 입력할 수 있는 폼이 표시됩니다. 하지만 폼을 채운 뒤 전송을 누르면 아무 일도 발생하지 않습니다.

브라우저는 /guestbook/new 경로에 대해 또 다른 요청을 전송합니다. “signature” 폼 필드의 내용은 URL의 끝 부분에 보기 힘든 형태의 매개변수로 추가됩니다. 현재 newHandler 함수는 폼 데이터를 가지고 어떤 작업을 수행할지 모르기 때문에 전송한 폼 데이터는 모두 무시됩니다.

앱은 폼 페이지 요청에 응답할 수 있지만, 폼이 데이터를 앱으로 다시 전송할 수 있는 방법은 없습니다. 방문자의 서명을 저장하려면 먼저 이 문제부터 해결해야 합니다.

폼 전송을 위한 경로 및 HTTP 메서드

폼을 전송하기 위해서는 서버 요청을 *두 번* 해야 합니다. 하나는 폼을 가져오는 요청이며, 다른 하나는 사용자가 입력한 데이터를 서버로 *전송하는* 요청입니다. 폼의 HTML을 수정하여 두 번째 요청을 전송할 위치(경로)와 방법(메서드)을 지정해 보겠습니다.

*new.html*의 form 요소에 두 개의 새로운 HTML 속성을 추가하겠습니다. 첫 번째 속성은 폼 전송을 요청할 때 사용하는 경로를 지정하는 action입니다. 기본 경로인 */guestbook/new*를 사용하도록 두는 대신 새로운 경로인 */guestbook/create*를 지정합니다. 또한 method라는 두 번째 속성이 필요한데, 이 속성은 "POST"로 설정합니다.

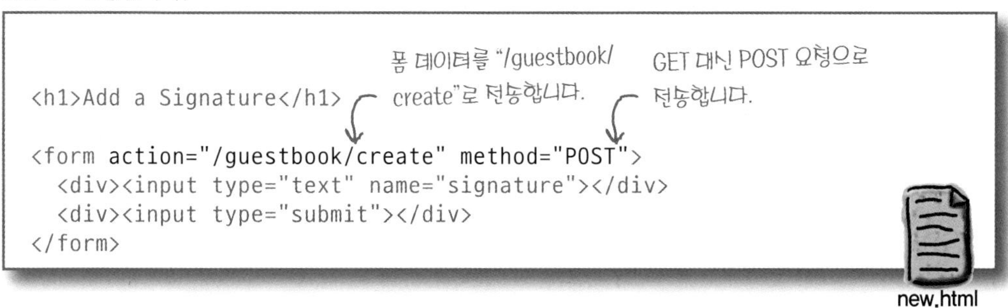

```
<h1>Add a Signature</h1>

<form action="/guestbook/create" method="POST">
  <div><input type="text" name="signature"></div>
  <div><input type="submit"></div>
</form>
```

폼 데이터를 "/guestbook/create"로 전송합니다.
GET 대신 POST 요청으로 전송합니다.
new.html

method 속성은 부연 설명이 조금 필요합니다. HTTP는 요청이 사용할 수 있는 몇 가지 메서드를 정의하고 있습니다. 여기서 말하는 메서드는 Go의 메서드와는 다른 개념이지만 그 의미는 유사합니다. GET과 POST가 가장 흔하고 널리 사용되는 메서드입니다.

- **GET**: 보통 URL을 입력하거나 링크를 클릭하는 등 브라우저가 서버에서 무언가를 가져와야 할 때 사용합니다. 요청은 HTML 페이지, 이미지 또는 기타 리소스 등이 될 수 있습니다.
- **POST**: 보통 새로운 데이터로 폼을 전송하는 등 브라우저가 서버에 데이터를 추가해야 할 때 사용합니다.

지금은 방명록 서명 데이터를 추가하고 있으므로 POST 요청을 통해 전송하는 게 적절해 보입니다.

폼은 기본적으로 GET 요청으로 전송되기 때문에 form 요소에 "POST" method 속성을 명시적으로 추가해 줘야 합니다.

이제 */guestbook/new* 페이지를 새로고침하여 폼을 다시 전송해 보면 */guestbook/create* 경로로 요청함을 볼 수 있습니다. 하지만 아직 */guestbook/new* 경로에 대한 핸들러를 만들지 않았기 때문에 "404 page not found" 에러가 반환됩니다.

또한 POST 요청으로 폼을 전송하기 때문에 폼 데이터가 더 이상 URL 끝에 추가되지 않음을 볼 수 있습니다.

http:/
Add a Sig
Anyone?
Submit

새로고침 후 폼 재전송

http://localhost:8080/guestbook/create

404 page not found

더 이상 URL 끝에 매개변수가 붙지 않습니다.

아직 이 경로에 핸들러가 없지만 괜찮습니다.

요청에 담긴 폼 필드 값 가져오기

폼을 POST 요청으로 전송하고 있기 때문에 폼 데이터는 요청 경로의 매개변수가 아닌, 요청 그 자체에 담깁니다.

폼 데이터를 */guestbook/create* 경로로 전송했을 때 발생한 "404 page not found" 에러를 해결하면서, POST 요청에서 폼 데이터를 가져오는 방법을 살펴보겠습니다.

여느 때처럼, 먼저 요청 핸들러 함수를 추가합니다. *guestbook.go*의 main 함수에서 http.HandlerFunc 함수를 호출하여 "/guestbook/create" 경로에 대한 새로운 createHandler 함수를 등록합니다.

그다음 createHandler 함수를 정의합니다. 다른 핸들러 함수와 마찬가지로 http.ResponseWriter와 http.Request의 포인터를 매개변수로 받습니다.

하지만 다른 핸들러 함수와는 달리 createHansdler는 폼 데이터를 사용합니다. 데이터는 핸들러 함수로 전달된 http.Request 포인터를 통해 가져올 수 있습니다(드디어 처음으로 http.Request 값을 사용할 기회가 왔습니다).

이제 요청에 담겨 있는 데이터를 가져와 봅시다. http.Request의 FormValue 메서드를 호출하여 인자로 "signature" 문자열을 전달하면 "signature" 폼 필드의 값을 문자열로 반환합니다. 이 값을 signature 변수에 저장합니다.

전달받은 필드 값을 브라우저에서 볼 수 있도록 응답으로 반환해 봅시다. http.ResponseWriter의 Write 메서드를 호출하여 인자로 signature 변수를 전달합니다 (물론, 그 전에 먼저 바이트 슬라이스로 변환해야 합니다). 언제나처럼, Write 메서드는 쓰인 바이트의 길이와 error 값을 반환합니다. 바이트 길이는 _에 할당하여 무시하고, error 값은 check 함수로 전달합니다.

동일한 매개변수를 가진 또 다른 요청 핸들러 함수를 정의합니다.

```
func createHandler(writer http.ResponseWriter, request *http.Request) {
	signature := request.FormValue("signature")
	_, err := writer.Write([]byte(signature))
	check(err)
}

func main() {
	http.HandleFunc("/guestbook", viewHandler)
	http.HandleFunc("/guestbook/new", newHandler)
	http.HandleFunc("/guestbook/create", createHandler)
	err := http.ListenAndServe("localhost:8080", nil)
	log.Fatal(err)
}
```

"signature" 폼 필드의 값을 가져옵니다.

필드 값을 응답에 추가합니다.

"/guestbook/create" 경로를 가진 모든 요청에 대해 createHandler를 호출합니다.

요청에 담긴 폼 필드 값 가져오기 (계속)

폼 전송이 createHandler 함수로 잘 전달되는지 확인해 보겠습니다. *guestbook.go*를 재실행한 뒤 */guestbook/new* 페이지에 접속하여 폼을 다시 전송해 보세요.

이제 "404 page not found" 에러가 나타나는 대신 /guestbook/create 경로로 이동되며 앱은 여러분이 "signature" 필드에 입력한 값으로 응답합니다!

원한다면 이전 페이지인 /guestbook/new로 돌아가서 다른 서명 값도 전송해 보세요. 무엇을 입력하든 브라우저에서 입력한 값을 그대로 돌려받을 것입니다.

HTML 폼 전송을 위한 핸들러를 구현하는 기나긴 여정이 드디어 끝났습니다!

폼 데이터 저장하기

이제 createHandler 함수는 폼 데이터 요청을 받아 요청에서 방명록 서명 데이터를 꺼내 올 수 있습니다. 다음으로 할 일은 꺼내 온 데이터를 signatures.txt 파일에 추가하는 것입니다. 이 작업은 createHandler 함수에서 처리할 수 있습니다.

먼저, 서명 필드만 가져오면 되므로 ResponseWriter의 Write 메서드 호출 코드는 지워 줍니다.

이제 아래 코드를 추가합니다. os.OpenFile 함수를 호출하는 방법이 다소 특이하지만 웹 앱을 작성하는 것과 직접 관련은 없기 때문에 여기서 자세히 다루지는 않겠습니다(자세한 내용은 부록 A를 참고하세요). 여러분은 아래 코드가 다음 세 작업을 수행한다는 것만 알면 됩니다.

1. *signatures.txt* 파일을 엽니다. 파일이 존재하지 않을 경우 파일을 생성합니다.
2. 파일 끝에 텍스트 한 줄을 추가합니다.
3. 파일을 닫습니다.

```
import (
    // ...
    "fmt"  ← "fmt" 패키지를 다시 가져옵니다.
    // ...
)

// 코드 생략...
                                    (os.OpenFile에 대한 자세한
                                    내용은 부록 A를 참고하세요.)
func createHandler(writer http.ResponseWriter, request *http.Request) {
    signature := request.FormValue("signature")
    options := os.O_WRONLY | os.O_APPEND | os.O_CREATE  ← 파일을 엽니다.
    file, err := os.OpenFile("signatures.txt", options, os.FileMode(0600))
    check(err)   ↑ 파일 열기 옵션
    _, err = fmt.Fprintln(file, signature)  ← 서명을 파일의 새 줄에 추가합니다.
    check(err)
    err = file.Close()  ← 파일을 닫습니다.
    check(err)
}
```

fmt.Fprintln 함수는 파일에 텍스트 라인을 추가합니다. 이 함수는 문자열을 작성할 파일을 인자로 받습니다(문자열은 []byte로 변환할 필요 없습니다). 앞서 본 Write 메서드와 같이 Fprintln도 파일에 쓰인 바이트의 길이와 (위 코드에서는 무시하고 있음) 에러 값을 반환합니다(check 함수로 전달하고 있음).

마지막으로 파일의 Close 메서드를 호출합니다. 파일을 읽지 않고 파일에 데이터를 쓰고 있기 때문에 defer 키워드는 사용하지 않았습니다. 파일의 Close 메서드를 호출하면 에러 값이 반환되는데 defer를 사용하면 에러 처리가 복잡해지기 때문입니다. 따라서 일반적인 방식으로 Close 메서드를 호출한 다음 반환 값을 check 함수로 전달합니다.

폼 데이터 저장하기 (계속)

코드를 저장한 다음 *guestbook.go*를 재실행합니다. 그다음 */guestbook/new* 페이지에서 폼을 채운 뒤 서버로 전송합니다.

브라우저는 */guestbook/create* 경로로 이동하는데, 이제는 빈 페이지를 보여 줍니다(createHandler가 더 이상 http.ResponseWriter에 아무 데이터도 쓰지 않기 때문이죠).

http://localhost:8080/guestbook/create

응답이 비었습니다.

하지만 *signatures.txt* 파일을 보면 파일 끝에 새 서명이 잘 저장되었음을 볼 수 있습니다!

```
First signature
Second signature
Third signature
Can I sign now?
```

하지만 서명은 파일에 잘 저장되었습니다.

signatures.txt

/guestbook 페이지로 돌아가 서명 목록을 확인해 보면 서명 개수가 1 증가했으며, 목록에는 새 서명이 추가되었음을 볼 수 있습니다!

http://localhost:8080/guestbook

Guestbook

4 total signatures - Add Your Signature

First signature

Second signature

Third signature

Can I sign now?

서명 개수가 증가했습니다!

서명이 목록에 추가되었습니다!

(여담이지만, signatures.txt 파일을 생성했을 때 마지막 줄에서 엔터를 입력하지 않았을 경우 새 서명 데이터는 마지막 서명 바로 뒤에 추가됩니다. 이 경우, signatures.txt 파일을 수정해 주면 나중에 추가되는 서명들은 한 줄에 하나씩 추가될 것입니다.)

http 리다이렉트

이제 새 서명을 저장하는 createHandler 함수를 얻었습니다. 여기서 한 가지 더 해야 할 일이 있습니다. 사용자가 폼을 전송하면 브라우저는 빈 페이지를 보여 주는 */guestbook/create* 경로로 이동합니다.

http://localhost:8080/guestbook/create
응답이 비었습니다.

/guestbook/create 경로에서는 더 이상 보여 줄 만한 정보가 없습니다. 이 경로는 새 서명을 추가하는 요청만 받으면 됩니다. 서명을 추가한 다음에는 빈 페이지를 보여 주는 대신 브라우저가 */guestbook* 경로로 이동하여, 사용자가 방명록에서 본인이 추가한 서명을 볼 수 있도록 만들어 봅시다.

createHandler 함수 끝에 http.Redirect 호출을 추가합니다. 이 함수는 브라우저에 처음 요청한 경로가 아닌 다른 리소스를 가리키는 응답을 전송합니다. Redirect는 처음 두 인자로 http.ResponseWriter와 *http.Request를 받는데 createHandler의 writer와 request 매개변수를 그대로 전달하면 됩니다. 그다음 인자로는 브라우저를 리다이렉트시킬 경로를 문자열로 받으며, 여기서는 "/guestbook"으로 리다이렉트할 것입니다.

마지막 인자는 브라우저에게 전달할 상태 코드입니다. 모든 HTTP 응답에는 상태 코드가 필요합니다. 지금까지 본 모든 응답의 응답 코드는 자동으로 설정되었습니다. 성공 응답은 200("OK") 코드, 존재하지 않는 페이지에 대한 요청은 404("Not found") 코드를 갖습니다. 하지만 Redirect를 사용하면 응답 코드를 지정해 줘야 하므로 상수 http.StatusFound를 사용합니다. 이 상수는 리다이렉트 응답에 302("Found") 코드를 부여합니다.

```
func createHandler(writer http.ResponseWriter, request *http.Request) {
	signature := request.FormValue("signature")
	options := os.O_WRONLY | os.O_APPEND | os.O_CREATE
	file, err := os.OpenFile("signatures.txt", options, os.FileMode(0600))
	check(err)
	_, err = fmt.Fprintln(file, signature)
	check(err)
	err = file.Close()
	check(err)
	http.Redirect(writer, request, "/guestbook", http.StatusFound)
}
```

리다이렉트할 경로

리다이렉트임을 나타내는 응답 코드

ResponseWriter를 전달합니다.

원본 요청도 전달해 줍니다.

Request 호출을 추가했으므로 앱은 서명 폼 전송 시 다음과 같이 동작할 것입니다.

1. 브라우저는 */guestbook/create* 경로로 HTTP POST 요청을 전송합니다.
2. 앱은 */guestbook*으로 리다이렉트하여 응답합니다.
3. 브라우저는 */guestbook* 경로로 GET 요청을 전송합니다.

한 번 사용해 봅시다!

리다이렉트가 잘 동작하는 확인해 봅시다! *guestbook.go*를 재실행한 뒤 */guestbook/new* 페이지에 접속합니다.

앱은 폼 내용을 *signatures.txt*에 저장한 다음, 바로 */guestbook* 경로로 리다이렉트합니다. 브라우저가 */guestbook* 페이지를 요청하면 앱은 갱신된 *signautres.txt* 파일을 읽어 오고, 사용자는 목록에서 새로 추가한 서명을 볼 수 있습니다.

http://localhost:8080/guestbook/new
Add a Signature
Hooray, it works!
Submit
폼을 사용하여 새 서명을 전송합니다

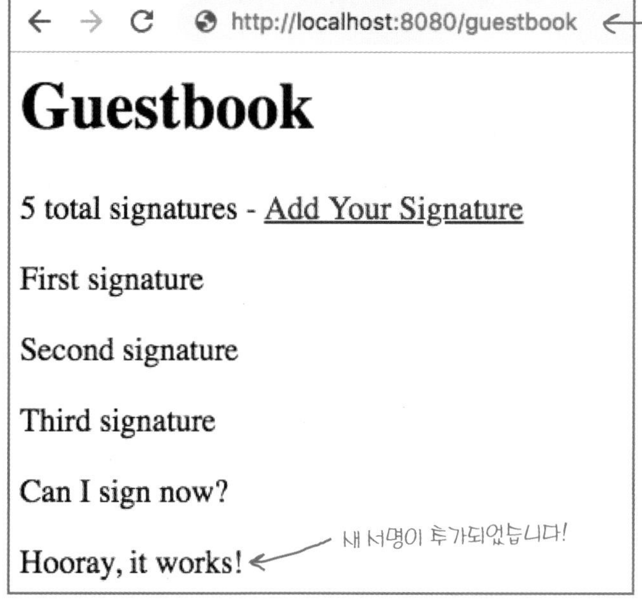
http://localhost:8080/guestbook
브라우저는 "/guestbook" 경로로 리다이렉트합니다.
Guestbook
5 total signatures - Add Your Signature
First signature
Second signature
Third signature
Can I sign now?
Hooray, it works!
새 서명이 추가되었습니다!

이제 앱은 폼에서 전송된 서명을 저장하고 다른 서명과 함께 서명 목록을 보여 줍니다. 모든 기능이 완성되었습니다.

모든 기능이 잘 동작하도록 만들기 위해 꽤 많은 코드를 구현해야 했지만 드디어 쓸 만한 앱을 갖게 되었습니다!

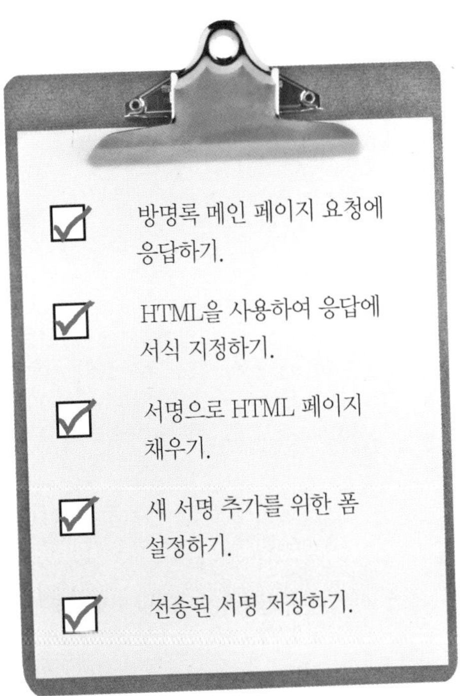
방명록 메인 페이지 요청에 응답하기.
HTML을 사용하여 응답에 서식 지정하기.
서명으로 HTML 페이지 채우기.
새 서명 추가를 위한 폼 설정하기.
전송된 서명 저장하기.

완성된 앱 코드

앱 코드가 너무 길어서 지금까지는 한 번에 코드의 일부만 볼 수 있었습니다. 이제 전체 코드를 한 번 쭉 살펴보겠습니다.

guestbook.go 파일은 앱 코드의 대부분을 차지합니다(널리 사용되는 앱에서는 코드를 Go 작업공간 내에서 여러 패키지와 소스 파일로 나누곤 합니다. 원한다면 여러분도 한 번 나눠 보세요). 이제 코드를 살펴보면서 Guestbook 타입과 각 함수를 문서화하기 위한 주석을 달아봅시다.

guestbook.go

```
package main

import (
	"bufio"
	"fmt"
	"html/template"
	"log"
	"net/http"
	"os"
)

// Guestbook은 view.html을 렌더링할 때 사용하는 구조체입니다.
type Guestbook struct {
	SignatureCount int
	Signatures     []string
}

// check 함수는 nil이 아닌 에러가 전달되면 log.Fatal을 호출합니다.
func check(err error) {
	if err != nil {
		log.Fatal(err)
	}
}

// viewHandler는 방명록 서명 목록을 읽어
// 전체 서명 개수와 함께 보여 줍니다.
func viewHandler(writer http.ResponseWriter, request *http.Request) {
	signatures := getStrings("signatures.txt")
	html, err := template.ParseFiles("view.html")
	check(err)
	guestbook := Guestbook{
		SignatureCount: len(signatures),
		Signatures:     signatures,
	}
	err = html.Execute(writer, guestbook)
	check(err)
}
```

- Template의 Render 메서드에는 하나의 값만 전달할 수 있기 때문에 모든 데이터를 포함하는 구조체를 만듭니다. (→ Guestbook 구조체)
- 이 필드에는 서명 개수가 저장됩니다. (→ SignatureCount int)
- 이 필드에는 서명 목록이 저장됩니다. (→ Signatures []string)
- 함수나 메서드에서 반환된 에러를 확인해야 할 때 이 함수를 사용합니다. (→ func check)
- 대부분의 경우 에러 값은 nil이지만, nil이 아닐 경우에는... (→ if err != nil)
- ...에러를 보고하고 프로그램을 종료합니다. (→ log.Fatal)
- 다른 HTTP 핸들러 함수와 마찬가지로 이 핸들러 함수 또한 http.ResponseWriter 및 *http.Request를 인자로 받습니다. (→ func viewHandler)
- 파일에서 서명 목록을 읽어 옵니다. (→ getStrings)
- view.html을 기반으로 템플릿을 생성합니다. (→ template.ParseFiles)
- 서명 개수를 저장합니다. (→ SignatureCount)
- 서명 목록을 저장합니다. (→ Signatures)
- 템플릿에 Guestbook 구조체 데이터를 삽입하고 결괏값을 ResponseWriter에 씁니다. (→ html.Execute)

guestbook.go (continued)

```
// newHandler는 서명을 입력할 폼을 보여 줍니다.
func newHandler(writer http.ResponseWriter, request *http.Request) {
    html, err := template.ParseFiles("new.html") ← 템플릿 파일에서 HTML을 읽어 옵니다.
    check(err)
    err = html.Execute(writer, nil) ← 템플릿을 ResponseWriter에 씁니다(데이터는 삽입하지 않습니다).
    check(err)
}

// createHandler는 추가할 서명 데이터가 담긴 POST 요청을 받아
// 서명 파일에 추가합니다.
func createHandler(writer http.ResponseWriter, request *http.Request) {
    signature := request.FormValue("signature") ← "signatures" 폼 필드의 값을 가져옵니다.
    options := os.O_WRONLY | os.O_APPEND | os.O_CREATE
    file, err := os.OpenFile("signatures.txt", options, os.FileMode(0600))
    check(err)   ↑ 쓰기 용도로 파일을 엽니다. 파일이 존재할 경우 서명을 추가하고 존재하지 않으면 파일을 생성합니다.
    _, err = fmt.Fprintln(file, signature) ← 폼 필드의 내용을 파일에 추가합니다.
    check(err)
    err = file.Close() ← 파일을 닫습니다.
    check(err)
    http.Redirect(writer, request, "/guestbook", http.StatusFound)
}                  ↑ 브라우저를 방명록 메인 페이지로 리다이렉트시킵니다.

// getStrings는 파일로부터 문자열을 한 줄씩 읽어 온 뒤
// 문자열 슬라이스를 반환합니다..
func getStrings(fileName string) []string {
    var lines []string ← 파일의 각 라인은 이 슬라이스에 문자열로 추가됩니다.
    file, err := os.Open(fileName) ← 파일을 엽니다.
    if os.IsNotExist(err) { ← 파일이 존재하지 않는다는 에러가 발생하면
        return nil ← 슬라이스 대신 nil을 반환합니다.
    }
    check(err) ← 그 외의 모든 에러는 확인하여 보고합니다.
    defer file.Close()
    scanner := bufio.NewScanner(file) ← 파일 내용을 읽기 위한 스캐너를 생성합니다.
    for scanner.Scan() { ← 파일의 각 라인을 순회하면서
        lines = append(lines, scanner.Text()) ← 각 라인의 텍스트를 슬라이스에 추가합니다.
    }
    check(scanner.Err()) ← 스캔 도중 에러가 발생할 경우 에러를 보고합니다.
    return lines ← 문자열 슬라이스를 반환합니다.
}
                  ↓ 서명 목록 페이지에 대한 요청은 viewHandler 함수가 담당합니다.
func main() {
    http.HandleFunc("/guestbook", viewHandler)
    http.HandleFunc("/guestbook/new", newHandler) ← HTML 폼에 대한 요청은 newHandler 함수가 담당합니다.
    http.HandleFunc("/guestbook/create", createHandler) ← 폼 전송에 대한 요청은 createHandler 함수가 담당합니다.
    err := http.ListenAndServe("localhost:8080", nil)
    log.Fatal(err)
}                  ↑ 무한 루프를 돌면서, 들어온 각 HTTP 요청을 적합한 핸들러 함수로 전달합니다.
```

view.html 파일은 서명 목록에 대한 HTML 템플릿을 제공합니다. 템플릿 액션은 서명 개수와 전체 서명 목록을 삽입할 자리를 제공합니다.

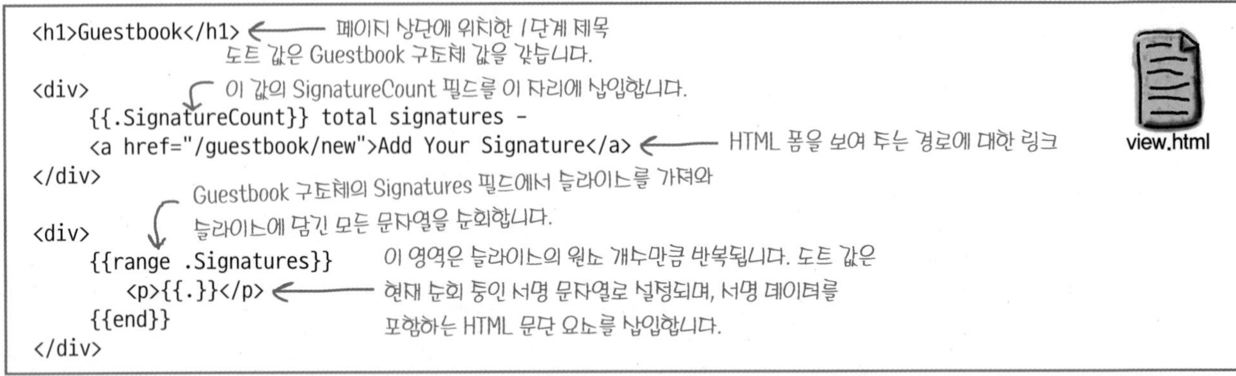

new.html 파일에는 새 서명을 입력할 HTML 폼 템플릿이 있습니다. 이 템플릿에는 아무 데이터도 삽입하지 않기 때문에 템플릿 액션은 없습니다.

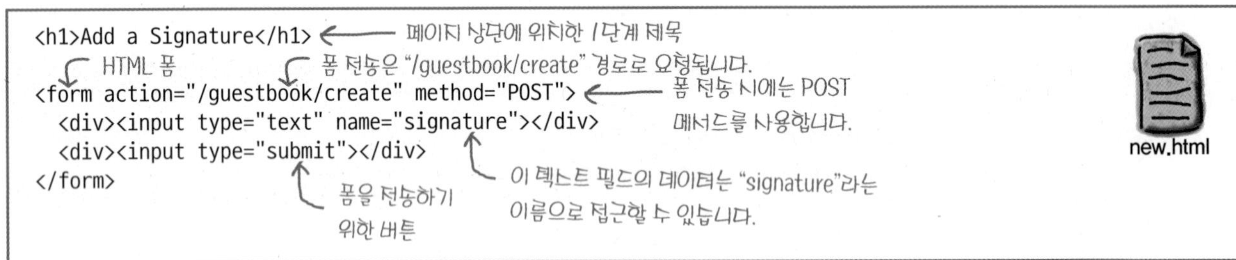

이제 끝입니다. 완성된 웹 앱은 사용자가 전송한 서명을 저장하고 나중에 다시 읽어 올 수 있습니다!

웹 앱을 개발하는 일은 복잡한 일이지만, net/http와 html/template 패키지는 Go의 강력함을 한껏 끌어올려 웹 앱 개발 과정을 더욱 쉽게 만들어 줍니다.

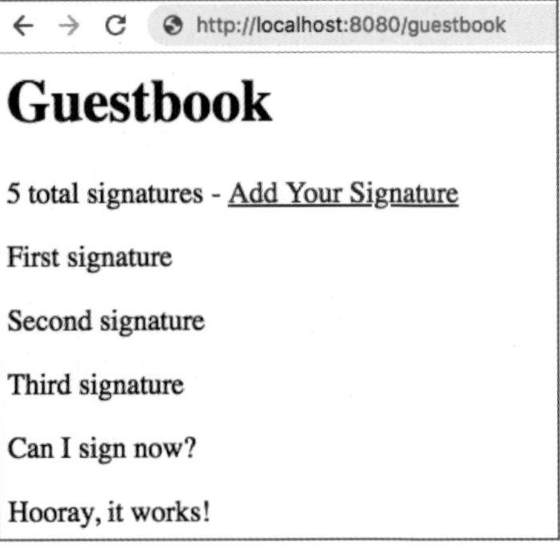

Go 도구 상자

16장이 끝났습니다!
도구 상자에 템플릿을 담았습니다.

템플릿

text/template 패키지는 템플릿 문자열(또는 파일에서 읽어 온 템플릿)과 템플릿에 삽입할 데이터를 다룹니다.

html/template 패키지는 HTML을 다루는 데 필요한 보안 기능을 추가로 제공한다는 점만 제외하면 text/template과 거의 동일한 방식으로 동작합니다.

중요 항목

- 템플릿 문자열에는 보이는 그대로 출력되는 텍스트가 포함됩니다. 템플릿 텍스트에는 간단한 코드를 포함하는 다양한 **액션(action)**을 삽입할 수 있습니다. 액션은 템플릿 텍스트에 데이터를 삽입할 때 사용할 수 있습니다.
- Template 값의 Execute 메서드는 io.Writer 인터페이스를 만족하는 값과 템플릿 액션 내에서 접근할 수 있는 데이터 값을 인자로 받습니다.
- 템플릿 액션은 도트라고 부르는 {{.}}를 사용하여 Execute 메서드에 전달된 데이터를 참조할 수 있습니다. 도트 값은 템플릿 내 다양한 컨텍스트에서 변경될 수 있습니다.
- 템플릿에서 {{if}} 액션과 이에 대응되는 {{end}} 마커 사이에 위치한 영역은 if 조건문이 참인 경우에만 템플릿에 포함됩니다.
- 템플릿에서 {{range}} 액션과 이에 대응되는 {{end}} 마커 사이에 위치한 영역은 배열, 슬라이스, 맵, 채널을 순회하면서 반복됩니다. range 액션 영역 내에 위치한 모든 액션도 마찬가지로 순회 횟수만큼 반복됩니다.
- {{range}} 영역 내에서 도트 값은 처리 중인 컬렉션의 현재 원소 값으로 설정됩니다.
- 도트가 구조체 값을 참조하는 경우 구조체의 필드 값은 {{.FieldName}}의 형태로 가져올 수 있습니다.
- HTTP GET 요청은 보통 브라우저가 서버에서 무언가를 *가져와야* 할 때 사용합니다.
- HTTP POST 요청은 브라우저가 서버에 데이터를 *전송해야* 할 때 사용합니다.
- 요청에 담긴 폼 데이터는 http.Request 값의 FormValue 메서드로 접근할 수 있습니다.
- http.Redirect 함수는 브라우저가 다른 경로를 요청하도록 지시할 때 사용할 수 있습니다.

CHAPTER 16

연습문제 정답

다음은 파일로부터 HTML 템플릿을 읽어 와 터미널에 출력하는 프로그램입니다.
bill.html 파일의 빈칸을 채워 프로그램이 아래 보이는 값을 출력하도록 만들어 보세요.

bill.go

```
type Invoice struct {
     Name    string
     Paid    bool
     Charges []float64
     Total   float64
}

func main() {
     html, err := template.ParseFiles("bill.html")
     check(err)
     bill := Invoice{
        Name:     "Mary Gibbs",
        Paid:     true,
        Charges: []float64{23.19, 1.13, 42.79},
        Total:    67.11,
     }
     err = html.Execute(os.Stdout, bill)
     check(err)
}
```

bill.html

```
<h1>Invoice</h1>

<p>Name: {{.Name}} </p>

{{if .Paid }}      ← Invoice의 Paid 필드가 true인지 확인합니다.
<p>Paid - Thank you!</p>
{{end}}            ← "if" 액션의 끝

<h1>Fees</h1>

{{range .Charges}}
<p>${{.}} </p>     ← Charges 슬라이스의 각 원소에 대해 <p> 요소를 출력합니다.
{{end}}

<p>Total: $ {{.Total}} </p>
```

출력값

```
<h1>Invoice</h1>
<p>Name: Mary Gibbs</p>

<p>Paid - Thank you!</p>

<h1>Fees</h1>

<p>$23.19</p>
<p>$1.13</p>
<p>$42.79</p>

<p>Total: $67.11</p>
```

여기가 이 책의 마지막이라면 얼마나 좋을까?
더 이상의 요약도, 퍼즐도, 코드도 없다면?
꿈만 같을 거야.

축하합니다!

여러분은 끝까지 해냈습니다.

물론 부록이 두 개 남아 있긴 합니다.
색인도 있고 추가로 보면 좋을
웹사이트도 있습니다.
달아날 곳은 없습니다!

부록 A os.OpenFile 이해하기

파일 열기

오 이 학생에 대한 서류가 이미 있었네.
이 데이터는 마지막 부분에 이어서
기록하면 되겠다.

어떤 프로그램은 단순히 파일에서 데이터를 읽어 올 뿐만 아니라 파일에 데이터를 기록해야 하는 경우도 있습니다. 이 책에서는 파일을 다룰 때 프로그램이 파일을 읽을 수 있도록 텍스트 에디터에서 파일을 직접 생성해 줘야 했습니다. 하지만 어떤 프로그램은 직접 데이터를 생성하기도 하며, 데이터를 생성하면 생성한 데이터를 파일에 기록할 수 있어야 합니다.

이 책에서는 데이터를 쓰기 위한 파일을 열기 위해 os.OpenFile 함수를 사용했습니다. 하지만 이 함수가 어떻게 동작하는지는 다루지 못했습니다. 이 부록에서는 os.OpenFile 함수를 더 효율적으로 사용하기 위해 알아야 할 모든 것을 살펴보겠습니다.

os.OpenFile 이해하기

16장에서는 데이터를 쓰기 위한 파일을 열기 위해 os.OpenFile 함수를 사용해야 했는데 다음과 같은 다소 특이해 보이는 코드가 필요했습니다.

```
options := os.O_WRONLY | os.O_APPEND | os.O_CREATE
file, err := os.OpenFile("signatures.txt", options, os.FileMode(0600))
```

파일 열기 옵션 (→ options)

파일 열기 (→ os.OpenFile)

이전에는 웹 앱 개발에 집중했기 때문에 os.OpenFile의 동작 방식을 설명하는 데에는 시간을 많이 할애하지 못했습니다. 하지만 여러분은 앞으로도 이 함수를 계속 사용해야 할 것이기 때문에 부록을 빌려 이 함수의 동작 방식을 더 자세하게 설명하고자 합니다.

어떤 함수의 동작 방식을 파악하려면 먼저 문서부터 보는 게 좋습니다. 터미널에서 **go doc os OpenFile** 명령어를 실행합니다(또는 브라우저에서 "os" 패키지 문서를 검색합니다).

```
File Edit Window Help
$ go doc os OpenFile
func OpenFile(name string, flag int, perm FileMode) (*File, error)
    OpenFile is the generalized open call; most users will use Open or Create
    instead. It opens the named file with specified flag (O_RDONLY etc.) and
    ...
```

함수는 파일명, 정수형 "플래그", 권한을 나타내는 os.FileMode를 인자로 받습니다. 파일명은 말 그대로 열고자 하는 파일의 이름입니다. 그럼 이제 먼저 "플래그"가 무엇을 의미하는지 알아본 다음 os.FileMode를 알아보겠습니다.

앞으로 소개할 예제 코드의 길이가 불필요하게 길어지는 것을 방지하기 위해 모든 예제 프로그램은 16장에서 본 함수와 유사한 check 함수를 포함한다고 가정하겠습니다. 이 함수는 error 값을 받아 nil 체크를 한 뒤 nil이 아니면 에러를 보고하고 프로그램을 종료합니다.

```
func check(err error) {
        if err != nil {
                log.Fatal(err)
        }
}
```

앞으로 소개할 모든 프로그램은 이 "check" 함수를 포함하고 있음을 가정합니다.

os.OpenFile에 플래그 상수 전달하기

문서에서는 플래그로 사용할 수 있는 값 중 하나로 os.O_RDONLY를 언급하고 있습니다. 그럼 이제 이 값이 무엇을 의미하는지 알아봅시다.

```
File Edit Window Help
$ go doc os O_RDONLY
const (
        // Exactly one of O_RDONLY, O_WRONLY, or O_RDWR must be specified.
        O_RDONLY int = syscall.O_RDONLY // open the file read-only.
        O_WRONLY int = syscall.O_WRONLY // open the file write-only.
        O_RDWR   int = syscall.O_RDWR   // open the file read-write.
        // The remaining values may be or'ed in to control behavior.
        O_APPEND int = syscall.O_APPEND // append data to the file when writing.
        O_CREATE int = syscall.O_CREAT  // create a new file if none exists.
        ...
)
    Flags to OpenFile wrapping those of the underlying system. Not all flags may
    be implemented on a given system.
```

문서를 보면 os.O_RDONLY는 os.OpenFile의 동작 방식을 제어하기 위해 인자로 전달하는 int형 상수 중 하나인 것 같습니다.

그럼 이제 위에 나열된 상수 목록 중 일부 상수를 사용하여 os.OpenFile을 호출하면 어떤 일이 벌어지는지 확인해 보겠습니다.

먼저 실험을 위한 파일이 하나 필요합니다. 한 줄의 텍스트가 적힌 파일을 생성한 다음 *aardvark.txt*라는 이름으로 원하는 디렉터리에 저장합니다.

그다음, 파일을 저장한 디렉터리에서 이전 페이지에서 본 check 함수와 다음 main 함수를 포함하는 Go 프로그램을 하나 작성합니다. main 함수에서는 두 번째 인자로 os.O_RDONLY 상수를 전달하면서 os.OpenFile을 호출하고 있습니다(세 번째 인자는 나중에 설명할 예정이므로 일단 무시합니다). 그다음 bufio.Scanner를 사용하여 파일의 내용을 출력합니다.

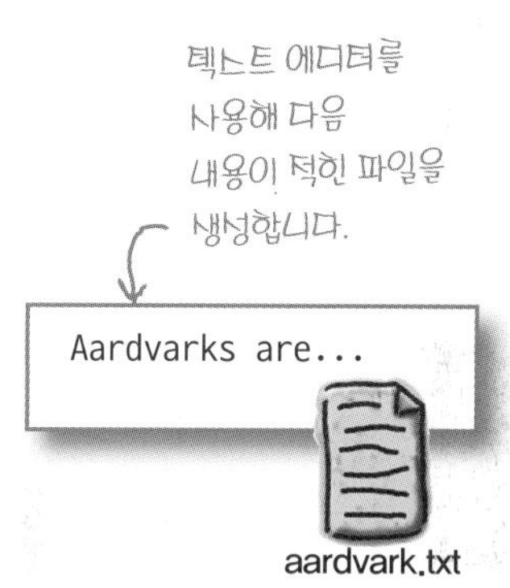
텍스트 에디터를 사용해 다음 내용이 적힌 파일을 생성합니다.
Aardvarks are...
aardvark.txt

```
func main() {
        file, err := os.OpenFile("aardvark.txt", os.O_RDONLY, os.FileMode(0600))
        check(err)
        defer file.Close()
        scanner := bufio.NewScanner(file)
        for scanner.Scan() {
                fmt.Println(scanner.Text())
        }
        check(scanner.Err())
}
```

파일을 읽기 모드로 엽니다.

파일의 각 라인을 출력합니다.

터미널에서 *aardvark.txt*가 저장된 디렉터리로 이동하여 **go run**으로 프로그램을 실행하면, 프로그램은 *aardvark.txt*를 열어 파일의 내용을 출력합니다.

```
File Edit Window Help
$ cd work
$ go run openfile.go
Aardvarks are...
```

os.OpenFile에 플래그 상수 전달하기 (계속)

이제는 파일을 써 보겠습니다. main 함수의 코드를 다음과 같이 수정합니다(추가로, 미사용 패키지는 import문에서 지워 줍니다). 이번에는 os.OpenFile에 os.O_WRONLY 상수를 전달하여 파일을 쓰기 모드로 엽니다. 그다음 바이트 슬라이스와 함께 파일 값의 Write 메서드를 호출하여 파일에 데이터를 씁니다.

```
func main() {
	file, err := os.OpenFile("aardvark.txt", os.O_WRONLY, os.FileMode(0600))
	check(err)
	_, err = file.Write([]byte("amazing!\n"))
	check(err)
	err = file.Close()
	check(err)
}
```

파일을 쓰기 모드로 엽니다.

파일에 데이터를 씁니다.

위 프로그램을 실행해 보면, 프로그램은 아무 값도 출력하지 않고 *aardvark.txt* 파일을 갱신합니다. 하지만 *aardvark.txt*를 열어 보면 텍스트가 파일의 끝에 추가되는 대신 파일의 일부를 덮어썼음을 볼 수 있습니다.

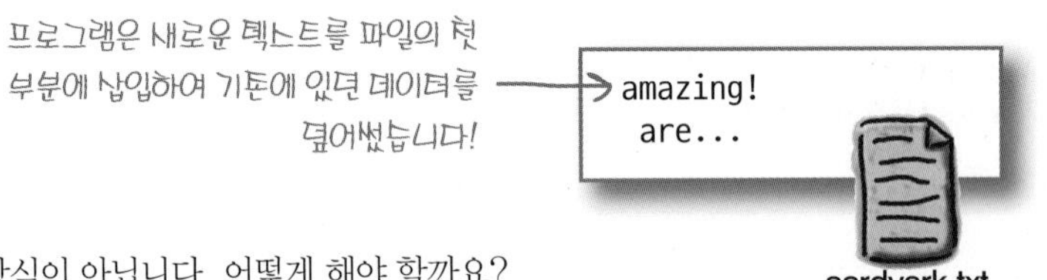
프로그램은 새로운 텍스트를 파일의 첫 부분에 삽입하여 기존에 있던 데이터를 덮어썼습니다!
amazing!
are...
aardvark.txt

하지만 이는 우리가 원하는 동작 방식이 아닙니다. 어떻게 해야 할까요?

os 패키지에는 이 문제를 해결하는 데 도움이 되는 다른 상수가 존재합니다. 여기에는 프로그램이 파일을 덮어쓰는 대신 파일의 끝에 데이터를 추가하는 os.O_APPEND라는 플래그가 포함되어 있습니다.

```
File Edit Window Help
$ go doc os O_RDONLY
...
	// The remaining values may be or'ed in to control behavior.
	O_APPEND int = syscall.O_APPEND // append data to the file when writing.
	O_CREATE int = syscall.O_CREAT  // create a new file if none exists.
	...
```

하지만 os.O_APPEND 플래그는 os.OpenFile에 단독으로 전달할 수 없습니다. 만약 단독으로 전달하게 되면 에러가 발생합니다.

기존 파일에 이어 쓰기를 시도합니다.

```
file, err := os.OpenFile("aardvark.txt", os.O_APPEND, os.FileMode(0600))
```

런타임 에러 발생!

```
write aardvark.txt:
bad file descriptor
```

위 문서에서는 os.O_APPEND와 os.O_CREATE를 “또는(or)” 조건으로 묶어서 사용하는 것을 언급했습니다. 여기서 “또는”이라는 조건은 이진(바이너리, binary) OR 연산자를 뜻합니다. 이해를 돕기 위해 앞으로 수 페이지에 걸쳐 이진 연산자와 플래그 간의 이진 연산에 대한 동작 방식을 설명해 보겠습니다.

이진법

저수준에서 보면 컴퓨터는 정보를 표현할 때 on/off 중 하나의 값을 갖는 스위치를 사용합니다. 즉, 하나의 스위치로 숫자를 나타내는 경우, 스위치는 오직 0("off") 또는 1("on") 중 하나의 값만 표현할 수 있습니다. 컴퓨터 과학자는 이를 *비트(bit)*라고 부릅니다.

여러 개의 비트를 결합하면 더 큰 숫자를 표현할 수 있습니다. 다중 비트가 바로 *이진(바이너리, binary)* 표기법의 핵심 아이디어입니다. 우리에게 아주 익숙한 십진법은 각 자릿수에 0부터 9까지의 숫자를 사용합니다. 반면 이진법은 자릿수에 0과 1만을 사용하여 숫자를 표현합니다.

(이진수에 대해 더 자세히 알고 싶다면 검색 엔진에서 "이진수 (binary)"를 검색해 보세요.)

fmt.Printf의 %b 형식 동사를 사용하면 다양한 숫자 이진 표현(숫자를 구성하는 비트)을 확인해 볼 수 있습니다.

숫자를 십진법으로 출력합니다.

숫자를 이진법으로 출력합니다.

```
fmt.Printf("%3d: %08b\n", 0, 0)
fmt.Printf("%3d: %08b\n", 1, 1)
fmt.Printf("%3d: %08b\n", 2, 2)
fmt.Printf("%3d: %08b\n", 3, 3)
fmt.Printf("%3d: %08b\n", 4, 4)
fmt.Printf("%3d: %08b\n", 5, 5)
fmt.Printf("%3d: %08b\n", 6, 6)
fmt.Printf("%3d: %08b\n", 7, 7)
fmt.Printf("%3d: %08b\n", 8, 8)
fmt.Printf("%3d: %08b\n", 16, 16)
fmt.Printf("%3d: %08b\n", 32, 32)
fmt.Printf("%3d: %08b\n", 64, 64)
fmt.Printf("%3d: %08b\n", 128, 128)
```

```
  0: 00000000
  1: 00000001
  2: 00000010
  3: 00000011
  4: 00000100
  5: 00000101
  6: 00000110
  7: 00000111
  8: 00001000
 16: 00010000
 32: 00100000
 64: 01000000
128: 10000000
```

비트 단위 연산자

우리는 앞서 숫자 값 간 수학 연산을 수행할 수 있는 +, -, *, /와 같은 연산자를 본 적이 있습니다. 하지만 Go는 산술 연산자뿐만 아니라 숫자를 구성하는 각 비트 간 연산을 수행할 수 있는 **비트 단위 연산자(bitwise operator)** 또한 지원합니다. 가장 흔히 사용되는 두 개의 비트 단위 연산자로는 & 비트 단위 AND 연산자와 | 비트 단위 OR 연산자가 있습니다.

연산자	이름
&	Bitwise AND
|	Bitwise OR

비트 단위 AND 연산자

&& 연산자 기억하실 겁니다. && 연산자는 부울 연산자로서 좌변과 우변이 모두 true일 때에만 true가 됩니다.

```
fmt.Printf("false && false == %t\n", false && false)
fmt.Printf("true  && false == %t\n", true  && false)
fmt.Printf("true  && true  == %t\n", true  && true)
```

```
false && false == false
true  && false == false
true  && true  == true
```

반면, & 연산자는 *비트 단위 연산자*입니다. 이 연산자는 좌변과 우변의 비트 값이 모두 1인 경우에만 비트를 1로 설정합니다. 숫자 0과 1은 하나의 비트만으로 표현할 수 있기 때문에 아주 직관적입니다.

```
fmt.Printf("%b & %b == %b\n", 0, 0, 0&0)
fmt.Printf("%b & %b == %b\n", 0, 1, 0&1)
fmt.Printf("%b & %b == %b\n", 1, 1, 1&1)
```

```
0 & 0 == 0
0 & 1 == 0
1 & 1 == 1
```

두 비트 모두 1이 아닙니다.
하나의 비트만 1입니다.
두 비트 모두 1입니다.

하지만 큰 숫자에 대해서는 그 의미를 파악하기가 쉽지 않아 보입니다.

```
fmt.Println(170 & 15)
fmt.Println( 10 &  7)
fmt.Println(100 & 45)
```

```
10
2
36
```

이 결괏값은 무얼 의미할까요?

비트 단위 연산은 각 숫자를 개별 비트로 이루어진 값으로 볼 때 의미가 있습니다. & 연산자는 좌변의 숫자와 우변의 숫자의 동일한 위치의 비트 값이 모두 1인 경우에만 결과 비트를 1로 설정합니다.

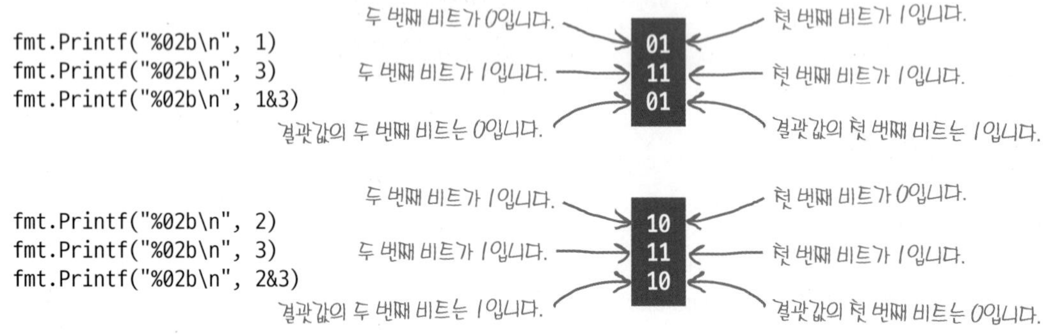
fmt.Printf("%02b\n", 1)
fmt.Printf("%02b\n", 3)
fmt.Printf("%02b\n", 1&3)
두 번째 비트가 0입니다.
두 번째 비트가 1입니다.
결괏값의 두 번째 비트는 0입니다.
01
11
01
첫 번째 비트가 1입니다.
첫 번째 비트가 1입니다.
결괏값의 첫 번째 비트는 1입니다.
fmt.Printf("%02b\n", 2)
fmt.Printf("%02b\n", 3)
fmt.Printf("%02b\n", 2&3)
두 번째 비트가 1입니다.
두 번째 비트가 1입니다.
결괏값의 두 번째 비트는 1입니다.
10
11
10
첫 번째 비트가 0입니다.
첫 번째 비트가 1입니다.
결괏값의 첫 번째 비트는 0입니다.

이 규칙은 모든 크기의 숫자에 대해 동일하게 적용됩니다. & 연산을 수행하는 두 피연산자의 비트는 결괏값의 동일한 위치의 비트 값을 결정합니다.

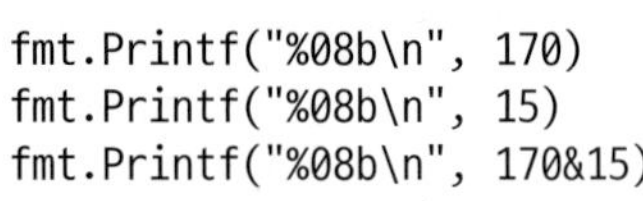
fmt.Printf("%08b\n", 170)
fmt.Printf("%08b\n", 15)
fmt.Printf("%08b\n", 170&15)

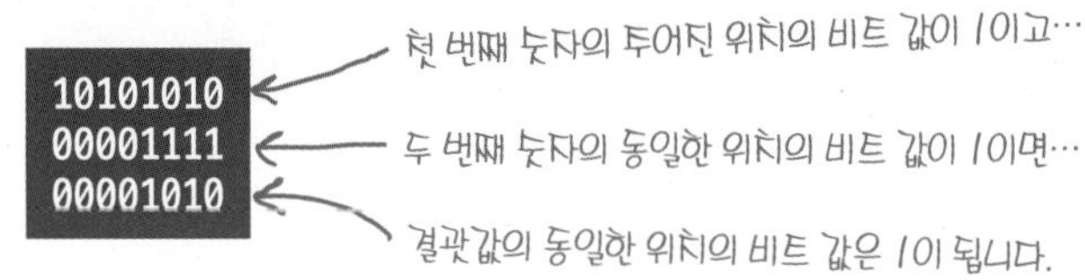
10101010
00001111
00001010
첫 번째 숫자의 주어진 위치의 비트 값이 1이고…
두 번째 숫자의 동일한 위치의 비트 값이 1이면…
결괏값의 동일한 위치의 비트 값은 1이 됩니다.

비트 단위 OR 연산자

|| 연산자도 기억하실 겁니다. || 연산자는 부울 연산자로서 좌변 또는 우변이 true이면 true가 됩니다.

```
fmt.Printf("false || false == %t\n", false || false)
fmt.Printf("true  || false == %t\n", true  || false)
fmt.Printf("true  || true  == %t\n", true  || true)
```

```
false || false == false
true  || false == true
true  || true  == true
```

| 연산자는 좌변 또는 우변의 비트 값이 1이면 비트를 1로 설정합니다.

```
fmt.Printf("%b | %b == %b\n", 0, 0, 0|0)
fmt.Printf("%b | %b == %b\n", 0, 1, 0|1)
fmt.Printf("%b | %b == %b\n", 1, 1, 1|1)
```

```
0 | 0 == 0
0 | 1 == 1
1 | 1 == 1
```

두 비트 모두 1이 아닙니다.

하나의 비트만 1입니다.

두 비트 모두 1입니다.

비트 단위 AND 연산자와 마찬가지로, 비트 단위 OR 연산자 또한 두 피연산자의 주어진 위치의 비트 값으로 결괏값의 동일한 위치의 비트 값을 결정합니다.

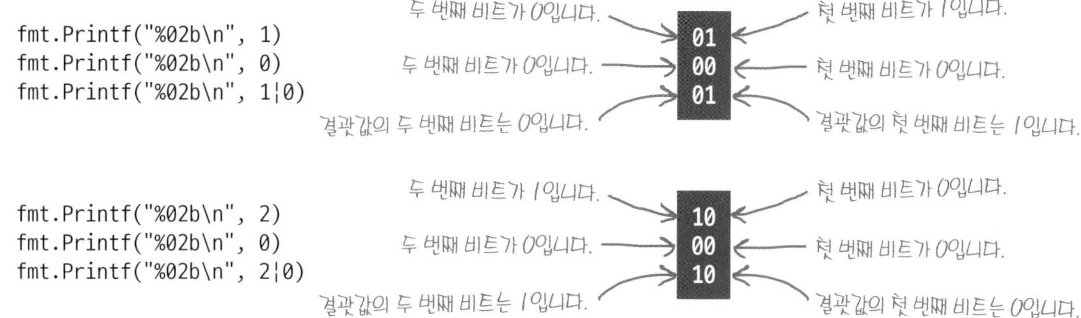

fmt.Printf("%02b\n", 1)
fmt.Printf("%02b\n", 0)
fmt.Printf("%02b\n", 1|0)
01
00
01
두 번째 비트가 0입니다.
두 번째 비트가 0입니다.
결괏값의 두 번째 비트는 0입니다.
첫 번째 비트가 1입니다.
첫 번째 비트가 0입니다.
결괏값의 첫 번째 비트는 1입니다.
fmt.Printf("%02b\n", 2)
fmt.Printf("%02b\n", 0)
fmt.Printf("%02b\n", 2|0)
10
00
10
두 번째 비트가 1입니다.
두 번째 비트가 0입니다.
결괏값의 두 번째 비트는 1입니다.
첫 번째 비트가 0입니다.
첫 번째 비트가 0입니다.
결괏값의 첫 번째 비트는 0입니다.

이 규칙은 모든 크기의 숫자에 대해 동일하게 적용됩니다. | 연산을 수행하는 두 피연산자의 비트는 결괏값의 동일한 위치의 비트 값을 결정합니다.

```
fmt.Printf("%08b\n", 170)
fmt.Printf("%08b\n", 15)
fmt.Printf("%08b\n", 170|15)
```

```
10101010
00001111
10101111
```

첫 번째 숫자의 주어진 위치의 비트 값이 1이거나…

두 번째 숫자의 동일한 위치의 비트 값이 1이면…

결괏값의 동일한 위치의 비트 값은 1이 됩니다.

"os" 패키지 상수에 비트 단위 OR 사용하기

음 그렇군요. 확실히 괴짜 같네요. 그런데 이게 os.O_APPEND와 os.O_CREATE 상수를 사용하는 데 무슨 도움이 되는지 모르겠어요!

상수 값을 결합하려면 OR 연산자를 사용해야 하기 때문에 이 모든 걸 알려 드린 것입니다!

문서에 os.O_APPEND와 os.O_CREATE를 os.O_RDONLY, os.O_WRONLY 또는 os.O_RDWR 값과 함께 "또는(or)" 조건으로 묶어서 사용하는 것에 대한 언급이 포함되어 있다는 것은 이 값끼리 서로 비트 단위 OR 연산자를 사용해야 함을 의미합니다.

실제로 이 상수 값은 모두 int 값입니다.

```
fmt.Println(os.O_RDONLY, os.O_WRONLY, os.O_RDWR, os.O_CREATE, os.O_APPEND)
```

```
0 1 2 64 1024
```

이 상수 값의 이진 표현을 확인해 보면 단 하나의 비트만 1로 설정되고 나머지 비트는 0임을 볼 수 있습니다.

```
fmt.Printf("%016b\n", os.O_RDONLY)
fmt.Printf("%016b\n", os.O_WRONLY)
fmt.Printf("%016b\n", os.O_RDWR)
fmt.Printf("%016b\n", os.O_CREATE)
fmt.Printf("%016b\n", os.O_APPEND)
```

```
0000000000000000
0000000000000001
0000000000000010
0000000001000000
0000010000000000
```

이는 즉, 상수 값 간 간섭 없이 비트 단위 OR 연산자를 사용하여 값을 결합할 수 있음을 의미합니다.

```
fmt.Printf("%016b\n", os.O_WRONLY|os.O_CREATE)
fmt.Printf("%016b\n", os.O_WRONLY|os.O_CREATE|os.O_APPEND)
```

```
0000000001000001
0000010001000001
```

os.OpenFile 함수는 1번째 비트의 값이 1인지를 확인하여 파일이 쓰기 모드인지 판단할 수 있습니다. 만약 7번째 비트가 1이면 OpenFile은 파일이 존재하지 않을 경우 파일을 생성해야 한다는 것을 알게 됩니다. 또한 11번째 비트가 1이면 OpenFile은 데이터를 파일의 끝에 이어서 쓸 것입니다.

주목!

코드에서는 상수의 이름만 사용하고 상수가 가진 int 값을 직접 사용하지는 마세요!

코드에서 상수 대신 1이나 1024와 같은 값을 사용하면, 당분간은 잘 동작할 것입니다. 하지만 만약 Go의 메인테이너가 언젠가 상수의 값을 바꾸게 되면 여러분의 코드는 동작하지 않을 수도 있습니다. 따라서 os.O_WRONLY와 os.O_APPEND와 같은 상수명을 사용하는 것이 안전합니다.

비트 단위 OR 연산자를 사용해 os.OpenFile 옵션 수정하기

앞서, os.OpenFile에 os.O_WRONLY 옵션만 전달했을 때에는 파일에 존재하는 데이터의 일부를 덮어썼습니다. 그럼 이제 옵션을 결합하여 데이터를 파일의 끝에 이어 쓰도록 만들 수 있는지 테스트해 보겠습니다.

aardvark.txt 파일을 다시 한 줄로 수정합니다.

프로그램은 새로운 텍스트를 파일의 첫 부분에 삽입하여 기존에 있던 데이터를 덮어썼습니다!

amazing!
are...
aardvark.txt

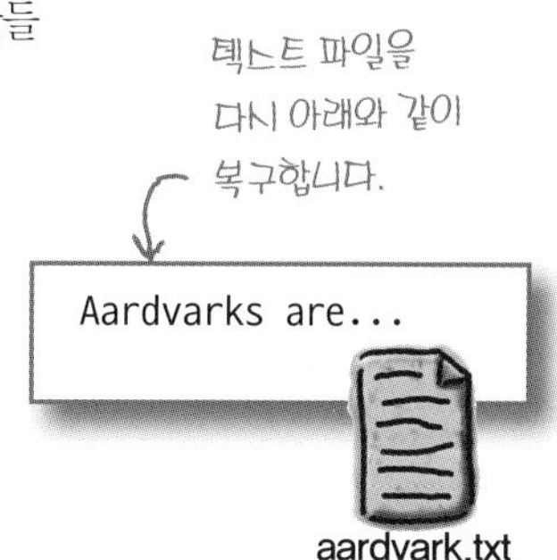
텍스트 파일을 다시 아래와 같이 복구합니다.
Aardvarks are...
aardvark.txt

다음으로, 비트 단위 OR 연산자를 사용하여 os.O_WRONLY 및 os.O_APPEND 상수 값을 단일 값으로 결합하도록 프로그램을 수정합니다. 결합한 값은 os.OpenFile에 전달합니다.

```
func main() {
        options := os.O_WRONLY | os.O_APPEND
        file, err := os.OpenFile("aardvark.txt", options, os.FileMode(0600))
        check(err)
        _, err = file.Write([]byte("amazing!\n"))
        check(err)
        err = file.Close()
        check(err)
}
```

비트 단위 OR을 사용하여 두 값을 결합합니다.

결괏값을 os.OpenFile에 전달합니다.

프로그램을 다시 실행하여 파일을 확인해 보면 텍스트가 파일의 끝에 새로운 라인으로 추가되었음을 볼 수 있습니다.

이번에는 새 텍스트가 파일의 끝에 추가되었습니다.

Aardvarks are...
amazing!

aardvark.txt

이번에는 파일이 존재하지 않을 때 파일을 생성하는 os.O_CREATE 옵션을 사용해 보겠습니다. 우선 *aardvark.txt* 파일을 삭제합니다.

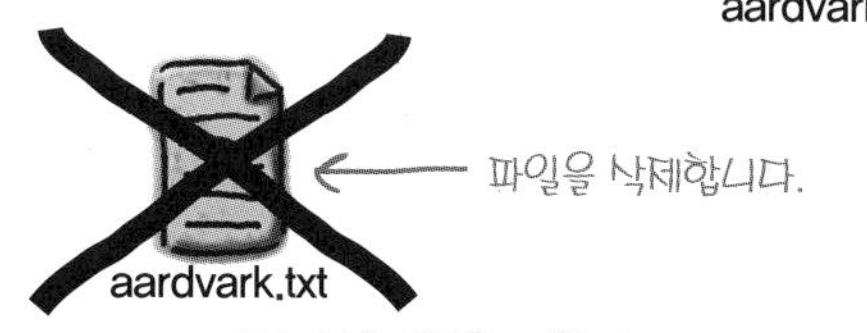
aardvark.txt
파일을 삭제합니다.

그다음 os.OpenFile에 전달하고 있는 옵션에 os.O_CREATE 옵션을 추가합니다.

```
options := os.O_WRONLY | os.O_APPEND | os.O_CREATE
file, err := os.OpenFile("aardvark.txt", options, os.FileMode(0600))
// ...
```

비트 단위 OR을 사용하여 os.O_CREATE 값을 추가합니다.

프로그램을 다시 실행해 보면, 프로그램은 새 *aardvark.txt* 파일을 만든 다음 데이터를 씁니다.

새 파일이 생성되고, 새 텍스트가 작성되었습니다.

amazing!

aardvark.txt

유닉스 스타일의 파일 권한

지금까지 파일의 읽기, 쓰기, 생성, 이어 쓰기 동작을 제어할 수 있는 os.OpenFile의 두 번째 인자에 대해 살펴봤습니다. 이번에는 파일 권한을 제어하는 세 번째 인자에 대해서 알아보겠습니다. 파일 권한을 통해 사용자는 프로그램이 생성한 파일을 읽거나 쓸 수 있는 권한을 부여받을 수 있습니다.

이 인자는 새로운 파일에 대한 "권한"을 제어합니다.

```
file, err := os.OpenFile("aardvark.txt", options, os.FileMode(0600))
```

```
File Edit Window Help
$ go doc os OpenFile
func OpenFile(name string, flag int, perm FileMode) (*File, error)
    OpenFile is the generalized open call; most users will use Open or Create
    instead. It opens the named file with specified flag (O_RDONLY etc.) and
    ...
```

개발자가 파일 권한을 이야기하는 경우에는 보통 macOS나 리눅스와 같은 유닉스 계열 시스템 위에 구현되어 있는 권한을 의미합니다. 유닉스에는 사용자가 파일에 가질 수 있는 세 가지 주요 권한이 있습니다.

약어	권한
r	사용자는 파일의 내용을 읽을 수 있습니다.
w	사용자는 파일에 내용을 쓸 수 있습니다.
x	사용자는 파일을 실행할 수 있습니다(이 권한은 프로그램 코드를 포함하고 있는 파일에 대해서만 적합합니다).

예를 들어, 파일에 대한 읽기 권한이 없는 사용자가 실행하는 프로그램이 파일에 접근할 경우 운영 체제는 에러를 반환합니다.

```
File Edit Window Help
$ cat locked.txt
cat: locked.txt: Permission denied
```

또한 파일에 대한 실행 권한이 없는 사용자는 파일이 포함한 그 어떤 코드도 실행할 수 없습니다(추가로 실행 가능한 코드를 포함하지 않은 파일은 실행할 경우 예측 불능한 일이 일어날 수도 있기 때문에 실행 파일로 표시하면 안 됩니다).

```
File Edit Window Help
$ ./hello
-bash: ./hello: Permission denied
```

주목!

윈도우에서는 권한 인자가 무시됩니다.

윈도우의 파일 권한 체계는 유닉스 계열의 시스템과 다르기 때문에 윈도우에서는 파일이 디폴트 권한으로 생성됩니다. 하지만 같은 프로그램이라도 유닉스 계열의 장비에서 실행할 경우 권한 인자는 생성하는 파일에 그대로 적용됩니다. 권한의 동작 방식에 익숙해지는 것은 중요하기 때문에, 가능하면 다양한 운영체제에서 프로그램을 실행 및 테스트해 보는 게 좋습니다.

os.FileMode 타입으로 권한 나타내기

Go의 os 패키지는 FileMode라는 타입을 사용하여 파일 권한을 나타냅니다. 파일이 존재하지 않을 때, os.OpenFile에 전달된 FileMode는 생성될 파일의 권한 및 접근 권한을 소유할 사용자를 결정합니다.

FileMode 값은 String 메서드를 가지고 있기 때문에 fmt.Println에 전달하면 권한 값의 문자열 표현을 확인할 수 있습니다. String 메서드는 FileMode 값이 나타내는 권한 값을 유닉스의 ls 명령어에서 볼 수 있는 권한 표기법과 유사한 형식으로 출력합니다.

```
fmt.Println(os.FileMode(0700))
```

```
-rwx------
```

사용자는 파일을 읽을 수 있습니다.
사용자는 파일을 쓸 수 있습니다.
사용자는 파일을 실행할 수 있습니다.

모든 파일은 세 개의 권한 집합을 갖는데, 각 집합은 서로 다른 사용자 타입에 대한 권한을 나타냅니다. 첫 번째 권한 집합은 파일 소유자에게만 적용됩니다(기본적으로 여러분이 생성한 파일의 소유자는 여러분 사용자 계정입니다). 두 번째 권한 집합은 파일이 할당된 사용자 그룹에 대한 권한입니다. 그리고 마지막 세 번째 권한 집합은 파일의 소유자 및 파일이 할당된 그룹을 제외한 모든 타 사용자에 대한 권한입니다.

(권한을 더 자세히 알고 싶다면 검색 엔진에 "유닉스 파일 권한"을 검색해 보세요.)

```
fmt.Println(os.FileMode(0700))
fmt.Println(os.FileMode(0070))
fmt.Println(os.FileMode(0007))
```

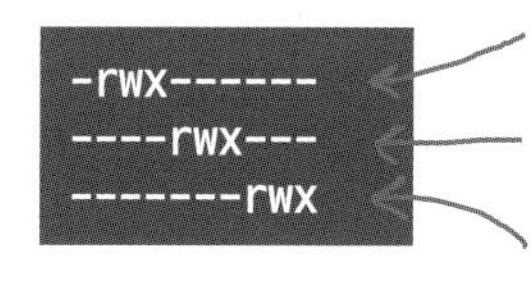

파일의 소유자는 모든 권한을 갖습니다.
파일의 그룹에 속한 모든 사용자는 모든 권한을 갖습니다.
시스템상 모든 타 사용자는 모든 권한을 갖습니다.

FileMode는 unit32("부호 없는 32비트 정수"를 뜻합니다)를 기본 타입으로 갖습니다. 이 기본 타입은 이전에 다뤄 본 적 없는 타입입니다. 이 타입은 부호가 없는 정수 타입이기 때문에 음의 정수를 가질 수 없지만 32비트 메모리로 표현할 수 있는 더 크고 많은 숫자를 가질 수 있습니다(부호 비트를 사용하지 않으므로 32비트를 온전히 모두 숫자 표현에 사용할 수 있음).

FileMode는 uint32 타입을 기반으로 하기 때문에 (거의 모든) 음이 아닌 정숫값은 FileMode 값으로 변환할 수 있습니다. 하지만 변환 결과는 다소 이해하기 어렵습니다.

```
fmt.Println(os.FileMode(17))
fmt.Println(os.FileMode(249))
fmt.Println(os.FileMode(1000))
```

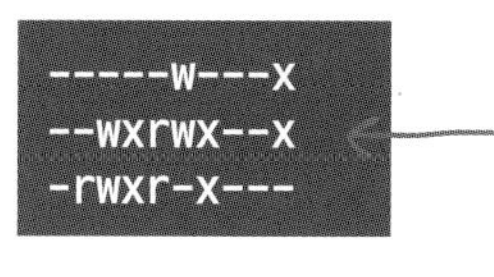

이와 같은 잘못된 권한은 어떤 사용자에게는 너무 많은, 또 다른 사용자에게는 너무 적은 권한을 부여합니다.

팔진법

이때 십진법 대신 **팔진법(옥탈, octal notation)**을 사용하면 FileMode 값으로 변환할 정수를 좀 더 쉽게 지정할 수 있습니다. 십진법은 0부터 9까지 10개의 자릿수를 사용하고, 이진법은 0과 1 2개의 자릿수만 사용하는 반면, 팔진법은 0부터 7까지 8개의 자릿수를 사용합니다.

fmt.Printf의 %0 형식 동사를 사용하면 다양한 숫자의 팔진 표현을 확인해 볼 수 있습니다.

```
for i := 0; i <= 19; i++ {
	fmt.Printf("%3d: %04o\n", i, i)
}
```

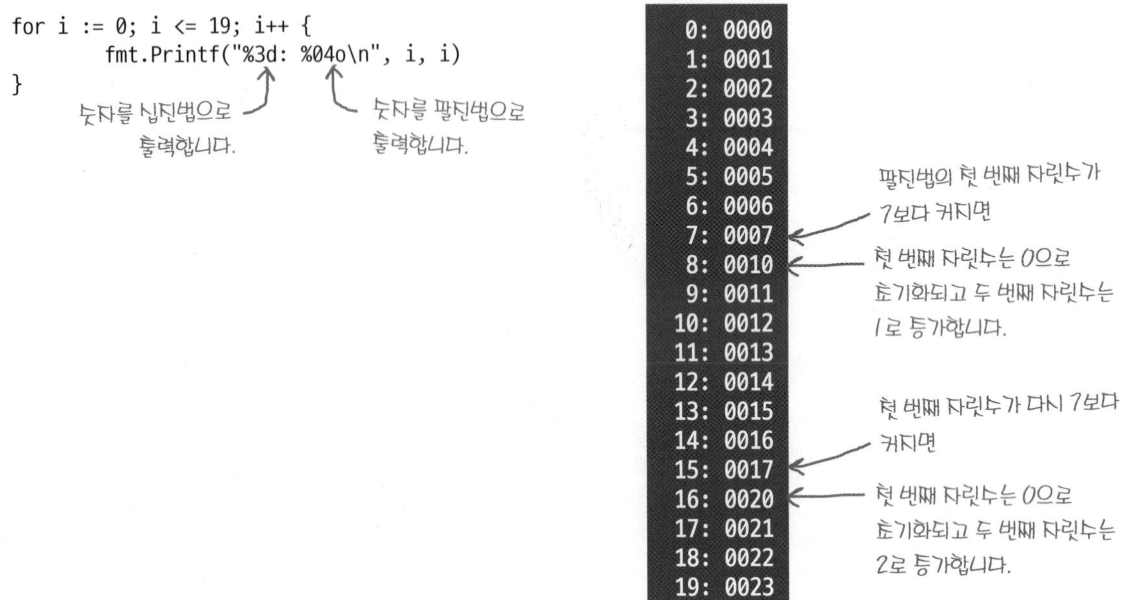
숫자를 십진법으로 출력합니다.
숫자를 팔진법으로 출력합니다.
0: 0000
1: 0001
2: 0002
3: 0003
4: 0004
5: 0005
6: 0006
7: 0007
8: 0010
9: 0011
10: 0012
11: 0013
12: 0014
13: 0015
14: 0016
15: 0017
16: 0020
17: 0021
18: 0022
19: 0023
팔진법의 첫 번째 자릿수가 7보다 커지면
첫 번째 자릿수는 0으로 초기화되고 두 번째 자릿수는 1로 증가합니다.
첫 번째 자릿수가 다시 7보다 커지면
첫 번째 자릿수는 0으로 초기화되고 두 번째 자릿수는 2로 증가합니다.

이진수와 달리 Go에서는 프로그램 코드에 팔진수(팔진수 리터럴)를 직접 사용할 수 있습니다 (역자주: Go 1.13부터는 이진수 리터럴도 추가됨). 0으로 시작하는 모든 숫자는 팔진수로 취급됩니다.

이는 다소 혼란스러울 수도 있습니다. 십진수 10은 팔진수 010과 다르며, 십진수 100 또한 팔진수 0100과는 다른 숫자입니다!

```
fmt.Printf("Decimal   1: %3d Octal   01: %2d\n",   1,   01)
fmt.Printf("Decimal  10: %3d Octal  010: %2d\n",  10,  010)
fmt.Printf("Decimal 100: %3d Octal 0100: %2d\n", 100, 0100)
```

```
Decimal   1:   1 Octal   01:  1
Decimal  10:  10 Octal  010:  8
Decimal 100: 100 Octal 0100: 64
```

팔진법에서는 0부터 7까지의 숫자만 유효하기 때문에 팔진수에 8이나 9를 포함시키면 컴파일 에러가 발생합니다.

```
fmt.Println(089)
```

```
illegal octal number
```

컴파일 에러 발생

팔진수를 FileMode 값으로 변환하기

그렇다면 왜 파일 권한에 팔진수를 사용하는 것일까요? 그 이유는 바로 팔진수의 각 자릿수를 3비트 메모리로 표현할 수 있기 때문입니다.

```
fmt.Printf("%09b\n", 0007)
fmt.Printf("%09b\n", 0070)
fmt.Printf("%09b\n", 0700)
```

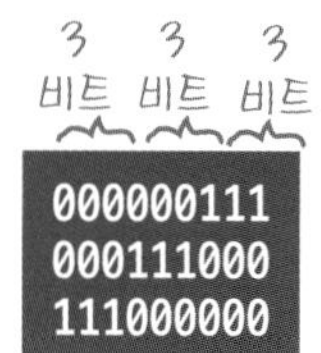

세 비트는 또한 각 사용자 타입("사용자", "그룹", "기타 사용자")의 권한을 저장하는 데 필요한 비트 수와 정확히 일치합니다. 따라서 각 사용자 타입에 필요한 모든 권한의 조합은 하나의 팔진수로 표현할 수 있습니다.

"그룹" 자릿수

"사용자" 자릿수

"기타 사용자" 자릿수

```
os.FileMode(0777)
```

아래 출력값을 보면 팔진수의 이진 표현과 동일한 숫자에 대한 FileMode 변환 값 간의 유사성을 볼 수 있습니다. 이진 표현의 비트가 1이면 그에 대응되는 권한이 활성화됩니다.

팔진수의 이진 표현을 출력합니다.

동일한 숫자에 대한 FileMode 변환 값의 문자열을 출력합니다.

```
fmt.Printf("%09b %s\n", 0000, os.FileMode(0000))
fmt.Printf("%09b %s\n", 0111, os.FileMode(0111))
fmt.Printf("%09b %s\n", 0222, os.FileMode(0222))
fmt.Printf("%09b %s\n", 0333, os.FileMode(0333))
fmt.Printf("%09b %s\n", 0444, os.FileMode(0444))
fmt.Printf("%09b %s\n", 0555, os.FileMode(0555))
fmt.Printf("%09b %s\n", 0666, os.FileMode(0666))
fmt.Printf("%09b %s\n", 0777, os.FileMode(0777))
```

비트가 1이면 그에 대응되는 권한이 활성화됩니다.

```
000000000 ----------
001001001 ---x--x--x
010010010 --w--w--w-
011011011 --wx-wx-wx
100100100 -r--r--r--
101101101 -r-xr-xr-x
110110110 -rw-rw-rw-
111111111 -rwxrwxrwx
```

이러한 이유로, 유닉스의 chmod 명령어("change mode"의 약자)는 지금까지 수십 년 동안 파일 권한을 설정할 때 팔진수를 사용해 왔습니다.

```
File Edit Window Help
$ chmod 0000 allow_nothing.txt
$ chmod 0100 execute_only.sh
$ chmod 0200 write_only.txt
$ chmod 0300 execute_write.sh
$ chmod 0400 read_only.txt
$ chmod 0500 read_execute.sh
$ chmod 0600 read_write.txt
$ chmod 0700 read_write_execute.sh
$ chmod 0124 user_execute_group_write_other_read.sh
$ chmod 0777 all_read_write_execute.sh
```

팔진수	권한
0	권한 없음
1	실행 권한
2	쓰기 권한
3	쓰기 권한, 실행 권한
4	읽기 권한
5	읽기 권한, 실행 권한
6	읽기 권한, 쓰기 권한
7	읽기 권한, 쓰기 권한, 실행 권한

Go가 지원하는 팔진법을 사용하면 여러분의 코드에서도 동일한 컨벤션을 따를 수 있습니다.

os.OpenFile 호출 코드 설명

이제 비트 단위 연산자와 팔진법을 모두 이해했으므로 마침내 os.OpenFile 함수가 어떤 작업을 수행하는지 이해할 수 있게 되었습니다!

예를 들어, 다음 코드는 기존 로그 파일에 새로운 데이터를 추가하고 있습니다. 파일의 소유자는 파일을 읽고 쓸 수 있으며 그 외의 다른 모든 사용자는 읽기만 가능합니다.

```
options := os.O_WRONLY | os.O_APPEND
file, err := os.OpenFile("log.txt", options, os.FileMode(0644))
```

파일을 쓰기 모드로 열고 새 데이터를 파일 끝에 추가합니다.

소유자는 파일을 읽고 쓸 수 있으며, 그 외의 다른 모든 사용자는 읽기만 가능합니다.

그리고 다음 코드는 파일이 존재하지 않으면 파일을 생성하고, 데이터를 파일 끝에 추가합니다. 결과 파일은 소유자만 읽고 쓸 수 있으며 그 외 다른 모든 사용자는 접근할 수 없습니다.

```
options := os.O_WRONLY | os.O_APPEND | os.O_CREATE
file, err := os.OpenFile("log.txt", options, os.FileMode(0600))
```

파일이 존재하지 않으면 파일을 생성합니다. 파일은 쓰기 모드로 열고 있으며 새 데이터는 파일 끝에 추가합니다.

파일은 소유자만 읽고 쓸 수 있으며 그 외의 다른 모든 사용자는 접근할 수 없습니다.

주목!

여러분이 필요한 작업을 os.Open이나 os.Create 함수가 수행할 수 있으면 os.OpenFile 함수 대신 이 함수를 사용하세요.

os.Open 함수는 파일을 읽기 모드로만 열 수 있습니다. 하지만 파일을 읽기 모드로만 열어도 괜찮다면 os.OpenFile보다 이 함수를 사용하는 것이 더 간편합니다. 마찬가지로, os.Create 함수는 모든 사용자가 읽고 쓸 수 있는 파일만 생성할 수 있는데, 이 또한 요구사항에 적합하다면 os.OpenFile 대신 이 함수를 사용하는 것도 고려해 볼 수 있습니다. 가끔은 단순한 함수가 보다 가독성 좋은 코드를 만들어내곤 합니다.

바보 같은 질문은 없습니다!

Q: 저는 팔진법과 비트 단위 연산자가 불편해요! 왜 이런 식으로 사용하는 건가요?

A: 컴퓨터 메모리를 아끼기 위해서입니다! 이러한 파일 처리 컨벤션은 유닉스에 뿌리를 두고 있는데 유닉스가 개발될 당시에는 램과 디스크 사용량이 지금보다 훨씬 작고 비쌌습니다. 하지만 지금도, 하드 디스크가 수백만 개의 파일을 저장할 수 있을 때 파일 권한을 수 바이트가 아닌 수 비트로 표현하게 되면 많은 공간을 절약할 수 있습니다(또한 시스템 속도도 빨라지죠). 이러한 노력은 가치 있는 일입니다.

Q: FileMode 문자열 앞에 붙어 있는 대시(-) 문자는 뭔가요?

A: 권한 가장 앞 쪽에 위치한 대시는 해당 파일이 일반 파일임을 가리킵니다. 하지만 이 위치의 값은 이외에도 여러 다양한 값을 가질 수 있습니다. 예를 들어, FileMode의 값이 디렉터리를 나타내는 경우 이 값은 d가 됩니다.

파일 또는 디렉터리의 통계 정보를 가져옵니다. 이 함수도 문서에서 확인할 수 있습니다!

```
fileInfo, err := os.Stat("my_directory")
if err != nil {
        log.Fatal(err)
}
fmt.Println(fileInfo.Mode())
```

위 디렉터리에 대한 FileMode 정보를 출력합니다.

```
drwxr-xr-x
```

부록 B 못 다룬 여섯 가지 주제

번외

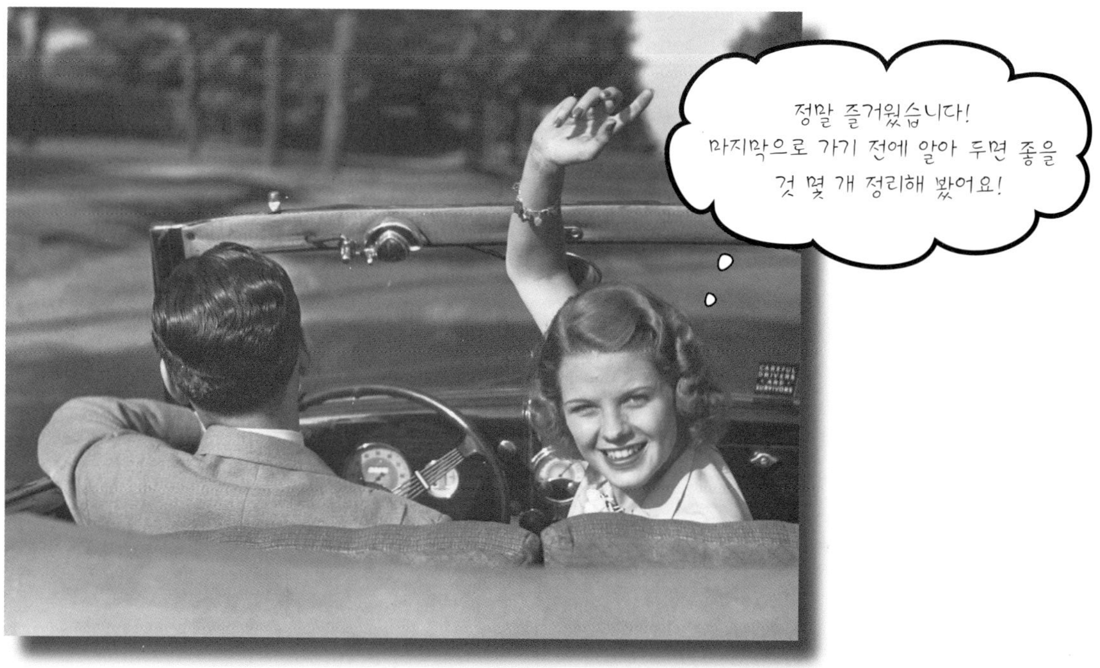

정말 즐거웠습니다!
마지막으로 가기 전에 알아 두면 좋을
것 몇 개 정리해 봤어요!

지금까지 정말 많은 내용을 다뤘고, 이제 거의 다 끝났습니다.

여러분이 그리울 거예요. 하지만 가시기 전에 몇 가지 *짤막한* 내용을 소개해 드리지 않으면 여러분을 편히 보내 드릴 수 없겠어요. 여러분을 위해 이 부록에 여섯 가지 중요한 주제를 모아 놨습니다.

#1 "if"문에서의 초기화문

다음은 하나의 error 값을 반환하는 saveString 함수입니다(에러가 없을 경우에는 nil이 반환됨). main 함수에서는 에러를 처리하기 전에 반환 값을 err 변수에 저장하고 있습니다.

```
func saveString(fileName string, str string) error {
	err := ioutil.WriteFile(fileName, []byte(str), 0600)
	return err
}

func main() {
	err := saveString("hindi.txt", "Namaste")
	if err != nil {
		log.Fatal(err)
	}
}
```

("go doc io/iotuil WriteFile" 명령어로 WriteFile에 대한 자세한 내용을 확인할 수 있습니다.)

saveString을 호출하여 반환 값을 저장합니다.

에러 발생 시 에러를 보고합니다.

이제 main 함수에 err 변수를 사용하는 또 다른 saveString 호출 코드를 추가해 봅시다. err 변수에 처음 값을 할당할 때 이미 단축 변수 선언을 사용했기 때문에, 나중에 다른 에러 값을 할당하려면 단축 변수 선언이 아닌 일반 할당문을 사용해야 합니다. 그렇지 않으면 변수를 재선언하고 있다는 컴파일 에러가 발생합니다.

```
func main() {
	err := saveString("english.txt", "Hello")
	if err != nil {
		log.Fatal(err)
	}
	err := saveString("hindi.txt", "Namaste")
	if err != nil {
		log.Fatal(err)
	}
}
```

이 코드 또한 "err" 변수를 사용합니다.

단축 변수 선언을 할당문으로 변경하지 않을 경우...

...컴파일 에러 발생!

```
no new variables on left side of :=
```

하지만 err 변수의 실제 사용처는 if문과 if 블록이 유일합니다. 만약 에러 변수의 스코프를 if 블록으로 제한하여 각 블록의 변수를 별도의 변수로 취급할 수 있다면 어떨까요?

2장에서 본 for 루프를 기억하시나요? for 루프는 변수를 초기화하기 위한 초기화문을 가질 수 있다고 배웠습니다. 또한 초기화문에서 선언된 변수의 스코프는 for 루프 블록 내에서만 유효했습니다.

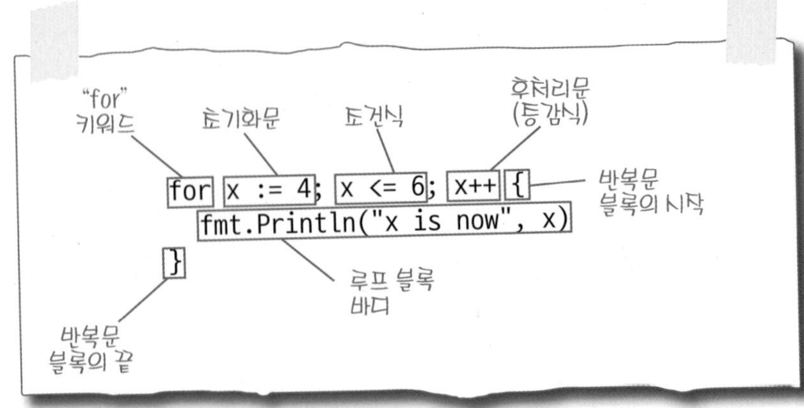

#1 "if"문에서의 초기화문 (계속)

for 루프와 마찬가지로 Go에서는 if문의 조건식 앞에 초기화문을 추가할 수 있습니다. 초기화문은 보통 if 블록 내에서 사용할 하나 이상의 변수를 초기화할 때 사용합니다.

초기화문 / 조건식

```
if count := 5; count > 4 {
	fmt.Println("count is", count)
}
```

초기화문에서 선언된 변수의 스코프는 if문의 조건식과 블록으로 한정됩니다. 앞서 본 예제에서 if 초기화문을 사용하여 각 err 변수의 스코프를 if문의 조건식과 블록으로 제한하면 완전히 분리된 별도의 err 변수를 사용할 수 있습니다. 따라서, 변수가 이미 정의되었는지 신경 쓸 필요가 없습니다.

```
if err := saveString("english.txt", "Hello"); err != nil {   ← 변수의 첫 번째 스코프
	log.Fatal(err)
}
if err := saveString("hindi.txt", "Namaste"); err != nil {   ← 변수의 두 번째 스코프
	log.Fatal(err)
}
```

스코프의 제약은 양날의 검입니다. 만약 함수가 여러 값을 반환하는데, 하나는 if문 내부에서 필요하고 하나는 if문 외부에서 필요한 경우, 해당 함수는 if 초기화문에서 호출할 수 없습니다. 한 번 시도해 보면, if 블록 외부에서 필요한 값의 경우 스코프를 벗어남을 확인할 수 있습니다.

```
if number, err := strconv.ParseFloat("3.14", 64); err != nil {   ← 변수의 스코프
	log.Fatal(err)
}
fmt.Println(number * 2)
```

↑ 스코프를 벗어났습니다!

```
undefined: number
```

← 컴파일 에러 발생!

이런 경우에는 기존과 같이 if문 이전에 함수를 호출하여, 반환 값이 if문의 내부 및 외부 스코프에 모두 속하도록 만들어야 합니다.

```
number, err := strconv.ParseFloat("3.14", 64)   ← 변수를 "if"문 이전에 선언합니다.
if err != nil {
	log.Fatal(err)
}
fmt.Println(number * 2)
```

여전히 스코프에 속합니다 (if 블록) / 여전히 스코프에 속합니다.

```
6.28
```

#2 switch문

표현식의 값을 기반으로 여러 작업 중 하나를 수행해야 하는 경우, if문과 else절을 사용하면 코드가 금방 지저분해질 수 있습니다. 이때 switch문을 사용하면 작업 선택 로직을 좀 더 효율적으로 표현할 수 있습니다.

먼저 switch 키워드 다음에 조건 표현식을 추가합니다. 그다음, 여러 개의 case 표현식을 추가하는데 각 case 표현식에는 위 조건 표현식이 가질 수 있는 값들을 지정합니다. switch문이 실행되면, 조건 표현식의 값과 일치하는 값을 가진 case가 선택되어 해당 case가 포함하고 있는 코드가 실행됩니다. case가 선택되면 그 외의 다른 모든 case 표현식은 무시됩니다. 또한 일치하는 case가 없을 때 실행되는 default문을 추가할 수도 있습니다.

다음은 12장에서 본 if/else문으로 작성한 예제 코드를 재구현한 코드입니다. 이 버전은 기존보다 훨씬 더 적은 코드가 필요합니다. switch 조건식에서는 1부터 3 사이의 난수를 선택합니다. 그다음 각 가능한 값에 각기 다른 메시지를 출력하는 case 표현식을 추가합니다. 그 어떤 case도 일치하지 않는 이론적으로 불가능한 상황을 경고하기 위해 패닉을 발생시키는 default문도 추가해 줍니다.

```
import (
	"fmt"
	"math/rand"
	"time"
)

func awardPrize() {
	switch rand.Intn(3) + 1 {
	case 1:
		fmt.Println("You win a cruise!")
	case 2:
		fmt.Println("You win a car!")
	case 3:
		fmt.Println("You win a goat!")
	default:
		panic("invalid door number")
	}
}

func main() {
	rand.Seed(time.Now().Unix())
	awardPrize()
}
```

조건 표현식 (switch rand.Intn(3) + 1)

case 1: 결괏값이 1이면… → 이 메시지를 출력합니다.

case 2: 결괏값이 2이면… → 이 메시지를 출력합니다.

case 3: 결괏값이 3이면… → 이 메시지를 출력합니다.

default: 일치하는 값이 없을 경우… → …코드에 문제가 있으므로 패닉을 발생시킵니다.

```
You win a goat!
```

바보 같은 질문은 없습니다!

Q: 다른 언어에서는 case 마지막에 "break"문을 추가해서 switch를 빠져나가거나 추가하지 않을 경우 다음 case의 코드를 계속 실행하는데요. Go에서는 break를 쓸 필요가 없나요?

A: 다른 언어에서는 개발자가 "break"문을 깜빡하여 버그를 만들어낸 역사가 여럿 존재합니다. 이런 상황을 피하기 위해 Go는 case 코드의 실행이 끝나면 자동으로 switch문을 종료합니다.

원한다면 fallthrough 키워드를 사용하여 switch문을 빠져나오지 않고 다음 case의 코드를 계속 실행할 수 있습니다.

#3 추가 기본 타입

Go에는 지금까지 다루지 않은 기본 타입이 추가로 존재합니다. 여러분의 프로젝트에서는 아마 쓸 일이 그리 많지는 않겠지만 다른 라이브러리나 코드에서 마주할 수도 있으니 알아 두는 게 좋습니다.

타입	설명
int8 int16 int32 int64	이 타입들은 int 타입과 마찬가지로 정숫값을 가지나 메모리에 할당되는 크기를 지정하고 있습니다(타입 뒤에 적힌 숫자는 비트의 개수를 의미합니다). 비트가 적으면 적은 양의 메모리 또는 용량을 사용하며, 비트가 많으면 더 큰 숫자를 저장할 수 있습니다. 크기를 제한해야 할 특별한 이유가 없다면 int 타입을 사용하는 것이 좀 더 효율적입니다.
uint	이 타입은 int 타입과 유사하나 부호 없는 정수만을 저장하기 때문에 음수는 저장할 수 없습니다. 따라서 음수가 될 수 없는 값을 사용하는 경우, 이 타입을 사용하면 같은 크기 메모리에서 int 타입보다 더 큰 숫자를 저장할 수 있습니다.
uint8 uint16 uint32 uint64	이 값들 또한 부호 없는 정수를 저장하는데, uint와 달리 할당할 메모리 비트의 크기를 지정합니다.
float32	float64 타입은 부동 소수점 숫자를 64 비트 메모리를 사용하여 저장합니다. 마찬가지로 이 타입은 32 비트 메모리를 사용하여 부동 소수점 숫자를 저장합니다(8비트나 16비트를 가진 부동 소수점 숫자는 없습니다).

#4 룬 더 알아보기

1장에서는 룬을 간단한 개요 수준으로만 설명했습니다. 하지만 룬을 대강 다룬 상태로 이 책을 끝내고 싶지는 않습니다. 따라서 이번에는 룬을 좀 더 자세히 알아보겠습니다!

현대 운영체제가 나오기 이전에는 대부분 컴퓨팅 작업이 26자로 이루어진 (대문자와 소문자를 합하면 52자) 표준 영어 알파벳만 사용했습니다. 문자가 매우 적었기 때문에 단일 문자는 (여분의 1비트와 함께) 하나의 바이트로 표현할 수 있었습니다. 또한 동일한 바이트의 값이 다른 시스템에서도 동일한 문자로 변환되도록 보장하기 위한 ASCII라는 표준이 사용되었습니다.

하지만 물론, 영어 알파벳만 이 세상을 기술하는 유일한 문자 체계는 아닙니다. 세상에는 수천 개의 다양한 언어와 문자가 존재합니다. 유니코드(Unicode) 표준은 모든 문자 체계와 모든 문자를 표현할 수 있는 *4바이트* 값의 집합을 기술하려는 시도에서 탄생했습니다.

Go는 rune 타입의 값을 사용하여 유니코드 값을 표현합니다. 일반적으로, 하나의 룬은 하나의 문자를 나타냅니다(예외가 있긴 하지만, 이는 이 책의 범주를 벗어나기 때문에 생략하겠습니다).

#4 룬 더 알아보기 (계속)

Go는 각각 1에서 4바이트를 사용하여 유니코드 문자를 나타내는 표준인 UTF-8을 사용합니다. 기존의 ASCII 문자들은 여전히 단일 바이트로 표현할 수 있지만, 그 외 문자는 2에서 4바이트가 필요합니다.

다음 두 문자열은 각각 영어 알파벳과 러시아어 알파벳으로 이루어져 있습니다.

```
asciiString := "ABCDE"
utf8String := "БГДЖИ"
```

이 문자는 모두 ASCII 문자 집합에서 왔으며 각 문자는 1바이트를 차지합니다.

이 유니코드 문자는 각각 2바이트를 차지합니다.

일반적으로 문자의 저장 방식에 대한 세부 사항은 몰라도 아무 문제 없습니다. 문자열을 바이트 단위로 변환하고 변환된 값을 사용하기 *전*까지는 말이죠. 예를 들어 위 두 문자열에 각각 len 함수를 사용하여 길이를 구해 보면 다른 결과가 나옵니다.

```
fmt.Println(len(asciiString))
fmt.Println(len(utf8String))
```

```
5
10
```

이 문자열은 5바이트를 차지합니다.

이 문자열은 10바이트를 차지합니다.

len 함수는 전달받은 문자열의 길이를 룬 단위가 아닌 *바이트* 단위로 반환합니다. 영어 알파벳 문자열은 5바이트로 표현할 수 있는데, 영어 알파벳 문자는 ASCII 문자 집합에 속하기 때문에 각 룬은 1바이트만 차지합니다. 반면 러시아어 알파벳 문자는 2바이트를 사용하여 저장하기 때문에 러시아어 알파벳 문자열은 총 10바이트를 차지합니다.

문자열의 길이를 *문자* 단위로 구하려면 unicode/utf8 패키지의 RuneCountInString 함수를 사용해야 합니다. 이 함수는 각 문자를 저장하는 바이트의 개수와 무관하게 정확한 문자의 개수를 반환합니다.

```
fmt.Println(utf8.RuneCountInString(asciiString))
fmt.Println(utf8.RuneCountInString(utf8String))
```

```
5
5
```

이 문자열은 다섯 개의 룬을 갖습니다.

이 문자열 또한 다섯 개의 룬을 갖습니다.

부분 문자열을 안전하게 다루기 위해서는 문자열을 바이트가 아닌 룬으로 변환하는 게 좋습니다.

#4 룬 더 알아보기 (계속)

이전에 HTTP 응답이나 터미널에 데이터를 출력할 때 문자열을 바이트 슬라이스로 변환해야 한 적이 있습니다. 이는 결과 슬라이스에 담긴 모든 바이트를 그대로 출력하는 경우에는 잘 동작합니다. 하지만 바이트 슬라이스의 일부만 사용하려고 하면 문제가 발생합니다.

다음은 앞서 본 두 문자열의 첫 세 문자를 자르는 코드입니다. 각 문자열을 바이트 슬라이스로 변환한 다음 슬라이스 연산자를 사용하여 네 번째 원소부터 마지막 원소까지 가져옵니다. 그다음 부분 바이트 슬라이스를 다시 문자열로 변환한 다음 변환된 문자열을 출력하고 있습니다.

```
asciiBytes := []byte(asciiString)
utf8Bytes := []byte(utf8String)
asciiBytesPartial := asciiBytes[3:]
utf8BytesPartial := utf8Bytes[3:]
fmt.Println(string(asciiBytesPartial))
fmt.Println(string(utf8BytesPartial))
```

문자열을 바이트 슬라이스로 변환합니다.

각 슬라이스의 첫 3바이트를 생략합니다.

```
DE
ДЖИ
```

첫 3바이트가 제거되어, 첫 세 문자가 제거되었습니다.

첫 3바이트가 제거되어, 첫 번째 룬과 두 번째 룬의 첫 바이트가 제거되었습니다.

영어 알파벳은 각각 1바이트를 차지하기 때문에 영어 알파벳 문자열에는 잘 동작합니다. 반면 러시아어 알파벳은 각각 2바이트를 차지하기 때문에 첫 3바이트를 자르면 첫 번째 룬은 제거되지만, 두 번째 룬은 "절반"만 제거되기 때문에 출력할 수 없는 문자가 나오게 됩니다.

Go는 문자열과 룬 슬라이스간의 상호 변환을 지원합니다. 부분 문자열을 사용하려면 문자열을 바이트 슬라이스가 아닌 룬 슬라이스로 변환해야 합니다. 이렇게 해야만 룬의 부분 바이트를 가져오는 문제를 방지할 수 있습니다.

다음은 문자열을 바이트 슬라이스가 아닌 룬 슬라이스로 변환하도록 수정한 코드입니다. 슬라이스 연산자는 이제 각 슬라이스의 *3바이트*가 아닌 세 개의 룬을 자릅니다. 부분 슬라이스를 다시 문자열로 변환하여 출력해 보면 마지막 두 개의 (완벽한 형태의) 문자가 정상적으로 출력됨을 볼 수 있습니다.

```
asciiRunes := []rune(asciiString)
utf8Runes := []rune(utf8String)
asciiRunesPartial := asciiRunes[3:]
utf8RunesPartial := utf8Runes[3:]
fmt.Println(string(asciiRunesPartial))
fmt.Println(string(utf8RunesPartial))
```

문자열을 룬 슬라이스로 변환합니다.

각 슬라이스의 처음 세 개의 룬을 생략합니다.

룬 슬라이스를 문자열로 변환합니다.

```
DE
ЖИ
```

처음 세 개의 룬이 제거되었습니다.

처음 세 개의 룬이 제거되었습니다.

#4 룬 더 알아보기 (계속)

문자열의 각 문자를 순회할 때 바이트 슬라이스를 사용하면 좀 전에 본 문제와 유사한 문제를 마주칠 수 있습니다. 문자열의 모든 문자가 ASCII 집합의 문자일 경우에는 1바이트씩 처리해도 괜찮습니다. 하지만 문자가 2개 이상의 바이트를 사용하는 경우에는 룬의 부분 바이트가 잘리는 문제가 재발합니다.

다음 코드는 for...range 루프를 사용하여 영어 알파벳을 문자당 1바이트씩 출력하고 있습니다. 그다음 문자당 1바이트씩 순회하는 동일한 루프를 러시아어 알파벳에도 적용하고 있습니다. 러시아어 알파벳은 2바이트를 사용하기 때문에 두 번째 루프는 정상 출력에 실패합니다.

```
for index, currentByte := range asciiBytes {
        fmt.Printf("%d: %s\n", index, string(currentByte))
}
for index, currentByte := range utf8Bytes {
        fmt.Printf("%d: %s\n", index, string(currentByte))
}
```

슬라이스의 각 바이트를 순회합니다.

바이트를 문자열로 변환한 뒤 출력합니다.

슬라이스의 각 바이트를 순회합니다.

바이트를 문자열로 변환한 뒤 출력합니다.

ASCII 문자는 출력 가능한 문자로 나옵니다.

```
0: A
1: B
2: C
3: D
4: E
0: Ð
1: 
2: Ð
3: 
4: Ð
5: 
6: Ð
7: 
8: Ð
9: 
```

하지만 유니코드 문자는 출력할 수 없는 문자로 나옵니다.

Go에서는 문자열에도 for...range 루프를 사용할 수 있는데, 문자열을 순회할 때에는 바이트가 아닌 룬 단위로 순회하기 때문에 문자를 순회하는 데에 훨씬 더 안전합니다. 첫 번째 변수에는 문자열의 현재 바이트 인덱스 값(룬 인덱스 아님)이 할당되며 두 번째 변수에는 현재 룬 값이 할당됩니다.

다음은 바이트 슬라이스가 아닌 문자열을 대상으로 for...range 루프를 순회하도록 수정한 코드입니다. 출력값을 보면 영어 문자열 루프에서는 인덱스가 1바이트씩 올라가는데, 러시아어 문자열 루프에서는 2바이트씩 올라가고 있음을 볼 수 있습니다.

```
for position, currentRune := range asciiString {
        fmt.Printf("%d: %s\n", position, string(currentRune))
}
for position, currentRune := range utf8String {
        fmt.Printf("%d: %s\n", position, string(currentRune))
}
```

문자열의 각 룬을 순회합니다.

룬을 문자열로 변환한 뒤 출력합니다.

문자열의 각 룬을 순회합니다.

룬을 문자열로 변환한 뒤 출력합니다.

모든 문자가 출력 가능한 문자로 나옵니다.

```
0: A
1: B
2: C
3: D
4: E
0: Б
2: Г
4: Д
6: Ж
8: И
```

Go의 룬을 사용하면 유니코드 문자의 포함 여부와는 무관하게 부분 문자열을 보다 간편히게 다룰 수 있습니다. 부분 문지열을 다룰 땐 문지열을 바이트가 아닌 룬으로 변환한다는 것만 기억하면 됩니다.

#5 버퍼 있는 채널

Go에는 *버퍼 없는 채널(unbuffered)*과 *버퍼 있는 채널(buffered)* 두 종류 채널이 존재합니다.

우리가 지금까지 살펴본 모든 채널은 버퍼 없는 채널이었습니다. 한 고루틴이 버퍼 없는 채널에 값을 전송하면 해당 고루틴은 다른 고루틴이 채널에서 값을 가져갈 때까지 블로킹됩니다. 반면에, 버퍼 있는 채널은 송신 고루틴을 블로킹하기 전까지 특정 개수의 값을 보유할 수 있습니다. 알맞은 상황에서 버퍼 있는 채널을 사용하면 프로그램의 성능을 향상시킬 수 있습니다.

채널을 생성할 때, 채널이 버퍼에 보유할 수 있는 값의 개수를 make의 두 번째 인자로 전달하면 버퍼 있는 채널을 만들 수 있습니다.

```
channel := make(chan string, 3)
```

이 인자는 채널의 버퍼 크기를 지정합니다.

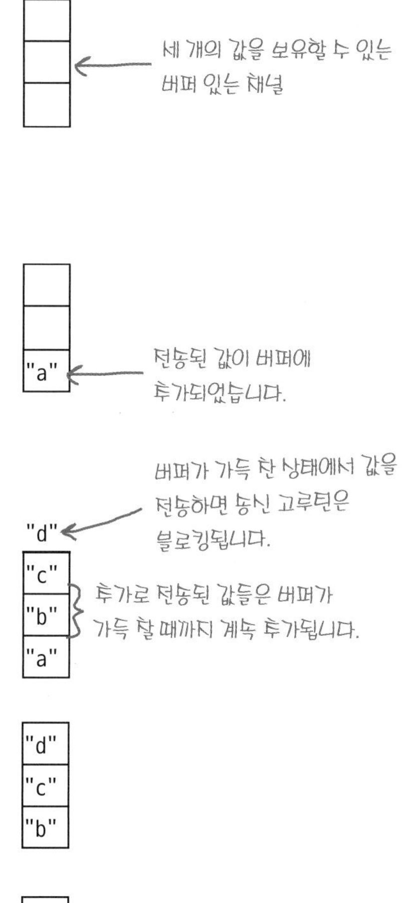
세 개의 값을 보유할 수 있는 버퍼 있는 채널
"a"
전송된 값이 버퍼에 추가되었습니다.
버퍼가 가득 찬 상태에서 값을 전송하면 송신 고루틴은 블로킹됩니다.
"d"
"c"
"b"
"a"
추가로 전송된 값들은 버퍼가 가득 찰 때까지 계속 추가됩니다.
"d"
"c"
"b"
"d"
"c"

고루틴이 채널을 통해 전송한 값은 버퍼에 추가됩니다. 버퍼가 있을 경우 송신 고루틴은 블로킹되지 않고 계속 실행됩니다.

```
channel <- "a"
```

송신 고루틴은 버퍼가 가득 찰 때까지 계속해서 값을 전송할 수 있습니다. 버퍼가 가득 찬 상태에서 추가로 값을 전송하게 되면 고루틴은 블로킹됩니다.

```
channel <- "b"
channel <- "c"
channel <- "d"
```

다른 고루틴이 채널에서 값을 수신하는 경우에는 버퍼에 가장 먼저 추가된 값을 가져갑니다.

```
fmt.Println(<-channel)
```

"a"

추가 수신 작업은 버퍼를 계속해서 비워 나가는 반면 추가 전송 작업은 버퍼를 계속해서 채웁니다.

```
fmt.Println(<-channel)
```

"b"

#5 버퍼 있는 채널 (계속)

그럼 이제 버퍼 없는 채널로 프로그램을 실행해 본 다음, 버퍼 있는 채널로 변경하여 어떤 차이점이 있는지 살펴보겠습니다. 다음 코드에서는 고루틴으로 실행할 sendLetters라는 함수를 정의하고 있습니다. 이 함수는 채널에 네 개의 값을 전송하는데 각 값을 전송하기 전에 1초씩 중단합니다. main 함수에서는 버퍼 없는 채널을 생성하여 sendLetters로 전달한 다음, main 고루틴을 5초 중단합니다.

```
func sendLetters(channel chan string) {   // 매개변수로 채널을 받습니다.
        time.Sleep(1 * time.Second)       // 네 개의 값을 전송하는데 각 값을 전송하기 전에 1초씩 중단합니다.
        channel <- "a"
        time.Sleep(1 * time.Second)
        channel <- "b"
        time.Sleep(1 * time.Second)
        channel <- "c"
        time.Sleep(1 * time.Second)
        channel <- "d"
}

func main() {
        fmt.Println(time.Now())             // 프로그램이 실행된 시간을 출력합니다.
        channel := make(chan string)        // 지금까지 해 온 대로 버퍼 없는 채널을 생성합니다.
        go sendLetters(channel)             // sendLetters를 새로운 고루틴으로 띄웁니다.
        time.Sleep(5 * time.Second)         // main 고루틴을 5초 중단합니다.
        fmt.Println(<-channel, time.Now())  // 값을 수신하여 현재 시간과 함께 출력합니다.
        fmt.Println(<-channel, time.Now())
        fmt.Println(<-channel, time.Now())
        fmt.Println(<-channel, time.Now())
        fmt.Println(time.Now())             // 프로그램이 종료된 시간을 출력합니다.
}
```

프로그램이 시작된 시점

첫 번째 값은 main 고루틴이 깨어날 때 이미 수신 대기 중입니다.

하지만 sendLetters 고루틴은 첫 번째 값이 수신될 때까지 블로킹되었으므로 이제 나중 값이 전송되는 동안 1초씩 대기해야 합니다.

```
2018-07-21 11:36:20.676155577 -0700 MST m=+0.000255509
a 2018-07-21 11:36:25.677846276 -0700 MST m=+5.001810208
b 2018-07-21 11:36:26.677931968 -0700 MST m=+5.001895900
c 2018-07-21 11:36:27.679233609 -0700 MST m=+6.003129541
d 2018-07-21 11:36:28.680125059 -0700 MST m=+7.004020991
2018-07-21 11:36:28.680236070 -0700 MST m=+7.004132001
```

완료까지 총 8초가 소요되었습니다.

main 고루틴은 5초 후 깨어나면서 채널에서 값을 수신하기 시작합니다. 하지만 sendLetters는 main 함수가 첫 번째 값을 수신하기를 대기하면서 블로킹되었습니다. 따라서 main 고루틴은 sendLetters 고루틴이 값을 보내는 동안 남은 값을 받을 때까지 1초씩 대기해야 합니다.

#5 버퍼 있는 채널 (계속)

채널에 단일 버퍼를 추가하면 프로그램의 속도를 약간 더 높일 수 있습니다.

버퍼 추가는 make의 두 번째 인자로 버퍼 크기만 전달해 주면 됩니다. 채널 사용법은 버퍼가 있든 없든 동일하기 때문에 다른 코드는 그대로 두면 됩니다.

이제 sendLetters는 첫 번째 값을 전송해도 main 고루틴이 값을 수신할 때까지 블로킹되지 않습니다. 전송된 값은 채널의 버퍼에 쌓입니다. 이때 (아직 아무도 값을 수신하지 않은 상태에서) 두 번째 값을 전송하면 채널의 버퍼가 꽉 차 있기 때문에 sendLetters 고루틴은 블로킹됩니다. 단일 버퍼를 추가한 채널 덕분에 프로그램의 실행 시간이 1초 단축되었습니다.

```
func main() {
        channel := make(chan string, 1)
        // 나머지 코드는 그대로입니다.
}
```

블로킹하기 전까지 하나의 값을 보유할 수 있는 버퍼 있는 채널로 변경합니다.

첫 번째 값은 채널의 버퍼 큐에 쌓입니다.

버퍼 큐가 꽉 찬 상태에서 값을 전송하면 sendLetters 고루틴은 블로킹됩니다.

```
2018-07-21 15:29:10.709656836 -0700 MST m=+0.000318261
a 2018-07-21 15:29:15.710058943 -0700 MST m=+5.000584368
b 2018-07-21 15:29:15.710105511 -0700 MST m=+5.000630936
c 2018-07-21 15:29:16.712044927 -0700 MST m=+6.002502352
d 2018-07-21 15:29:17.716495 -0700 MST m=+7.006883143
2018-07-21 15:29:17.716615312 -0700 MST m=+7.007004737
```

완료까지 총 7초가 소요되었습니다.

버퍼 크기를 3으로 늘리면 sendLetters 고루틴은 블로킹 없이 한 번에 세 개의 값을 전송할 수 있습니다. 그리고 마지막 네 번째 전송부터 블로킹되는데, 마지막 값은 모든 Sleep 함수의 호출이 완료된 상태에서 전송됩니다. 따라서 main 고루틴은 5초 후에 깨어나자마자 채널 버퍼에서 대기 중이던 세 개의 값과 함께 sendLetters를 블로킹하고 있던 값을 한 번에 가져옵니다.

```
channel := make(chan string, 3)
```

블로킹하기 전까지 세 개의 값을 보유할 수 있는 버퍼 있는 채널로 변경합니다.

채널 버퍼에서 대기 중이던 세 개의 값

이 값으로 인해 sendLetters 고루틴이 블로킹되었지만 Sleep 함수가 끝난 이후였기 때문에 버퍼에 자리가 생기는 순간 즉시 처리되었습니다.

```
2018-07-21 17:02:20.062202682 -0700 MST m=+0.000341112
a 2018-07-21 17:02:25.066350665 -0700 MST m=+5.004353095
b 2018-07-21 17:02:25.066574585 -0700 MST m=+5.004577015
c 2018-07-21 17:02:25.066583453 -0700 MST m=+5.004585883
d 2018-07-21 17:02:25.066588589 -0700 MST m=+5.004591019
2018-07-21 17:02:25.066593481 -0700 MST m=+5.004595911
```

5초만에 완료되었습니다.

버퍼 덕분에 프로그램이 단 5초만에 완료되었습니다!

#6 읽을거리

이제 드디어 이 책의 마지막 페이지입니다. 하지만 여러분에게는 Go 프로그래머로서 여정의 시작일 뿐입니다. 여러분에게 도움이 될 만한 몇 가지 추천 자료를 모아 봤습니다.

The Head First Go **웹사이트** : *https://headfirstgo.com*

이 책의 공식 홈페이지입니다. 모든 예제 코드, 추가 문제를 포함한 연습문제를 다운로드받을 수 있고 새로운 주제에 대한 내용도 배울 수 있습니다. 이 책처럼 재치 있는 글과 함께 읽기 쉽게 정리해 두었습니다!

A Tour of Go : *https://tour.golang.org*

인터랙티브한 튜토리얼과 함께 Go의 기본 기능을 배울 수 있는 사이트입니다. 이 책에서 다룬 모든 내용을 다루고 있으며 추가로 자세한 설명도 제공하고 있습니다. 이 사이트의 예제 코드는 Go 플레이그라운드에서와 같이 브라우저에서 바로 편집하고 실행해 볼 수 있습니다.

Effective Go : *https://golang.org/doc/effective_go.html*

Go 팀에서 운영하는 좀 더 Go다운 코드(Go 커뮤니티가 지향하는 컨벤션을 따르는 코드)를 작성하는 방법에 대한 가이드 문서입니다.

The Go Blog : *https://blog.golang.org*

공식 Go 블로그입니다. Go에 대한 유익한 글과 함께 Go의 새로운 버전 및 기능 발표에 대한 글을 만나볼 수 있습니다.

Package Documentation : *https://golang.org/pkg*

모든 표준 패키지에 대한 문서가 담긴 페이지입니다. go doc 명령어에서 볼 수 있는 문서와 동일하나 모든 라이브러리를 브라우저에서 하나의 목록으로 빠르게 확인할 수 있습니다. encoding/json, io/ioutil 패키지가 처음 시작하기 좋을 것 같습니다.

The Go Programming Language : *https://www.gopl.io*

이 책은 이 페이지에서 유일하게 무료가 아닌 유료이지만, 그만큼 볼 만한 가치는 있습니다. 잘 알려지고 널리 사용되는 책입니다.

기술 도서에는 두 가지 종류의 도서가 있습니다. 하나는 (이 책과 같은) 튜토리얼 도서 그리고 하나는 (The Go Programming Language와 같은) 레퍼런스 도서입니다. The Go Programming Language는 정말 훌륭한 레퍼런스 도서입니다. 이 책에서 다루지 못한 주제를 많이 다루고 있으니 Go를 계속 사용할 거라면 반드시 보시길 추천합니다.

Index

기호

ㄱ

ㄴ

ㄷ

ㅂ

ㅅ

ㅇ

E

ㅍ

ㅎ

A

B

C

D~E

F

G

H

I

J~L

M

M

O

P

R

S

T

U~V

W~Y

우리는 여러분과 계속 함께합니다

headfirstgo.com 웹사이트를 방문해 보세요